吴中年鉴

2017

苏州市吴中区人民政府　主办
吴中区年鉴编纂委员会　编

古吴轩出版社
中国·苏州

图书在版编目（CIP）数据

吴中年鉴. 2017 / 吴中区年鉴编纂委员会编. — 苏州：古吴轩出版社，2017.10
ISBN 978-7-5546-0999-6

Ⅰ. ①吴…　Ⅱ. ①吴…　Ⅲ. ①区（城市）—苏州市—2017—年鉴　Ⅳ. ①Z525.34

中国版本图书馆CIP数据核字（2017）第226712号

责任编辑：俞　都
见习编辑：李爱华
装帧设计：吴　静
责任校对：徐小良
责任照排：吴　静

书　　名：吴中年鉴（2017）
编　　者：吴中区年鉴编纂委员会
出版发行：古吴轩出版社
地址：苏州市十梓街458号　　邮编：215006
Http://www.guwuxuancbs.com　　E-mail:gwxcbs@126.com
电话：0512-65233679　　传真：0512-65220750
出 版 人：钱经纬
印　　刷：南京凯德印刷有限公司
开　　本：889 × 1194　1 / 16
印　　张：27.75　　插页：34
版　　次：2017年10月第1版　第1次印刷
书　　号：ISBN 978-7-5546-0999-6
定　　价：180.00元

如有印装质量问题，请与印刷厂联系。025-84713186

吴中区年鉴编纂委员会

《吴中年鉴》编辑部

主　　编：秦晓良

副 主 编：李　健　喻其水

编　　辑：喻其水　任海令　洪　蕾　王明生
　　　　　高　燕

主要摄影：王永康　何月华　邱建明　江　峰
　　　　　顾益明　沈铮泓

编辑部地址：苏州市吴中区东苑路1号 公共文化中心D栋

电　　话：0512-65643180

邮　　编：215128

编辑说明

一、《吴中年鉴》是由苏州市吴中区人民政府主办、吴中区年鉴编纂委员会编纂、吴中区档案局和档案馆组织编辑的综合性地方资料工具书，旨在全面、系统、翔实地记载吴中区政治、经济、文化、社会等方面的基本面貌及发展情况，为各机关、团体、企事业单位和社会各界及时提供信息资料。《吴中年鉴》于2002年创刊，每年编印一卷，本卷为第十六卷。

二、《吴中年鉴》采用分类编辑法，分为部类、分目、条目3个层次，以条目为基本组成单位，标题用【】引出，以便查阅。《吴中年鉴（2017）》分为24个部类：（1）媒体聚焦，（2）大事记，（3）吴中概况，（4）中共吴中区委员会，（5）吴中区人民代表大会，（6）吴中区人民政府，（7）政协吴中区委员会，（8）民主党派·工商联·人民团队，（9）法治·军事，（10）综合管理，（11）财税·金融，（12）现代农业，（13）工业经济，（14）商贸服务，（15）城乡建设，（16）生态环境，（17）休闲旅游，（18）教育·科技，（19）文化·卫生·体育，（20）社会民生，（21）度假区·开发区·高新区，（22）镇（区）·街道，（23）附录，（24）索引。全书共有条目876条，附表63张，领导视察、友好往来、重大活动等照片44幅，随文插图93幅。

三、本年鉴选材围绕全区经济建设、政治建设、文化建设、社会建设和生态文明建设，以新情况、新事物、新经验为重点，兼顾地方特色与创新增益，努力推陈出新。年鉴内容主要选自各单位的档案材料，并经过单位领导和年鉴编纂委员会的审核，以保证其准确性、可靠性。

四、本期年鉴资料收录时间为2016年1月1日至12月31日，人事名单以上年底组织部门年报为准，主要统计数据以区统计局提供为准。图片拍摄由于人员众多，除主要拍摄人员外，书中不再一一署名，在此一并感谢。

五、本年鉴在编纂过程中得到区委、区政府领导的关心和指导，各部门和有关人员的支持和协助，在此谨表谢意。本书在编印过程中的粗疏、错漏之处，敬请批评指正。

《吴中年鉴》编辑部

2017年9月

2016年6月20日，省委书记罗志军一行视察吴中区东太湖整治、防汛抗洪、安全供水及太湖水环境治理等工作

2016年3月30日，省长石泰峰考察科沃斯机器人科技（苏州）有限公司

2016年8月19日，市委书记周乃翔、市长曲福田视察公共文化中心建设情况

2016年6月1日，区委书记金洁带队赴独墅湖实验小学开展“六一儿童节”走访慰问活动

2016年7月25日，中国共产党苏州市吴中区第四次代表大会召开

2016年12月29日，中共苏州市吴中区委四届三次全体（扩大）会议召开

2017年1月4~7日，苏州市吴中区第四届人民代表大会第一次会议召开

2017年1月3~6日，中国人民政治协商会议第四届苏州市吴中区委员会第一次会议召开

2016年3月31日，吴中高新区挂牌成立

2016年7月11日，苏州国际精英周吴中创新创业合作洽谈会在苏州太湖国际会议中心举行

2016年9月6~7日，全国"互联网+"现代农业工作会议暨新农民创业创新大会在吴中区召开

2016年11月26日，首届江苏双创能源环保高峰论坛在东山宾馆举行

东山环岛公路（丰圻大桥）

2016年4月25日，区委副书记、区长唐晓东在澹台湖大酒店会见韩国大邱广域市东区厅长姜大植一行

2016年11月， 区委副书记、区长唐晓东率队赴日韩开展经贸招商工作。图为参观日本爱信AW工厂

2016年3月，美国南湖市卡罗尔学区代表团访问吴中，与江苏省外国语学校开展友好交流活动

2016年10月10~17日，吴中区评弹代表团应邀赴美参加感知中国·情调苏州专场城市推介活动

丰收在望（横泾）

2016年6月6日，苏州中环快速路主体工程交工验收

2016年6月，建设中的太湖新城地下空间

2016年1月4日，浪潮金融信息系统项目签约仪式在澹台湖大酒店举行

2016年7月20日，吴中区与国开行举行"十三五"开放性金融合作签约仪式

2016年9月19日，汇川技术第10万台新能源汽车电机控制器下线暨苏州汇川联合动力系统有限公司揭牌仪式举行

2016年10月14日，2016吴中·木渎镇投资环境说明会暨苏州第九届凯马汽车节开幕

2016年10月16日，苏州太湖科技产业园标准厂房竣工，8家企业集体签约入驻

2016年10月18日，'2016苏州吴中·太湖经贸合作洽谈会在苏州太湖国际会议中心举行

古今传承

2016年6月23日，区委书记金洁赴木渎镇走访慰问困难党员家庭

2016年9月4日，吴中太湖新城首个高端教育配套——苏州北美国际高级中学新校区启用

2016年9月，香山街道视残运动员沈亚琴（领跑员：李文）与队友合作，夺得里约残奥会田径T11–T13级女子4×100米金牌，并打破世界纪录

2016年9月25~28日，2016年苏州吴中“环太湖”国际竞走与行走多日赛在度假区、东山、木渎、园博园等地举行

2016年10月13日，吴中区甪直镇入选第一批中国特色小镇

2016年10月24日，吴中区公共文化中心与北京保利剧院管理有限公司签约，苏州市区范围第一家保利大剧院落户吴中区

2016年10月29日，首届“苏作文创峰会”在苏州太湖国际会议中心开幕

2016年11月，木渎女企业家施冬梅花费11年心血完成红木雕刻版《姑苏繁华图》

林屋梅海

水墨江南·园林生活

第九届江苏省园艺博览会主题词

第九届江苏省园艺博览会会徽

第九届江苏省园艺博览会吉祥物“园园”

2016年4月18日~5月18日，第九届江苏省园艺博览会在吴中区临湖镇举行

2016年4月18日，第九届江苏省园艺博览会在吴中区临湖镇正式开幕

2016年5月3日，区委书记金洁慰问园博园志愿者

假山园

地景田园——花海

要　目

目　录

中共吴中区委员会

吴中区人民代表大会

吴中区人民政府

法治·军事

财税·金融

现代农业

工业经济

商贸服务

城乡建设

生态环境

休闲旅游

教育科技

文化·卫生·体育

社会民生

度假区·开发区·高新区

镇(区)·街道

附　录

索 引

坚持绿色发展　留住“金山银山”

——访吴中区委书记金洁

“高水平全面建成小康社会”是苏州市十二次党代会报告的中心主题，具体目标要求是“四个更加”：质量效益显著提升，创新动力更加强劲；居民收入持续增长，公共服务更加均衡；生态环保不断强化，人居环境更加优化；社会治理深入推进，道德风尚更加良好。吴中区委书记金洁在接受苏报采访组专访时表示，上述目标落实到吴中，主要是要做好“区强民富、城乡协调、文明和谐”12个字。对此，吴中区将继续坚持绿色发展之路，努力把绿水青山变成“金山银山”。

围绕“三大目标”，让小康社会真正落地吴中

苏州日报：当前全市各地都在认真学习贯彻市十二次党代会精神，请问金书记，如何看待党代会报告中提出的“高水平全面建成小康社会”任务目标在吴中的体现？

金洁：“区强民富、城乡协调、文明和谐”是吴中区对于“高水平全面建成小康社会”所提出的目标。这12个字也体现在了我们“十三五”规划中。

一是围绕“区强民富”目标，实现经济提质增效、群众稳收增收。牢牢把握“双中高”基调，主要经济民生指标在与苏州全市基本保持一致的基础上，力争体现吴中特色、凸显吴中优势、多作吴中贡献。“十三五”时期，地区生产总值年均增长7%左右，到2020年提前实现地区生产总值比2010年翻一番目标；城乡居民人均可支配收入年均分别增长7.6%、9%，分别达到7.5万元、4万元，城镇调查失业率控制在5%以内。

二是围绕“城乡协调”目标，实现城乡统筹一体、环境生态宜居。推动产业规划、土地规划、城乡规划、生态规划等“多规融合”，城乡基础设施互联互通、产业发展互惠合作、环境保护联防联治、公共服务共有共享，形成错位互补、一体发展的整体格局。绿色生态品牌更加巩固，生态文明制度体系更加健全，生产生活方式更加绿色低碳，城乡生态环境和人居环境更加优化，主要生态指标均达到上级要求，空气质量二级标准天数比例达80%，城镇绿地率提升到40.5%。

三是围绕“文明和谐”目标，实现城乡服务均等、社会文明和谐。坚持普惠性、保基本、均等化、可持续方向，实现城乡基本公共服务均等化，保证企业群众日常办事“小事不出村、大事不出镇”。到2020年，全区每千名老人拥有各类养老机构床位45张，每千人执业医生数2.5人，高等教育毛入学率75%，人均公共文体设施面积3平方米。法治建设满意度、公众安全感均达92%以上，和谐社区达标率98%，万人拥有社会组织15个。

走好“三条路”，根植吴文化提升生产力发展布局

苏州日报：对照目标和要求，请问金书记，党代会报告提出的八个方面工作举措在吴中落实的重点主要是哪些？

金洁：山水苏州、人文吴中。吴中要实现高水平全面建成小康社会的目标任务，必须围绕“人的现代化”这个核心，以“吴文化”这把精巧高妙的钥匙打开供给侧结构性改革这扇转型升级的大门。重中之重是围绕党代会报告中明确的“八个方面”战略举措，以“根植吴文化、建设新吴中”为主题导向，优化提升中心城市核、先进制造轴、生态文旅带“一核一轴一带”生产力发展布局，推动供给侧结构性改革取得明显成效，发展的质量效益迈上新台阶。

一是根植吴文化中风物清嘉的美丽乡土，探索走好以生态文明为引领的绿色发展之路。吴中拥有80%的苏州山体林地、60%的太湖水域、40%的太湖岸线，是全省生态红线区域最大的县（区）。基于这样的区情考量，我们始终把发展和保护统筹考量、协调推进放在首要位置，继续走好走稳以生态文明为引领的绿色发展之路。一方面，继续把生态环境特别是太湖水环境的保护作为头等大事常抓不懈，守好“大水缸”、当好“大花园”。另一方面，坚持“红线转化红利”方向不动摇，持续推进实业兴区战略，实现节约集聚发展，为更大力度反哺生态保护夯实经济基础。建区15年来，吴中累计生态投入已超过150亿元。

二是根植吴文化中博大隽永的文化遗产，探索走好以创新融合为引领的特色发展之路。吴中的古镇古村、文保单位、非物质文化遗产数量均列江苏县级之首。我们必须传承和发扬好吴文化中宝贵的工匠精神、创新精神，走好创新融合、特色发展道路，同时深入推进文旅融合战略，以全域旅游为主攻方向，全力打造环太湖生态文旅产业带。到2020年全社会研发支出占GDP比重提升到2.8%，高新技术产业产值占规模以上工业产值比重达50%，文化产业增加值占GDP比重达10%，旅游总收入占GDP比重超15%，真正把吴中秀丽多姿的“绿水青山”变成强区富民的“金山银山”。

三是根植吴文化中以文化人的先贤传统，探索走好以城乡一体为引领的文明发展之路。对此，吴中区将着重在三方面精准发力。一是抓好富民增收，建立完善终身职业技能培训制度，确保城镇年新增就业1.5万人，吴中籍高校毕业生就业率保持95%以上；深化国家农村集体资产股份权能改革，到2020年实现村均稳定收入超1800万元、户均分红7800元。二是抓好便民服务，在医疗、教育、就业、住房等方面持续发力，五年内新建中小学、幼儿园64所，90%户籍人口签约家庭医生。三是抓好安民治理，推广深化村民联系卡、出租屋超市、智慧农村等社会管理模式，抓好安全生产、矛盾化解、食品药品等重点领域工作，构建全民共建共享、平安和谐稳定的社会治理格局。

做好“三篇文章”，推动从严治党工作落到实处

苏州日报：结合党代会报告提出的“必须首先当好全面从严治党的先行军排头兵”，能否请金书记阐述吴中全面从严治党工作的重点？

金洁：市党代会报告提出，苏州要顺利实现高水平全面建成小康社会的奋斗目标，努力争当建设“强富美高”新江苏先行军排头兵，必须首先当好全面从严治党的先行军排头兵。通过这些年的实践，我们深切地感到，推进经济社会持续健康发展，离不开广大党员干部的共同努力，离不开全面从严治党的根本保障。下一步，我们将认真学习贯彻十八届六中全会精神，紧紧围绕“四敬四有”标准，扎实做好“教好干部、用好干部、管好干部”这“三篇文章”，推动全面从严治党工作落到实处。

一是突出“两学一做”，教好干部。以开展“两学一做”学习教育为契机，加强中国特色社会主义理论体系学习教育，引导广大党员干部做“四敬四有”好干部。即敬慕“老人家”，在重温马列经典中坚定理想信念，做“心中有党”的好干部；敬爱“老百姓”，在践行群众路线中改善民生福祉，做“心中有民”的好干部；敬仰“老天爷”，在尊重自然规律中实现绿色发展，做“心中有责”的好干部；敬重“老祖宗”，在弘扬传统文化中培育核心价值，做“心中有戒”的好干部。

二是突出“两项工程”，用好干部。今年是换届年，从区委选配干部的角度来说，抓好各级换届是我们优化提升干部队伍最重要的工作。目前，区、镇、村各级党委换届已经完成，人大、政府、政协换届工作也正在有序进行。吴中区将始终坚持“20字”好干部标准，以“百名好书记”专项建设行动、“优苗精培”计划等“两项工程”为抓手，努力打造一支守信念、讲奉献、有本事、重品行的干部队伍。扎实推进具有吴中特色的富民型农村党建、和谐型社区党建、效能型机关党建、创新型“两新”党建等“四型党建”工作，密切党群干群血肉联系，不断夯实基层执政基础。

三是突出“两个责任”，管好干部。依托吴中本土暴式昭廉政文化这个特色资源，全面推进党风廉政建设和反腐败斗争，着力推动“两个责任”落实到位。探索出台与吴中实践相匹配的巡察方式，切实发挥农村集体资产监管交易服务平台和国资监管云平台“两大监管平台”作用，坚决落实中央“八项规定”和省、市、区委各项规定，真正让党员干部心有所畏、言有所戒、行有所止，为经济社会发展营造良好的政治生态环境。

（刊发于2016年11月7日《苏州日报》头版）

创新发展，人文吴中迈步从头越

为进一步促进创投资本与区内产业对接，优化吴中产业发展环境，10月18日，2016苏州吴中·太湖经贸合作洽谈会——吴中区产业与资本对接会暨太湖金融资本高峰论坛将在太湖之滨隆重启幕，围绕“创新谋发展，创业赢未来”这一主题，吴中区将全面推介先进制造业的发展状况及优良的投资环境，助推区域产业深度转型、优化升级。

新定位积蓄新力量，新布局谋定新未来。今年7月，吴中区党代会提出“根植吴文化、建设新吴中”作为今后发展总的主题导向，并明确“中心城市核、先进制造轴、生态文旅带”为主要内容的发展布局，围绕这一发展主题，吴中区坚持创新引领，实施“三大布局、四大红利”战略，不断深化产业转型升级，营造良好创新创业氛围，推动经济社会发展再上新台阶。

产业集群彰显多元活力，差异竞争助力整体腾飞

今年1~7月，吴中区全区实现工业总产值928.4亿元，同比增长0.8%；新兴产业产值346.6亿元，占规模以上工业比重达到53.1%。其中，新能源、智能电网和物联网、高端装备制造业产值增长迅速，增速分别达到34.1%、17.5%和14.4%……数据的背后，体现出吴中产业结构调整的具体趋势和活力。

创新为产业发展提升加速度。近年来，吴中区立足自身实际，一方面，鼓励节地挖潜，淘汰落后产能，发展新兴产业，拓展升级空间；另一方面，大力推进信息化与工业化深度融合，推进智能制造和“机器换人”，全面提升智能化水平。作为全区的两大主导产业，吴中区的装备制造业已形成一定规模和相对完备的生产体系。电子信息产业已拥有微电子、数字、软件、网络等主要关键技术和光电及集成电路、新型平板显示、软件、现代通讯、计算机及网络产品等多种产业集群。

此外，以检测、物流、电子商务为特色的三大业态加速发展。截至目前，全区已集聚了药明康德、中认英泰、西山中科等30余家专业化、高水平检测机构，拥有10多个国字号检测资质平台。并打造了吴中港、宝供物流园等特色园区，涵盖三四方物流、专业市场配送等现代物流业态，初步建成了苏州南部区域性物流中心。近30万平方米的电子商务集聚发展载体，也为吴中电子商务的迅猛发展提供了有力的支撑，2015年全区电子商务交易额达230亿元，同比增幅超30%，科沃斯、优尔食品（淘豆网）、江苏随易（食行生鲜）、飞华铝业、苏州粮食市场交易网等5家企业电子商务交易额超亿元。

与此同时，吴中区决策层认识到，实现区域经济整体腾飞，就要在过去“板块竞争、做大规模”的基础上，打破行政界限，优化区域产业规划，要把组团经济实力转化为统筹集聚红利。为此，吴中区研究和制定了《吴中区先进制造业轴优化提升五年计划》，以“吴中开发区—甪直—胥口”一轴为中心，聚焦工业创新转型和空间效益提升，推动制造业高端化。其中，吴中开发区重点打造智能装备制造业、生物技术与新医药产业，甪直镇重点打造模具产业及节能环保产业，胥口镇重点打造新能源新材料产业，共同构建吴中先进制造业轴心；以吴中高新区、太湖新城为两翼联动，重点发展生产性服务业，推动产城融合；以木渎、东山、临湖为三片助推，发展专精特新，打造区域特色经济。一个以要素集聚区为主体，特色产业基地为延伸，制造业与生产性服务业良性互动，产业与城市融合共生的吴中发展新格局初具雏形。

政企互动实现“同频共振”，“专精特新”助力“小巨人”崛起

近年来，围绕《国家创新驱动发展战略纲要》，吴中区不断发挥开发区与高新区两个主阵地作用，全力建设苏南国家自主创新示范区特色区。支持高新区积极探索“一区多园”发展模式，鼓励先行先试、奋力争先进位，推动省级高新区向国家级迈进。推进知识产权强区建设，搭建科技公共服务平台，构筑发达的中小企业创新公共服务体系，形成创新链、产业链和资本链的无缝衔接，发挥企业创新主体作用，营造大众创新、万众创业的社会氛围，实现企业追求与政府支持的“同频共振”。

2012年，吴中区在苏州大市率先启动实施了《吴中区千企升级创新转型行动计划（2012~2015年）》。四年来，全区上下大力鼓励企业开发新产品、新技术、新工艺，并加快引导中小微企业走“专精特新”之路，自主创新能力不断增强，转型在吴中已形成一股热潮。

科沃斯机器人科技（苏州）有限公司正是其中一例。这一从做了近10年的贴牌加工企业到拥有616件授权专利、取得7项江苏省高新技术产品的行业佼佼者，如今的科沃斯已经建立了覆盖全国主要大、中型城市的销售网络，其生产的智能清洁机器人在全国市场的份额达65%以上，成为中国清洁机器人行业的第一品牌，其华丽转身让人们看到“小巨人”爆发的“大威力”。

像这样的企业在吴中区不在少数。苏州电器科学研究院股份有限公司成功建设并实现五个世界第一技术指标、五个中国第一技术指标，多项技术能力填补国内空白；环球链传动成功创建国家级企业技术中心，实现了吴中区零的突破；此外，绿的谐波通过江苏省科技小巨人企业认定；凯尔博精密通过江苏省中小企业专精特新产品认定；汇川技术、东山精密、三基铸造等一批骨干龙头企业也在行业领域取得了较大的技术优势和市场份额……

可以说，通过产学研合作、兼并重组、强强联合、专业分工、服务外包等多种发展方式，每个企业都从自身出发，找到了适合的上升阶梯。截至2015年底，全区高新技术企业累计104家，专利授权量7263件，目前大中型企业研发机构建有率已达100%，企业技术创新能力显著提升，有力地推动了经济稳步增长。

全面打通人才链与资本链，持续推动创新创业环境优化

创新创业，核心在人才，以人才集聚引领产业升级，已成为吴中精心构筑人才高地的重要目的。目前，全区共拥有省双创人才19人、市姑苏领军人才44人，优德通力阎团周博士、吴中医药陈国庆博士入选国家“千人计划”，高层次人才数超过9000人，一条活力凸显、充满潜力的人才链逐渐发挥出人才推动发展的“源动力”。

作为吴中区引进的重要人才之一，杨振枢本硕博都毕业于清华大学，曾任外资企业驻华首席代表、电动汽车公司联席总裁等职务。2013年来到吴中创业，创立了苏州博利迈新材料科技有限公司，开始瞄准高端市场本土化、国产化道路，在材料的配方和制作工艺上已先后取得100多项发明专利。2015年，在不到1500平方米的研发生产基地、3条批量生产线上企业产值就达到了1000万元，保持50%的增长速度。

而人才的集聚，也带来了吴中区产业的跨越式发展，实现了人才与项目双向带动。2006年，美国哥伦比亚大学有机化学博士李革把他一手创办的药明康德带到了吴中，作为国内首家在美国纽交所上市的新药研发外包企业，药明康德集聚了一大批顶尖人才，由此赢得了包括全球前20强在内的制药企业的外包合同。“引进一名领军人才、组建一支创新团队、孵化一个科技项目、兴办一家高新企业、带动一个新兴产业”已经成为吴中区人才、产业“螺旋式”上升的转型路径。

吸引人才与项目落户，靠的是良好的产业环境，更靠优质的创业服务。在吴中，完善创业载体建设，优化创业环境成为转型升级的一大重要手笔。目前，全区拥有东太湖科技金融城等4个国家级孵化器平台，并高标准打造了吴淞江科技产业园、出口加工区、太湖金港等一批优质创业园区，为落户的人才项目提供充足的物理空间、资本、人才、产业链、管理和配套服务。同时，以省级创业示范基地“苏州金枫广告产业园”和“苏州舟山核雕孵化基地”为示范模板，打造具有吴中特色、传统吴文化的电商特色产业园，形成综合性和专业性相结合的创新创业孵化载体平台，并在运营理念上融入众创空间模式，切实为创业者提供低成本、便利化、全要素、开放式的工作空间、网络空间、社交空间和资源共享空间，着力打造适合“草根”创业的自由创业体系。

针对企业创新所遇到的资金瓶颈问题，吴中区主动发挥财政资金的杠杆效应，成立了中小企业服务中心（增信基金办），出台《吴中区中小企业贷款“增信基金”实施细则》和《吴中区中小企业贷款“增信基金”管理暂行办法》，由政府出资设立增信基金，为入池企业在申请银行贷款时提供增信，帮助企业以有限的抵押物获得更多的银行贷款、享受优惠的贷款利率，并制定贷款贴息政策以进一步降低企业融资成本。

接下来，吴中区将进一步

创新科技投入机制，全面撬动银行、保险、证券、创投、担保、租赁等资本要素投向科技创新，形成政府、创投、银行、担保、保险、证券、租赁等“七合一”协同支持创新发展科技金融新模式。同时，更大力度推进“创客天堂”行动计划。聚焦“机器人与智能制造，移动互联网+，生物医药，现代农业，文化创意”五大核心优势产业，打造“众创+园”创客空间、机器人创新广场、互联网创业峰会、环太湖创意公园等一批重点突出、资源集聚、服务专业、特色鲜明、前景广阔的众创空间。

（刊发于2016年10月14日《新华日报》第20版）

吴中：以生态建设新高度全力提升发展质效

12月24日，生态文明与绿色发展绩效评价考核高层座谈会将在吴中区举办，这是继2013年生态文明建设专家咨询会、2014年生态资源价值高层座谈会、2015年自然资源资产负债表与生态文明绩效考评高层座谈会后，吴中区连续第四年举办生态资源价值专题研讨会，也是吴中区编制自然资源资产负债表后深入探索生态文明建设制度创新的扎实举措。

优良的生态环境是吴中发展的最大优势和生命线。吴中区坐拥太湖60%的水域、苏州80%的山林，辖区内拥有1个国家5A级景区、4个国家4A级景区，3个国家级历史文化名镇、5个国家级历史文化名村，13个太湖风景名胜区中6个位于吴中，太湖72峰中58座居于吴中，被誉为“太湖最美的地方”。同时，吴中区承担着苏州市区80%饮用水供应，苏州市“四个百万亩”任务指标下达吴中区59万亩，全区禁、限制开发区域占陆地面积近一半，生态红线保护区域总面积1943平方公里，占全区国土面积的87.1%，是全省生态红线区域最大的区（县、市），生态保护责任重大、任务艰巨。

在“绿水青山就是金山银山”的理念引领下，吴中区始终践行绿色发展之路，近期出台的“十三五”规划更是把“绿色发展”作为发展的“五大战略”之一，提出要坚持生态立区，打造宜居宜业的绿色吴中，把生态文明建设摆在突出位置，将生态文明的理念、原则、目标融入经济社会发展各方面，全面落实绿色发展理念，加快形成绿色吴中的空间格局、产业结构、生产方式、生活方式、社会共识，努力绘就绿色发展新蓝图。

不断完善的制度建设，从顶层为环境保护撑起“保护伞”。2013年，吴中区成立太湖水环境综合管理办公室，对太湖实施“五位一体”综合管理，制定了太湖水体环境保洁、芦苇收割管理、湿地收割管理、水草蓝藻打捞、饮用水源地保护5个管理标准、考核办法及相应的工作职责和制度，每年区财政投入专项资金3000万元，保障“五位一体”综合长效管理工作顺利推进。同时，率先制定《苏州市吴中区生态文明建设考核办法》，对各地生态红线区域管控工作开展考核，将考核成绩作为年度生态文明建设考核的重要组成部分。近年来，吴中区严格落实生态红线区域保护规划，守住耕地保护、开发强度、生态保护“三条红线”。加快推进城镇周边永久基本农田划定工作，优质水稻、特色水产、高效园艺、生态林地“四个百万亩”全部实现上图落地。相继出台的生态红线考核办法、考核细则、生态转移支付资金管理办法等，从制度上确保生态红线区域面积不减少，重要生态功能区、生态系统得到有效保护，近两年来，在省级生态红线区域监督管理考核中名列前茅。

一项项生态文明项目的有序推进，让吴中的环境质量得以持续改善。严格落实"水十条""大气十条""土十条",持续推进东太湖综合整治、"两河一江""两山一镇"等重点生态项目建设,统筹实施美丽乡村和农村生活污水处理设施建设,生态文明建设三年行动计划收官,获评国家生态区、全国生态文明建设示范试点区、国家级生态保护与建设示范区,实现国家级生态镇全覆盖,市级以上生态村满堂红。严把生态空间、环境影响、排污总量"三位一体"准入制度,仅2015年,吴中区劝退、拒批不符合环保要求项目48个。目前,吴中区"美丽村庄"建设任务每年按计划有序推进,金庭镇庭山村和东蔡村,东山镇渡桥村,光福镇冲山村,越溪街道张桥村等5个村成功创成省级生态村,横泾街道及新路村分别获评省水美镇、村,生态文明建设结出累累硕果。

"生态惠民"源于保护,实在发展,坚定不移地走绿色发展之路就是用更少的资源消耗获得更多的效益产出。吴中区提出"先环境、后生产,先保护、后开发,先生态、后业态"的发展理念,牢固确立生态立区方针,以"严守生态红线、扩大生态红利"为目的,全面提升生态资源价值。2015年吴中区新增三星级以上"能效之星"企业4家,通过清洁生产审核验收企业20家,淘汰落后企业62家。高新技术和新兴产业健康发展,实现高新技术产业产值450亿元、新兴产业产值606亿元,占规模以上工业产值比重分别提升至40.8%和54.9%,服务业增加值466亿元,占地区生产总值比重达49%。在《吴中区能源消费总量、煤炭消费总量控制目标责任管理实施意见》政策指导下,2015年全区煤炭消费总量24.45万吨,比2012年考核基数减少14.45万吨。光大环保、淞港热能等4家企业完成能源管理体系建设,实现产业的转型升级,加快实施"退二优二""腾笼换鸟",已经成为吴中从源头上实现"两减"的生动实践。

吴中人深知,环境保护、污染治理不可能一蹴而就,生态文明建设注定是一场持久战、攻坚战,作为"两减六治三提升"专项行动的关键区域,推动以治理太湖为引领的生态保护工作落实,吴中责无旁贷。吴中区委政府提出了"坚持改革创新,更大力度推动绿色发展""坚持源头管控,更大力度优化空间布局""坚持统筹兼顾,更大力度完善基础配套""坚持治管并重,更大力度改善环境质量""坚持全民参与,更大力度提升生态意识"等"五个坚持"要求,继续把生态文明建设不断向新的高度、广度和深度推进。

(刊发于2016年12月23日《新华日报》第19版)

"史上最强"园博会完美谢幕

为城乡绿色发展注入新动能

5月18日,第九届江苏省园艺博览会在苏州吴中完美谢幕。这场被称为"历届园博会规模最大、内涵最丰富、展示水平最高"的盛会,一个月里吸引了136万人次走近太湖,品味"一园江南梦"。

原江苏省城市发展研究院院长、江苏省人民政府研究室研究员张锋说,这片236公顷的"超级大园林",汇集了太湖自然山水、特色展馆、海绵技术、新苏式园林等令人印象深刻的亮点元素,展示了城市建设、旅游发展、村庄建设、志愿服务等领域的创新实践,为江苏留下了宝贵经验。

为"全域旅游"创设新的发展空间

提起苏州旅游,"城内"的园

林似乎比“城外”的太湖更具知名度。去年9月底，苏州召开全市旅游业发展大会，提出“全域旅游”，期冀以此为“人满为患”的古城、古镇分流，为苏州旅游转型破题。

在本届园博会开幕的4月18日当天，2016“东方水城”苏州国际旅游节同步在园博园内启动，旅游节首次移师苏州城外太湖之滨，向外界释放了不同寻常的信号。苏州市旅游局局长朱国强直言，发展“全域旅游”，太湖不可缺席。

吴中区委书记金洁说，早在园博园建设之初，吴中区就思考“园博会之后怎么办”，并以此为出发点，把东山、西山、临湖等太湖常规旅游景点串联起来，推动交通规划、设施硬件配套上的整体跟进，实现环太湖休闲旅游服务功能系统性提升。

今年“五一”期间，这个精心规划的“旅游新空间”一下子涌进21万人，创下太湖游客量历史新高。很快，人气激增带来“蝴蝶效应”。在东山镇经营农家乐的杨斌斌说，园博会开幕后，农家乐营业额增长近两成，从网上订单看，除了苏州本地客，有接近35%的游客来自于上海、浙江等地。“部分房间已预定到8月份，不少是园博会期间的回头客。”他认为，园博会已经闭幕，园博园继续保留，因园博催生的“环太湖休闲度假风”才刚刚兴起。

为“美丽乡村”搭建新的建设样板

粉墙黛瓦的民宅整齐划一，按照“海绵技术”铺设的透水路面直通到每家门口，清澈的太湖水流入村里的河道，角角落落都是各色花草……走进园博园西北角的柳舍村，眼前仿佛展开了一幅江南水乡田园图。园博会，让这个在太湖边沉睡了600年的古村重焕新姿。

就在一年前，这里还是另外一个样子。村委会工作人员沈逸鸣告诉记者，柳舍村濒临太湖，村级经济发展和村庄建设滞后。“房屋破败，不少土路一下雨没法走，有条件的年轻人都离村进城了。”去年3月，柳舍村作为保留村庄被纳入园博园整体建设，和苏州“美丽乡村”同步规划，从内到外发生巨变。

在省住建厅调研员张晓鸣看来，柳舍村是美丽乡村建设的绝佳案例。如在改造过程中注重用碎石拼接、植草沟代替混凝土浇筑，节省成本、提升实用性，又留下了“乡愁”。接下来，最重要的还是要盘活乡村的产业，借助“后园博”效应，让美丽乡村的建设变得可持续。

如今，柳舍村一个名为“右见·十八社”的民宿项目已初露端倪。“根据房子大小，每年给每户村民不低于5万元的租金，然后引进专业设计团队进行庭院内外翻修，打造成与村庄整体协调的民宿。”项目负责人扈俊鸽介绍，第一批完成的9间主题客房分别散落在村里4栋民宅中，今后还将继续扩大。“政府为园博会改造的大环境，为柳舍村发展民宿和旅游打下了根基，我们看好这里。”

为“后园博会”注入新的精神动能

这几天，在园博园奋战了整整180天的吴翔终于可以放松一下了。经过简单的休整，他将继续回到吴中区城管局的岗位上工作。

吴中区园博局局长沈雪华说，早在2013年，区里就从各部委办局抽调了200多名“精兵强将”组成园博工作局。3年不到，这个“特别能吃苦、特别能战斗”的团队齐心合力，硬是让太湖之滨的荒郊野地换了人间，奉上了一届精彩的“绿色发展”盛会。

与200多名抽调人员共同服务园博的，还有1740名青年志愿者。吴中中专团委书记袁丽逸说：“我们的每个同学都非常认真，每天完成志愿工作后还要赶回学校上晚自习。考试期间，有的同学甚至还会把练习试卷带进园博园，利用空闲时间学习。”

在招募志愿者同时，吴中区迅速成立由区文明办、教育局、机关党工委等多家部门联合组成的志愿者管理组，邀请专业教师进行系统培训。在园博会开幕的30天里，没有出现一起重大事故，几乎不存在投诉事件。

“可以说在山水之外，服务园博会的所有工作人员本身也成了一道亮丽的风景，这也是我们最宝贵的无形资产。”金洁认为，这届园博会，吴中区不仅展现了江南园林之盛、吴地文化之厚、太湖生态之美，更锻造了一支勇于担当、甘于奉献的干部队伍，他们回到原来工作岗位上，必将为更大的发展注入新的精神动能。

（刊发于2016年5月22日《新华日报》头版）

石湖晚景

编辑：喻其水

大事记

1月

4日

△区领导金洁、唐晓东、许振华、张炳华、荣德明会同区相关部门负责人出席浪潮金融信息系统项目签约仪式。

△苏州市首个国、地税联合24小时自助办税服务厅正式启用。该自助办税服务厅位于吴中东路146号，共有5台自助办税终端。

4~6日

△中国人民政治协商会议第三届苏州市吴中区委员会第五次会议在苏州太湖国际会议中心举行。会议听取和讨论中共吴中区委书记金洁在开幕会上所作的讲话，听取和审议主席薛明仁代表区三届政协常委会所作的工作报告和副主席刘克平代表区三届政协常委会所作的三届四次会议以来提案工作情况报告。会议补选张建祥为政协第三届苏州市吴中区委员会副主席。

5日

△在苏州市不动产登记中心吴中分中心城区窗口大厅，区委常委、常务副区长许振华向市民席先生颁发吴中区第一本不动产权证书。

5~7日

△苏州市吴中区第三届人民代表大会第五次会议在苏州太湖国际会议中心召开。会议听取和审议《吴中区人民政府工作报告》《吴中区国民经济和社会发展“十三五”规划纲要》《2015年国民经济和社会发展计划执行情况与2016年计划》《2015年财政预算执行情况和2016年财政预算》《区人大常委会工作报告》《区人民法院工作报告》《区人民检察院工作报告》等决议。大会审议通过孙卓辞去区三届人大常委会主任职务，陆培康、崔玮珈、张振新辞去区三届人大常委会副主任职务的请求，并通过提名、选举，补选唐晓东为区长，张炳华为人大常委会主任，陆增林为副主任，徐远志为委员，确立“关于继续推进美丽乡村建设”议案，大会收到代表建议、批评、意见107件。

15日

△文化部副部长项兆伦一行调研吴中区非物质文化遗产传承等工作。

18日

△在2015年江苏省县级体育重点工作督查情况结果中，吴中区以94.05分位列全省参与考核的64个县（市、区）第九名，连续12年进入前十名行列。

28日

△吴中区举行第二十届苏州太湖梅花节暨第十五届“太湖之春”旅游月活动，本次梅花节从1月28日开始至3月31日结束。

30日

△吴中区举行迎新春团拜会。

本月

△吴中区金庭镇入选“首批江苏省农村电子商务示范镇”。

2月

2日

△国土部上海督查局局长高向军一行调研吴中区。

5日

△吴中区被中国科协命名为“首批2016~2020年度全国科普示范县(市、区)”，苏州大市有3市1区获此荣誉，这是吴中区继2007年、2011年后，第三次获得此项荣誉。

△区委、区政府组织2016年春节前夕安全生产大检查。

15日

△吴中区组织收看全省机关作风建设大会。

△吴中区召开作风效能建设暨综合表彰大会。

△国务院副总理汪洋一行视察科沃斯机器人科技有限公司，省委书记罗志军、市委书记周乃翔等省、市领导陪同视察，区领导金洁、唐晓东、荣德明会同区相关部门负责人参加。

16日

△吴中区举行重大项目春季集中开工仪式，首批25个重点项目集中开工，总投资172亿元。

21日

△市长曲福田、副市长俞杏楠及市发改、经信、财政等部门负责人一行20余人到吴中太湖新城就城市规划与建设进行考察，区领导金洁、唐晓东等陪同。

22日

△省环保厅授予金庭镇庭山村、东蔡村，光福镇冲山村，东山镇渡桥村，越溪街道张桥村5个行政村“江苏省生态村”称号。

24日

△吴中区召开纪检监察工作会议。

25日

△“中国饭店业优质大闸蟹采购基地”授牌仪式在苏州东山镇举行，东山镇获得“中国饭店业优质大闸蟹采购基地”荣誉。

26日

△区委、区政府召开重点项目推进工作协调会，专题协调太湖西山汉舍生态旅游综合体、中国正向设计研究院、苏州天安云谷工业地产项目。

27日

△湖南省长沙市岳麓区区长刘汇率考察组一行到吴中区考察美丽乡村建设工作。

28日

△吴中区举行园博会动员誓师大会。

本月

△吴中城乡一体化投资基金正式投入运作，成为全省首个、全国第二个正式投入运作的城乡一体化基金。

3月

4日

△吴中区首期“东吴大讲堂”在澹台湖大酒店正式启动，邀请北京行政学院公共管理教研部教授董晓宇作题为“五大发展理念与政府治理转型”专题讲座。

6日

△吴江区委书记梁一波、区长沈国芳率党政代表团到吴中区考察“两山一镇”环境整治生态提升工程、园博园、陆巷古村。

7日

△吴中区召开纪念“三八”国际劳动妇女节106周年暨“十佳”创新创业优秀女性表彰大会。

10日

△区旅游局组织区内旅游企业举办“春到太湖游园博——长三角重点旅行商太湖踩线暨吴中旅游推介会”，来自上海、杭州、南京、常州、嘉兴等地近50家重点组团社代表以及多家新闻媒体出席推介活动。

△主题为“践行五大理念，建设生态吴中”的2016吴中鱼悦节公益放鱼活动在东山陆巷外婆桥码头举行，当天投放鱼苗20万尾。

11日

△吴中区在园博园开展义务植树活动。

△吴中区籍中国科学院院士王守觉向区档案馆捐赠实验器材、研究手稿、聘书原件等个人珍贵档案资料共计105件。

13日

△区委、区政府召开区公共文化中心工作协调会，区领导金洁、唐晓东、周云祥、乐江、许振华、周晓敏、沈志栋、沈伟民出席，区编办、经信局、司法局、财政局、人社局、住建局、文体局，团区委、区妇联、区文联，区档案局、机关事务管理中心、公共文化中心，吴中交巡警大队、吴中消防大队、吴中规划分局、度假区规划分局和城区、国裕公司有关负责人参加。

17日

△2016年度吴中区耕地后备资源年度更新数据成果通过江苏省国土资源厅审批，此次更新调入图斑面积114.5364公顷、调出20.3665公顷，更新后耕地后备资源图斑总面积达2673.5925公顷。

18日

△省人大常委会副主任、党组副书记蒋宏坤一行到吴中区调研农村生活污水治理工作，市、区领导周乃翔、曲福田、唐晓东等陪同。

△由吴中区茶业协会主办、西山茶业协会承办、金庭旅游集团公司协办的苏州吴中产鲜第二届非物质文化遗产洞庭山碧螺春制作技艺传承活动在金庭游客中心举行。

18~19日

△安徽省黄山市副市长陆群一行到吴中区考察古村落保护利用工作，区领导唐晓东、周晓敏会同区文体局和东山镇及古村落公司有关负责人陪同。

19日

△苏州中科慧盛与中科院上海光机所联合，成功研发出我国第一代“土壤污染激光检测仪”，填补国内光学快检土壤污染物设备领域的空白。

21日

△吴中区召开《吴中文库》丛书研讨会，中国作家协会党组成员、书记处书记阎晶明会同范小青、陈子善、王侃、丁帆、叶兆言、汪政、徐雁、王尧、王振羽、王欲祥、李超德、钱公麟、佘江涛、孙艺兵等著名文艺评论家、专家学者以及丛书编委会全体成员、主创作者和吴中区有关领导共80余人参加。

23日

△贵州省铜仁市松桃苗族自治县县长龙群跃一行到吴中区考察学习，区领导唐晓东、秦卫明等陪同。

25日

△省纪委副书记、监察厅厅长江里程一行调研吴中区基层党风廉政建设。

△中国社会科学院副院长、中国地方志指导小组常务副组长李培林，中指组副秘书长兼办公室副主任冀祥德一行到吴中区东山镇调研地方志工作情况。

26日

△第九届国际残疾人职业技能竞赛闭幕式暨颁奖典礼在法国波尔多湖畔展览中心举行，中国队获得8块金牌、6块银牌、6块铜牌的优异成绩。其中，来自胥口的两位残疾人选手顾建珍和沙红英分别获得刺绣和钩针编织项目的金牌。

28日

△中国地方志指导小组携央视摄制组到古镇角直，为《中国名镇志》宣传片进行拍摄。

30日

△吴中区召开城乡发展一体化暨美丽乡村建设工作会议。

△江苏省委副书记、省长石泰峰赴科沃斯机器人科技（苏州）有限公司调研，参观全国首家机器人博物馆，市委书记周乃翔、市长曲福田等领导陪同调研。

31日

△区委、区政府组织召开吴中高新区建设工作推进会。会上，江苏省吴中高新技术产业开发区正式挂牌。

△区农业局与苏宁易购签订合作协议，在其网店平台“中华特色馆”开设国内首家区级馆——苏州·吴中太湖馆，遴选全区“6+1”现代农业特色农产品入驻开展线上销售。

4月

5日

△吴中区被省商务厅评为第二批江苏省农村电子商务示范县。至此，吴中区拥有国家级电子商务示范基地、示范企业各1个，江苏省电子商务示范县、镇各1个，江苏省电子商务示范村2个，江苏省电子商务示范企业1个。

6日

△省委常委、省纪委书记弘强一行到吴中区调研，市、区领导周乃翔、曲福田、周广智、唐晓东等陪同。

△吴中区被省政府办公厅授予“江苏省人口协调发展先进县（市、区）”称号。

11日

△苏州市国家安全教育基地——穹窿山谍战影视馆启用仪式在孙武文化园举行，这是中央国安委成立和《反间谍法》实施以来国内首个面向公众宣传国家安全的影视基地。

12日

△江苏苏州太湖湖滨国家湿地公园正式揭牌。

15日

△吴中区举办第二期“东吴大讲堂”，邀请国家发改委规划司副司长岳修虎作“十三五”规划专题解读。

17日

△在北京国际电影节纪录中国扶持计划说明会上，中国首个纪录片小镇正式落户吴中区东山镇。

17~20日

△第75届中国国际医疗器械（春季）博览会在上海国家会展中心举办，吴中区医药行业商会组织会员企业以“吴中医疗”为名片抱团参展。

18日

△吴中区被省政府认定为2013~2015年度太湖治理工作成绩突出县（市、区）。

△第九届江苏省园艺博览会开幕式在吴中区举行，省人大常委会副主任、党组副书记蒋宏坤，副省长张雷，市领导周乃翔、曲福田、陈振一、俞杏楠，区四套班子全体领导，住建部城建司，中国工程院，省政协人口资源环境委员会，省委宣传部，省发改委、住建厅、环保厅等单位领导与嘉宾，以及江苏各省辖市政府分管副市长、全省风景园林行业的相关专家学者出席。

△第十九届中国苏州“东方水城”国际旅游节开幕式在吴中区园博园举行，本届国际旅游节以“乐活水天堂、缤纷太湖游”为主题。省政府副省长许津荣、副秘书长方伟，省旅游局局长秦景安，市领导周乃翔、曲福田、王鸿声，区领导金洁、唐晓东、周云祥、唐龙生、周晓敏、赵建明等出席开幕式。

20日

△省信访局局长莫宗通一行到吴中区调研信访工作，区领导唐晓东、张建祥、沈志栋会同市、区信访局有关负责人陪同。

21~24日

△德国友城里萨市市长马可·穆勒率团一行8人对吴中区进行友好访问，区长唐晓东接待，双方就继续推动和深化两地间友好交流与合作达成共识。

23日

△山东省烟台市牟平区区委书记李爱杰一行到吴中区考察，区领导唐晓东、周云祥、张炳华、薛明仁会同区政府办、发改局、财政局、旅游局、国土分局、规划分局等部门有关负责人陪同。

△吴中区建筑工业化合作建设项目成功签约。远大住工、嘉盛建设、金陵建工及吴中区工业资产公司四方代表签订合作协议。该项目注册资本1.65亿元，总投资3.8亿元，是建筑工业化生产基地在吴中区的率先试点，也是苏州市首个“强强合作”建筑工业化合作项目。

△第21个“世界读书日”暨江苏全民阅读日，吴中区图书馆展开“山水苏州·人文吴中”吴地历史文化丛书《吴中文库》专题展览巡展活动。

25日

△区领导唐晓东、周晓敏会见韩国大邱市东区区长姜大植一行，区经信局、卫计局、旅游局、外侨办等部门负责人陪同。

26日

△以“跨界融合，聚力前

行”为主题的第五届长三角电子商务高峰论坛在吴中区澹台湖大酒店举行。

27日

△原国务委员唐家璇到吴中区调研，市、区领导俞杏楠、唐晓东会同市、区相关部门负责人陪同。

28日

△中央农村工作领导小组副组长、办公室主任陈锡文一行到吴中区考察美丽乡村建设，省委常委、副省长徐鸣，省发改委党组副书记、副主任赵旻，市、区领导曲福田、朱民、唐晓东、周云祥陪同。

29日

△吴中区召开庆“五一”暨“吴中工匠”表彰大会。

5月

1日

△区国税局为苏苑饭店成功开出吴中区全面“营改增”实施后首张增值税专用发票和增值税普通发票。

4日

△省四套班子离退休老领导到吴中区考察，市、区领导周乃翔、曲福田、周伟强、王少东、陆新、徐国强、金洁、唐晓东、薛明仁、许振华、冯建荣陪同。

△吴中区召开“两学一做”学习教育工作座谈会。

5日

△团省委书记万闻华一行考察吴中区，市、区领导陆新、金洁、乐江会同团区委有关负责人陪同。

△苏州市华统食品有限公司生猪定点屠宰项目在吴中区正式投产运营，这是目前苏州市规模最大、设备现代、技术先进、机械化和自动化程度较高的生猪定点屠宰企业，也是市畜禽屠宰行业监督管理职能调整后第一家新批投产的生猪屠宰企业。

6日

△省总工会主席邢春宁一行调研吴中区，区领导金洁、周云祥会同区总工会有关负责人陪同。

△吴中区举办第三期“东吴大讲堂”，邀请北京大学政府管理学院教授、北京大学廉政建设研究中心主任李成言作《廉政形势与治理腐败对策》专题讲座。

6~8日

△第四届江苏省粮食行业职业技能大赛在苏州市吴中区胥口粮食储备库举行，吴中区粮食局粮油质量监测中心选手姚晶获质检专业组个人第一名。

9日

△区领导金洁、唐晓东、许振华、陆振华、沈伟民召集区委宣传部，区财政局、住建局、信访局、规划分局和度假区、胥口镇有关负责人，专题研究轨道交通5号线建设相关事宜。

10日

△苏州吴中“环太湖”国际竞走和行走多日赛被列为2015中国田径重点工作。

12日

△《中国名镇志丛书》首发式在北京人民大会堂上海厅举行，《角直镇志》作为首批名镇志亮相首发式。

△原市四套班子老领导府培生、黄炳福、王振明、江浩、陈金科、孟焕民、吴砚池到吴中区考察现代农业，市、区领导朱民、陆留生、金洁、唐晓东、周云祥、冯建荣会同区农业局、角直镇、澄湖农业园区有关负责人陪同。

13日

△仪征市市长朱柏兴一行到吴中区学习考察园博会，区领导金洁、冯建荣会同区园博局、园博公司负责人陪同。

△吴中区越溪张桥生态湿地公园开园。张桥生态湿地公园坐落于张桥村西南部，占地400余亩，其中水域占200余亩，分为西部、中部和东部三部分，西部是现代农作物种植和观荷赏鱼区，东部是旺山荡湖，中部是月季花园。

17日

△国家发改委国防司副司长周平，省发改委副主任赵芝明、处长陈岳平到吴中区调研申

报国家军民融合专项建设基金项目。

18日

△江苏省知识产权局副局长施蔚率专家组对吴中区国家知识产权强县工程试点区工作进行考查验收，确认吴中区通过国家知识产权强县工程试点区验收。

△第九届江苏省园艺博览会正式闭幕。开园31天，共接待游客136万人次，园博会5条专线运行6784班次，运送游客33.08万人次。

△位于吴中高新区的苏州舞之动画股份有限公司举行新三板上市揭牌仪式，该公司是苏州最大的综合创意动画制作公司，也是全市唯一在新三板挂牌的创意动画制作公司。

20日

△吴中区科沃斯创想机器人博物馆正式开馆，该馆为全国首家机器人博物馆。

21日

△由全国政协委员、国家安全监管总局原副局长、国家煤矿安监局原局长赵铁锤率领的国务院安委会第一巡查组到吴中区巡查安全生产工作。

24~25日

△江苏省旅游公共服务优化工程现场推进会在吴中区召开。

24~26日

△省法制办主任于爱荣、民政厅副厅长戚锡生率立法调研组一行到角直镇调研立法工作。

27日

△吴中区召开第九届江苏省园艺博览会工作总结大会。

28日

△清华企业代表团到吴中区进行项目对接，区领导金洁、许振华会同区发改局、经信局、科技局、国土分局、规划分局和木渎镇有关负责人出席座谈会。

30日

△农业部市场信息司司长唐珂一行6人考察吴中区“互联网+”现代农业工作，并专题指导计划在苏州市召开的全国“互联网+”现代农业工作会议暨新农民创业创新大会前期准备工作。

6月

2日

△省发改委、财政厅、商务厅、统计局等组成的专家验收组一行到吴中区开展省级园区循环化改造示范试点评审和考核验收。经过现场答辩、查阅材料以及评议讨论，开发区以87分的综合评分顺利通过验收。

4日

△由阿里巴巴联合苏州市政府、苏州跨境电商协会共同举办，以“全新视界、无界机遇”为主题的首届华东跨境电商生态大会在苏州太湖国际会议中心举行。

6日

△吴中区籍中国科学院院士、中国科学院半导体研究所研究员、著名半导体电子学家王守觉卒于东山，市、区领导周乃翔、曲福田、王少东、金洁、唐晓东、潘国强等前往东山吊唁。

13日

△宿迁市委书记、市人大常委会主任魏国强率党政代表团到吴中区考察园博园、开发区爱信AW（苏州）汽车零部件有限公司。

14日

△吴中区金庭镇东蔡村、衙角里村、植里村3个“中国传统村落”被列入2016年中央财政支持范围。此次全国共有750个村落入围，其中江苏省有6个村落上榜，苏州仅此3个。

△由市发改委主办、区发改局承办的第四个全国低碳日苏州主题活动在吴中区举行，本次活动以“蓄势碳权交易，引领绿色发展”为主题。

△省委常委、省军区政委曹德信一行考察吴中区孙武文化园，苏州军分区有关领导、区委书记金洁及区人武部有关负责人陪同。

17日

△吴中区举办第四期“东吴大讲堂”，邀请国家信息中心大数据应用和管理中心民生部主任赵海然作《大数据时代的民生

服务与社会管理》专题讲座。

20日

△省委书记、省人大常委会主任罗志军，省委常委、秘书长樊金龙，副省长张敬华一行视察吴中区东太湖整治、防汛抗洪、安全供水及太湖水环境治理等工作。

21日

△由江苏省知识产权局主办，苏州市知识产权局、吴中区知识产权战略联盟副会长单位——科沃斯机器人有限公司承办的省知识产权战略推进计划重点项目示范现场会召开。

22日

△国家发改委副主任林念修一行10人到开发区调研汇川技术（苏州）股份有限公司和药明康德新药开发有限公司，省委常委、副省长徐鸣，副市长徐美健，区领导金洁、许振华会同相关部门有关负责人陪同。

△由区委、区政府主办，区委宣传部、区档案局承办的“辉煌的历程——苏州市吴中区纪念建党95周年党史资料展”在区文联艺术展览馆举行。

22~23日

△省政府研究室副主任刘惟蓝一行到吴中区调研新型小城镇建设，区领导金洁、沈伟民会同区发改局、经信局、财政局、住建局、农业局、规划分局和开发区、角直镇、越溪街道等地有关负责人陪同。

24日

△吴中区组织收看收听全省政协工作会议。

28日

△上海市人大常委会主任殷一璀、副主任钟燕群率市人大常委会办公厅、人事代表工委以及16个区（县）人大常委会主要负责人调研吴中区人大工作。

29日

△吴中区召开庆祝中国共产党成立95周年大会。

30日

△苏州太湖新城吴中管委会与苏州城市地下综合管廊开发有限公司战略合作框架协议签署仪式在苏州太湖新城规划展示馆举行。

7月

3日

△吴中区召开防汛工作紧急会议。18时，太湖水位4.65米，超警戒水位0.85米，并继续上涨，太湖发生超标准洪水。其间，太湖周边河网最多时超过40个站点水位超警戒，江南运河常州至苏州沿线一度全线超保证水位，部分站点水位创历史新高。

8日

△太湖水位上涨至4.87米，系今年最高水位。

9日

△吴中区委、区政府召开全区防汛防台紧急会议，区委书记金洁部署全区防御今年第1号台风“尼伯特”各项工作。

10日

△国家发改委气候司司长苏伟一行到吴中区太湖新城调研，区领导许振华、荣德明会同省、市、区发改委（局）及太湖新城有关负责人陪同。

11日

△苏州国际精英周吴中创新创业洽谈会在苏州太湖国际会议中心举行，本次活动以“汇聚全球精英，共创美好吴中”为主题，共吸引来自海内外169名创新创业精英，携带160个创新创业项目参加。签订深度意向书40多个，签约项目涵盖生物医药、高端制造、电子信息、网络信息等重点产业领域。本次洽谈会还联合欧美同学会同步举办“百名博士吴中行”活动，49名海外博士、27名“千人专家”参加项目路演、实地考察、现场对接等活动。

12日

△住建部副部长倪虹一行到吴中区视察建筑垃圾资源化利用、生活垃圾终端处置管理等工作，省住建厅副厅长宋如亚，市、区领导俞杏楠、沈伟民会同市、区相关部门负责人陪同。

13日

△区领导金洁、唐晓东、陆振华、冯建荣、沈伟民会同区委宣传部，区市容市政局、交通运输局、环保局、度假区公安分局等单位和木渎镇、金庭镇等地有关负责人，专题研究金庭镇太湖强制隔离戒毒所垃圾规范处理工作。

14日

△南宁市委常委、副市长张卫一行到吴中区考察园博园招商及后续利用工作，市、区领导俞杏楠、冯建荣会同区园博局、临湖镇及太旅集团、园博公司有关负责人陪同。

15日

△吴中区组织收听收看全省中央环境保护督察工作动员会电视电话会议并部署区相关工作，区领导金洁、唐晓东、李朝阳、张炳华、许振华、张建祥、方伟军、潘国强、周晓敏、冯建荣出席，各地和区有关部门负责人参加。

20日

△吴中区与国开行举行“十三五”开发性金融合作备忘录签约仪式，区领导金洁、唐晓东、许振华，国开行苏州分行行长吴立智出席。

25~28日

△吴中区召开中共苏州市吴中区第四次代表大会，大会听取、审议并通过区委书记金洁作的《根植吴文化、建设新吴中——为全面建成区强民富、城乡协调、文明和谐的小康社会不懈奋斗》工作报告和中共吴中区纪委工作报告。大会选举产生第四届区委委员、候补委员、区纪委委员和出席苏州市第十二次党代会的代表。

28日

△区委召开四届一次全会，选举金洁、唐晓东、李朝阳、许振华、方伟军、陆振华、潘国强、陈建峰、荣德明、冯建荣、顾建列为中共苏州市吴中区委常委，选举金洁为区委书记，选举唐晓东、李朝阳为区委副书记。会议通过区纪委第一次全会的选举结果。

8月

5日

△区委副书记、区长唐晓东做客苏州广电总台新闻综合频率《苏州市政风行风热线》节目，就市民关心的问题进行交流。

△河南省许昌市襄城县委书记何天立、县长李成率襄城县党政代表团一行到吴中区考察旺山村、太湖新城智慧展示馆和科沃斯机器人研发中心。

10日

△全市美丽乡村建设推进会在吴中区召开，市领导朱民、陆留生率代表视察吴中区越溪街道张桥村美丽乡村建设情况。

11日

△区委、区政府开展2016年吴中区夏季高温安全生产大检查。

11~13日

△吴中区赴北京召开现代服务业推介会，区委副书记、区长唐晓东和区委常委、副区长荣德明出席，区发改局、商务局、文体局、旅游局、金融办等部门和度假区、开发区、高新区、木渎镇、角直镇、胥口镇、东山镇、临湖镇、穹窿山风景管理区等地有关负责人及110多家企业负责人参加，拜访考察启迪协信、中关村集团、联东集团。

13日

△2016首届太湖OP帆船精英赛在吴中区太湖举行，副区长周晓敏和省体育局、省地方海事局，省帆船帆板运动协会及部分成员单位，市体育局、市地方海事局，区文体局、临湖镇及太旅集团有关负责人出席。

26日

△吴中区召开“两学一做”学习教育工作推进会暨“时代先锋”先进事迹巡回宣讲会。

28日

△2016年第十二届中国（苏州）太湖开捕仪式暨第六届太湖金秋旅游月开幕式在光福镇太湖渔港村码头举行。

30日

△省委常委、副省长杨岳一行考察全国“互联网+”现代农业工作会议筹备情况，市、区领导周乃翔、曲福田、朱民、陆留生、金洁、唐晓东、冯建荣会同市农委、区农业局、东山镇相关负责人陪同。

9月

1日

△吴中区召开中央环保督察和突出环境问题整改工作会议，区领导金洁、唐晓东出席，区住建局、市容市政管理局、水

利局、农业局、商务局、环保局、市场监督管理局和各板块有关负责人参加。

△吴中区“两学一做”理论微故事宣讲首场报告会在度假区管委会报告厅举行。该活动为期28天，由14名宣讲员组成宣讲团，在吴中区各地、各单位巡回宣讲。

4日

△苏州北美国际高级中学举行新校启用仪式暨开学典礼，区领导唐晓东、许振华、荣德明等出席仪式。

6~7日

△全国“互联网+”现代农业工作会议暨新农民创业创新大会在吴中区召开，国务院副总理汪洋，农业部部长韩长赋，省委书记李强，省长石泰峰，市委书记周乃翔，市长曲福田，区委书记金洁，区委副书记、区长唐晓东，区委常委、副区长冯建荣等出席会议，各界代表3000余人参加。

7日

△省委常委、省委秘书长樊金龙赴园博园参观考察，区领导金洁、唐晓东陪同。

9日

△吴中区举行庆祝第32个教师节大会。

10日

△江苏省首家以水八仙为主题的生态文化园——苏州澄湖水八仙生态文化园正式开园。

20日

△世贸东盟跨境电子商务服务（苏州）有限公司开业仪式在吴中综合保税区举行，公司的首个项目币朗国际支付正式上线。

△以议会主席艾尔萨·福克斯为团长的澳大利亚旺加拉塔市政府代表团访问吴中区。副区长周晓敏会见代表团一行。

23日

△吴中区召开全区人大换届选举工作会议。区委副书记、宣传部长李朝阳主持会议，区领导金洁、张炳华、潘国强、顾建列、唐龙生、陆增林、戈福林等出席会议。

△“三节同庆　精彩木渎”——第十二届中国·藏书羊肉节、木渎旅游节暨第九届凯马汽车节在木渎拉开帷幕，此次活动将从9月底持续至10月。

23~28日

△民进吴中区第四次会员大会、民盟吴中区基层委员会成立大会、民建吴中区基层委员会成立大会、致公党吴中区基层委员会成立大会、吴中区无党派知识分子联谊会第三次会员大会相继召开，完成换届工作。

24日

△全国总工会副主席（兼）许振超一行到吴中区木渎，实地视察全国劳模事迹馆和劳模生态林的工程建设进度。

25~28日

△2016苏州吴中“环太湖”国际竞走和行走多日赛在吴中区举行，国际田联竞走委员会主席莫里奇奥·达米拉诺，国家体育总局田管中心主任、中国田径协会副主席兼秘书长杜兆才等出席启动仪式。

28日

△轨道交通2号延伸线正式运营。

30日

△吴中区举行2016年烈士公祭活动。

本月

△2016全国重点镇名单公布，住建部、国家发改委、财政部、国土资源部、农业部、民政部、科技部联合发布《关于开展全国重点镇增补调整工作的通知》，此次共有3675个镇入选全国重点镇，其中江苏省共有96个镇入选，苏州共有6个镇入选，吴中区甪直镇上榜。原2004年公布的全国重点镇名单同时废止。

△科沃斯机器人科技（苏州）有限公司的WINBOT 950自动擦窗器获得“2016年广交会出口产品设计奖电子电器类产品银奖”称号，成为该类产品中苏州市唯一获此殊荣的企业。

△区委组织部出版发行《公道正派　务实担当——中共苏州市吴中区（吴县、吴县市）委组织部部风部史资料集》。全书共计20余万字，反映1949年3月至2015年12月吴中区（吴县、吴县市）组织史资料。

10月

8日

△四川省武胜县委书记毛加庆一行到吴中区考察现代农业信息化建设工作。

11日

△省文明委召开全省深化道德讲堂建设暨精神文明建设表彰会，命名表彰2013~2015年度江苏省文明行业和江苏省文明村镇、文明单位（社区、校园），吴中区37家单位荣获“江苏省文明村镇、文明单位（社区、校园）”称号。

13日

△中央军委原委员、总参谋长陈炳德上将视察甪直、木渎古镇。

14日

△木渎镇举办木渎新城污水处理厂启用仪式，区领导金洁、张炳华、冯建荣、戈福林出席，木渎镇有关负责人参加。

△中央财经领导小组办公室、国家发改委、住建部召开特色小（城）镇建设经验交流会。会上，住建部公布第一批中国特色小镇名单，甪直镇名列其中。

15日

△国家旅游局副局长杜江一行到吴中区考察环太湖旅游工作。

16日

△苏州太湖科技产业园标准厂房竣工，8家企业集体签约入驻，业务涵盖文化创意、信息科技、健康医药、生态环保等多个领域。

17日

△河北省秦皇岛市委常委、副市长邢留逮率考察组一行到吴中区考察园博建设工作。

△韩国大邱广域市东区栗园中学校长宋元善率该校师生代表团一行14人抵达吴中，与吴中区迎春中学开展为期5天的寄宿交流活动。

18日

△2016苏州吴中太湖经贸合作洽谈会成功举行。本次洽谈会以“创新谋发展、创业赢未来”为主题，吸引了来自海内外客商400余人参加。其间，全区各镇（区）、街道共有97个项目签约、开工或开业，其中，签约项目48个，总投资372.6亿元，投资超1亿元项目69个，超5亿元项目24个。

△2016吴中区旅游产业推介会举行，区领导金洁、唐晓东、李朝阳会同区级机关相关部门和有关镇（区）、街道及国内外旅游投资客商等200余人参加。

20日

△耐克森（苏州）线缆系统有限公司在苏州吴中经济技术开发区吴淞江工业园举行开业典礼。区领导唐晓东、许振华会同区相关部门和开发区有关负责人及耐克森CEO等参加本次开业典礼。

24日

△苏州保利大剧院委托经营管理签约仪式在澹台湖大酒店举行，区领导唐晓东、李朝阳、周晓敏，以及保利文化集团副总经理、北京保利剧院公司总经理郭文鹏等出席签约仪式。

25日

△吴中区举办村（社区）党组织书记培训班暨“村书记论坛”，区委书记金洁出席会议并作动员讲话，区委副书记、宣传部长李朝阳主持会议。

27日

△国家林业局场圃总站站长杨超一行到吴中区调研林场改革工作。

28日

△第三届叶圣陶教师文学奖颁奖典礼在叶圣陶的第二故乡——甪直镇举行。这一奖项将永久落户于甪直。

29日

△以“苏作天工、根植吴中”为主题的首届“苏作文创峰会”在苏州太湖国际会议中心开幕，活动共吸引来自全国各地知名美院的专家学者、传统工艺研究专家、非遗传承人、文创设计师等300余人与会。

△南昌市青云谱区区长吴江辉一行到吴中区考察园博建设工作。

11月

1~8日

△区长唐晓东会同区政府办、外侨办、接待办、民政局等部门和开发区、角直、胥口等地负责人赴日本和韩国招商，分别拜访松下集团汽车和机电系统公司、平和发条株式会社、爱信AW株式会社、中央可锻工业株式会社、永旺株式会社、永旺永乐株式会社、日立金属株式会社和柳道集团，并访问吴中区友好区韩国大邱广域市东区。

3日

△苏州南部电网500千伏UPFC示范工程举行开工动员会，国家电网公司副总经理杨庆，省人大常委会副主任史和平，市领导曲福田、吴庆文，区领导金洁、荣德明出席。

4日

△如皋市人大常委会副主任张勇、副市长陈万圣一行到吴中区考察园博园。

△2016菱湖湾杯环太湖帆船拉力赛在吴中区园博园举办，副区长周晓敏、省体育总会副会长吕卫东出席活动，区文体局、太旅集团、省帆船帆板运动协会等单位负责人以及100余名帆船拉力赛爱好者参加活动。

9~10日

△德江县县长秦智坤率德江县党政代表团到吴中区考察，区领导金洁、唐晓东等陪同。

10日

△市政府市长曲福田、副市长周伟强一行到吴中区和源护理院调研工作，区长唐晓东会同区民政局有关负责人陪同。

11~17日

第七届“苏州穹窿山兵圣杯”世界女子围棋锦标赛在穹窿山孙武书院举行，共有来自中国、中华台北、韩国、日本以及大洋洲、北美洲、欧洲等地16名选手参赛。冠亚军分别是韩国选手吴侑珍和中国选手王晨星。穹窿山也成为中国举办女子围棋赛事次数最多的地方。

13日

△吴中区组织收听收看十八届六中全会精神宣讲报告会。

21~22日

△香港苏州吴县同乡会会长陶振南率同乡会访问团一行回乡交流访问，市委副书记、统战部长朱民，区领导金洁、唐晓东、潘国强会同区委统战部、区外侨办、侨联等相关部门负责人会见。

21~23日

△全国农村集体资产股份权能改革试点工作交流座谈会在吴中区召开，农业部等相关部委的领导、专家，以及全国29个省、自治区、直辖市的150多名代表参加会议。区领导唐晓东、顾建列、王卫国出席会议，吴中区、胥口镇新峰村作为全国农村集体资产股份权能改革试点工作的典型县（市、区）、典型村代表交流发言。

23日

△国家档案局局长李明华、省档案局局长谢波、市档案局局长肖芃考察吴中区木渎镇档案工作，区领导金洁、潘国强会同木渎镇、区档案局有关负责人陪同。

△《孙子兵法》学术研讨会在吴中区举行，中国孙子兵法研究会会长、军事科学院政委上将许耀元等来自海内外的200多名专家学者，市、区领导周乃翔、朱民、杨晋、金洁、李朝阳出席。

25日

△市政府副市长周伟强到吴中区开展“三访三促”调研活动，区领导金洁、唐晓东、荣德明会同胥口镇有关负责人陪同。

△首届“全国砖雕艺术创作与设计大赛”在苏州工艺美术职业技术学院举办。

26日

△首届江苏双创能源环保高峰论坛在吴中区举行。省人才创新创业促进会、欧美同学会、市委组织部相关领导，区领导金洁、李朝阳、潘国强，区委宣传部、统战部，区人才办、经信局、科技局、环保局及各镇（区）人才和招商工作相关负责人出席。

本月

△苏州木渎女企业家施冬梅耗时11年完成红木雕版《姑苏繁华图》，总长40.47米、高2.13米，综合运用浅雕、深雕、镂空雕、立体雕等技艺，全面复刻原作的每一个人物、每一处细节。

12月

1~4日

△吴中区“全面从严治党建设”专题研修班在河南焦裕禄干部学院开班。

4日

△国际生物大数据高峰论坛在吴中经济技术开发区举行。会上，大华生物大数据研究院揭牌成立。

6日

△市领导曲福田、俞杏楠率市相关部门有关负责人到吴中区检查澄湖特大桥建设情况，副区长王卫星会同区交通运输局和角直镇有关负责人陪同。

7日

△吴中区组织收听收看全市打击“地条钢”和整治钢铁违法违规产能专项工作紧急会议。会后，吴中区立即召开专题会议，部署开展全区打击“地条钢”和整治钢铁违法违规产能工作。

13日

△农业部副部长余欣荣一行到吴中区考察，市、区领导曲福田、蒋来清、唐晓东、王卫国会同省、市、区农业部门和东山镇有关负责人陪同。

14日

△辽宁省住建厅厅长魏举峰一行到吴中区角直镇调研特色小镇建设工作，副区长王卫星会同省、市、区住建部门和角直镇有关负责人陪同。

△省委政法委副书记、综治办主任朱光远带队调研吴中区政法综治工作，实地参观吴中公安分局警营文化长廊、创意警务展厅和指挥中心大厅。

23日

△吴中区“好勤嫂”家政实训基地在木渎镇天平村益民劳务合作社正式挂牌。各镇(区、街道)妇联主席、“好勤嫂”家政技能大赛选手、基层家政妇女代表等共150余人参加活动。

26日

△科沃斯机器人有限公司的擦玻璃装置荣获第十八届中国专利奖外观设计金奖，这是全省范围内唯一夺得此奖的企业。

27日

△省物价局副局长孔祥平率省综合医改督导小组到吴中区督导医改工作。

27~28日

△由省地方志办公室主办的全面启动江苏名镇名村志编纂工作会议在东山镇举行。东山镇三山村、陆巷村和杨湾村被列为首批名村志编纂试点单位。

29日

△区委召开四届三次全体(扩大)会议，回顾总结吴中区2016年以来的工作，并对2017年工作进行安排部署。

30日

△江苏省吴中经济技术发展总公司获得中国银行业监督管理委员会总额5亿元、期限为3年的无担保理财直融工具核准注册发行的批复，本期产品由中国民生银行股份有限公司独立承销。此单业务是吴中区首支银监会注册获批的直接融资产品。

本月

△吴中区木渎镇成人教育中心被授牌成为“农村社区学习中心(CLC)”第三期试点。

编辑：洪 蕾

吴中概况

区情概况

【位置】 吴中区位于历史文化名城苏州的地理中心，北与苏州古城、苏州工业园区、苏州高新区接壤，南临苏州吴江区，东接昆山市，西衔太湖，与无锡市、浙江省湖州市隔湖相望。地理坐标为东经119°55'~120°54'，北纬30°56'~31°21'。全境东西长92.95公里，南北宽48.1公里。全区总面积2231平方公里，其中陆地面积745平方公里，太湖水域面积1486平方公里，约占太湖总面积的五分之三。

【地貌】 吴中区地处长江下游，为太湖水网平原的一部分。整个地势自西向东微微倾斜，平原海拔高度由6.5米降至2米左右，略呈西高东低态势。境内水网密布，江、河、湖泊众多，20多条骨干河道纵横交错，沟通太湖、澄湖、独墅湖、镬底潭、九里湖、黄泥兜、石湖、黄家荡等湖荡。吴淞江自西向东串连太湖、京杭大运河，流经上海市区（苏州河），与黄浦江交汇后入海；浒光运河由北至南连结京杭大运河和太湖；木光河、胥江运河、苏东运河在境内西南部分别将苏州城区与木渎、光福、胥口、横泾、临湖、东山、太湖沟通。全境东部以平原为主，由水网平原、低洼圩田平原、湖荡水网平原、滨湖水网平原以及山前冲积平原构成；西部有低山丘陵，系浙西天目山向东北延伸的余脉，成岛状分布在除东部角直之外的太湖之中和沿岸境内。境内山脉最高峰为穹窿山主峰笠帽峰，海拔341.7米；其次为西山主峰缥缈峰，海拔336.6米。土质主要有水稻土、黄棕土、沼泽土和石灰岩土4种类型。

【建制沿革】 苏州市吴中区历史悠久，4000多年前已有文字记载。商末属泰伯、仲雍建立的“勾吴”古国；春秋、战国时先后属吴、越、楚；秦代建吴县；东汉设吴郡领吴县；三国时属孙权吴国；晋、南朝梁、陈时分别隶属吴郡、吴州；隋、唐建置多变，先后属苏州、吴州、吴郡，唐武则天时吴县分设吴、长洲两县；宋代随苏州隶属江南道；元、明时吴、长洲两县属苏州府；清雍正二年（1724年）设元和、长洲、吴县三县至清末；民国元年（1912年）苏州改称吴县，1928年划吴县城区建苏州市，市、县分治，1930年撤苏州市，并入吴县。苏州解放后，复划吴县城区建苏州市，实行市县同城分治。1950年划沿太湖部分地区建立太湖区，1953年太湖区改设为震泽县，1959年撤震泽县，并入吴县，隶属苏州专员公署。1983年，撤苏州地区行政公署，苏州实行市管县体制。1989年，吴县县政府驻地由苏州市东大街迁至吴县长桥镇。1995年6月，撤吴县，设吴县市，市政府驻地设在长桥镇。2000年12月31日，经国务院批复，撤吴县市，设立苏州市吴中区和相城区，吴中区区政府驻地设在长桥镇。2001年3月1日，新设立的苏州市吴中区和相城区按调整后的建制运行。2002年3月25日，第九届苏州市委第十八次常委会议决定将苏州太湖国家旅游度假区升格为正处级建制，由吴中区管理，享受吴中区的管理权限。2012年12月，苏州吴中经济开发区升格为国家级经济开发区，升级定名为“吴中经济技术开发区”。2015年11月12日，江苏省吴中高新技术开发区获省政府批准筹建，2016年3月31日正式挂牌成立。

【行政区划】 至2016年底，吴中区下辖1个国家级旅游度假区（苏州太湖国家旅游度假区）、1个国家级经济技术开发区（吴中经济技术开发区）、1个国家级农业园区（西山国家现代农业示范园区）、1个省级高新技术产业开发区（苏州市吴中高新技术产业开发区）、7镇6街道和穹窿山风景管理区。7个镇：木渎、甪直、胥口、东山、临湖、光福、金庭（金庭镇与西山国家现代农业示范园区实行“区政合一”管理体制）。6个街道办事处：长桥、郭巷、横泾、越溪、城南、香山。其中长桥街道与吴中高新技术产业开发区实行“区政合一”管理体制。1个场圃：苏州市吴中区林场。区行政中心（中共苏州市吴中区委、区人大常委会、区人民政府、区政协）地址：苏州市吴中区太湖东路288号。

【人口】 至2016年末，全区户籍总人口约64.7万人，比去年增长15747人，其中男性316558人，女性330791人，男女比例95.7∶100。年内全区户籍人口出生8656人，出生率为13.54‰；年内全区户籍人口死亡3724人，死亡率为5.82‰。人口自然增长率为7.71‰。全区60岁以上人口数为149805人，占比23.14%，较去年年末上升0.26个百分点，全区人口老龄化程度进一步加剧。

【交通】 吴中区地处中国经济最繁荣、城市群体最密集的长江三角洲中心、江浙沪交汇处，接壤苏州城区、工业园区和高新

路路通

区。东临上海70公里，南距杭州120公里，离南京200公里，是长江三角洲重要的水利和交通枢纽。全区基本形成以绕城高速公路西南段、苏沪高速公路、苏昆太高速公路、常嘉高速公路和苏嘉杭高速公路为快速通道，以227省道、343省道、230省道为主骨架，以吴中大道、东方大道、东山大道、孙武路、环太湖公路、东山环山公路、金庭环岛公路、苏同黎一级公路、苏震桃一级公路、南环快速路西延、东环快速路南延和中环快速路吴中区段等区内主干道为次骨架和以纵横交错的镇村道路为补充的便捷、高效、顺通的公路网络，基本实现了高速公路互通出入口连接顺畅，所有乡镇15分钟内可上高速公路。苏州市东环快速路南延二期、西环快速路南延、度假区环太湖路工程、吴中大道东段暨南湖路快速路工程、西山岛出入通道扩建工程（太湖大桥复线、渔洋山隧道）、滨湖大道二期工程等交通重点工程项目建设中，其中西山岛出入通道于2016年12月20日实现通车。

至2016年末，全区公路总里程达1202公里（不含市政道路），公路密度达166.6公里/百平方公里。全区境内河道纵横交错，航道总里程达353公里，其中有京杭大运河、苏申内、外港线、苏西线等7条等级航道。

苏州轨道交通1号线在木渎，2号线及2号线延伸线在盘蠡路、新家桥、石湖东路、宝带桥南、尹中路、郭巷、郭苑路、尹山湖、独墅湖南已实现常规公交地面换乘，其中木渎、宝带桥南公交换乘枢纽正在办理前期手续；施工中的轨道交通4号线及支线，分别将在东吴北路、东吴南路、吴中大道、天鹅荡路、东太湖路等建设相应轨道出入口，将吴中城区、吴中经济技术开发区城南工业带、太湖新城和苏州古城区紧密连接，形成吴中区与苏州各区轨道加常规公交等综合交通换乘格局。

【气候】 苏州市吴中区地处中国大陆东部沿海，位于北亚热带湿润的疾风气候区内，具有夏季温暖潮湿多雨、冬季干燥寒冷、四季分明、热量富裕、雨量适宜、日照充足的特点。 （陈　彦）

表3-1　2016年气象资料

项目	单位	2016年
一、温　度		
年平均气温	摄氏度	17.6
年极端最高气温	摄氏度	38.8
出现日期		2016年7月27日
年极端最低气温	摄氏度	–7.6
出现日期		2016年1月24日
二、降　水		
年降水总量	毫米	1641.9
年降水日数	天	152
一日最大降水量	毫米	82.0
出现日期		2016年6月20日
三、日　照		
年日照时数	时	1890.4
年日照百分率（%）		42
四、湿　度		
年平均相对湿度（%）		77

续表

项目	单位	2016年
五、风　速		
年平均风速	米/秒	2.6
六、气　压		
年平均气压	百帕	1014.5
七、霜　期		
终霜日期		2016年3月26日
初霜日期		2016年12月7日

表3–2　2016年各月气象要素

月份	平均气温（摄氏度）	降水量（毫米）	降水日数	日照时数（时）
1	4.2	85.0	18.0	94.7
2	7.2	20.9	6.0	189.9
3	11.4	53.8	9.0	161.1
4	17.1	192.0	14.0	149.1
5	20.7	189.2	19.0	138.7
6	24.3	362.5	19.0	124.2
7	30.1	113.3	14.0	226.9
8	30.0	12.9	5.0	306.5
9	24.5	238.1	12.0	162.9
10	19.8	245.0	16.0	67.4
11	12.8	69.9	11.0	111.5
12	8.9	59.3	9.0	157.5

【历史文化】 吴中区历史悠久，是吴文化的发源地。约一万年前的旧石器时代，吴地已有先民生息繁衍。五千年前的新石器时代，创造了当时很先进的“良渚文化”。三千多年前泰伯在吴地建“勾吴”国，始有历史记录。公元前221年，秦始皇统一中国，设置吴县，县名沿用至21世纪。

千百年来，这块有着深厚历史文化积淀的土地上，人文荟萃，英才辈出。兵圣孙武、草圣张旭、塑圣杨惠之、绣圣沈寿，主持营造北京故宫的建筑大师蒯祥以及有“先天下之忧而忧，后天下之乐而乐”风范的范仲淹等一批伟大的政治家、文学家、艺术家就生活在吴中大地，谱写吴中历史千古流芳的华美篇章。

吴中区是“中国民间文化艺术之乡”，民间工艺发达，形成刺绣、雕刻、缂丝、建筑工艺、青铜铸造、古琴制作、书画装裱等行业。这些匠心独具的精巧技艺，是中国独树一帜的苏派之作的杰出代表。

吴中区现有角直、木渎、东山3个中国历史文化名镇，明月湾、陆巷、杨湾、三山村、东村5个中国历史文化名村，中国传统村落12处，金庭、光福2个江苏省历史文化名镇。全区共有县级以上文物保护单位125处，其中国家级文物保护单位9处、省级文物保护单位19处。吴中区非物质文化遗产项目共有57项，其中国家级非物质文化遗产项目4项、省级18项、市级8项、区级27项；国家级非物质文化遗产传承人有4名，省级8名，市、区两级106名。近年来，吴中区依托深厚的文化底蕴，先后成功举办苏州·吴中洞庭（山）碧螺春茶文化旅游节、木渎（藏书）羊肉美食节、苏州太湖梅花节、苏州角直水乡妇女服饰文化旅游节、中国园林古镇木渎旅游节、中国太湖开捕节、东山民俗风情旅游节、太湖水上运动节、环太湖国际竞走和行走多日赛等旅游节庆活动。

【民族宗教】 2016年末，吴中区共有48个少数民族，总人口19000余人。其中，常住（户籍）少数民族人口3705人，族别数34个；经商务工流动少数民族人口15000余人，族别数48个。

吴中区有经民政部门批准的宗教团体四个，即佛教协会、道教协会、基督教三自爱国运动委员会、天主教爱国会（区天主教爱国会现托管于苏州市天主教爱国会）。经批准对外开放的宗教场所61处，其中佛教场所45处，道教场所9处，基督教堂5处，天主教堂2处。全区现有宗教教职人员215人，职工75人。

【方言】 吴中区语言系苏州当地方言，属吴语语系，当地人主要讲苏白。

【历史名人】 自古以来，吴中文化精神观照先后，文明史迹璀璨辉煌，人才层出不穷，且以博大的胸怀接纳四方贤俊，形成了人物鼎盛的独特景观，在学术史、政治史、军事史、科学史、文学史、艺术史上创造了举世瞩目的成就。如伍子胥协助阖闾兴霸成王、从近制远，所建苏州城，乃世界今存最古之城；孙武撰兵法十三篇，后人誉为“东方兵学圣典”；范仲淹“先天下之忧而忧，后天下之乐而乐”，实行封建时代重要的政治改革“庆历新政”；蒯祥主持设计北京宫苑，令“香山帮”营造技术享誉中外；吴有性的瘟病学说，开世界传染病学先河；沈寿的“仿真绣”，使苏绣艺术走向世界。在社会主义现代化建设中，吴中区还涌现了一大批科学家，王大珩、王守武、王守觉、何泽慧、殷之文、殷震等6位院士为其中的杰出代表。

【风景名胜】 “太湖风光美，精华在吴中”。吴中区坐拥五分之三的太湖水域及太湖58峰，有6个太湖国家风景名胜区、1个国家5A级景区、5个国家4A级景区、2个国家森林公园、1个国家地质公园、1个国家现代农业示范园区、2个国家湿地公园、7个全国农业旅游示范点，4个全国特色景观旅游名镇村，开放景点多达60余个，最具代表性的有雕花楼、陆巷古村、三山岛、林屋洞、穹窿山、旺山农庄、严家花园等。

【物产】 吴中区生态环境优越，区域物产丰沛，是闻名遐迩的“鱼米之乡”，可谓“月月有花、季季有果、天天有鱼虾”。吴中是洞庭山碧螺春茶的原产地，有“中国名茶之乡”“中国太湖蟹美食之乡”等称号。主要农副产品有吴中大米、茶叶、太湖大闸蟹、太湖三白（银鱼、白虾、白鱼）、水八仙（茭白、水芹、慈姑、芡实、荸荠、莲藕、莼菜、红菱）、白玉枇杷、乌紫杨梅、洞庭红橘、白果、板栗、藏书山羊、东山湖羊、生态草鸡等。其中，洞庭山碧螺春茶为中国驰名商标，太湖大闸蟹为中国名牌农产品。

经济社会发展

【综合实力】 2016年，全区实现地区生产总值1010.72亿元，增长7.6%；一般公共预算收入134.43亿元，增长11%；完成全社会固定资产投资561.67亿元；社会消费品零售总额372.81亿元，增长10.5%；城乡居民人均可支配收入分别增至5.60万元、2.78万元。

【农业】 吴中区按照“四化”同步要求，充分发挥太湖山水资源优势，大力发展集聚农业、特色农业、品牌农业，“沿太湖高效综合区、西部丘陵生态林茶果区、东部平原传统农业区”的农业发展布局。全区规模农业基地20个，其中万亩以上的国家级农业园区有1个、省级农业园区2个。重点打造西山、太湖、澄湖三大现代农业园区，示范辐射面积11.5万亩，占全区农业耕地总面积的66%。全区拥有中国驰名商标2只、国家级名牌农产品2只、国家地理标志认证2个、省名牌农产品20只、市名牌农产品50多只,无公害农产品、绿色食品和有机食品总量达到181只。

打造苏宁中华特色馆全国首个区级馆——苏州吴中太湖馆,推动苏州首个镇级农产品电商园——东山农产品电商产业园建设和运营。启动实施智慧农业、智慧防火项目,基本建成“水八仙”物联网应用示范基地。成功举办首届全国“互联网+”现代农业发展大会,农业现代化向互联网时代迈入一大步。2016年,全区实现农林牧副渔业总产值为47.83亿元,较上年增长6.4%。

【工业】2016年,全区完成工业总产值1636.87亿元,其中规模以上工业企业创造总产值1226.49亿元,新兴产业产值占规模以上工业总产值的比重为54.6%,积极推进智能制造,实施智能化改造项目125个,建成省级智能示范车间4个。

2016年,全区建筑施工企业全年完成建筑业总产值153.13亿元,竣工产值150.03亿元,施工面积960.06万平方米,竣工面积338.90万平方米。

【服务业】2016年,全区实现服务业增加值517.60亿元,增长10.6%(按可比价计算)。占GDP比重为51.2%,同比提高2.2个百分点。检验检测、金融创投、文化创意、旅游休闲等产业快速发展,服务业已成为推动全区经济结构不断优化和转型升级的重要引擎。

2016年全区实现社会消费品零售总额372.80亿元,同比增长10.5%。

2016年末,全区金融机构本外币存贷款余额分别为2122.24亿元、1999.37亿元,分别较年初增加205亿元、344亿元。新增创投注册资本57亿元,累计注册规模达277亿元。出台《关于促进吴中区金融业发展的政策意见》,进一步加大金融业发展的政策扶持力度。阳光财险、永安财险2家保险公司开业运营。金控商业保理公司正式设立,进一步丰富金融业态。

推进普惠金融,服务民生改善,村镇银行东山支行、角直支行、三山岛金融便利店正式设立,引导金融服务向基层延伸,提高基层金融服务水平。推进金融支持企业自主创新行动计划,截至11月末,吴中区在苏州市综合金融服务平台注册的企业达1390家,平台共为498家企业解决融资需求,授信金额达97.5亿元。吴中区中小企业融资超市内汇集近200家企业信息和139个金融产品信息。吴中区中小企业转贷平台合作银行增至8家,今年以来成功转贷54笔,转贷金额2.57亿元。

金融生态环境优化提升,成功获评“2013~2015年度金融生态优秀县”。

2016年,全区房地产业在调整中稳步发展。全年完成房地产开发投资297.73亿元,同比增长50.4%。施工房屋面积为1240.61万平方米;竣工房屋面积179.85万平方米。商品房销售面积320.52万平方米,商品房销售额491.12亿元。

2016年,吴中旅游立足全区“一核一轴一带”生产力发展布局,以实施旅游全域化发展为导向,以优化提升“吴中生态文旅带”为抓手,紧抓业态布局、产业融合、整合营销、智慧旅游、质量提升等方面工作。编制完成《吴中区全域旅游总体规划》,明确全区“一心、一带、六大旅游产业集聚区”“十三五”旅游发展格局;着力“旅游+”产业融合发展,逐步发展穹窿山茅蓬坞、东山西巷青蛙村、横泾乡根东林渡、沐春园休闲旅游区等一批文化特色鲜明、地域风情独特、点面结合的休闲度假新业态;紧抓第九届省园博会开园、第十九届苏州国际旅游节在吴中区开幕等契机,成功举办太湖梅花节、碧螺春茶文化旅游节、穹窿山孙子兵法文化旅游节、中国藏书羊肉美食节、太湖开捕节等吴中特色旅游节庆活动,吴中旅游的知名度和影响力进一步提高,获评“江苏省乡村旅游创新发展示范区”。

吴中区抓好新常态下的历史和人文，努力将文化资源优势转化为产业发展优势，形成“一圈、五带、十大载体”的文化产业发展格局。“一圈”，即以度假区为中心，以太湖文化论坛项目为龙头，围绕绿色太湖、文化太湖、健康太湖，建设环太湖文化产业圈；“五带”，即古镇古村旅游、民间工艺、创新创意、人文传播、影视娱乐等五个文化产业带；“十大载体”，即吴中城区宝带文化产业园、中国工艺文化城、郭巷文化美术街区、金枫路创新创意产业街区、中国古建园林集聚区、旺山乡村文化艺术集聚区、木渎苏州国际影视娱乐城、穹窿山文化产业园、苏报集团数字化产业园、苏州太湖古村落保护与文化旅游开发产业园等十大文化产业载体。区内有“两岸文创产业合作实验示范基地”东山镇，国家特色文化产业重点项目舟山核雕村等。文化产业保持良好发展势头，实现文化产业增加值65.6亿元，占地区生产总值比重达到6.9%。

表3-3 行政区划、区域面积、人口、从业人员情况

项目	单位	2016年	2015年
行政区划			
1. 区、镇、街道	个	18	18
#街道	个	6	6
镇	个	7	7
2. 村委会	个	84	84
居委会	个	105	105
3. 村民小组	个	2465	2264
区域面积			
1. 区域面积（含太湖水域）	平方公里	2231	2231
（不含太湖水域）	平方公里	745	745
2. 年末耕地面积	公顷	11358	11358
#水田	公顷	6509	6509
人 口			
1. 年末户籍户数	户	194167	190791
2. 年末总人口	人	647349	631602
#男性	人	316558	308956
女性	人	330791	322646
（1）18岁以下	人	104266	96946
（2）18~35岁	人	138339	141412
（3）35~60岁	人	254939	248716
（4）60岁以上	人	149805	144528
3. 年平均人口	人	639476	628055
年末每户平均人口	人	3.33	3.31
4. 年内出生人口	人	8656	6884
出生率（‰）		13.54	10.96
年内死亡人口	人	3724	3934
死亡率（‰）		5.82	6.26
年内自然增长人口	人	4932	2950

续表

项目	单位	2016 年	2015 年
自然增长率(‰)		7.71	4.70
5. 年内迁入人口	人	10019	5897
年内迁出人口	人	1506	1868
6. 人口平均预期寿命	岁	82.5	82.7
#男	岁	80.3	80.4
女	岁	84.7	84.9
7. 年末暂住人口数	人	766164	751503
#男	人	442583	431407
女	人	323581	320096
8. 年末常住人口数	万人	112.4	112.12
从业人员			
全社会从业人员	万人	106.97	100.46
#第一产业	万人	4.79	4.84
第二产业	万人	53.74	52.96
#工业	万人	47.41	47.06
第三产业	万人	48.43	42.67

表 3–4 国民经济主要指标

项目	单位	2016 年	2015 年
地区生产总值			
1. 地区生产总值(现行价)	万元	10107219	9498281
(1)第一产业	万元	231342	218079
(2)第二产业	万元	4699900	4623500
#工业	万元	4269900	4205600
(3)第三产业	万元	5175977	4656702
第三产业增加值占 GDP 比重(%)		51.2	49.0
2. 人均地区生产总值(按户籍人口计算)	元	158055	151233
人均地区生产总值(按常住人口计算)	元	90034	84746
地区生产总值密度	万元 / 平方公里	13567	12749
万元地区生产总值耗电量	千瓦小时	729	720
农林牧渔业			
1. 农林牧渔业总产值(现行价)	万元	478306	449649
2. 主要农产品产量			
粮食	吨	20303	21819
油菜籽	吨	117	378
茶叶	吨	285	299
水果	吨	17576	21072
蚕茧	吨	—	—
水产品	吨	27433	27298

续表

项目	单位	2016年	2015年
生猪出栏数	万头	6.2	5.49
家禽出栏数	万羽	41.77	52.86
工　业			
1. 企业个数（正常运营）	个	15440	13920
#规模以上	个	835	897
#高新技术产业	个	280	212
#内资企业	个	512	546
#国有、集体企业	个	—	—
私营企业	个	425	471
港澳台和外商投资企业	个	323	351
2. 资产合计	万元	15725249	14726773
#规模以上	万元	13650244	12652259
3. 工业总产值（现行价）	万元	16368708	15924417
#规模以上	万元	12264898	11727758
#高新技术产业	万元	6052022	4956198
#内资企业	万元	5595506	5194420
#国有、集体企业	万元	—	—
私营企业	万元	3924586	3908056
港澳台和外商投资企业	万元	6669393	6533338
4. 工业销售产值（现行价）	万元	16114688	15510382
#规模以上	万元	12204315	11558538
#高新技术产业	万元	5985183	4866631
#内资企业	万元	5544043	5105512
#国有、集体企业	万元	—	—
私营企业	万元	3900813	3846021
港澳台和外商投资企业	万元	6660273	6453026
5. 主营业务收入	万元	16175568	15600465
#规模以上	万元	12149783	10748057
#高新技术产业	万元	5934757	4787602
#内资企业	万元	5564524	5058946
#国有、集体企业	万元	—	—
私营企业	万元	3921960	3804596
港澳台和外商投资企业	万元	6585260	6352440
6. 利税总额	万元	1309694	1222595
#规模以上	万元	995105	885596
#高新技术产业	万元	611656	367829
#内资企业	万元	466240	417810
#国有、集体企业	万元	—	—
私营企业	万元	326756	304115

续表

项目	单位	2016 年	2015 年
港澳台和外商投资企业	万元	528866	455167
7. 利润总额	万元	874872	812768
#规模以上	万元	705016	610010
8. 亏损总额	万元	201303	187936
#规模以上工业	万元	131518	140807
9. 产成品	万元	760324	718193
#规模以上工业	万元	620631	598417
10. 负债总计	万元	9026498	7247277
#规模以上工业	万元	7173657	6552919
11. 应收账款净值	万元	4179816	3679894
#规模以上工业	万元	3592697	3256923
12. 规模以上工业企业主要产品产量			
钢材	吨	47050	37102
商品混凝土	立方米	6031738	5812643
服装	万件	11090	12014
化学药品原药	吨	366	404
涤纶纤维	吨	8218	9454
电子元件	万只	547008	478745
家用吸尘器	万台	886.36	845.44
电动手提式工具	万台	97.74	79.43
建筑业			
企业个数	个	216	227
总产值	万元	1531303	1861630
竣工产值	万元	1500332	1612941
房屋建筑施工面积	万平方米	960.06	1310.87
房屋建筑竣工面积	万平方米	338.90	494.86
从事建筑业活动的平均人数	人	53539	61864
建筑业全员劳动生产率	万元 / 人	28.60	30.09
交通运输（交通系统内）			
客运量	万人次	2719	2122
旅客周转量	万人公里	104778	85447
固定资产投资			
1. 全社会固定资产投资完成额	万元	5616691	5772792
（1）第一产业	万元	6500	10051
第二产业	万元	1047619	1357119
#工业	万元	1031488	1342819
第三产业	万元	4562572	4405622
（2）内资	万元	5118727	5468789
#国有经济	万元	847851	1156426

续表

项目	单位	2016 年	2015 年
集体经济	万元	169844	888968
私营个体经济	万元	2194343	2000489
港澳台商投资企业	万元	286807	50361
外商投资企业	万元	211157	253642
（3）项目投资	万元	2639402	3792567
房地产开发投资	万元	2977289	1980225
2. 商品房销售建筑面积	万平方米	396.97	442.90
#住宅	万平方米	309.89	389.61
商品房销售额	万元	5984621	4745165
#住宅	万元	4969826	4167431
国内贸易			
社会消费品零售总额	万元	3728053	3373804
#批发和零售业	万元	3417242	3066744
住宿和餐饮业	万元	310811	283555
对外经济			
1. 进出口贸易总值	万美元	766023	1121059
#出口	万美元	517620	719417
进口	万美元	248403	401642
2. 新批利用外资项目	个	44	35
当年新增注册外资	万美元	21465	56436
当年实际利用外资	万美元	36055	25055
3. 对外承包工程劳务合作合同额	万美元	1779	2000
对外承包工程劳务合作营业额	万美元	1779	1140
4. 接待境外旅游者人数	万人次	6.28	6.1
接待境外游客人天数	万人天	8.20	7.20
旅游外汇收入	万美元	2931	2752
引进内资			
内资项目注册资本	万元	2536724	1615808
#外地注册资本	万元	2050691	1467464
市场主体			
1. 年末个体工商户数	户	72587	60737
年末个体工商户注册资金	万元	753879	577139
当年新增个体工商户数	户	15699	11651
当年个体工商户新增注册资金	万元	217413	160983
2. 年末内资企业数	家	53337	44296
#私营企业	家	49948	41574
年末内资企业注册资金	万元	37420123	30722841
#私营企业	万元	18600728	14532116
当年新增内资企业数	家	10088	7702

续表

项目	单位	2016年	2015年
#私营企业	家	9421	7267
当年内资企业新增注册资金	万元	4333407	3549325
#私营企业	万元	3296653	2877595
3.年末外国和港澳台商投资企业数	家	1297	1285
年末外国和港澳台商投资企业投资总额	万美元	1267737	1501966
年末外国和港澳台商投资企业注册资金	万美元	678722	821290
#外方认缴	万美元	605640	743994
当年注册外国和港澳台商投资企业数	家	43	29
当年注册外国和港澳台商投资企业投资总额	万美元	17878	114413
当年注册外国和港澳台商投资企业注册资金	万美元	10608	66995
#外方认缴	万美元	10331	48799
财政、金融			
1.全口径财政收入	万元	4363248	2870015
#一般预算收入	万元	2254959	2057531
2.地方财政收入	万元	3452544	2023832
#一般公共预算收入	万元	1344255	1211348
#(1)国内增值税(地方部分)	万元	293423	176648
(2)改征增值税(地方部分)	万元	109538	27693
(3)企业所得税(40%)	万元	184524	157603
(4)个人所得税(40%)	万元	59768	52776
(5)营业税(地方部分)	万元	233078	373147
(6)土地增值税	万元	172690	116004
(7)契税	万元	15893	58338
基金收入	万元	2107045	812484
国有资本经营预算收入	万元	1244	—
3.财政总支出	万元	3150552	1884962
#一般公共预算支出	万元	1080376	971168
基金支出	万元	2070176	913794
4.金融机构年末存款余额	万元	21222357	19171175
#居民储蓄存款余额	万元	6958288	6491619
5.金融机构年末贷款余额	万元	19993746	16553287
旅　游			
1.接待中外游客人数	万人次	2341.23	2257.59
2.旅游总收入	亿元	315.12	292.81
人民生活			
1.年末单位从业人员	人	182357	186731
#在岗职工	人	173560	179387
从业人员平均劳动报酬	元	75830	66815
#在岗职工平均工资	元	76115	66923

续表

项目	单位	2016 年	2015 年
2. 城镇居民人均可支配收入	元	56013	52030
城镇居民人均生活消费支出	元	33564	31370
城镇居民人均住房建筑面积	平方米	49.3	49.7
3. 农村居民人均可支配收入	元	27805	25695
农村居民人均生活消费支出	元	18934	16739
农村居民人均住房使用面积	平方米	81.4	82.2
电　力			
全社会用电量	万千瓦小时	736332	683522
#农业用电量	万千瓦小时	3282	2934
工业用电量	万千瓦小时	491511	470934
建筑业用电量	万千瓦小时	13018	15078
城乡居民生活用电量	万千瓦小时	102851	87163
取水量			
全社会总取水量（不含农业）	万立方米	14345	13542
#工业取水量	万立方米	7607	6018
工业用水重复利用率（%）		80.1	80.0

表 3–5　科技进步、社会事业主要指标

项目	单位	2016 年	2015 年
科　技			
1. 年末专业技术人员数	人	104307	95436
#高级职称	人	5851	5510
中级职称	人	29041	26913
初级职称	人	20243	18575
#研究生	人	1997	1650
本科	人	35157	32163
专科	人	37477	34392
2. 专利申请量	件	14104	15822
专利授权量	件	7375	7263
3. 科技计划项目			
（1）国家级项目	项	5	8
（2）省级项目	项	17	20
（3）市级项目	项	178	165
4. 科技成果	项	5	1
5. 年末省高新技术产品数	个	1957	1583
6. 年末高新技术企业数	家	418	266
7. 年末民营科技企业数	家	815	688
8. 年末省级外资研发机构数	家	16	16

续表

项目	单位	2016年	2015年
9. 年末经认定省级以上孵化器数	家	6	6
教　育			
1. 普通中学学校数	个	25	24
小学学校数	个	45	30
幼儿园数	个	63	60
2. 普通中学招生数	人	8836	7830
#初中	人	6439	5766
小学招生数	人	9763	9628
3. 普通中学在校学生数	人	24092	22143
#初中	人	17656	16232
小学在校学生数	人	50924	47486
在园幼儿人数	人	30234	27752
4. 普通中学专任教师数	人	2401	2304
小学专任教师数	人	3517	2473
幼儿园专任教师数	人	1804	1596
5. 学龄儿童入学率(%)		99.8	99.8
小学毕业生升学率(%)		100.0	100.0
初中毕业生升学率(%)		100.0	100.0
高中毕业生升学率(%)		99.78	99.48
文化、体育			
1. 电影放映单位	个	—	—
影剧院	个	—	—
电影放映场次	场次	—	—
电影放映观众人次	万人次	—	—
2. 公共图书馆数	个	1	1
总藏量	万册	102.21	76.35
发放借书证数	个	11059	8301
书刊外借人次	千人次	188.38	96.21
书刊外借册次	千册次	227.30	162.39
阅览室座席数	个	260	260
3. 文物保护单位数	个	125	125
#国家级	处	7	7
省　级	处	19	19
文物藏品	件	5337	5337
#一级品	件	55	55
4. 艺术表演团体个数	个	2	2
演职员工数	人	33	36
演出场次	场次	3988	4718

续表

项目	单位	2016 年	2015 年
观众人数	万人次	429	485
5. 体育场馆数	个	13	13
400 米标准田径场	个	10	10
卫　生			
1. 卫生机构数	所	268	258
#医院	所	25	22
2. 卫生机构床位数	张	5268	4904
#医院	张	4448	4084
3. 卫生技术人员数	人	5614	5396
#医院	人	3430	3286
#医生人数	人	2099	1873
#医院	人	1109	959
4. 5 岁以下儿童死亡率（‰）		3.46	4.02
婴儿死亡率（‰）		2.11	3.26
产妇住院分娩比例（%）		100.0	100.0
社会福利和社会保障			
1. 社会福利院、敬老院数	个	11	12
床位数	张	1360	1551
在院人数	人	493	534
2. 社会救济对象总人数	人	10741	12629
接受低保户数	户	1340	1750
#城镇居民户数	户	1061	1376
接受低保人数	人	3225	4454
#城镇居民人数	人	2621	3613
3. 城镇登记失业人数	人	3937	4167
城镇登记失业率（%）		2	2
4. 城镇养老保险参加人数	万人	33.92	32.19
城镇医疗保险参加人数	万人	38.17	36.53
城镇失业保险参加人数	万人	31.85	30.09
城乡居民医疗保险参加人数	万人	33.66	33.87
城乡居民养老保险参加人数	万人	0.45	0.50
环境保护			
空气质量良好天数达标率（%）		68.2	63.1
水域功能区水质达标率（%）		100.0	100.0
集中式饮用水水源地水质达标率（%）		100.0	100.0
城市环境噪声达标区覆盖率（%）		100.0	100.0

吴中区机构设置和领导人名单

（2016 年底）

【中共苏州市吴中区第四届委员会】

书　记　金　洁(女)

副书记　唐晓东　李朝阳

常　委　金　洁(女)　唐晓东　李朝阳　许振华　方伟军　陆振华　潘国强　陈建峰　荣德明　冯建荣　顾建列

【中共苏州市吴中区纪律检查委员会】

书　记　方伟军

副书记　王雅音(女)　张　彧

常　委　方伟军　王雅音(女)　张　彧　李见明　董春华　吴　荣　吴　春

【区委工作部门】

区委办公室

主　任　周学斌

副主任　吴建明　许　丹　管炳锋　董天翼(女)　张杰峰

组织部（两新工委、人才办、党建办）

部　长　潘国强

副部长　秦晓良　殷　虹(女)　郁振红

两新工委书记　郁振红

人才办主任　殷　虹(女)

人才办专职副主任　朱建岗

宣传部（精神文明建设指导委员会办公室、哲学社会科学联合会）

部　长　李朝阳(兼)

副部长　程　飞(女)　席与翀　孔岳荣

文明办主任　程　飞(女)

副主任　李　群(女)

社科联主席　席与翀

副主席　陈林根

统一战线工作部

部　长　潘国强

常务副部长　吴金凤(女)

副部长　顾志男　石　青(女)

政法委员会（社会治安综合治理委员会办公室、国家安全领导小组办公室、依法治区办公室）

书　记　冯建荣

副书记　魏　杰(兼)　沈文群(女)　陈志新　张伟华(挂)

综治办主任　沈文群(女)

副主任　庄学峰

国安办主任　陈志新

依法治区办专职副主任　朱君贤

国资党委

书　记　周雪明

委　员　刘叶明　郑　刚　颜跃明　朱伯清　周菊坤　李文龙　林水元　李水明

纪委书记　颜跃明

农村工作办公室

主　任　朱继伟

副主任　张建刚　华　伟　胡　伟

机构编制委员会办公室

主　任　华利民

副主任　周志坚

台湾工作办公室（台湾事务办公室）

主　任

610 办公室

主　任　周建军

副主任　张震华　王卫江

区级机关工作委员会

书　记　周福勇

副书记　徐　磊

委　员　周金明

纪工委书记　周金明

老干部局

局　长　秦晓良(兼)

副局长　顾向明(女)

【区委直属事业单位】

党校（行政学校）

校　长　李朝阳(兼)

常务副校长　朱菊妹(女)

副校长　盛国健

行政学校校长　朱菊妹（女）

接待办公室

主　任

副主任　周　韵（女）　夏培明

档案局（档案馆）

局（馆）长　陆卫平

副局（馆）长　朱翔凌　翁建明　李　健（女）

【区机关党组党委】

人大常委会党组

书　记　张炳华

党组成员　唐龙生　陆增林　盛解元　戴晓东

政府党组

书　记　唐晓东

副书记　荣德明

党组成员　许振华　沈伟民　王卫星　王卫国　魏　杰　顾益坚

政协党组

书　记　薛明仁

副书记　张建祥

党组成员　戈福林　许晓峰

法院党组

书　记　张峥嵘

副书记　朱　巍

党组成员　吴　健　张永平（女）　孙宝华

纪检组长　孙宝华

检察院党组

书　记　陈　飞

党组成员　张晓江　张淮宾　袁　佳（女）

纪检组长　袁　佳（女）

总工会党组

书　记　陆月根

党组成员　胡艳明　何国平　陆葆兰（女）

纪检组长　胡艳明

工商联党组

书　记　石　青（女）

党组成员　俞　菊（女）

科技局党组

书　记　沈玉宝

副书记　石燕华（女）

党组成员　王立勇　钱卫芳（女）

纪检组长　钱卫芳（女）

民政局党组

书　记　龚　艳（女）

副书记　顾龙官

党组成员　王丽琴（女）　钱　刚　陆丽娜（女）

纪检组长　顾龙官

司法局党组

书　记　肖冬梅（女）

党组成员　杨红玉（女）　戴晓民

纪检组长　杨红玉（女）

财政局党组

书　记　周雪明

党组成员　颜跃明　柳春红（女）　顾进方

纪检组长　颜跃明

市容市政管理局党组

书　记　薛　华

党组成员　黄爱南　顾焕忠　金　丹（女）　黄新东

纪检组长　顾焕忠

商务局党组

书　记　陆建明

党组成员　黄文伟　朱　亮　姚　靓（女）

纪检组长　朱　亮

文化体育局党组

书　记　周一风

党组成员　宋　阳　奕国栋　陆　燕（女）　张金华

纪检组长　宋　阳

审计局党组

书　记　赵小平

副书记　岳雄伟

党组成员　陆建伟　荣伟铭　朱　伟

环境保护局党组

书　记　毛　刚

党组成员　杨飞镛　严　鸣　顾春茂　王成明

纪检组长　严　鸣

安全生产监督管理局党组

书　记　史拥军

党组成员　张新华　钱　军　蒋　辉

旅游局党组

书　记　姜　昊

党组成员　戴阿明　巴　盛　吕晓红（女）

纪检组长　巴　盛

民族宗教事务局党组

书　记　顾志男

党组成员　王根友　岳　峰

纪检组长　王根友

信访局党组

书　记　沈亚民

党组成员　顾利青　姚子元　朱慧杰

外事和侨务办公室党组

书　记　周凤祥

党组成员 徐菊秋(女) 李 思

档案局党组

书 记 陆卫平

党组成员 朱翔凌 翁建明

曹 炯(女) 李 健(女)

纪检组长 曹 炯(女)

政务服务管理办公室党组

书 记 沈 斌

党组成员 徐明东 高 瑾(女)

纪检组长 高 瑾(女)

供销合作社党组

书 记 金雪明

党组成员 金 琦(女)

发展和改革局党委

书 记 金 楠

副书记 秦 刚

党委委员 朱振冲 薛继红(女)

缪晓峰 朱绪宝

胡 刚

纪委书记 朱绪宝

经济和信息化局党委

书 记 姚瑞元

副书记 章为民

党委委员 陈 鸣 尤 歆(女)

蒋 勇

纪委书记 尤 歆(女)

教育工委

书 记 陆为民

副书记 王海赳

委 员 程朝阳 卢叶青(女)

顾彩琴(女)

纪工委书记 卢叶青(女)

人力资源和社会保障局党委

书 记 丁晓娟(女)

党委委员 袁建东 徐 宏(女)

马文兰(女) 张 岚(女)

纪委书记 马文兰(女)

住房和城乡建设局党委

书 记 汪庆丰

副书记 矫文忠

党委委员 庄春华 徐 勇

庄勤华(女)

交通运输局党委

书 记 张建新

党委委员 李忠军 金钰康

朱长青 管永洪

朱华新

纪委书记 朱长青

水利局党委

书 记 孙新元

党委委员 李文君 李小琴(女)

周 军 周晓峰

陈卫春 顾 波

纪委书记 周晓峰

农业局党委

书 记 李 东

党委委员 张 健 赵燕萍(女)

蔡惠荣 沈永成

卫生和计划生育局党委

书 记 陆治平

副书记 欧阳元

党委委员 马小红(女) 张晓逸

纪委书记 欧阳元

市场监督管理局党委

书 记 茅崧崧

副书记 吴小兵

委 员 曹 勇 屠怡文

王金海 邱建军

蔡 梁

纪委书记 曹 勇

粮食局党委

书 记 姚善生

副书记 尤林明

党委委员 周平波 顾雯雯(女)

纪委书记 顾雯雯(女)

机关事务管理中心党委

书 记 王正明

党委委员 顾振华 胡俊青

钟解文 王华娟(女)

纪委书记 胡俊青

江苏省吴中中等专业学校党委

书 记 张国英(女)

苏州市公安局吴中分局党委

书 记 魏 杰

副书记 濮信钊

委 员 范久宁 仇全官

曹建荣 马明山

周建军 顾德胜

邓 苏

【纪委工作部门】

办公室

主 任 李钟钦

第一纪检监察室

主 任 韩立波

信访室

主 任 王 君

案件审理室

主 任 陶俊峰

党风政风监督室

主 任 林 佳

纪检监察干部管理监督室

主 任 陈鹤峰

案件监督管理室

主 任 丁华强

【苏州市吴中区第三届人民代表大会常务委员会】

主 任 张炳华

副主任 唐龙生 陆增林

委 员(按姓氏笔画为序)

王江红(女) 卞杏娣(女)
朱 艳(女) 庄建华(女)
刘建梅(女) 李佳良
吴林木 吴金秀(女)
沈 斌 沈杉楠
张少华 陆建华
郁克铭 金明德
周一风 周晓红(女)
周雪芳 姚继元
秦晓良 钱建伟
钱家荣 徐远志
徐凌奇 唐华琴(女)
黄 敏 黄伟良
盛解元 虞文娟(女)
潘 强

【区人大常委会工作部门】

人大办公室

主 任 戴晓东
副主任 姚继元 徐凌奇
研究室主任 戴晓东

人事代表联络工作委员会

主 任 周晓红(女)
副主任 王江红(女)

内务司法工作委员会

主 任 潘 强
副主任 徐远志

财政经济工作委员会

主 任 徐永林
副主任 沈 曦(女)

城建环保工作委员会

主 任 陈哲敏
副主任 朱水坤

教科文卫工作委员会

主 任 陆建华
副主任 刘建梅(女)

农业农村工作委员会

主 任 徐炳良
副主任 曹雪琴(女)

【苏州市吴中区人民政府】

区 长 唐晓东
副区长 许振华 周晓敏(女)
荣德明 沈伟民
王卫星 王卫国
魏 杰

【区政府工作部门】

政府办公室（法制办、人防办、金融办）

主 任 顾益坚
副主任 华 伟 王晓华
万 礼 张 陈
陈 江 陆 一
朱 涛 厉 艺
法制办主任 唐 顺
人防办主任 陆文洪
金融办主任 金 楠
副主任 尹旭青(女)

发展和改革局（统计局、物价局、服务业发展办公室）

局 长 金 楠
副局长 秦 刚 朱振冲
薛继红(女) 胡 刚
物价局局长 秦 刚
服务业发展办公室主任 金 楠

经济和信息化局（中小企业局）

局 长 姚瑞元
副局长 章为民 陈 鸣
蒋 勇
中小企业局局长 章为民

教育局

局 长 陆为民
副局长 王海赳 徐伟英(女)
程朝阳 顾彩琴(女)

科学技术局（知识产权局）

局 长 沈玉宝
副局长 石燕华(女) 张文华
王立勇
知识产权局局长 石燕华(女)

监察局（与区纪委合署办公）

局 长 王雅音(女)
副局长 李见明

民政局

局 长 龚 艳(女)
副局长 顾龙官 王丽琴(女)
钱 刚 陆丽娜(女)

司法局

局 长 肖冬梅(女)
副局长 杨红玉(女) 王伟男
蒋吉伟 戴晓民

财政局（国有资产监督管理局）

局 长 朱筱菁(女)
副局长 周雪明 柳春红(女)
顾进方
国有资产监督管理局局长
朱筱菁(女，兼)
副局长 周雪明
度假区分局副局长 徐全林
开发区分局局长 王继红
副局长 朱方勇
高新区财政和资产管理局局长
张正才
副局长 沈 彬
西山农业园区财政和资产管理局
局长 朱炜烨
木渎镇财政和资产管理局局长
任 怡(女)
角直分局局长 王惠明
胥口分局局长 尚宝清(女)

东山分局局长　陆建洪
临湖分局局长　陆健勇
光福分局局长　何建金

人力资源和社会保障局

局　长　丁晓娟(女)
副局长　袁建东　徐　宏(女)
　　　　宋银林　张　岚(女)

住房和城乡建设局（地震局）

局　长　汪庆丰
副局长　矫文忠　庄春华
　　　　赵建国　徐　勇
　　　　庄勤华(女)
地震局局长　汪庆丰
开发区房管分局局长　钱国平

市容市政管理局（城市管理行政执法局）

局　长　薛　华
副局长　黄爱南　金　丹(女)
　　　　黄新东

交通运输局

局　长　张建新
副局长　李忠军　管永洪
　　　　朱华新

水利局（水务局）

局　长　孙新元
副局长　李文君　李小琴(女)
　　　　周　军　陈卫春
　　　　顾　波
水务局局长　孙新元

农业局（林业局、水产局）

局　长　李　东
副局长　马惠民　赵燕萍(女)
　　　　蔡惠荣　沈永成
林业局局长　李　东

商务局

局　长　陆建明
副局长　黄文伟　朱　亮
　　　　姚　靓(女)

文化体育局（文物局）

局　长　周一风
副局长　宋　阳　奕国栋
　　　　陆　燕(女)　张金华
文物局局长　周一风

卫生和计划生育局

局　长　陆治平
副局长　徐炜琴(女)　马小红(女)
　　　　张晓逸

市场监督管理局（食品药品监督管理局）

局　长　茅崧崧
副局长　吴小兵　屠怡文
　　　　王金海　邱建军
　　　　蔡　梁
食品药品监督管理局局长
　　　　茅崧崧
度假区分局局长　龚建新
副局长　庄惠生　吴敏彦(女)
开发区分局局长　苏征宇
城区分局局长　欧春生
木渎分局局长　王金剑
角直分局局长　张　明
胥口分局局长　黄钟卫
东山分局局长　马文元
临湖分局局长　朱玉岗
郭巷分局局长　徐玉男

审计局

局　长　赵小平
副局长　岳雄伟　陆建伟
　　　　荣伟铭　朱　伟
　　　　屈洪飞

环境保护局（太湖水污染防治办公室）

局　长　毛　刚
副局长　杨飞镛　王　健(女)
　　　　顾春茂　王成明

安全生产监督管理局

局　长　史拥军
副局长　张新华　钱　军
　　　　蒋　辉

旅游局

局　长　姜　昊
副局长　戴阿明　蒋红萍(女)
　　　　巴　盛　吕晓红(女)

民族宗教事务局

局　长　顾志男
副局长　岳　峰

粮食局

局　长　姚善生
副局长　尤林明　周平波
　　　　浦益峰(女)

信访局

局　长　沈亚民
副局长　顾利青　姚子元
　　　　朱慧杰

外事和侨务办公室（港澳事务办公室）

主　任　周凤祥
副主任　徐菊秋(女)　李　思
港澳事务办公室主任　周凤祥

【区政府派出机构】

政务服务管理办公室（政务服务中心）

主　任　沈　斌
副主任　徐明东

【区政府直属事业单位】

机关事务管理中心

主　任　王正明
副主任　顾振华　钟解文
　　　　王华娟(女)

供销合作社

主　任　金雪明
副主任　金　琦(女)

江苏省吴中中等专业学校（吴中开放大学）

校　长　张国英(女)
副校长　顾国清　夏克寒
　　　　杨　兵　汤晓敏(女)

公共文化中心

主　任　顾益坚(兼)
副主任　徐明雪(女)

【政协苏州市吴中区第三届委员会】

主　席　薛明仁
副主席　张建祥　钱鹤平
　　　　赵建明　戈福林
秘书长　史拥军
常务委员（按姓氏笔画为序）
　　　　王　健(女)　王伟男
　　　　心　培　叶志明
　　　　朱素珍(女)　朱筱菁(女)
　　　　许进良　许松涛
　　　　许忠英(女)　苏　伟
　　　　李　卫(女)　李君图
　　　　杨静漪(女)　吴仁林
　　　　吴时欣　吴菊方
　　　　张　旺　张文华
　　　　张永康　张建元
　　　　陆彩霞(女)　陆增林
　　　　陈　刚　季建平
　　　　金玉明　周全飞
　　　　周钰华(女)　周黎敏(女)
　　　　郑美珍(女)　胡惠萍(女)
　　　　柯德银　钦瑞良
　　　　贺　悦　袁月英(女)
　　　　夏　巍(女)　顾娟英(女)
　　　　高兰平　郭瑞春
　　　　唐根福　黄自力(女)
　　　　黄明康　梅建琴(女)
　　　　曹　富　盛林华
　　　　褚小平

【区政协工作部门】

政协办公室

主　任　许晓峰
副主任　魏苏涛(女)
研究室主任　许晓峰(兼)

提案委员会

主　任　陆育新(女)
副主任　朱筱菁(女,兼)　周福勇(兼)
　　　　杨静漪(女,兼)

经济科技委员会

主　任　李　卫(女)
副主任　沈玉宝(兼)　黄明康(兼)
　　　　朱伯清(兼)

社会事业委员会

主　任　柯德银
副主任　陈伟骏(兼)　唐华琴(女,兼)
　　　　史才林(兼)

城乡建设委员会

主　任　李福林
副主任　许长根(兼)　杨和芳(兼)
　　　　毛　刚(兼)

港澳台侨、民族宗教委员会

主　任　唐华琴(女)
副主任　夏　健(兼)　梅建琴(女,兼)
　　　　顾炯文(女,兼)

文史委员会

主　任　曹　富
副主任　胡惠萍(女)　王剑云(兼)
　　　　周菊坤(兼)

【苏州市吴中区人民法院】

院　长　张峥嵘
副院长　朱　巍　吴　健
　　　　张永平(女)
政治处主任　张永平(女)

【苏州市吴中区人民检察院】

检察长　陈　飞
副检察长　张晓江　张淮宾

【民主党派】

民进吴中区委

主　委　周黎敏(女)
副主委　李　卫(女)　金玉明
　　　　陆彩霞(女)　苏　伟

民盟吴中区总支

主　委　赵建明
副主委　张文华　宋银林
　　　　陈　刚

九三学社吴中区支社

主　委　胡惠萍(女)
副主委　张　旺　朱彩萍(女)
　　　　韩　蓓(女)

致公党吴中区支部

主　委　杨静漪(女)
副主委　汪利明　王衍兵

民建吴中区支部

主　委　钦瑞良
副主委　施星蕙(女)　高建林

民革吴中区支部

主　委　徐伟英(女)
副主委　浦红生

农工党吴中区支部

主　委　王伟男
副主委　高海岗　张敏芳(女)

吴中区知联会

主　委　马惠民

副主委　朱筱菁(女)　朱培方
　　　　徐炜琴(女)　屈洪飞

【人民团体】

总工会

主　席　陆月根
副主席　胡艳明　何国平
　　　　陆葆兰(女)
兼职副主席　马文兰(女)　顾建龙

共青团吴中区委员会

书　记　李　臻(女)
副书记　王寅平　谢诗意
兼职副书记　魏忠杰

妇女联合会

主　席　周钰坪(女)
副主席　张　蕾(女)　李学毅(女)
兼职副主席　张　姝(女)
　　　　　　陆葆兰(女)

科学技术协会

主　席　金建生
副主席　吴逸凯　叶　青(女)
兼职副主席　石燕华(女)
　　　　　　徐伟英(女)
　　　　　　吕　莉(女)

工商业联合会

主　席　宋晓华
副主席　石　青(女)　俞　菊(女)
兼职副主席　章为民　蔡　梁
　　　　　　蒋元生　胡德霖
　　　　　　顾轶群(女)　赵　明
　　　　　　李君图　王春生
　　　　　　蒋云泉　何宜祥
　　　　　　沈伟元　庄建华(女)
　　　　　　张　陈

文学艺术界联合会

主　席　查伟峰
副主席　凌　奕　徐蔚钰(女)
兼职副主席　姜兴龙　蒯惠忠
　　　　　　叶志明

归国华侨联合会

主　席　顾炯文(女)
副主席　汤晓亮
兼职副主席　李君图

残疾人联合会

理事长　沈红卫
副理事长　赵钰明　蒋　超

红十字会

会　长　周晓敏(女,兼)
副会长　朱瑞良
兼职副会长　程　飞(女)
　　　　　　陆为民
　　　　　　龚　艳(女)
　　　　　　朱筱菁(女)
　　　　　　陆治平　张　陈

【二级局单位】

法院审委会

专职委员　姜春燕(女)　朱家林

执行局

局　长　李晓东

法院派出法庭

度假区庭长　韩　勇
开发区庭长　金美珍(女)
甪直庭长　王丽芳(女)

检察院检委会

专职委员　周晓军

反贪污贿赂局

局　长　张淮宾

公诉局

局　长　杨　隽(女)

检察院派驻检察室

开发区主任　陆惠忠

机要保密局

局　长　吴建明

事业单位登记管理局

局　长　周志坚

物价检查分局（价格举报中心）

局　长　卢雪芳(女)

财政支付中心

主　任　徐　西

社会保险基金管理中心

主　任　郑琪磊

房屋征收办

主　任　徐　勇(兼)

运输管理处

主　任　王建国

航道管理处

主　任　管永洪

公路管理处

主　任　赵瑞军

运输综合管理所

所　长　彭　力

疾病预防控制中心

主　任　殷华芬(女)

市场监管执法大队

大队长　李　勇
食安办专职副主任　周英进

经济责任审计中心

主　任　陆建伟(兼)

环境监察大队

大队长　赵红卫

行政中心管委会

主　任　钟解文

便民服务中心

主　任　高建伟

【苏州太湖国家旅游度假区】

党工委副书记　金　洁(女)
　　　　　　　陆振华
党工委委员　郑　刚　王晓岚(女)
　　　　　　包勤康　张　健

管委会副主任　陆振华　郑　刚
王晓岚(女)
包勤康

【度假区工作部门】

党政办(政法办)

主　任　马安沧
副主任　丁铁宇　宋金元
政法办公室主任　马安沧(兼)

纪工委(监察局)

书　记　张　健
副书记　钱　江
监察局局长　钱　江
监察局副局长　谢卫平

组织人事和劳动社保局

局　长　姚胜武
副局长　王利华　赵　山

总工会

主　席　鲍　羚(女)

机关党委

书　记　丁铁宇

社会事业局

局　长　陆胜兰
副局长　王　炯　赵　静(女)

住房和城乡建设局

局　长　顾建国
副局长　柳青华　朱晓强
陆亦章

招商局

局　长　鲍丽君(女)
副局长　张　伟　秦　铮

经济发展局(农业发展局、农村工作办公室)

局　长　赵立新
副局长　查文鳌　王兆勇
农办主任　赵立新(兼)
农业发展局局长　赵立新(兼)

安监和环保局

局　长　张月兴
副局长　王月新　王剑钦

文体旅游发展局

局　长　王罕红
副局长　殷　磊　赵伟东

太湖科技产业园管理局

局　长　唐锦华
副局长　周　林

审计分局

局　长　徐建良

房产管理中心

主　任　柳青华(兼)

610办公室

主　任　李玉良
副主任　胡　浩

【苏州吴中经济技术开发区】

党工委书记　金　洁(女)
副书记　唐晓东　许振华
罗家荣
党工委委员　顾建明　刘叶明
朱凤泉　骆兴男
徐国雄　周学斌
管委会主任　唐晓东
副主任　许振华　顾建明
刘叶明　朱凤泉
骆兴男　徐国雄
周学斌

【开发区工作部门】

党政办公室

主　任　陆志伟
副主任　陈　江　吴晓红(女)
王龙杰

纪工委(监察局)

书　记　罗家荣
副书记　陆菊泉
监察局局长　陆菊泉
副局长　俞　越　汪武平

组织人事和劳动社保局

局　长　贺　悦
副局长　喻龙兴　刘燕婷(女)

政法办公室(综治办)

主　任　杨和芳
综治办副主任　刘文兴

总工会

主　席　董明清
副主席　张文新

机关党委

书　记　秦水英(女)
副书记　石建新

“两新”党委

书　记　贺　悦
副书记　舒　心

综合执法局(安全生产环境保护局)

副局长　居海荣

招商局

局　长　姚　静(女)
副局长　方　针　钱　锦(女)
陆　凯

经济发展局(科技局)

局　长　黄国锋
副局长　曹土林

社会事业局

局　长　陈　燕(女)
副局长　沈映珍(女)　胡　青(女)

建设局

局　长　沈雪华
副局长　郁永德　莫　君
苏明华

科技金融管理局

局　长　周志锋

副局长 张 雄 陈 静(女)

吴中综合保税区管理局

局 长 仲益民

副局长 周健华 顾建新

审计分局

局 长 张伟平

【苏州太湖新城吴中党工委、管委会】

党工委书记 许振华(兼)

副书记 刘叶明(兼)

委 员 许 玲(女)

管委会主任 许振华(兼)

副主任 刘叶明(兼) 张 艳(女) 金剑锋

纪工委书记 许 玲(女)

【苏州市吴中高新区(筹)(长桥街道)】

党工委书记 顾建列

副书记 张 伟

委 员 张建琳(女) 杨 霞(女) 张伟荣 张继华 张正才 祝才千(女) 徐 成

管委会(办事处)主任

副主任 张 伟 杨 霞(女)

纪工委书记 张建琳(女)

长桥街道人大工委

主 任 张菊泉

长桥街道政协工委

主 任 曹菊英(女)

【高新区工作部门】

党政办

主 任 徐 成

副主任 张全荣 周琬虹(女) 孙瑜清

组织人事和劳动社保局

局 长 祝才千(女)

建设局

局 长 周云明

副局长 李东毅 柳建刚 张维明

经济发展局(招商局)

局 长 张继华

副局长 陆梅华(女) 马宏伟 田为栋

社会事业局

局 长 赵静方

副局长 汪成洁(女) 范建华 朱伟荣

政法和安监办公室(综治办)

主 任 张伟荣(兼)

副主任 许宏男

财政和资产管理局

局 长 张正才

副局长 沈 彬

行政服务中心(招投标中心)

主 任 沈新华

副主任 朱伟荣 钱 华

监察室

主 任 周钰华(女)

副主任 黄卫新(女)

机关党工委

副书记 余文兰(女)

人武办

主 任 张伟荣

副主任 许祥武

总工会

主 席 徐永昌

副主席 刘 臻(女)

“两新”党委

书 记 张全荣

副书记 徐旻霞(女)

市政公用局

局 长 张维明(兼)

【西山国家现代农业示范园区】

党工委书记 王显军

副书记 谈建强 徐 敏

委 员 徐晓军 顾丽明 王 强 徐菊芳(女) 陆 军 王华刚

管委会副主任 谈建强 王 云 顾丽明 王光玉 周永珍(女) 陈 刚

纪工委书记 徐晓军

副书记 顾显东

【金庭镇】

党委书记 王显军

副书记 谈建强 徐 敏

委 员 徐晓军 顾丽明 王 强 徐菊芳(女) 陆 军 王华刚

镇 长 谈建强

副镇长 顾丽明 王光玉 周永珍(女) 陈 刚

人大主席 黄雪峰

政协工委主任 徐 敏

纪委书记 徐晓军

副书记 顾显东

人武部长 顾丽明

工会主席 黄海斌

【西山农业园区工作部门】

党政办

主 任 徐永俊

组织人事和劳动社保局

局 长 乐继荣

经济和旅游发展局

局　长　府　强

建设和环境保护局

局　长　张新庆

社会事业局

局　长　徐菊芳（女，兼）

农村工作局

局　长　周永珍（女，兼）

政法和社会管理办公室（安监办）

主　任　黄仲芳

财政和资产管理局

局　长　朱炜烨

【街道、镇、场】

郭巷街道

党工委书记　邹文明
副书记　马唯杰　褚会男
委　员　陈秋明　朱文明
　　　　李永亮　张勇坚（女）
　　　　胡　莹（女）
办事处主任　马唯杰
副主任　李永亮　吴建国
　　　　范　程　沈稼兴
人大工委主任　陆振荣
政协工委主任　褚会男
纪工委书记　陈秋明
人武部长　李永亮
工会主席　胡　莹（女）

横泾街道

党工委书记　徐晨阳
副书记　周丽强　顾蔚雯（女）
委　员　陈德宇　徐海林
　　　　张东民　顾春明
　　　　蔡文娟（女）　袁伟华
办事处主任　周丽强
副主任　陈德宇　沈志芳
　　　　张晓清　俞高妹（女）
人大工委主任　任进德
政协工委主任　顾蔚雯（女）
纪工委书记　顾蔚雯（女）
人武部长　袁伟华
工会主席　王建生

城南街道

党工委书记　王　岳
副书记　朱华平　黄　东
委　员　杨　文　吴川英（女）
　　　　吾为人　沈　敏
　　　　胡伟新　沈志华
办事处主任　朱华平
副主任　杨　文　沈　敏
　　　　张俊峰　王　钦
人大工委主任　沈涛龙
政协工委主任　黄　东
纪工委书记　吾为人
工会主席　张金生

越溪街道

党工委书记　史才林
副书记　徐学明　周进瑞
委　员　张　军　顾　明
　　　　仇玫行（女）　陈龙元
　　　　朱菊珍（女）　仲文友
办事处主任　徐学明
副主任　陈龙元　袁栋华
　　　　薛招福　吴静波（女）
人大工委主任　朱振华
政协工委主任　周进瑞
纪工委书记　仇玫行（女）
工会主席　钱四男

香山街道

党工委书记　顾洪建
副书记　顾文明　戚　敏
委　员　虞晓东　徐向东
　　　　沈惠男　谢祥伦
　　　　顾霞勤（女）
办事处主任　顾文明
副主任　徐向东　顾霞勤（女）
　　　　王　明
人大工委主任　李佳良
政协工委主任　戚　敏
人武部长　谢祥伦
工会主席　王　正

【木渎镇】

党委书记　顾玉琪
副书记　郁文明　王　军
　　　　周金林
委　员　陈小兴　冯　印（女）
　　　　许　军　钱　军
　　　　张伟忠　陈德明
　　　　顾国培
镇　长　郁文明
副镇长　陈小兴　陈德明
　　　　王　华　赵丽君（女）
　　　　徐　正　戴水清
人大主席　李向上
副主席　许　军（兼）
政协工委主任　王　军（兼）
纪委书记　周金林
副书记　王　青
总工会主席　陈海平

【木渎镇工作部门】

组织人事和社会保障局

局　长　许　军（兼）

财政和资产管理局

局　长　任　怡（女）

建设和环境保护局（招投标中心）
局　长　郁红方
农村工作局
局　长　俞剑英
社会事业局
局　长　孙德群(女)
便民服务中心
主　任　戴水清(兼)

【穹窿山风景管理区】
党工委书记　徐　正(兼)
委　员　王建平　姚　杰
　　　　李　晴(女)
管委会主任　徐　正(兼)
副主任　姚　杰　李　晴(女)
　　　　徐　岚(女)
纪工委书记　王建平
工会主席　吴　彬

甪直镇
党委书记　姚　东
副书记　陈菊林　张　明
　　　　过钦军
委　员　洪涛生　王宗林
　　　　王晓刚　陈琴明
　　　　吴　婧(女)　张惠红
　　　　张春茂
镇　长　陈菊林
副镇长　洪涛生　王宗林
　　　　陈东海　周　敏
　　　　朱学新
人大主席　王　民
副主席　张春茂(兼)
政协工委主任　杨三元
纪委书记　王晓刚
副书记　王国正
人武部长　过钦军

甪直镇车坊办事处
副主任　秦　强(兼)

胥口镇
党委书记　莫玉林
副书记　徐卫东　王雪峰
　　　　沈志枫
委　员　王　京　顾娟英(女)
　　　　周明华　叶　龙
　　　　李　莉(女)　沈建康
　　　　陈　旻
镇　长　徐卫东
副镇长　王　京　陈　旻
　　　　韩　蓓(女)　高建华
人大主席　韩　江
副主席　周明华(兼)
政协工委主任　王雪峰
纪委书记　沈志枫
副书记　邱少春
人武部长　叶　龙
总工会主席　顾建国

东山镇
党委书记　徐学棣
副书记　唐峥嵘　毛曦雪
　　　　蒋　吉
委　员　汤卓献　赵伟政
　　　　吾永康　周景裕
　　　　杨忠星　张　炜
　　　　洪建华
镇　长　唐峥嵘
副镇长　赵伟政　杨忠星
　　　　顾华军　马群霞(女)
人大主席　莫玉方
副主席　吾永康(兼)
政协工委主任　毛曦雪
纪委书记　蒋　吉
副书记　葛　炜
人武部长　周景裕
工会主席　薛文明

临湖镇
党委书记　顾　强
副书记　朱　艳(女)　徐建军
委　员　吴春耘　夏　巍(女)
　　　　仉　勇　李文华
　　　　徐全福　陈志强
镇　长　朱　艳(女)
副镇长　李文华　孔建强
　　　　沈娟娟(女)　唐　奕
人大主席　李少雄
副主席　徐全福(兼)
政协工委主任　徐建军
人武部长　陈志强
纪委书记　仉　勇
副书记　徐冬明

光福镇
党委书记　张剑清
副书记　张建明　许文清
委　员　盛新根　麻琪彬
　　　　张兴娣(女)　吴建卫
　　　　樊建明　徐华军
镇　长　张建明
副镇长　盛新根　徐海忠
　　　　浦孝东　朱秋耀
人大主席　浦志华
副主席　樊建明(兼)
政协工委主任　许文清
纪委书记　麻琪彬
副书记　钱建良
人武部长　徐华军
工会主席　柴彩兴

东吴国家森林公园管理中心（林场）

书　记　李　青
副书记　周晓春
委　员　王振伟　陈勤华
场　长　周晓春
副场长　王振伟　陈勤华
主　任　周晓春
副主任　王振伟　陈勤华

太湖农业园党工委、管委会

书　记　顾　强（兼）
副书记　朱　艳（女，兼）　林水元
主　任　林水元
副主任　顾岳明

澄湖农业园党工委、管委会

书　记　姚　东（兼）
副书记　陈菊林（兼）

【公司】

苏州市吴中城市建设投资发展有限公司

董事长　朱伯清
总经理　张洪良
副总经理　王荣清

苏州市吴中区工业资产经营有限公司

董事长　朱伯清
副总经理　孙延敏

苏州市吴中国裕资产经营有限公司

董事长　朱伯清
总经理　沈　哲
副总经理　钱庆强　孙　国

苏州吴中旅游发展有限公司

董事长　周菊亮
总经理　潘东华
副总经理　杨玉香（女）　袁小洪

苏州太湖旅游发展集团公司

董事长　周菊坤
总经理　沈博名

苏州太湖洞庭古村旅游发展有限公司

董事长　周菊坤
总经理　周菊亮
副总经理　府建男

苏州市吴中金融控股有限公司

董事长　李文龙
总经理　赵建明
副总经理　柯毅斐　潘　虹（女）

苏州太湖现代农业发展有限公司

董事长　林水元
总经理　顾岳明
副总经理　陈　强　顾　峰

苏州市吴中交通建设投资有限公司

总经理　董志勋
副总经理　周洪泉

苏州太湖园博实业发展有限公司

董事长　周菊坤

苏州吴中水务发展集团有限公司

董事长　李水明
总经理　吴秋荣
副总经理　刘　颖（女）

江苏吴中经济技术发展总公司

董事长　郁克铭
总经理　江福根
副总经理　李　强　冯爱忠

苏州吴中东太湖建设发展股份有限公司

董事长　郁克铭
总经理　郁克铭
副总经理　尤培泉　沈荣华
　　　　　唐　琼（女）

苏州吴中国太发展有限公司

董事长　张少怡
总经理　顾建忠
副总经理　尤培泉　林毅君

苏州太湖旅业发展有限公司

董事长　戴小林
副总经理　缪金龙　徐晓光

苏州太湖城市投资发展有限公司

董事长　徐天骅
总经理　李新华
副总经理　沈敏华　张培根

苏州西山国家现代农业示范园区有限责任公司

董事长　徐海龙
总经理　徐海龙
副总经理　田丽敏（女）

苏州吴中城区建设发展有限公司

董事长　赵建明

总经理　钱卫方
副总经理　马文忠

苏州澄湖现代科技生态农业发展有限公司
总经理　顾汉明
副总经理　金培根　张金华
　　　　沈钰文

【垂直管理单位】
人武部
部　长　陈建峰
苏州海关驻吴中办事处
主　任　沈苏华
副主任　项卫东　蔡　敏
苏州出入境检验检疫局吴中办事处
主　任　赵志田
副主任　许文根
苏州市吴中区国家税务局
局　长　朱国庆
副局长　顾鹏飞　陈　健
苏州市吴中地方税务局
局　长　唐　磊
副局长　顾振瑞　舒建红
　　　　巫晓慧(女)
苏州市公安局吴中分局
局　长　段晴毅
政　委　濮信钊
副局长　范久宁　仇全官
　　　　曹建荣　马明山
　　　　周建军　顾德胜
苏州市国土资源局吴中分局
局　长　张春明
副局长　殷　华　冯富荣
　　　　孙发朝　苏伟强
　　　　马勇华　凌　峰
苏州市规划局吴中分局
局　长　顾卫东
副局长　金雪明　魏钟林
气象局
局　长　蒯志敏

编辑：洪　蕾

中共吴中区委员会

综 述

【综合实力】 2016年，全区经济社会发展保持良好态势，全年实现地区生产总值1010.72亿元，增长7.6%；一般公共预算收入134.43亿元，增长11%。完成全社会固定资产投资561.67亿元。稳步开拓内外市场，实现社会消费品零售总额372.81亿元，增长10.5%；完成进出口总额76.6亿美元，新增注册外资2.15亿美元，实际利用外资3.61亿美元。促进房地产市场健康平稳发展，商品房销售面积320.52万平方米，销售金额491.12亿元。金融要素保障有力，本外币存贷款余额分别为2122亿元、1999亿元，同比分别增加205亿元、344亿元，27家企业挂牌新三板。国资经济净资产587亿元，增长18%。

【创新转型】 2016年，按照“先进制造轴”布局思路，制定出台供给侧结构性改革、实业兴区、智能制造等一系列政策文件，推动产业水平向中高端迈进。全年完成工业总产值1636.87亿元，其中规模以上工业产值1226.49亿元，新兴产业产值669.65亿元。对接《苏南国家自主创新示范区发展规划纲要》，实施知识产权强区战略，发明专利授权增幅全市第一，通过国家知识产权强县工程试点区验收。实施“东吴高层次人才计划”，新增国家“千人计划”1人、省双创人才5人、市姑苏领军人才15人，获“苏州市人才科技工作创新进步奖”。吴中科技创业园入围省首批“科技型创业企业孵育计划”，南京师范大学科技园建成投用。编制完善《吴中区全域旅游总体规划》，打造“一心、一带、六大旅游产业集聚区”旅游发展格局，全年接待游客2341万人次、旅游总收入315亿元，获评省乡村旅游创新发展示范区。举办首届“苏作文创峰会”，建立完善区非物质文化遗产数据库，甪直镇作为江南水乡古镇参与申报世界文化遗产。吴中综保区获批省跨境电子商务产业园试点，服务业增加值占GDP比重达51%。

【深化改革】 2016年，制定出台《中共吴中区委全面深化改革领导小组工作规则》《中共吴中区委全面深化改革领导小组专项小组工作规则》等5个规范性文件，出台《关于加强改革督察工作的实施意见》，年度8大类24个方面66项改革工作全面推进。10项重点改革任务深入推进，深化国资国企改革，制定区属国有企业分类整合及相关配套改革方案，健全国资监管体系。推进工业生产要素优化配置改革，建立工业企业亩产效益评价系统。完善板块绩效考核

2016年11月22日，全国农村集体资产股份权能改革试点工作交流座谈会在吴中区召开

制度，完成穹窿山风景管理区行政管理模式改革，制定出台《关于调整镇（区、街道）财政体制的意见》《关于调整镇（区）土地出让收入分配结算办法的意见》。推进农村集体资产股份权能改革国家级试点，承办全国农村集体资产股份权能改革试点工作交流座谈会，股权固化比例95%。在全省范围内率先开展政府部分职能向社会转移，完成转移职能事项96项，制定事中事后监管措施157项，推动各部门工作重心从事前审批向事中事后监管转变。辖区企业“一照一码”换照率65%。

【城乡统筹】 2016年，围绕“中心城市核”优化提升目标，坚持一体设计、多规合一，各类城乡空间规划编制调整加快推进。推进太湖新城建设，天鹅湖公园、白鹭岛工程全面竣工，高新区凤凰文化广场结顶，度假区酒店集群加快打造，各板块品质功能进一步提升。完成房屋征收拆迁1365户71万平方米，交付安置房2337套32.6万平方米，在建安置房2.6万套323.8万平方米。重点交通工程建设进展顺利，中环吴中段、南环西延、东环南延一期主体及附属工程基本完成，轨道交通2号线延伸线、太湖大桥新桥实现通车。城市环境“五项治理”扎实推进。吴中城市大数据中心（一期）完成建设，“智慧环保”“智慧水利”“数字城管”等平台服务功能整合完善。甪直入选第一批中国特色小镇，全国首个纪录片小镇落户东山，金庭“湖岛绿色小镇”入围全国特色小镇培育名单。超额完成100个市级三星级康居乡村验收任务。推进农业“四个百万亩”落地保护，建设高标准基本农田7231亩，超额完成61.8%。推动“农业+互联网”发展，打造“吴中产鲜”高端农业品牌，东山农产品电商产业园建成运营，吴中区、金庭镇、东山碧螺村分获省农村电子商务示范区、示范镇、示范村。

【生态环境】 2016年，全面推进年度生态文明建设十大工程建设，木渎、光福、城南污水处理厂二期新扩建项目建成投用，18公里配套污水管网同步建成。精细化实施太湖水环境“五位一体”综合管理，完成河道疏浚193条147公里，建设生态河道25公里，沿太湖重点乡镇农村生活污水治理全覆盖工程有序推进，获评全国农村生活污水治理示范县（市、区）。严格实行环境准入制度和生态红线管理，召开生态文明与绿色发展绩效评价考核（吴中）高层座谈会。妥善处置太湖西山外来非法垃圾倾倒事件，做好中央环境保护督察组反馈问题整改落实。全面启动“两减六治三提升”专项行动，完成淘汰落后产能三年行动计划，全力做好“地条钢”整治工作，燃煤锅炉全部淘汰，PM2.5平均浓度下降完成任务目标，全年空气质量优良率68.2%。新增绿化面积481亩、中幼龄抚育面积2万亩，实现较大山体森林防火通道全覆盖。重要湿地水岸带维护修复项目全面启动，太湖湖滨国家湿地公园创成国家生态文明教育试点单位，临湖镇成功创建国家级卫生镇，光福冲山村、金庭庭山村、东蔡村获评江苏省生态村。

【民生事业】 2016年，区公共文化中心主体竣工，苏州保利大剧院成功落户，区博物馆完成项目立项报批、展陈设计。全面推进“居家福”增点扩面工程，全区16.8万名退休人员纳入社会化管理，社会化管理率97.9%。木渎南行中学、北美高级中学投用，横泾中心小学及其附属幼儿园，高新区幼教中心等新校全面建成。木渎医院原住院大楼改造工程基本完成，长桥医院、城南街道社区卫生服务中心启动易地新建。承办第七届“穹窿山兵圣杯”女子围棋赛，“环太湖”国际竞走和行走多日赛获评“江苏省十大最具品牌价值体育赛事”，园博园成为全国首个竞走公园。以镇级集团公司、“一村二楼宇”项目、村级自主发展载体为抓手，实施跨区域联动发展。全区集体经济净资产180亿元，村均稳定收入1300万元，超千万元村60个，合作社户均分红5700元，农村居民人均可支配收入2.78万元。城镇登记失业率控制在2%以内，城镇居民人均可支配收入5.6万元。深入推进“平安吴中”建设，深化社会治安重点地区和突出问题排查整治工作，推进流动人口积分制管理，“穹窿山谍战影视馆”建成投用并成为苏州市国家安全教育基地。“法治吴中”建设扎实推进，获评“2011~2015年全省普法工作先进区”“2015年度平安县（市、区）”“第二届全国创新社会治理优秀城市”。

2016年5月19日，区委常委会“两学一做”专题学习会召开

【党的建设】 2016年，加强理想信念教育，开展十八届五中、六中全会和省、市、区党代会精神学习宣传，深入开展“两学一做”学习教育，区委中心组举办专题报告会、学习会13次。开展建党95周年纪念活动，选树22名全区优秀党员典型，举办各类党员培训班192期，参训4.8万人次。党委、人大、政府、群团等换届工作平稳有序开展，换届环境风清气正，区第四次党代会召开。健全从严管理干部制度体系，推动干部管理向常态化、全面从严转变。强化“一把手”抓党建主体责任，完善“清单、承诺、考核、激励（问责）”四位一体责任体系。落实党风廉政建设“两个责任”，做好中央巡视组巡视江苏反馈意见整改落实回头看、市责任制检查考核反馈意见、市纪委委员评议质询反馈意见的整改落实工作。创新开展区纪委委员评议质询，全面推行责任清单制度，实现全区责任清单“全覆盖”。全力支持纪检监察机关严格执行党章党规党纪，用好监督执纪“四种形态”。强化农村集体资产和国有资产“两大监管平台”作用，持续开展“思廉、树廉、讲廉”主题教育活动和“清风行动”专项督查。发挥区委常委会总揽全局、协调各方的领导核心作用，贯彻民主集中制原则，全面推进人大、政协、人武、统战、工会、共青团、妇联、民族、宗教、侨务、对台、档案、关工委、科协、残联、文联、红十字会以及各垂直管理部门工作，发展合力进一步增强。 （毛　寅）

重要会议

【中共苏州市吴中区第四次代表大会】 7月25~28日召开，主要任务：高举中国特色社会主义伟大旗帜，以邓小平理论、“三个代表”重要思想、科学发展观为指导，以习近平总书记系列重要讲话特别是视察江苏重要讲话精神为根本遵循，深入贯彻落实“四个全面”战略布局，回顾总结区第三次党代会以来的各项工作，审议确定今后五年经济社会发展的目标任务；选举产生中国共产党苏州市吴中区第四届委员会和纪律检查委员会；选举产生出席中国共产党苏州市第十二次代表大会的代表，动员全区各级党组织、全体共产党员和广大人民群众，根植吴文化，建设新吴中，为全面建成区强民富、城乡协调、文明和谐的小康社会不懈奋斗。区委书记金洁作题为《根植吴文化，建设新吴中，为全面建成区强民富、城乡协调、文明和谐的小康社会不懈奋斗》的报告。

【中共苏州市吴中区委工作务虚会】 12月9日召开，主要任务：深入学习贯彻党的十八届六中全会精神以及省、市、区党代会精神，研究谋划2017年经济社会发展思路和工作重点，加快高水平全面建成小康社会步伐。区委书记金洁作讲话。

【中共苏州市吴中区委四届三次全体（扩大）会议】 12月29日召开，主要任务：深入学习贯彻党的十八大和十八届三中、四中、五中、六中全会以及省、市、区党代会精神，以习近平总书记系列重要讲话精神为根本遵循，紧紧围绕“五位一体”总体布局和“四个全面”战略布局，坚持稳中求进总基调，准确把握经济发展新方位，积极引领经济发展新常态，努力践行新发展理念，全面落实供给侧结构性改革新实践，紧扣“根植吴文化、建设新吴中”主题导向和“三大布局、四大红利”战略重点，聚力创新、聚焦富民、聚心治党，推动吴中各项事业迈上新台阶，为高水平全面建成“区强民富、城乡协调、文明和谐”的小康社会夯实基础，以优异成绩迎接党的十九大胜利召开。区委书记金洁向全委会报告工作，并作题为《把握“两聚一高”要求，牢记从严治党使命，在根植吴文化、建设新吴中征途上继续前进》的讲话。

2016年7月25~28日，中国共产党苏州市吴中区第四次代表大会召开

【其他重要会议】 1月29日　全区党建工作会议。

2月1日　房地产工作座谈会。

2月19日　金融工作咨询委员会顾问咨询座谈会。

2月24日　全区纪检监察工作会议。

2月24日　全区政法工作会议。

3月7日　纪念“三八”国际劳动妇女节106周年暨“十佳”创新创业优秀女性表彰大会。

3月12日　征收（拆迁）安置工作会议。

3月23日　人民武装工作会议。

3月30日　城乡发展一体化暨美丽乡村建设工作会议。

4月29日　庆“五一”暨“吴中工匠”表彰大会。

5月4日　“两学一做”学习教育工作座谈会。

5月25日　区委全面深化改革领导小组第三次会议。

6月1日　全区经济工作会议。

6月29日　庆祝中国共产党成立95周年大会。

7月6日　生态文明建设推进会。

7月7日　全域旅游总体规划评审会。

8月26日　薄弱村脱贫致富座谈会。

9月1日　中央环保督察和突出环境问题整改工作会议。

9月9日　庆祝第32个教师节大会。

9月21日　文明城市长效管理工作推进会。

10月28日　区委全面深化改革领导小组第四次会议。

11月24日　吴中区科学技术协会第四次代表大会。

11月24日　吴中区侨联第四次代表大会。

11月28日　吴中区工商联（总商会）第四次会员代表大会。

11月28日　中国共产主义青年团苏州市吴中区第六次代表大会。

11月29日　吴中区残疾人联合会第四次代表大会。

11月29日　吴中区妇女第四次代表大会。

11月30日　吴中区文学艺术界联合会第四次代表大会。

11月30日　吴中区工会第四次代表大会。

11月30日　吴中区红十字会第三次会员代表大会。

12月14日　省第十三次党代会精神宣讲报告会。

12月30日　金融工作座谈会。

12月30日　2016年度落实党风廉政建设责任制暨“一报告两评议”工作会议。

12月30日　2016年度基层党建工作专项述职会议。

（毛　寅）

重要决策和活动

【重要决策】 1月16日　区委出台《中共苏州市吴中区委关于加强和改进党的群团工作的实施意见》。

2月18日　区委、区政府出台《关于深入推进平安吴中建设的意见》。

3月29日　区委、区政府出台《关于加快推进吴中高新区建设的实施意见》。

4月13日　区委、区政府印发《2016年度吴中区四套班子领导挂钩重点企业的通知》。

4月13日　区委、区政府印发《关于分解下达2016年度全区“八大”主要经济指标目标任务的通知》。

4月13日　区委、区政府印发《2016年吴中区四套班子领导领办挂钩重点项目汇总表的通知》。

5月31日　区委、区政府印发《吴中区实施实业兴区战略行动计划（2016~2018年）》。

5月31日　区委、区政府出台《关于实施“东吴高层次人才计划”的意见》。

7月14日　区委出台《关于开展巡察工作的实施意见》。

9月18日　区委、区政府印发《苏州市吴中区法治政府建设2016~2020年规划》。

9月26日　区委印发《关于加快推进生态文明建设的实施方案》。

11月2日　区委出台《关于实施“百名好书记”专项建设行动进一步加强基层党组织书记队伍建设的意见》。

12月7日　区委、区政府出台《关于加强吴中区学校建设管理工作的实施意见》。

12月9日　区委、区政府出台《关于推进吴中区区属国有企业改革工作的实施意见》。

12月22日　区委、区政府出台《关于调整镇（区）财政体制的意见》《关于调整镇（区）土地出让收入分配结算办法的意见》。

12月30日　区委印发《中共苏州市吴中区委深入开展“创

新四问”活动的工作方案》。

【重要活动】1月30日　迎新春团拜会。

2月16日　2016年度重大项目春季集中开工仪式。

3月4日　“五大发展理念与政府治理转型”专题讲座。

4月18日　第九届江苏省园艺博览会开幕式。

5月18日　第九届江苏省园艺博览会闭幕式。

6月17日　“大数据时代的民生服务与社会管理”专题讲座。

7月5日　“学党章党规、学系列讲话”专题辅导报告会。

8月11日　2016年吴中区夏季高温安全生产大检查。

8月19日　“文化的力量”专题讲座。

9月6~7日　全国“互联网+”现代农业工作会议暨新农民创业创新大会在吴中区召开。

9月25~28日　2016苏州吴中“环太湖”国际竞走和行走多日赛。

9月30日　2016年烈士公祭活动。

10月18日　2016苏州吴中太湖经贸合作洽谈会、2016苏州吴中太湖经贸合作洽谈会——吴中区产业与资本对接会暨太湖金融资本高峰论坛、2016吴中区旅游产业推介会。

10月25日　村（社区）党组织书记培训班暨“村书记论坛”。

10月29日　首届“苏作文创峰会”。

11月15日　全区安全生产大检查。

11月24日　“学习十八届六中全会精神”专题讲座。

12月1~4日　学习贯彻十八届六中全会精神推进“全面从严治党建设”专题研修班。

12月15日　全区企业安全生产、建筑工地防坍塌和地条钢、违法违规钢铁产能专项检查。　（毛　寅）

纪检监察

【概况】2016年，全区各级纪检监察组织履行监督责任，坚守责任担当，深入推进党风廉政建设和反腐工作。出台《吴中区信访举报线索管理处置办法》，召集会办14次，对受理的348个信访举报件进行集体分析研判，问题线索转立案58人次，同时对信访举报中的不实反映及时予以澄清，注重保护干部权益。立案查处各类违纪违法案件148件，为国家、集体挽回直接经济损失1473万余元，重点查处发生在国企、环卫、农村建房等领域存在的不正之风和腐败案件。完善与组织、政法、审判、检察、公安等单位的协作机制，执纪审查工作合力进一步加强。

【党内监督】2016年，学习贯彻《中国共产党党内监督条例》，把握纪委“党内监督专责机关”的定位要求。落实《关于进一步强化党风廉政建设“两个责任”的工作方案》，督促各地、各部门完善责任清单，实现责任清单个性化、全覆盖；在区委的统一部署下，开展全区党风廉政建设责任制检查考核；把握政治巡察定位，协助区委制定《关于开展巡察工作的实施意见》，提出巡察实施方案，为区委顺利完成一届任期内的巡察全覆盖做好准备。做好省委巡视吴中、市委责任制检查考核及市纪委委员评议质

2016年2月24日，吴中区召开纪检监察工作会议

询各项反馈意见的整改落实工作，做好任务分解和整改督查，督促有关单位及时有效完成整改。制定《关于严肃换届纪律加强换届风气监督的实施意见》，开展换届纪律督查。严把党风廉洁意见回复关，从严从细审核干部党风廉政情况。开展区纪委委员评议质询重点部门党委履行主体责任情况工作，提出建议26条，组织督查，推动反馈问题及时解决。强化述职述廉、集体廉政谈话、领导干部重大事项报告等制度。用好问责利器，对3名党员干部实施党风廉政建设责任追究，推动责任落实。

【廉政教育】 2016年，落实领导干部个人重大事项报告、廉政风险防控等制度。连续第十一年开展“思廉、树廉、讲廉”主题教育活动，通过组织专题讲座、制作廉政公益广告、征集家规家训等活动，引导广大党员干部树立纪律意识。规范运用第一种形态，对苗头性问题及时咬耳扯袖、教育提醒，制定实施《关于对区管党员领导干部进行谈话函询的暂行办法》，让有反映的干部讲清问题、认识错误、及时改正，全区纪检监察组织全年实施函询19件，约谈和诫勉谈话145人次。

【纪严于法】 2016年，把党性党规党纪教育纳入区委理论学习中心组和区委党校主体班次学习内容。坚持纪法分开、纪在法前，重点突出政治纪律和政治规矩，将严明纪律体现到纪律检查工作的各方面、各环节、全过程。实行初信初访“零暂存”，严格按照“五类标准”处置问题线索，全区各级纪检监察组织共处置问题线索312条，其中52.6%运用第一种形态，32.7%运用第二种形态，11.5%运用第三种形态，3.2%运用第四种形态。案件审理做到“先处理后移送”，把纪律挺在前面，突出执纪特点。

【“清风行动”】 2016年，“清风行动”实现“三个延伸”，从对象、范围和内容三个维度延伸督查。开展专项督查6次，累计检查74个单位的车辆节日封存情况和45个单位的财务账目，发现“四风”问题217个，问责132人次，其中，党政纪立案27件，追缴“四风”方面问题违规款61.5万元。办理上级纪委挂牌督办案件，调查9条涉及群众身边“四风”和腐败问题的线索，共立案12件，给予党纪处分10人。全区范围内通报违反党的组织纪律和违反作风建设有关规定典型问题4次，涉及典型案件8件。持续开展第三方作风效能暗访，对发现的75个问题所涉77人进行问责处理。受理办结省政风热线平台投诉50件，及时回应群众诉求。坚持不懈突出长效治理。落实市委《对违反改进工作作风、密切联系群众规定进行责任追究的办法（试行）》《进一步强化责任落实推进作风建设的意见》等制度。执行市委《规范领导干部办理婚丧嫁娶事宜的暂行规定》，严格审核报备制度，全区副科级以上干部申报婚丧嫁娶事宜64人次。对受理的违反作风建设信访件和查处的案件，定期汇总研判并提出改进意见。畅通群众监督渠道，发挥社会监督网络、“寒山闻钟”论坛和“12388”举报热线等社会监督平台作用，及时发现和解决“四风”问题。

【纪检队伍建设】 2016年，完成区、镇两级纪委换届选举工作，树立“纪委委员不是荣誉，而是责任担当”理念，充分发挥纪委委员职能作用。落实中央、省、市、区委全面深化改革部署，按照中央纪委“两个为主”要求，严格执行下级纪委及时向上级纪委报告线索处置和执纪审查情况的制度，落实《乡镇、街道纪（工）委书记、副书记提名考察办法》和《区纪委派驻纪检组组长、副组长提名考察办法》，新提名配备纪（工）委书记、副书记、纪检组长24名。坚持从严教育管理。从严从实开展“两学一做”学习教育，做到“五个注重”，深入开展14项重点学习活动。制定实施《纪检监察干部谈心谈话工作制度》，开展各类谈心谈话134人次。制定落实《进一步加强委局中层干部选拔任用工作的实施办法（试行）》《纪检监察领导干部离任交接工作制度》《吴中区纪检监察干部行为规范》等制度，引导干部严格自律、认真履职。严格执行纪检监察干部单位有关事项和个人有关事项“双报告”制度，全年共有78名纪检监察干部就单位突发情况、外出等事项进行报告。办理纪检监察干部违反党纪政纪及作风建设规定的信访举报和问题线索，严防“灯下黑”。组织参加省、市纪委举办的镇（街道）纪（工）委书记专题培训，举办全区纪检监察干部业务培训班和知识更新培训班，切实提升纪检监察干部党性修养和能力水平。（赵　越）

组织工作

【概况】 2016年，推进组织工作各项任务落实。深入学习贯彻党的十八大，十八届三中、四中、五中、六中全会精神和习近平总书记系列重要讲话精神，认真落实全国、全省、全市组织部长会议和区第四次党代会部署要求，以落实全面从严治党要求为主线，突出“两学一做”学习教育、领导班子换届等工作重点，完成年度各项任务。

【“两学一做”学习教育】 突出以上率下，区委常委以身作则，带头落实“六个一”，认真撰写调研文章和心得体会，分三个专题开展学习交流4次。扎实推进“三访三促”“四联双提”活动，深入基层认真开展蹲点调研。突出示范引领，注重身边典型宣传，选树22名优秀党员在《吴中报道》开设《身边的共产党员》专栏。结合纪念建党95周年活动，评选表彰30名优秀共产党员、30名优秀党务工作者和30个先进基层党组织。突出以知促行，推进“党员关爱帮扶行动月”活动，组织党员募捐关爱基金，“七一”期间走访慰问低保户和低保边缘户4460户，发放“党员关爱基金”564万元。将学习教育和办好精彩园博、做好防洪救灾等工作紧密结合，进一步发挥党组织的战斗堡垒作用和党员的先锋模范作用，为盐城龙卷风灾区募集善款91万元。

【区、镇、村三级换届工作】 2016年，做好区委换届工作，根据市委分配的代表名额和有关要求，对代表人选严把政治素质关、推荐提名关、组织考察关、比例结构关。选举产生280名区第四次党代会代表、38名市第十二次党代会代表，四届区委委员29人，候补委员6人，区委常委领导班子11人，区纪委委员15人。统筹做好人大、政府、政协换届各项工作安排。做好镇党委换届工作。换届后，党委班子成员平均年龄44.1岁，比调整前下降2.7岁，其中35岁左右的年轻干部7名，共选拔17名“三类人员”（事业编制人员、优秀村干部、大学生村官）进入乡镇班子。同时，做好镇人大、政府换届选举人事安排工作。统筹推进群团换届，会同区纪委、区委统战部群团部门开展考察调研，根据考察情况和综合分析研判，为区委做好人事调整提供依据。11月底，9个群团部门全部完成换届工作。全面推进村（社区）党组织换届工作，186个村级党组织完成换届，选举产生1016名村级党组织班子成员，平均年龄39.5岁，具有大专以上学历的占87.4%。同时，指导其他基层党组织以及村（社区）组织按期完成换届。把严肃换届纪律贯穿始终，开展“气正风清漾吴中”换届风气监督，全区换届风气测评满意率98.61%。

【领导班子和干部队伍建设】 2016年，结合换届人事安排，调整干部598名，提拔和进一步使用175名，平职交流271名，退出领导岗位干部142名，同意辞职4名，提前退休2名，免职4名。做好“后园博”时代干部调研工作，对园博局、园博公司领导班子和干部队伍建设情况进行集中考察，将11名优秀年轻干部纳入局镇级后备干部和中长期培养对象库。加大优秀年轻干部培养力度，共提拔37名年轻干部，每个镇党政领导班子配备至少1名35岁左右及以下年轻干部。做好市级“双向挂职”工作，选派2名同志赴市科技局、商务局跟班学习，接收安置5名市级下派干部赴镇（街道）挂职锻炼。实施年轻干部“优苗精培”计划，选派20名优秀年轻干部开展区内“双向挂职”。接收5名选调生并安排至村（社区）工作，新招录“985”大学生村干部和省招村官15人，接收团职转业干部13名，并完成积分选岗工作。推进干部人事制度改革，制定出台《关于加强全区党政领导班子和干部队伍建设的实施意见》《吴中区科级领导干部德的考核实施办法（试行）》，修订《吴中区科级领导干部民主推荐实施办法（试行）》《吴中区党政领导班子和领导干部考察工作实施办法（试行）》等文件，进一步推动干部工作规范化、制度化。会同国资党委、国资局推进区属国有企业改革，进一步健全企业领导班子成员调任、管理、考核等办法。做好穹窿山行政体制改革，在保留原有机构的基础上，委托木渎镇党委政府管理。

【干部教育培训】 2016年，下发《2016年度全区干部教育工作要点》《吴中区干部教育工作十三五规划》，区级机关全年共举办培训班192期，培训规模4.8万人次。抓好主体班次培训，突出党性教育，举办第十期中青班、“全面从严治党”专题研修班等十大主体班次。深入学习宣传抓好党的十八届六中全会，省、市党代会精神。创设“东吴大讲堂”，引入高端师资，定期邀请知名专家学者开展专题讲座，全年共举办“五大发展理念与政府治理转型”等8期讲座，参与人数7000余人次。及时做好上级各类调训，共调训科级以上领导干部80人次。将干部教育培训工作纳入全区绩效考核内容，出台从严管理干部教育培训工作“十条规定”和《切实加强和改进学风的实施意见》，建立外出办班审批制度，共审批外出办班21批次。

2016年5月20日，区第十期中青班结业典礼举行

【干部监督工作】 2016年，推进中央、省委巡视组巡视反馈意见整改落实工作，完成超职数配备干部消化任务。进一步强化领导干部用权行为监督制约，对8名领导干部进行“三责联审”，对38名领导干部开展经济责任审计。开展村（社区）党组织书记、村（居）委会主任任前审核和中层干部选拔任用全程纪实试点工作，对74名拟提拔的村（社区）党组织书记开展任前审核，对141名拟提拔中层干部开展全程纪实。全面开展2016年度领导干部个人有关事项报告填报工作，按3%比例进行抽查核实，对存在漏报、错报等情况逐条出具书面说明并开展组织约谈。认真做好出国（境）政审工作，明确退休县处级干部因私出国参照执行全区会办审批制度。初步完成干部人事档案专项审核工作，审核区管干部档案共992人。

【人才工作和人才队伍建设】 2016年，深入推进人才工作“六有”机制，深化联席会议、工作旁听等制度，不断加强人才专员队伍建设。时隔7年再获“苏州市人才科技工作创新进步奖”，吴中医药集团陈国庆博士入选第12批“千人计划”，5人入选省双创人才，15人入选姑苏领军人才，1人入选国务院特殊津贴专家，1人入选江苏省中青年突出专家。出台“东吴高层次人才计划”，完成《吴中区“十三五”人才发展规划》起草工作，修订《吴中区人才开发资金管理使用暂行办法》，完善青年创业政策，创设“东吴杰出人才奖”。坚持科技双创人才与工艺文创人才并举，打造人才工作“双面绣”品牌。举办2016年苏州国际精英周吴中分会场活动。举办第六届吴中青年创新创业大赛、“百名海外博士吴中行”活动，邀请25名“千人计划”专家集中洽谈。举办首届“苏作文创峰会”，文化部副部长项兆伦出席活动，全面打响“苏作天工、根植吴中”品牌。加强与欧美同学会紧密合作，中国留学人员联谊会留学报国苏州基地、欧美同学会海归创业学院（苏州）相继落户吴中。组织参加江苏省第四届创新创业大赛活动，首次摘获二等奖。加强科技镇长团工作，出台镇长团综合补贴政策，省外高校院所比例首次达到50%。继续做好吴中高层次人才联谊会建设，6名双创人才、1家双创人才企业成为会员，2名人才被选为常务理事。推进高层次人才健康体检工作，组织15名高层次人才赴云南腾冲开展国情考察。

【基层党建工作】 2016年，深入推进基层法治型党组织建设，相关做法和经验在全市法治型党组织建设推进会上交流发言，《基层法治型党组织建设“三年行动计划（2015~2017年）”》项目，获苏州市委组织部立项并予以资助。持续推进基层党建示范点建设，创新建立旁听制度，组织开展交叉检查，实行“销号制”。坚持以奖代补，划拨党建经费300万元，对新建的示范点给予补助。强化“一把手”抓党建主体责任，完善“清单、承诺、考核、激励（问责）”四位一体责任体系，创新实施“一把手”书记抓基层党建项目负责制，区委直属党（工）委书记领衔负责37个基层党建工作创新项目。加大集体经济薄弱村帮扶力度，做好28名“第一书记”到村任职工作，持续推进富民工业区标准厂房建设。推广“831”工作机制、“出租屋房产超市”、“社区民意工作日记”等务实管用制度，出台《吴中区社区党组织为民服务专项经费使用管理办法（试行）》，建立为民服务专项经费保障机制。完善党员承诺制、党员先锋岗等做法，深化“在职党员进社区”活动。在非公有制企业和社会组织中开展“四个集中”行动，不断提升“两个覆盖”工作水平。加强区域党建工作站建设，新招聘8名专职人员。举办“两新”党组织书记能力素质培训班，组织12名“两新”党组织书记参加省市级培训。大力实施“百名好书记”专项建设行动，分类明确激励办法、工作措施、组织保障等内容，激发党组织书记干事创业热情。

【党员教育管理】 2016年，严格执行发展党员指导计划，从严管理“一书一表”（入党志愿书和发展党员考察表），推行基层党委发展党员预审制，组织发展对象工作专题检查，全年发展党员620人。举办标准化培训班8期，培训新党员、入党积极分子等共1201人。加大党员组织关系排查力度，对20名“空挂”党员、“口袋”党员等进行分类管理，处置不合格党员。加强远程教育工作，持续抓好“固定学习日”制度，利用“吴中党建”微信服务号、江苏先锋“智能TV”等现代信息技术手段教育服务党员。

【部风部史资料集】 2016年，出版发行《公道正派　务实担当——中共苏州市吴中区（吴县、吴县市）委组织部部风部史资料集》，引导组工干部传承发扬“组工家风”。该书是吴中区委组织部的专志，20余万字，全面、系统地反映1949年3月至2015年12月，吴中区（吴县、吴县市）委组织部和组织工作的基本概貌和发展脉络。该书共分为《概述》、五个章节和《附录》。五个章节分别为《组织工作大事记》《组织部机构沿革及工作人员名录》《组织部历任部长》《组织部长谈组织工作》《组织工作撷萃》。《附录》为文件辑存，选取有代表性和指导性的报告、规划、规定、实施意见、制度、通知等文件。

（郭宇飞）

宣传思想

【概况】 2016年，突出“根植吴文化、建设新吴中”主题导向，着力深化思想理论武装、营造良好舆论氛围、提高社会文明程度、推动文化繁荣发展，各方面工作取得了良好成效。

思想理论建设持续深入，举办“辉煌的历程——苏州市吴中区纪念建党95周年党史资料展”。成立全区学习贯彻党的十八届六中全会精神宣讲团，共宣讲120余场次。在全区巡回开展“两学一做”理论微故事宣讲活动。宣讲团走进机关、走进社区，以事说理，析事明理，宣传党的理论，传播党的声音，历时一个月，共宣讲20场次，受众4000余人。依托政务微信加强舆论宣传。围绕中心大局，策划推送“聚焦党代会”“直播两会”等系列专题，深化政策解读功能。紧扣重大活动，全程参与第九届江苏省园艺博览会、环太湖竞走行走多日赛等主题宣传。紧跟社会热点，策划吴中版《南山南》《成都》等信息推送，提升网友参与度。全年单条信息阅读量最高超过35000次，目前粉丝数42000人。

【理论武装】 理论学习深入开展。注重发挥中心组理论学习的带动作用，举办区委中心组专题学习会20场，督学旁听36个党委（党组）中心组理论学习，较好地带动了全区各级党组织理论学习。注重理论宣讲阐释，组建党的十八届六中全会精神和区第四次党代会精神宣讲团，共计在全区宣讲150多场次，受众4万余人次。组织开展“根植吴文化、建设新吴中”大讨论，为全区发展凝聚智慧力量。

党员教育常抓常新。组织开展全区基层党员冬训，木渎镇、金庭镇获评全省基层党员冬训工作示范乡镇。创新网上学习手段，“吴中发布”冬训微课堂获评全市基层党员冬训创新项目。举办“两学一做”理论微故事征集评选活动，组建区理论微故事宣讲团，受众4000余人次。组织举办“辉煌的历程——苏州市吴中区纪念建党95周年党史资料展”，各级党组织及群众参观近万人次。

社科工作成效显著。统筹开展社科课题研究，全年53项市区立项课题顺利结题，完成1项省社科精品工程（市县专项）课题，《吴中文库》获评省哲社优秀成果三等奖。深入推进社科普及宣传，举办区第九届社科普及宣传周。区社科联获评全省社科联系统2016年度“工作创新奖”。

意识形态工作加强。落实意识形态工作责任制，加强对各类意识形态阵地的管理，建立分析研判制度，定期交流分析全区意识形态领域情况，研究部署针对性工作措施，及早有效处理热点敏感问题、倾向性苗头性问题。

【舆论宣传】 正面宣传不断壮大。围绕十八届六中全会，省、市、区党代会等重要时间节点，策划《看成就、聚力量——吴中区“十二五”发展回眸》等重大主题报道。抓住重大活动推介吴中元素，全年以园博为主题开展新闻报道超过1200条。制作推出《眼底江南·心上吴中》音乐形象片。担负起正面引导职责，主动回应社会关切，全年组织召开新闻发布会6次、媒体集中采访70余次，有效应对负面舆情12起。

媒体报道持续发力。统筹谋划，主动出击“上大台、上大报、上大稿”，全年在国家级媒体刊登刊载吴中区新闻和专题节目30余条。加强与省、市主流媒体沟通联系，在《新华日报》刊稿68篇，在《苏州日报》刊稿283篇，其中头版29篇。利用好自有媒体平台《吴中报道》和《吴中之声》栏目，《吴中报道》刊播170余期，《吴中之声》播报新闻1000余条。

网络宣传提优创新。建立完善政务微信矩阵，探索运用第三方网络舆情监控与研判平台，引导和科学应对网络舆情。完善“吴中发布”信息报送机制，创新策划开展吴中版《南山南》、“鲜赏园博、再赏园博”等线上线下活动。“吴中发布”微信公众号获2016年度市十佳政务微信号等荣誉。

【精神文明建设】 核心价值观宣教深入人心。把握“讲文明树新风”“图说我们的价值观”两大主题，围绕文明礼仪、文明旅游、文明交通等重点，设立核心价值观主题公益广告、公益文化墙，张贴公益宣传画3万幅，编印《文明城市进行时》宣传手册6万份。推进农村精神文明建设，张苏玲家庭获“全国最美家庭”称号，7人入选市新乡贤。突出志愿服务常态化建设，成立区志愿者服务指导中心，完成第九届省园博会志愿服务工作。

思想道德建设不断加强。广泛开展“身边好人”“最美人物”等寻访活动，评选表彰吴中区精神文明建设新人新事和吴中好人，朱明宝入选江苏好人，5人获评苏州好人。创新举办道德模范先进事迹评弹活动，以评弹艺术形式展现《守岛寻梦》《一诺千金》等感人事迹。组织开展未成年人假期系列活动，6家基地入选市级未成年人社会实践体验站，9名学生入选市第四届“百名美德少年”。

精神文明创建持续拓展。全面落实文明城市长效管理各项工作，强化对文明单位创建的推荐评审，37家单位入选2013~2015年度江苏省文明单位（镇村、社区、校园）。统筹协调各项文明工作，加大文明旅游宣传，曝光不文明行为；加大餐桌文明宣传，在全区投放6万余份文明用餐提示牌；加大诚信文明宣传，诚信红黑榜发布失信人员3批52人，把“老赖”暴露在阳光下。

【文化事业】 文化改革不断深化。全年文化体制改革8项目标任务全部完成，体制机制进一步理顺。实施文化产业“园区化”工程，高标准投建区公共文化中心、区博物馆。

文艺创作精品频现。召开全区“五个一工程”获奖作品表彰暨文艺工作者座谈会。推广吴中文艺精品，举办首届吴中区“苏作文创峰会”和光福手工艺术台湾交流展。《香山工坊——中国传统工艺的天堂》走进央视教育电视台，5件作品获评省优秀文化成果，13个非遗项目入选第四批省级非物质文化遗产名录。

群文活动精彩纷呈。开展舞台艺术“四进工程”、文化进万家等群文活动200余场，区评弹团进村（社区）巡演2000余场。全民阅读稳步推进，组织开展阅读活动72项，区委宣传部蝉联全市阅读节优秀组织奖。加强专业团体与业余文艺团队管理，区文化馆被中宣部评为“服务农民服务基层文化建设先进集体”，2家艺术团获省群众文化“百千万”工程优秀群众文艺团队。

【文化人才】 基层宣传队伍不断强化。强化对基层宣传队伍的能力培训，全年组织开展新闻发言人网络舆情专题培训班、宣传业务能力提升培训等4次专题培训。发挥考核导向作用，优化基层宣传思想文化工作年度考核方式。

文化人才队伍逐渐壮大。修订出台《东吴文化人才计划》及《实施细则》，进一步明确扶持范围，评选出首届东吴文化人才30名。钟锦德入选省有突出贡献中青年专家，3人入选第二届姑苏宣传文化人才。

【特色工作】 “两学一做”理论微故事巡回宣讲活动 为深入做好党中央治国理政新理念、新思想、新战略重大主题宣传，推动党的理论走进基层党员群众，在全区开展理论微故事征集活动（共120篇），并从中遴选优秀理论微故事（24篇），组建宣讲团，自9月1日起，以“故事+理论”的宣讲模式，在全区巡回开展“两学一做”理论微故事宣讲活动。宣讲团走进机关、走进社区，以事说理，析事明理，宣传党的理论，传播党的声音，历时一个月，共宣讲20场次，受众4000余人。

辉煌的历程——苏州市吴中区纪念建党95周年党史资料展 以纪念建党95周年为契机，把党史教育与“两学一做”学习教育相结合，举办“辉煌的历程——苏州市吴中区纪念建党95周年党史资料展”。展览历经3个多月筹备，于6月22日开幕，至7月22日结束，共接待参观团体235批万余人次。展览注重将本地党史融入全党历史，富有地方特色；综合运用展板、展柜等手段，并开设入党宣誓专区，极具感染力；同时依托“吴中发布”

2016年10月18日，吴中音乐形象片——《眼底江南·心上吴中》在经贸洽谈会主活动会场发布

微信公众号开展党史知识网上答题活动，深化党史教育效果。

推广音乐形象片打造外宣新品牌 联合苏州广播电视总台，邀请著名音乐家林海量身定制主题音乐，历时两年制作音乐形象片《眼底江南·心上吴中》，以"2016苏州·吴中经贸合作洽谈会"为契机，在旅游产业推进会和经贸洽谈会主活动会场发布。该片还同步在腾讯视频、爱奇艺、优酷，以及"吴中发布"微信公众号等多家线上平台上线，两天之间转发传播成"刷屏"态势。

"书香吴中"全民阅读活动 为进一步提升广大市民的文明素质，深入推进全民阅读活动开展，制定并印发《2016"书香吴中"全民阅读活动方案》，明确了活动宗旨、主题和内容，推出了72项重点阅读活动，"了解吴中，爱上吴中"——《吴中文库》推广阅读主题活动等3项阅读活动被列入苏州市阅读节主题活动。阅读活动形式多样、内容丰富，既有名家讲座、经典赏析，也有读者互动交流、好书分享，既有传统阅读的深化，也有数字阅读的拓展，活动组织者既有机关、文化部门、中小学，也有街道社区、社会组织、社会团体等多元主体，在全区进一步形成"爱读书、读好书、好读书"的良好氛围和文明风尚。 （张婷婷）

统一战线

【概况】 2016年，全区统一战线深入学习党的十八届四中、五中、六中全会和区第四次党代会精神，以习近平总书记系列重要讲话为根本遵循，贯彻落实中央、省、市、区委统战工作会议精神，围绕"四个全面"布局，发挥党总揽全局、协调各方的领导核心作用，着力构建党委统一领导、统战牵头协调、有关方面各负其责的大统战工作格局。激发基层统战工作活力，推动基层设置专人负责统战工作，实现基层统战委员全覆盖。1月，出台《中共苏州市吴中区委关于贯彻〈中国共产党统一战线工作条例（试行）〉及市委〈若干意见〉的实施办法》，为推进吴中区统战工作制度化、规范化、科学化提供基本依据和长效保障。至2016年底，全区有民进、民盟、九三、致公党、民建、民革和农工党7个民主党派组织和无党派知识分子联谊会，成员共532人。区政府组成部门中，有11个部门配备了党外领导干部，11个政府必配部门已配8个，有1名党外干部担任政府部门正职。

【调查研究】 2016年，按照"早谋划、早立项、早调研"的要求，年初组织召开参政议政工作协调会，研究部署全年调研工作，征集年度调研选题，各党派结合自身特色和人才优势，选定重点课题进行调研。重点就"吴中高新区集体经济富民强区""分级诊疗制度""中小企业发展情况"等专题进行联合考察调研，10月31日举办"吴中区党外人士参政议政调研成果交流会"，探索建立"党委出题、党派调研、政府采纳、部门落实"调研模式，全区7个民主党派、工商联、无党派知识分子联谊会代表集中展示调研成果，并邀请政府相关部门领导参与活动，通过与党派学者直接对接，深化对口联系，加快推进成果转化。

【民主政治建设工作】 2016年，出台《关于加强政党协商的实施办法》，提高多党合作事业制度化、规范化、程序化水平。建立优秀党外中层后备干部数据库，10月24~26日，举办全区党外科级后备干部培训班，总计40人参加培训，提升党外干部思想认识和能力水平。开展“走基地、看变化、聚力量”主题活动，参观“辉煌的历程——苏州市吴中区纪念建党95周年党史资料展”，引导广大统一战线成员学习老一辈党外人士优良传统，不断增强与党共同奋斗、共创未来的使命感和自觉性。

【协助换届工作】 9月23~28日，民进、民盟、民建、致公党、无党派知识分子联谊会相继召开大会，选举产生新一届领导班子，完成换届工作。其中，民盟、民建和致公党同时进行组织升格，成立基层委员会。在党派升格换届工作中，按照章程规定，精心组织，把换届作为实现政治交接、巩固多党合作基础的过程，广泛听取各方意见，对涉及人事安排问题严格把关，营造风清气正环境，保障民主党派组织建设的规范性、合理性。以换届为契机，进一步优化民主党派领导班子结构。2016年，全区各民主党派、无党派知识分子联合会共有29名领导班子成员，平均年龄49岁，具有大学以上学历的有27人，占比93%。

根据苏州市委统战部、区委对换届工作的指示和要求，于9月启动区四届政协换届工作。起草《关于政协吴中区第四届委员会人事安排的意见》，对委员推荐名额分配有关情况作出说明，明确换届工作总体要求、时间安排、主要任务和具体措施。严格人选，以高度政治责任感和爱国热情，通盘考虑，统筹安排，做好推荐考察工作。严格程序，听取所在单位或地方党组织意见，广泛协商酝酿，遵守组织人事工作纪律，确保政协换届工作顺利进行。

2016年10月31日，举办吴中区党外人士参政议政调研成果交流会

【港澳及海外工作】 2016年，着眼促进香港、澳门繁荣稳定和祖国和平统一，加强海外统战工作。以乡情、亲情为纽带，以海外同乡会、海外联谊会为平台，加强与吴县籍海外人士和有关华人社团的联系。分别于4月、11月接待香港苏州吴县同乡会访问团来吴中区交流考察，全年6次赴深圳、香港与同乡会代表人士座谈交流，进一步凝聚共识，汇聚爱国爱港爱乡力量，配合做好海外统战工作。以打造文化品牌为抓手，举办各类文艺演出、书画展览、侨界大讲堂，打造形式多样、内涵丰富、为群众喜闻乐见的侨界特色活动。依托欧美同学会基地和学院等平台，引导和支持广大海归人才回国回乡创业交流。 （王思乔）

政法工作

【概况】 2016年，全区政法各部门围绕“根植吴文化、建设新吴中”主题导向，树立“发展第一要务、稳定第一责任”工作理念，推进“平安吴中、法治吴中、社会治理、政法队伍、基层基础”五大建设再上新台阶，为全面建成区强民富、城乡协调、文明和谐的小康社会提供保障。2016年，吴中区被省政府评为2011~

2015年全省普法工作（“六五”普法）先进区，被省综治委命名为2015年度平安县（市、区），获“2016年全国创新社会治理优秀城市”。

【平安吴中建设】 深化社会矛盾源头治理。深化社会稳定风险评估机制，将此作为政府重大行政决策的前置条件，完成了100个稳评项目。坚持公安部门每天、村（社区）每周、镇（街道）每半月、区综治委每月社会不稳定因素排查预警例会制度，确保各类影响社会稳定的苗头隐患发现在早、防范在先、处置在小。加强调解组织规范化建设，2016年，全区各级各类人民调解组织共受理矛盾纠纷4584起，调解成功4575起，调解成功率99.8%。深化诉调对接工作机制，推行调解组织受理调解、法院移送跟踪调解、法院诉中邀请调解、达成协议司法确认的“四联动”流程，打造诉调对接“吴中模式”。进一步畅通信访渠道，形成“信、访、网、电”四位一体信访格局。落实信访工作责任，有效处置金庭镇东河社区征地纠纷、郭巷街道吉姆西客车公司劳资纠纷、光福工艺文化城租赁纠纷等一批信访事件。加大依法治访力度，2016年，全区越级进京赴省上访持续平稳，进京非访实现零登记。对涉法涉诉重点人员开展法律释明和思想稳控工作，防止矛盾激化。深入推进律师参与化解和代理涉法涉诉信访案件工作，全区已有50名专业律师参与此项工作。认真办理政协提案，解决人民群众关心的热点、难点问题，主办1件提案、1件建议。

注重安全防范网络建设。进一步完善公安、国安、驻地部队等部门军警民政多层一体情报信息工作网络，情报信息工作绩效显著。抓好安全保卫工作，完成全国和省、市、区“两会”、第九届江苏省园艺博览会、G20杭州峰会、全国“互联网+”现代农业工作会议暨新农民创业创新大会等重大活动、重要时间节点的安保维稳工作。深化国家安全人民防线工作，完善国际教育园国家安全人民防线联席会议制度，全国目前唯一的以谍战影视为题材的国家安全教育展馆“穹窿山谍战影视馆”建成投用并成为苏州市国家安全教育基地。建成集“指挥调度、情报信息、情报研判、部门值守”为一体的实战型应急指挥中心，工作效能得到提升。吴中公安分局通过建立7个警务工作服务站，实现布警前移、调度前移、服务前移；度假区公安进一步优化调整卡口、查报站布局及警力配备，提升堵控拦截效能。

2016年4月11日，全国目前唯一的以谍战影视为题材的国家安全教育展馆“穹窿山谍战影视馆”启动仪式在孙武文化园举行

严厉打击违法犯罪活动。依法打击严重刑事犯罪以及“两抢一盗”、电信诈骗等多发性侵财犯罪，成功破获“12·28”特大污染环境案、长桥“4·26”命案。区法院审结张淑范、苏州大地置业有限公司等非法吸收公众存款案9件，涉案金额8亿元；区检察院集中办理了“e租宝”等经济案件，最大限度为群众挽回损失。公安部门以打击黄赌“百日行动”为契机，持续推进专项打击行动，全年共查处涉赌涉娼刑事案件15起、治安案件174起。深化社会治安重点地区和突出问题排查整治工作，区综治办会同公安部门针对36个治安重点地区，列明存在的突出问题，制定

工作实施方案，打击查处一批群众屡屡举报、社会反映强烈的治安问题，街面"两抢"、盗窃、入室盗窃、盗窃非机动车等严重影响群众安全感的警情明显下降。继续开展2016年度全区群众安全感和满意度电话测评工作，对于未达标且排名全区后三位的地区，下发整改通知书，督促整改地区补齐短板，着力提升安全感和满意度整体水平。

加强实有人口服务管理。全面加强流动人口服务管理，2016年，通过流动人口管理共破获刑事案件1416起、治安案件1632起，抓获各类违法犯罪嫌疑人员2970人、网上逃犯125人。推进流动人口积分制管理，成立区积分管理办公室，并在全区13个镇（区、街道）设立积分制窗口受理申请。全年受理总数4962人，其中受理入学申请2374人，审核通过2160人；受理入户（户籍）申请1634人，审核通过554人；受理入医（医疗）申请1602，审核通过1602人。分类管控好刑释解教人员、社区服刑人员、肇事肇祸精神病人、吸毒人员、艾滋病人员、重性精神病人、邪教人员、重点青少年等特殊群体，印发《吴中区实施"以奖代补"政策落实严重精神障碍患者监护责任的工作方案》，落实奖励政策。强化重要时间节点重点人群稳控工作，未因脱管、漏管而发生重大影响的案（事）件。

【法治吴中建设】 加大法治创建力度。2016年，落实《吴中区法治政府建设2016~2020年规划》，坚持平安法治融合共进，实施区委法治吴中建设意见，不断提升区域整体法治建设水平。开展"法治建设先进镇（街道）"创建活动，全区7个镇（街道）获市"法治先进镇（街道）"称号，基层法治建设水平明显提升。开展"诚信守法先进企业"回头看活动，全面掌握企业经营管理动态信息，推动企业依法经营，民主管理。以群众需求为导向，继续实施"关爱民生法治行"活动，对15项法治实事工程进行项目化管理，一事一档，全面跟踪，构建法治为民长效工作机制。开展案件评查工作，全年共自查案件12件。不断完善司法救助机制，累计救助36起，共计金额111.7万元。

加强法治宣传教育。启动"七五"普法，着力构建全方位、多层次、宽领域的法治宣传教育工作格局。健全领导干部学法制度，提升各级领导干部运用法治思维和法治方式深化改革、化解矛盾、推动发展、维护稳定的能力。加强青少年法治教育，依托未成年人志愿者法律讲师团，为全区中小学校举办法治讲座36场，受教育学生15600余人。组织开展"法律服务下基层""农民工学法活动周""法润江苏2016春风行动""法治嘉年华·欢乐社区行"等活动，在全区营造浓厚的法治氛围。开展"以案释法"案例征集评选活动，对20件优秀案例给予表彰。加强法治宣传载体建设，筹建区级法治宣教中心，通过科学规划、合理布局，将其打造成集中展示吴中区普法工作成果的阵地。依托穹窿山谍战影视馆创新国家安全宣传形式与途径，截至2016年底，累计接待6万余名参观者。

加快司法体制改革。深化审判权运行机制改革，确立审案与管案相结合、定案与议案相结合、签案与核案相结合的审判定案机制。以"队伍思想稳定、审判任务完成"为基本要求，从严资格审查，精心组织考评，择优遴选出38名敢担当、能吃苦、善办案的优秀法官进入员额。深化人民陪审员制度改革试点工作，全年人民陪审员共参与2047件案件的审理。区检察院完成首批30名员额检察官的遴选、申报、审批和公布工作，员额制改革有序推进。探索检察机关提起公益诉讼制度改革，开展公益诉讼试点工作，共摸排公益诉讼案件线索5件，其中徐文龙、徐兴苟等人污染京杭运河案，系苏州市首例民事公益诉讼案件。推进司法行政体制改革，深化"诉调对接"机制，建立"诉调对接视频系统"，实现调解组织与法院系统的互联互通，推动政府部门、村（社区）建立健全法律顾问制度，政府及各部门法律顾问聘用率80%，村（社区）法律顾问配备实现全覆盖。

【社会治理建设】 深化“村民联系卡”和“出租屋超市”。进一步深化“村民联系卡”制度，提高走访率，及时掌握群众关心的热点问题。2016年，全区村（社区）干部累计走访家庭户250346户次，收集群众诉求意见7313件，解决7168件。按照“因地制宜”的原则，继续推进“出租屋超市”建设，截至2016年度，在全区27个拆迁安置小区建成“出租屋超市”，实现拆迁安置小区出租房屋底数清、情况明、管理顺的目标。

全面推行“一张网”工程。制定网格化服务管理实施方案，召开全区网格化服务管理推进会，推动工作深入开展。组织人员专门赴各地督导，邀请村（社区）负责人座谈，掌握工作推动情况以及推动过程中遇到的困难，不断完善工作机制。2016年，以镇（街道）为单位划分一级网格14个，村（社区）为单位划分二级网格194个，自然村、小区楼栋、农工商业聚集区等为单位划分三级网格1006个，并且公安、城管、环保、安监等职能部门人员全部下沉，做到网格统一、覆盖全面、管理精细。

筹建区社会综合治理联动中心。为贯彻落实区委、区政府关于推进吴中区社会治理精细化的决策部署，制定筹建区社会综合治理联动中心的方案，完善联动中心运行机制。同时，围绕基于“一张网”的城乡社区网格化服务管理模式、以问题为导向的事件责任清单、智能化的运行平台、科学公正的指标量化考评体系等联动中心运行机制四大核心要素，推进落实相关工作。2016年，“一张网”城乡社区网格化服务管理已全面推进；以问题为导向，以法律法规为依据，梳理了涉及城市管理共4个大类62个小类337个细类的事项，逐一明确责任主体、管理主体、执法主体，并已征求各地及相关部门意见，完成专家论证；智能化平台一期项目完成专家评审、立项、招投标等工作，进入实质性建设阶段；考核方面，初步制定坐席员、巡查员考核办法。

拓展心理危机干预覆盖面。2016年，针对不同群体，联席会议各成员单位分层次、分类别开展危机干预工作。民政部门为45名老兵组织20次集体活动，15次“一对一”谈心活动；卫计部门为37位居民进行心理咨询，累计咨询时间200小时；为15名自闭症学生、11名涉案青少年开展系统心理矫正。在开展个体干预的基础上，由区综治办牵头，协调卫计、妇联、工会等部门，将心理危机干预活动拓展至家庭、企业，全年共为329户家庭、30余家企业提供心理危机干预服务。

【基层政法建设】 筑牢综治阵地。规范化建设区社会管理服务中心，优化整合综治、法治、维稳、信访、矛盾调处、人口管理、法律援助、公证、公共法律服务等服务管理资源，健全完善综治牵头、多方联动的工作机制，构建社会管理实战指挥平台。2016年，已完成该项目的图纸设计、标底编制、地质勘察、网上招投标、规划许可证和施工许可证申领等工作并动工建设。全面加强镇（街道）综治工作中心规范化建设，督促各地在工作机制、人员配备、服务管理等方面予以强化。继续开展村（社区）五位一体综治办等级评定和回头看活动，截至2016年底，全区累计建成区五星级村（社区）五位一体综治办121个，全面筑牢基层维稳的第一道防线。深入推进综治信息化建设，累计录入基础信息数据86.8万余条，以参加全市综治信息化实战应用技能比武为契机，开展全区综治信息系统应用大练兵活动，提升全区综治信息化水平。

夯实法治基础。2016年，抓好各镇（街道）法治文化公园、广场、街区、长廊等阵地建设，镇级法治阵地覆盖率92%。依托村（社区）法治学校、法律图书角、法治宣传栏、信息触摸屏等法治宣传阵地，实现村（社区）法治文化阵地90%以上的覆盖率。落实《江苏省民主法治示范村（社区）动态管理办法》，开展回头看活动，定期组织人员深入基层加强检查指导，截至2016年底，全区有省级民主法治示范村（社区）75个，建成率40%。

做优宣传平台。巩固广播、电视、报刊等传统媒体主阵地，深化与苏州电视台合作，开播《法治吴中》电视栏目和《以案说法》广播栏目，以群众喜闻乐见的方式，加大宣传力度，提高公众对平安、法治建设的知晓率、参与率；与第三方机构合作，加强微博、微信等新媒体平台建设，截至2016年底，微信公众号共推送信息480条，微博共发布信息475条，取得了良好宣传效果。积极推进政法信息二期平台建设，强化刑事案件办理网上执法信息交换、网上执法流程控制，实现对办案全过程的动态管理和实时监督。目前，区政法各部门刑事案件办理已全程通过该平台进行流转。高标准建设区政法综治视频会议系统，实现与上级政法部门的互联互通。

壮大群防群治队伍。印发《关于加强全区平安志愿者队伍建设的指导意见》，按照“服务为先、自愿参与、条块结合、规范运作”的原则，加强全区平安志愿者队伍建设，不断壮大群防群治力量。依托“平安先锋工程”“红袖标工程”“综治宣传月”，广泛开展志愿服务和宣传活动，扩大平安吴中建设的影响力。深入开展平安村（社区）、平安家庭、平安校园、平安企业等系列平安创建活动，营造“平安建设人人参与、平安成果人人共享”的良好氛围。（薛晓燕）

农村工作

【概况】2016年，继续坚持“四轮驱动”发展战略，积极推进农村集体产权制度改革国家级试点，着力加大转型升级步伐，强化集体经济经营管理，提升农村村庄人居环境，全区“三农”工作取得成效。截至2016年底，全区集体总资产、集体总收入、村均稳定收入分别超495亿元、35亿元、1305万元，超千万元村60个。

【股份合作改革】重点围绕股权固化、政经分开、权能拓展、产权交易四项改革重点，推进农村集体产权制度改革国家级试点工作。截至2016年底，股权固化累计完成的村（社区）占比率95%。吴中高新区已基本完成政经分开工作，成立长联置业发展有限公司，建立现代企业制度，走出一条政经分开、抱团发展之路。出台全区股份继承、转让操作等权能拓展指导意见，将更好地指导实际操作。按照“先试后推、稳步推进”的原则，14个镇（街道）农村产权在苏州农村产权交易中心吴中分中心交易实现全覆盖。

【富民强村工程】以“一村二楼宇”、镇级集团公司、村级自主发展等项目建设为抓手，推动集体经济供给侧结构性改革。“一村二楼宇”项目共审批6批次66个项目，涉及用地1134亩、建筑面积137万平方米、总投资11.3亿元。其中已缴纳土地费用并开工项目共7个，落实土地指标188亩，建筑面积15万平方米。14个镇级集团公司累计竣工项目86个209万平方米，其中58个竣工项目招商出租，合同年租金超1.77亿元。异地收购项目55个，物业面积近79万平方米，年收益近1.49亿元。

【美丽乡村建设】2016年，全区确立了17个美丽村庄、135个康居村庄、46个二类康居村庄，共198个村庄的建设任务，同时承接2个市级美丽村庄和100个市级三星级康居乡村的建设。秉承“去城市化”的理念，编制美丽乡村建设规划，强化现场设计，注重建设的连续性和针对性。严格方案审核程序，对每个自然村的规划设计方案逐个会审，确保建设内容合理，资金利用集约。截至2016年底，包括2个市级美丽村庄示范点在内的111个自然村通过市级验收，超额完成任务。区本级任务中，191个村庄全面开工建设。（程晓芳）

机构编制管理

【概况】2016年，吴中区设置

区委工作机构7个，区委派出机构7个，区委直属事业单位3个；按党章规定，设置区纪律检查机关；设置区政府工作部门26个，区政府派出机构7个，区政府直属事业单位2个，区级社社有资产管理机构1个；区人大工作机构7个；区政协工作机构7个；区社会团体10个，区民主党派和工商联4个；法院、检察院各1个；区下辖7个镇6个街道。全区党政群机关行政编制数1562名，在职人数1529人。其中，区级机关行政编制数819名（含物价专项行政编制9名），在职人数800人（含使用物价专项行政编制人员8人）；镇、街道行政编制数482名，在职人数481人；政法专项编制数261名，在职人数248人。区级机关各部门使用后勤服务人员编制176名。全区事业单位共396个（含合署办公事业单位6个），事业单位编制数13619名，在职人数12548人。

【行政审批制度改革】 推进权力清单标准化工作，完成区级27家部门4406项、5家垂直部门1435项权力事项的梳理及办事指南的编制工作。加强事中事后监管，22家职能部门制定事中事后监管措施157项，明确监管对象、内容、方式和措施，推动各部门工作重心从事前审批向事中事后监管转变。启动“建立双随机抽查机制”相关工作，编制完成《吴中区政府部门随机抽查事项清单》（送审稿），涵盖21个部门168项随机抽查事项。

【区级部门责任清单编制】 2016年编制完成并向社会公布28家政府工作部门的责任清单，涉及部门职责清单、职责边界清单、公共服务事项清单、行政权力事项清单、涉审中介清单等5张小清单，其中部门职责364项、工作事项1885项、职责边界事项123项、公共服务事项195项、行政权力事项4067项、涉审中介事项25项，初步建立权界清晰、分工合理、权责一致、运转高效、法制保障的部门职责体系。

【政府部分职能向社会转移】 编制完成《政府向社会转移职能事项目录》并向社会公布，将34家区级机关的148项职能事项向社会转移，全年共计有264家社会主体竞争承接96项政府转移职能事项，吴中区成为全省范围内首家全面铺开该项工作的县（市、区）。苏州电视台以“政府转移部分职能吴中区率先全面铺开”为题，对吴中区创新开展政府职能向社会转移的做法进行宣传介绍，《新华日报》、中国江苏网及《苏州日报》等媒体也进行相关报道。

【综合执法体制改革】 经市编办批复同意，在吴中经济技术开发区、吴中高新区增设内设机构综合执法局，在开发区先行先试，拟订《吴中经济技术开发区综合执法体制改革试点方案》（草案），探索在安全生产、环境保护、市容市政等领域，通过委托执法的形式，开展区域综合执法。按照省、市部署，在市场监管、商务、安全生产领域开展综合执法。

【经济发达镇行政管理体制改革】 涉及14家区级机关部门的110项行政审批事项、548项行政执法权限下放给木渎镇，完成木渎镇权责清单的编制工作，对主要职责、具体工作事项、职责交叉事项、行政权力事项、公共服务事项等内容进行梳理，进一步规范权力运行。开展对木渎镇经济发达镇改革试点评估，对标找差，落实整改，提高改革成效。

【机构编制管理】 进一步做好控编减编工作，强化区级机关和区属事业单位用编用工联席会议制度，从源头上控制事业机构编制增长，实现机构限额和编制总额“两个不突破”，确保财政供养人员只减不增。全年区编委会召开全体成员会议两次，研究66个部门的机构编制事宜，调剂行政编制20名、事业编制156名。根据上级编办关于跨层级调整乡镇精简行政编制的文件要求，调整全区行政编制总数，增加安全生产、环境保护、机构编制管理等领域的人员编制。年内，吴中区城区更名为江苏省吴中高新技术开发区，区市场监管执法大队、国土资源监察大队升格为副科级建制，区委办公室增挂“区委改革办”牌子，区档案局增挂“区地方志编纂委员会办公室”牌子。积极对上争取，区委办、区市场监管局、开发区管委会等单位增核科级领导职数2正8副。

【机构编制责任审核】 年内，区委组织部、区编办、区审计局对4家单位8名党政主要领导履行选人用人责任、机构编制责任、任期经济责任情况实施“三责联审”，分别是：区财政局局长朱筱菁、党委书记张菁华，木渎镇党委书记戈福林、镇长顾玉琪，穹窿山风景管理区党工委书记沈斌、管委会主任马唯杰，横泾街道党工委书记朱继伟、办事处主任徐晨阳。按照召开进点会议、查阅资料、个别访谈、实地查验等方式，对履职尽责、机构设置、编制管理等内容进行责任审核，并将审核情况进行汇总分析，形成机构编制责任审核报告，并分别向所在党工委（党组）进行反馈。

【事业单位登记管理】 根据中央、省、市有关事业单位改革精神，落实年度报告公示制度，全区379家事业单位的2015年度报告全部在规定时间内在区编办网站上进行集中公示，并全部启用具有统一社会信用代码的新版事业单位法人证书。办理事业单位设立登记14家、变更登记103家、注销登记2家、证书补领5家。按照中央、省、市编办的统一部署，做好区级机关、群团的赋码工作，48家单位领取统一社会信用代码证书。对区级事业单位承担的职能事项进行全面梳理，并开展“三定”工作，93家事业单位的“三定”方案经区编委会审议通过。与浙江大学合作举办2016年度事业单位新任法定代表人培训，提高事业单位法定代表人的履职能力和管理水平。

【公益性岗位用工管理】 加强公益性岗位用工管理，严格执行用工单位申报、主管部门审核、联席会议研究后上报区领导审批的管理程序。截至2016年底，区级机关、事业单位实有公益性岗位人员188人。

【机关绩效管理】 2016年，研究制定《2016年度吴中区区级机关部门绩效管理工作实施意见》《2016年度吴中区区级机关部门绩效管理基本考核、专项考核事项评价细则》。按照文件精神，做好2016年度区级机关绩效管理基本考核事项、专项考核事项考评工作。按考评得分，区级机关部门纳入绩效管理的共计68家，扣除区四套班子办公室和区绩效管理工作联席会议成员单位13家，共评定绩效管理优胜单位18家，优秀单位37家；区四套班子办公室和区绩效管理工作联席会议成员单位参加考评，不参加表彰排名，按考评得分，优胜等次11家，优秀等次2家。（徐 慧）

机关党建

【概况】 2016年，以全面从严治党为主线，以“五大理念”为引领，全面加强党的思想、组织、作风和廉政建设，不断增强党的创造力、凝聚力、战斗力。截至2016年底，全区共有基层党组织49个，其中直属党委1个、党总支16个、直属党支部32个，共有党员2200余名。

【机关思想政治建设】 2016年，注重把党的理论灌输与党员队伍思想状况紧密结合。借力“两学一做”学习教育的有利契机，坚持把学党章党规、学系列讲话贯穿始终，将党章党规，习近平总书记系列重要讲话精神，十八大及十八届历次全会精神和省、市、区党代会精神融入党员的日常学习教育中。先后举办党的十八届六中全会精神宣讲、“两学一做”理论微故事宣讲、区第四次党代会精神宣讲及各类学习培训6场，指导帮助各基层党组织开展专题学习教育500余场，学习讨论150余次。积极参与区教育局等9家单位中心组理论学习旁听活动，邀请苏州大学和区委党校有关专家为党务干部上专题党课，机关党员干部的政治意识、大局意识、核心意识、看齐意识不断强化。高度重视对困难群体的关爱帮扶，为20名机关困难党员和9名困难职工共发放慰问金8.75万元，让广大困难党员和群众感受党组织的温暖和关怀。

【机关党组织建设】 2016年，抓好“三会一课”、谈心谈话等党内生活各项制度的贯彻落实，指导45个支部完成调整增补和到期换届工作。严把入党“推荐关”“考察关”“审批关”，共吸收新党员20名，预备党员按期转正24名。完成区第4次党代会区级机关44名党代表和长桥街道第15选区2名区人大代表选举任务，协助承办苏州市第51次市、区机关党建工作交流会。选树10个先进基层党组织、20名优秀党务干部进行表彰，在区级机关中形成“抓党建、走在前、当标兵”的良好氛围。按照区委统一部署，完成区级机关16个党建示范点创建验收工作。推行完善机关党建片会工作制度，6大党建片组通过组织开展专题研讨、经验交流、上大党课、调查研究等活动，初步实现机关党组织之间资源共享、优势互补、协调发展，激发机关党建工作的整体活力。持续推进“一机关一品牌”党建创新项目，打造党建品牌，获国家级荣誉4项、省级荣誉3项，营造区级机关各部门“岗位练绝活、部门创品牌”的浓厚氛围。发挥吴中机关党建网平台优势，创新“党建+互联网”信息化教育管理模式，共发布转载政策文件、党课视频等各类信息627条，答疑互动1600余次，网站点击浏览超过5000人次。

【机关作风建设】 2016年，结合“两学一做”学习教育，组织机关党组织开展“意见大征询、问题大排查”活动，对查找的突出问题逐项剖析根源，明确整改方向，49个部门先后查摆问题135个，立行立改101项，建立长效制度40余项。注重在服务基层群众中发挥先锋模范作用，实施机关先锋勤政为民计划，探索创建服务型党组织的有效措施，通过“三访三促”“四联双提”等活动，强化结对共建、定向帮扶，做到资源和力量向服务一线倾斜，实现效率和服务的最优化。各基层党组织共走访慰问困难群众380户，帮扶困难群众150户，帮助协调解决问题200余件。开展园博服务志愿行动，配合做好园内导览咨询、餐饮购物，园外交通组织、环境秩序、安全保卫等工作，共接受问询46.8万次，发放导览图70万张。

【机关党风廉政建设】 2016年，建立健全党风廉政建设工作机制，明确工作责任，加强检查考核，强化责任追究。严格执行政治纪律，学习贯彻落实《准则》和《条例》，通过集中学习、个人自学、“一把手”上廉政党课等形式，引导广大党员干部增强“学法规、守纪律、做表率”的政治自觉。推进廉洁文化示范点建设，开展区级机关党员干部职务犯罪庭审旁听、“三廉”主题教育、“学思践悟——好家风好家规好家训”、“微言博语话廉政”微作品社会征集评选等活动，引导机关党员干部知廉、倡廉、守廉，在区级机关带头形成守纪律、讲规矩的良好风气。

【机关精神文明建设】 2016年，深化群众性精神文明创建，做好区精神文明建设新人新事和“吴中好人”推荐评选活动，有3项获得“区精神文明建设新事”，1人获得“吴中好人”荣誉称号。完成区级机关“交汇点”新闻客户端及“吴中发布”微信订阅号推广任务，共推广用户2000多个。举办区级机关党员“冬训”专题教育培训、重温党员入党宣誓、“百场道德讲堂——用评弹艺术形式讲述道德模范故事”、“走基地、看变化、聚力量”主题实践等活动20余项。举办园博会机关青年志愿者培训、“三五学雷锋献爱心”、“针情暖苏城”织围巾送温暖、庆“三八”妇女节女性课堂讲座、“三八”妇女维权服务、“家在苏州，温暖新春”巾帼志愿服务、“8·26”助学帮困等活动30余场。发放《反家暴法》《妇女权益保障法》等宣传资料及宣传品5000余份，向贫困儿童发放慰问金12万元，不断提升机关党员队伍的凝聚力，增强党员的荣誉感、责任感、使命感。

（朱　艳）

老干部工作

【概况】 2016年，全区老干部工作贯彻落实中办、国办《关于进一步加强和改进离退休干部工作的意见》（中办发〔2016〕3号）文件精神，围绕服务党委、政府工作大局，从严开展“两学一做”学习教育，推进全区离退休干部党建工作，全面落实离退休干部各项待遇。4月19日，《中国老年报》头版头条以题为《创新引领发展　真情赢得赞誉》报道吴中区老干部工作，获区委书记金洁专题批示。

【老干部党支部建设】 2016年，坚持分类指导、分层管理，在老干部较为集中的社区、病区、楼宇、团队（协会）和老年大学（老干部大学）建立老干部“临时”党支部，方便老干部党员就近参加学习教育，同时通过寄送学习资料、开设网上学堂、结对帮学等形式，提高老干部党员学习教育参与度，全年累计向离退休干部寄送各类学习书籍3000余册。通过经验推广，加强示范引领，实现城市社区老干部“临时”党支部全覆盖。6月，组织吴中高新区社区负责人召开离退休干部党建工作推进会，总结推广南区社区老干部党建工作经验，加快功能型党组织建设，新增社区老干部临时党支部18个。

【老干部思想政治建设】 2016年，加强老干部思想政治引领。“七一”前后组织局支部、吴中人民医院老干部病区临时党支部召开“我看从严治党新气象”专题调研座谈会，并邀请老干部、老党员宣讲中共党史、弘扬革命精神、传承红色基因。9月，举办全区离退休干部党支部书记培训班，邀请苏州市委党校教授韦刚做“两学一做”专题报告，组织参观常熟蒋巷村新农村建设和沙家浜红色教育基地。11月，举办吴中区老干部学习贯彻党的十八届六中全会精神专题辅导报告会。

【老干部活动】 2016年，以“转型发展新常态　助力吴中新征程”为主题开展“晚霞生辉——老干部企业型”主题系列活动，邀请老干部走进科沃斯机器人科技（苏州）有限公司、度假区微谷电子商务产业园等，鼓励老同志围绕企业转型升级、产业融合发展、推进创新驱动建言献策，为吴中经济社会发展献计出力。同时，围绕纪念建党95周年、红军长征胜利80周年，组织老同志开展丰富多彩的文体活动。编辑出版《弘扬时代精神、讲好吴中故事》老干部诗文书画摄影获奖作品集，区委书记金洁专题作序。“八一”前夕，与苏州市委老干部局、吴中区区级机关党工委联合举办“长征精神永远在路上”迎“八一”主题活动。8月，与区关工委联合编印《学党史、学国史，听党话、跟党走》爱国主义教育书籍发放给全区中小学生。重阳节前，开展“承吴地文化、抒桑榆情怀”老干部庆重阳文艺汇演，展示老干部积极向上的精神风貌。同时，通过开展市第三届“十佳离退休干部”和“十佳敬老好儿女”评选工作，加大宣传老干部先进事迹，引导老干部通过苏州电视台、《苏州日报》《城市商报》等主流媒体及网络平台积极发声，宣传社会主义核心价值观，推进社会主义精神文明建设。

【老干部生活待遇】 2016年，确保离休干部的工资待遇和各项津补贴发放到位，确保老干部医疗服务渠道畅通。在元旦、春节等重大节日，由四套班子主要领导，各地、各单位主要负责人带头上门走访慰问四套班子老领导、住院老干部和特殊困难老干部；做好老干部高温、重大节日、住院、重大变故、病故等“五必访”工作。5月和10月，完成离休干部自助就地疗养费的发放，处级（含）以上退休干部保健疗养及全区离休、处级（含）以上退休干部的健康体检工作。加强老干部活动阵地建设和社区“四就近”工作，向7个村（社区）下拨利用

2016年9月5日，吴中区老年大学开学。图为新开设的老年瑜伽课程

社区资源服务老干部专项经费12万元，激励村（社区）志愿者队伍更好地为老干部提供服务。

【老干部政治待遇】 2016年，组织召开老干部情况通报会2次，由区委常委、组织部部长、统战部部长潘国强通报全区政治经济发展形势和党代会精神。1月，完成老干部列席“两会”和党代会的服务保障。5月，分别组织原区四套班子老领导、离休干部参观江苏省第九届园博会。

【老年教育事业】 2016年，组织召开全区镇（街道）活动中心（室）负责人座谈会，并深入基层活动中心（室）、老年大学开展调研，以规范化、网络化、一体化标准构建区、镇、村（社区）“三级”老干部活动教育网络。根据老同志需求，区老年大学不断完善课程设置和教学管理，从满足老年人健康、文明、现代的精神需求出发，创新开设智能手机、旅游文化、老年瑜伽等特色课程。2016年，全区共有老年大学（学校）24所，老年学员8600余人。区老年大学（老干部大学）共设59个班级，开设声乐、器乐、戏剧、绘画、书法、舞蹈、拳操、摄影、烹饪、电脑、外语、旅游等12大类26门学科。拓展第二、三课堂，组织学员定期到镇、街道、社区开展演出活动，提供展示交流平台，推进文化下乡。6月，组织来自区、镇老年大学的11个文艺团队参加苏州市第十届老年文化周优秀节目海选活动，并组织区老干部艺术团、老年大学文艺团队参加苏州市老干部庆祝建党95周年文艺汇演和苏州市第十届老年文化周。做好老年大学教学、管理的安全运行和安全保障工作，遵循《老年大学安全应急预案》，连续第五年为参加学习活动的老干部、老同志购买“公众责任险”和“活动意外险”，定期组织消防、急救知识培训，落实各项安全制度和安全措施，推进“平安阵地、和谐校园”建设，确保老同志人身、财产安全和教学秩序正常。 （满华阳）

党　校

【概况】 2016年，围绕《中共中央关于加强和改进新形势下党校工作的意见》《江苏省委关于加强和改进新形势下党校工作的实施意见》《中共苏州市委关于加强和改进新形势下党校工作的实施意见》，坚持“党校姓党”根本原则，初步形成以党性教育为主线、特色培训为品牌、科研调研为支撑、服务基层为目标、提质增效为导向，全方位、多形式、跨层次的办学模式。组织举办春、秋教职员工培训和专题学习会，加强党校师资聚力量。学校再次通过了江苏省文明单位的评审。

【党员干部教育培训】 2016年，坚持把马克思主义中国化最新成果作为理论教育中心内容，把马克思主义经典著作导读课作为重要课程，抓好马列主义、毛泽东思想、中国特色社会主义理论体系、党章和党规党纪的学习教育。把深入学习习近平总书记系列重要讲话精神作为重中之重,在全体教师中开展“读原著、学原文、悟原理”活动。全年举办各类培训班37期,培训3755人次。协助乡镇(街道)举办培训班10多期。《凝聚正能量——践行社会主义核心价值观》和《从革命到执政的光辉历程——中共党史》两堂课,获得苏州市党性教育精品课评比二等奖。党性教育与党性锻炼全面加强,发挥党校党性锻炼大熔炉的作用。党员标准化培训继续抓好,体现“四个规范”:规范学制、规范课程、规范考试、规范管理。精品课程和现场教学点全面打造。

【政治理论宣讲】 2016年,组织参与政治理论宣讲。为了提升宣讲效果,提高宣讲内容与基层需求的匹配度,结合“两学一做”学习教育和“七一”送党课活动以及区党代会精神宣讲,先后下发专题课程菜单,实现党课下基层的全覆盖。全年下基层宣讲超过130场次。同时参与区委宣传部组织的“理论微故事”宣讲,3位教师每人均参与宣讲15场次。深受基层党组织和党员群众的欢迎。

【教育科研调研】 2016年,聚焦党委、政府的中心工作和重大决策部署,展开基层调研工作,发动全校力量组织开展科研调研。全年共发表各类文章46篇,其中,省级11篇,市级4篇,完成重点调研课题5个,参与苏州市委党校调研课题1个,提交长三角地区党校校长论坛论文2篇,苏州市党史办建党95周年学术研讨论文2篇,苏州市法学会主题征文2篇,法治江苏建设高层论坛征文1篇等。《推进制造业改革 优化供给侧结构——吴中区制造业转型升级的实践思考》调研报告获苏州市哲学社会科学界第九届学术大会优秀论文三等奖。

【党员干部学历教育】 学历教育是提高基层干部学历层次的重要途径,也是党校教师日常锻炼的重要舞台。区委党校在做好干部培训工作的前提下,利用地处苏州城区,授课条件优越,师资队伍稳定,社会声誉良好的优势,继续与高校合作办学。2016年,在校生650名,毕业学生321名。

【新党校异地建设】 按照十年先进、二十年不落后、三十年还管用的标准,新党校明确以打造“生态智慧校园”为目标。新党校建设已被列入吴中区重大项目建设中。2016年,继续完善室内装修、智慧校园、生态景观、校园文化、实训专用教室等方案。组建管理监督团队,提前介入,对内部装饰要满足培训要求,校园文化要营造党校氛围,智慧工程要符合现代化管理需要等进行跟踪管理。同时,拟定新党校运行管理模式,并提交区委、区政府决策。 (吴伟青)

台湾事务

【概况】 2016年,围绕巩固和深化两岸关系和平发展目标,创新方式加强对台宣传,促进两岸交流交往,做好对台各项服务工作,为台商、台胞做实事。落实“以台引台、借力招商”工作思路,紧抓全区各类招商契机,推介吴中区亮点项目和优势项目,寻求与台商交流合作机遇。全年新批台商投资企业19家,投资总额10036.55万美元,注册外资5494.76万美元。增资8家,投资总额1704.77万美元,注册外资1384.99万美元。全年对台贸易完成进出口总额6.7亿美元,同比下跌70.9%。其中出口1.6亿美元,同比下跌91.2%;进口5.1亿美元,同比下跌1.1%。

【对台服务】 2016年,继续为台商台企提供信息、解决困难、提供支持,助推台企转型升级。依托“台资企业转型升级”组织机构,邀请两岸专家对吴中区台资企业进行辅导培训,先后举办“2016年产业新趋势”等5期转型升级主旨论坛,参加台商500余人次。及时把上级部门和区政府促进转型升级的政策及时传递到台企，协助台企在项目立项、科技创新、税收优惠、要素配置等方面开辟“绿色通道”，全力助推台企转型升级、快速发展。坚持“客观、公正、及时、有效”的调处原则，依靠涉台事务协调小组，妥善处理各类涉台纠纷。全年共处理各类涉台案件15起，结案12起，主要涉及房产纠纷、经济合同纠纷、劳资纠纷等领域。解决台企台商困难。深入企业开展调研走访，组织召开区重点台企座谈会，了解企业发展现状，掌握台商思想动态，针对他们关注的热点、难点问题，通过积极协调相关部门帮助企业排忧解难。组织开展劳动人事规章制度专题知识、安全生产管理知识、“营改增”政策解读等讲座，做好政策宣传解释工作，帮助解决台商子女入学升学等实际问题，为台胞台商在吴中工作、生活营造良好环境。

【两岸交流活动】 2016年，继续做好两岸交往交流工作，进一步加强经贸文化交流。做好应邀赴台审批，截至2016年底，共审批应邀赴台94批239人次，其中赴台经贸考察1批6人次，参访参展交流9批34人次，企业技术骨干赴台培训84批199人次。落实赴台人员的行前教育，宣传岛内政治、大陆对台方针、赴台注意事项和涉台用语等。4月，协助角直经贸活动团一行6人赴台湾进行经贸考察、投资说明、项目洽谈和企业拜访活动。6月，组织光福镇手工艺大师11人6个门类65件作品赴台湾参展交流，新华社、中新社等10余家媒体报导本次活动。进一步加强基层组织交流。做好台湾新竹县议会副议长陈见贤一行19人来吴中参访、“台湾新媒体人看江苏”来吴中参访、新北基层交流团一行20人来木渎镇天平村交流互动等活动。组织区内农家乐业主及相关板块负责人共40人分两批赴台湾考察学习，增进两岸从业人员沟通交流，推进全区农业旅游产业融合发展。协助苏州太湖湖滨国家湿地公园与台湾关渡自然公园开展3次交流互动活动，举办湿地太湖谣首次专业人才培训班，为吴中区湿地公园学习台湾先进经验搭建桥梁。进一步加强两岸青年交流。建成投用苏州两岸青年创业园，内设就业实习基地和创业成长基地，服务于不同阶段和形态的两岸青年创业人员，为两岸青年就业、创业、发展和交流创造有利条件，入驻率70%。被国台办授予“海峡两岸青年创业基地”、江苏省台联授予“两岸青年交流基地”等称号。7月，第二届“海外台湾留学生长三角研习营”一行38人来园参访交流。

【对台宣传】 2016年，创新宣传方式，加强对台宣传，扩大对台工作影响。利用赴台招商引资、参展交流以及对台接待的机会，适时、适地地向台湾同胞推介吴中丰富的人文、自然和经济社会资源，着力扩大吴中在台影响，提高吴中在台知名度、美誉度。利用台企联谊会理监事会议机会，及时通报全区重点工作，组织台商参与全区重大活动，包括各类招商活动，组织台商们参观园博园，让广大台商台胞切身感受吴中变化，进一步增强对吴中情感。做好涉台刊物征订、赠阅工作，及时传递台湾的各方面情况及大陆的相关政策，赠送区委、区政府主要领导和分管领导，以及区台胞台属联谊会会长《海峡广角》《台湾周刊》《两岸关系》等刊物，切实拓宽对台宣传教育覆盖面，扩大对台工作影响，促进对台工作开展。

【“两个联谊会”】 2016年，按照“服务台商、联系政府、交流联谊、发展经济”宗旨，发挥台商台企联谊会和台胞台属联谊会“两个联谊会”的积极作用。举办中秋联欢会，组织召开4次台商联谊会理监事会议，组织高尔夫球邀请赛、钓鱼比赛、羽毛球比赛等各类活动，共叙情谊、共谋发展，进一步增强台企台商之间的相互沟通和了解。组织开展劳动人事、安全生产、“营改增”等政策法规的讲座和培训活动，增进台商对国家政策的熟知度，做到依法经营、依法发展，帮助台商协调处理各类案件10多件。引导台商热心公益事业，回馈社会，吴中区台企联谊会爱心基金向“善爱之家”捐款4万元，向吴中区社会福利院捐赠价值4万元的物品，向台商陈家庆病患捐助医疗费10万元，向台湾台南地震捐款10万元。扶持台胞台属联谊会开展工作，坚持每季度一次联谊活动，组织全体理事学习党的十八届三中、四中、五中、六中全会精神，利用中秋、春节等传统节日，走访台属台胞，鼓励会员充分利用自身优势，将大陆两岸关系的政策和措施及时、有效地向岛内传递，增进两岸了解，扩大两岸共识。（尹国辉）

接待工作

【接待工作情况】 2016年，区接待办公室参与接待中央领导，中央机关和各省、自治区、直辖市考察团（组）共161批10972次。完成胡锦涛、李岚清、桑国卫、吴仪、汪洋、盛华仁、唐家璇、黄孟复等8位党和国家领导人来吴中区视察的接待任务。另外，部省级领导带队32批，地市级领导带队37批。（李 艳）

表4–1 接待部省级以上领导情况

日期	来访单位	带队人	职务
2月4~18日	中央政治局、国务院	吴 仪	原委员、副总理
2月15日	中央政治局、国务院	汪 洋	委员、副总理
3月18日	江苏省人大常委会	蒋宏坤	原副主任
3月21日	中国作协	闫晶明	党组成员、书记处书记
3月25日	中央委员会、中国社科院	李培林	候补委员、副院长
3月28日~4月3日	中央委员会、中央军委	胡锦涛	原总书记、主席
3月29日	全国人大常委会	盛华仁	原副委员长
3月29~31日	江苏省政协	陆 军	原副主席
3月31日~4月1日	江苏省委、省人大常委会	罗志军	书记、主任
4月6日	江苏省政府	张 雷	副省长
4月6日	江苏省委、省纪委	弘 强	省委常委、纪委书记
4月8日	海峡两岸关系协会	陈德铭	会长
4月15日	江苏省人大常委会	王敏生	原副主任
4月27日	国务院、外交部	唐家璇	原委员、部长
4月29日~5月4日	中央政治局、国务院	李岚清	原常委、副总理
5月4日	江苏省人大常委会	王寿亭	原代主任
6月6~12日	全国人大财政经济委员会	李学勇	副主任委员
6月10日	文化部	项兆伦	副部长
6月20日	全国人大常委会	桑国卫	原副委员长、农工民主党原主席
6月20日	江苏省委、省人大常委会	罗志军	书记、主任
6月21日	全国政协	黄孟复	原副主席
7月7日	民革中央	修副金	副主席
8月29日~9月3日	江苏省委	陈焕友	原书记
9月6–7日	中央政治局、国务院	汪 洋	委员、副总理
9月22~23日	全国政协、中国战略文化促进会	罗 援	委员、常务副会长兼秘书长
9月23日	中国就业促进会、人社部	张小建	会长、原副部长
10月13日	中央军委	陈炳德	委员、总参谋长，上将
10月24日	全国政协、中青旅集团	张 骏	委员、原董事长

续表

日期	来访单位	带队人	职务
10月28~30日	文化部	项兆伦	副部长
11月12日	农业部	陈晓华	副部长
11月23~24日	军事科学院、中国孙子兵法研究会	许耀元	政治委员、会长
12月13日	农业部	余欣荣	副部长

保密工作

【保密宣传教育】 2016年，以习近平总书记关于保密工作的重要讲话精神为统领，落实《中共中央关于加强和改进保密工作的意见》精神，开展《保密法》《实施条例》的宣传教育，进行失泄密案例通报，开展保密警示教育，增强专兼职保密干部的保密意识和工作水平。向全区机关单位、重点企业发送《保密工作》杂志1700份，《党政机关工作人员保密须知》《红色往事》读本各300本。组织参加国家和省、市保密部门组织的各类保密业务培训、宣传教育活动，提升保密干部的政治素质和业务能力。举办《增强保密意识，提高保密防范能力》专题讲座，提升区委保密委成员，以及各地、各部门保密工作分管领导、保密主官、保密干部保密常识，筑牢保密思想防线。

【保密督查管理】 2016年，着力巩固提升保密工作标准化管理，不断建立健全保密管理的长效机制。根据省、市保密部门部署，专题召开全区涉密人员保密管理部署工作会议，对全区党政机关、重点单位的涉密人员进行分类确定和保密审查工作，完善保密基础数据库。在部分重点涉密机关单位开展保密督查，对贯彻落实党政领导干部保密工作责任制、开展保密自查自评等保密工作情况进行检查。组织开展重点骨干网络保密管理专项检查，做好电子政务内网迁移过渡时期的保密管理工作，不断推动重点涉密单位、涉密领域的保密工作。定期对区政府以及区级机关部门的门户网站、微博、微信公众号等平台进行安全检测和敏感信息筛选，进一步推动全区保密检查工作的制度化、常规化。

【保密服务保障】 2016年，严格涉密载体回收销毁管理。依托市保密技术管理服务中心涉密载体销毁服务平台，对涉密载体实行分类回收销毁，全年累计销毁各类纸介质文件资料60吨，电子设备主机1340台，以及其他各类电子器材等载体1600余件。指导督查中高考等各类统一考试中的保密管理工作，对区招生办保密室和考点试卷存放室等重点部位进行检查验收，考试期间开展保密巡查，确保试卷安全。指导区级机关部门开展预算公开保密审查，并做好重点部门的经费公开保密审查工作。参与电子政务内网等网络工程的分级保护项目测评验收工作，对军工企业开展经常性的保密管理指导服务。（杨文卿）

编辑：任海令

吴中区人民代表大会

综　述

开展法律监督。听取区政府关于贯彻实施《专利法》情况的汇报，提出要进一步加大宣传力度、理顺工作机制、强化队伍建设、加大对侵权案件的打击力度，营造良好的竞争环境，在更高层次上打造“知识产权强区”和“苏南自主创新特色区”。听取全区宗教工作和贯彻落实《宗教事务条例》情况的汇报，提出要加强对宗教活动场所的管理，建管并重，确保宗教活动场所发挥好作用，要进一步抓好宗教干部和教职人员队伍建设，提高依法管理宗教事务的能力和水平。

开展工作监督。加强对计划、财政预算的审查监督，听取、审议区政府关于全区2015年财政决算情况和本级财政预算及其他财政收支情况的审计工作等汇报，听取、审议区政府关于2016年上半年国民经济与社会发展计划执行情况和2016年上半年财政预算执行情况的汇报。加强对人民群众关注的民生问题的监督，听取区政府关于粮食保供体系情况的汇报，组织人大代表视察乡村旅游示范点建设情况，听取全区信访工作汇报。依法做好人事任免工作。

加强代表和基层人大工作。加强培训，提高代表履职能力；拓宽途径，丰富代表履职活动。组织开展常委会主任接待代表日活动，为充分发挥代表的议政督政作用提供平台和服务。做好对区三届人大五次会议议案和代表建议的督办工作。继续做好“人大代表之家”的载体建设。

做好换届选举工作。历经前期准备，宣传发动和选民登记，提名推荐和协商确定代表候选人，组织介绍代表候选人情况，投票选举等五个阶段，完成换届选举决定中提出的区、镇两级人大代表应在2016年12月底前选出的任务。共依法选举产生296名区四届人大代表，532名镇人大代表。

重要会议

【区三届人大第五次会议】 2016年1月5~7日在苏州太湖国际会议中心举行，全区296名区人大代表中293名代表出席会议。会议听取、审议代区长唐晓东所作的《吴中区人民政府工作报告》、区人大常委会主任孙卓所作的《吴中区人大常委会工作报告》、区人民法院院长钟毅所作的《吴中区人民法院工作报告》、区人民检察院检察长陈飞所作的《吴中区人民检察院工作报告》，会议审查《关于2015年国民经济和社会发展计划执行情况与2016年计划草案的报告》《关

2016年1月5~7日，苏州市吴中区第三届人民代表大会第五次会议在太湖国际会议中心召开

于2015年财政预算执行情况和2016年财政预算草案的报告》，并作出相应的决议。大会经过审议，形成《关于继续推进美丽乡村建设》的议案。大会通过关于接受孙卓同志辞去区三届人大常委会主任职务的请求的决定、关于陆培康、崔玮珈、张振新同志辞去区三届人大常委会副主任职务的请求的决定。大会经过提名、酝酿，补选张炳华同志为区三届人大常委会主任，补选陆增林同志为区三届人大常委会副主任，补选徐远志为区三届人大常委会委员。

【区三届人大常委会会议】 年内，区三届人大常委会会议召开8次。

第二十八次会议　2016年2月25日举行。会议听取和审议副区长冯建荣所作的《关于区三届人大五次会议议案办理实施方案和代表建议办理的情况汇报》。

第二十九次会议　2016年4月26日举行。会议听取和审议副区长许振华所作的《关于全区开放型经济发展情况的汇报》。会议表决通过有关人事任免事项。

第三十次会议　2016年6月30日举行。会议听取和审议副区长沈伟民所作的《关于吴中区建设（建筑）工程质量监督和安全监督工作的情况汇报》。会议听取徐伟英、王春生、宋甫林、陆人民四位苏州市人大代表的履职情况报告。会议表决通过有关人事任免事项，并审议通过《苏州市吴中区人民代表大会常务委员会关于接受钟毅辞去苏州市吴中区人民法院院长职务请求的决定》《苏州市吴中区人民代表大会常务委员会关于接受沈志栋辞去区人民政府副区长职务请求的决定》。会议投票表决任命张峥嵘同志为苏州市吴中区人民法院副院长，并审议、通过《苏州市吴中区第三届人民代表大会常务委员会关于张峥嵘任苏州市吴中区人民法院代理院长的决定》。

第三十一次会议　2016年8月30日举行。会议听取和审议区发展和改革局局长程飞受区政府委托所作的《关于2016年上半年国民经济与社会发展计划执行情况的报告》；会议听取和审议区财政局局长朱筱菁受区政府委托所作的《关于2015年本级财政决算草案的报告》《2016年上半年财政预算执行情况的报告》，并表决通过《苏州市吴中区人民代表大会常务委员会关于批准苏州市吴中区2015年本级财政决算的决议》；会议听取和审议区审计局局长赵小平受区政府委托所作的《关于2015年本级财政预算执行情况和其它财政收支情况的审计工作报告》。会议投票表决决定任命陆晋晋同志为副区长（挂职）。

第三十二次会议　2016年9月21日举行。会议听取和审议区人大常委会副主任陆增林所作的《关于对全区区、镇两级人民代表大会换届选举决定草案的说明》，并审议通过苏州市吴中区人民代表大会常务委员会关于全区区、镇两级人民代表大会换届选举的决定和苏州市吴中区人民代表大会常务委员会关于确定镇级人民代表大会代表名额的决定。

第三十三次会议 2016年11月9日举行。会议听取和审议副区长王卫国所作的《关于区三届人大五次会议议案和代表建议办理情况的汇报》；会议听取和审议区司法局局长肖冬梅受区政府委托所作的《关于“七五”普法规划制定情况和主要内容的汇报》；会议听取和审议区人民法院代院长张峥嵘所作的《关于商事审判工作情况的汇报》。会议表决通过有关人事任免事项。会议审议并通过《苏州市吴中区第三届人民代表大会常务委员会关于接受冯建荣同志辞去区人民政府副区长职务的请求的决定》《关于接受周一风同志辞去区人大常委会委员职务的请求的决定》。

第三十四次会议 2016年11月29日举行。会议听取和审议区财政局局长朱筱菁受区政府委托所作的《关于调整2016年区本级财政预算的报告》，经举手表决，会议通过《苏州市吴中区人民代表大会常务委员会关于批准苏州市吴中区2016年区财政预算调整的决议》；会议投票表决决定任命魏杰同志为副区长。

第三十五次会议 2016年12月22日举行。会议听取和审议区财政局局长朱筱菁受区政府委托所作的《关于2017年财政预算草案的报告》；听取和审议区人大常委会副主任陆增林所作的《关于全区区、镇两级人大换届选举工作情况的汇报》；听取和审议区人大常委会副主任唐龙生所作的《关于调整区三届人大常委会代表资格审查委员会组成人员的说明》；听取和审议区人大常委会代表资格审查委员会主任委员陆增林所作的《关于区四届人大代表资格的审查报告》；听取和审议区人大常委会办公室主任戴晓东同志受主任会议委托所作的《关于区四届人大一次会议准备工作情况的汇报》，经举手表决，会议通过了关于召开区四届人大一次会议的决定；会议审议通过《苏州市吴中区人民代表大会常务委员会关于接受沈伟民辞去苏州市吴中区人民政府副区长职务请求的决定》《苏州市吴中区人民代表大会常务委员会关于接受周晓敏辞去苏州吴中区人民政府副区长职务请求的决定》。

【区三届人大常委会主任会议】 年内，区三届人大常委会主任会议召开11次。

第四十七次主任会议 2016年2月2日召开，人大常委会党组中心组学习，听取办公室主任周一风作关于区人大常委会2016年度工作要点及主要工作安排一览表草案起草情况的说明，并讨论审议通过区人大常委会2016年工作要点安排。

第四十八次主任会议 2016年2月23日召开（为25日召开的第28次常委会会议作准备）。

第四十九次主任会议 2016年4月21日召开（为26日召开的第29次常委会会议作准备）。

第五十次主任会议 2016年6月2日召开，听取区信访局局长沈亚民受区政府委托所作的《关于全区信访工作情况的汇报》，听取区科技局局长沈玉宝受区政府委托所作的《关于〈专利法〉贯彻实施情况的汇报》。

第五十一次主任会议 2016年6月29日召开（为30日召开的第30次常委会会议作准备）。

第五十二次主任会议 2016年7月22日召开，听取吴中高新区管委会主任李向上受区政府委托所作的《关于吴中高新区城市建设和产业发展情况的汇报》。

第五十三次主任会议 2016年8月19日召开（为30日召开的第31次常委会会议作准备）。

第五十四次主任会议 2016年9月18日召开（为21日召开的第32次常委会会议作准备）。

第五十五次主任会议 2016年10月24日召开（为11月9日召开的第33次常委会会议作准备）。

第五十六次主任会议 2016年11月23日召开，听取区粮食局局长姚善生受区政府委托所作的《关于粮食保供体系情况的汇报》（为29日召开的第34次常委会会议作准备）。

第五十七次主任会议　2016年12月20日召开（为22日召开的第35次常委会会议作准备）。

法律监督

【贯彻法律实施情况监督】 2016年，听取、审议区人民政府关于“七五”普法规划制定情况和主要内容的汇报，并作出《苏州市吴中区人民代表大会常务委员会关于开展第七个五年法治宣传教育的决议》，深入推进以《宪法》为核心的法律法规的学习宣传，弘扬社会主义法治精神，培养公民自觉遵守法律的行为习惯。听取区政府关于贯彻实施《专利法》情况的汇报，提出要进一步加大宣传力度、理顺工作机制、强化队伍建设，加大对侵权案件的打击力度，营造良好的竞争环境，在更高层次上打造“知识产权强区”和“苏南自主创新特色区”。听取全区宗教工作和贯彻落实《宗教事务条例》情况的汇报，提出要加强对宗教活动场所的管理，建管并重，确保宗教活动场所发挥好作用，要进一步抓好宗教干部和教职人员队伍建设，提高依法管理宗教事务的能力和水平。

【两院监督】 2016年，常委会着力督促法检两院依法独立公正行使审判权、检察权，提高司法公信力。听取区法院关于商事审判工作情况的汇报，希望区法院围绕“努力让人民群众在每一个司法案件中都感受到公平正义”的目标，坚持“为大局服务、为人民司法”工作主题，充分发挥商事审判职能，为全区经济社会持续健康发展作出更大努力。组织代表参加旁听法院庭审活动，为闭会期间代表作用的发挥提供平台，促进司法机关秉公办案、严格执法。

工作监督

【审议监督】 2016年，按照专题听取区政府关于计划和预决算执行情况的汇报，积极适应计划执行的步骤，突出问题导向，加强短板补充，找出积极对策，做好“十二五”收官和“十三五”开局的衔接。促进区政府贯彻执行新《预算法》，以建立完善公共财政体制框架为目标，进一步推动预决算工作向公开、透明、科学、规范方向发展，并重视审计成果的应用，增强审查监督的实施。专题听取区政府关于建设工程质量监督和安全监督工作情况的汇报，提出要进一步完善责任体系、落实工程质量安全责任，要进一步加大治理力度、规范建筑市场秩序，要进一步改进监管方式、切实提高监管效能等建议，推动全区建设（建筑）工程质量、安全监督管理工作再上新台阶。听取区政府关于吴中高新区城市建设和产业发展情况的汇报，建议要进一步提升城市公共空间的规划水平和建设水平，建立统一集中的区级招商平台，打造产城融合、宜居宜业的样板区，探索形成新型社区服务商业模式，把高新区打造成为城市建设的新样本、全区经济社会发展新的增长极。听取全区信访工作情况，要求把信访作为民生工作，畅通信访渠道、创新信访工作机制，提高办信效率、规范办信程序，全力维护群众利益和社会稳定，为建设“强富美高”新吴中营造良好软环境。

【组织视察】 2016年，组织对亚东工业、广运机电、科沃斯机器人、皇家木业、飞华铝业等5家企业进行视察，听取全区开放型经济工作情况的汇报，了解科技创新、台企转型升级情况，要求企业加大科研投入、加快人才引进、重视专利发明，同时建议区政府进一步优化科技创新环境、发挥政策引领作用，推动企业在创新驱动、产业提升方面有更大作为。组织人大代表视察园博园开园准备工作，详细了解项目建设、环境整治、周边配套、运营管理等工作，提出要继续当好东道主、当好协调员、当好宣传员等建议，全力以赴确保园博会的顺利运行，提升人文吴中的知名度和美誉度。

代表活动

【加强代表工作】 2016年，不断完善人大常委会主任接待代表日、常委会组成人员分工联系人大代表、人大代表统一接待日等工作制度，明确活动程序与要求，把代表与选民联系活动常态化、规范化、制度化。通过邀请代表参与调研、视察、座谈、评议等形式，进一步拓宽代表知情知政渠道，实现常委会组成人员与代表、代表与基层群众互联互通。完善代表考核机制，组织4名市人大代表向区人大常委会口头进行述职活动。常委会注重加强与基层人大的工作联系，建立完善选民代表会议制度，为选民代表反映民情、传达民声、集聚民智扩平台、拓渠道，推动街道人大把握新常态、适应新常态、实现新作为。截至2016年底，选民代表会议制度在全区街道实现全覆盖，并定期开展活动，推动人大工作整体水平的提升。发挥"人大代表之家"的载体优势，实现"人大代表之家"在镇（街道）的全覆盖和在村、社区的深度拓展，做到"一个载体"全覆盖、"两项制度"全落实、各级代表全参与，各类活动有成效，以"家"为纽带，实现"常委会—代表—选民"之间的良性沟通。

【督办议案建议】 坚持以议案、代表建议督办为着力点，通过重点督办、跟踪督办和跨年度督办，确保办理取得实效，确保群众诉求"落地有声"。2016年，区三届人大五次会议再次聚焦美丽乡村建设，将《关于继续推进美丽乡村建设》作为唯一议案，全力督办该议案，持续助力美丽乡村建设。对大会收到的107件建议，采取阶段性听取汇报、专题视察和检查、组织人大代表视察等多种方式，对交办、办理、"回头看"等环节全过程督促指导，既要"办成率"，更要"满意率"。对其中关系发展大局、群众利益的7件建议，进行常委会领导与工委领导重点督办，确保办理取得实效。同时，常委会会议专题听取议案建议办理情况，提出要进一步增强责任意识、群众意识、人大意识和代表意识，完善承办机制，提升办理水平，要重视议案建议办理工作，对代表负责、让代表满意、让百姓受益。

【常委会任免国家工作人员情况】 2016年，区人大常委会共依法任免国家机关工作人员69人（次）。 （濮祺安　谭文江）

表5-1　2016年吴中区三届人大常委会任免国家机关工作人员名单

姓名	任命职务	免去职务	日期	届/次
张菊泉	区人大常委会长桥街道工作委员会主任		4月26日	三届二十九次
任进德	区人大常委会横泾街道工作委员会主任		4月26日	三届二十九次
吴林木		区人大常委会长桥街道工作委员会主任	4月26日	三届二十九次
吴建德		区人大常委会横泾街道工作委员会主任	4月26日	三届二十九次
沈和国		区人大常委会郭巷街道工作委员会副主任	4月26日	三届二十九次
金华红		区人大常委会横泾街道工作委员会副主任	4月26日	三届二十九次
薛招福		区人大常委会越溪街道工作委员会副主任	4月26日	三届二十九次
吴林泉		区人大常委会城南街道工作委员会副主任	4月26日	三届二十九次

续表

姓名	任命职务	免去职务	日期	届/次
王　正		区人大常委会香山街道工作委员会副主任	4月26日	三届二十九次
汪庆丰	区住房和城乡建设局局长		4月26日	三届二十九次
史拥军	区安全生产监督管理局局长		4月26日	三届二十九次
沈亚民	区信访局局长		4月26日	三届二十九次
吕崇才		区住房和城乡建设局局长	4月26日	三届二十九次
顾建东		区安全生产监督管理局局长	4月26日	三届二十九次
王　岳		区信访局局长	4月26日	三届二十九次
朱家林	区人民法院审判委员会委员		4月26日	三届二十九次
王东海	区人民法院审判委员会委员、木渎人民法庭庭长		4月26日	三届二十九次
辛　欣	区人民法院审判委员会委员、民事审判第二庭庭长		4月26日	三届二十九次
史华松	区人民法院木渎人民法庭副庭长		4月26日	三届二十九次
何亚平	区人民法院民事审判第一庭副庭长		4月26日	三届二十九次
陆雪昌		区人民法院副院长	4月26日	三届二十九次
徐　剑		区人民法院审判委员会委员、审判员	4月26日	三届二十九次
徐　澄		区人民法院民事审判第一庭副庭长	4月26日	三届二十九次
郁建芳		区人民检察院副检察长	4月26日	三届二十九次
游桂芳		区人民检察院副检察长	4月26日	三届二十九次
张峥嵘	区人民法院审判员、审判委员会委员、副院长		6月30日	三届三十次
张晓江	区人民检察院副检察长、检察委员会委员、检察员		6月30日	三届三十次
陈铁军		区人民检察院检察委员会委员	6月30日	三届三十次
陆晋晋	副区长（挂职）		8月30日	三届三十一次
戴晓东	区人大常委会办公室、研究室主任		11月9日	三届三十三次
徐永林	区人大常委会财经工作委员会主任		11月9日	三届三十三次
陈哲敏	区人大常委会城建环保工作委员会主任		11月9日	三届三十三次
陆建华	区人大常委会外事民宗侨台工作委员会主任		11月9日	三届三十三次
徐炳良	区人大常委会农业农村工作委员会主任		11月9日	三届三十三次
沈　曦	区人大常委会财经工作委员会副主任		11月9日	三届三十三次
朱水坤	区人大常委会城建环保工作委员会副主任		11月9日	三届三十三次
曹雪琴	区人大常委会农业农村工作委员会副主任		11月9日	三届三十三次
周一风		区人大常委会办公室、研究室主任	11月9日	三届三十三次

续表

姓名	任命职务	免去职务	日期	届/次
钱建伟		区人大常委会城建环保工作委员会主任	11月9日	三届三十三次
张少华		区人大常委会财经工作委员会主任	11月9日	三届三十三次
金明德		区人大常委会外事民宗侨台工作委员会主任	11月9日	三届三十三次
卞杏娣		区人大常委会财经工作委员会副主任	11月9日	三届三十三次
金　楠	区发展和改革局局长		11月9日	三届三十三次
陆为民	区教育局局长		11月9日	三届三十三次
龚　艳	区民政局局长		11月9日	三届三十三次
薛　华	区市容市政管理局（城市管理行政执法局）局长		11月9日	三届三十三次
张建新	区交通运输局局长		11月9日	三届三十三次
孙新元	区水利局局长		11月9日	三届三十三次
李　东	区农业局局长		11月9日	三届三十三次
周一风	区文化体育局局长		11月9日	三届三十三次
陆治平	区卫生和计划生育局局长		11月9日	三届三十三次
顾志男	区民族宗教事务局局长		11月9日	三届三十三次
程　飞		区发展和改革局局长	11月9日	三届三十三次
陈伟骏		区教育局局长	11月9日	三届三十三次
胡建平		区民政局局长	11月9日	三届三十三次
杨和芳		区市容市政管理局（城市管理行政执法局）局长	11月9日	三届三十三次
陆月根		区交通运输局局长	11月9日	三届三十三次
徐炳良		区水利局局长	11月9日	三届三十三次
刘龙俊		区农业局局长	11月9日	三届三十三次
唐峥嵘		区文化体育局局长	11月9日	三届三十三次
李福林		区卫生和计划生育局局长	11月9日	三届三十三次
金　澄		区民族宗教事务局局长	11月9日	三届三十三次
张　敏		区人民法院执行局副庭长	11月9日	三届三十三次
朱　强		区人民法院立案庭副庭长	11月9日	三届三十三次
侯　旻		区人民法院人民陪审员	11月9日	三届三十三次
顾莉华		区人民法院人民陪审员	11月9日	三届三十三次
张淮宾	区人民检察院副检察长		11月9日	三届三十三次
陈志新		区人民检察院副检察长、检察委员会委员、检察员	11月9日	三届三十三次
魏　杰	副区长		11月29日	三届三十四次

编辑：任海令

综　述

【国民经济】 2016年，全区实现地区生产总值1010.72亿元，增长7.6%；一般公共预算收入134.43亿元，增长11.0%；完成全社会固定资产投资561.67亿元；社会消费品零售总额372.81亿元，增长10.5%；城乡居民人均可支配收入分别增至5.60万元、2.78万元。

【转型升级】 积极落实供给侧结构性改革，实施实业兴区战略行动计划及相关配套政策意见，着力推动全区产业结构、创新能力、综合实力迈上新台阶。工业经济平稳运行，耐克森线缆、汇川二期等一批重大项目投产，实现规模以上工业总产值1226.49亿元。积极推进智能制造，实施智能化改造项目125个，建成省级智能示范车间4个。浪潮金融信息、旅通在线等一批项目落户，新增内资注册资本认缴额433.34亿元，新增注册外资3亿美元，实际利用外资2.15亿美元。大力实施知识产权强区战略，新增专利授权量7375件，顺利通过国家知识产权强县工程试点区验收。启动实施东吴高层次人才计划，欧美同学会苏州基地和海归创业学院落户，首届“苏作文创峰会”成功举办，新入选国家“千人计划”1人、省“双创人才”5人、市姑苏领军人才15人。政产学研合作不断深化，新增产学研联合体28家、产学研合作项目129个，南京师范大学科技园建成投用。现代服务业优化提升，新增1个市级服务业集聚区、2家市级服务业创新型示范企业、3家市级总部企业。电子商务发展取得新突破，吴中综合保税区获批省跨境电子商务产业园试点，吴中区、金庭镇、东山碧螺村分别获评省农村电子商务示范区、示范镇、示范村。全域旅游加快推进，太湖新天地、穹窿山茅蓬坞等一批旅游特色业态实现提档升级，全年接待游客突破2300万人次，获评省、乡、村旅游创新发展示范区。现代农业“6+1”特色产业加快发展，苏州现代农产品物流园建设稳步推进，首届全国“互联网+”现代农业工作会议暨新农民创业创新大会在吴中区成功召开。资本市场“吴中板块”加快打造，27家企业成功挂牌新三板，吴中城投、国裕公司债券成功发行。

【城乡建设】 围绕“一核一轴一带”生产力布局，各类城乡空间规划编制调整加快推进，10个历史文化名镇、名村保护规划编制完成，全区重点村、特色村村庄规划加快编制。特色小镇加快培育，甪直入选第一批中国特色小镇，东山打造全国首个纪录片小镇。美丽城村建设深入推进，外显生态风光、内含文化底蕴、兼具产业张力的江南镇村形态初显。城乡交通设施持续优化,中环快速路吴中段、南环快速路西延、东环快速路南延一期主体竣工通车,230省道(胥口段)、中山路、陈华路改造完成,新辟、调整公交线路17条,开行"社区巴士"3条,建成P+R停车泊位1300个、公交场站6个、候车亭369个,公共自行车三期建成投用。轨道交通2号线延伸线通车,3号线、4号线及支线和5号线建设加快推进。商贸载体空间布局和经营业态进一步优化,主城区中心商圈提档升级,乡镇新兴商圈特色发展。城镇环卫设施继续完善,新改建一批垃圾中转站、公共厕所和环卫停车场。水利设施和圩区防洪能力进一步提升,疏浚整治河道147公里,新改建防洪闸27座、排灌站20座,苏申内港线航道及环境整治工程有序推进。城镇老旧危楼整治和棚户区改造加快实施,建成保障房(安置房)141万平方米9792套。城市环境五项治理、"931"综合整治行动、人民路南延综合整治有序开展,"数字城管"平台加快建设,农村环境长效管理机制不断健全,城乡面貌实现新提升。

【生态环境】 全面落实主体功能区实施意见,加强"四个百万亩"长效管理,深入开展城镇周边永久基本农田划定。启动新一轮生态文明建设,出台生态文明建设环境保护重点任务行动方案,召开生态文明与绿色发展绩效评价考核(吴中)高层座谈会。精细化实施太湖水"五位一体"综合管理,常态化做好蓝藻打捞、水草管护和芦苇收割,实现太湖安全度夏,获评省太湖治理工作成绩突出区。深化落实"河长制",国考、省考断面水质达标整治取得阶段性成果。新扩建的木渎、城南污水处理厂投用,新铺设污水管网18公里,沿太湖重点乡镇农村生活污水治理全覆盖工程有序推进,获评"全国农村生活污水治理示范区"。加快推进工业废气治理,强化机动车尾气、建筑扬尘等污染防治,淘汰全区剩余燃煤锅炉,PM2.5平均浓度比2013年考核基数下降30%。加强土壤污染防治,强化重点地区监测,逐步建立土壤档案。农药废弃物统一回收集中处置有序开展,动物无害化处理中心建设加快推进。妥善处置太湖强制戒毒所大面积垃圾倾倒事件,全力做好中央环境保护督察组反馈问题的整改落实。组织实施重点节能改造

2016年9月24日,轨道交通2号线延伸线通车。图为尹山湖站

项目7个，推广合同能源管理模式，新增市级“能效之星”企业2家，通过清洁生产审核验收企业20家，创成循环经济示范企业1家。全面完成淘汰落后产能三年行动计划，关闭淘汰落后企业46家。建筑产业现代化发展积极推进，实现新建民用建筑一星及以上绿色建筑标准设计建造全覆盖。生活垃圾分类减量工程加快实施，城镇厨余垃圾就地处置试点有序开展，越溪莫舍社区成为全市首个餐厨垃圾资源化利用示范社区。绿化造林高标准推进，新增成片造林481亩、中幼龄抚育林2万亩，全区林木覆盖率达到30.5%。

【社会事业】 深入实施就业扶持政策，大力开展劳动力技能培训、公益性岗位开发和大学生创业引领计划，区籍应届高校毕业生就业率达到95%，城镇登记失业率控制在2%以内。积极鼓励大众创业、万众创新，新增海峡两岸青年创业基地1个、省级创业示范基地2个、省级优秀创业项目5个。及时调整落实各项社保政策待遇，企业退休人员、农置城退休人员平均养老金分别提高到每月2589元、1319元，12.2万人次享受医疗救助金，住房公积金缴存新增4万人。建成投用木渎南行中学、北美高级中学，落成横泾中心小学及附属幼儿园、高新区幼教中心，高考本二以上达线率首超60%。加快发展现代职业教育，校企合作、产教融合更加紧密，吴中中等专业学校在省职业学校师生技能大赛中实现新突破。深化省级综合医改试点，分级诊疗加快推进，启动实施健康市民“531”行动计划。苏州市中西医结合医院（木渎人民医院）原住院大楼加快改造，苏大附二院吴中分院（长桥医院）、开发区预防保健所启动易地新建，苏大附一院东山分院正式挂牌，东山、临湖获评国家卫生镇。“居家福”养老服务增点扩面工程全面推进，新改扩建老年人日间照料中心27个、助餐点4个、助浴点3个。区公共文化中心建成，苏州保利大剧院落户，木渎、角直、胥口、光福文体活动中心获评首批国家一级文体中心服务站，《角直镇志》入选首批出版的《中国名镇志丛书》。精神文明建设扎实推进，“吴中好人”“吴中工匠”等先进典型不断涌现，37家单位入选省文明单位。区社会综合治理联动中心加快筹建，“一张网”工程、“村民联系卡”“出租屋超市”等创新做法进一步深化，社会大调解机制、特殊人群服务管理进一步完善，累计建成121个五星级村（社区）五位一体综治办，获评“第二届全国创新社会治理优秀城市”。清查整治安全生产重点领域事故风险，挂牌督办市、区重大隐患项目36个，整改完成率100%，关停整治不具备安全生产条件企业10家，安全生产形势总体平稳。

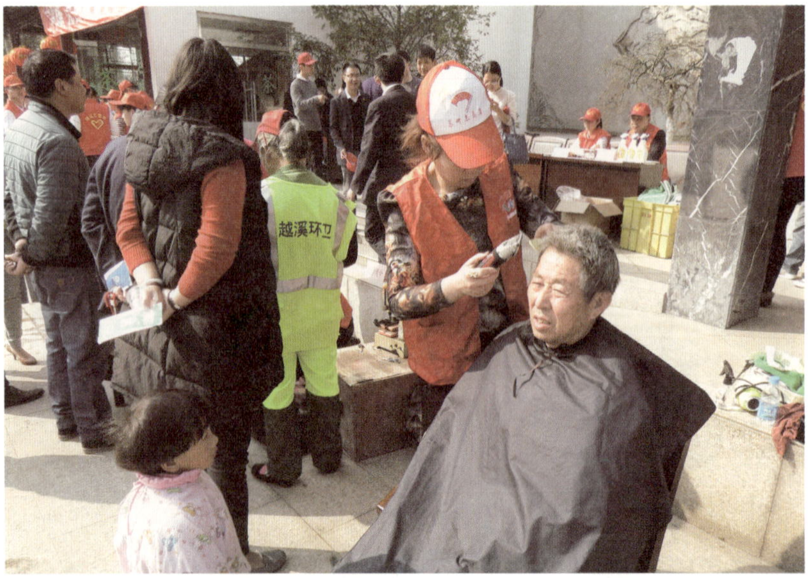

2016年3月5日，吴中区开展“便民弘扬雷锋精神，送服务进社区”活动

【政府建设】 以政府职能转变为核心，加快推进简政放权，在全省范围内率先开展政府部分职能向社会转移，完成向社会转移职能事项96项。编制完成区级部门责任清单，动态调整区级行政审批事项清单。运用市场

主体监管信息平台，实现“先照后证”信息共享，启动双随机抽查机制，事中事后监管不断强化。企业“五证合一”和个体工商户“两证整合”稳步推进，辖区企业“一照一码”换照率达到65%。不动产统一登记扎实开展，发放不动产权证书和证明17.2万本。扎实推进财税体制改革，全面推开“营改增”试点，全市首个国、地税联合全天候自助式办税服务厅启用。深化国资国企改革，制定推进区属国有企业改革工作实施意见。调整镇（区）财政体制和土地出让收入分配结算办法，完善板块差异化考核机制。实施法治政府建设规划，健全依法决策机制，规范行政权力运行，全面推行全程说理式执法。扎实开展全口径政府性债务规模控制，债务结构进一步优化。办公用房清理腾退、公共机构节能工作持续推进，因公出国（境）、公务用车改革、公务接待、商务接待等进一步规范，“三公”经费零增长。政府网站集约化建设水平全面提升，政务公开持续深化，政府采购、公共资源等领域信息公开稳步推进。扎实开展“两学一做”学习教育，政务服务进一步优化。区行政学校培训作用发挥明显，公务员队伍整体素质实现新提升。自觉接受人大及其常委会的法律监督、工作监督和政协的民主监督，主动配合人大执法检查、政协专题视察17次。（顾佳炜）

重要会议和文件

【区政府常务（区长办公）会议】2月1日，召开区三届政府第三十一次常务（区长办公）会议，主要内容：《关于呈请下发〈吴中区廉租住房与公共租赁住房并轨供应管理实施细则〉的请示》《关于报送〈吴中区机动车道路停车管理办法（送审稿）〉的请示》《关于与苏州市区同步实施居民用水阶梯价格制度的请示》《关于实施居民生活用管道天然气阶梯价格改革和下调非居民用管道天然气销售价格的请示》《吴中区科技贷款风险池专项资金管理办法（送审稿）》，听取区级部门责任清单编制工作情况汇报和吴中中等专业学校办学情况的汇报。

3月22日，召开区三届政府第三十二次常务（区长办公）会议，主要内容：《吴中区生活垃圾分类减量五年规划工作方案》《关于加快发展吴中区农产品电子商务的实施意见（送审稿）》《关于进一步加强农村集体资产规范管理的相关意见（送审稿）》《关于进一步加强吴中区农村集体资产审计工作的指导意见（送审稿）》《吴中区政府性债务纳入财政预算管理工作方案（送审稿）》《吴中区民宿（农家乐）管理办法（试行）》，通报《市政府关于进一步促进苏州市房地产市场稳定健康发展的意见》，听取政府规范性文件清理工作情况的汇报，组织学习《法治政府建设实施纲要（2015~2020年）》。

5月23日，召开区三届政府第三十三次常务（区长办公）会议，主要内容：《吴中区供给侧结构性改革行动计划（2016~2018年）（送审稿）》《吴中区智能制造行动计划（2016~2018年）（送审稿）》《吴中区专利专项资金管理办法（送审稿）》《关于对连续三年年度考核优秀等次的公务员记三等功的请示》《关于印发〈吴中区区级机关差旅费管理办法补充规定〉的通知》《关于印发〈吴中区区属国有企业重大事项监管办法〉的请示》《吴中区“十三五”重点交通工程项目实施计划》《关于分解2016年苏州市吴中区住房保障目标任务的请示》《吴中区实施实业兴区战略行动计划（2016~2018年）及相关配套政策意见（送审稿）》，组织学习《江苏省政务服务管理规定》。

6月16日，召开区三届政府第三十四次常务（区长办公）会议，主要内容：《苏州市吴中区城市施工工地扬尘排污费征收管理实施细则（试行）（送审稿）》《苏州市吴中区水污染防治工作方案（送审稿）》《吴中区精神卫生综合管理试点工作方案（送审稿）》《吴中区医疗机构设置规划（送审稿）》，听取关于吴中区2016年生态文明建设十大工程有关情况的汇报，组织学习《中国（苏州）跨境电子商务综合试验区实施方案》。

8月22日，召开区三届政府第三十五次常务（区长办公）会议，主要内容:《关于吴中区农村宅基地建房管理工作的指导意见（送审稿）》《苏州市吴中区临时救助实施细则（送审稿）》《苏州市吴中区法治政府建设2016~2020年规划（草案）》，听取2016年苏州吴中“环太湖”国际竞走和行走多日赛有关情况汇报和吴中区公共文化中心大剧院（会议中心）市场化运作情况汇报，组织学习《江苏省土地利用总体规划管理办法》。

10月9日，召开区三届政府第三十六次常务（区长办公）会议，主要内容:《关于调整镇（区）财政体制的意见（送审稿）》《关于调整镇（区）土地出让收入分配结算办法的意见（送审稿）》《吴中区推进分级诊疗制度建设实施方案（送审稿）》《吴中区现代服务业“十三五”发展规划（送审稿）》《吴中区公共法律服务体系“十三五”规划（送审稿）》，组织学习《不动产登记暂行条例》。

11月21日，召开区三届政府第三十七次常务（区长办公）会议，主要内容:《关于加强全区学校建设管理的实施意见（送审稿）》《关于推进吴中区属国有企业分类整合及相关配套改革方案（送审稿）》《吴中区属国企分类整合工作实施方案（送审稿）》《吴中区关于加快推进建筑产业现代化发展的实施意见（送审稿）》，组织学习《市政府印发关于优化配置城镇建设用地加快城市更新改造的实施意见的通知》和《关于印发苏州市吴中区存量工业用地市场化更新改造工作实施意见的通知》。

12月15日，召开区三届政府第三十八次常务（区长办公）会议，主要内容:《吴中区城镇黑臭水体整治行动方案（送审稿）》《政府工作报告（送审稿）》《2016年区政府实事项目进展情况与2017年区政府实事项目计划安排（送审稿）》《关于2016年国民经济和社会发展计划执行情况与2017年计划草案的报告（送审稿）》《关于2016年财政预算执行情况和2017年财政预算草案的报告（送审稿）》。

【其他会议】 1月8日　全区流动人口积分管理工作推进会议。

1月13日　全区信访工作会议。

1月28日　全区消防安全工作会议。

2月15日　吴中区作风效能建设暨综合表彰大会。

2月18日　全区美丽乡村建设、农村生活污水治理工作汇报会。

2月19日　区政府全体（扩大）会议。

2月26日　全区安全生产工作会议。

2月28日　园博会动员誓师大会。

3月2日　吴中区第三次农业普查工作领导小组会议。

3月10日　吴中区全面清理整治环境保护违法违规建设项目工作会议。

3月30日　全区城乡发展一体化暨美丽乡村建设工作会议。

4月18日　第九届江苏省园艺博览会开幕式。

4月29日　庆“五一”暨“吴中工匠”表彰大会。

5月10日　全区城市环境综合整治暨城市综合协调管理委员会工作会议。

5月27日　第九届江苏省园艺博览会工作总结大会。

6月7日　全区食品安全工作会议。

7月6日　全区生态文明建设推进会。

7月15日　吴中区2016年银企合作洽谈会。

8月1日　吴中区2016年征兵工作会议。

8月3日　区政府全体（扩大）会议。

9月25~28日　2016苏州吴中“环太湖”国际竞走与行走多日赛。

10月18日　2016苏州吴中太湖经贸合作洽谈会。

10月27日　全区文明城市长效管理工作督查会。

10月29日　首届“苏作文

创峰会”。

11月9日　全区工业企业资源集约利用工作会议。

11月11日　第七届“苏州穹窿山兵圣杯”世界女子围棋锦标赛。

11月15日　全区森林防火工作会议。

11月15日　全区水利水务工作会议。

12月13日　全区规范劳动用工和保障农民工工资支付工作推进会。

12月24日　吴中区举办生态文明与绿色发展绩效评价考核（吴中）高层座谈会。

12月26日　全区深入推进法治吴中建设暨“七五”普法工作动员部署大会。

【重要文件】 1月13日　印发《关于分解落实2016年区十项政府民生工程、十件政府实事和十项社会事业建设项目的通知》，分解落实2016年区十项政府民生工程、十件政府实事和十项社会事业建设项目，要求各地、各部门加强领导、明确责任，制订计划、落实措施，有序推进各项工作。

1月26日　印发《关于下达区政府2016年主要工作任务的通知》，细化分解2016年政府主要工作任务，要求各地、各部门加强组织领导，强化协调配合，切实抓好工作落实。

2月16日　印发《关于下发吴中区廉租住房与公共租赁住房并轨供应管理实施细则的通知》，明确廉租住房与公共租赁住房并轨方式、供应对象及建设标准、租金标准和租金减免事项等。

2月26日　印发《吴中区政府远程视频会议点名系统管理办法（试行）》，明确各地、各部门视频会议室岗位职责和设备管理等。

3月3日　印发《苏州市吴中区国民经济和社会发展第十三个五年规划纲要》，分析“十三五”发展的基础和形势，明确发展目标和方向，要求各地、各部门强化组织实施，坚持深化改革和依法治区，进一步健全监督评估机制。

3月16日　印发《吴中区科技贷款风险池专项资金管理办法》，明确科技贷款风险池专项资金管理、运作方式、支付对象、项目设立和管理等。

4月5日　印发《吴中区行政许可和行政处罚信用信息公示工作实施方案》，明确行政许可和行政处罚信用信息公示范围、公示格式、归集路径和具体操作步骤，要求各地、各部门加强组织领导，建立长效机制，完善技术保障，强化评估考核。

4月25日　印发《关于公布区级政府部门责任清单通知》，公布区级部门职责，公共服务清单，职责边界事项目录，对应的行政权力事项清单，权力运行过程中涉及的中介、盖章、收费等情况，要求各部门加强责任清单管理，落实动态调整。

4月28日　印发《关于开展突出环境问题挂牌督办及重点环境问题集中整治工作的通知》，明确集中整治各阶段重点任务和时间节点，要求各地、各部门加强组织领导，加大执法力度，建立整治台账，强化责任追究。

4月28日　印发《关于印发苏州市吴中区2016年度政府职能转移对接目录的通知》，公布264项政府职能转移对接目录。

5月6日　印发《关于印发吴中区2016年度大气污染防治工作方案的通知》，明确大气污染防治工作目标、重点任务及职责分工，要求各地、各部门加强组织领导，落实工作制度，明确责任分工，强化执法监管，严格考核机制。

5月16日　印发《苏州市吴中区突发地质灾害应急预案》，明确突发地质灾害事件应急组织指挥体系与职责，应急处置，应急保障等7项内容。

5月20日　印发《关于印发吴中区生活垃圾分类减量工作考核办法的通知》，明确生活垃圾分类减量考核对象、考核内容、考核方式及考核结果的应用，要求各地、各部门提高思想认识，细化考核指标，量化考核任务，制定考核细则，确保工作落到实处。

5月23日　印发《关于做好我区农村宅基地建房管理行政决策程序工作的通知》，明确农村宅基地建房条件、审批程序和各职能部门职责，要求各地、各部门切实加强管理。

5月31日　印发《关于印发吴中区智能制造行动计划（2016~2018年）的通知》，明确2016~2018年吴中区智能制造工作目标和任务，要求各地、各部门加强组织领导，完善要素保障，强化政策引导和监督考核。

5月31日　印发《吴中区供给侧结构性改革行动计划（2016~2018年）》，明确吴中区推进供给侧结构性改革的指导思想和工作目标，分解下达26项具体任务，要求各地、各部门加强组织领导，明确责任分工，强化宣传引导，严格督查考核。

6月13日　印发《关于加强吴中区特种设备安全监管工作的意见》，明确特种设备安全监管总体要求、工作目标、工作举措、重点内容，要求各地、各部门加强组织领导，完善考核机制，强化宣传培训，严格追责问责。

6月17日　印发《关于印发2016年度吴中区政府重大行政决策事项目录的通知》，公布8项区政府重大行政决策事项，要求各决策承办单位严格履行重大决策法定程序，进一步分解任务，落实责任，严格时限。

6月26日　印发《全面推进社区服务社会化的试点方案的通知》，明确社区服务社会化试点工作基本任务、试点时间、试点范围、方法形式、服务项目及经费安排，要求各地、各部门加强组织领导，把握重点环节，规范采购评估，加大保障投入。

6月26日　印发《关于印发吴中区中小企业贷款增信基金管理办法的通知》，明确基金管理、基金运作、风险补偿、监督管理等内容。

7月12日　印发《关于加强全区国有（集体）资产食品经营租赁管理的通知》，明确国有（集体）资产排摸清退范围、内容及责任单位，要求各地、各部门提高思想认识，认真梳理核实，完善工作机制。

7月13日　印发《吴中区防汛防旱应急预案》，明确防汛防旱组织指挥体系及职责，预防和预警，应急响应，应急保障，后期处理等6项内容。

7月13日　印发《吴中区防台风应急预案》，明确防台风组织指挥体系及职责，监测预报，预警与预防，应急响应，善后工作，保障措施等7项内容。

7月14日　印发《吴中区互联网金融风险专项整治工作实施方案》，明确互联网金融风险专项整治工作目标和原则，重点领域和要求，职责分工与工作路径，时间进度安排等内容。

8月16日　印发《关于转发2016年度吴中区级财政专项资金目录的通知》，公布2016年度吴中区转型升级类、社会事业类、城乡统筹类专项资金目录。

8月16日　印发《关于印发吴中区危险化学品安全专项整治整改方案的通知》，明确危险化学品安全专项整治整改依据、方法、步骤、要求等内容。

8月29日　印发《苏州市吴中区临时救助实施细则》，明确临时救助对象，申请和受理，审核审批，救助方式，救助标准，工作机制，监督管理等内容。

9月2日　印发《吴中区商务发展资金管理办法》，明确商务发展资金管理职责，使用方式及范围，基本条件及申报程序，监督管理及绩效评价等内容。

9月2日　印发《关于加强我区全面推开“营改增”试点后外来建筑施工单位税收管理的通知》，要求各职能部门建立信息沟通联动管理机制，完善征缴关键环节监管体系，健全建筑工程跟踪分析机制，形成税收应收尽收工作合力。

9月7日　印发《关于进一步加强安全生产监管执法工作的通知》，要求各地、各部门进一步建立健全安全生产责任体系，规范执法行为，强化执法举措，提升执法水平。

9月20日　印发《关于下达2016年度土地利用计划的通知》，通报2016年度省、市土地利用计划分配调整情况，明确全区土地利用计划分配。

10月8日　印发《吴中区农

村宅基地建房管理工作的指导意见》，明确农村宅基地建房条件、审批程序及各职能部门主要职责，要求各地、各部门切实加强农村宅基地建房管理。

10月14日　印发《关于转发吴中区促进先进制造业专项资金管理办法的通知》，明确促进先进制造业专项资金管理部门及职责，申报条件，使用方式，拨付程序，绩效评价和监督管理等内容。

10月21日　印发《吴中区服务业发展引导资金管理办法》，明确服务业发展引导资金使用范围和方式，项目申报条件，项目申报要求和流程，项目和资金管理等内容。

10月21日　印发《吴中区国土资源节约集约利用综合评价考核办法》，明确考核范围、考核目的、考核内容、考核指标和考核方法等事项。

11月18日　印发《关于公布区级行政执法主体的通知》，公布27个法定行政机关和14个法律、法规授权组织。

11月18日　印发《关于加强政府法律顾问制度建设的通知》，阐述加强政府法律顾问制度建设的重要性，要求各地、各部门加强组织领导，强化工作落实。

12月2日　印发《吴中区新型职业农民认定管理办法（试行）》，明确新型职业农民认定条件、认定方式、认定主体和认定程序等事项，要求主管部门加强动态管理，落实激励政策。

12月2日　印发《关于加快推进建筑产业现代化发展的实施意见》，明确建筑产业现代化发展目标、重点任务和政策措施等，要求各职能部门加强组织协调，强化技术指导和宣传引导。

12月26日印发《苏州市吴中区创业引导资金使用管理办法》，明确创业引导资金使用原则、具体要求及使用方向，要求各相关部门加强资金使用监督管理。（顾佳炜）

实事工程

【吴中旅游景区Wi-Fi全覆盖工程】　主要任务：建设统一的吴中区旅游Wi-Fi控制中心，实现全区主要景区（点）Wi-Fi全覆盖，为游客免费提供Wi-Fi上网接入服务。由区旅游局和相关镇（区、街道）负责实施。

【家校共育工程】　主要任务：建立56个家庭教育工作指导讲师团，以公益性讲座、家长学校等方式，逐步把家庭教育的基本原理、方法，普及到中小学生家庭。由区教育局和相关镇（区、街道）负责实施。

【区应急指挥中心建设工程】　主要任务：在吴中公安应急指挥中心新大楼16层建设区应急指挥中心，构建扁平化应急指挥体系，提升全区各部门的快速反应和协同作战能力，进一步提高吴中区处置突发公共事件的能力和水平。由吴中公安分局、区应急办和国裕公司负责实施。

【区社会管理服务中心建设工程】
主要任务：按照省、市委政法委要求，规范化新建吴中区社会管理服务中心，有效集聚有关部门社会管理和服务职能，搭建集综治、法治、维稳和公共法律服务工作的实战性、枢纽性平台。由区综治办、司法局、信访局、财政局、住建局、吴中国土分局、吴中规划分局、吴中消防大队和国裕公司负责实施。

【美丽乡村建设（续）】　主要任务：继续推进全区规划保留村庄环境新一轮整治，以提升村庄建设水平、塑造村庄特色和带动产业发展为重点，努力将全区规划保留村庄建设成为生态优美、设施配套、经济繁荣、农民富裕的美丽乡村，进一步提升农村居民的生活品质。2016年，计划投入7亿元，建成美丽村庄17个、康居村庄129个、安居村庄42个，推进全区村庄环境阶梯式有序提升。由区委农办和相关镇（区、街道）负责实施。

【农药废弃物统一回收集中处置工程】　主要任务：建成投用区废弃农药包装物仓储中心，总投资约150万元，年回收废弃农药包装物约105吨，同时每年由区财政安排300万元专项资金，实现废弃农药包装物的统一回收和集中处置。由区供销社负责实施。

【城市环境五项治理工作】 主要任务：大力开展“环境卫生、建筑工地，马路摊点和占道经营，停车秩序，废品收购站和铝合金加工点”五项治理，计划通过集中治理和长效管控，提升环卫保洁水平，规范建筑工地管理，优化主次干道停车秩序，推进再生资源回收体系建设，实现“环境卫生、工地管理、交通秩序、市容市貌”的大提升。由区市容市政局、吴中交警大队、住建局、供销社和相关镇（区、街道）负责实施。

【公交优化工程】 主要任务：计划投资3.14亿元，续建、新建公交场站14个。根据轨道交通建设情况，启动建设1号线木渎站、2号线宝带桥南站公交P+R换乘枢纽。推进吴中区公交候车亭建设，建成候车亭659个，消除全区范围内裸站538个。由区交通运输局和相关镇（区、街道）负责实施。

【生活垃圾分类减量工程】 主要任务：通过分类减量，加强监管，2016年吴中区减少产生建筑垃圾（装修垃圾）约30万吨，农贸市场有机垃圾约3万吨，园林绿化垃圾约1万吨，餐厨垃圾约3000吨。2016年生活垃圾量同比增长控制在10%以内，2017~2019年垃圾增长量逐年递减，至2020年吴中区日常生活垃圾人均增量同比控制在5%以内。由区市容市政局、住建局、市场监管局和相关镇（区、街道）负责实施。

【新能源汽车充电设施建设工程】 主要任务：在大力推进新能源汽车发展的同时，鼓励支持面向旅游景点、商业综合体、企业、机关、医院等区域推进各类充电设施建设运营，以新苏国际、万达广场、行政中心、商务中心为重点，计划建成各类充电设施10处。在省、市相关政策的基础上，制定区级政府支持政策。由区经信局、发改局、交通运输局和相关镇（区、街道）负责实施。

【重点学校新改扩建（续）】 主要任务：建成投用横泾中心小学及附属幼儿园，高新区幼教中心，木渎南行初中，教师进修学校培训楼；推进省外校师范教学楼，甪直甫里中学建设；启动开发区郜昂小学，度假区香山实验小学，吴中实验小学，胥口中学，木渎南行实验小学附属幼儿园，培东中学一期，木渎实验小学附属幼儿园，藏书实验小学幼儿园，车坊幼儿园，叶圣陶实验小学南校区，甪直实验小学，甪直澄湖幼儿园，陶浜幼儿园，江湾幼儿园，碧波小学南校区，城南中心幼儿园，尹东幼儿园，尹山湖小学及附属幼儿园，越溪第二小学及附属幼儿园等校园的新改扩建。由区教育局、国裕公司和相关镇（区、街道）负责实施。

【重点医疗卫生建设（续）】 主要任务：推进苏州中西医结合医院原病房楼改造以及苏大附二院吴中分院（长桥医院）、开发区预防保健所易地新建。由区卫计局、城投公司和相关镇（区、街道）负责实施。

【吴中区公共文化中心及博物馆建设工程（续）】 主要任务：在吴中区公共文化中心方面，建成区公共文化中心，包括文化馆、图书馆、档案馆、规划展示馆、会议中心、青少年活动中心等。在吴中区博物馆方面，建设集历史、艺术、民俗、休闲为一体，承载文化展示、文物研究、公共服务、社会教育、观光旅游等多种功能的吴中区博物馆，总建筑面积约1.88万平方米。由国裕公司、文体局、机关事务管理中心、档案局、住建局、吴中规划分局、团委、妇联、文联、高新区和城南街道负责实施。

【动物无害化处理中心建设工程】 主要任务：建成投用区动物无害化处理中心，实现病死畜禽的无害化处理。总投资2000万元，占地面积5亩，建筑面积

2280平方米，可实现年处理病死畜禽约800吨。由区农业局和农发公司负责实施。

【江苏省第九届园博会园博园建设（续）】 主要任务：围绕“2016年3月底全面完成建设并全园试运行、4月18日正式开幕”两个时间节点，加大力度抓好展园建设、会务筹备、宣传推广、后勤保障等各项工作，确保第九届省园博会顺利开幕并取得圆满成功，力争打造一届体现苏州特色、展现江苏水平的园林园艺盛会。由区园博局、园博公司、太旅集团和临湖镇负责实施。

【沿太湖重点乡镇农村生活污水治理全覆盖工程】 主要任务：2016年计划投资39206万元，实施240个沿太湖重点乡镇村庄农村生活污水治理。其中金庭镇88个村庄，投资22127万元；光福镇67个，投资9042万元；东山镇85个，投资8037万元。由区水利局、环保局、水务集团、金庭镇、光福镇和东山镇负责实施。

【保障房建设项目】 主要任务：完善多层次的住房保障体系，加快推进棚户区（危旧房）改造工程，完成新开工建设保障房（安置房）8300套，101.6万平方米；建成交付保障房（安置房）9563套，145.3万平方米。住房公积金新增缴存职工3万人（具体目标任务以苏州市下达任务为准）。由区住建局、公积金中心吴中管理部和相关镇（区、街道）负责实施。

【区级重点交通项目建设（续）】 主要任务：计划投资约20亿元，全面完成中环快速路吴中区段、东环快速路南延一期、南环快速路西延二期、金庭环岛公路、230省道胥口段、园博外围道路的园博大道和中心大道工程，完成度假区环太湖路、西山岛出入通道、陈华路、东太湖滨湖大道、木渎中山路等主体工程，继续推进东环快速路南延二期、吴中大道东段暨南湖路高架、西环快速路南延、230省道光福段、角直甫澄路等工程，启动清明山隧道、木东路木渎段提升改造等工程。由区交通运输局和相关镇（区、街道）负责实施。

【苏申内港线航道整治及环境整治工程】 主要任务：航道整治方面，苏申内港线计划投资1.5亿元，续建航道护岸、土方，开工建设车坊大桥、胜浦大桥。沿线环境整治方面，航道沿线角直、郭巷辖区内吴淞江沿河河道及沿岸纵深100米区域，通过开展沿岸环境综合整治实现沿岸江滩无违建、堤岸周边无垃圾、视野范围无乱象，打造吴淞江沿岸生态绿化景观带，实现沿线综合环境面貌显著提升。由区交通运输局、角直镇和郭巷街道负责实施。

【人民路南延综合整治工程】 主要任务：综合整治提升工程范围北起团结桥，南至苏州绕城高速公路、南湖路（苏州中环南段），全长约9.8公里，沿东吴路两侧相关用地块及主要道路交叉口纳入综合整治范围。整治内容包含十个方面：道路交通，市政管线，绿化景观及水域水岸，建筑界面，户外广告，照明系统，环境设施，标识系统，无障碍设施，地下空间。计划通过整治提升并彰显沿路的景观和文化资源，结合轨道交通建设、沿线地块的功能优化，强化东吴路的公共交通职能、公共服务职能和文化气息，提升沿线活力和环境品质。由开发区、高新区、住建局、吴中规划分局和相关镇（区、街道）负责实施。（顾佳炜）

政府法制建设

【依法行政】 出台《2016年苏州市吴中区依法行政工作要点》，强化依法行政目标责任。完善绩效管理依法履职考核细则，将科学民主决策、规范制度管理、行政行为监督和规范行政执法行为作为重要内容纳入全区绩效考核的范围，量化考核目标体系。组织编制《吴中区法治政府建设2016~2020年规划》，明确未来五年全区法治政府建设工作重点。开展《法治政府建设实施纲要（2015~2020年）》《不动产登记暂行条例》等4次政府常务会议学法活动。按照区政府工作部署，组织非人大任命领导干部《宪法》集体宣誓；对60名拟任命领导干部联合开展任前法律知识测试，进一步强化新任命领导干部法治意识。印发《2016年度吴中区政府重大行政决策事项目录》，确定农村宅基地建房政策调整指导意见、高层住宅二次供水设施改造工程及一批涉及重大民生的“十三五”规划，共8件年度政府重大行政决策事项纳入目录化管理，并对各地、各部门重大行政决策程序贯彻落实情况进行督查。全年共制定出台区政府规范性文件10件并及时向市政府和区人大常委会进行了报备，统一实施规范性文件有效期制度，规范政府制度建设。

【行政执法监督】 将各部门行政执法人员培训列入全区干部教育培训计划，结合全省行政执法证大换证工作，执法人员轮训有序开展。严格执法人员资格和证件管理，开展全区行政执法人员清理工作，对不符合条件的257名人员，清理出行政执法队伍。印发《关于加强行政执法诚信建设的指导意见》和《关于建立行政执法公开制度的工作意见》，进一步规范行政执法工作。开展行政执法案卷评查，对全区30家单位行政处罚和行政许可等执法案卷进行集中评查。召开全区说理式执法文书座谈会，进一步探索完善全程说理式执法。切实推进“两法衔接”工作，区环保、市场监管、人社、卫计等行政执法机关共移送涉嫌犯罪案件8件。配合做好全区部门责任清单、政府向社会转移职能事项目录、行政权力标准化等工作。完善木渎镇综合执法试点运行机制，启动开发区委托综合执法试点工作。

【行政复议和行政应诉】 2016年，区法制办新收行政复议案件32件，审查后受理25件，已审理终结23件（其中，维持7件，驳回6件，撤销2件，终止8件）。区政府行政应诉案件13件，收到并按时答复政府信息依申请公开36件。针对行政复议和行政应诉工作中出现的新情况、新问题，转发《省政府办公厅关于加强行政应诉工作的意见》，以行政复议和行政应诉工作为抓手，推进部门法治能力提升。组织有关部门和镇（街道）分管领导召开行政复议和行政应诉工作座谈会，邀请姑苏法院和吴中法院行政庭长通报案件情况，分析问题，开展行政应诉业务培训。（孙梓钧）

行政服务

【概况】 2016年，政务服务中心共受理各类审批服务事项348816件，办结347051件，办结率99.49%，日均受理1360件；周六对外受理审批服务事项3797件。现有30个部门149名工作人员进驻，进驻事项701项，其中许可事项225项，服务事项417项，给付、确认、奖励、其他权力事项59项。区阳光便民服务平台共受理群众诉求41958件，其中便民服务热线受理22822件、“寒山闻钟”论坛受理19136件，办结率达99.85%，满意率99.31%。

【创新服务方式】 创新推出营业执照邮政快递服务。5月初开始，办证申请人在提交材料通过审核后，以自愿原则选择“邮政代为领取并邮寄”服务，证照在规定时限内由邮政特快专递送达给申请人，今年共为8家申请人提供快递服务。全面推进“营改增”试点工作。针对筛选出的建筑业、房地产业、金融业、生活服务业四个行业5721家企业，优先换发“一照一码”营业执照，为试点企业赋全国社会统一信用代码。建立市场信息监管平台。构建包括法院、公安、环保等37家行政主管部门协同参与的170项审批事项动态监管信息的“市场监管机制”，实现37个审批部门证照信息共享，确保相关工作取得良好社会效果。引入机器人导服项目。经过前期与科沃斯机器人公司洽谈，10月份，政务服务管理办公室在服务大厅引入科沃斯机器人导服，为前往该层办事的服务对象提供楼层和办事窗口的指引及业务咨询等服务。深入开展"先照后证""一照一码"工作，使企业设立流程化繁为简，办结时间由原来的10个工作日压缩到5个工作日内，缩短服务对象的办证时间。截至2016年底，已经接件32846单，办结32846单。

【梳理区级行政审批事项】根据2015年的相关文件，对区级行政审批事项清单进行动态调整：取消水利和卫计各1项，新增农林2项、卫计1项。积极推进供给侧结构性改革，对涉及政务服务管理办公室的供给侧结构性改革通过降低成本工作目标、重点任务和政策举措进行分解和梳理。会同区编办、法制办及相关审批部门，继续加大对木渎镇的许可权限下放工作。

【优化项目审批流程】对现有工业项目供地审批流程进行梳理，与相关部门负责人共同探讨遇到的问题，使工业项目供地预审流程更加通畅，操作更为便捷。优化工业项目报建流程。梳理出现有涉及到供地工业项目的报建流程、中介第三方服务以及所需时间，并结合现有变化对流程做出调整。跟踪木渎"强镇扩权"运行情况。木渎镇各局、办承接涉及区教育局等14个部门的110项权限，为企业和老百姓带来了方便。

【拓展为民服务渠道】积极推进三级便民服务体系建设。政务服务管理办公室会同区民政局组织开展镇村二级便民服务专项督查，在实地调研的基础上召开全区便民服务体系建设推进会。指导、督促各地镇级便民中心的建设运行，进一步提升三级便民服务体系的功能和实效，扎实推进为民服务水平再上新台阶。定期举办网友点评会栏目。定期邀请部委办局及高新区、度假区、开发区、中心镇（街道）四大板块的分管领导与网友座谈，集中解决群众关心的重大问题，并由网友作现场点评，网友点评的好坏作为年底区作风效能考核依据。2016年已举办2期网民点评会，并把会议的全部内容同步在"寒山闻钟"论坛上展示，得到了网友的高度好评。开展送服务进社区活动。政务服务管理办公室联合团工委，分三次走进旺山社区、横泾街道尧南社区和木渎金运花园社区，为居民提供一些日常生活类服务项目。

（李　宏）

人事工作

【人才工作】修订出台《东吴企业高层次人才资助计划》《东吴高技能人才计划》《东吴柔性智力集聚计划》及《实施细则》，新增"柔性引才"政策和"东吴技能大师工作室"评选，明确三年内培育引进不少于360名企业高层次人才、18名高技能突出人才、180名高技能重点人才，建设18家东吴技能大师工作室。首批评选出263名东吴企业高层次人才、7名东吴高技能突出人才、42名东吴高技能重点人才和

2016年7月28日，吴中区召开第二期便民服务工作例会暨网友点评会

8家东吴技能大师工作室。成功举办国际精英周吴中创新创业合作洽谈会，吸引169名海内外精英参加活动；首次联合欧美同学会举办“百名博士吴中行”活动。开展吴中校园引才计划，全年共组织127家（次）单位赴25座城市45所国内高校开展招聘，为企业转型升级提供人才支撑；校园引智项目吸引来自清华、北大等5所名校19名研究生参与吴中集团、斯莱克精密等4家企业12项课题，对接数创新高。新增博士后工作站6家，博士后工作站总数达17家。成功举办第三届吴中技能状元大赛和第二届国际教育园——吴中区校企技能PK赛，进一步搭建技能人才的竞技舞台。开展2016吴中区校企合作系列活动，通过举办第三届校企合作洽谈会、技能人才创新创业专题研讨会等活动，进一步推动全区技能人才队伍建设。吴中高级技工学校联手南京理工大学，全面打造“技能+学历”教育模式，数控、会计、物流等7个专业开设技师/本科班、高级工/大专班，培养总人数1700余人。研发启用省级核雕题库，组织3期中高级核雕师鉴定，助推吴中区特色产业发展。积极为双高人才服务，组织各项人才项目申报，首次获评1家省级大师工作室，1位获评省政府特殊津贴，3家被评为市级大师工作室。赛腾精密电子股份有限公司的曾庆宗等10名外籍专家入选“海鸥计划”，入选人数创历年之最。40人获评姑苏高技能人才。评定初级以上职称1362人，中高级职称占比39%。通过职业技能鉴定5748人，中高级以上鉴定人数占比达81%，突破了历年初级鉴定主导的局面。

【公务员、事业单位管理】 规范有序实施公务员、事业单位工作人员招录招聘工作，招录公务员（含参公人员）84人，招聘事业单位工作人员874人。其中，组织机关事业单位集中招聘工作人员217人，指导教育系统招聘教师461名、卫生系统招聘医护人员196人。接收安置团以下军转干部34人，自主择业2人。完成2015年底赴南京高校事业单位招聘的36名紧缺专技人才的聘用工作。试点开展中层干部全程纪实工作，严格规范中层干部任用，新审批备案区级机关中层干部177名。全面推进事业单位工作人员岗位竞聘工作，指导全区事业单位600余个岗位进行竞岗。完善考核奖惩，开展公务员与事业单位年度考核。执行各项工资福利政策，共完成工资审批21652人次，审批退休296人。开发启用吴中区人事信息系统，实现人事管理信息化。（李真珍）

2016年10月20日，吴中区举办第二届“国际教育园—吴中区校企技能PK大赛”

信访工作

【概况】 2016年，共受理群众来信来访3467件次。其中：办理来信590件；来访543批2877人次，进京上访共34批37人次，赴省上访26批97人次，到市上访59批775人次，来区上访427批1968人次。办理省委书记、省长信箱事项75件，办理复查复核事项7件。受理、办理公众监督事项557件，已经办理549件，按时办结率98.5%。

2016年，深入开展社会矛盾纠纷排查，加快推进信访法治化进程，建立健全信访工作机制，及时就地化解群众合理合法诉求，维护全国“两会”、第九届江苏省园艺博览会、2016年“汤尤杯”羽毛球赛、G20杭州峰会、市区两级换届选举、十八届六中全会等重大活动期间和重点敏感时期的信访稳定，为全区经济社会发展营造和谐稳定的环境。其中在全国“两会”期间的信访稳定工作及在党的十八届六中全会期间信访稳定工作受到苏州市信访局表彰通报并发函区委、区政府。

【打造“法治信访”】 推进法定途径分类处理。依照“法定途径”界定标准，落实“属地管理、分级负责，谁主管、谁负责”的信访工作责任制原则，引导群众找准依据、找准渠道、找准方向反映问题，提高信访事项受理、办理效率。2016年对全区35家职能部门列出权力清单汇编成册，印制发放。使广大干部精准把握分类处理的工作要求，确保导入法定途径的信访投诉请求有人接、有人管、有人办。依法规范信访秩序。制定并印发《区行政中心周边及人民来访接待中心实施信访应急处置工作机制（试行）》。积极配合公安、检察、法院部门落实好《关于公安机关处置信访活动中违法犯罪行为适用法律的指导意见》《关于依法处理信访活动中违法犯罪行为的指导意见》（苏高法〔2015〕182号）等文件精神，依法处置信访活动中的违法犯罪行为。2016年，全区对1名非法信访老户实施行政拘留，对3名非法信访老户进行训诫，通过依法治访工作，有力震慑其他非法信访人员，树立法治在信访活动中的权威，维护信访秩序。

【推进“互联网+信访”】 信息化力度加大。积极推进“互联网+信访”，全面实行网上信访工作模式，进一步完善各级网上信访受理平台，确保信息系统全应用、基本业务全覆盖、信访信息全录入、业务流程全流转、数据分析全生成、办理评价全公开，全力打造网上信访主渠道。全面规范信访业务办理。进一步畅通信访渠道，实现“网、电、访、信”四位一体。同时，充分发挥“寒山闻钟”、政风行风热线等网络载体，开通《“吴中信访”政务头条号》栏目，巩固网上阵地，主动发声，树立网上舆论正确导向，用网络构筑民意表达新平台。加强“阳光信访”系统的深度运用。先后通过召开片会、专题培训、业务交流等方式，提高全区信访工作人员对“阳光信访”系统的实际运用能力和业务办理水平。深度优化“阳光信访”信息系统，重点在提高“四率”（录入率、及时受理率、按期办结率、群众满意率）上下功夫，将新增的来信、来访、网上信访事项全部录入系统，确保数据交换及时、顺畅、稳定，能够准确、客观反映全区群众信访活动和信访工作。

【做好重点时段稳控工作】 全国“两会”、十八届六中全会、杭州G20峰会前夕，区委、区政府及时召开全区信访形势研判分析会议，全面梳理分析全区信访形势和不稳定因素，区委专门提出“五个到位”工作要求，即思想认识到位，教育帮扶到位，化解稳控到位，依法处理到位，领导加强到位。园博会开幕前夕，区委、区政府召开园博会期间信访形势研判分析会，对有关工作进行部署，对信访重点事项逐一过堂，并提出“思想上要高度重视、目标上要清晰明确、行动上要具体落实、协同上要高效默契”四个方面的要求。区信访局围绕重点人员稳控、上访人员分流、集体访应对等关键环节，制定详细工作预案，成立专门工作小组。

【提高信访工作效能】 健全信访工作机制。持续开展矛盾纠纷排查，做到“纵向到底、横向到边”；坚持首访负责制，狠抓初信初访，努力做到“事事有回音，件件有着落”，避免“信转访、小事拖大、大事拖炸”现象发生；同时，依托阳光信访信息系统，做到来信来访应录尽录，要素齐全，通过把来访事项纳入系统，确保得到按程序规范处理并有据可查，防止信访事项“空转”或受理不及时、办理不到位。坚持程序优先，依法办理复查复核。依法逐级走访全面推开。印发《关于推行群众依法逐级走访权益保障卡的工作方案》（吴信组办〔2016〕2号），并集中组织业务培训。自6月起，在全区范围内积极推行并发放54张群众走访权益保障卡，引导群众依法逐级走访，做到“初次走访领卡、逐级走访凭卡、处理结果记卡、保障权益用卡”，规范群众来访事项受理办理工作，压实有权处理部门工作责任，推动及时就地解决信访问题，实现信访工作“四个更加”的良好态势，即群众依法逐级走访更加自觉，主体责任更加明确，办理过程更加规范，信访秩序更加有序。攻坚克难化解积案。区联席办先后组织4次全区范围的矛盾纠纷排查，坚持“滚动式”推进，围绕区委“减少存量、遏制增量、防止变量、提升质量”的价值导向，既重视信访突出问题，也重视信访积案。金庭东河社区征地信访问题，东山镇林源非法种植农作物赔偿问题，甪直镇甫里村渔民上岸问题，常嘉高速路面建设致澄北村房屋受损问题，郭巷街道首开常春藤小区反映房屋质量，噪音等问题得到基本化解。成功化解木渎陈美英、甪直顾林妹、临湖徐卫彪等3名信访积案，成功办结省交办吴中区的5件重复进京访事项。（谢建峰）

外事和侨务

【概况】 2016年，利用外事侨务资源，提升外事侨务服务水平，服务全区整体发展，完成各项外事侨务工作，获得区委、区政府和上级外事侨务部门的充分肯定，2016年获“江苏省侨务工作示范单位”“2016年度苏州市侨务信息宣传工作先进单位”称号。

【服务经济社会发展】 服务企业引进外籍人才。进一步做好“一站式”服务窗口、网上服务平台、“代传递”服务等服务工作。2016年共为159家企业签发外国人来华邀请确认函192人次。助推企业实施“走出去”战略。主动向企业推介APEC商务卡，服务企业“引进来”的同时，鼓励企业“走出去”。2016年总计取25批48人次，超额完成市外办《2016年苏州市地方外事工作评估指标》中APEC商务卡增量的有关要求。帮助企业解决合理诉求。日本驻上海领事馆就旭化成（苏州）复合塑料有限公司异味事件寻求帮助，外侨办及时组织应对，帮助企业解决难题。

【精耕友城建设与交流】 不断加强友城交往。邀请友城代表团前来观展第九届江苏省园艺博览会。区长唐晓东分别接见德国友城里萨市市长马可·穆勒、韩国大邱广域市东区区长姜大植率队的代表团。澳大利亚旺加拉塔市政府代表团一行到访吴中，副区长周晓敏会见代表团成员，并高度评价双方在教育方面开展的交流。持续开展青少年互访。美国南湖市卡罗尔学区代表团，美国波特兰市浩津中学代表团，韩国大邱广域市东区栗园中学，栗琴小学师生代表团分别与吴中区学校开展交流访问。着力拓展友好交流。4月，新西兰圣母玛丽亚学校代表团访问吴中区甪直甫里中学，双方举行签约仪式，结为友好学校。10月，吴中评弹团首次赴美演出，吴侬软语惊艳洛杉矶。

【规范因公出国（境）管理】 从严把好因公出国（境）初审关。严格按照上级批复的因公出国（境）2016年度吴中区各项出访计划及相关规定要求，为区委、区政府把好因公出国（境）初审关。2016年累计办理因公出国（境）团组31批91人次，其中自组团14批71人次，市组团11批11人次，上组团6批9人次。强化安全教育和问效督查工作。强化团组派出单位的责任，做好制止公款出国（境）旅游的第一守门人。加强因公出国（境）的监督和检查，及时

2016年9月20日，副区长周晓敏会见澳大利亚旺加拉塔市政府代表团一行

催收证照及信息反馈表，严控超时绕道行为发生。多举措提升因公出国（境）团组服务质量。制定团组申办事项表，附申办流程及各类样表，发放至办理员手中。不断提升因公出国（境）团组服务质量，为重点团组做好保障工作，开辟绿色通道，提高办结效率。

【推进社区侨务工作】 实施“侨爱工程”。在春节、中秋等传统节日前夕，开展系列走访慰问活动。5月，举办2016年“关爱老归侨”活动，组织市、区150余名归侨侨眷参观江苏省第九届园艺博览会。主动对接招才引智。参加2016年苏州国际精英创业周吴中创新创业合作洽谈会。对接江岩博士带领的日本关西旅日学者考察团，参观考察吴中高新技术产业开发区及所属的南师大科技园。持续扩大品牌效应。注重社区侨务品牌建设，东山镇获评“江苏省社区侨务工作示范单位”。木渎镇“侨之家”迁址至灵岩山风景区，成为全市首家具有独立办公、活动场所的“侨之家”。6月，木渎镇成立吴中区首家镇级留学生家长联谊会，为吴中区引智引才、服务新侨培养后续力量。

【加强涉外管理工作】 不断完善区级外事工作机制。在全区范围内建立外事工作联络员机制，覆盖区级机关有关部门，各镇、区、街道等36家单位，明确工作职责，加强区委、区政府外事工作领导小组对全区外事工作的归口管理。及时处理重大涉外事（案）件。6月，接市外办转发市委书记周乃翔和副市长俞杏楠在《关于我市市民周毓芬和徐文跃在美遭受车祸的情况汇报》上的批示，根据区委、区政府主要领导的指示及时和当事人退休前工作所在单位和户籍所在地政府取得联系，协助各方妥善做好安抚善后工作。主动开展对外文明交往宣传。6月，结合“党员服务进社区”活动，组织志愿者进社区开展市民对外文明交往宣传活动，指导群众在海外文明社交，普及文明礼仪，优化文明环境。

【做好礼宾接待工作】 2016年，共完成各类接待任务16批262人次，进一步促进与外国友人及港澳同胞交流合作。推动经济发展。新加坡国际企业发展局中国司华东区主任吕尚原带领新加坡胜科工业（中国）投资有限公司高层人员两次赴吴中区参观考察。9月，美国硅谷代表团访问苏州吴中太湖新城并进行座谈，双方均表达进一步建立合作关系的意愿。促进对外交流。波兰驻沪总领事馆总领事、泰国工业部工业经济办事处、纳米比亚国民议会议长先后到访吴中，探索双方开展合作的可能性。维系港胞乡情。3月，香港著名慈善家朱恩馀先生及亲属来吴中区东山镇华侨公墓祭祖。结合园博会，做好香港苏州吴县同乡会一行、丹麦上海总会会长朱利华先生一行等重点人士接待工作并向其展示具有吴中特色的产业、文化和生态环境。（李　思）

民族宗教事务

【概况】 截至2016年末，吴中区共有48个少数民族，总人口19000余人。其中，常住（户籍）少数民族人口3705人，族别数34个；经商务工流动少数民族人口15000余人，族别数48个。现有清真拉面店150家，拉面店从业人员近500人。2008年成立吴中区少数民族联谊会，2010年、2011年分别成立木渎和龙西两个少数民族联谊会分会。2015年区少数民族联谊会完成换届。

吴中区有经民政部门批准的宗教团体4个，即佛教协会、道教协会、基督教三自爱国运动委员会、天主教爱国会（区天主教爱国会现托管于苏州市天主教爱国会）。经批准对外开放的宗教场所61处，其中佛教场所45处，道教场所9处，基督教堂5处，天主教堂2处。全区现有宗教教职人员215人，职工75人。

【民族团结宣传教育】 2016年是“七五”普法规划的开局之年，以此为契机，开展了形式多样的宣传教育活动。指导各镇（区、街道），相关部门和单位，充分利用各类宣传栏、露天电子显示屏、展板、黑板报、网络和手机媒体广泛宣传党的民族政策、法律法规以及民族团结知识，营造民族团结的浓厚氛围。开展“民族团结进步宣传月”活动。9月，在全区组织开展“民族团结进步宣传月”活动，面向全社会广泛宣传党和国家的民族政策、法律法规以及民族方面的相关知识，营造民族团结进步的浓厚氛围，增进“五个认同”，共悬挂宣传横幅100余条，张贴配套规章50余份、标语80多条，创办宣传专栏50余期，发放宣传材料8000余份、相关法规书籍400余本。充分发挥少数民族联谊会及其分会的宣传平台作用，鼓励和发动全体会员深入到基层群众中广泛宣传党和国家的民族政策及法律法规。充分利用召开各类会议时机，向与会人员发放学习宣传资料，组织与会人员学习民族政策法规及上级关于加强民族工作的相关文件精神。

【少数民族服务管理工作】 积极做好少数民族扶贫帮困工作。春节期间，走访慰问了全区70户少数民族贫困户，给他们送上合计价值7万余元的慰问金和粮、油等慰问品。同时，继续在全区宗教界组织开展结对帮扶百家少数民族贫困户活动，全区各宗教活动场所继续与100多户贫困家庭结成帮扶对子，全年累计向结对贫困户提供帮扶款物10万余元。做好民族成分变更审核工作。始终坚持快速确认、高效办理、温馨提示、便民惠民的原则，2016年共为4名少数民族子女办理民族成分变更手续。积极协调解决外来少数民族子女入学问题。针对外来少数民族子女就学难题，一方面加强与教育主管部门沟通协调，反映外来少数民族群众的困难诉求，尽力帮助外来少数民族子女顺利就学；另一方面，切实加强教育引导，鼓励帮助外来少数民族子女尽快融入当地，适应新的学习生活。2016年已协调帮助5名外来少数民族子女解决就学问题。做好回族等10个少数民族居民清真饮食补贴发放工作。按照省、市民族部门的统一部署和要求，组织力量对全区符合清真饮食补贴发放条件的少数民族居民进行调查摸底，会同区财政局、人社局、商务局联合制定《关于对回族等10个少数民族居民发放清真饮食补贴的实施意见》，指导各镇（区、街道）、各有关单位做好宣传、登记和发放工作。2016年6月，20余万元清真补贴全部发放到位，惠及全区符合条件的居民400多名。配合做好涉及少数民族人员矛盾纠纷调处工作。坚持以维护民族团结、社会稳定为主线，建立健全矛盾纠纷协调处置工作网络和上下信息互通机制，积极参与，及时介入，主动配合地方政府及相关部门协调处置涉及少数民族人员的各类矛盾纠纷事件。2016年，妥善处理3起涉及少数民族人员的矛盾纠纷。

【宗教人才队伍建设】 加强爱国宗教团体建设，指导督促宗教团体建立健全规章制度，推动宗教团体工作规范化、制度化。帮助支持宗教团体做好教职人才的培养、引进、使用工作，确保宗教事业后继有人。指导区基督教三自爱国会做好人才培养和引进工作，积极协助区基督教三自爱国会前往南京金陵神学院进行校园招聘，2016年上半年成功招录1名神学毕业生，进一步充实区基督教的教牧力量；指导帮助区道教协会继续办好青年道教徒培训班，加强道教人才培养；指导区佛教协会组织开展“道风建设年”活动，督促区佛协及所属场所切实加强道风建设，抓好教职人员队伍的教育和管理，佛教教职人员队伍整体形象素质提升。抓好宗教教职人员全年56个学时学习教育培训制度的落实。2016年，已组织举办时事政策、宗教法规、安全知识3个专题8个学时的学习讲座，参加学习培训的宗教教职人员达600余人次。

【宗教场所安全工作】 以保障重点宗教场所、文保单位、重大节日、重大活动以及基建工程安全为重点，严格落实《江苏省宗教活动场所消防安全管理规定》《江苏省宗教活动场所文物安全管理规定》及食品安全、卫生防疫、建设施工安全相关规定，建立健全安全隐患排查整治工作机制，加强日常管理和监督，定期开展宗教场所自查和相关职能部门联合督查。完成春节“烧头香”安保工作，节日期间宗教场所安全稳定；宗教场所传统节日，如圣恩寺、宝寿寺、湖嘉寺、东岳庙一年一度的传统庙会活动成功举办，基督教各场所成功举办复活节、圣诞节活动，做到保障措施有力，责任落实到位，活动安全有序；针对夏季高温、雷雨大风天气多，容易引发安全事故的背景，及早部署、层层推进，做好宗教活动场所防汛、防台、防雷、防火、防食物中毒等安全防范工作，保障宗教活动场所和信众的生命及财产安全。

【宗教场所财务监管】 为确保《宗教活动场所财务监督管理办法（试行）》（国宗局7号令）落实到位，定期组织开展专项财务检查。2016年初，组织机关财务人员及相关科室负责人，并邀请地方财会专业人士参与，对全区宗教场所2015年度财务管理情况进行全面检查；下半年，各宗教场所认真梳理本场所财务管理现状，对照“十有”“五有”标准查缺、查漏、查不足，场所自查后吴中区民宗局组织专项财务检查，对检查中发现的问题进行汇总梳理，提出整改完善措施及完成时限，要求各宗教场所限期整改到位。

【宗教活动场所规范化建设】 以开展“和谐寺观教堂”创建活动为契机，针对全区宗教场所规范化建设和管理的实际状况，结合各宗教的特点，推进宗教场所星级档案规范创建和“星级宗教活动场所”创建工作。按照星级档案规范和“星级宗教活动场

2016年12月18日，甪直镇碛砂延圣寺举行重建奠基暨《碛砂大藏经》始刊800周年纪念庆典

所”创建的标准，结合宗教场所自身实际，在会同各宗教团体广泛走访调研的基础上，确定年度创建的任务和目标，科学制订创建工作计划，做好相关协调推进工作。2016年，铜观音寺、宝华寺、城隍山道院被评定为四星级场所。

【宗教文化资源开发】 宗教文化为旅游提供深厚的人文内涵。2016年，挖掘宗教文化资源，设立胥口还带禅寺“裴度纪念馆”创新项目，打造宗教特色文化旅游资源。（张芸瑞）

机关事务管理

【概况】 以《机关事务管理条例》为依据，以“两学一做”学习教育为抓手，完善集中、统一管理体制，夯实党建基础，转变工作作风，进一步提升后勤服务水平，先后获得“苏州市‘十二五’节能工作先进集体”“苏州市吴中区工会工作优胜单位”以及“吴中区生活垃圾分类处置工作先进集体”等荣誉称号。

【后勤保障】 2016年，共承担全区各级各类会议657场，接待3.7万人次；就餐人数达39.7万人次，其中早餐10.5万人次，中餐25.95万人次，就餐单0.51万人次，用餐质量反响良好；配合相关部门妥善处理5人以下上访119批次共292人次，5人以上上访50批次共889人次；完成各项设施设备维修9531次，维修内容涉及消防、监控、空调、照明系统、电梯、停车系统、智能化系统等多个方面。

【财务管理】 全年，配合区政府和财政部门做好人大、政协会议、2016年金秋经贸洽谈会、“16+1”会务保障经费等大型会议的财务管理工作；提供文体局2014、2015国际环太湖行走多日赛及信访局经费帐的审计数据；做好43个行政事业单位、13个社会团组织以及党费户、团费户等其他8个帐户，共64套帐的记帐工作及42套决算的汇编工作，并配合27个一级单位完成2014年决算整改的一系列工作。

【公车管理】 根据省、市公务用车制度改革领导小组相关文件、通知要求，完成吴中区公务用车制度改革方案的制定、报审工作。根据吴中区车改方案的要求，完成235辆保留用车的编制分配、车辆调拨，公务交通补贴标准的审核、发放，各类司勤人员的安置，各类相关配套文件的起草、下发，配合财政局完成84辆取消车辆处置的评估及拍卖工作。

【离退休人员管理】 组织离退休老干部赴昆山千灯古镇参观学习，按标准提高落实离休干部政治生活和医疗待遇，为3名离休干部提高离休费标准，为4名退休过世人员家属办理好抚恤金、丧葬费的申领发放，组织安排300多名退休老同志进行健康体检。

【老新村物业管理】 后勤综合服务中心进一步加强东吴新村、吴县新村两个小区的长效管理，做到小区绿化常维护、道路常畅通、楼道整洁无淤积、无重大安全责任事故发生。全年维修、筑漏、疏通下水道260余次，更换、增加部分监控探头，减少重大偷盗事件的发生次数。

【公共机构节能】 制定下发《关于印发〈吴中区2016年公共机构节约能源资源工作要点〉的通知》和《关于印发〈2016年度区公共机构节能考核内容和办法〉的通知》，进一步明确2016年公共机构节能工作的基本目标、主要任务、工作重点和保障措施。围绕“节能领跑，绿色发展”主题制作PPT宣传片，在区行政中心、商务中心利用电子屏幕滚动播放。6月14日“低碳日”当天，节能办在商务中心摆摊设点，发放节能宣传鼠标垫500只、节能宣传资料300份。贯彻落实《公共机构能源资源计量器具配备和管理要求》，以能源资源检查管理平台为依托，挑选度假区、地税局、市监局等

10家单位作为“十三五”能源计量检查目标单位，深入推进能源资源计量检查工作。大力推进吴中地税局申报省级节能示范单位创建工作及横泾街道和吴中国土分局省级节水型机关创建工作。吴中地税局已完成初步申请上报及能源审计工作，着手开展能耗改造工作；横泾街道及吴中国土分局正在进行水平衡测试的相关工作。

【办公用房清理工作】 根据苏办发〔2013〕22号文件、吴委办〔2016〕21号、吴纪发〔2016〕23号文件、苏吴清房办〔2016〕1号文件的要求，在全区开展整改落实“回头看”自查自纠工作，对行政中心22家单位、商务中心22家单位、30家驻外单位进行地毯式的检查，严格执行办公用房政策标准，明确整改要求，强化督促检查，并对87家单位上报的电子表格及纸质表格进行整理、归档，确保办公用房各项要求落到实处。

（俞英杰）

编辑：洪　蕾

政协吴中区委员会

综　述

2016年底，政协第三届苏州市吴中区委员会有政协委员310名，常务委员50名，主席、副主席、秘书长共有5名。下设办公室和提案委员会，社会事业委员会，城乡建设委员会，经济科技委员会，港澳台侨，民族宗教委员会，文史委员会6个专门工作委员会。

2016年，区政协常委会依靠和团结带领全体政协委员，全面贯彻中共十八大和十八届三中、四中、五中、六中全会精神，深入贯彻习总书记系列讲话，特别是视察江苏重要讲话精神，认真履行政治协商、民主监督、参政议政职能。

开展协商议政活动。充分发挥各专委会和各界别组的作用，围绕全区经济社会发展的重点、难点、热点问题，深入调查研究，并形成建议案，提交区委、区政府。通过提案办理、反映社情民意、专题视察等多种形式协助区委、区政府做好保障和改善民生的各项工作，增进民生福祉，促进民生改善。2016年，常委会向区委、区政府提交《关于提升用地质效、拓展发展空间、推进工业强区的建议案》和《加快吴中高新区科技产业培育与发展的建议案》2份建议案。

履行民主监督职能。2016年，区政协加大民主监督力度，跟踪督查美丽镇村建设，连续第三年开展主席会议专题视察美丽乡村建设情况。在区委、区政府的领导下，在区政协的关注助推下，积极建言美丽镇村建设，为美丽吴中出实招、谋良策。

发扬团结民主精神。切实加强与各民主党派、工商联和无党派人士的联系，认真贯彻民主协商、平等议事、求同存异、体谅包容的原则。注重与海外人士、港澳台侨、民族宗教界人士的联系，积极宣传国家的大政方针，邀请他们在政协重要协商会议上知情明政、发表意见。加强与香港吴县同乡会及在港委员的联络，反映他们的心声，为他们投资吴中、建设家乡牵线搭桥。主动关心全区台资企业发展，帮助台胞侨眷解决实际问题，维护他们的合法权益。认真开展对宗教事业发展的专题视察并提出意见建议，发挥宗教界人士和信教群众在促进吴中经济社会发展中的积极作用。积极参加省、市政协工作交流会议，配合做好省、市政协和兄弟县（区）政协来吴中区考察和调研工作，全年接待、接访超过30次。

加强政协自身建设。进一步加强常委会建设，贯彻落实《区政协常委会工作要点》。进一步发挥委员主体作用，组织多层面、多形式的学习活动，学习党的十八大及十八届三中、四中、五中、六中全会精神，学习《中共中央关于加强人民政协工作的意见》《关于加强人民政协协商民主建设的实施意见》，学习习近平总书记在人民政协成立65周年庆祝大会上的讲话和全省、全市政协工作会议精神。进一步增强专委会基础作用，不断探索界别协商新形式，组织委员深入开展视察调研、对口协商、界别协商等活动。进一步发挥基层政协工委作用，摸索科学有效的方法并上升为制度，不断推进各镇、街道政协工作的制度化、规范化、程序化建设。进一步强化政协的机关建设，围绕把政协机关建成“委员之家”的目标，提高政务性服务水平和统筹协调能力。

重要会议

【政协三届五次会议】 2016年1月4~6日，中国人民政治协商会议第三届苏州市吴中区委员会第五次会议在太湖国际会议中心举行。金洁、唐晓东、周云祥、孙卓等区委、区人大、区政府全体领导及原四套班子老领导到会祝贺，区直机关各部门主要负责人列席会议。会议听取和讨论区委书记金洁在开幕会上所作的讲话；听取和审议主席薛明仁代表区政协三届常委会所作的《政协第三届苏州市吴中区委员会常务委员会工作报告》和副主席刘克平所作的《政协第三届苏州市吴中区委员会常务委员会提案工作情况报告》；与会委员列席区三届人大五次会议，听取和讨论代区长唐晓东所作的《政府工作报告》及其他报告；会议补选张建祥同志为政协苏州市吴中区委员会副主席。会议期间，委员共提交提案175件，经审查立案156件。会议通过区政协三届五次会议《决议》，审议通过区政协三届五次会议提案审查情况的报告，表彰2015年度吴中区政协优秀提案。

【常委会议】 2016年，共召开常委会议四次。

三届十七次　1月6日召开。会议审议并通过《区政协常委会2016年工作要点（讨论稿）》。

三届十八次　5月26日召开。会议听取区政协文史委主任曹富、城乡委主任吴仁林分别就政协2016年两个建议案所作的情况说明，听取区政协副主席戈福林就区三届政协委员调整有关情况所作的说明，协商讨论并通过《关于提升用地质效、拓展发展空间、推进工业强区的建议案》《加快吴中高新区科技产业培育与发展的建议案》和区政协委员、办公室及专委会组成人员的调整事项。

三届十九次　8月25日召开。区政协常委一行在实地察看区公共文化中心、苏州北美国际高级中学、石湖景苑一期项目等民生实事工程后，召开区政协三届十九次常委会议。会上，常委们听取区长唐晓东通报的2016年上半年全区经济社会发展情况。

三届二十次　12月20日召开。会议听取区委常委、常务副区长荣德明作的《关于区政协三届五次会议委员提案、常委会建议案办理情况的通报》，协商讨论《政府工作报告（征求意见稿）》，审议通过《区三届政协常委会工作报告（讨论稿）》

2016年1月4~6日，中国人民政治协商会议第三届苏州市吴中区委员会第五次会议在太湖国际会议中心举行

《区三届政协提案工作情况报告（讨论稿）》和区政协四届一次会议其他有关事项。

【主席会议】 2016年，共召开主席会议14次。

三届五十次 1月8日召开。会议通报区委书记金洁召集召开四套班子主要领导会议有关情况，研究讨论区政协1月份工作安排、全年工作计划、工作要点等事宜，讨论春节走访挂钩薄弱村、慰问困难群众、公务用车等工作。

三届五十一次 1月25日召开。会议研究讨论2016年区政协工作计划、常委会调研课题，通报区委常委会有关会议精神，秘书长史拥军专门对2016年工作计划作了说明，会议还讨论其他工作。

三届五十二次 2月17日召开。会议研究讨论区政协领导班子分工、常委会专题调研安排、2016年工作安排等工作情况。

三届五十三次 4月5日召开。会议研究讨论常委会重点课题调研组赴外学习考察方案，园博园相关接待工作，各镇、街道政协工委和专委会人员调整情况。

三届五十四次 5月3日召开。会议传达区委常委会议精神，研究讨论政协常委会两个建议案、办公用房、公务用车等有关工作。

三届五十五次 5月17日召开。会议审议《关于提升用地质效、拓展发展空间、推进工业强区的建议案（讨论稿）》和《关于加快吴中高新区科技产业培育的建议案（讨论稿）》，通报区委组织部《关于三届五次会议以来区政协委员拟调整方案》，讨论关于召开区政协三届十八次常委会的初步安排。

三届五十六次 6月2日召开。会议要求在政协三届十八次常委会上通过的两个建议案及时报送区委、区政府审议，研究讨论视察美丽乡村建设、体育健身工作。

三届五十七次 7月4日召开。会议传达区委常委会议精神，研究部署7月份开展主席会议专题视察吴中区教育工作情况。

三届五十八次 8月1日召开。会议通报区委常委分工情况，传达区委书记金洁在区委常委会上的讲话精神，研究部署8月份政协工作安排。会议强调要严格执行中央八项规定，严格规范公务接待。

三届五十九次 9月5日召开。会议主要传达区委常委会议精神。

三届六十次 10月9日召开。会议研究讨论区政协10月份工作安排：开展全区公共法律服务体系建设、举办提案工作培训班、走访领办挂钩重点项目、赴相城区考察学习、金秋洽谈会等相关事宜。会议还讨论做好今年考核工作，配合区委组织部、统战部做好委员换届准备工作等其他事宜。

三届六十一次 10月27日召开。会议听取区委统战部常务副部长吴金凤作的政协换届工作汇报，研究讨论区政协委员换届改选情况。会议还讨论了《关于加强政党协商的实施办法（征求意见稿）》、11月份政协主要工作安排等相关事宜。

三届六十二次 12月12日召开。会议研究讨论区政协三届二十次常委会会议议程、四届一次全会会议议程。

三届六十三次 12月26日召开。会议研究讨论《三届政协常委会工作报告（讨论稿）》《提案工作报告（讨论稿）》，通过四届一次全会主席团和秘书长建议名单，主席团常务主席建议名单，四届一次会议主持人，召集人分工表，大组讨论分组安排，四届一次会议决议，2017年工作要点和各专委会成员调整名单。

协商议政

【开展专题调研】 2016年，常委会向区委、区政府提交《关于提升用地质效、拓展发展空间、推进工业强区的建议案》和《加快吴中高新区科技产业培育与发展的建议案》2份建议案，受到区委、区政府主要领导的重视。区政府专门对《关于提升用地质效、拓展发展空间、推进工业强区的建议案》作出答复，并出台《吴中区关于进一步推进土地节约集约利用的若干意见（试行）》，实施“百矿整治”“千企升级”“万亩集聚”的“百千万”

工程，成功创建全国国土资源节约集约模范区。

【组织多形式协商活动】 围绕大政方针广泛协商，在区三届政协五次全会上，组织引导政协委员围绕区委、区政府的中心工作，建言"十三五"规划编制，谋划吴中区长远发展，并就工业、城建、环保、旅游、"三农"、交通、教育、文化、卫生和社会保障等专题进行广泛协商。紧扣重大课题集中协商，根据区委要求，结合吴中实际，选择两个重点课题作为常委会专题调研内容，并形成建议案。抓住重点问题专题协商。主席会议坚持选择全区重点工作进行协商议政：第61次主席会议重点协商政协换届工作问题，就如何选好政协委员，合理设置界别以及统筹协调各板块、界别、党派、男女比例等问题提出意见和建议。

【关注社会民生】 深入贯彻群众路线，协助区委、区政府做好保障和改善民生的各项工作，增进民生福祉，促进社会和谐稳定。2016年，常委会通过提案办理、反映社情民意、专题视察等方式促进民生改善。区政协领导班子成员走访香山街道等5个镇、街道，开展形式多样的下基层活动，走访联系郁舍村等5个挂钩薄弱村（社区），走访慰问20多户困难群众，帮助解决生产生活中的实际困难。

民主监督

【开展专题视察】 2016年，区政协先后围绕体育健身、美丽乡村建设、生活垃圾分类处理、食品安全、政府实事工程等课题，开展10多次具有知情、督查、推进和评价性质的主席会议专题视察活动，参加委员300多人次。视察活动提出的建议和意见，得到区政府及相关部门的高度重视和积极采纳。

【提高提案办理实效】 2016年，广大政协委员和区政协各参加单位积极围绕全区经济社会发展的重大问题和人民群众普遍关心的热点问题提交提案176件（含平时提案1件），立案提案157件（含平时提案1件），内容涉及农业、三产、公交、科教、文卫、城管、民政、环保、社保、经济、文化、社会各方面。所提出的提案都在规定时间内全部办理完毕，其中满意154件，基本满意3件。在提案办理过程中，区三届政协不断创新工作举措，做到主席会议、常委会议定期研究提案工作，主席分工督办重点提案，难点问题协同政府领导现场会办，提高提案的办结率。

【推进民主评议】 2016年，有70多位政协委员被区有关部门和镇（区）、街道聘为特约监督员、特约检查员、行风评议员、党风联络员。按照"把话语权交给委员，把评判权交给群众"的要求，广大政协委员，深入乡镇、街道、企业及服务对象，听取基层群众的意见建议，原汁原味地向被评部门反馈。评议工作坚持科学严谨、操作规范、客观务实，做到总结成绩实事求是，指出不足恰如其分，分析原因深刻到位，提出建议切实可行，取得了较为理想的预期效果。 （杨　磊）

2016年11月9日，区政协视察食品安全工作

编辑：洪　蕾

民进吴中区委员会

【概况】 2016年，民进吴中区委新增会员8人，年末共有会员165人。会员中有省人大代表1名、市人大代表1名、市政协委员3名、区人大代表5名（含常委1名）、区政协委员40名（含常委9名）；多名会员被聘为市、区特约检察员、党风廉政建设监督员、人民陪审员。民进吴中区委获“民进全省参政议政先进集体”“全省组织建设达标单位”称号；综合二支部获“民进全省参政议政先进（基层）集体”称号；钱鹤平获“民进全国参政议政工作先进个人”称号；钱家荣、庄梅获“民进全省参政议政工作先进个人”称号。

【民进吴中区委第四次会员大会】 2016年9月25日，民进吴中区委召开第四次会员大会，选举产生新一届委员会。民进江苏省委副主委、苏州市政协副主席、民进苏州市委主委张昕，民进江苏省委秘书长王鲁彬，苏州市委统战部副部长钱培华，吴中区委常委、组织部长、统战部长潘国强，区委常委、常务副区长荣德明，区人大常委会副主任陆增林，区政协副主席、民盟吴中区基层委员会主委赵建明等领导应邀出席会议。大会听取、审议、通过钱鹤平所作的《民进吴中区第三届委员会工作报告》，选举产生民进吴中区第四届委员会委员和出席民进苏州市第十一次代表大会的代表。在民进吴中区第四届委员会第一次全体会议上，经选举，周黎敏当选为民进吴中区委主任委员，李卫、金玉明、陆彩霞、苏伟当选为副主任委员。

【参政议政】 2016年1月，区人大三届五次会议、区政协三届五次会议期间，民进吴中区委和民进会员共提交提案23件，议案和建议2件。其中，民进吴中区委向政协提交《关于苏苑高级中学扩建、改造刻不容缓、时不我待的建议》《关于挖掘社会力量办学，发挥社会组织作用，创新社会治理的建议》《关于为吴中区工业用地划定一条红线底线的建议》等集体提案；各支部分别递交《关于开通木渎、越溪两镇间直达公交的建议》《关于加大对我区新生代农民子女教育成长关爱力度的建议》《关于加强我区校园科普建设，着力提升教育品牌的建议》《关于推进我区家政服务业发展的建议》《关于在吴中区各社区卫生服务中心设立母婴哺乳室的建议》等集体提案。民进吴中区委及各支部撰写的《关于城区新集体经济富民强区的调研及建议》《关于古村落保护》等调研报告，递交给相关部门。6月26日，在徐州召开的民进全省参政议政工作会议上，民进吴中区委副主委金玉明作为先进集体代表作题为《创新机制育人才，议政论坛展风采》主题交流发言。10月31日，在吴中区委统战部组织召开的“吴中区党外人士参政议政调研成果交流会”上，民进吴中区委作《关于吴中高新区集体经济富民强区再上层楼的调研与建议》交流发言。

【议政论坛】 12月27日，民进吴中区委举办第十届“我看吴中”议政论坛，主题是“我看吴中强富美高新实践”，由副主委苏伟主持论坛活动，各支部共递交调研报告9篇。论坛上，王伟忠等6位民进会员聚焦吴中强富美高新实践，提出许多有针对性的建议。民进苏州市委主委钱振明、民进吴中区委副主委陆彩霞分别在议政论坛上作了点评。议政论坛为全体会员“根植吴文化、建设新吴中”参政议政、建言献策提供舞台。民进吴中区委举办议政论坛的成功经验，受到民进中央的关注和评价，多次在上级民进组织的相关会议或活动中进行经验交流。

【社会服务】 2016年，民进吴中区委开展一系列社会服务特色活动。1月21日，民进吴中区委开展“送春联进社区”活动，组织多名民进艺术界会员，在苏州太湖国家旅游度假区香山街道墅里社区，为群众现场书写春联700多幅。3月8日“三八国际妇女节”下午，开展“送温暖进福利院”活动，组织女会员十多人，赴吴中区儿童福利院进行送温暖活动。4月12日下午，开展“送健康进社区”活动，民进医卫支部组织医卫界会员，到吴中区癌症康复协会，举行健康知识讲座和义诊咨询活动。7月14日，民进木渎支部与医卫支部联合组织医生会员，赴苏州太湖国家旅游度假区，开展为社区居民义诊活动。7月，民进会员、中医主任医师叶斌荣到红庄社区，给参加夏令营活动的二十多位小朋友传授中医学基础知识。12月，木渎支部的会员医师陈福元，到藏书天池山村作“常见消化病的防治”科普讲座；民进会员医师张颖，连续3次到木渎敬老院义诊。年内，民进吴中区委相继举办“送科技进校园”“送爱心进社区”活动，民进会员、苏州银禧科技副总经理龚建峰，代表企业向区教育局所属10所学校赠送3D打印机22台；民进“开明青年志愿者”组织，委派会员对吴中区所有中小学的科技教师进行“3D打印机操作培训”，推进“科技教育进学校”工作。民进吴中区委每月组织志愿者会员到城南街道红庄社区，开展志愿者服务活动，辅导孩子学习，教孩子唱歌、跳舞，给孩子讲故事，普及科学知识。在“垃圾分类巩固”活动中，民进“开明青年志愿者”会员宣传、实践做好垃圾分类和社会服务活动。

【岗位业绩】 2016年，会员姚建萍当选中国第十届全国文联委员、中国文联文艺工作者职业道德建设委员会委员，被评为江苏省劳动模范，受聘为南京大学兼职教授；会员蔡云娣的作品《人生三忆》获苏州市第十届精神文明建设“五个一工程”入选作品奖，《贵州风情摆件》获第九届中国（苏州）“子冈杯”铜奖以及中国玉石雕艺术大师、砖雕大国工匠、中国非遗传承杰出贡献奖，被吴中区总工会评为“吴中工匠”；会员钱家荣被评为苏州市教育领军人才；会员王芳被评为苏州市师德标兵；会员赵旻夷被评为苏州市招生考试先进个人；会员屈永升获南京名贵钟山杯国际武术邀请赛和香港国际武术节武术赛第一名；会员钱国华被评为2015~2016年度东吴文化艺术名家；会员张美根的作品入选全国中国画展、吴门画派进新加坡展；会员江全官的作品入选第13届上海国际摄影艺术展、第16届中国国际摄影艺术展，获摄影艺术最高成就奖“金镜头奖”，并在尹山湖美术馆举办“乡情悠悠”个人摄影作品展；会员陆云翔获“大地畅想”主题文化大赛三等奖，参加“中国梦盛世情”书画展；会员曹仁容作品《苍魂钟山》入选省侨联、文联、美协、书协、华侨书画院联合主办的“继承振兴中华遗志、实现祖国统一伟业”纪念孙中山先生诞辰150周年主题画展，作品被省华侨书画院收藏；会员沈向红的作品相继入选上海版画作品2016年度精选展、第十六届全国藏书票暨小版画艺术展、第七届江苏省水彩粉画展、俄罗斯第36届国际藏书票双年展、第四届广州国际藏书票暨小版画双年展等展项；会员葛颀的作品入选《吴门现代艺术画院十周年大型书画作品集》、“苏州名家书画扇面展”；会员卢月龙的书作入展贵州铜仁书法艺术节，入选江苏省书协主办的“十月书会”南京邀请展。

（钱家荣）

民盟吴中区基层委员会

【概况】 2016年，民盟吴中区总支委员会换届，成立民盟吴中区基层委员会，下设8个支部。年内发展新盟员10人，年末共有盟员128人。盟员中有省政协常委1人、民盟省委委员1人、市政协常委1人、区人大代表（含副主任）2人、区政协委员（含常委、副主席）25人、副科级以上领导干部17人。年内，民盟区委获“‘纪念民盟江苏省委成立六十周年’先进集体”称号，民盟苏州市委社情民意信息优秀组织奖和法律知识竞赛三等奖。

【民盟吴中区基层委员会成立大会】 9月28日，民盟吴中区基层委员会召开成立大会，完成换届工作。苏州市政协副主席、民盟苏州市委主委蒋来清，中共吴中区委常委、组织部长、统战部长潘国强，区委统战部常务副部长吴金凤等领导出席会议；吴中区民进、九三学社、致公党、民建、民革、农工党、工商联、无党派知识分子联谊会等党派团体的主要领导到会祝贺。赵建明代表民盟吴中区三届总支委员会作工作报告。大会选举产生赵建明、张文华、宋银林、陈刚、童为民、周钰华、徐芳、张美元、王健、余香华、周招媛、王芸等12名委员组成的新一届基层委员会。在民盟吴中区基层委员会一届一次会议上，赵建明当选为主委，张文华、宋银林、陈刚当选为副主委。

【参政议政】 民盟吴中区基层委员会将“站好位置、选好角度、发挥优势、发扬特色”作为参政议政工作的指导方针。1月初，在吴中区政协三届五次会议上，民盟吴中区总支共递交集体和个人提案21件，其中陈刚撰写的《关于加强城区工地扬尘控制的建议》、王健撰写的《对污水接管最后一百米的建议》、殷人平撰写的《关于构建吴中养老服务信息系统，推动养老服务产业化发展的建议》3件提案，被评为2015年集体优秀提案；许正江撰写的《关于成立吴中区创业服务中心的建议》被评为个人优秀提案。年内，各盟员发挥自身优势，分别对吴中区的人才引进、环境保护、医疗卫生、古建筑保护、城镇建设、新农村建设、教育、公交、社会保障等工作，开展调查研究，撰写40余篇提案初稿，为参政议政打下坚实的基础。

【组织建设】 2016年初，民盟吴中区总支调整支部建制，从原来的4个支部增加到8个支部。优化支部领导班子结构，将一批学历高、精力充沛、年轻有为、具有奉献精神的新盟员充实到支部领导岗位，其中7名企业家当选为支部委员，3名企业家和2名教师当选为主任委员。总支举办“支部委员专题讲座”，主委、副主委分别上课。年内，按照民盟苏州市委发展新盟员的有关规定，发展民盟吴中区总支办公室副主任徐向东，江苏吴中中等专业学校沈妍妍，吴中区编办科长、区事业单位登记管理局副局长杨小昱，吴中区木渎镇社会事业局副科长张达，苏州澹台湖大酒店业主代表兼副总经理石婷，苏州金控商业保理有限公司董事长程国鹏，苏州吴中城投置业有限公司主管马科思，苏州建创广告传媒有限公司总经理徐年华，太旅集团景区公司网络运营部经理于晓明，苏州太湖旅业发展有限公司财务部副经理吴宇风等10名中青年知识分子为新盟员。

【民主监督　社会服务】 2016年，民盟吴中区委有11名盟员被聘为市、区特约检察员、特约审计员、特约党风监督员、人民法院陪审员、行风评议员等，对党风、政风和行风实行民主监督。强化社会服务，多年来与13名贫困生结对子扶贫助学，盟员助学捐款累计金额14.7万元，其中2016年捐款1.8万元，宋水官个人捐款6100元。盟员响应民盟苏州市委号召，向盐城灾区捐款，盟员交纳特殊盟费2.74万元，通过吴中区慈善基金会送往盐城灾区。

【岗位业绩】 在“纪念民盟江苏省委成立六十周年”活动中，盟员袁月英、余香华、肖梅、郑欢东获“先进个人”称号；在民盟苏州市委开展的“纪念中国民主同盟成立七十五周年”活动中，盟员陈刚、朱俊明、王芸获“先进个人”称号；盟员徐芳被江苏省档案局授予“档案工作创建先进个人”称号；盟员袁月英获“苏州市优秀教育工作者”称号；盟员杨茵被苏州市教育局评为“学科带头人”；盟员朱妍被评为“2016年度苏州市全民阅读先进个人”；盟员宋梅英创作的核雕“弥勒佛”，在2016年中国（苏州）“启迪·苏艺杯”国际工艺美术精品博览会上获金奖；盟员沈建国领衔的“精技数控”工作室成为苏州市名师工作室。（张彩萍）

九三学社
吴中区基层委员会

【概况】 2016年，九三学社吴中区基层委员会下设城区、开发区、度假区三个支社，发展新社员2名，年末共有社员45人，有9名社员分别担任省、市、区政协委员或人大代表。九三学社吴中区基层委员会围绕经济和社会发展，加强自身建设，履行参政党职能，深入调查研究，积极建言献策，开展社会服务工作，发挥社员的智力优势。吴中区基层委员会被九三学社江苏省委评为2016年度社会服务先进集体，被九三学社苏州市委评为2016年度组织建设、宣传工作先进集体，韩蓓同志被九三学社省委评为2016年度社会服务先进个人。

【参政议政】 2016年1月，在区政协三届五次会议上，九三学社吴中区基层委员会共提交提案12件，其中集体提案7件，人大建议案1件；在苏州市政协十三届五次会议上提交提案2件。其中向区政协提交的提案《关于建立我区双向转诊制的几点建议》《关于统一政府购买法律服务的建议》，被评为吴中区“2015年度政协优秀提案”。在政协全会休会期间，向九三学社苏州市委撰写建议稿6条。年内，主委胡惠萍被聘为吴中区纪委农村党风党纪监督员，副主委张旺被聘为吴中区人民检察院第一届特约检察员，副主委韩蓓被推荐为吴中区提案委委员及苏州市青联常委；副主委朱彩萍被聘为吴中开发区国税行风监督员；社员秦琦峰被聘为吴中区人民法院人民陪审员；韩蓓、徐娟当选九三学社苏州市青年工作委员会常委。徐娟、范檬获九三学社苏州市委年度信息工作、宣传工作先进个人二等奖，朱彩萍、徐娟被九三学社苏州市委评为2016年度组织建设、思想宣传工作先进个人。

【组织活动】 九三学社吴中区基层委员会在组织建设中，采取分组活动的形式。4月，组织全体社员赴“泰康之家体验中心”参观考察，了解“医养结合”新式养老机构是如何建立和运作的。5月，各支社分别组织社员参观第九届江苏省园艺博览会。10月9日是农历丙申年“重阳节”，组织全体退休老社员赴东山茶叶博物馆，进行参访考察活动。10月，陪同九三学社浙江省委考察团一行14人，对吴中区古村落保护工作进行调研考察。12月，召集45周岁以下的青年社员在旺山召开座谈会。年内，开发区支社举办多次座谈会、茶话会等活动。

【社会服务】 5月，九三学社吴中区基层委员会获悉高新区有一名社员不幸罹患癌症的消息后，发动社员开展爱心捐款活动，10天内共有30名社员为患者捐款5000元。10月，九三学社苏州市委青工委联合九三学社吴中区基层委员会，组织开展“走进吴中、扶持中小企业”活动。在苏州天烨集团召开九三学社走进企业座谈会，邀请多名九三学社的知名专家与胥口企业家座谈，开展与企业的对接咨询服务工作，针对企业在发展中所面临的困难和问题，为企业的发展献计献策。11月，庆祝中国“国际科技与和平周”成立28周年期间，九三学社吴中区基层委员会联合九三学社苏大附二院支社，组织19名专家医生赴吴中区越溪街道卫生院举办“送温暖、送健康、送服务、办实事”大型义诊活动，共为120多人进行咨询和服务。80多岁的老社员、退休主任医师施宝兴，连续十余年，坚持为木渎镇街道居民开展健康知识讲座及义诊，深受当地群众欢迎。

【岗位建功】 九三学社社员主要来自于医疗卫生、农业科技、经济等行业。社员于志新老师撰写的《亲其师，信其道，服其教》《推进校企合作服务区域经济》《创新名师培养机制　提升师资队伍质量》等论文在教育期刊上发表；其参编的教材《文化：企业制胜之道——优秀企业文化读本》于12月出版发行；其主持的课题《信息化背景下职业学校语文课程数字化资源库建设与应用实践研究》，在第三期江苏省职业教育教学改革研究课题成功立项。于志新老师被苏州市教育局评为2016年苏州市教育教学成果奖一等奖。社员谭秋波医生撰写的《原发性高血压血压节律变化与尿酸的关系研究》《十一味益心汤颗粒剂治疗气阴两虚、心血瘀阻型慢性心力衰竭患者的临床研究》《慢性心力衰竭患者MTHFR C677T基因多态性与血浆N末端B型利钠肽前体、超敏C反应蛋白、同型半胱氨酸及心功能的相关性研究》《冠心病慢性心力衰竭中医证型与MTHFR C677T基因多态性、NT-probnp、Hcy水平及心功能的相关性研究》等四篇论文，分别在多家医学期刊杂志上发表。（范　檬）

2016年11月27日，吴中区九三学社在越溪街道举办第二十八届中国“国际科学与和平周”义诊活动

吴中区工商业联合会

【概况】 2016年，吴中区工商联（总商会）共有镇（区）、街道基层组织、区级行业组织28家。其中，基层商会14家，行业商会11家，直属商会3家。全区会员总数1832个。其中，企业会员1720家，团体会员39个，个人会员73个。年内，吴中区工商联获“江苏省县（市、区）工商联先进集体”称号。

【吴中区工商联第四次会员代表大会】 2016年11月28日，吴中区工商联（总商会）召开第四次会员代表大会。区委书记金洁，区委副书记、区长唐晓东，区委副书记、宣传部长李朝阳，区政协主席薛明仁，苏州市工商联副主席陈丽新，区委常委、组织部长、统战部长潘国强，区人大常

2016年11月28日,吴中区工商联(总商会)第四次会员代表大会召开

委会副主任唐龙生,区政府副区长王卫星,区政协副主席、民盟吴中区委主委赵建明,区委统战部常务副部长吴金凤等领导出席开幕式。各镇(区、街道)分管领导,各民主党派、人民团体和政府相关部门领导到会祝贺。大会审议并通过区工商联(总商会)第三届执行委员会工作报告;选举产生区工商联(总商会)第四届执行委员会和出席苏州市工商联第十四次会员代表大会的代表;通过大会相关的决议。11月28日,区工商联(总商会)第四届执行委员会召开第一次全体会议,经选举,宋晓华当选为吴中区工商联(总商会)主席(会长),石青、俞菊当选为专职副主席(副会长)。

【参政议政】 2016年1月,吴中区召开“两会”期间,吴中区工商联向区政协提交提案6件,反映企业迫切需要解决的困难。针对会员企业反映的实际问题,利用“民企直通车”,帮助河东工业区及郭巷、尹山地段企业,协调解决公交出行困难等问题。围绕“降成本、减负担、优环境”主题,开展调查研究,相继向区委、区政府提交《关于当前我区实体经济企业发展中降本增效的建议》《我区医药企业面临的困境及扶持突围发展的建议》的报告。组织14家企业参加全国工商联开展的上规模民营企业现状调研,其中,吴中集团入选“2015中国民营企业500强”(列427位)。组织苏州市民营经济发展报告情况的撰稿工作,共完成区级、基层、行业、企业民营经济发展报告5篇。

【教育引导】 区工商联开展非公经济人士理想信念教育实践活动,引导非公经济人士爱国、敬业、诚信、守法、贡献。组织专题报告会,举办学习贯彻党的十八届五中、六中全会精神专题报告会,邀请区委党校老师为全体执委、基层商会分管领导、商会秘书长作专题辅导,学习全会精神,引导企业家们和从事商会工作同志理解、把握精神实质。召开民营企业家座谈会,传达贯彻区第四次党代会精神,邀请区委副书记、区长唐晓东参加会议,并与企业家座谈交流,为全面实施“实业兴区”战略部署凝聚合力。坚持正面教育引导,以习近平总书记在全国政协会议民建、工商联界别委员联组会上的重要讲话精神为指引,围绕习总书记关于“两个丝毫不动摇”、“三个没有变”、构建“亲”“清”新型政商关系等系列讲话精神,组织全体执委和商会秘书长学习领会习总书记讲话精神,深入开展学习教育活动。邀请区检察院负责同志,精准解读最高检关于依法保障和促进非公有制经济健康发展的18条意见,坚定非公经济人士的发展信心。举办传承发展论坛,贯彻落实中央统战工作会议精神,突出对新生代企业家的思想引领。举办“2016吴中区重点民营企业公司治理与家族企业传承”等主题分享会。邀请世界银行集团国际金融公司的专家顾问,为企业家们讲解公司治理和家族企业传承等方面的专业知识,帮助企业解决在传承发展的过程出现的矛盾和困惑，引导家族企业顺利实现代际传承。

【组织建设】 区工商联统筹推进基层工商联换届工作，相继完成开发区、城南、越溪、餐饮业、舟山核雕商会换届；成立木渎镇总商会和6家行业商会，实现该镇非公经济资源的优化整合。加强基层商会组织建设，继续推进江苏省“五好乡镇（街道）商会”创建活动，健全管理制度，完善运作机制，开发区商会获“江苏省工商联商会组织先进集体”称号。提升行业商会服务能力和运作水平，参与承接政府职能转移，指导行业商会加强内部治理。区文体产业联合会参与区文体局文化产业项目评审、文化集市等活动；区医药行业商会举办赛多利斯“药品质量检测与风险控制”研讨会，组团参加第75届中国国际医疗器械（春季）博览会，亮出“吴中医疗”名片；区汽车行业商会举办“一汽（苏州）奥迪”杯书法作品有奖征集活动；区机电行业商会组织参观2016年第十三届上海国际工业自动化及工业机器人展；区知识产权战略联盟举办企业知识产权维权能力培训班；印刷行业商会组织观摩“2016年中国（上海）国际印刷周”活动，《中华工商时报》对该活动作了专题报道。

【服务会员】 围绕区委、区政府中心工作，区工商联服务企业创新转型，打造“民企之家、政企之桥”服务品牌。加强非公党建工作，支持和配合所属会员企业、各商会党组织组建工作。以区医药行业商会为试点，推动成立行业性、区域性党组织。年内，联合吴中城区非公经济党委，成立吴中区行业性社会组织的第一个党支部——吴中区医药行业商会党支部。推进税企诚信共建，区工商联联合国税、地税局共同举办“诚信纳税、绿色共享”大型税收宣传活动，设立税法宣传服务台，发放税法宣传品和宣传资料，现场解答企业的咨询；组织200多家初评A级纳税信用企业家代表共同签订《税企诚信共建倡议书》，推动税企诚信。医药行业商会作为行业性社会组织，被确定为苏州市政府立法基层联系点。举办培训竞赛，加快推进产业转型升级和结构调整，提升人才队伍综合能力。区工商联联合区经信局、人才办共同举办《2016：以供给侧改革引领经济新常态》等专题讲座4期，邀请专家解读供给侧改革“去产能、去库存、去杠杆、降成本、补短板”五大任务，为企业家转型发展带来新的视角与变革思路。参与第三届吴中技能状元大赛，组织汽车、餐饮等商会承办汽车维修、餐厅服务等技能竞赛项目，有效推进企业技能人才队伍建设。华胜汽车、新火花等5家会员企业获第三届吴中技能状元大赛“高技能人才培养贡献奖”。

【光彩事业】 贯彻落实全国工商联、国务院扶贫办、中国光彩会联合启动的“万企帮万村”精准扶贫行动精神，区工商联开展“百企帮百村”行动，年内，先后两次组织基层商会和规模企业赴宿迁市宿城区就“百企帮百村”工作进行实地调研考察。木渎镇商会与中扬镇熊楼村，临湖镇商会与龙河镇姚庄村，东山镇商会与罗圩乡平楼村分别签订村企结对帮扶协议。邀请宿城区和签订协议的村来吴中开展“百企帮百村”对接活动，召开座谈会，分组赴木渎、东山、临湖镇商会企业进行实地考察，双方就帮扶项目，进行磋商和交流。按照村企结对帮扶协议，吴中区相关企业在龙河镇投资300万元，租赁厂房4000平方米，解决吸收当地劳动力100余人；对3个村贫困家庭进行摸排，确定第一批定向帮扶对象20余家。吴中区“百企帮百村”工作，得到省委统战部副部长、省工商联党组书记杨勇的充分肯定。

探索商会助学模式，推进光彩助学工作。高新区商会注册成立苏州市吴中区蠡墅友好小学，建立“蠡墅友好小学奖教助学”专项慈善基金，开启“民办公助”办学模式，解决700多位外来务工人员子女就学问题，11月9日，《中华工商时报》为此刊发专题文章。吴中城区商会副会长企业——惠氏制药有限公司成立“辉瑞爱心基金”，由惠氏制药有限公司捐款20万元，主要用来帮助吴中区贫困家庭的学生。年内，动员会员企业向“尹湖·圆梦爱心基金”捐款，向藏南学校赠送书籍880套，向育才学校捐赠7000元的书籍及学习用品，为200多名学生进行口腔健康义诊。

继续开展帮困助残工作，捐助3万元帮扶东山镇莫厘村困难家庭。分别走访慰问木渎镇善人桥村、东山镇莫厘村等11户贫困家庭。组织区女企业家赴区社会福利中心开展献爱心活动，组织区餐饮、医药等行业商会，赴吴中区总商会爱心基地木渎残疾人“善爱之家”，开展走访慰问送温暖活动。区工商联（总商会）向“善爱之家”捐助1万元，区餐饮业商会捐赠价值约6000元的大米、食用油，区医药行业商会捐赠价值7000元的常用药品。

（艾云松）

吴中区总工会

【概况】 2016年，全区共建会581家，其中，独建95家，覆盖486家，发展新会员1.5万人。年内，江苏省总工会在吴中区召开全省工会深化职工之家建设观摩交流会，苏州佳阳针织有限公司被评为“全国模范职工之家”。

【吴中区第四次工会代表大会】 11月30日，吴中区召开第四次工会代表大会，区委书记金洁，苏州市总工会主席温祥华，区领导李朝阳、唐龙生、张建祥、王卫国等出席大会开幕式。大会审议通过吴中区总工会第三届委员会工作报告、财务工作报告及经审工作报告；选举产生吴中区总工会第四届委员会及经费审查委员会。11月30日，吴中区总工会第四届委员会召开第一次会议，经选举，陆月根当选为吴中区总工会主席，胡艳明、何国平、陆葆兰当选为副主席，马文兰、顾建龙当选为兼职副主席。

【宣教工作】 2016年吴中区总工会继续开展“送演出进企业”活动，相继在苏州不二工机有限公司举办“相约古镇　大美光福”国庆文艺联欢晚会，主办2016第十一届中国苏州“太湖杯”暨第四届“蓝领之韵”吴中区职工龙舟赛、迎国庆“蓝领之韵”吴中区职工乒乓球比赛；与区文体局联合主办美丽吴中“蓝领之韵”千名职工太极拳大联展活动；承办苏州市第十四届体育运动会（职工组）暨苏州市职工运动会“工会杯”围棋比赛。在组织职工参加的苏州市第十四届体育运动会的篮球、羽毛球、乒乓球、桥牌比赛项目中，取得较好成绩。

【维权机制建设】 持续开展工资集体协商集中要约行动，1300多个独立基层工会向所在企业发出要约，120个联合工会开展的要约覆盖2600多家企业。全年新签、续签工资专项集体合同的企业有5672家。召开职代会的百人以上企业398家。8名工会干部被聘为苏州市总工会工资集体协商指导员。关爱女职工权益，“职业女性素质提升流动大课堂”深入18家企业单位，为3600多名女职工提供心理咨询课程。区总工会、妇联、人社局、卫生和计划生育局联合举办“春风行动”主题日专场招聘会，为妇女就业提供机会。年内，创建“妈妈驿站”示范点29家。引进上海东方卫视大型真人秀节目，举办2016上海东方卫视“妈妈咪呀”第四季暨吴中区总工会“蓝领之韵”庆“三八”、展风采活动新春发布会。在科沃斯、江远热电举行“妈妈咪呀”专场活动，为女职工展示风采提供平台。

【干部培训教育】 年内，吴中区总工会联合区委组织部，在昆山市委党校举办全区工会干部专题培训班，共有100名工会干部及部分劳模参加培训；全年共有500多名干部参加区总工会举办的各类适应性培训教育，200多名工会干部参加全国总工会开设的网络资格培训教育。

【服务职工】 区总工会继续开展元旦、春节送温暖活动，慰问走访困难职工445名，送温暖资金54.14万元。全年投入帮扶资

2016年4月29日，吴中区召开庆“五一”暨“吴中工匠”表彰大会

金60万元，帮扶困难职工家庭197户。承办建筑施工企业农民工工资担保工作，全年为69家单位办理退保手续，涉及金额2000万元；为54家企业办理担保手续，涉及金额1.3亿元。在“送培训进企业”活动中，相继有22家企业的9000多名职工接受培训。培训内容涵盖安全生产、礼仪、心理辅导、亲子教育等多个方面。继续推行工会会员“普惠卡”，采集9万名会员信息，发放“普惠卡”8万张。为增加“普惠卡”含金量，让职工享受实惠，区总工会向2108名公交车、出租车司机赠送人身意外保险；会员持“普惠卡”支付50元，即可开通太湖旅游年卡功能；工作日游“园博园”，门票实行6折优惠；与区农办下属的吴中产鲜现代农业发展有限公司合作，为持“普惠卡”会员定制中秋优惠套餐。全年走访困难职工171人次，发放慰问金额34万元。

【劳动竞赛】 区总工会深化“蓝领之星”职工技能竞赛活动，联合区卫生和计划生育局，举办2016年吴中区妇幼健康技能竞赛、吴中区基层卫生岗位练兵技能竞赛；联合木渎镇，举办木渎杯导游与风采技能比赛。全区各级工会组织各类竞赛活动67项次，参赛单位325家，职工3.8万人次。继续开展争创“工人先锋号”活动，在职工中培育选树先进典型。年内，获得江苏省“工人先锋号”称号2个，评选“吴中工匠”75名。全区近1000家企业约5万多人参加劳动保护“安康杯”竞赛，获江苏省“安康杯”优胜企业1家，苏州市“安康杯”竞赛优秀单位1家、优胜单位3家、优胜班组2家、个人优秀奖1名。

【劳动模范管理】 2016年，区总工会向上级推荐评选省劳模7名、全国五一劳动奖状1家、市五一劳动奖章10名、市五一劳动奖状6家。全年向劳模发放各类津补贴121.81万元，组织70名劳模的医疗休养活动。创建2家劳模创新工作室，强化劳模先进事迹宣传，在社会上营造“劳动光荣、创造伟大”的氛围。推进全国劳模事迹展示馆建设，第一批重点劳模人物的相关资料已收集完毕。 （朱一清）

共青团吴中区委员会

【概况】 2016年，全区有基层团（工）委44家，其中乡镇、街道、度假区、开发区、城区、穹窿山风景管理区团（工）委16家，区级机关团（工）委13家，学校团委12家，企业团委3家，下辖总支118个，支部904个。全年发展新团员4394名，年末共有团员40868名。吴中区青年联合会常务委员会委员41名，委员128人，下辖区级机关、审计、经信、国土、粮食、财政、木渎镇、穹窿山风景管理区等8家青联团体会员。区少先队工作委员会下辖中学少先队大队部19个，小学少先队大队部28个。

【共青团苏州市吴中区第六次代表大会】 2016年11月28日，召开共青团苏州市吴中区第六次代表大会，出席代表175人。区委书记金洁，区委副书记、区长唐晓东，区委副书记、宣传部长李朝阳，区政协主席薛明仁，区委常委、组织部长、统战部长潘国强，区人大常委会副主任唐龙生出席大会。大会听取、审议、通过李臻代表共青团苏州市吴中区第五届委员会向大会作的工作报告；选举产生共青团苏州市吴中区第六届委员会委员，经全委选举，李臻当选为共青团苏州市吴中区第六届委员会书记，王寅平、谢诗意当选为副书记，魏忠杰当选为兼职副书记。

【青少年思想引领】 2016年，围绕“两学一做”学习主题，重点开展“六个一”主题实践活动，继续加强青少年思想引领。举办以“创新四问”暨“青年生态观”为代表的思想大讨论；开展“青春梦·园博情”纪念五四主题系列活动；做靓“吴小志”品牌，丰富吴小志文创产品体系；建立“微信+青年之声”网络互动终端，推进“青年之声”工作向线下延伸；开设以永旺梦乐城为主体的一批线下服务站，通过整合资源、线上互动、线下聚会等方式提升使用成效；提升以微信为主阵地的社交平台服务功能，现有团员青年粉丝15万余人，WCI位居全省前列。

【基层组织建设】 落实团干部直接联系青年大调研大走访，年内制定“1+100”“3+2+1”“3×10”“5×1”等团干部联系服务青年工作制度。全年共走访调研16次，形成调研报告2篇。继续抓好区、镇、村三级团组织换届工作，选强配优各级团的干部，全面建成专职为主、挂兼结合的组织力量体系。用“青年之声”“网上共青团+青春微聚会”工作平台，串起“找到、了解、服务、信任、认同”联系青年的链条。启动青少年综合服务体系建设工作，形成“青+”综合服务平台、青年耐思等层次多样的枢纽型阵地。高新区“青少年之家”获评“江苏省示范服务平台”。编制团干部工作指南和成长清单，严把“源头关”，加强中学中职入团管理制度；实施“321”团干部成长计划，打造“四型”团干部、“四强”团组织。打造区域化党建带团建吴中样板，构建“一平台、一站点、一圈层、一品牌”工作体系。

【服务全区大局】 服务全区经济与社会发展大局，重点做好服务第九届江苏省园艺博览会期间的志愿者工作。启动“太湖心计划”公益服务项目，办好团员青年创业大赛，实施优质项目的跟踪扶持，其中CalmCar项目获“创青春”国家级铜奖；优化青年小额贷款贴息制度，全年累计发放贴息贷款1270万元。加强团组织“号手岗”创建，区审计局经济责任科（中心）获评全国青年文明号。

【区青少年活动中心】 吴中区青少年活动中心是吴中区区委、区政府的公益性服务项目之一，属全额拨款事业单位，由团区委主管。该中心地处东苑路1号，为独立圆形建筑，共五层，建筑面积约1.79万平方米，含科技展厅、青年之家、青少年校外教育培训基地、青年空间等功能设施。一层主要功能为青少年科技展厅，二至三层主要功能为青少年校外培训基地，四层主要功能为办公区域和

2016年12月5日，“太湖心计划”环保公益行动特展启动

青年服务平台，五层为妇女儿童活动中心。该中心将于2017年落成并投入使用，作为吴中区唯一公办的校外教育场所，面向全区青少年，坚持公益性服务理念，提供校外教育活动。

【关爱与服务青年工作】 团区委联合区综治、检察院、专业社会组织等部门，优化、调整、完善“润娟”青少年权益保护工作，开展青少年心理辅导、心态矫正等关爱与服务青年的活动。常态化开展“行走的格桑花”“一米阳光·一分温暖”暖冬行动。构建“1+100”团干部直接联系青年工作机制，全年下基层走访、调研、座谈90余次，联系服务基层青年群众2200余人次。持续抓好“成长护航”“面对面”“青享惠”等品牌活动，为基层青少年提供服务，创设“青春课堂”学习机制，提高团员青年的综合素质。 （陶佳凤）

吴中区妇女联合会

【概况】 2016年，全区有金庭、木渎、甪直、胥口、东山、临湖、光福镇妇联7个，郭巷、横泾、越溪、城南、香山街道妇工委5个，度假区、开发区、高新区、穹窿山风景管理区妇工委4个，区级机关妇工委1个，系统党委妇委会16个，村（社区）妇代会（妇联）189个。区妇联获江苏省“维护妇女儿童权益示范岗”、江苏省2015年《莫愁》杂志“宣传工作先进集体”等称号。

【吴中区妇女第四次代表大会】 11月29日，吴中区妇女第四次代表大会召开，245名妇女代表出席会议。苏州市妇联副主席斯慧力，区领导金洁、唐晓东、李朝阳、潘国强、陆增林、周晓敏、王卫国、张建祥出席开幕式；共青团吴中区委书记李臻代表区群团组织致贺词。周钰坪代表吴中区妇联第三届执行委员会向大会作《根植吴文化 巾帼建新功 团结引领全区妇女为加快建设区强民富、城乡协调、文明和谐的小康社会贡献力量》工作报告。大会审议通过吴中区妇联第三届执行委员会的工作报告，选举产生吴中区第四届执行委员会和新一届常委，周钰坪当选为区妇联主席，张蕾、李学毅当选为区妇联副主席，张姝、陆葆兰当选为区妇联兼职副主席。

【“三八”节纪念活动】 3月7日下午，区妇联在澹台湖大酒店召开“巾帼建新功 共筑吴中梦”——吴中区纪念“三八”国际劳动妇女节106周年暨“十佳”创新创业优秀女性表彰大会，各界妇女代表共200多人参加活动。区领导唐晓东、周云祥、张炳华、薛明仁、乐江、潘国强、陆增林、周晓敏、赵建明出席纪念活动，区妇联主席唐华琴发表“三八”致辞。区长唐晓东作讲话，并为“全省百名巾帼科技创新典型人物”庄建华颁奖。大会以事迹演讲和VCR事迹展示的形式，展现吴中区优秀创新创业女性发展新兴产业、发扬传统文化、打造农村特色产业、致力科研屡创成果的典型事迹，展出部分优秀女性的科研成果和创业成就，发放“十佳”创新创业优秀女性事迹汇编。

【组织建设】 2016年，完成区妇联和镇、村（社区）妇女组织换届和村妇代会改建妇联工作。年内，推进示范点建设，指导基层妇联组织参与社会管理，创建示范“妇女儿童之家”5家。举办基层妇联干部实务培训班，加强妇女干部队伍建设。做好基层基础工作，推动阵地发挥作用。开展吴中区妇女儿童家庭公益服务项目微创投活动，支持6个项目，配套资金20万元。聘请公益机构第三方监管，保障微创投活动落到实处，使微创投活动服务基层、惠及民生。区妇联在穹窿山孙武书院举办全区基层妇联干部实务培训班，各镇、区、街道妇联主席、妇工委主任、专职副主席以及各村、社区新任妇联主席共80人参加培训。

【“双学双比”“巾帼建功”活动】 促进巾帼创新创业，推举女性人才参加省、市妇联举办的巾帼创新创业大赛；组织女企业家赴浙江杭州培训考察；组织女经纪人、女能手参加苏州乡村旅游·休闲农业创新发展论坛及美丽乡村和民宿高峰论坛，为女经纪人、女能手学习交流搭建平台，营造创新创业的良好氛围。促进妇女就业增收，举办"'三八'架金桥·春风送岗位"女性招聘专场，组织90家单位进场招聘，为妇女提供近千个就业岗位，进场求职妇女260余人，达成就业意向近60人。区妇联联合区人社局，在区妇联"好勤嫂"家政服务中心，举行吴中区"好勤嫂"家政实训基地揭牌仪式，举办第二届吴中区"好勤嫂"家政技能大赛，提升妇女职业技能。区妇联争取资金7.5万元，承接江苏省妇联农村妇女劳动力转移培训任务，开展农村妇女劳动力转移培训22期，培训妇女1000余人次；争取资金8万元，培育甪直镇江湾村水八仙示范基地为省级巾帼现代农业科技示范基地，培育东山镇杨湾村农房农业观光合作社为省级巾帼示范专业合作组织，助推农村特色产业发展。

2016年12月23日，区人社、妇联举办"好勤嫂"家政实训基地揭牌仪式暨第二届吴中区"好勤嫂"家政技能大赛

【家庭文明创建活动】 创新家庭文明建设，立足家庭阵地，实施创新项目——"幸福家庭课堂"志愿服务项目，开展"父母成长课堂""家庭公约面对面""亲子互动体验"三大主题活动。举办系列创新家庭文明活动21次，辐射家庭成员1000余人。培树最美家庭典型，1户家庭获"全国最美家庭"称号，6户家庭获"最美家庭"及入围奖，区级"最美家庭"100户。9月，在穹窿山孙武书院举办吴中区"好家风 好家训"宣讲活动，全区基层妇女代表和家庭代表共80人参加活动，聆听5户家庭宣讲的促进家庭科学经营，弘扬家庭美德，以好家风促民风社风的感人故事。弘扬志愿服务精神，在元宵节、端午节、儿童节、重阳节开展创新家庭文明建设的"四进四送"活动；在妇女节、世界环境日走上街头，传播法律、节能、健康等知识，提供爱心服务，引领社会新风尚。

【妇女儿童维权】 举办"三八"维权周活动，开展法律宣传咨询，发放《妇女权益保障法》《婚姻法》《未成年人保护法》《反家暴法》等宣传资料及宣传品3000余份。结合"七五"普法规划重点内容，开展法律宣传咨询活动，举办法制宣教专题讲座25场，为2000余名妇女群众普及法律知识。策应《反家暴法》出台，完成反家庭暴力法调研，提升妇女法制素养，接待妇女来访来电50余件，开展"律政玫瑰"女律师志愿者团送法进基层活动，提升基层维权干部的专业能力，为妇女儿童提供方便、专业的法律维权服务。开展省级社工项目"心援童心——单亲家庭儿童心理关爱"项目和市创投项目、区妇联妇女儿童家庭公益服务项目微创投活动，共计创投项目8项，服务家庭300余户。关爱贫困"两癌"患病妇女，争取省级"贫困母亲两癌救助专项基金"34万元，发放吴中区贫困"两癌"患病妇女救助专项资金30万元，帮扶100名贫困患病妇女的生活和治疗。

【妇儿工委办工作】 2016年，吴中区妇女儿童工作委员会办公室完成吴中区妇女儿童“十二五”规划的终期评估。加强与工作委员会成员单位的联系，开展对妇女儿童实际需求的调查研究，为推动妇女儿童“十三五”规划的科学编制做准备。妇儿工委办搭建社会爱心助学平台，开展“8·26帮困助学行动日”等活动，为全区贫困学生争取社会助学款3万余元。

【未成年人思想道德建设】 区妇联发挥妇女儿童活动中心作用，利用妇女儿童之家，开展青少年思想道德宣传教育，促进未成年人健康成长。举办围棋、舞蹈等兴趣培训班，开展集体游戏、亲子观影活动，促进少年儿童全面发展；推动“科学家教进万家”，举办科学普及讲座20余场，邀请科技人员向未成年人传授科普知识。（康　娜）

吴中区科学技术协会

【概况】 2016年，吴中区科学技术协会有区级学会（协会）24个、厂（公司）科协7个、镇科协7个、街道科协6个和穹窿山风景管理区科协1个。成功创建为“2016~2020年度全国科普示范县”，年末获“江苏省《全民科学素质行动计划纲要》‘十二五’实施工作先进集体”“‘大众创业　万众创新’众创成果案例推广优秀单位”等称号。

【吴中区科学技术协会第四次代表大会】 2016年11月24日，吴中区科学技术协会第四次代表大会召开，全区200名科技工作者代表出席会议。区委书记金洁，区委副书记、区长唐晓东，苏州市科学技术协会党组书记、主席程波，区委副书记、宣传部长李朝阳，区政协主席薛明仁，区委常委、组织部长、统战部长潘国强，区人大常委会副主任陆增林，副区长王卫星等领导出席开幕式。大会听取并审议通过金建生代表吴中区科学技术协会三届委员会所作的《推动科学普及　助力科技创新，为“根植吴文化、建设新吴中”而努力奋斗》工作报告和《苏州市吴中区科学技术协会章程（草案）》；选举产生吴中区科学技术协会第四届领导机构，金建生当选为区科协主席，吴逸凯、叶青当选为专职副主席，石燕华、徐伟英、吕莉当选为兼职副主席。

【科普示范创建工作】 2016年2月5日，吴中区被中国科学技术协会发文命名为首批2016~2020年度全国科普示范县（市、区），这是吴中区继2007年、2011年后，第三次获此殊荣。年内，创建木渎镇香溪社区、越溪街道莫舍社区2个省级科普示范社区；创建木渎镇长浜社区、花苑社区，长桥街道美蠡雅社区3个市级科普示范社区；创建东山镇潦里村省级科普惠农服务站和东山镇双湾村、角直镇澄东村2个市级科普惠农服务站；苏州市海洋馆、太湖三山岛国家湿地公园入选江苏省科普教育基地。

【科普周、科普日主题活动】 第

2016年9月19日，2016年吴中区全国科普日活动暨东山湖羊科普展销馆开馆启动仪式在东山镇渡桥村举行。

十六届科普宣传周期间，区科协相继开展“一园江南梦”首届家在苏州科普摄影展、台湾“元智科学”课程吴中巡展、科普一条街、校园科技周等系列活动102场；组织参观科普教育基地、科普场馆和科普一日游3000余人次，提高市民科学素质和科普能力；围绕“根植吴文化·科技促创新”主题，以“东山湖羊科普展销馆”为主会场，举办2016年吴中区全国科普日活动，开展东山湖羊养殖基地体验游、3D打印科普讲座、环保宣传、咨询等活动，激发大众创业、万众创新的热情和活力，助推“强富美高”新吴中建设。

【科普惠农—益民计划】 2016年，区科协继续推进科普惠农—益民计划的实施，创新科普惠农益民措施，加强引导和资金扶持。区澄湖现代农业示范园区水八仙水生蔬菜行业协会获“全国先进农技协”称号并获奖补资金20万元；高新区科协开展“五月科普月·科普惠民行”科普一日游活动，惠及120户居民；木渎镇科协开展“走进机器人博物馆”亲子科普游活动，50对亲子参加活动；香山街道科协开展垃圾分类处理环保宣传、女性健康知识讲座进学校等活动。

【青少年科技教育工作】 区科协会同区教育局、气象局等单位，抓好青少年科技创新教育，组织青少年参加各级科技竞赛，在第27届江苏省青少年科技创新大赛中，获得4个一等奖、2个二等奖、2个三等奖；在第31届全国青少年科技创新大赛中，获得一等奖和三等奖各1个。在全区中小学校进行实施特色科学课程试点，吴中区碧波实验小学建成吴中区首个3D打印创作室，组建3D打印教学实践研究团队；吴中区宝带实验小学成功引进台湾“力翰科学”课程，实施气象校本化课程实践研究。年内，开展吴中区第五批科技教育特色学校评选活动，南京师范大学附属苏州石湖中学等6所学校顺利通过验收，吴中区碧波实验小学获“‘十三五’首批省科学教育综合示范学校”称号。资助木渎中心小学STEM课程创客工作室、苏州太湖国家旅游度假区中心小学苏州本土植物科普园、科普馆二期等项目共计32万元，促进吴中区青少年科技教育工作。

【科普载体建设】 2016年，创建苏州海洋馆、三山岛国家湿地公园、科沃斯创想机器人博物馆3个省级科普教育基地，皇家御庭低碳艺术小镇1个市级科普教育基地。东山镇杨湾村西巷青蛙科普场馆和东山镇渡桥村生态农业专业合作社湖羊展销科普一体馆列入苏州市科普场馆建设项目，获奖补资金20万元。

【“建家交友”与学术交流】 区科协推荐科沃斯机器人有限公司董事长钱东奇、苏州市吴中人民医院副院长吴兵、吴中区长桥中心小学老师戈健和南京师范大学附属苏州石湖中学老师刘庆等4人，参加2016年度“苏州十佳魅力科技人物”评选活动，钱东奇和刘庆2人成功入选。组织金枫科技园管理有限公司、汇川技术有限公司等4家科技工作者状况调查站的调查。上报的调查信息中，金枫科技园管理有限公司撰写的《科技孵化器发展面临的困境》获刊中国科协《站点信息》。以“科技工作者建言献策”为核心，组织学会（协会）秘书长向江苏省第九届园博园建设运营工作提出合理化建议；以“丰富学术氛围”为宗旨，组织学会（协会）参加2014~2015年度苏州市自然科学优秀学术论文评选工作。

【创新助力工程】 区科协召开创新驱动助力工程“智慧公交系统”苏州吴中对接会，苏州市公路学会与吴中大创信息运用有限公司顺利对接结对。按照市科协关于“企业科协科技信息服务”项目推动工作会议要求，搭建技术创新、管理咨询、知识产权服务等平台，开展科技服务“进企业”活动，走访相关科技企业，做好专利信息资源数据库应用与推动的企业数量比上年增加10家。

【海智计划】 继续借助全国海智计划渠道和海智基地工作平台，区科协继创建吴中科技园海智基地工作站之后，指导苏州金枫创业投资有限公司创建市级海智基地工作站。邀请4名海外华人科技专家秉持6个科技创新项目，参加吴中区精英周创新创业洽谈会；推荐2名科技选手，参加“第四届中国江苏创新创业大赛初赛海智创新创业分赛”，其中孙力凭借项目《碳纳米特种高分子复合材料产业化开发和应用》获得优胜奖。区科协撰写的《组建海智代表团出访欧盟EBN成果丰硕》，获评全省科协系统“三服务一加强”工作创新案例。（江月婷）

吴中区文学艺术界联合会

【概况】 2016年，区文联各个文艺家协会新吸收会员15人。区文联获“江苏省基层文联工作先进单位”称号，区文联推送的《吴中文库》历史文化丛书，获“江苏省第十四届哲学社会科学优秀成果奖”三等奖和“苏州市十三届哲学社会科学优秀成果奖”二等奖。文艺队伍建设方面，年内有11人晋升为国家级会员，15人晋升为省级会员。

【吴中区文学艺术界联合会第四次代表大会】 11月30日，吴中区召开文学艺术界联合会第四次代表大会。区委书记金洁，区委副书记、宣传部长李朝阳，苏州市文联副主席徐惠泉，吴中区人大常委会副主任唐龙生，副区长周晓敏，区政协副主席张建祥，区各人民群团负责人，各镇（区）、街道分管领导，吴中文艺界的老领导、老艺术家代表以及吴中区第三届文学艺术奖获奖代表等200余人出席会议。会议审议通过查伟峰代表吴中区文学艺术界联合会第三届委员会作的《不忘初心勇前进　凝心聚匠续辉煌——努力推动吴中文艺事业实现新的繁荣和发展》工作报告；选举产生吴中区文学艺术界联合会第四届委员会，经全委选举，查伟峰当选为主席，凌奕、徐蔚钰、叶志明、蒯惠中、姜兴龙当选为副主席。

【区文联各文艺界协会换届】 8月27日至11月10日，按照吴中区各个文艺家协会《章程》，在区文联的组织、协调和指导下，区书法家协会、音乐舞蹈家协会、戏剧曲艺家协会、美术家协会、摄影家协会、民间工艺家协会、作家协会相继召开第四次代表大会。各个文艺家协会代表大会各自审议通过相关的第三届理事会工作报告，选举产生协会第四届理事会成员和主席、副主席。

【《吴中文库》丛书研讨会】 3月21日，由《吴中文库》编委会、区委宣传部、区文联主办的《吴中文库》丛书研讨会，在苏州香山国际大酒店召开。中国作家协会党组成员、书记处书记阎晶明等10余位国内著名文艺评论家和专家学者，凤凰传媒集团、苏州市委宣传部、吴中区有关领导，以及《吴中文库》丛书编委会全体成员、主创作者共80余人出席研讨会，对《吴中文库》丛书进行研讨交流。与会专家学者对

2016年3月21日，《吴中文库》丛书研讨会召开

《吴中文库》的编纂出版以及对中国地域文化的保护、传承、弘扬和发展所作出的贡献给予高度评价；大家结合《吴中文库》的出版发行，分别从长三角地区吴越文化的互动、吴文化的传承、文学与文史、丛书装帧与出版、民间工艺与工匠之道以及丛书出版对推动全民阅读的意义等多个角度进行深度评论、广泛探讨和研究，形成共识。

【文学艺术活动】 1月15日，由区文联主办，区书法家协会、区美术家协会承办的“吴中区书画艺术大讲堂”在蠡谐大厦二楼多功能厅举办。大讲堂邀请苏州市书法家协会顾问、著名书画家葛鸿桢教授和苏州大学艺术学院博导、教授袁牧先生作学术讲座。1月23日，区文联组织区书法协会卢月龙、高建春、顾华为、秦志坚、潘攀、杨其东、王蕴艳、岳久等文艺骨干到东山杨湾村，开展“春联颂和谐 情系杨湾村”送春联主题活动，为村民们送上新春祝福。2月7日，吴中评弹名家张建珍与梁咏琪、林心如、刘涛等明星在首都“春节联欢晚会”上联袂演出评弹歌舞节目《山水中国美》。5月25日下午，由吴中区文明办、文联、科协、苏州市摄影家协会主办，吴中区摄影家协会、吴中区园博局园博公司承办的“一园江南梦”摄影科普大赛作品展在江苏省第九届园艺博览会巧克力馆举行。相关领导和摄影获奖作者、摄影爱好者100余人参加开幕仪式。区摄影家协会以园艺博览会为背景筹办“一园江南梦”科普摄影大赛，大赛组委会从收到的5540件参赛作品中，通过精中选精、层层筛选，遴选出100件优秀作品进行集中展出。10月16日，由区委宣传部、吴中经济技术开发区管委会、苏州市摄影家协会、吴中区文联主办，吴中区摄影家协会、苏州市尹山湖美术馆、苏州润琨文化艺术发展有限公司承办的“美丽吴中——2016年吴中区摄影作品展”在尹山湖美术馆开幕展出。10月，为庆祝中华人民共和国建国67周年，纪念中国工农红军长征胜利80周年，由区委宣传部、区文联主办，区美术家协会、书法家协会承办的“红色印记——吴中区书画作品展”开幕展出。

【文学艺术创作】 作家协会：出版各类文学著作近10本，在市级以上报纸杂志发表文学作品100余篇（首），获省级以上奖项10余项。叶梓的散文《萨依娜的小面馆》获江苏省第26届报纸副刊好作品奖二等奖。陈雪芳（笔名蓝月）的小说《空位》《扣住你的右手》在《小说选刊》发表，《扣住你的右手》获小说选刊杂志社主办的潇湘杯全国法制微小说大赛二等奖。

书法家协会：卢月龙、盛静斋等人在各专业期刊发表专业理论文章近10篇。陈方红、张建、陆云翔、时亚珍、石光泽、沙松华、宋伟建等人在全国、全省各类展览（展评）中入展、入选及获奖10余次。沙松华书法作品获江苏省第五届刻字艺术展优秀提名奖。

摄影家协会：江全官的《思绪万千》入选中国第16届国际摄影艺术展览。葛全南的《童年的记忆》、江全官的《移地重生》入选第13届上海国际摄影艺术节；江全官、陆华春获苏州摄影金镜头奖。谈晓华、沈铮泓、周建华、赵永清、李宝虎、钱建宗、张根福等人在各类重大摄影活动中入选（入展）及获奖80余次；江全官举办“乡情悠悠·从乡村到城市”个人摄影艺术展。

美术家协会：蒯惠中的《耕读人家》入选首届江苏美术奖作品展，《山乡秀野》入选“时代风骨 中国精神”全国中国画名家邀请展，5幅作品入选“21世纪海上丝绸之路”中国当代书画家作品邀请展和“重走丝绸之路 中国书画绘拉美”名家作品联展。吴中培的《熟山人家》入选全国中国画作品展。曹仁容、曹玉林、沈向红、陈二夫、冯武阳、蒯卓胤等人的作品在全国、全省的各类展览（展评）入选（入展）及获奖近30次。曹玉林在高风堂美术馆举办个人画展“境由心造——曹玉林作品展”。

音乐舞蹈家协会：姜兴龙创

作的《纳米精灵》入选2016全国十大科普歌曲，歌曲《快递小哥》获江苏省“五星工程奖”金奖，创作的歌词《给妈妈洗脚》在中国音乐家协会《词刊》杂志发表。

戏剧曲艺家协会：张建珍表演的中篇弹词《九品巡检》获第九届中国曲艺牡丹奖个人表演提名奖。

民间工艺家协会：16人获评第五届苏州市民间工艺家称号。钟锦德、叶志明、陈亮、陆小琴、马洪伟、承莉君等出版理论专著近10本。钱建良、承莉君、周春毅、蔡霞明、徐佩根、艾利群、任敏华等人获第四届江苏民间文艺“迎春花奖”。

【核雕艺术众筹股挂牌上市】 4月16日，国内首个核雕艺术众筹股“妙手天工　周建明核雕”在金陵文化产权交易中心正式挂牌上市。这次在金陵文化产权交易中心进行众筹交易的吴中核雕名家周建明核雕作品74件，其中有北京胜迹、苏州园林、八宝观音、八仙庆寿、浮雕十八罗汉等核雕精品。

【文艺队伍建设】 2016年，周菊坤、李明诚、陈雪芳、钱桂锋、芮达、周建华、夏栋、徐佩根、许永良、王福珠、张日升等11人晋升为国家级会员，陆复渊、倪芳、钱建宗、王维俊、吴放、夏青、徐春燕、姚阳、王文、李苏群、沙松华、宋伟建、李频超、朱华清、沈明旸等15人晋升为省级会员。

（叶云兵）

吴中区归国华侨联合会

【概况】 2016年，吴中区旅外华侨华人及港澳同胞3000余人，主要分布在美国、加拿大、英国、法国、澳大利亚、日本、新加坡等18个国家和地区，出国出境的新华侨华人和留学生1300余人，归国留学人员和新华侨华人300余人，归侨9户9人，侨眷5000余人。全区有基层侨联9个，社区“侨之家”“侨联小组”32家。

【吴中区侨联第四次代表大会】 11月24日，吴中区侨联召开第四次代表大会，170余名侨界代表出席会议。区委书记金洁，区委副书记、区长唐晓东，苏州市侨联主席沈晋华，区委副书记、宣传部长李朝阳，区政协主席薛明仁，区委常委、组织部长、统战部长潘国强，区人大常委会副主任陆增林等领导出席开幕式。大会听取审议并通过顾炯文代表吴中区侨联三届委员会所作的《秉持为侨服务理念，凝聚侨心汇聚侨力，为建设“区强民富、城乡协调、文明和谐”新吴中作出独特贡献》工作报告；选举产生吴中区侨联第四届委员会及领导班子，顾炯文当选为吴中区侨联主席，汤晓亮当选为吴中区侨联副主席兼秘书长，李君图当选为吴中区侨联兼职副主席。

【培训侨联干部】 5月12日，吴中区侨联举办区侨联干部培训班，全区基层侨联的20余位侨联干部参加培训。12月8~9日，区侨联又举办一期侨联干部培训班，区侨联全体委员，各镇、区（街道）分管领导等30余位侨联专、兼职干部参加培训。培训班上，苏州市侨联主席沈晋华结合侨史、侨情、侨法等内容，就如何做好新时期的侨联工作给大家上课，并就新出台的《中国侨联改革方案》进行深入解读。培训期间，组织学员前往太仓市考察学习，在太仓市的德国中心、江苏省中小企业科技创业基地等地参观学习。

【举办书画作品展】 5~6月，由苏州市侨联、苏州大学博物馆联合主办，吴中区侨联协办，苏州市华侨书画院承办的“翰墨侨韵·醉美江南”书画作品展在苏州大学博物馆举行。书画作品展依托“亲情中华—爱在侨联”品牌，以“展示交流、探索创新”为宗旨，烘托“翰墨侨韵·醉美江南”主题。本次展览推选19位苏州市华侨书画院的艺术家创作的105件作品参展，其中大部分为吴中籍艺术家的作品，如吴中区侨联海外顾问周士心、王立鹏等先生的书画作品。

7月23日下午，由苏州市侨联、吴中区侨联主办的“翰墨侨韵·仁者乐山，智者乐水”陈英明教授书画作品展，在苏州市尹山湖美术馆开幕。陈英明教授是国内著名的山水画大师，现任上海交通大学东方艺术交流中心主任、上海交通大学世界遗产学研究中心主任等。书画作品展持续到9月20日结束，共展出陈英明教授创作的90余幅精品，各地的书画爱好者800余人次，前往苏州市尹山湖美术馆观赏。

【侨界文艺演出活动】 6月28日，由区委统战部、区侨联、区文体局在横泾街道文体中心联合举办“庆祝建党95周年、中国侨联成立60周年”文艺演出。区政协，区委统战部，区人大民宗侨台工委、外侨办、侨联、文体局、各镇（区），街道相关领导以及部分归侨、侨眷500余人观看演出。历时一个半小时，演出舞蹈《侨界喜洋洋》、合唱《没有共产党就没有新中国》、独唱《在希望的田野上》《再唱山歌给党听》《我们的中国梦》《南泥湾》、锡剧《心系故土侨胞情》等节目。

【第六家传统文化海外传播交流基地】 7月6日，吴中区侨联第六家传统文化海外传播交流基地，在吴中区甪直镇“萧芳芳纪念馆”正式挂牌，区侨联主席顾炯文、甪直镇侨联副主席李君图为传统文化海外传播交流基地揭牌。“萧芳芳纪念馆”（萧宅）系萧芳芳女士的祖宅，建于清代，位于甪直镇中市街，是江南水乡古镇甪直的一个知名景点。区、镇侨联依托“萧芳芳纪念馆”平台，邀请海内外的华侨、华人来吴中参观交流，为推动吴中、海外的文化交流作贡献。

2016年7月6日，甪直“萧芳芳纪念馆”挂牌吴中传统文化海外传播交流基地

【马墨秋获美国白宫记协奖学金】 4月30日，甪直镇留美学生马墨秋获2016年度白宫记协奖学金，并受邀参加一年一度的美国华盛顿白宫记协晚宴，受到美国总统奥巴马夫妇接见和祝贺。白宫记协晚宴是白宫举办的年度传统活动和美国新闻界的年度盛事。白宫记者协会晚宴的第一项任务就是颁布奖学金，以支持新闻教育、培养年轻记者。马墨秋留美学习期间，因出色的表现在与同学激烈的竞争中脱颖而出，与来自全美各地高校的其他17名学生，一同获得该项奖学金。

【发放归侨、侨眷景点游览优惠卡】 2016年，甪直镇侨联对归侨、侨眷发放“景点游览优惠卡”，方便甪直镇归侨、侨眷在回乡省亲访友的时候，了解家乡的经济、文化、旅游事业的建设和发展，向海内外侨界推介家乡人文历史与美丽景色。持“景点游览优惠卡”者，一是免收2人在甪直镇各景点游览的门票，二是海外新朋好友来甪直观光或组团游览古镇景点时，实行门票优惠。

【开展健康科普宣传与急救活动】 4月29日下午，吴中区卫生局侨联与高新区侨联在苑北社区服务中心，举办健康、急救知识进社区活动，宣传现场急救知识，提升社区工作人员和居民的自我急救能力。活动中，专门安排吴中人民医院急诊科医师陆梅为侨眷们传授心肺复苏、哽噎急救处理等现场急救知识。授课内容贴近实际、贴近生活，讲解通俗易懂，同时进行现场指导、现场示范演绎，鼓励侨眷们相互演练，快速、正确掌握相关的急救技能。授课活动结束后，免费为30多名侨眷发送家庭急救手册。5月12日，吴中区卫生局侨联、吴中人民医院在吴中广场开展健康进社区科普活动，组织医护卫技人员对市民进行卫生科普知识宣传和现场急救培训。侨眷王银喜、包丽华等医学专家通过询问病史、现场诊断，解答有关高血压、糖尿病、骨质疏松、皮肤病等常见疾病方面的有关问题，指导患病群众合理用药；免费为群众测量血压、血糖，根据测量结果提出建议；现场进行心肺复苏演示，指导群众如何进行紧急救护，提高市民的自我保健意识和紧急救助能力。整个活动历时3个小时，免费测量血糖近230人次，测量血压300余人次，发放社区老年人生活方式调查问卷30份、健康知识手册300多份。

【基层侨联联谊交流活动】 2月1日，城区南区社区组织侨眷和青少年开展一年一度的“写春联 送祝福”活动。7月30日下午，由木渎镇统战办牵头，联合镇侨联、侨之家和留学生家长联谊会，邀请美国留学博士钟昕总裁、英国留学硕士张秋艳及回国创业的金甫虞、张莹新两位硕士留学生，各村（社区）、居委会侨务工作者、留学生家长及留学生、在校高中生、大学生共70余人参加活动。9月12日晚，由胥口镇侨联、胥口镇宣传办、胥口镇文体中心等单位联合举办的“胥江月·中秋诗词诵读会”在“江苏省华侨华人文化交流基地”胥王园举行，区侨联顾炯文主席，胥口镇党委副书记、镇长徐卫东，中国书法家协会会员、吴中区书协副主席陈方红，以及来自全区的文艺爱好者100余人参加活动。9月13日，甪直镇召开侨界迎中秋庆国庆座谈会，镇党委副书记、统战委员过钦军与全体委员和部分归侨侨眷代表共20多人参会。9月27日，吴中区甪直镇侨联、侨之家受镇党委、镇政府的委托，对部分老年归侨、侨眷进行重阳节慰问。10月9日，光福镇侨联小组开展“九九重阳三个一暖心”活动，在光福镇敬老院与侨眷和老人们共同过重阳节。10月25日，木渎镇侨联负责人、留学生家长联谊会组长和部分侨眷代表赴上海浦兴街道侨联，进行联谊交流学习活动，学习浦兴街道侨联的工作经验和做法。

（于立初）

吴中区残疾人联合会

【概况】 2016年全区共有残疾人41601人，占总人口的6.29%。其中视力残疾3468人，占残疾人总数8.3%；听力言语残疾2871人，占残疾人总数6.9%；智力残疾4134人，占残疾人总数9.9%；肢体残疾24762人，占残疾人总数59.5%；精神残疾5772人，占残疾人总数13.9%；多重残疾人594人，占残疾人总数1.4%。

【残疾人社会保障】 2016年，区残联继续完善残疾人社会保障体系建设，全面推动残疾人托底保障。对低保家庭中的334名重度残疾人发放重残补贴金19.47万元，全区残疾人低保户773户920人、残疾人低保边缘743人享受上浮20%的生活救助金全部发放到位，为全区1682名无固定收入或固定收入低于低保标准的重残人员发放生活救助金609.97万元，为三、四级无业精神（智力）残疾人730人发放生活救助金194.84万元，为残疾人特殊困难、一户多残、依老养残家庭173户286人发放补贴72.54万元，为全区234名聋人发放短信信息补贴经费7.02万元。全年共为646名残疾人新申领公交爱心卡、250名残疾人补办爱心卡、7359人办理爱心卡年审，为5016名残疾人申办团体人身意外伤害保险，减免保费15.109万元。落实残疾人三小车营运帮扶生活补贴政策，为78名残疾人发放工资和交纳五金165万元，为5家福利企业发放社会保险补贴71.98万元；为全区226名残疾人发放社会保险补贴经费66.87万元。

【残疾人就业和培训】 2016年6月初，区残联召开全区按比例安排残疾人就业年审工作会议，对全区46241家企业下达通知，对安排残疾人就业的企业进行年审；利用残疾人专场招聘会、残疾人职业介绍服务平台、区镇残联就业介绍等方式，帮助残疾人就业，年内共有5家用人单位招用16名残疾人工作。组织举办首届残疾人手工编织培训班，培训残疾人9名；组织选拔2名残疾人参加苏州市残疾人微店运营技能培训。

【残疾人康复】 2016年，区残联完善残疾预防服务体系，会同苏州市眼视光医院、苏大附属理想眼科医院走进13个镇（街道），开展拉网式免费眼病检查，共筛查15262人，其中白内障需手术1190人、翼状胬肉手术67人，相继完成白内障手术1119人。3月3日，区残联开展“爱耳日”宣传教育活动，为横泾街道、胥口镇等地居民提供免费听力筛查，外耳道和听力损失检测等康复服务，共筛查650多人。6月6日，区残联开展“爱眼日”宣传教育活动，共筛查200多人，发放视力宣传手册和视力测试表等260多份。区残联全年为18周岁以下听障儿童免费配发助听器14台，18周岁以上听障人员助听器补助18台，植入人工耳蜗手术补助6名；完成14周岁以下残疾儿童抢救性康复训练266名，其中听力言语康复27名、智力康复16名、孤独症康复46名、低视力康复110名、肢体康复67名；完成成人肢体康复训练92名，对95名残疾人安装假肢、矫形器给予补助；免费发放辅助器具870件；为符合条件的765名重性精神病患者提供免费服药。吴中区特殊儿童康复中心的10名在训听障儿童接受康复评估，全部获得一级康复的优异成绩。

2016年10月20日，江苏省残疾人文化创业刺绣培训班在木渎镇山塘街李绣坊开班

【残疾人托养服务】 2016年，继续抓好残疾人托养体系建设，对全日制残疾人托养机构进行经常性的检查指导，提出合理化意见和要求。年内重点对木渎残疾人善爱之家和金庭残疾人托养中心进行帮带指导，在全国助残日期间，帮助木渎残疾人托养服务中心成功举办“爱心助残、情系托养”座谈会。对居家托养人员，按残疾人需求，由托养服务机构安排人员上门进行护理照料服务，及时填写“残疾人居家服务记录手册”。对托养人员实行动态管理，与低保和低保边缘人员联动，与托养人员年龄联动，符合托养补贴政策中的低保或低保边缘中的重度残疾人及时增加，不符合的及时去除。年内，全区共托养残疾人248人，其中全日制托养64人、日间托养19人、居家托养165人，为248名残疾人发放托养服务护理费补贴182.54万元。

【残疾人体育】 2016年，区残联组织部分残疾人运动员，参加苏州市第十四届体育运动会残疾人组比赛暨苏州市第六届残疾人体育运动会的各项比赛。做好赛前集训工作，共组织62名运动员进行中国象棋、乒乓球、羽毛球、举重、田径、门球、游泳、聋人篮球、射击等九大项赛前的集中训练。在比赛中共获得35金、19银、10铜的好成绩，名列全市残疾人体育运动会金牌榜、积分榜第一名。视障运动员沈亚琴在里约残奥会上，代表中国队出战田径T11–T13级女子4×100接力赛，刷新世界纪录并获得金牌，运动员们被全国妇联授予“全国三八红旗集体”荣誉称号。听障运动员厉斌在江苏省残疾人体育训练基地集训，备战2017年世界聋奥会。

【残疾人文化】 2016年，组织开展各类残疾人文体活动。全国助残日期间，区残联举办以“关爱孤残儿童　让爱洒满人间”为主题的吴中区庆祝第26个“红五月”暨迎“六一”国际儿童节文艺汇演。在苏州市残疾人优秀文艺节目展评活动中，吴中区盲人歌手赵晓东的声乐《鸿雁》和盲人评弹演员赵光旭的评弹开篇《梅竹》分别获得声乐类和曲艺类一等奖，区残联获得优秀组织奖。9月下旬，赵晓东、赵光旭等代表苏州市参加省残疾人优秀文艺节目展评，受到好评。年内，各镇（街道）残联按照就近就便原则，因地制宜地开展文体活动。在助残日期间，共组织开展21场文体活动，受到广大残疾人的欢迎。

【凝聚社会助残资源】 2016年，以《江苏省残疾人保障条例》施行三周年为契机，修订可操作的残疾人优惠扶助和法规政策，组织开展各项重大助残政策落实情况的检查活动，加强区残疾人法律救助站规范化建设和沟通、协调，为残疾人平等参政议政创造条件。加大残疾人事业宣传力度，统筹做好重要政策、重点工作、重大活动的宣传工作，营造有利于残疾人事业发展的社会舆论氛围。贯彻落实《关于推进吴中区残疾人服务社会化工作实施意见》，加快推进购买服务，争取在残疾人居家托养、职业技能培训、文化助残和社区残疾人服务等方面，实现政府购买助残服务项目的新突破。发展助残志愿组织，加强志愿者培训，开展结对帮扶和助残帮困活动。

【全国助残日活动】 2016年5月15日，是第26个全国助残日，主题是“关爱孤残儿童　让爱洒满人间”。全区、镇、街道残联走访慰问困难残疾人家庭420余户，发放慰问金62万元。4月29日，木渎镇残联组织各村、社区残联协管员带领残疾朋友，前往江苏省第九届园艺博览会参观游览。5月13日，副区长沈志栋带队走访慰问木渎镇两户贫困残疾人家庭；木渎镇残联在“善爱之家”残疾人托养中心举办庆祝第26个全国助残日暨爱心助残情系托养文艺演出。助残日当天，区残联组织残疾人代表在区残疾人综合服务中心开展“残健同行　共享未来”残疾人回馈社会活动，通过玉雕、石雕、红木雕、核雕、盲人按摩、布艺玩具、盆栽种植、义诊、法律援助、政策咨询、康复服务、辅具展示等多种形式，让社会大众更多地了解残疾人。本次活动共有16名残疾人代表为群众提供服务368人次。（吴乃菲）

吴中区红十字会

【概况】 2016年，吴中区红十字会有基层红十字会组织及团体会员单位67个，其中镇（街道）红十字会4个、卫生系统团体会员单位21个、教育系统红十字会41个、企业红十字会1个，会员数15600人，其中青少年会员12000人。社区红十字服务站2个。区红十字会获“2016年度中国红十字会总会报刊宣传先进集体”。

【区红十字会第三次会员代表大会】 11月30日，吴中区红十字会召开第三次会员代表大会，区领导金洁、唐晓东、李朝阳、潘国强、唐龙生、周晓敏、张建祥出席开幕式；各镇（区、街道）分管领导,基层红十字会、团体会员单位分管领导,爱心企业、爱心人士和志愿者代表等117人参加会议。大会听取审议并通过朱瑞良代表吴中区红十字会第二届理事会所作的工作报告,选举产生区红十字会第三届理事会。在区红十字会第三届理事会第一次会议上,通过聘请区委书记金洁,区委副书记、区长唐晓东为区红十字会名誉会长的决议;经选举,副区长周晓敏当选区红十字会三届理事会会长,朱瑞良、程飞、陆为民、龚艳、朱筱菁、陆治平、张陈当选为副会长;大会表彰自第二次会员代表大会以来的红十字会工作先进集体10个、先进个人20名。

【救灾、救助、救护工作】 区红十字会全年收到捐赠款物共计129.92万元,其中,捐赠物价值98.03万元,捐赠款31.89万元。继续开展助学、助医、助困活动,资助贵州省铜仁市德江县24名贫困学生,助学款共计2.05万元;救助本地大病青少年19名,发放救助款3.4万元;开展博爱送万家活动,慰问贫困家庭123户,款物共计15.4万元。红十字会系统开展的"公益性应急救护培训",被列入《苏州市2016年实事项目》,由市红十字会牵头实施,区红十字会全年组织培训初级救护员1418名,普及培训11200人次,超额完成苏州市红十字会下达的培训任务。

【献血、献造血干细胞、献遗体器官工作】 区红十字会全年组织社会无偿献血4117人次,献血量106.76万毫升。木渎镇、甪直镇、城南街道、吴中中等专业学校获苏州市精神文明建设指导委员会、苏州市献血领导小组、苏州市红十字会联合表彰的无偿献血先进集体称号;光福镇、金庭镇、东山镇、长桥街道获无偿献血促进奖先进集体称号。开展捐献造血干细胞志愿者采样入库103人,2人高分辨配型成功,体检合格,准备捐献。捐献遗体志愿者新增登记45人,实现身后捐献遗体4人,捐献角膜4人。

【社区服务和红十字青少年工作】 组织会员和志愿者开展社区服务、社会救助和社会公益活动;开展卫生救护培训、防病知识的宣传普及工作。继续推进红十字青少年工作,与区教育、卫生、共青团等部门联合,将红十

2016年5月12日,吴中区举办红十字日宣传活动,纪念第69个世界红十字日

字理念与学校素质教育相结合，在青少年中传播红十字文化，弘扬“人道、博爱、奉献”红十字精神。5月，区红十字会组织青少年会员参加红十字防灾减灾知识竞赛，获中国红十字总会颁发的“2016年全国红十字防灾减灾知识竞赛”最佳组织奖。9月，经市红十字会批准，吴中中等专业学校设立“红十字教育实践活动室”，配备红十字教育实践所需的救护培训模拟人、红十字运动知识电子触摸屏等。

【宣传红十字精神】 区红十字会以纪念“5·8世界红十字日”“5·12防灾减灾日”为契机，在镇、街道及社区、学校等开展红十字博爱周宣传活动。5月12日，在吴中广场开展“红十字：处处为人人”的博爱周主题宣传活动，向群众发放《市民安全救护手册》和红十字知识宣传册，传播“人道、博爱、奉献”的红十字精神。医护志愿者在现场为居民量血压、测血糖，进行义诊和健康咨询活动，开展急救演示，现场民众踊跃参与心肺复苏模拟人练习；开展无偿献血、造血干细胞捐献、遗体器官捐献等宣传，扩大红十字会在群众中的知晓率和参与度。各学校红十字会开展新会员入会宣誓、红十字志愿服务等活动，让更多的青少年加入红十字会。年内，在世界献血日、世界急救日、世界艾滋病日，与区卫生计生、献血办等部门联合开展宣传活动，并通过新闻媒体及时进行报道。甪直镇红十字会、吴中人民医院、苏州市中西医结合医院、吴中中等专业学校获苏州市红十字工作（2010~2015年度）先进集体，马永红等18名同志获苏州市红十字工作先进个人。（田花平）

吴中区哲学社会科学界联合会

【概况】 2016年，吴中区哲学社会科学界联合会（区社科联）下属23个学会、协会、研究会。区社科联及其理事单位全年共在国家级刊物发表论文52篇、省级刊物发表论文105篇，出版著作类书刊20部。在江苏省第十四届哲学社会科学优秀成果评奖中，区社科联报送的《吴中文库》获优秀成果三等奖；在苏州市第十三次哲学社会科学优秀成果评奖中，区社科联报送的《吴中文库》《语文教学论笺》分获二、三等奖；在江苏省哲学社会科学界第十届学术大会学会专场上，吴中区选送的论文《孙子的天道观》获优秀论文一等奖；在苏州市哲学社会科学界第九届学术大会上，吴中区选送的论文《打造“四众”平台，服务地方经济发展新模式、路径研究》获优秀论文二等奖，《主题主线的谋篇布局——浙江特色小镇的调查及启示》等3篇论文获优秀论文三等奖。全年共计有10篇（项）论文（成果）相继获得省、市社科联重大奖项，获奖数量、质量取得新突破。

【社科普及宣传周】 2016年，以“树立五大发展新理念，建设强富美高新吴中”为主题，举办吴中区第九届哲学社会科学普及宣传周。在广场宣传咨询活动上，提供吴文化、金融理财、纳税服务、法律知识等23个咨询项目，设置50余块展板，向社会各界发放5000多份宣传资料，赠送1800册各类社科书籍；医学会组织开展健康体检、急救演示等便民服务；图书馆将流动图书大篷车开到现场，提供流动图书阅读、现场办证等服务；吴中高新区在活动场地举办“图书爱心义卖”公益活动。宣传周期间，区社科联组织安排“社科知识六进”、理论微故事、我与“十三五”百姓名嘴宣讲活动、未成年人社科流动图书大篷车送书下乡、吴文化专题讲座、“书香吴中”官网电台互动、“社科之夜”影片展映等十大系列活动，吸引近万群众参与。

【吴中社科大讲堂】 继续办好吴中社科大讲堂。“三会”（即吴中区农村经济研究会、扶贫协会、老区工作促进会）钱兴生的《从“江抗”东进说起　看弘扬新四军抗战精神的现实意义》、区吴地历史文化研究会邹志一的《抗日英烈——罗伯特·肖特》等2篇讲稿，获江苏省社科联2015年度优秀讲稿。围绕贯彻落实党的十八届六中全会精神和省、市、区党代会精神，组建宣讲团赴基层机关巡回宣讲；孙子兵法研究会组织专家学者深入镇（街道）、村（社区）和老年大学，用孙子兵法解读杭州G20峰会，党的十八届五中、六中全会精神，南海台海局势等，共举办讲座38场次，受众1800余人次；计生协会走进社区和家庭，组织10多场计划生育特扶家庭公益健康讲座，受众达1000余人次。区图书馆依托知名网络音频分享平台——喜马拉雅FM，注册官方账号，创新开通“书香吴中”官网电台，把反映吴地文明、受读者欢迎的阅读信息，以音频的形式上传电台，供读者们随时收听。

【社科普及基地建设】 继续加强省、市、区三级社科普及示范基地建设。穹窿山风景区孙武苑、越溪街道旺山村分获省社科联基地建设专项经费资助各2万元。穹窿山风景区孙武苑着眼于未成年人社科普及，联合《姑苏晚报》举办暑期夏令营，开展“春秋学堂”学习弟子规、制作竹筒“乌米饭”、参观谍战馆、破译摩斯密码等特色活动，寓教于乐，普及人文社科知识。越溪街道旺山村通过与专业的社会组织合作，以辖区青少年为主要受众，建设综合性的社科普及宣传服务平台，从人文、科学、历史、文化等不同角度，通过现场参观、手工制作、参与表演、教师授课等丰富形式，深化社科知识传播，提升青少年社科素养。新四军太湖游击队纪念馆开展体验式红色教育，建设红色走廊、北山生态拓展实践区、芦苇荡体验区等活动阵地，开展千人探寻红色足迹、小龙人红色之旅、千名学子追忆建党历程等红色教育实践活动，惠及广大未成年人。澄湖水八仙生态文化园充分运用现场讲解、音视频、实物结合、多媒体互动、亲身体验参与等手段，全方位展示吴地特有农作物水八仙的生长、采收、加工等全过程，普及人文社科知识，发挥宣传教育功能。（汤晓亮）

编辑：王明生

法治·军事

审　判

【概况】 2016年，秉持民本司法工作理念，把握执法办案和服务大局的关系，发挥司法审判职能，坚持顶层设计与基层探索相结合，立足司法实践，推进各项改革措施，用改革创新破解司法难题。面对案件数量激增、审理难度加大、质量要求提高的工作压力，坚持司法为民、公正司法工作主线，狠抓执法办案第一要务，全年共受理案件18114件，审、执结14716件，人均结案272.5件。年内，荣立2014~2015年度全省法院系统集体二等功，获评为省级文明单位。

【审判执行】 依法惩治犯罪，落实人权保障，审结刑事案件974件1198人；化解矛盾纠纷，规范市场秩序，审结民商事案件9195件，调解结案2721件；监督支持依法行政，助推法治政府建设，审结行政诉讼案件25件，非诉行政审查与执行案件24件；提升执行水平，兑现胜诉权益，执结案件4422件，执行到位总金额23.4亿元。

【司法改革】 落实法官员额制改革，择优选出38名法官进入员额。完成首批员额法官单独职务序列等级评定和工资制度改革工作。落实司法责任制，深化审判权运行机制改革，确立审案与管案相结合、定案与议案相结合、签案与核案相结合的审判定案机制，实现文书审核、签发全程留痕。完成人民陪审员制度改革试点中期评估工作，明确陪审制审理案件范围与合议庭组成规则。推行大合议制和人民陪审员"事实审"，对于事实争议或社会影响较大的案件，组成五人大合议庭审理，人民陪审员参与案件事实认定，法官负责法律适用。科学分析审判运行态势，实现对审判流程的全程管理和动态跟踪。加强审限节点管理，严格落实庭长、审判管理办公室、院长办公会议三级听案制度。整合审判资源，挖掘审判潜能，实行人案适配调节分案机制。推行要素式裁判文书改革，在事实清楚、权利义务明确、当事人争议不大的民商事案件中尝试适用表格式判决书。　（刘轶臣）

检　察

【概况】 2016年，贯彻上级机关关于反腐败工作的总体部署和要求，履行审查批准逮捕、审查起诉等职责，运用法治思维和法治方式，加快科技强侦步伐，加强对诉讼活动的监督，积极查办和预防职务犯罪，加强检察队伍建设，打造"人文吴中、智慧检察"工作品牌。

【刑事犯罪】 2016年，受理批捕案件824件1092人，其中批准逮捕案件444件542人，不批准逮捕371件538人，无错捕、漏捕现象。受理公诉案件1090件1375人，其中提起公诉984件1233人，作出不起诉决定56件67人，建议公安机关撤回起诉6件12人，无无罪判决案件。集中办理多起性质恶劣、社会影响较大的案件，办理“e租宝”非法吸收公众存款案，最高检、公安部、环保部挂牌督办的垃圾异地倾倒太湖西山案，公安部督办的组织他人跨越国边境案等多起案件。对高检院指定管辖的特大跨国电信诈骗案提起公诉，审查起诉致4死4伤并事后逃逸的刘沛中交通肇事案、数额达200余万元的重大职务侵占案、汪某等6人组织他人偷越国（边）境等多起案件，做到适用法律严谨、程序公正透明，保证案件能够经受住民众监督和历史考验。垃圾异地倾倒太湖西山案被高检院评为2016年度十大刑事案件、十大法律监督案例。

【社会和谐稳定】 推行“阳光信访”“法治信访”理念，全年接收各类信访180件，控告43件，举报22件，申诉57件，其他类32件，法律咨询类信访26件，没有发生越级信访、赴省进京信访案件。规范信访办理与答复流程，受理检察调解申请51件，达成刑事和解10件，调解金额达198.5万元，办理司法救助4件，救助金额1.4万元，化解双方当事人矛盾，杜绝信访风险。开通网上远程视频接访系统，开通“吴中检察”微信、微博，依托“检察互联”平台作用，方便群众反映诉求。提升信访接待能力，推进律师参与化解涉法涉诉信访工作机制，邀请公益律师参与公开答复全过程，引导当事人依法维权、依法息诉。对于涉及本院办理的刑事案件引发的群众信访，坚持承办人员和控申信访接待人员联合答复制度，化解一起20余人集体访事件。

【创新社会治理】 依托检察为民服务中心，“一站式”满足群众法律咨询、举报控告申诉以及公安案件移送、律师阅卷等多方面需求。推进检务公开，公开案件程序性信息2649件，重大案件信息公开14件，公开法律文书917件，公开率达90%以上。全年接收律师电话或来人咨询1000余次，接收律师网上阅卷205件。做好未成年人维权帮教工作，全年受理未成年人刑事案件66件83人，加强未成年人办案特殊保护程序，全年发出法定代理人到场通知书38份，发出社会调查委托函17份，聘请法律援助17人次，聘请合适成年人27人次，封存未成年人犯罪记录12份，开展心理疏导6人次，开展法治维权活动4次，共有550余名中小学生参与。携手团区委共同推出法制宣传教育基地“润涓”工作站，为青少年开展各类法制宣传活动，互动游戏，心理疏导和咨询，模拟法庭等活动，入选“苏州市检察机关未成年人刑事检察工作十大品牌”。推出“青春引航调查问卷”工程，让教育内容更易感染未成年被告人，收到良好的法庭教育效果。

【保障非公经济发展】 与工商联召开联席会议，为工商联执行委员会委员单位进行《最高人民检察院关于充分发挥检察职能依法保障和促进非公有制经济健康发展的意见》解读。全年办理职务侵占案5件5人、挪用资金案2件2人，保障非公企业的健康发展。对吴中区535家非公企业的行贿犯罪记录进行集中查询，为区市场监督管理局重合同守信用企业评定工作提供精准服务。在查处非公有制经济人士行贿案件中，在依法办案的前提下，考虑非公有制经济的特点和企业的生存发展，考虑当事人犯罪情节、主观过错等，在法律允许的框架内尽量采取不限制人身自由的强制措施。

【职务犯罪】 全年，查办贪污贿赂犯罪案件12件13人，查处渎职侵权犯罪案件3件3人。涉案金额创历年之最，特别是轨道交通公司系列案件受贿金额达千万元以上，相关行贿案件金额也在百万元以上。通过办案共追缴赃款赃物和挽回直接经济损失2000余万元。干部级别创历年之最，受贿的8人中，苏州市轨道交通集团有限公司原副总经理为副处级干部，3人为科级干部，科级以上干部占比达57%。在垃圾异地倾倒太湖西山案件办理过程中，反渎部门对相关工作人员涉嫌渎职犯罪以事立案，先后查办江苏省太湖强制隔离戒毒所原副所长和基建科原科长渎职犯罪案件2件2人。在国资系统查办案件3件3人，轨交系统查办案件5件6人，在系统内部产生较大影响，起到震慑和预防犯罪的作用。

深度嵌入模块要求，力求精细化初查。推行“先期、中期、后期”三期初查工作法，每一期各有侧重并形成模块，要求侦查员按照模块要求开展初查工作、填写初查信息，为案件快速突破奠定坚实基础。创新编制《吴中反贪初查工作手册》，汇聚三代侦查员初查经验，提升初查的规范性、有效性。创新应用科技装备，确保规范化取证。以新大楼办案区建设为契机，以规范司法为指引，率先实现装备建设、软件研发和实验室建设的综合应用。探索智侦手段，助推专业化审讯。创建集“讯问语言库、讯问对策库、参考视频库、案例数据库”四库于一体的反贪智库，提升审讯专业化水平。注重数据归集利用，聚力信息化依托。实施“信息共建”计划，充分汇聚外部数据，收集区房产、社保、民政等数据信息150余万条，将信息汇总至侦查突破指挥平台，进行模糊检索和数据挖掘，服务办案工作，在省院反贪平台中的数据录入量位居第一位。开展检纪协作，办理苏州市纪委交办的苏州轨交建设公司系列要案。3月份起，反贪干警克服困难、双线作战，连续加班1个月，立案6件6人，取得了集约作战效果，展现吴中反贪精神。法警大队参与自侦案件的办理，执行看管任务31次78人次，送达法律文书、案卷材料1000余件。

围绕服务大局，结合吴中区开展的重点工作撰写预防调查，撰写3份调查报告，开展案例分析5项。其中，围绕国有企业犯罪高发、受贿、行贿都有涉及的情况撰写《国有企业工作人员行贿犯罪突出原因分析》，围绕垃圾跨境倾倒案件中发现的渎职犯罪线索撰写《垃圾跨境倾倒背后的渎职犯罪》调查分析，对侦查突破案件给予支持。预防咨询15次，开展预防宣传5次、警示教育8次，受教育人数5000余人。开展行贿犯罪档案查询5187批次6762单位13033人，经查询发现有行贿行为的2单位，已按照规定流程进行通告处理。开展精准预防，通过参与项目监察组，参与对园博园采购招标、绿化景观建设变更等事项会办，对工程进行全程实时监督，提升监督的效率和效果，护航江苏省第九届园艺博览会，杜绝工程建设中发生贪贿、渎职等职务犯罪情况。创新要求犯罪嫌疑人在立案后书写“三书”，即家书、悔过书、预防建议书，对家人忏悔、对自身行为反思、对后人予以告诫，让预防宣教更具教育意义。开展检察“碧波行”活动，围绕“一把手”职务犯罪以及“带病提拔”职务犯罪的典型案例，为乡镇“一把手”就职务犯罪预防进行专题授课，探索出一条具有地域特色的“生态预防之路”。

【刑事诉讼】 提升诉讼监督质量、提高监督水平，全年发出立案监督2件2人，追捕1件1人，共向公安机关发出纠正违法通知书10件，均收到回函及整改意见，纠正漏罪2件、追诉3人，向法院提出再审建议2件，抗诉1件。其中，围绕当事人来信，成功立案监督1起猥亵儿童案件。开展对公安机关刑事拘留后未提捕未移诉案件专项监督活动，确保监督无盲区，审查发现1起刑事转行政处罚案件存在处理不当的问题，向公安机关发出说明不立案理由通知书，公安机关已经立案。推进以审判为中心的诉讼制度改革，开展非法证据排除工作40余件，排除非法证据2份。以“两法衔接”为纽带，充分发挥行政执法与刑事执法的互补优势和资源共享，形成打击合力。与烟草局、卫生监督局、市场监督管理局以及人力资源和社会保障局形成案件备案制度、定期通报制度和联席会议制度，监督行政执法工作。完善信息共享平台，实现司法信息与执法信息的互联互通。

【刑事执行】 推行“七个一”监督工作法，通过“一重点、一核查、一档案、一名片、一版图、一通报、一表格”的方式，强化对社区矫正人员教育矫治工作的监督。通过向社区矫正人员发放检察官约见卡，告知其权利以及救济途径，共计发放约见卡200余张，提供法律咨询10余人次。加强对司法所工作的监督力度，口头纠正各类违法20余次，提出口头检察建议10余次、书面检察建议1次。通过与公安机关的协作以及在社区矫正检察中全面细致的排查，发现社区矫正人员又违法2人，脱管1人，均及时建议并督促收监执行。针对办案部门、被害人可能存有异议或者其他需要进行公开审查的情形，制定《羁押必要性审查远程听证制度（试行）》，规范远程听证程序，全年办理羁押必要性审查案件8件，发出改变强制措施建议7件，其中6件得到办案部门的采纳。扩展远程听证功能，全面客观反映案件情况，增强处理意见的说服力。

【民事行政检察】 加强对民事行政诉讼活动监督，发出再审检察建议1件，发出审判程序违法行为监督检察建议1件（往年发出的执行监督检察建议法院采纳5件），发出督促起诉检察建议5件，其中2件属于公益诉讼诉前程序案件。贯彻落实《关于开展强制隔离戒毒检察监督工作的暂行办法》，畅通与戒毒人员的沟通渠道，在太湖强制隔离戒毒所内设置19个检察信箱，与执法人员座谈25人次，与强戒人员座谈13人次，了解所内执法情况，发现违法行政行为，维护强戒人员合法权益。严格依法、依授权开展公益诉讼试点工作，加强案件线索来源机制建设，获知公益诉讼线索5件，通过督促起诉履行完毕诉前程序案件1件，经层报最高检批准，同意由检察机关提起公益诉讼，该案系全市唯一由检察机关提起诉讼的民事公益诉讼案件。

【刑检办案】 为缓解案多人少矛盾，解决新址距离看守所、法院路途遥远等实际问题，利用科技手段助推检察工作建设，加大对远程提审、远程庭审的适用比例，远程提审、远程庭审的使用率分别为95%和41.31%。在此基础上，利用华为远程庭审网络，打造刑检办案指导平台，将远程庭审、远程提审音视频进行整合，做到“同步现场情况、及时通讯指导”。依托现有远程庭审专线网络，将两网（远程庭审所用专线网络以及远程提审所用检察专网）、四点（市院、区法院、看守所、派驻检察室）音视频画面整合至本院刑事办案视讯指挥中心。在指挥中心，就可以完成远程提审、庭审实时观摩，与市院进行案件汇报，与派驻检察室进行沟通交流，可以及时提醒公诉人控辩焦点或公诉意见，提升公诉人出庭表现，以集体智慧助推业务水平新提升。

【公诉案件分级积分】 根据案件机制改革中关于推进案件管理的科学化、体系化、专业化建设的要求，结合案多人少的实际情况，制定实施《公诉案件分级积分办理暂行办法》。该办法将公诉案件按照性质和工作量分为三个等级，根据承办人的不同特点也进行分类，不同类别的承办人所能承办的案件范围不同。案管部门依托检察机关统一业务应用系统，负责案件的审查分级，在系统中对案件级别进行标注，各承办人的积分成绩，将与考核评优、晋升职务等进行挂钩。自实施以来，共分配案件482件，其中一级案件450件、二级案件27件、三级案件5件，从而让检察官所办案件在数量、类型和难易程度上更为均衡，提高办案效率。

【加强科技装备】 将“互联网+”思维应用到侦查工作中，研发侦查突破指挥平台，实现指挥员与侦查员、书记员、信息员实时信息共享互动，直接查看审讯录像、讯问笔录、嫌疑人心率声纹

将机器人引入吴中区检察院案管大厅

波动，对审讯、调查取证、后勤保障进行统筹安排。平台建立职务犯罪云端数据库，汇聚外部数据300余万条，整合历史案件信息3.2万条，可进行实时全文检索。每个办案人员均可通过电脑上传、查看新的信息，实现新数据实时共享，有助于改变信息孤立、层层转达的低效状态。2016年7月，该软件在首届全国检察机关信息化网上轻应用开发活动中荣获三等奖。除完善运用侦查突破指挥平台以外，率先应用视频监督仪，进行实时监督搜查取证，建立视频资料定期查看分析机制，能够定期抽看视频、查摆问题，最大限度规范搜查取证行为。试行至今，发现并及时纠正不规范现象5次，已诉案件一审服判率100%。

与科技公司合作，试点应用讯飞听见审讯系统，将反贪案件审讯语音实时转换为文字，形成“审讯原始记录”，语音文字转换准确率达90%以上。审讯指挥过程中，指挥员通过后台查看历史及实时审讯记录，最大限度了解审讯进程，把握审讯进度，规范审讯行为，找准审讯突破口，实现及时科学决策，快速有效突破。书记员在记录不及时的情况下，能够通过查看审讯记录查漏补缺。通过查看审讯记录，可对审讯全过程中是否存在刑讯逼供，或以威胁、引诱、欺骗等非法审讯方法获取证言和供述的问题进行有效监督。通过在审讯记录中搜索关键字，精准定位关注点，使“回头看”这一操作变得简单易行。全面全程开展同步录音录像工作，共计开展77次376小时。（黄　慧）

公　安

【概况】 围绕公安部“四项建设”、省厅“一体两翼”总体布局和市局关于推进公安工作改革的重大决策及区委、区政府的部署要求，把握当前社会治安形势，以社会治安大局持续稳定为主责，以公安工作改革为动力，统筹抓好破案打处、规范执法、公共安全监管和队伍建设等工作，为全区经济社会发展创造和谐稳定的社会环境、公平正义的法治环境和优质高效的服务环境。

【反恐维稳】 完成“4·29”“12·16”林昭墓祭奠、“6·4”敏感节点维稳等政治维稳任务；成功处置、化解70余起群体性事件；完成全国、省、市“两会”、党代会，以及世界互联网大会等系列重要会议的安保工作；保障灵岩山寺“烧头香”、第九届江苏省园艺博览会、‘互联网+’现代农业大会、G20峰会、“护城河”安保、灵岩山寺明学长老追思法会等大型活动的开展。其中，灵岩山寺“烧头香”活动投入安保力量700余人次，烧香游览的群众15万人次；第九届江苏省园艺博览会投入安保力量1.2万人次，入园群众136万余人次。出动警力2700余人次，完成“601”“603”等4批次一级警卫任务和“6201”“6218”等5批次二级警卫任务。

【公安改革】 组建改革工作专班，推进实战型指挥中心建设，开展巡防体制改革，协助区委、区政府推进社会综合治理联动中心建设。2016年度，违法犯罪警情同比下降3.8%、刑事案件发案数同比下降11.5%，连续多年违法犯罪警情增长的态势得以遏制。其中，仅实战型指挥中心自3月21日运行至年底，分流和化解警情226642起，占总警情的42.3%；盘查总数达到141.7万名；以7个警务工作服务站为平台的巡防勤务模式于5月10日运行以来，通过巡防和盘查直接抓获违法犯罪嫌疑人510名。

【优化机制】 优化破案打处工作机制，构建以技、网、视侦为侧翼，刑事技术等专业技术、大数据为支撑的刑事侦查合成破案体系，破案打处工作质态得以提升。2016年，立刑事案件16386起，同比下降11.5%；破案2994起，同比上升8.2%；共刑拘1390人，同比上升12.2%；打处总数1578人，同比上升5.1%；行政拘留2505人；共抓获网上在逃人员468名，其中命案逃犯3名，新增逃犯到案率75.2%。

度假区刑事案件破案数138起，比上年增长42%；破案率达19.3%，比上年增长9.2%，其中“盗抢骗”等侵财类案件破案率达12%，比上年增长5.7%。吸毒人员查处率达30.82%，列市区分局组首位。现场勘查中通过提取DNA、指纹等物证，直接比中率比上年增长25%。

（孔凡苇　郑凯文）

【规范执法】 适应“以审判为中心”的诉讼制度改革，应对的14起行政诉讼，无一败诉；建立高起点、高标准的案件管理中心和派出所案件管理室；完善主办民警责任制度；在全市率先探索实施“律师驻所”制度；多途径、多方式提升执法主体能力，实现执法主体“专业化”、执法活动“规范化”、执法监督“全程化”的目标。

（孔凡苇）

【公共安全】 开展“清剿火患”战役和安全隐患专项检查等专项行动，推进安全隐患排查整改。在消防方面，开展大型安全生产检查30余次，共检查重点单位6159家，同比上升20.5%；督促整改火灾隐患9175处，同比上升13.7%。在内保方面，共检查内保重点单位5207家，发现各类隐患1096处，责令当场整改1091处，限期整改5处；开展专项检查共检查单位1329家，发现隐患761处，整改隐患761处。在交通方面，推进优化交通的“五大提升行动”，推进交通隐患专项整治，优化全区交通环境，做好大型安保活动和旅游季节的交通保障工作。

度假区公安分局以非机动车和行人交通违法行为专项整治为着力点，强化隐患排查、违法行为整治以及安全宣传等措施，道路交通事故数比上年减少3.4%，记满12分汽车驾驶人清分率、大中型客货车驾驶人审验率、现场查处率及严重交通违法查处率等考核项目，均列市区分局组第一。对25家规模较大的民宿参照旅馆业治安管理规范，动员安装旅馆业治安管理信息系统12家、移动式旅客信息采集设备13家。对10家分布相对集中的民宿，采取业主将客单报送至社区警务室，再行录入旅馆业治安管理信息系统；对零散分布的13家民宿，由派出所派员上门采集旅客信息再行录入系统。

（孔凡苇　郑凯文）

【能力素质】 出台《关于改进和加强全区公安党建工作的实施意见》，优化基层党组织建设。通过动员部署会、专题党课、培训讲座、专项督查、宣讲讨论等扎实开展主题教育活动。在民警职务晋升上，共有9人晋升为三级警长，84人晋升为四级警长，22人晋升为一级警员。推进部分股职干部选拔工作，34名同志得以提拔任用。在创新训练模式上，按照“轮训轮值、战训合一”实战训练模式，开展集警务训练、巡逻处突、值班备勤为一体的实战培训，以适应当前反恐维稳和巡防工作需求。全年，完成警衔晋升22期99人次，8名同志获得优秀学员；完成实战轮训14期350人次，39名同志获优秀学员。在辅警队伍管理上，在全区辅警队伍中开展集中教育清理整顿活动，梳理出143名重点帮教对象，一一落实帮教措施，其

中筛选19名重点人员参加市局培训，辞退30余人。（孔凡苹）

【道路交通安全概况】 2016年，围绕服务保障经济社会发展“一个大局”，推进“五大提升行动”，完成江苏省第九届园博会等大型安保工作，20项重点工作稳步推进。全年，上报道路交通事故324起，死亡79人，受伤333人，直接经济损失743130元。同比，交通事故起数增长26.07%，死亡人数下降8.14%，受伤人数增长30.59%，经济损失下降33.12%。查处违停216500起，同比增长5%，现场处罚56778起，强制扣车2925辆，处罚渣土车14359起、非机动车20491起、农用车981辆，查处套牌机动车30余起，查处酒后驾驶350余起，抓获网上逃犯8人，侦破交通肇事逃逸事故9起，侦破危险驾驶案件200余起；优化交通标志136块、交通标线70余公里，排查交通标线100余公里，调整优化交通信号配时157处；淘汰黄标车703辆，完成率达100%；开展交通法制宣传咨询服务400余次，官网发布宣传微博25000余条，中央电视台专题报道吴中区清明扫墓保障工作。

度假区交警大队针对酒驾、闯红灯等重点违法行为，渣土车、三小车等重点车辆，非机动车驾驶员、行人等重点和交通参与人，固化“每周中队一整治、每月大队一整治”模式，全年查纠各类交通违法行为11423起，查扣违法车辆429辆，查纠渣土车4742起、非机动车280起、农用车1054起，罚款总额100余万元。进入学校、社区、工厂进行交通安全宣传，发放交通安全指南5000份，开展交通法制宣传咨询服务30余次，展出宣传图板70余块，悬挂宣传横幅20余条，官网发布宣传微博600余条，为民办好事10余件，收到锦旗3面。加强微警务手机APP平台使用和推广，提升轻微交通事故快撤快赔能力，通过微警务平台快撤快赔交通事故78起。建立5支义警队伍，开展文明创建和交通违法行为劝导活动。

（郭 丰 郑凯文）

【节庆保障】 通过细化园博会安保方案，优化指路系统和管控方案，大队107名民警、400余名警辅坚守岗位，放弃休息日累计8200余天，加班加点41000多个小时，确保园博会交通安全万无一失。成功保障“灵岩山、五峰山烧头香和穹窿山新春祈福庙会”“春运”“清明”“五一”“东山瓜果上市”“两会”“中高考”等交通安保工作任务。年内，完成一级警卫任务14批次、二级警卫任务23批次、三级警卫任务28批次、优先保障任务75批次。

【创新宣传】 针对酒驾、电动车违法2种违法行为，进行专题宣传筹划，拍摄一部《酒驾究竟害了谁？》微电影，在新浪网、市局、分局、交警支队主页以及官方网站热播；针对园博会，精心制作园博园交通行路宣传册和电子行路指南，推出“以案说法”迎园博专题节目、“吴中小警护园博”微信版30篇、视频专题宣传片2篇等，其中纪录片《园博，一路有你！》在新浪网播出后点击率万余次，在吴中区园博园表彰大会上进行播放；拍摄的《爱在路上》政工微电影在吴中分局政工视频大赛中获一等奖。年内，开展交通法制宣传咨询服务400余次，官网发布宣传微博25000余条，中央电视台还专题报道吴中区清明扫墓保障工作。

【智能交通】 2016年，联网控制信号路口增加33个，联网控制率已达30.5%。推行“绿波”放行模式，减少路口等待时间，提升连续通行的路口数量。太湖东西路、迎春南北路、东山大道、吴中大道等路段的通行延误减少8%。加强微警务手机APP平台使用和推广力度，组织群众使用此微警务。通过微警务平台快撤快赔交通事故1200余起，占市区总数的60%，得到上级交警部门的肯定。联合百度、高德和腾讯地图创新推出园博园周边道路和停车场、实时路况、导航诱导服务功能，通过“互联网+”的形式，将少数管理者掌控的信息通过移动互联网推送给成千上万的广大游客。

度假区交警大队依托“重点车辆源头监管系统”和“渣土车管理系统”两个平台，对重点车辆实时监控。对接责任区勤务机制、“门诊档案”机制，正式启用安全监管平台，对于重大或者需要其他部门协助解决的道路交通安全隐患，进入安全监管平台进行转递和移交。新增重点路口监控设备17套，引入所内治安监控设备109套，在全辖区范围实现路面实时监控覆盖。根据交通流量、道路等级，突出环太湖景区、金庭景区、太湖大桥主干线，在全辖区建立9个交通节点管制责任区，明确工作日、休息日、节假日勤务标准，为排堵保畅和秩序管理细化勤务布局。

（郭　丰　郑凯文）

【消防大队概况】 2016年，围绕“两个稳定”，开展消防安全治理和消防宣传教育，确保以火灾防控、灭火救援和部队管理为中心的各项工作任务完成。年内，发生火灾754起，伤2人，未发生亡人火灾事故。

2016年，度假区消防大队投入360万元购置32米进口底盘登高平台消防车，投入290万元对营房进行全面改造，提高装备保障水平，提升消防队员办公环境和生活条件。

【责任转变】 提请区政府多次召开专题会议和现场办公会，协调相关部门合力督办一批重大危险源单位。年内，区政府组织召开“两节”“两会”期间消防安全工作部署会、重大火灾隐患整治工作会议、园博会消防安保推进会等5次工作会议，区各级领导带队督办重大火灾隐患单位4次，听取消防专题报告2次。明确行业部门1名分管领导和联络人，履行日常检查制度、宣传教育制度、联席联动制度，履行情况报告、工作督察、问责约谈等各项制度，协调部门落实行业系统内的监管责任，每个监督员对接一个政府部门开展消防安全标准化管理达标创建活动。全年，联合各部门开展各类检查30余次。规范社会单位消防安全管理，督促消防安全重点单位落实“户籍化”管理工作，推进社会单位消防安全“四个能力”建设工作。按照“失火必查、有责必究”的原则，加大对火灾的处理和倒查情况的力度，对2家火灾事故单位的消防违法行为进行受案查处，共处罚款44.55万元，拘留2人次。

【防控能力】 以“确保不着火、烧不大、不死人”的工作思路推动日常监督、检查工作。挂牌督办重大火灾隐患单位2家，大队监督员每周深入重大火灾隐患单位现场进行整改指导，推动整治工作顺利进行。以“任务清单”的形式，对各地重大危险源单位督促属地政府、行业部门落实监管职责。以“三合一”、建设工程施工现场、人员密集场所、易燃易爆单位为重点开展消防安全专项治理，集中整治消除威胁公共安全的隐患问题，遏制“三合一”“多合一”场所亡人火灾多发势头，检查单位6159家，督促整改火灾隐患9175处，下发临时查封决定书104份，责令“三停”46家。同期相比，检

2016年11月9日，“119·消防日”综合应急救援演练在木渎镇大运城举办

查单位数、督促整改火灾隐患和下发临时查封决定书分别增加了20.46%、13.73%和14.29%。完成全国“互联网+”现代农业工作会议暨新农民创业创新大会安保、第九届江苏省园艺博览会安保工作，长期承担国家一、二级警卫消防安保工作任务。如：东山宾馆一级警卫任务2次，二级警卫任务1次。获评“第九届江苏省园艺博览会建设服务先进单位”荣誉称号。

度假区消防大队保持对火灾隐患整治的高压态势，开展“夏季消防安全大检查”等火灾隐患整治活动，制定具体方案，进行专项部署，协调相关部门开展联合检查，各类专项整治取得阶段性效果，抗御火灾事故的能力得到提升。全年监督检查单位1540家次，出动人员896人次，发现火灾隐患或违法行为975处，督促整改974处，下发《安全检查意见书》6份，处罚案件109份，责令“三停”4家，处罚单位5家、个人104人，下发《责令立即改正通知书》507份，临时查封20处，罚款3.6万元，设计备案19家，验收备案17家。

【基层基础】 推动镇（街道）和有关部门、社会单位依托现有网格化消防安全管理建设成果，从人员配备、站点器材、岗位职责、值守联动、管理训练等方面加强落实微型消防站建设。建成微型消防站284处，其中社区微型站34个。

【派出所消防】 将消防工作纳入分局“五度”考核，下发《“合成安全监管平台”消防工作规程》，规范“合成安全监管平台”消防工作线索的上报，下发《关于明确火灾隐患和消防违法行为移交问题的通知》，明确各派出所火灾隐患和消防违法行为移交工作的范围，下发《吴中公安分局派出所消防工作考评办法》，按照考核办法，每月组织对各派出所消防工作开展情况进行考评、下发考评通报，将消防工作纳入每周局务例会，做到消防工作和分局其他工作同部署、同推进。在派出所的配合下，全年工作有序推进，火灾形势保持基本稳定。（周　艳　郑凯文）

司法行政

【概况】 2016年，吴中区司法行政系统加快全系统信息化、社会化、实战化“三化”建设，构建法治宣传教育、公共法律服务、矛盾纠纷排查调处、特殊人群服务管理“四大体系”，推进全系统司法行政工作的转型发展、科学发展和跨越发展。年内，获评“2011~2015年全省普法工作先进区”“2013~2015年度江苏省文明单位”“全省司法行政系统绩效评价优秀单位”“法润江苏系列专项活动先进集体”“全省司法行政系统宣传工作先进集体”等称号。

【宣传教育】 会同区法治办、法制办下发《关于建立以案释法制度的意见》，组建吴中区普法志愿者大队，制定区普法志愿者大队招募注册培训管理等制度，在“12·4”活动中进行集中授旗。会同组织部、宣传部等多部门下发《关于加强领导干部法治

2016年11月11日，吴中区开展“七五”普法启动暨“法治嘉年华”巡演活动，图为在木渎首场演出评弹《法治花开铸辉煌》

教育的实施意见》，制定《领导干部法律知识任职资格考试办法》，已组织2次共60名拟提拔领导干部进行任前法律知识考试。会同区委宣传部、区级机关党工委开展“万人学法”竞赛活动，平均分位列苏州大市第三。依托区未成年人志愿法律讲师团，为全区中小学校举办法治讲座56场，听课学生共计3.6万余人。组织开展“法律服务下基层”“农民工学法活动周”“法润吴中·2016春风行动”“3·15国际消费者权益日”“4·8司法日”“法润吴中·美好城市法律相伴”等活动。开展“七五”普法启动暨“法治嘉年华”巡演活动，组织13场，近万人观看演出。通过社会组织“德法行”影视队开展法治电影下乡活动，3个月播放40余场次。与区检察院联合举办吴中区“12·4”国家宪法日暨“与法同行，廉在吴中”徒步活动，法宣成员单位和镇（街道）400余名法宣工作代表参加活动。抓好各镇（街道）法治文化公园、广场、街区、长廊等阵地建设，镇级法治阵地覆盖率达92%。依托村（社区）法治学校、法律图书角、法治宣传栏、信息触摸屏等法治宣传阵地，实现村（社区）法治文化阵地覆盖率90%以上。抢占工地、围墙、公共自行车租车点、公交候车亭、地铁站点等宣传阵地，投放“七五”普法公益广告300余幅。“吴中普法”微信号成功

地铁站点普法公益广告

入驻企鹅媒体平台，成为苏州市新媒体普法联盟首批成员单位。拍摄的《画里有话》法治微电影在第十二届全国法治动漫微电影作品征集展播活动中获得一等奖。

【公共法律】 2016年，吴中区法律顾问配备实现全覆盖。组织全区86名村（社区）法律顾问培训，提升大局意识和业务素质。推进成立区律师协会，下拨基层公共法律服务补贴资金近80万元，将《吴中区公共法律服务“十三五”规划》纳入重大行政决策，经区政府常务会议讨论通过并发文。为各地增发公共法律服务电子触摸屏75台，印制《吴中区公共法律服务工作记录和评价本》督导公共法律服务。推动落实“三个一”服务机制，即村（社区）法律顾问每个月到村（社区）服务不少于1天，每个季度至少举办1次法治讲座，每年进行1次村（居）务法律风险点排查。新开发诉调对接专家库法律咨询服务、公调对接“律师驻所服务”以及劳资纠纷调处法律服务等一批公共法律服务产品。

【特殊人群】 在册社区矫正对象和安置帮教对象分别为235名和805名。开展全区社区矫正工作队伍“三检查、三规范”专项整改活动（检查廉洁自律，检查职能履行、检查责任落实，规范队伍管理、规范执法行为，规范执法监督），做好39名社工的廉洁自律和规范执法意识针对性教育。开展严格执法、严格管理“双严”整治活动，采取警告措施35人，4人及时予以收监。为社区矫正人员购买10条电子腕带，有17人次因受到警告处分佩戴电子腕带，推进配备安装生物

识别考勤仪15台。开展刑释人员信息核查、危险性评估和信息比对工作,共核查41人次,建立8名重点人员安全管控措施。指导基层建立社区矫正人员图书室(角),购买并赠送基层司法所各类书籍400余册。邀请专业心理咨询师,开展心理健康知识讲座,为48名矫正对象进行心理测试并出具详细的测评报告,对10名重点人员和1名未成年人进行心理干预。建立完善针对特困刑释人员的应急救助机制,救助64人次,救助金额6.12万元。开展服刑人员未成年子女关爱活动,组织走访排查,建立服刑人员未成年子女信息库118人。

【矛盾纠纷】 全区各级各类人民调解组织397个,受理纠纷4584起,调解成功4575起,调解成功率达99.8%。建立以司法所长为主的特约人民调解员队伍,以法官为主的人民调解工作指导员队伍、人民调解专家库队伍、司法确认对接队伍。发放人民调解个案补贴17万余元,探索深化诉调对接工作机制,建立区法院诉讼服务中心与区社会矛盾纠纷调处服务中心,区法院专业审判组织与区各专业调委会,区法院派出法庭与各镇(街道)调委会(司法所)等“三层次”机构对接,推行调解组织受理调解、法院移送跟踪调解、法院诉中邀请调解、达成协议司法确认的“四联动”流程,打造诉调对接“吴中模式”。推进建立“诉调对接视频系统”,实现调解组织与法院系统的互联互通,通过视频系统使指导法官与调解现场实时对接,指导疑难案件调解,开展调解员培训,实现诉调对接工作网络化、化解纠纷高效化。诉调对接案件217件,司法确认案件159件。在区级行政机关创新项目绩效评价中获评第一名。

【法律援助】 扩大法律援助覆盖面,对城乡低保、重度残疾人、特困职工、优抚对象、农村五保和社会福利机构中由政府供养的人员、70周岁以上经济困难的老年人等七类人员申请法律援助的,不再限制事项范围;向所有公民开放劳资纠纷、工伤赔偿等劳动保障事项,免予经济困难审查;向经济困难群众开放婚姻家庭法律援助服务。区法律援助中心共受理并指派法律援助案件187件,电话接待4243件,来访接待1526件,网上咨询1件。“两中心一站点”共开展法律咨询18477次,参与调解纠纷1444件,开展法治宣传597次,举办法律讲座498场,办理公证业务和咨询12700次,提供鉴定咨询281次,文书代写264次。

【基层基础】 开展“德法大讲堂”和制发《吴中区司法所后备干部管理制度》,组织司法行政能力提升浙大培训班和新任司法所长、新进工作人员培训。加强司法所工作的指导,重点做好甪直镇、越溪街道和横泾街道等地司法所的提档升级建设。试点甪直镇、木渎镇等具备条件的司法所开展大型司法所建设,以点带面提升全区司法所建设的整体水平。落实政法专编管理,完善全区司法所政法专项编制“实名制”信息库。推动社会组织培育发展,建立各级各类社会组织95个,为全区司法行政转型发展奠定基础。

【律师事务所】 2016年,全区专职执业律师165名,实习律师40名。共办理调入专职律师30名,调出和注销律师12名。成功申报4家律师事务所,年末全区共有律师事务所18家。选拔38名优秀骨干律师,组建吴中人民法院“律师服务志愿”,进驻人民法院担任值班咨询服务。挑选50名骨干律师组建吴中区涉法涉诉信访案件律师资源库,为公、检、法、司的涉法涉诉案件提供服务人才保障。11月26日,苏州市吴中区第一次律师代表大会隆重召开,标志着苏州市吴中区第一届律师协会正式成立。

全区律师共担任常年法律顾问390家,办理刑事诉讼法律辩护及代理135件,代理民事案件3080件,办理法律援助案件60件;全区律所创收7000多万元。解答咨询和代写文书

850人次；律师参与公益事业和社会活动1300人次，律师担任“12348”法律热线值班工作230人次，律师参与调解地方政府重大纠纷20起。

年内，1名律师入选江苏省优秀律师（陆费红）；全区荣获市“3212”律师人才工程“领军型”律师3名，骨干型律师3名，成长型律师4名。

【公证】 2016年，办理各类公证事项、事务共计15834件，其中国内民事12842件，国内经济688件，涉外民事2004件，涉外经济31件，涉港7件，涉澳9件，涉台251件，公证事务2件，无错假证。配合区政府拆迁工作，为被拆迁户办理大量的析产协议及其他协议。另外办理被拆迁人择房的现场监督公证，规范拆迁工作的操作，关注社会生活中频频出现的民间借贷问题进行研究探索，规范民间借贷的办证要求和程序，引导各类民间借贷主体增强风险防范意识、倡导守法诚信的社会风尚，以维护社会的和谐、有序发展。（肖 璟）

人民武装

【概况】 2016年，着力举旗铸魂，聚力准备打仗，奋力夯实基础，致力军民融合，强力正风肃纪，确保年度工作任务高标准、高质量完成，全区国防后备力量建设呈现全面发展、稳步推进的良好态势。全年，参加省军区“坚决服从改革大局，忠实履行职能使命”专题教育和改革强军主题教育活动，4次组织党委中心组理论学习，8次召开党委专题学习讨论。新成立城南、越溪2个街道武装部，组织8个民兵森林防火分队集中训练。完成228名新兵征集任务，无一例责任退兵。年内投入38万元用于结对帮扶村、挂钩帮带街道、社区建设。

【民兵训练】 2016年，组织专武干部、民兵应急分队、森林防火、抗洪抢险等应急分队5批800人基地化训练，选派6批45人参加上级组织的各类集训，组织民兵分队300余人、协调驻军200余人参加地方抗洪抢险救灾行动。区、镇、村三级年内投入资金200余万元用于基层武装工作阵地规范化建设，投入30万元用于推进民兵情报信息系统建设，完成三个重要目标现场勘察和方案对接任务。

民兵应急分队训练

【民兵整组】 通过深挖潜力、优化布局、改进编组，完成2900名基干民兵编组任务。其中，应急队伍1140人，支援队伍1644人、储备队伍116人；党（团）员2062人，占总人数71.1%；重点分队中退伍军人达935人，占重点分队人数82%；组建新型民兵分队5类12支412人，占支援队伍25%。4月8日，组织全区观摩胥口镇基干民兵集结点验大会，规范民兵整组工作考核验收和组织点验等工作程序。

【征兵工作】 围绕提高新兵质量这一核心，创新开展“五率”考核，完成228名（含女兵2名、直招士官2名）新兵征集任务。其中，高中以上文化程度100%，大学生比例占66%，兵员各项质量指标有了新的提高，征兵工作规范运行、高效廉洁。

【战备工作】 加强战备值班，组织4次应急分队拉动演练，组织民兵千余人次，参与重大活动和重要节日安保工作，特别是组织部分民兵应急分队做好G20峰会期间集中备勤工作。

【基层武装】 推进基层武装机构建设，开发区人民武装部调整为开发区人民武装办公室，在越溪、城南街道成立基层人民武装部。截至2016年底，基层武装机构调整设置完毕，共设基层武装部16个。

【安全保卫】 为配合“苏州市重要军事设施周边环境安全保密专项检查”，9月，按照上级明确的7个方面内容，成立专项检查组对辖区内重要军事设施周边环境安全保密进行拉网式检查，特别是对重要军事设施周边具有境外背景的企业、场所和境外人员居住情况，细致拉网，逐一摸排，梳理问题隐患，制定整改措施，确保安全稳定。

【国防教育和双拥】 组织纪念中国工农红军长征胜利80周年活动。通过走访慰问、召开座谈会、组织观看红色电影等一系列活动，回眸历史，铭记先辈，追忆历程，用长征精神激励鼓舞广大党员干部群众为实现中国梦、强军梦努力奋斗。落实省军区“双百双建”活动有关要求，对帮扶对象淮安盱眙县桂五镇东园村，现地查看帮扶项目，制定完善帮扶方案。全年投入20万元，完成三条村级公路建设，解决60户人家饮水困难；挂钩帮带金庭镇衙角里村，提供帮扶资金13万元用于村级公路改造；挂钩嘉宝社区，提供帮扶资金2万元用于改善办公条件和文化设施；支援横泾街道新湖村建设，提供帮扶资金3万元用于村部办公条件改善和基础设施建设。组织各乡镇（街道）、区直各单位党员领导和广大民兵在苏州会议中心观看《心系国防》专题文艺晚会，营造关心支持国防建设的浓厚社会氛围。 （袁　佳）

人民防空

【概况】 2016年，共立项人防工程44个，开工36个，竣工19个，总面积达到86.2万平方米。人防移动指挥设备安装到位，完成联调联试工作。指挥所“三室两库”建设全面达标，所有要素配置到位。人防进社区完成全覆盖，96个社区建立人防工作站。《吴中区委、区政府、区人武部贯彻〈中共中央国务院中央军委关于深入推进人民防空改革发展若干问题的决定〉的意见》通过审核。全区20所中小学开设人防知识教育课程，涉及四年级、初二学生达1.9万人。全年开展紧急人口疏散演练5次，参与学生和居民3200余人。利用“防灾减灾日”“国难日”“苏州解放日”等特殊时间节点，开展专题宣传活动4次，发放人防宣传手册和纪念品共2000余件。年内，收到开发商和人防企业送来的锦旗2面，表扬7次，获评“江苏省民防系统先进集体”称号。

【工程建设】 2016年，审核民用项目76个，审批工业项目22个。有44个人防工程完成立项，立项面积365310平方米；开工工程36个，面积323960平方米；竣工工程19个，竣工面积为172556平方米。截至2016年底，竣工结建人防工程178个，在建结建工程73个，自建人防工程7个，总面积超过207万平方米。有19个项目办理人防工程平时使用证。

【指挥通信】 2016年，临湖疏散基地完成验收准备工作。落实指挥所“三室两库”制度（“三室”：人防指挥室、战备值班室、通信值班室；“两库”：战备资料库、战备器材库）。上半年组织人员赴张家港、杭州外出调研，考察、学习兄弟单位“三室两库”建设先进经验，按要求完成吴中区人防指挥所“三室两库”建设。对全区人防专业队人员进行登记点验，完成年度专业队整组工作，开展5次本级机关大纲训练。西山民防宣教体验中心立项。

【执法宣传】 加大法治宣传力度，提升依法行政能力。修订人防防护设备管理、工程质量监督等方面规范性文件，做到“有法可依、有据可查”，杜绝审批执法盲区。进行人防科普宣传活动。在吴中城区美蠡雅社区和莫舍社区组织2次“民防普法与科普”进社区活动，向社区居民发放安全教育手册2000余本。12·13“防灾减灾日”，联合市民防局、区教育局、蓝天救援队、绿洲救援队，组织甪直甫里中学师生进行民防进学校系列活动，开展安全教育、体验课堂、普法教育、科普展示等活动。坚持人防宣传“五进”工作，依托网络平台、基层人防宣传阵地，开展教育宣传活动。发挥电台、报纸、杂志、民防志愿者的作用，加大民防宣传力度。（陈春华）

编辑：高　燕

发展规划管理

【规划、计划工作】2016年，牵头推进吴中区主要区镇编制“十三五”发展规划和23个专项规划工作，指导各单位修订和完善规划内容。围绕吴中区“赶超发展、打造样板”战略目标，编制完成《吴中区实施实业兴区战略行动计划》。制订年度经济社会发展计划，分解落实区三届人大第四次会议《政府工作报告》的各项目标任务并进行监督检查。形成半年度、全年国民经济与社会发展计划执行情况的报告，分别送经人大常委会、人代会审议通过。继续开展调查研究工作，动态分析全区经济运行趋势，相继完成《城市发展核优化提升的产业分析》《吴中区“十三五”经济增长潜力研究》《三去一降一补的吴中现状》《吴中区推进特色小镇建设调查与思考》《在“一带一路”上助力企业“华丽转身”》《海关离岛免税政策研究》等调研报告。

【深化改革工作】2016年，按照区委、区政府部署，推进和深化各领域改革，66项改革任务完成率91%。十大重点改革事项进展顺利，关键环节改革实现重要突破，一些重要领域改革事项走在全国县（市、区）前列。扎实推进国资国企改革，制定区属国有企业改革工作实施意见；继续落实简政放权，率先在省内开展政府部分职能向社会组织转移的工作，累计转移职能事项96项。加快“五证合一”“两证整合”核发进度，全区“一照一码”换照率65%。开展农村集体资产股份权能改革国家级试点工作，调整镇（区）财政体制和土地出让收入分配结算办法。构建古村落保护利用机制，工业生产要素优化配置、行政执法体制改革、省级综合医改试点等改革事项取得阶段性成果。

【固定资产投资管理】2016年，全区完成全社会固定资产投资561.7亿元。其中，第二产业完成投资104.8亿元；第三产业完成投资456.3亿元。区发展和改革局会同区财政、水利、农业、环保等有关部门，对全区中央预算内投资项目及太湖治理省切块地方资金项目进行跟踪服务。规范督促项目建设，对项目的进度、质量、投资等方面进行有效管理，确保各类资金专款专用。全年共办理内资项目414只，总投资787.4亿元。其中，审批项目171只，总投资383.5亿元；核准项目32只，总投资280.8亿元；备案项目211只，总投资123.1亿元。外资项目55只，总投资4.53亿美元。外资新增注册资本2.15亿美元。

【重点项目建设】 2016年，全区289个区级重点建设项目，完成投资328.2亿元，占全年固定资产投资比重的58.4%。22个市级重点项目完成投资115.9亿元。区发展和改革局科学制订年度投资计划和重点项目投资计划，分解落实到镇（区、街道）。定期赴基层单位，对重点项目建设开展前期调研指导，着力抓好重点项目管理，继续优化项目考核机制，突出开工率、产业项目比例等质量指数，发挥重点项目在全区经济社会发展中的支撑作用。制定区领导挂钩重点项目工作制度，落实监督和促进措施。加强投资监测分析，做好每月重点项目进度汇总和每季度推进状况分析，指导各板块协调推进项目建设，协调解决项目推进中遇到的具体困难，完善和优化吴中区重点项目电子管理平台。

【向上争取】 按照上级扶持政策，开展项目筛选，继续向上争取项目和相关资金。全年累计向上争取到各类扶持资金2.5亿元。其中，中央级层面上，争取到太湖流域水污染治理中央预算资金项目1个，资金940万元；2016年保障性安居工程配套基础设施中央预算内投资计划项目1个，资金1000万元；2016年太湖治理第十期专项资金切块苏州吴中区项目12个，资金6472万元；2016年中央建设基金项目2个，资金10980万元。省级层面上，电科院获评2016年度省级生产性服务业领军企业，电科院、药明康德、淘豆食品、模宝电子商务等4家企业入选首批省互联网平台经济“百千万”工程培育企业。市级层面上，昆仑绿建、健生源2家企业入选2016年第二批苏州市服务业创新型示范企业，越吴人力、汇方同达、德邦物流入选苏州市总部企业，苏州市粮食批发市场入选苏州市现代服务业集聚区。区级层面上，苏州建科院、华新建设、永旺商业入选2016年度吴中区总部企业，金枫城市设计产业集聚区入选吴中区服务业集聚区，7家商务楼宇获评首批区级重点商务楼宇，评定东吴现代服务业领军人才1名、重点人才15名。

【能源物资综合平衡】 继续抓好成品油监管，完成全区112家成品油经营企业的批零经营证年检。加强统筹协调，保障全区油气输送渠道安全运营。做好固定资产投资项目节能评估和审查，完善全区节能降耗工作。督促吴中经济技术开发区的省级循环化园区活性炭再生产、再生塑料配套件等支撑项目建设，顺利通过省级园区循环化改造示范试点的验收工作。督促江远热电、角直电厂完成2016年度节能改造和环保改造目标任务，完成苏州市下达的2016年度全区煤炭消费总量控制目标任务。

【南北挂钩及扶贫】 2016年，参加苏州市组团的“2016丝绸之路国际博览会暨第20届中国东西部合作与投资贸易洽谈会”，继续做好对中西部地区对口支援工作，为重庆云阳县提供26万元扶持资金；为贵州德江县提供

2016年10月29日，在2016苏作文创峰会上，评选出首届东吴文化产业领军人才

扶持资金100万元，在推动德江产业转型升级、民生事业改善、旅游产业提速、人才教育培养等方面取得明显成效。有序推进南北挂钩合作工作，吴中区教育局继续开展“千校万师支援农村教育工程”，累计培训宿迁市宿城区教师300人次，提供帮扶资金8万元；吴中区政府为宿迁市宿城区落实2016年度扶贫资金500万元；吴宿工业园区建设成绩显著，位列江苏省南北共建园年度考核第10名，比上年提升3个名次，全年累计为宿城区提供帮扶资金超550万元。继续做好局镇（街道）挂钩工作，区发展和改革局为区内集体经济薄弱村提供扶持资金31万元，慰问贫困户15家。（蔡荣荣）

国有资产管理

【概况】 2016年，全区国有企业资产总额2177亿元，所有者权益587亿元，与上年同比分别增长12%、18%。其中，区属国有企业资产总额913亿元，所有者权益210亿元，同比分别增长6%、15%。

【国资改革工作】 继续深化国资国企改革工作。围绕市场化改革方向，提供公共产品的公益类企业和实行市场化运作的商业类企业2大类标准，以城市公共建设和服务、交通设施投资和运营、国有资产经营和管理、特色农业开发和供给、文化旅游发展和运营、现代金融服务和运作6大业务主线，优化国有资本布局，明确区属国有企业主业定位和发展方向，主动融入“一核一轴一带”发展布局。按照功能相近、产业相似进行合并的原则，明确整合后的6家区属国有企业职能定位和一级子公司总体架构，确定分类整合中股权调整、资产划转、债务处置、人员安置等基本原则；按照国有资产管理的相关法律法规，规范操作，有序开展股权梳理调整、清产核资、资产评估、产权划转等整合工作，减少企业数量，压缩管理层级。为保障改革工作顺利实施，组织区属企业开展清产核资工作，全面摸清区属国有公司“家底”，核实资产质量。健全完善国有企业人事薪酬制度，明确区属国有企业负责人的薪酬由基本年薪、绩效年薪和任期激励收入三部分构成，规范薪酬支付管理和福利性待遇，严格规范履职待遇、业务支出；科学界定国有资产出资人的监管边界，切实转变国有资产监管职能，推动管理方式逐步从行政化向市场化转变；加强国资监管机构建设，建立健全监事会工作制度。

【重大事项管理】 按照区委《吴中区区属国有企业贯彻落实“三重一大”决策制度实施意见》精神，修订完善《吴中区区属国有企业重大事项监管办法》。将企业“三重一大”中需国资局审核上报、审批和备案的相关事项予以补充完善，在原试行的办法中新增资产资源出租类事项的监管细则，由此，《办法》涵盖重大投资，企业国有产权转让，企业固定资产处置，货物、工程和服务采购，资产资源出租，融资、担保，对外捐赠，其他重大事项等八项重大事项监管细则。同时，结合上级政策变动，对重大事项管理要求做出相应调整，强调内部集体研究、民主讨论，进一步优化企业内部决策程序的监管审核，依法落实企业内部决策权责，依法依规科学地做出决策，并按规范形成董事会决议。

【资金存放管理】 2016年，制定《吴中区区属国有企业资金存放管理工作指导意见》，规范区属国有企业及国有控股企业的资金存放行为。要求各区属国有企业将资金存放纳入“三重一大”决策制度范围，对符合条件的资金，应当推行竞争性存放，在保证资金安全和不影响企业资金周转的前提下，减少沉淀、降低成本、提高使用效率，促进资金综合效益最大化。

【规范企业采购】 根据区政府采购政策调整，规范区属国有企业采购活动，区国资局根据《招标投标法》《企业内部控制应用指引》等法律、规章，指导各国有企业加强内控建设，完善采购程序，建立企业采购业务内控制度和工作流程，加强对采购活动的约束和管控，明确采购时相关招标、评标等工作要求，通过制度制约，规范企业采购行为，提高资金的使用效益，有效防范潜在风险。

【日常监管工作】 区国资局加强对国有资产企业的日常监管工作。继续做好企业财务预算管理，完善编制范围、口径和要求，加强企业上报预算的合理性审查，逐步建立预算执行定期分析、反馈机制。编制2017年国有资本经营预算。开展全区国有企业自建载体排摸。全面统计载体出租情况，根据载体年度租金收入与建设总投资确定租金投入比，评判载体使用效益。加强国资监管平台使用管理，发挥国资监管平台作用，由专人对财务、资金、资产业务数据定期开展统计分析；完善信息化管理制度，规范监管平台使用管理，统一会计科目、会计核算、业务数据录入等相关业务口径。

（潘俊杰）

国土资源管理

【概况】 2016年，全区完成征地10个批次，总面积3325.983亩。完成供地112宗，面积4524.157亩。完成土地收回72宗，面积1279.310亩，清理处置243.229亩存量建设用地。按照ABC“三个圈”统计口径，建立全区存量建设用地数据库，累计上图入库20868.897亩。加强集约用地调研，相继形成《吴中区集体产业载体利用情况调研报告》《吴中区土地利用效率分析报告（2015年度）》等调研报告。吴中区在国土资源管理中取得的成功经验，《国土资源报》等报刊作了相关报道。年内，相继获得“2013~2015年江苏省文明单位”“2014~2015年省国土系统预防职务犯罪工作先进集体”“2014~2015年全省矿产资源补偿征收管理工作先进单位”“2014~2015年度全省国土资源政务信息工作单位”称号。

【基本农田划定】 2016年，创新国土资源预配置工作，统筹土地资源空间，优化土地利用格局，完成9.8万亩城市周边永久基本农田的划定工作。

【土地利用总体规划调整】 启动吴中区土地利用总体规划调整完善工作，完成土地利用总体规划一般性修改，年内上报区土地利用总体规划调整方案。土地利用严格实行盘存配增、资金补助、有偿使用和有偿调剂制度，首次推行镇（区）用地从“先借后还”，逐步向“自给自足”方式过渡的倒逼机制。完成2016年度耕地占补、平衡、补充、耕地建设项目等“三个项目库”的数据调整入库工作。

【地籍调查】 完成吴中高新区、角直、木渎共34.45平方公里的城镇变更、扩充地籍调查工作，完成49.62平方公里的村庄地籍调查任务，取得比较完整的1:500地籍调查成果。启动开发区东吴工业园“户籍化”管理试点工作，试点区域内2012年前企业用地数据全部入库，自行发证项目和商品房项目的数据处理工作得到落实推进。

【耕地整治和保护】 组织编制吴中区“十三五”土地整治规划，完善耕地保护监管机制，强化耕地保护红线意识。完成2010~2014年高标准农田项目的验收和上图入库，新增29个占补平衡等项目库项目，面积1242.743亩。兑现对复垦整治土地项目的奖励，共奖励新增用地计划92.45亩，拨付补助资金2006.9万元。完成三山岛小姑山治理等项目竣工验收。制定吴中区《国土资源动态智能监管系统建设实施方案》，扎实推进“慧眼守土”综合动态智能监管平台建设；完成全区143个耕地监控探头安装调试，建成启用操作平台。区政府在胥口镇召开年度土地卫片违法用地图斑拆除整改现场推进会议，落实土地卫片风险预排查制度，推进卫片执法检查整改工作，全区拆除图斑整改率为83%。年内，通过苏州太湖园博园临时停车场土地综合整治项目设计方案的区级评审。

【更新耕地后备资源数据】 2016年，更新吴中区耕地后备资源年度数据，并通过江苏省国土资源厅审批。耕地后备资源更新后，调入图斑耕地面积114.5364公顷，调出耕地面积20.3665公顷，全区耕地后备资源图斑总面积2673.5925公顷。

【土地规划编制工作】 2016年，编制《吴中区国土资源工作“十二五”总结暨“十三五”展望》，明确全区耕地保护、存量清理、综合评价、宅基地建房等方面指导意见，构建吴中区“十三五”规划期间国土资源管理的“1+N”政策制度体系。年内完成临湖镇“三优三保”规划编制、上报工作，启动吴中经济技术开发区等地的“三优三保”规划编制工作。

【工业用地更新改造试点】 编制《吴中区存量工业用地市场化更新改造建设专项规划》。年内，完成城市工业用地更新改造项目5宗，确定存量工业用地更新改造试点项目4宗。完成在吴中区试点的角直合金高标准厂房分割转让工作，此项更新改造试点工作在苏州市尚属首家。保障“一村二楼宇”建设，办结工业供地项目14个；支持专项服务产业发展，完成供地10宗。

【节约集约用地评审】 3月6日，召开金庭镇污水处理厂迁扩建工程节约用地评价评审会，苏州市国土资源局，金庭镇政府，苏州市国土资源局吴中分局区发改委、水利局、规划分局等部门的专家评审组对工程项目进行节约集约用地评价审核。

【不动产权登记发证】 继续推进全区不动产权登记发证工作，全年共发放各类不动产权证书和证明172778本，办理安置房发证17910套，发证率为已建安置房总量的36.9%，补办安置房出让登记发证14宗，面积753.309亩。年内，建立不动产权微信平台，月均提供不动产查询1201次。

【国土信息化建设】 相继印发《苏州市国土资源局吴中分局信息化建设实施纲要（2016~2018年）》《苏州市国土资源局吴中分局信息化建设工作细则（试行）》，推进国土资源信息化建设，全区国土资源管理内部公文协同管理平台继续上线运行。

【“土地日”宣传周活动】 6月“土地日”宣传周活动期间，苏州市国土资源局吴中分局组织国土管理系统干部职工，开展以“寻梦生态吴中，聚智国土品牌”为主题的徒步活动，拉开吴中区“土地日”宣传周活动的序幕。国土分局机关科室负责人、部分业务骨干前往在各镇（区、街道）分别设立的12个咨询站点，开展国土政策法规、不动产统一登记和节约集约政策制度等现场咨询活动，向群众发放宣传知识手

2016年1月5日，区委常委、常务副区长许振华（左）在吴中区不动产登记中心大厅，颁发吴中区第一本不动产权证书

册983份、宣传专刊745份、宣传扇679把，悬挂横幅42条，张贴宣传彩色挂图152份，竖立宣传版面80块。（喻 娜）

市场监督管理

【概况】2016年，全区新增个体户15699户、私营企业9421户、国有集体及其控股企业700户、外商投资企业42户、农民专业合作社41户。年末，全区共有市场主体128401户，与上年同比增长19.30%，增幅列苏州大市第三位。其中个体户72587户、民营企业49948户、国有集体及其控股企业3554户、外资企业1297户，完成新增注册资本认缴900.43亿元，同比增长22.41%。其中企业认缴新增注册资本876.67亿元，个体户认缴新增资金数额21.74亿元，农民专业合作社认缴新增注册资本2.02亿元。

【商事制度改革】2016年，继续实施“五证合一”改革和个体工商户“双证整合”，加强事中事后监管，全年累计新发、换发加载18位社会统一信用代码的营业执照31705份，基本完成存量企业的“一照一码”换照工作。

【实施商标品牌战略】2016年，结合吴中区产业优势，制订商标、名牌培育计划，继续实施商标品牌战略。将市场占有率高、质量水平优、经济效益强、发展潜力大的产品列为重点培育发展对象。全区累计新增商标注册申请3000余件，增幅列苏州大市第一位，其中“天烨”注册商标被认定为中国驰名商标，另有10件商标被认定为江苏省著名商标，31件商标被认定为苏州市知名商标。年内，申报江苏省名牌16件、苏州市名牌35件，已公示的江苏省名牌6件、苏州市名牌31件。

【食品安全监管】2016年，协助区政府与各镇（区、街道）签订食品安全责任书，调整区食品安全委员会成员单位，推进各镇（区、街道）食安办专职化建设，完善区、镇、村三级监管网络，强化条线管理和属地管理互促互补的监管模式。贯彻执行《江苏省食品小作坊和食品摊贩管理条例》，全面开展对食品小作坊、小摊贩食品生产、经营情况的摸底调查，跟进指导培训，实现后续监管平稳有序。食品监管机构的相关职能调整后，成立吴中区食用农产品质量安全快检中心，提升农产品的风险监测能力和监督管理水平。落实量化分级、明厨亮灶等管理制度，集中力量抓好学校食堂、农家乐、网络订餐等重点领域的食品安全治理。按照“三分监管”工作要求，坚持规范检查原则，全年共监督检查食品生产企业295家次，对检查中发现的问题全部进行回访和复查。强化体制改革后的基层食品流通监管工作，依法开展食品单位巡查工作，全年共巡查11320余户食品流通经营单位。探索食品安全监管创新办法，设计制作食品经营单位信息公示牌，将区内食品经营单位证照情况、从业人员健康证明、信用等级等内容统一制作成公示牌，悬挂于营业场所，强化经营者自律意识。

2016年11月4日，吴中区市场监督管理局食用农产品质量安全快检中心成立

【药械安全监管】 2016年，共受理药品零售企业和医疗器械经营企业等各类行政许可、医疗器械产品及企业备案事项1557件；组织开展药品零售企业现场检查验收54家次，整改26家次，限期整改1家，开展GSP认证10家。做好药品、医疗器械安全的事中事后监管，组织开展生产企业监督检查，对未通过新版GMP、GSP认证的企业进行停产、停业的确认工作，确保重点企业、重点品种检查覆盖率100%。全面推进药品电子监管工作，入网率达100%。督促涉药单位落实药品不良反应（医疗器械不良事件）监测工作，促进规范、合理用药用械。针对企业换证到期提示、GSP到期提醒、轻微违法违规、安全隐患等情况，开展行政指导工作。

【特种设备安全监管】 依法对持有特种设备制造许可证的企业进行现场监察，开展证后监管工作。以电梯、气瓶、锅炉、叉车等设备为重点，加大隐患排查力度，做好隐患登记台账，及时整治处理。逐步健全特种设备安全属地监管体制，突出重点环节，定期开展场（厂）内机动车辆、气瓶、锅炉、电梯等专项整治，重点加强物流园、养老院、旅游景区等重点场所现场督察。全年共检查特种设备使用单位245家次，消除特种设备安全隐患602条。

【市场商品质量监管】 加大市场商品质量监管的行政指导力度，提升企业发展质效。建立"一企一档"制度，对近两年核发的许可证工作台账进行归档整理，完善许可证企业的证后监管工作，实现对获证企业的动态监管。通过不定期的巡查和回访，及时掌握区内获证企业的基本情况。对获证企业进行ABC三级分类的差异化管理。完成2016年度流通领域商品抽检任务，对烟花爆竹、成品油、木家具、墙地砖、电线电缆、插头插座等近三十个大类的商品进行多次抽检，累计抽检150批次。

【网络商品交易监管】 贯彻落实苏州市局网络监管工作意见，强化网络商品交易监管。以苏州工商网络监管平台为主要依托，加强网络巡查，推动执法办案，构建网络诚信体系建设，促进网络商品交易市场健康发展，保护消费者合法权益。定期开展"红盾网剑"专项整治行动，强化对电子产品、汽车配件、服装鞋帽、儿童老年用品、农资等重点商品、重点领域的监管，引导和规范网络商品交易行为。

【信用体系建设】 2016年度，继续推进"重信用、守合同"企业的培育和发展，强化信用体系建设，推进年报工作力度，全区实现内资私营企业年报率88%、外资企业年报率91.9%。以企业信用信息公示系统为平台，逐步建立以抽查为主的巡查监管机制。运用信用体系监管手段，强化企业失信惩戒，委托第三方专业机构，对企业年报经营数据进行审查。加强合同信用管理，对房地产买卖合同及各种格式化的补充协议进行全面审查，共备案合同56份。对相关房地产企业和汽车4S店进行行政指导。开展集中供水行业的格式合同专项整治。年内，新发展区级"重信用、守合同"企业34家。全区共有"重信用、守合同"企业588家，其中国家级11家、省级19家、市级208家、区级320家。

【消费维权工作】 继续开展基层分局投诉举报规范化建设，提升消费维权处置效能，对"12315"五进网络建设进行重新规划布局。及时处办消费投诉举报，全年共接到各类投诉举报6228件，办结率96%。针对新《消费者权益保护法》实施以来出现的热点难点问题，做好网络消费、汽车市场等重点行业的消费维权工作。 （王中原）

物价管理

【概况】 2016年，紧扣价格调控工作主线，围绕价格调控目标，落实各项价格调控措施，合理调控价格水平。推进资源性价格改革，保持市场物价的基本稳定。

全年共办理商品房销售价格申报195个批次，其中商品住宅157个批次、商品房38个批次。完成22家物业公司物业服务费备案。

【价格管理】 继续加强水、电、气等资源性产品价格管理，调整蒸汽销售价格3次，平稳实行居民生活用水、用气阶梯制度；同步与苏州大市调整基本水价和污水处理费标准，执行差别化污水处理费收费政策；落实上级各项房地产价格调控政策，完善商品房价格管理，实施商品房“一房一价”申报制度和商品住房销售价格网上公示制度。转发规范医疗机构药品加价率管理等相关文件，严格执行上级药品价格政策。加强价格实时监控，对设施黄瓜等4个蔬菜品种、碧螺春茶叶等特色农产品成本收益、低收入家庭收支等情况开展调查，及时了解价格变动对农副产品生产和低收入家庭的影响情况。

【价格监测】 加大价格监测力度，将辖区成品油价格、11种城市居民日用工业消费品零售价格、54种居民服务价格、7大类49种食品价格以及57种农副产品零售价格，列入日常监测范围，每旬发布《价格动态信息》，全年累计发布36期；完成各类价格监测报表120余份，价格监测分析材料8篇。推进重要民生商品价格采集公布工作，及时公布8大农贸市场、5大超市所涉6大类100多种民生商品价格监测信息，公布重要民生商品价格信息42期。

【收费管理】 推进收费监管改革，完成本年度收费巡访工作。全面贯彻执行涉企行政审批中介服务收费目录清单、涉企经营服务收费目录清单要求，开展收费清理工作，规范行政审批前置服务收费，及时公布行政事业性收费项目。加快落实收费改革步伐，放开民办非营利性养老机构服务收费定价权。建立健全行政事业性、政府制定价格的经营服务性收费情况报告制度，完善收费目录清单和收费公示制度，对全区20个收费部门、52项收费项目全面开展巡查工作。

【成本监审】 2016年，继续开展调查和分析研究工作，关注社会民生热点问题，加强成本监审工作。对政府仍需继续管控、主要依据成本制定价格的重要商品和服务，实行行业管理和指标控制，落实专项监审办法。全年受理13所学校学费调价、5家景区门票调整、2所公墓服务价格共计20个项目的成本调查监审工作。

【市场监管】 严格贯彻落实《苏州市区农贸市场价格管理办法》和区政府办《关于加强农贸市场价格管理的若干意见》，做好市场内价格巡查和监管工作。重点推进农贸市场明码标价、摊位租金备案及公示，完善农贸市场明码标价制度，发放农贸市场标价签6000块，在16个镇（街道）农贸市场设立价格公示栏。推行农贸市场价格管理考核目标责任制，在城区5大农贸市场及角直农贸市场价格考核管理试点的基础上，将其他各镇（街道）10所农贸市场纳入价格管理考核范围，统一使用农贸市场《主要品种价格行情记录》《价格管理活动记录》《公秤称服务》三本台账。

【农副产品平价商店监管】 继续完善农副产品平价商店长效管理机制，推进平价商店标准化、制度化、信息化建设，发挥平价商店“稳价惠民、应急调控”作用。落实省、市《关于进一步加强农副产品平价商店管理的指导意见》《平价商店管理考核办法》《平价商店准入退出》等监管制度，实行日常巡查和定期检查的考核制度。全年组织平价商店专项检查8批次，全区25家平价商店以低于市场均价15%的价格，日销售农产品近3万斤，营业额9万元左右，惠及人口18万，逐步扩大农产品平价商店的辐射范围和社会影响，稳步显现稳价保供调控作用。

【物价监督检查】 加大价格监督检查力度，组织开展商品房明码标价、涉企收费、景区门票价格、电信市场价格、机动车停放和物业收费、药品价格等专项检查。全年检查各类单位120余家，累计收缴各类罚没款50万元。加强价格监管巡查，先后组织市场价格巡查50次，出动检查人员200余人次，检查城区和13个镇（区）、街道的各类农贸市场、商店超市、餐饮行业、旅游景点300余家。

【价格服务工作】 制定和完善价格举报、咨询值班制度。全年接听各类价格举报、咨询电话2000余个，受理和答复举报件816起，其中“寒山闻钟”工单233件，办理职业举报案件161件，发出行政警示书27张，办结率达100%，责令退款共计99453.9元。建立重要节假日应急值班制度，组织开展节日和中高考期间的市场巡查。累计发放《中华人民共和国价格法》《关于商品与服务实行明码标价的规定》《市民日常价格指南》等宣传资料5000多份。

【价格认证】 2016年，区价格认证中心更名为区价格认定局。拓展价格认定工作领域，为政府、司法系统提供价格认证服务。全年共完成各类价格认定业务1035件，认定金额896.58万元。其中纪检监察部门委托的涉纪财产价格认定4件，认定金额117.04万元；公安机关委托的刑事涉案财产价格认定898件，认定金额649.10万元；危险驾驶事故损失价格认定124件，认定金额98.09万元；交管部门委托的道路交通事故物损价格认定6件，认定金额16.31万元；政府机关委托的资产类价格认定3件，认定金额16.04万元。 （蔡荣荣）

审　计

【概况】 2016年，全区审计机关完成财政财务审计项目268个，查处违规及管理不规范金额28.14亿元；完成政府投资工程结算审计项目4211个，送审金额116.92亿元，为政府节约资金20.01亿元；提出审计建议726条，区委、区政府以及各地党政主要领导对审计报告、审计专报等批示15次，促进相关单位出台制度14项；信息宣传稿件被区委、区政府及上级机关录用118篇（次）。区审计局获全省“审计信息宣传工作成绩突出县（市、区）”称号、苏州市审计机关第五届青年审计论坛优秀组织奖，顺利通过全国青年文明号最终评审。

【财政审计】 2016年，以新预算法正式实施为契机，突出对国家和省重大政策措施落实情况的审计，全面审计预算的完整性、公开性和公正性，加大财政资金支出的绩效审计，重点关注同级审中部门预算执行情况和34项区级专项资金管理绩效，促进厉行节约和规范管理，推进优化财政支出结构，盘活财政存量资金，提高财政资金使用效益。

【投资审计】 围绕“查问题、促效能、建机制”任务目标，聚焦政府投资项目风险点，加强重大政府工程投资的跟踪审计、竣工决算审计。研究制定《关于改革当前固定资产投资审计的实施意见》，加快推动全区固定资产投资审计转型升级，提升投资审计成效。年内，完成对“美丽乡村”、园博园建设等重点投资项目的跟踪审计。

2016年5月24~28日，吴中区审计局举办财政财务审计干部综合能力提升专题研修班

【经济责任审计】 全年在37个经济责任审计中，继续完善党政领导干部任前“三责告知”制度，促进领导干部依法、廉洁用权。探索开展镇（区）领导干部生态责任审计的方法途径，在穹窿山风景管理区等领导干部任期经济责任审计项目中，首次开展生态责任审计评价。区审计局撰写的调研课题《开展领导干部生态责任审计的探索与思考》，被列入市、区社科联立项课题，并在苏、浙、皖三省十三县（市、区）审计理论与实践研讨会上作重点交流。

【专题专项审计】 开展重大政策落实情况跟踪审计、地税征管审计等专题审计；对科技经费专项资金、金融业发展专项资金、工业企业转型升级专项资金、扶持苗木发展专项资金等进行绩效审计，对品牌战略专项资金、总部经济发展专项资金进行审计；对区级财政专项资金的管理情况进行审计调查，规范专项资金的管理和使用情况。抽调5名审计骨干，参与由区纪委、区财政局、区商务局等11家单位联合开展的“清风行动”专项督查。

【国有企业审计】 2016年，对区属9家国有公司实施资产负债审计，对吴中区工业资产经营有限公司总经理实施任中经济责任审计。开发和利用审计数据分析平台，重点关注国企落实内控制度情况，实现对国资监管云平台系统的全面联网审计，加强对区属国资公司的内部监督和风险控制，保障国有资产的安全有效和保值增值。

【乡镇审计】 区审计局配合区纪律检查委员会开展农村集体资产监管交易及财务情况季度专项检查，发挥乡镇审计职能，做好区、镇、村（社区）领导班子换届时的相关审计工作。协调区委、区政府制定《关于进一步加强吴中区农村集体资产审计工作的指导意见》，该《指导意见》和《吴中区要求加强农村集体资产审计工作》的报道，刊登于《中国审计报》要闻版面。全年乡镇审计机关完成财务审计项目228个（其中村、社区换届审计69个），查处管理不规范金额13.01亿元；完成投资审计项目2930个，送审金额66.55亿元，核减10.92亿元，节省审计费949.4万元。

【审计信息化】 区审计局以审计信息化引领审计现代化，成立审计数据分析团队和审计数据分析室，列入“智慧吴中”项目—国资EAS云平台联网审计，加强审计数据分析管理平台的开发和应用，开发财政预算执行、部门预算全覆盖、非税收入、国资EAS云平台等4个大类160多个审计模块，在同级审中实现部门预算执行联网审计全覆盖，有效提高了财政审计、国企审计的质量和效率。开展审计工作网改造升级工作，确保网络和数据安全。 （张　菁）

统　计

【概况】 2016年，以数据质量为核心，扎实抓好统计调查，继续推进“企业一套表”统计联网直报制度。优化统计服务，开展全国农业普查，编制完成2016年度《吴中统计年鉴》，定期编印《吴中统计月报》《吴中工业统计月报》等统计数据资料。深入调查研究，及时向党政领导提供时效性强、针对性好的统计分析报告，其中，《吴中区工业产值用电量分析》得到区委、区政府领导的肯定，《2015年吴中区投资运行分析》在《吴中信息（参研）》刊登。2016年区统计局获“1%人口抽样调查先进集体”称号。

【统计调查】 继续加强对基层统计业务的指导与检查，严格数据审核、评估，高质量完成国民经济核算、工业、农业、建筑业、房地产、服务业、贸易、固定资产投资、能源、住户、人口、劳动力调查等专业年定报任务。规范服务业网上直报单位的管理，对服务业企业相对集中的镇（区、街道）开展一对一服务指导和培训。对照税务、工商提供的名录库资料，继续完善全区基本单位名录库建设，做好名录库重点指标的质量审核及维护更新。推进城乡一体化住户调查，普及电子记账，保障人力、物力、财力等数据全面配套到位。加强数据审核，建立区、镇（街道）、村（社区）三级统计业务审核体系，确保电子记账数据真实准确，与纸质账本保持一致。相继开展苏州市大气污染防治民意调查、江苏党员干部使用微信基本情况调查、江苏消防设备完好率调查、2016年中国民生问题调查、江苏党风廉政建设满意调查等多个专项调查。

【统计服务】 全面推进统计监测，根据全区经济社会发展目标和变化趋势，加强月度、季度动态监测。组织实施更高水平重点能耗工业企业节能降耗监测、社会发展评价等监测工作。重点组织开展绿色发展、八大主要经济指标、转型升级、八项工程及率先基本实现现代化等指标的数据监测。主动适应形势的发展，加强统计分析，适时进行经济运行分析，对宏观经济运行态势和各项改革进程实施跟踪分析，搞好对经济发展走势的预测；做好季度、半年度、经济运行进程分析，形成工业、能源、固定资产投资等系列分析资料，较全面、准确、客观地判断经济运行状况，向党政领导提供时效性强、针对性好的统计分析报告。编制苏州市辖四市、六区用电量情况专报，全方位向区委、区政府及相关部门提供统计服务；通过吴中发改、吴中统计信息公众网等信息化载体，全年发布经济信息20条、分析调研资料8篇。

【统计规范化建设】 2016年初，制定印发《2016年全区统计基层基础规范化建设工作要点》，确定统计规范化建设的目标任务。年内，继续对16个镇（区、街道）统计规范化建设长效管理进行指导。配合苏州市统计局对6个镇（区、街道）统计站（办）规范化管理进行抽检。加强82家新增联网直报企业统计基础规范化建设的检查辅导，做好验收工作，确保全部达标。组织开展统计基层基础规范化建设“回头看”活动，全区完成对396家已达标企业的规范化管理“回头看”工作。提升统计规范化建设整体水平，总结上报统计规范化创建成果、推荐“全省乡镇（街道）统计规范化建设‘百佳单位’”。

【统计依法行政】 加强全区统计法治队伍建设，组织开展统计法治培训考试和“统计执法检查证”清理工作。制订年度统计执法检查计划，定期实施统计行政执法检查，相继对1个街道和62家企业分别进行统计督查、专业执法检查。配合苏州市统计局对吴中高新区和区工业、能源、房地产、建筑业、投资、贸易、服务业、劳动工资等统计专业进行执法检查，通过统计督查和专业执法检查，及时对相关的被检查单位发出《统计检查结论书》《统计检查建议书》《责令改正书》；依法对个别存在问题的单位予以警告处罚，保障统计工作质量，维护统计法的权威性和严肃性。

【统计人员教育培训】 2016年，制订全区统计教育培训计划，全面部署统计教育培训工作。组织62名区、镇（区、街道）统计人员，开展系统内统计人员在线学习；精心组织全区1600名企事业单位统计人员，发放省统编教材，参加在线继续教育；开展高级统计师评审材料报送和初、中级统计职称资格考试报名工作，全面提高统计队伍的整体素质和业务水平。（皋海平）

劳动就业管理

【概况】 2016年，实施就业优先战略，持续推进大众创业万众创新工作，抓创业带动就业。年内完成各类城乡劳动者培训16965人，创业培训626人，城镇登记失业率控制在2%以内。

【创业工作】 2016年，吴中区融入大众创业万众创新空间模式，继续打造综合性和专业性相结合的创新创业孵化载体平台，成功认定吴中科技创业示范园、东创科技园为省级创业示范基地；创建东山电商园、光福佛雕村等3家单位为区市级创业示范基地。发挥创业引导性资金功能，发放各类创业补贴307.9万元。继续实施大学生“创业引领计划”，开设创业培训18期、创业大讲堂10期。年内，5个创业项目获评省级大学生优秀项目，入驻省创业项目库。举办第六届青年（大学生）创新创业大赛，94个创业项目同台参赛比拼。大学生创新创业的影响力持续攀升，参赛创业项目数为历届青年（大学生）创新创业大赛之最。

【就业工作】 2016年，吴中区全面落实就业、再就业政策，相继开展“就业援助月”“春风行动”等就业专项活动，为区内就业困难人员、高校毕业生等群体提供就业援助服务。全区各级公共人力资源市场举办招聘专场264场；开发公益性就业岗位831个，帮助3602名失业人员和4570名城乡困难人员实现就业；落实扶持政策，全区享受各类社保补贴57.1万人次、物价补贴11197.5万元；为相关人员领取失业金56.7万人次、缴纳医疗保险2023.9万元。

【劳动关系建设】 2016年，通过开展日常巡查、专项检查、投诉举报专查等“三项检查”和群体纠纷处置，构筑立体化劳动关系建设监管模式。相继现场检查用人单位1203家、书面审查用人单位9351家，受理投诉举报案件2306件，取缔非法职业中介机构205家；处理拒不支付劳动报酬案件10件，移送公安部门案件4件，涉及人数484人、金额486.7万元。提升社区网格化管理能力，采集用人单位劳动用工信息18456户，处理简单劳资纠纷377起。推进劳动保障法律法规宣传，举办政策法规培训班8期，培训600余人。继续实施重大事项报告制度，帮助涉及合并、搬迁、停产、关闭的企业实现平稳过渡。完善与法院的裁审联席会议制度，共同开展庭前调解、庭审观摩、案件讨论活动，召开裁审联席会议4次，承接巡回法庭开庭4次。加强劳动关系仲裁队伍和基层仲裁分庭建设，城南仲裁庭建成“江苏省基层示范仲裁庭”。年内，各级劳动争议处理机构处理案件2749件，其中调解结案1563件，调解率69.4%；仲裁院本级立案1333件，结案1225件，结案率96.2%；成功处理10人以上集体案件47件。 （李真珍）

2016年7月10日，第六届吴中区青年（大学生）创新创业大赛总决赛在太湖国际会议中心举办

表10–1 2016年城镇非私营单位劳动报酬

单位：万元

项目	从业人员劳动报酬	在岗职工工资总额	其他从业人员劳动报酬
合计	1370101	1315067	55034
#国有经济	266727	255981	10746
集体经济	25584	22977	2606
其他经济	1077790	1036109	41682

表 10-2　2016 年城镇非私营单位在岗职工人数与工资

项目	单位	合计	国有经济	集体经济	其他经济
一、年末人数	人	173560	21446	3086	149028
#劳务派遣人员人数	人	20346	393	51	19902
二、平均人数	人	172773	23480	3508	153693
三、工资总额	万元	1315067	255981	22977	1036109
四、年平均工资	元/人	76115	120666	75584	69763
年平均工资为 2015 年（%）		114	120	114	112

安全生产监督

【概况】 2016年，全区共发生生产安全事故293起，死亡60人，受伤309人，与上年同比分别下降29.5%、下降24%、上升24.1%；直接经济损失2142.933万元。亿元地区生产总值（GDP）死亡率为0.061%（剔除道路交通事故为0.020%）。其中，工贸企业事故18起，同比下降18.1%；死亡19人，同比下降24%；受伤2人，同比下降33.3%；直接经济损失1679万元。道路交通事故272起，同比下降32.3%；死亡41人，同比下降19.6%；受伤307人，同比上升27.4%；直接经济损失82.243万元。水上交通事故3起，同比下降25%；死亡1人，与上年持平；受伤1人；直接经济损失12.38万元。

【强化安全生产监管责任】 区委、区政府按照"党政同责、一岗双职"要求，加强安全生产工作组织领导，建立健全安全生产岗位责任制，把安全生产纳入全区重点工作。安全生产专项资金列入年度财政预算并逐年有所增长；定期和不定期召开安全生产工作会议，研究解决不同阶段全区安全生产工作中的重点、难点问题，制定各项安全监督管理措施，落实安全生产责任制。年内，在国务院安委会组织巡查期间、江苏德桥仓储有限公司"4·22"火灾事故和江西丰城发电厂"11·24"坍塌事故发生后，区委、区政府召开"5·11"和"11·27"专题会议，下发紧急通知，对全区范围内所有地区、所有行业领域、所有生产经营单位、所有人员密集场所部署和开展安全大检查活动。组织巡查组对各地、各部门、各单位开展安全大检查，进行有重点、不间断的随机巡查，及时分析和通报巡查情况，督促各地落实安全整改措施，确保每次大检查取得实效。

【安全隐患专项整治】 按照上级要求，吴中区在道路交通、人员密集场所、危险化学品、建筑施工、粉尘涉爆企业、特种设备安全隐患等六个方面开展专项整治。各重点领域的行政管理部门多措并举，牵头排查、整治和消除安全隐患，打击安全生产非法违法行为，确保全区重点领域安全生产形势平稳和持续好转。

道路交通安全专项整治。吴中交警现场处罚各类交通违法行为56778起，强制扣车2925辆，处罚渣土车14359起、非机动车20491起、农用车981辆，查处套牌机动车30余起，查处酒后驾驶350余起，抓获网上逃犯8人，侦破交通肇事逃逸事故9起，侦破危险驾驶案件200余起。度假区交警共查纠各类交通违法行为9822起，查扣违法车辆358辆，处罚渣土车3799起、非机动车280起、农用车917起，罚款总额100余万元。

人员密集场所消防安全专项整治。吴中消防机构共检查社会单位6075家，发现火灾隐患9108处，督促整改火灾隐患9005处；下发责令改正通知书4078份，实施临时查封104起，责令"三停"44家；下发《行政处罚决定书》252份，罚款281.8

万元。度假区消防机构共出动人员896人，检查社会单位1540家，发现火灾隐患或违法行为975处，督促整改火灾隐患974处，下发《安全检查意见书》6份、《行政处罚决定书》109份；责令"三停"企业4家，处罚单位5家、个人104人；下发《责令立即改正通知书》507份；临时查封"三合一"火灾隐患场所20处，罚款3.6万元；督促整改设计备案19家，验收备案17家。

危险化学品安全专项整治。上半年，聘请化工专家171人次，出动检查人员432人次，相继检查化工企业173家次，发现安全隐患301条，已整改297条；发现并查处各类危化品非法违法行为28起，开具《责令限期整改指令书》12份、《现场处理措施决定书》12份、《整改复查意见书》11份，立案处罚4起，共处罚金14万元；约谈危险化学品企业主要负责人2家，约谈安评机构负责人2家；组织公安、发改等部门开展油气输送管道隐患整治和巡线行动7次。下半年，吴中区成立以区长唐晓东为组长、各成员单位主要领导为组员的危险化学品专项整治领导小组，相继检查各类危险化学品企业2206家次，发现隐患244个，已整改242个，列入红表企业4家、蓝表企业24家。检查危险化学品生产企业15家，排查整治隐患8个；危险化学品经营带储存企业6家，排查隐患97个，已整改96个；使用危险化学品的化工企业34家，排查隐患33个，已整改32个。检查港区内危险化学品库（堆）场、码头2座，排查整治隐患3个。检查危险化学品运输企业6家，排查整治隐患11个。检查硝酸铵、硝化棉、氰化钠经营、使用企业5家次。检查使用燃气的学校食堂和餐饮场所2044家，排查整治隐患49个。检查化学、化工实验室和化学试剂仓库的学校24家，排查整治隐患4个。检查涉及氧气制备和储存的医院22家，排查整治隐患1个。检查使用危险化学品的其他企业437家，排查整治隐患60个。

建筑施工安全专项整治。根据季节性特点，第一季度以春季复工和建筑施工扬尘、第二季度以深基坑和高支模、第三季度以建筑起重机械和脚手架、第四季度以施工消防为重点开展专项整治。全年共出动2928人次，检查976个项目，抽查发现3033条隐患，当场整改2578条，限期整改455条，整改率100%，签发建设工程全面停工整改通知书63份，局部停工整改通知书96份，整改通知单747份。

存在粉尘爆炸危险企业安全专项整治。重点突出铝镁、木质、粮食饲料等重点企业，组织粉尘专家对全区粉尘作业场所单班从业人员超过10人的木质粉尘等企业进行安全检查，同时邀请两家第三方检测机构进行现场粉尘浓度监测。共发现安全隐患617条，已整改隐患601条；开具3份《现场处理措施决定书》、9份《责令限期整改指令书》和52份《现场检查记录》。全区原有27家粉尘涉爆企业，其中12家已关闭，12家取缔抛光打磨工艺，剩余3家进行隐患整改，建立粉尘防爆相关管理制度，完成远程视频监控安装并联网接入监管平台。

特种设备安全隐患专项整治。出动现场检查共22人次，检查特种设备使用单位11家次，发出《特种设备安全监察指令书》2份，排查发现特种设备隐患13台9条，其中现场整改6条，限期整改3条，要求企业未经整改完毕，特种设备不得投入使用。年内，特种设备的安全隐患已整改完毕。

【落实企业安全生产主体责任】 2016年，吴中区贯彻落实苏州市安委会相关文件精神，相继下发《关于进一步督促企业落实企业安全生产主体责任的工作意见》《吴中区落实企业安全生产主体责任专项行动实施方案》《关于推动落实企业安全生产主体责任专项行动全面启动阶段工作指导意见》等文件，强化企业安全生产主体责任。召开专题会议进行工作部署，开展落实企业安全生产主体责任的专项行动，扎实推进情况摸底统计和企业核查工作，定期汇总专项行动的推

2016年8月25日，吴中区《中华人民共和国职业病防治法》（最新修正版）的培训会议召开

进情况，有针对性地开展企业安全总监落实主体责任专题培训、网格监管员座谈会和业务培训等工作。年内，组织企业负责人和安全总监专项培训3301人次，开展落实企业安全生产主体责任执法监察708家次。全区7196家企业与上级主管部门签订安全生产承诺书，填写《企业安全生产基本情况登记表》7138份，企业开展全员安全生产教育培训5193次，分级分类自查隐患5124条，完成落实企业安全生产主体责任专项行动启动阶段的各项任务，为实现三年专项行动工作目标奠定基础。

【安全生产标准化建设】 2016年，在全区危险化学品、工矿商贸企业和小微企业中推进安全生产标准化创建工作。其中，危险化学品企业实现三级安全生产标准化全覆盖，上报评审二级企业1家，全区二级达标企业力争达到5家；工矿商贸企业成功创建二级安全生产标准化达标企业1家，三级达标企业666家；共有3532家小微企业在标准化系统注册，其中2444家完成自评，1053家通过上级评审。

【落实安全总监制度】 2016年，全区256家规模以上企业，均配备安全总监，落实了安全总监制度。全区从业人员100人以上或年主营业务收入2000万元及以上的建筑、交通运输、危险化学品、金属冶炼等行业，粉尘涉爆、液氨制冷等领域的生产经营单位以及其他领域有条件的企业，相继落实与推进安全生产总监制度。全区121家建筑、交通运输、危险化学品等重点领域企业中，已有110家配备安全总监，配备率为90.9%；43家组织机构简单的化工企业中，已有42家配备安全总监，配备率为97.7%。

【安全文化建设】 2016年，全区组织开展以“强化安全发展观念，提升全民安全素质”为主题的第十五个全国“安全生产月”宣传教育活动，继续搞好安全文化建设。区安监局与总工会、共青团、经信局等单位，分别牵头组织开展“安康杯”竞赛、“青年安全生产示范岗”“安全文化示范企业”创建等活动，加大安全生产法规宣传力度，提高全民安全生产意识。创建活动中突出抓好企业负责人、安全管理人员、特种作业人员的培训教育，全年共组织贯彻新《安全生产法》和新《江苏省安全生产条例》培训68期，12000余人参加培训；组织各类资质资格和技能培训18160人次，新上岗人员、转岗人员接受安全生产培训率实现100%。开展安全生产警示教育和应急预案演练活动，增强企业职工自我防范意识和应急避险、自救、互救能力。

【安全监管队伍建设】 2016年，继续加强安全监管队伍业务能力建设，组织安全监管人员参加苏州市举办的相关业务培训。组织区安委会成员单位和安监局执法监察人员及镇（街道）安全监管人员约100人，赴南京工业大学学习安全监管业务知识。每周星期五定为安监局执法监察人员学习日，提升安全监管队伍的工作能力和业务水平。按照“横向到边，纵向到底”的建设架构，完善安全监管网格员队伍建设；合理划分网格，全区共建成14个镇级网格、178个村级网格，配备专兼职网格员311名。完善工业企业安全生产网格化监管体系，制定网格员考核细则和考核办法，区政府划拨财政专项经费47万元，用于奖励优秀网格安全监管工作人员。区安监局职业健康科获全省“职业健康监管工作先进集体”称号。

（韩　阳）

海　关

【概　述】 2016年，全区完成进出口总值76.6亿美元，与上年同比下降31.5%。其中出口51.76亿美元，同比下降27.8%；进口24.84亿美元，同比下降38%。海关实现入库税收36.5亿元，同比增长20.5%；审核报关单29.5万份，同比增长9.2%；监管进出境（区）货值133.4亿美元，同比下降6.2%。

【履行海关职能】 2016年，多措并举推进综合治税，严格履行海关职能。全年征收税款36.5亿元，税款核销率100%，税款电子支付率99%；监管进出口货物18.7万吨，进出口货值133.4亿美元；在加工贸易监管质量测评中，继续获得优等，10个监管项目上获得8项满分；继续保持报核率与结案率“双百”，共结案加工贸易电子化手册412份、H账册27期、E账册19期。坚持常规稽查、专项稽查和保税中后期核查并重，全年办结稽查作业21起、保税中后期核查60起，稽查有效率94%。办事处密切与侦查中队配合，落实打私目标责任，全年移交线索30条，立案19起，涉及案值1148.1万元，涉税125.2万元，处置两简案件78起。

【落实改革任务】 继续推进通关一体化、无纸化通关、“关检合作、一次申报”、增值税联网核查等改革，推广自助通关新模式，全面落实各项改革任务。全年通关无纸化实现99%，广义、狭义通关一体化比例分别为100%、16.05%，广义关检合作一次申报比例为100%。完成向南京海关二级指挥中心传送首票现场查验远程视频，参与现场查验单兵作业系统试点。落实海关注册企业年报报送、高级认证企业等事项新政，开展加工贸易工单式核销、加工贸易监管一体化改革、加工贸易单耗自核等工作创新。扩大引入中介参与海关核查的作业面，对5家企业实施引入中介参与海关稽核查作业（其中海关付费2家）。组织辖区20家企业针对非贸支付情况开展信息主动披露。

【推进法治创新】 落实“七五”普法规划，加强对吴中区各乡镇、版块、重点企业的法治宣传教育，创新和推进法治工作。年内办事处领导参加“送法入企业”活动17次，围绕辖区某高资信企业伪报钢卷品名等一批典型案例，进行“推送式”警示宣讲。继续夯实办事处“法治建办”基础，落实各项法治实事工程措施，布置法治会议室，举办法治小课堂；培塑关员队伍的法治思维、法治素养、法治能力。更新维护办事处“微制度”，规范法治管理。开展“制度执行检查月”活动，推动规章制度落地。汇总、探究、提炼工作实践中的风险疑难问题，推行法治案例教学。

【优化创新服务】 2016年，继续优化创新各项服务，培养“亮剑、担当、工匠”团队精神，推进办事处效能建设。加强数据分析咨询工作，办事处与地方发改委、经信、商务等行政管理部门建立数据共享制度，定期撰写外贸结构分析、“一带一路”国家贸易结构分析，为地方宏观经济制定提供数据服务。年内因数据共享，引领地方经济发展，获得地方领导肯定的批示2次。强化科长带班制、首问负责制、重大突发情况报告制的执行，抓好不定期检查、监督与通报，提高窗口办事服务效率。坚持守法便利原则，对诚信企业实行周一至周五晚间延时加班、周六白天加班服务，其余时段“7×24小时”实行预约加班服务。继续实施“重点进出口企业科长联络员”制度，由12名业务科室的正副科长，对口联系吴中区24家重点进出口企业，定期了解企业情况、汇总信息、形成企业个性化服务方案。组织“送法进乡镇、进板块”活动，完善办事处与吴中区重点区域、乡镇的联络机制；举办行业性政策宣讲会，分层次召开业务宣讲会，促进企业守法自律。

【健全风险防控机制】 2016年，办事处成立虚拟风险防控小组，坚持每季度召开办事处风险例会，加强重点问题的监控分析，做好风险指令处置和风险信息报送，提升“自检自控”能力。依托HL2008系统，做好业务复查，有针对性地对执法情况进行总体评估和整改。完善风险分析联判机制，实施重大事项通报，参与信息情报共享，强化对重大业务风险的掌控。

【加强关员队伍建设】 办事处领导在作风建设上作表率，带头遵守党章党规，带头贯彻中央八项规定，带头抵制“四风”，带头廉洁自律，切实做到有定力、有原则、有纪律、有底线，认真履职，维护国门安全。坚持“严”字当头，加强关员队伍建设。持续开展“两学一做”学习教育，强化“内涵学军”，树立“令行禁止”理念，建好、用好准军管理系统。加强工作申报与日常考勤、考核，落实科室每月队列训练，强化纪律、服务、责任和执行意识。贯彻落实《南京海关关于基层科室建设的指导意见》，开展“四好”科室定标争星活动。年内，办事处以工作专报形式，每季度刊发各科室工作和关员队伍建设情况交流，培育总结“云管理”“稽先锋”“网格化”等一批科室管理特色品牌。苏州海关驻吴中办事处报关厅获“2014~2015年度江苏省二星级青年文明号”称号；通关科获“2016年度南京关区‘四好’达标先进基层科室”称号。

（孙晋岩）

出入境检验检疫

【概况】 2016年，受理签发各类原产地证书19715份，5.6亿美元，帮助辖区企业减免进口国家和地区关税2117万美元；新增原产地签证备案企业183家，累计原产地证签证企业达779家；签发区域性优惠原产地证书9777份，签证金额2.2亿美元，与上年同比分别增长86%、102%。完成入境货物检疫监管142338批次，检疫入境集装箱12549标箱，检疫入境货物木质包装6484批，59922件，一般货物口岸查验18436批次，入境3C产品查验1355批次。

【深化业务改革】 2016年，继续深化检验检疫业务改革，用“创新、协调、绿色、开放、共享”五大发展理念引领原产地签证工作，不断探索业务创新，提升原产地签证服务水平。遵循“放管治”原则，加大简政放权、放管结合的力度；通过优化备案流程、简化调查程序等多种方式，提高申办效率，着力加强原产地签证企业事中抽查和事后核查，确保申报质量。全面推行原产地签证无纸化申报，实现无纸签证，切实为企业减负增效，提供便捷服务。指导企业充分利用自贸区优惠原产地减免关税双向性的特点，引导企业与进口商共享关税减让政策红利，降低进口成本，提升出口效益；引导企业利用原产地政策优势融入“一带一路”、国际产能合作等倡议或国家战略，充分发挥“补发证书”的救济作用，助力企业全面开拓市场，让更多产品走出去。继续推动口岸“三互”（即信息互换、监管互认、执法互助）、“三个一”（即一次申报、一次查验、一次放行）工作，实现口岸管理部门的大通关改革。吴中口岸联系海关、加工区管理局等在内的口岸管理部门，探索联动工作模式，搭建共同的信息化平台，推进“三互”大通关改革，使吴中口岸的通关更加快速，通关效率明显提高。吴中口岸实施联合查验，形成海关、检验检疫部门“三个一”工作的查验平台，原本需要分别进行的海关、检验检疫报关程序被合二为一，货物的通关效率提升30%~40%。

【优化服务措施】 吴中办事处与江苏检验检疫协会苏州办事处，优化服务措施，联合吴中区人力资源和社会保障局、商务局，组织吴中区15家主要出口吸尘器企业的30名质量管理人员，以“弘扬工匠精神、勇攀质量高峰”为主题，开展技能竞赛和出口吸尘器质量提升活动。企业积极响应，体现检地合作、质量共治，取得很好的效果。该项活动相继被《国门时报》《苏州日报》《扬子晚报》等多家主流媒体报道，社会影响力提升。帮扶企业顺利开展跨境电子商务，支持吴中综合保税区跨境电商公共服务平台建设，制定出口跨境电商货物检验检疫监管规范。配合加工区管理赴广东、深圳等地进行学习考察，研究落实优化服务措施；组织区内9家代理报检企业进行政策解读与培训，逐一解答企业的问题与需求；组织部分企业赴苏州工业园区学习先进的经验与做法，让企业熟悉政策、明确做法，结合地方需求，不断推进进出口跨境电商发展。

【保障地方经济发展】 自2015年8月通过上级审批后，继续帮扶完成进口食品安全监管区建设，保障地方经济健康发展。2016年，帮助苏州铁洋国际物流有限公司完成6号、7号仓库的施工建设，完成功能区的划分，配备检验检疫和海关监管办公室，满足食品卫生和快速通关要求；指导吴中物流有限公司制定10余项管理制度，设立与检验检疫管理系统相适应的进口食品集中监管区信息化管理平台，提供制度和信息化管理保障，协助苏州出入境检验检疫局领导和业务部门多次赴现场实地指导，经过反复整改测试，顺利通过验收审核，年内已投入正常运行。持续提升检验监管把关成效。在吴中口岸查验中，截获动植物疫情1560种次，检疫性有害生物182种次，病媒生物123种次；禁止入境物93批次，查出木质包装申报不符12批次。及时发现一批7个型号、货值26450美元的货物冒用产品认证标志案件，配合苏州出入境检验检疫局法综处开展调查取证，实施行政处罚。4月28日，国家质检总局发布《关于通报苏州检验检疫局对一批输非商品冒用认证标志实施行政处罚案例的函》，对该案的侦查和行政处罚给予肯定。吴中办事处获得国家质检总局发布《关于FANUC品牌进口机械设备不合格的警示通报》（2016年第35号）等总局警示通报2个。年内，吴中办事处相继对从6个国家进口的共14个批次重点产品，实施退运和监督销毁。

（傅加平）

编辑：王明生

财　政

【概况】 2016年，坚持稳中求进工作总基调，以供给侧结构性改革为主线，全年完成一般公共预算收入1344255万元，为调整预算的100.8%，比上年实绩增长11%，税比为90.9%。其中，税收收入完成1221861万元，为调整预算的100.7%，比上年实绩增长10.4%；非税收入完成122394万元，为调整预算的102%，比上年实绩增长17.3%。完成一般公共预算支出1080376万元，为年度预算的93.8%，比上年增长11.3%。其中，民生支出为794610万元，比上年增长11.2%，占一般公共预算支出比重为73.6%。

【经济转型】 实施实业兴区战略行动计划及相关配套政策意见，集聚科技、人才、工业、文化等专项扶持资金3.4亿元，为实体经济发展新格局的形成提供资金保障。牵头拟定供给侧结构性改革降成本行动计划，协调多个责任部门分解落实降成本任务，形成工作合力。执行中央、省、市减负清费政策，做好政府性基金和行政事业性收费的取消、归并和停征工作，梳理收费项目，并公布吴中区政府性基金项目和行政事业性收费目录清单。

【民生资金】 科学合理安排教育经费，统一义务教育学校生均公用经费基准定额，建立义务教育生均公用经费合理增长机制，确保教育优质化、均衡化发展。完善社会保障体系，城乡居民医疗保险财政补贴标准提高到550元，居民基础养老金发放标准提高到430元。落实低保标准自然调整机制，城乡居民低保提高到每人每月810元。提升公共卫生财政补贴标准，人均标准提高到69元，免费向城乡居民提供45项基本公共卫生服务。

【财政支农】 扩大农业保险覆盖面，推开果品保险、大闸蟹水文保险等新险种。调整优化生态补偿政策，提高补偿标准和范围。筹集资金2800万元用于经济薄弱村帮扶，提升集体组织增收能力。支持重点农田水利设施建设，做好高标准农田整治、太湖万亩现代生态农业、农村生活污水治理等重点项目的资金保障工作，整合财政资金4亿元助推美丽乡村建设，改善农业发展环境。

【财税体制】 加快预算管理制度改革，按照“以收定支、收支平衡”原则编制政府性基金预算，细化社会保险基金预算，完善国有资本经营预算，加大后三本预算与一般公共预算的统筹力度。做好预决算信息公开及整改工作，规范公开流程，细化公开内容，加快透明预算制度建设。推开区级行政事业单位财务核算纳入财政业务核算平台，规范区级预算单位财务管理工作。开发预算执行动态监控系统，完善监控规则、拓展监控范围。开展乡镇国库集中支付制度改革，制定改革的指导性意见，规范和完善乡镇国库集中支付。制定出台《关于调整镇（区）财政体制的意见》《关于调整镇（区）土地出让收入分配结算办法的意见》，理顺财政分配关系，提高镇（区）基本财力保障水平。

【财政监督】 扩大预算绩效管理范围，对43个项目开展全过程预算绩效管理，对3个项目开展重点绩效评价，对6个项目开展绩效审计，资金总额达14.2亿元，原34个区级专项资金全部纳入评价范围。规范政府性债务管理。加强投融资计划管理，严控新增项目和投资规模，切实防范债务风险。消化存量债务，研究制定《吴中区政府性债务纳入财政预算管理工作方案》，逐步将存量政府性债务纳入财政预算管理。会同区审计部门对区属国有公司政府性投融资项目进行再甄别，拟定区属公司政府性项目置换方案。设立吴中区城市发展资金，出台《吴中区城市发展资金管理暂行办法》，完善资金运行制度保障。

【会计基础管理】 2016年，全区持证会计人员25922人。其中，男性3866人，占15%；女性22056人，占85%。参加全省会计从业资格考试报名12751人，考试合格3093人。参加全国会计专业技术职称资格考试报名3468人，考试合格498人。其中中级职称130人，初级职称368人。组织高级会计师评审16人，12人通过。会计人员继续教育网上在线培训人数为16501人，通过考试的有15122人。年末，全区共有代理记账公司56家。利用区政府网站财政平台，发布和更新会计信息18篇，网上咨询答复62条。

（郭　樱）

表11-1　2016年吴中区公共财政一般预算收入执行情况

单位：万元

项目	本年累计收入	上年同期收入	比上年同期	
			增减额	增减（%）
一般公共预算收入合计	1344255	1211348	132907	10.97
一、税收收入	1221861	1106973	114888	10.38
1. 国内增值税（地方部分）	293423	176648	116775	66.11
2. 改征增值税（地方部分）	109538	27693	81845	295.54
3. 营业税（地方部分）	233078	373147	-140069	-37.54
4. 企业所得税（40%）	184524	157603	26921	17.08
5. 个人所得税（40%）	59768	52776	6992	13.25
6. 城市维护建设税	69816	62973	6843	10.87
7. 房产税	42641	43552	-911	-2.09
8. 印花税	15030	13554	1476	10.89
9. 城镇土地使用税	24987	22846	2141	9.37
10. 土地增值税	172690	116004	56686	48.87
11. 耕地占用税	473	1839	-1366	-74.28
12. 契税	15893	58338	-42445	-72.76
二、非税收入	122394	104375	18019	17.26
1. 专项收入	79738	68991	10747	15.58
（1）排污费收入	681	1270	-589	-46.38

续表

项目	本年累计收入	上年同期收入	比上年同期	
			增减额	增减（%）
（2）水资源费收入	3509	2091	1418	67.81
（3）教育费附加收入	39218	35557	3661	10.30
（4）矿产资源专项收入	0	0	0	0
（5）地方教育附加收入	26152	23679	2473	10.44
（6）文化事业建设费收入	1263	1083	180	16.62
（7）残疾人就业保障金收入	3916	2240	1676	74.82
（8）其他专项收入	4999	3071	1928	62.78
2. 行政事业性收费收入	17780	17482	298	1.70
3. 罚没收入	6260	1555	4705	302.57
4. 国有资本经营收入	0	0	0	0
5. 国有资源（资产）有偿使用收入	5559	14140	–8581	–60.69
6. 其他收入	13057	2207	10850	491.62
附报资料：				
三、基金收入合计	2107045	812484	1294561	159.33
1. 政府性基金收入	15199	19354	–4155	–21.47
（1）城市公用事业附加收入	4502	4085	417	10.21
（2）其他政府性基金收入	10697	15269	–4572	–29.94
2. 土地类基金收入	2091846	793130	1298716	163.75
3. 社会保险基金收入	0	0	0	0
四、国有资本经营预算收入合计	1244	0	1244	0
五、上划中央税合计	910704	846183	64521	7.62
1. 国内增值税（75%）	388227	529944	–141717	–26.74
2. 国内消费税	564	669	–105	–15.70
3. 企业所得税（60%）	276785	236405	40380	17.08
4. 个人所得税（60%）	89652	79165	10487	13.25
5. 改征增值税	101731	0	101731	0
6. 营业税	53745	0	53745	0
六、免抵退增值税（100%）	469049	582627	–113578	–19.49
1. 出口货物退增值税	326849	360327	–33478	–9.29
2. 免抵调减增值税	142200	222300	–80100	–36.03

表11–2　2016年吴中区全口径财政收入执行情况

单位：万元

项目	本年累计收入	上年同期收入	比上年同期	
			增减额	增减（%）
财政总收入合计	4363248	2870015	1493233	52.03
一、一般预算收入	2254959	2057531	197428	9.60
（一）中央及中央地方共享收入	1791035	1634051	156984	9.61
1. 国内消费税	564	669	–105	–15.70

续表

项目	本年累计收入	上年同期收入	比上年同期	
			增减额	增减（%）
2. 国内增值税	681650	706592	–24942	–3.53
其中：免抵调减增值税	142200	142200	0	0.00
3. 改征增值税	211269	27693	183576	662.90
4. 企业所得税	461309	394009	67300	17.08
（1）国有企业所得税	1498	3947	–2449	–62.05
（2）集体企业所得税	1461	1873	–412	–22.00
（3）股份制企业所得税	133359	104566	28793	27.54
（4）港澳台和外商投资企业所得税	171277	159110	12167	7.65
（5）私营企业所得税	145577	110826	34751	31.36
（6）其他企业所得税	8137	13687	–5550	–40.55
5. 个人所得税	149419	131941	17478	13.25
6. 营业税	286824	373147	–86323	–23.13
（二）地方固定收入	463924	423480	40444	9.55
1. 地方税	341530	319105	22425	7.03
（1）城市维护建设税	69816	62973	6843	10.87
（2）房产税	42641	43552	–911	–2.09
（3）印花税	15030	13554	1476	10.89
（4）城镇土地使用税	24987	22846	2141	9.37
（5）土地增值税	172690	116003	56687	48.87
（6）耕地占用税	473	1839	–1366	–74.28
（7）契税	15893	58338	–42445	–72.76
2. 专项收入	79738	68991	10747	15.58
（1）排污费收入	681	1270	–589	–46.38
（2）水资源费收入	3509	2091	1418	67.81
（3）教育费附加收入	39218	35557	3661	10.30
（4）矿产资源专项收入	0	0	0	—
（5）地方教育附加收入	26152	23679	2473	10.44
（6）文化事业建设费收入	1263	1083	180	16.62
（7）残疾人就业保障金收入	3916	2240	1676	74.82
（8）其他专项收入	4999	3071	1928	62.78
3. 行政事业性收费收入	17780	17482	298	1.70
4. 罚没收入	6260	1555	4705	302.57
5. 国有资本经营收入	0	0	0	—
6. 国有资源（资产）有偿使用收入	5559	14140	–8581	–60.69
7. 其他收入	13057	2207	10850	491.62
二、政府性基金收入	15199	19354	–4155	–21.47
三、土地类基金收入	2091846	793130	1298716	163.75
四、国有资本经营预算收入	1244	0	1244	—

表11-3 2016年吴中区财政支出执行情况

单位：万元

项目	本年累计支出	上年同期支出	比上年同期	
			增减额	增减（%）
财政支出总计	3151795	1884962	1266833	67.21
一、一般公共预算支出合计	1080376	971168	109208	11.25
1.一般公共服务	133680	112588	21092	18.73
2.国防	1648	2081	–433	–20.81
3.公共安全	35311	34199	1112	3.25
4.教育	177896	152547	25349	16.62
5.科学技术	36870	36643	227	0.62
6.文化体育与传媒	12976	9913	3063	30.90
7.社会保障和就业	97284	106568	–9284	–8.71
8.医疗卫生与计划生育	81597	52532	29065	55.33
9.节能环保	49659	67906	–18247	–26.87
10.城乡社区	196776	112428	84348	75.02
11.农林水	77451	106284	–28833	–27.13
12.交通运输	35546	50874	–15328	–30.13
13.资源勘探信息等	72432	49484	22948	46.37
14.商业服务业等	17376	42255	–24879	–58.88
15.金融	1643	989	654	66.13
16.援助其他地区	4992	4622	370	8.01
17.国土海洋气象等	7390	4501	2889	64.19
18.住房保障	28555	18763	9792	52.19
19.粮油物资储备	3284	3143	141	4.49
20.债务付息及发行费	7669	0	7669	—
21.其他	341	2848	–2507	–88.03
二、基金支出合计	2070176	913794	1156382	126.55
1.政府性基金支出	27675	27883	–208	–0.75
（1）城市公用事业附加安排的支出	2232	3758	–1526	–40.61
（2）污水处理费支出	9924	0	9924	—
（3）其他政府性基金支出	15519	24125	–8606	–35.67
2.土地类基金支出	2042501	885911	1156590	130.55
（1）国有土地使用权出让金支出	1943392	850521	1092871	128.49
（2）国有土地收益基金支出	99109	35390	63719	180.05
（3）农业土地开发资金支出	0	0	0	—
三、国有资本经营预算支出	1243	0	1243	—

国家税务

【概况】 2016年，完成“营改增”试点、国税地税征管体制综合改革、金税工程三期系统上线等重点工作任务。全年，国税系统累计组织入库各项税收收入119.15亿元，同比增长17.79%；实现地方公共财政预算收入51.36亿元。累计兑现小型微利企业、高新技术企业等税收优惠41.29亿元，占到当期国税收入总量的34.7%，惠及纳税人两万余户。区国税局40余篇信息调研报告材料被上级局和各级党委政府录用，《“营改增”后吴中房地产行业税收管理探析》《从国税视角看吴中区十二五期间制造业发展状况》等经济税收分析专报，为党委政府领导科学决策提供参考依据。

【“营改增”试点】 2016年5月1日推开“营改增”试点，为全区1.8万余户“营改增”试点纳税人实现税制转换。全年，“四大行业”整体减税7.26亿元，新增试点行业实现总体税负“只减不增”的预期目标，通过打通增值税进项抵扣链条，在推动产业融合、拉动企业投资和促进外贸出口等方面都显现出良好效应。

【税收改革】 2016年，实施深化国税、地税征管体制综合改革试点工作，打响税收管理改革“第四战役”，对照争创全省国税系统综合示范点“20个到位”要求和60个验收细化项目，逐一分解落实各项工作，完成综合改革试点各项任务。构建起“政府主导、税务主管、部门联动、信息共享”的协税护税网络，为强化税收管理提供制度保障，建筑业行业税收管理有序、严密，个体税收委托代征业务实现国税地税同步管理、同步征收。

【“放管服”改革】 执行省局《税收职责清单》（2016版），取消所有自行制定的审批、调查和核查事项，做到税收职责清单以外再无权力；运用《风险应对工作模板》《风险应对法律指引》，将事中事后管理要求融入风险管理进程之中，建立“双随机”抽查机制。推进商事制度改革，完成“三证合一、一照一码”45780户，占总户数的84.15%，启动个体工商户营业执照和税务登记证“两证合一”改革，提高市场准入的便利化程度。完成2015年度纳税信用等级评定，诚实守信纳税人可以享受专用发票免认证、申请贷款免抵押等政策利好。全年，累计为近500户小微企业发放信用贷款2.17亿元。打击骗购虚开发票、骗取出口退税等税收违法行为，增强稽查打击准确性和震慑力。全年，累计立案检查案件211件户。

【国地税合作】 落实《国税、地税合作工作规范》（2.0版），明确44个重点合作项目的推进时间表、路线图，推进国地税多方位、多角度深度合作，共建纳税人学堂、共驻政务服务中心、个体税收联合征收、纳税信用联合评定、涉税信息协同共享等合作项目实施到位，构建“一个大厅提供服务、一个系统征收税款、一个窗口受理资料”的国地税合作格局，纳税人尽享“进一个门、办两家事”的便利。

【“互联网+国税”】 启用全市首个国、地税联合全天候自助式办税服务厅，增配自助代开设备10台、发票发售设备10台，探索O2O发票配送和预约取件、预约办税服务新模式，实现非居民企业事项网上办理、外管证网上开具、外埠建筑纳税人网上报验登记、出口退税无纸化申报。打造实体办税、网上办税、自助办税、移动办税、特服电话、邮政EMS“六位一体”的新型纳税服务体系。开通“吴中国税”微信公众号，公众号关注人数突破8000人，单篇推送文章点击量最高超过1.3万人次，构建办税服务厅现场咨询、办税服务特服号和微信公众号“三位一体”的宣传咨询服务新平台。依托新技术与大数据，稽查工作重心向做实分析转移，打破属地管理，提升管理层级，应对跨区域案件和高风险事项。智慧稽查系统自动出具的分类分级的分析报告，成为基层税务稽查人员的“指南针”和“路线图”，补上基层稽查部门分析能力和管理层级的短板。依托移动互联网技术开展的稽查远程办公，实现取证和检查实况的即时传输，远程支持团队可直接指挥和支持各检查小组工作，做到一次性取证，把对纳税人的打扰降到最低程度。 （何骏文）

地方税务

【概况】 2016年，围绕“营改增”工作，加强税收分析预测与行业税源清理，做好“营改增”的管户确认、数据传递以及服务衔接等工作，细化分解征管质量绩效考核指标，严密积案清理，确保应收尽收，促进组织收入稳步增长。全年组织收入151.05亿元，同比增长21.24%。其中，税收收入98.48亿元，同比增长31.56%；公共财政预算收入74.59亿元，同比增长29.53%。三项增幅均列全市第二。年内，获全国五一劳动奖状、“江苏省2013~2015年度文明单位”称号，志愿服务项目“青立方·梦享树”荣获第三届中国青年志愿服务项目大赛银奖、江苏省青年志愿服务项目大赛一等奖。

【金三上线】 向市局争取成为第二批金税三期双轨运行试点单位，成立金税三期上线领导小组及办公室，抽调专人组建攻关小组，制定金三双轨运行方案，对492项业务开展全员、全业务、全量测试，组织3次共550人次的人海测试。分类开展操作培训，组织干部职工3次共180人次的业务培训、应急处理培训等；对纳税人开展系统操作和业务流程培训，帮助纳税人做好准备。7月，开始双轨运行，10月1日全面单轨运行，实现平稳上线。

【国地税合作】 确立“一窗式办税”“国地税共同首问负责制”“办税大厅互派干部”三项机制，推进国税地税办税大厅共驻区行政服务中心。以区政府名义下发《关于进一步深化吴中区个体经济协税护税管理工作的实施意见》，推进个体工商户“一窗式通办”联合征管。与国税部门从建立信息沟通联动机制、关键环节监管机制、建筑工程跟踪机制三方面开展合作，完善协税护税网络，强化建筑业税收征管。

【依法治税】 制定《2016年吴中地税依法行政工作要点》，从机制上推进依法行政。聘请法律顾问，梳理执法风险、审核重要文书，参与社保费强制执行、税款强制措施，处理诉讼、复议等事项，规范执法行为，防范执法风险。每月对基层简易程序案件及2000元以下一般程序案件进行检查，全程参与2000元以上一般处罚案件的处理，确保每个案件适用法律正确、程序正当、自由裁量适合。区地税局获“苏州市2016~2017市级依法行政示范单位”和“吴中区2016~2017区级依法行政示范单位”称号。

【专项税源清理】 “营改增”试点扩围后，对房地产业、建筑业两大重点行业明确应对工作任务和措施。确定554个政府性工程项目、239个房地产建筑项目、103个其他类型建筑项目以及5个大企业为重点清理对象，联系当地党委政府及相关纳税人，按照营业税纳税义务发生时间认定要求，在5月1日“营改增”到位前，依法完成纳税义务；确定72个政府拆迁安居房项目为重点，于4月底结束清理。对2年内有开票记录的141户房地产企业实施中等风险应对，按照政策进行逐个审核处理，于5月底结束清理。截至6月底，共征收房地产业营业税17.62亿元，同比增长125.72%；征收建筑业营业税8.59亿元，同比增长46.57%。

【宣传辅导】 第25个税收宣传

2016年4月17日，吴中地税开展“税法宣传进社区”活动

月期间，在第九届省园博会现场，与国税部门联合举办“诚信纳税、绿色共享”主题税收宣传活动，宣传“营改增”，宣传助力大众创业万众创新的税收优惠政策。围绕纳税人需求，联合设计“实体纳税人学堂”的课程，开展培训，引导纳税人通过网上、实体两个学堂，便捷地获取自己所需的涉税信息。

【廉政监督委员会制度】 在完善外部监督机制基础上，制定《廉政监督委员会制度》，在基层分局设一名专职廉政监督员，负责本单位领导班子及干部主体责任落实情况、监督廉政和作风建设情况，按照《廉政监督委员考评工作指标及评分标准（试行）》，落实工作责任。《廉政监督委员会制度》实施以来，召开2次廉政监督员会议，学习制度规定，提高思想认识，明确相关责任，加强党风廉政建设。年内，共通报批评7人次，对1位基层分管领导因主体责任落实不到位进行问责。 （胡爱民）

金融监管

【概况】 2016年底，在区内设置分支机构的金融企业共有银行23家，保险公司15家，证券公司3家，担保公司3家，典当公司8家，小贷公司15家。期末金融机构本外币存款余额为2122亿元，较年初增加202亿元，贷款余额为1999亿元，较年初增加342亿元。保险机构新增保费收入13.6亿元，新增赔付支出5亿元。新增证券交易金额2248亿元，证券资金账户累计89126户，证券业期末托管市值129.6亿元。创投基金注册规模292亿元。年内，珠江村镇银行东山支行、角直支行、三山岛金融便利店正式设立。

【资本市场】 围绕打造资本市场“吴中板块”，推进企业上市和挂牌工作。年内，科沃斯、瑞可达连接、苏驼通信3家企业进入江苏证监局辅导期，建科院、赛腾精密、宇邦新材将IPO材料报至证监会。截至2016年底，共有上市企业8家，上市后备企业8家，其中5家已报会，3家进入辅导期。金禾新材料、广尔纳新材料等27家企业成功挂牌新三板，新三板挂牌企业达47家。赴北京举办金融助力产业发展说明会，金秋洽谈会期间举办吴中区产业与资本对接会暨太湖金融资金高峰论坛，引导和鼓励创投基金助力产业招商和产业转型升级。

【金融服务】 推进金融支持企业自主创新行动计划，截至2016年底，在综合金融服务平台注册的企业达1390家，平台共为498家企业解决融资需求，授信金额达97.5亿元。区中小企业转贷平台合作银行增至8家，成功转贷54笔，转贷金额2.57亿元。引导和协调银行开展增信基金业务，通过增信基金银行为企业授信2.63亿元。赴北京大学举办吴中区政府投融资平台发展与创新培训班，举办“金融创新系列培训班”第五期——融资平台创新融资方式专题培训，引导政府投融资平台健康、稳定、可持续发

2016年8月11日，2016苏州吴中金融助力产业发展说明会——圆桌论坛召开

展。开展金融行业联合会系列培训活动——金融改革助推银行经营转型、保险创新专场等，助力金融机构创新转型。

【风险防控】 强化企业逾期贷款的统计工作，排摸潜在风险企业，加强与板块和银行的联动，防控和化解企业风险。开展小贷公司年度审计，关注小贷公司不良资产处置，帮助小贷公司化解风险、转型发展。通过开展滑稽剧公益巡演、投资者教育活动、发放宣传资料等形式，加强对防范非法集资的宣传教育，增强群众风险意识。全年，完成3000余家互联网金融企业的分类摸底排查工作，对纳入重点核查对象的50家企业进行复查，防范和化解互联网金融风险。年内，获评“2013~2015年度省级金融生态优秀县”称号。　（虞春萍）

银　行

【工商银行吴中支行】 2016年，全行人民币各项存款余额172.40亿元，比年初增加13.99亿元。其中，人民币储蓄存款余额84.87亿元，比年初增加3.15亿元；对公存款87.53亿元，较年初增长10.84亿元。对公存款中，公司存款为53.71亿元，较年初新增8.05亿元；机构存款为33.82亿元，较年初新增2.79亿元。

人民币各项贷款余额199.70亿元，比年初增长28.13亿元。其中人民币公司贷款余额（含小企业）126.39亿元，比年初增长9.11亿元；个人类贷款余额69.86亿元，比年初增长20.47亿元；票据贴现余额3.45亿元，较年初下降1.45亿元。

实现信用卡发卡量为37721张，其中白金卡2621张，实现分期付款30476万元。拓展传统商户完成226户，完成年度指标任务的103%，新型商户完成2147户，完成指标任务的294%。年内，新开账户1492户，较同期增长219户。

年末，不良贷款余额2958万元，较年初下降1831万元；不良贷款率0.15%，降幅0.13个百分点；大幅低于分行控制要求数。信用卡不良605万元，较年初下降195万元，信用卡不良率1.52%，降幅0.36个百分点。

实现考核口径拨备前利润75077万元，较同期可比数据增加3606万元，增幅5.05%。获评“江苏省文明单位”称号。

完成项目审批12笔，合计金额67.9亿元。包括：苏州太湖山水文化旅游发展有限公司“渔洋山酒店项目”7亿元、苏州市吴中灵天建设投资发展有限公司“两山一镇项目”6亿元、苏州角直集团有限公司并购项目3亿元、苏州溪江实业发展有限公司4.5亿元、苏州市木渎集团有限公司并购项目2.8亿元等一批项目。其中突破性地运用并购贷款产品营销项目贷款客户5户，审批通过并购贷款11.8亿元。至年底，储备通过预审的项目贷款有4笔，计11.4亿元。

与苏州新友置地有限公司（石湖桃花源雅筑项目）、苏州苏航置业有限公司（湖山樾苑项目）、苏州庆丰房地产有限公司（三阳高尔夫项目）等13家公司建立按揭业务关系，个人按揭贷款余额达69.52亿元，其中住房贷款66.53亿元，比年初增23.44亿元，年度累计发放额达32.17亿元。

加大对2013年以来新增融资质量的管控力度，将2013年以来新增融资质量情况作为管控重点，做好存量融资潜在风险防范和转化，做好潜在风险贷款的缓释转化工作；构建信贷资产管理的长效机制，修改完善2016年度信贷资产质量考核办法，明确户管客户经理为信用风险直接责任人，其分管负责人承担连带管理责任的责任机制；梳理完善相关业务流程，制定《吴中支行关于进一步明确信用风险等业务的转授权及报审流程要求》《吴中支行关于进一步明确权证出入库操作要求的通知》等规范性文件；做好不良压降的现金清收工作，依法合规组织呆账核销工作，强化账销案存资产管理和账销案存资产清收处置工作。全年，对公司、个人客户和信用卡违约客户提起法律诉讼32笔，标的额8160万元，通过依法诉讼、强制执行、以诉促谈等办法，共清收压降公司不良贷款6392万元、个人不良贷款（含信用卡）1100万元，完成分行年度控制指标。个人贷款剪刀差年末余额1880万元，比省行额定的2600万元控制额少720万元。

增加远东集团、宝成实业和佳值电子的结汇量，提升结售汇占比，吸引先锋导电和飞云时装等结汇新客户，成功为华东镀膜办理吴中支行首笔新加坡海外人民币直贷。推进电子银行及产品创新业务的发展，以第七届“工商银行杯”全国大学生金融产品创意大赛为契机，联合团委、部办走进高校，吸引大学生关注和参与银行创新，带动互联网金融产品进校园，吸引一批潜在客户。职场营销与柜面阵地营销相结合，拓展代销寿险业务，全年共实现销售工银安盛26646万元，单项实现中间业务收入927.31万元，较同期增加618.61万元。

根据总行“高目标定位，裂变式拓展，翻番式增长”的互联网金融战略，建设“平台+金融+场景+网点+客户”的生态圈，实现苏州东山茶厂在融e购平台顺利上线运营，与科沃斯电器达成了B2B业务合作意向，与苏州职工国际旅行社B2C平台商户达成合作协议，新拓各类商家共73户。推进智能化网点建设，在优化功能布局的基础上，完成角直支行、翠坊储蓄所的网点智能化改造工作；突破大投行大资管业务，新增现金管理有效客户70户，完成率583.33%；新增全球现金管理2户，完成率200%；票据池28户，完成率175%；收款管家客户净增22户，完成122%；资金池净增2户，完成率100%；新增工银E缴费20户，完成222%；托管规模5.71亿元，比年初净增1.42亿元；养老金客户27户，比年初增加4户，其中养老金个人账户数8593户，比年初净增1374户。

（吴晓夏）

【农业银行吴中支行】 2016年，全行本外币存款余额381.51亿元，比年初增加34.2亿元，总量、增量市场份额第一。其中，人民币对公存款余额218.18亿元，在吴中区同业内率先迈上200亿元新台阶，比年初增长20.24亿元。本外币个人存款余额152.16亿元，比年初增长12.33亿元，日均个人存款比年初增长12亿元。个人金融净资产（存款+理财+基金）余额179.44亿元，比年初增长12.68亿元；外汇存款17305万美元，比年初增长2076万美元。

本外币贷款余额279.74亿元，比年初增长50.27亿元，总量、增量市场份额第一。其中，人民币对公贷款总额141.06亿元，比年初增长4.27亿元。年内新审批项目10个，承贷金额33.54亿元，全年累计投放32.11亿元。已批未放项目11个，金额13.34亿元，储备项目16个，金额91.2亿元；本外币个人贷款余额130.81亿元，比年初增加47.44亿元，总量、增量市场份额第一，其中住房贷款余额124.58亿元，累计发放房贷60.39亿元，净增47.21亿元；外汇贷款余额11358万美元，比年初负增长2989万美元。

不良贷款余额1.24亿元，比年初减少1.08亿元，占比0.445%，占比比年初减少0.565个百分点，不良贷款实现“双降”。2016年不良贷款生成率0.26%，低于苏州分行平均水平。年内，发现假存单（折、卡）2起，堵截假身份证8起，冒名开卡2起，可擦笔1起，电信诈骗及其他诈骗15起，金额43.236万元；收缴假币2494张，金额170602元。

完成国际结算43.59亿美元，市场份额保持同业第一。实现跨境人民币业务23.58亿元，超额完成序时进度的130%，同业占比35%以上，市场份额第二。其中参融通投放11亿元，对外股权投资1亿元，撤资清算资金1.14亿元，利润汇出0.5亿元，拓宽跨境人民币业务渠道。

2016年，新开结算账户2200户，其中新增有效外汇结算账户92户，有效外汇资本金到账1000万美元。拓展浪潮（苏州）金融技术服务有限公司外汇结算账户及资本金账户，成功推荐总行购买开发区总公司中票1亿元和公司债4亿元，成功促成苏州分行首笔同业黄金拆借业务，累计促成苏州银行黄金拆借业务7亿元。新增个人客户45283户，累计实现代发工资261万户。贵宾客户95089户，比年初增加12176户；个人贵宾客户金融资产182.3亿元，比年初增加34亿元；个人贵宾客户交叉销售率达217%，比年初提升19%。私人银行PBS系统正式签约客户74户，签约客户金融资产余额8.3亿元，分别较年初增加20户、1.6亿元。掌银活跃客户数达99447户，比上年增加34594户，列分行第二。信用卡新增客户数12178户，完成任务的108.7%，列分行第二；新增房贷客户信用卡渗透率达到65.31%，列分行第一。有效收单商户完成87户，完成任务的157%。销售基金4.2亿元、实物黄金44.05公斤、实物白银118.04公斤。金市通代理金交所业务成交金额4800万元，账户贵金属成交黄金1461公斤、白银104588公斤。新增区内进出口前10客户3户，大型外资项目落地1户，业务份额显著提升的10强客户1户，海关进出口名单上吴中区前30强客户基本均保持紧密联系。

年内，获评省行"'四好'领导班子"、省行"创利先进单位"、省行"精神文明建设工作先进单位"以及省行"文明单位"等荣誉称号。（徐　青）

【中国银行吴中支行】2016年，全行人民币存款余额194.06亿元，比年初增加29.32亿元（其中，公司存款余额122.21亿元，比年初增加15.18亿元；个人储蓄存款余额71.85亿元，比年初增加4.02亿元）；人民币贷款余额181.17亿元，比年初增加32.77亿元（其中，公司贷款余额80.82亿元，比年初增加3.37亿元；个人贷款余额95.18亿元，年内新增25.18亿元）。（章汝皓）

【建设银行吴中支行】2016年，全行本外币存款余额273.84亿元，列四行第二，四行占比26.4%；日均余额277.21亿元，列四行第二，四行占比27.09%；日均新增33.44亿元，列四行第二。全行本外币贷款余额245.21亿元，列四行第二，四行占比27.04%；新增36.17亿元，列四行第二，四行占比24.73%。中间业务净收入3.22亿元，列四行第一，四行占比30.22%，较去年同期提升1.13个百分点。其中，累计对私中收1.027亿元，四行占比29.88%，同比提升4.16个百分点，列四行第一。不良贷款余额2164万元，比年初减少420万元，不良率0.09%，资产质量保持当地同业最优。实现净利润6.78亿元，增幅达12.66%；主营业务收入10.92亿元，增幅7.18%。

通过城镇化、政合通、银政、并购理财等形式，推动吴中区重点项目、地方政府债务置换、美丽乡村建设等全面落地。对外启动农村经济组织"助保贷"批量化办理，开展企业自主创新金融联盟启动会；首期以政合通产品为东山镇新潦村、潦里村、杨湾村、三山村、莫里村等12个村庄的美丽乡村建设以及东山镇的综合整治建设提供信贷支持9000万元。

成功办理建行苏州分行首单单位购房贷款业务，丰富服务手段，形成"信贷支持城镇化建设（政府）—土地上市跟踪–招商引资推荐—信贷支持土地开发（房开贷企业）—信贷支持购房（单位和个人）—批量争取优质客户（入驻企业和居民）"的信贷链客户全流程综合服务。携手东太湖科技金融城管理局、南师大科技园，签署合作意向书，为优质入驻企业提供全方位服务，实现批量化营销；开展房地产企业综合金融服务，发挥建行集团优势，择优支持综合实力强、行业地位高、去化周期短的房地产企业项目，为其提供投行产品融资、房地产开发贷款、个人按揭贷款等全流程金融产品。了解客户需求的基础上，对外汇客户进行差别化营销，实现建行苏州分行"外汇网银汇款、同业贵金属租借、境内支付型跨境融资宝"三项首单及"黄金积存、结构远期结汇、买入看涨期权、增收宝、跨境融资性风参"五项支行首单，通过新产品提高银企黏合度，增强企业满意度。

完成吴中人民医院移动医疗APP项目，完成苏州市吴中区

2016年3月5日，吴中建行开展消费者金融保护公益宣传

临湖第一中心小学等16家学校、培训机构的智慧缴费项目，完成水城丽都等三个小区自动停车项目，开发西山大观音寺票务系统。响应总行移动金融转型规划、落实金融生态系统战略，办理建行苏州分行首单“悦生活”云服务平台缴费业务，助力智慧校园建设。（周玲玲）

【交通银行吴中支行】 2016年，全行人民币存款余额123.46亿元，较年初增长9.98亿元。其中，人民币对公存款余额为98.56亿元，较年初增长9.35亿元；人民币储蓄存款余额为24.90亿元，较年初增长0.63亿元；外汇存款余额3409万美元，较年初减少224万美元。

人民币贷款余额75.78亿元，较年初增长9.12亿元；外币贷款余额424万美元，较年初减少660万美元。

全口径不良贷款金额1269.84万元，较年初压降540.14万元；无对公不良贷款；不良压降超30%，不良率仅0.17%。

实现经营利润3.12亿元；公司条线中间业务收入5523万元，零售板块（含个贷）中间业务收入1934万元。

在贷款额度相对偏紧，外部金融环境持续不稳的情况下，与总、分行沟通，当年新获批政府平台授信7户，额度达24.8亿元；加强与吴中区国资平台合作，支持区域内基础设施建设，争取表内外信贷和理财资源，累计投放政府类项目20.35亿元。联合主承销行为江苏省吴中经济技术发展总公司申报的30亿元永续债成功获得协会审批，也是吴中区首单永续中票项目。深化吴中区增信基金项目，成功入围科贷通项目，支持区域实体经济发展。全年，全行增信基金保证金1500万元，审批通过企业共31户，授信总额度1.45亿元。其中提款户数19户，提款金额8953万元。通过审批准备提款企业4户，金额1250万元，审批中企业3户，金额1450万元。存量客户中符合科贷通政策的企业13户，正在营销中的科技型企业9户。个贷业务重新起步，目标一手房市场，主动出击，对接开发商，新签楼盘11家，其中已有7家楼盘接单并陆续投放。（杨　傑）

【农业发展银行吴中支行】 2016年，全行贷款余额186458.14万元；存款余额99329.35万元，日均存款余额78762.62万元；实现净利润5054.75万元。

做好两区夏粮和秋粮收购工作，落实国家的粮食收购政策和上级行的各项措施要求，按照地方储备粮食贷款管理的有关规定，与两区财政、粮食等部门加强协调配合，做好各项准备，落实贷款计划，及时足额供应收购资金，确保小麦和稻谷收储工作的顺利开展，促进区级粮食储备任务的按时完成。2016年，共发放粮食储备贷款16939.59万元，支持收储小麦2174.58万公斤、稻谷3470.15万公斤。围绕水利、棚改、基金项目、城镇化建设等新农村建设项目，开展中长期项目贷款的续贷和项目推进工作，阳澄湖城镇化建设项目的续贷工作。年内，累计增加投放5.5个亿，累计投放17个亿。棚改项目实现落地，获批银团贷款12亿元。农发重点基金项目工作

2016年7月20日，吴中区政府和国开行“十三五”开发性金融合作签约仪式举行

成功落地，获批中外运股份公司5700万元基金，做大做强区域信贷业务。

推进相城区水环境综合整治项目，与国家开发银行苏州分行牵头筹组相城区河道畅流工程银团贷款，苏州相城区河道畅流工程发放贷款4.4亿元。对相城区境内的57条河道畅流整治，以及维护部分堤防及护岸，建设泵站工程，布局治污截污，优化和整合城乡水系资源。（高锦娟）

表11-4　2016年吴中区金融机构存贷款余额情况

项目	单位	2016年末	2015年末
一、总存、贷款情况			
1. 各项存款	万元	21222357	19171175
#企业存款	万元	13940019	12433903
居民储蓄存款	万元	6958288	6491619
2. 各项贷款	万元	19993746	16553287
#短期贷款	万元	5809959	5576688
中长期贷款	万元	13867760	10740773
3. 存、贷比（以存款为100）（%）		94.2	86.3
二、人民币存、贷款情况			
1. 人民币各项存款合计	万元	20683769	18646271
#企业存款	万元	13497002	11966351
居民储蓄存款	万元	6862939	6434534
2. 人民币各项贷款合计	万元	19874527	16291108
#短期贷款	万元	5706299	5330022
中长期贷款	万元	13852200	10725260
3. 存、贷比（以存款为100）（%）		96.1	87.4
三、外币存、贷款情况			
1. 外币各项存款合计	万美元	77640	80888
#企业存款	万美元	63863	72050
居民储蓄存款	万美元	13745	8797
2. 外币各项贷款合计	万美元	17186	40402
#短期贷款	万美元	14943	38011
中长期贷款	万美元	2243	2391
3. 存、贷比（以存款为100）（%）		22.1	49.9

保　险

【中国人寿保险公司吴中支公司】 2016年，总保费再上新高，到达25536.42万元。个险渠道跟上节奏，踏准赛点，完成“大满贯”；团险渠道做好效益调整，通过提高个银定价审批失效和建立定价会审机制，强力促进大短险的发展；银保渠道期交保费及十年期保费均出现较大负增长。

个险渠道共计工号人力455人，同比增长62%；团险渠道58人，同比增长61%；银保渠道共计工号人力94人。其中客户经理队伍20人，理财团队74人。

倡导全渠道营销战略，做好关系维护，延伸企业式、家族式的服务；平台运作日趋成熟，高端平台跟得上，中端平台能主导，小众平台能经营，将全渠道客户按需求分类，不设壁垒，综合销售；对接政府，渠道互通，对接吴中交警大队，以驾乘险为突破口，开拓新领域。（赵思骁）

【中国人民财产保险公司吴中支公司】 2016年，实现保费收入24006万元，同比增长17.69%；支付赔款约1.6亿元，惠及客户2.6万多人次。

深入各镇、村，调查了解农村居民的风险保障需求，针对农村居民的风险状况、保障水平及经济能力等实际情况，设计全新的低费率、高保障的“和谐家园”组合保险产品，把它作为政府买单的普惠制、低保障民生保险的补充。在横泾、临湖、东山、光福、越溪、角直、西山等7个乡镇陆续推开，取得较大进展，尤其是在横泾、光福2个乡镇全面推开。2016年，承保居民5000多户，提供超过16亿元的风险保障，提高农村居民的风险保障水平。

根据市委、市政府的重新规划，市区范围内的政策性农业保险调整承保方式。5月20日，水稻发生近10年来最大面积的赤霉病，灾情发生后，会同农林部门对各乡镇的水稻田进行实地查勘，听取专家对受灾的分析，多次将受灾情况与苏州市政策性农业保险工作领导小组办公室沟通，确定小麦受灾的相关数据和理赔方案，完成2.49万亩的小麦理赔工作，共计支付赔款366万元。（钱立琴）

【太平洋人寿保险公司吴中支公司】 响应政府服务于民生、惠利于民生的方针政策，参与承保苏州各学校在校生的人身意外伤害保险、优生优育保险、建筑工人意外伤害保险、全区残疾人意外伤害保险、木渎新市民意外伤害保险、吴中总工会意外伤害和定寿保险等各项服务于本区人民的惠民保险，取得业务和社会效益的双赢。2016年，实现标保收入3.159亿元，其中法人渠道0.202亿元，传统营销个险标保收入2.957亿元，完成各项经营指标。（程　虹）

【太平洋财产保险公司吴中支公司】 2016年，实现保费收入23434.59万元，较上年同期增长9.25%。其中，水险保费收入241.1万元，非水险保费收入4610.75万元，意外险保费收入662.68万元，机动车保费收入18583.75万元，综合赔付率69.39%。

2016年，继续中标吴中区范围“民生保险”项目，为全区62.45万人口共18.94万户家庭免费提供自然灾害意外伤害保险及家庭财产保险，累计接报和受理的民生保险赔案已达1893起，赔付金额98.92万元。（王德荣）

区属公司

【苏州市吴中城市建设投资发展有限公司】 2016年，公司完成颐舍温泉酒店周边环境综合整治改造项目、浦庄工业园改造项目等2个建设项目。运河风光带一期项目、浦沙路工业厂房项目等2个项目在建。年末，企业注册资金37亿元，对外投资单位20家。获评“吴中区国有资产投融资做大做强先进集体”的荣誉称号。

颐舍温泉酒店周边环境综合整治改造项目　包括温泉拓展中心工程、泉眼景观改造工程、自助餐厅改造工程，总投资500万元。

浦庄工业园改造项目　是2002年投资建设的工业小区，有标准厂房20幢。因房屋和公共设施渗漏，老化现象严重，公司结合S230省道拓宽改造需求，于2016年3月份投入1276.5万元对浦庄工业园的厂房和生活区进行全面改造升级。目前入驻企业25家，招租率100%。

运河风光带一期项目　总投资约为18亿元，用地面积15875平方米，建筑面积111996.0平方米。由3幢地标性高楼组成，分别为五星级酒店、高档写字楼、酒店式公寓。截至12月底，内装施工，家具、软装等配套设施基本完工，配套供电、供水工程、燃气工程基本完工。

浦沙路工业厂房项目　位于临湖镇东太湖路南侧、浦沙路东侧，占地25.1亩，总建筑面积约19031平方米，拟建3栋三层标准厂房，建成后对外出租。12月办理完成开工前各种手续，取得施工许可证。施工场地进行平整，完成试桩。

天域大厦　年内对天域大厦设备设施进行维护，与永明节能技术服务有限公司重新签订补充协议，对原协议未完善条款进行约定。8月，由苏州久源物业管理有限公司一家承揽大厦的物业管理工作。年末，入驻大厦的租户有中国移动、上海银行、恒丰银行、格林豪泰等105家，其中入驻商铺15家、企业90家。　（姚金花）

【苏州市吴中区工业资产经营有限公司】　截至2016年底，公司总资产39.19亿元，注册资本15亿元人民币，公司地址苏州吴中经济技术开发区苏街103号。拥有苏州市吴中区金茂工业园有限公司、苏州市吴中区东山科技产业园有限公司、苏州国宏工业投资发展有限公司、苏州国宏城镇化建设发展有限公司、苏州国宏健康产业有限公司等5家全资子公司和控股（占80%股权）的苏州华东镀膜玻璃有限公司。

金庭和源养老公寓建设项目　位于金庭镇东河社区东塘路戚家场1号，土地面积11204.8平方米，建筑面积10752.2平方米，总投资1.2亿元；于2015年11月开工建设，2016年末主体工程基本完工。

东山太湖厅署旅游用房建设项目　位于东山镇西新街40号，占地面积1564.7平方米，设计共一路四进，建筑面积1291.8平方米，计划总投资1250万元。年末，完成立项，处于土建招标阶段。

富民工业区三期项目　5月31日，竣工后整体移交给东山镇政府。吴委办纪〔2016〕第6号会议纪要则明确东山富民工业园的经营管理主体、租金收缴标准、项目代建费用、项目招商经营等工作职责。　（陈志东）

【苏州市吴中国裕资产经营有限公司】　截至2016年底，公司注册资本40亿元，总资产为252亿元，下辖全资子公司10家、控股公司1家、参股公司12家。年内，雕花楼配套用房、东山宾馆改扩建（6号楼）、吴中区治安中心及技侦中心（公检楼）等3个项目竣工，国裕大厦二期、国裕大厦一期、东吴文化中心、东吴北路62号商务大厦（计委大厦）、江苏外国语学校培训楼及师范楼等5个项目在建，吴中广场、潭山矿项目、吴中区社会服务管理中心等3个项目待建。

东吴文化中心（五馆五中心）　为吴中区重点项目，位于宝带路南侧，东苑路西侧，是汇集文化活动、图书阅览、档案查阅、规划展示、政府会议、青少年活动、法制宣传、室外广场空间于一体的建筑综合体，占地面积4.3万平方米，总建筑面积14.68万平方米，地上5层、地下2层，项目投资约18.5亿元。

文化创意大厦　可租面积30412平方米，截至2016年底，累计出租面积29501.94平方米，出租率97%；入驻租户31家，年租金1600万元。

商务中心裙房　由于涉及地铁施工以及经济形势下行压力，招商工作受到一定影响。可租赁面积9423平方米，现已出租5100平方米，出租率54.1%，年租金为350万元。现有南京银行、交通银行、中国移动等8家企业入驻。　（汤雅萍）

【苏州吴中旅游发展有限公司】 截至2016年底，注册资本金为10.25亿元。年内接待游客86.47万人次，同比增长18.45%；实现旅游综合收入4757.95万元，同比增长20.24%。

2016年，建设或启用孙武书画院、谍战影视馆、苏州古琴研究会、反恐训练营、玉琮博物馆、国防教育馆等旅游场馆，打造孙武居、孙武书房、孙武雅聚、草本馆等穹窿山新业态旅游产品，形成"住孙武居，尝孙武宴，品孙武茶，阅孙武书，登孙武城墙，游孙武文化园"的体系布局。年内，依托南穹窿路的改造，科学规划建设集散中心亮化工程，推进孙武书房、孙武文化园亮化工程，打造夜景照明特色精品，提高穹窿山旅游的整体形象。

宣传营销：与新型媒体合作引入央视《英雄出少年》真人秀节目，与专业园艺工作室携手将"森林里的花艺课堂"引入茅蓬坞孙武书房，与名城苏州合作"开笔启蒙礼"等特色活动。通过媒体、电视、广播、报纸、杂志、网站、APP等，宣传景区品牌和活动；推进微信、微博公众号等自媒体平台建设，分析宣传内容的针对性和有效性，改进提升，提高关注度。

三产开发：贴合市场需求，打造"穹窿慧生活"品牌，开发"慧生活乌米饭""穹窿山草鸡蛋""穹窿山珍""慧生活天然泉水""海云芳禅茶""苏帮主特色小吃"等生态产品，推出慧生活马克杯、帆布袋、T恤、植物书签日历等文创产品。通过建立"穹窿慧生活"微商城、微官网，实现线上与线下的组合推广，实现"穹窿慧生活"品牌的市场认知度。 （陈元琪）

【苏州太湖旅游发展集团有限公司】 截至2016年底，总资产60亿元。拥有苏州太湖旅游景区管理有限公司、苏州太湖游船管理有限公司、苏州太湖风尚酒店投资管理有限公司、苏州三和实业有限公司、苏州太湖园博实业发展有限公司五大全资子公司。

提升东山、西山、临湖三地15个驿站（亭）的公共服务和产品定制服务，配置餐饮、住宿、购物、休闲、骑行、游船、直升机、电动汽车等功能，与各游客中心、宾馆酒店、农家民宿、采摘基地等有机联动。衍生漫·太湖四季客栈、菱湖水居、伊人舫等自主品牌，打造1.0版东山湾旅游小镇、2.0版庭山渡旅游小镇及3.0版菱湖湾休闲旅游小镇，形成点线面串珠成链，水陆空立体成网的旅游格局。

借助第九届江苏省园艺博览会的契机，菱湖渚公园闲置资源转型成为园博苏州园。与东山湾旅游小镇、余山岛、启园、水上旅游专用水域等有机相互融合，形成一个天然的菱湖湾休闲旅游区。"沐春园"休闲旅游区获评"2016中国体育旅游精品景区"称号。

基于太湖游客中心功能转变和设施提升，植入会奖旅游，开辟16间30~300人不等的多功能会议室，打造成为"太和会展中心"，依托太湖丰沛的旅游资源，推出游艇会务、园林会晤、山间论道等会奖产品；配套的太和商务中心A座招商入驻企业54家，入驻率70%。

开通太湖游船东、西山水上交通航线，推出东、西山一日游，十一黄金周接待游客5803人次。菱湖湾游艇俱乐部形成游艇泊位、游艇销售、定制服务等融于一体的游艇产业链，在省体育局指导下，与省帆船帆板协会合作，举办2016菱湖湾op帆船菁英赛、第二届环太湖帆船拉力赛等赛事活动，引入帆船、帆板、皮划艇、摩托艇等水上体育运动项目，打造长三角水上运动基地。太湖礼物深化定制服务，新研发"一园江南梦"四十余款新品，拓展沐春园、太湖新天地、太湖论坛、香山国际四家门店，与木渎、西山、东山等商户合作开展定制销售业务，参加"乐购江苏"等10余场大型展会，获得"苏州有礼"旅游商品大赛金银铜奖、吴中区旅游购物新产品等19个荣誉称号；在完善天猫网络店铺基础上，打造以"住"为主导的"泊太湖"官方微信营销平台，策划"酒店+景点+游船+骑行+采摘体验"等特色主题产品。 （邓 婧）

【苏州太湖洞庭古村旅游开发有限公司】 公司是立足于吴中区古村落保护和开发的区属国有企业，肩负着文物保护和企业发展的双重职责。注册资本为2.03亿元，下辖1家全资公司及2家控股公司，包括：苏州湖顺物业管理有限公司、苏州市吴中区东村古村文化旅游开发有限公司、苏州守溪文化旅游产品开发有限公司。2016年末，总资产2.31亿元。

2016年，根据《古村落、传统村落、中国历史文化名村保护整治工作会议纪要》（吴政办纪〔2015〕10号）精神，结合美丽乡村建设，推进全区古村落保护，搞活守溪文化旅游产业，推动全区古村保护的进程。2016年3月份前，杨湾、东村古村保护一期工程招投标工作，5月开工。建设内容包括：管网铺设、三线入地、道路铺装、景观绿化、村庄整治。至年末，杨湾古村工程竣工并通过验收，工程投资2511万元。东村古村工程，完成古村内部的强弱电电缆通道铺设和污水收集管道铺设，古村内部主街及其支巷的路面铺装，占本期工程全部投资的52%，已投入资金1613万元。金庭镇植里、堂里、角里、后埠、东西蔡等5个古村保护整治工程着手实施，完成方案设计、立项、资金筹措等前期工作。（府晓燕）

【苏州市吴中金融控股有限公司】 公司注册资本5亿元，下辖苏州市吴中创业投资有限公司、苏州市吴中金融招商服务有限公司、苏州市吴中金融信息服务有限公司、苏州吴中金控商业保理有限公司4家子公司，并受托管理苏州市吴中产业优化基金发展有限公司。至2016年末，总资产7.05亿元。

2016年9月8日，苏州吴中金控商业保理有限公司开业

2016年，成功投资苏州和瑞科自动化科技有限公司、苏州汉特士视觉科技有限公司、苏州长弓光电科技有限公司3家具备高成长潜力的企业，扶持区内优质企业的发展。与昆吾九鼎、赛富投资及东吴并购资本签署协议，新设立3家合作基金，总规模接近40亿元。（莫　易）

【苏州太湖现代农业发展有限公司】 截至2016年底，注册资本9.2亿元，资产总额49.7亿元。

东山湖羊保种养殖基地　于2016年建成，建有高标准苏式园林羊舍10栋3500平方米，配套完善中央控制室、饲料库、兽医实验室等附属设施1000平方米。

苏州市现代农产品物流园　是省重点项目、市重大民生项目，占地面积1329亩，集农产品交易、物流仓储、质量检测、配套服务等功能于一体，打造成苏州地区一级农产品批发集散中心。

苏州市吴中农村产权交易中心　作为苏州大市范围内首家区级农村产权交易平台——苏州市吴中农村产权交易中心承担着建设吴中区农村产权交易市场的职责，是苏州农村产权三级交易服务网络体系的重要组成部分。（颜怡君）

【苏州市吴中交通投资建设有限公司】 截至2016年底，公司注

册资本11.887亿元，集团总资产204.5亿元。拥有苏州市长恒置业有限公司、苏州长丰物流园管理有限公司、江苏东吴路桥建设集团有限公司、苏州市通达交通设施配套有限公司、苏州长鸿桥文化艺术有限公司、苏州吴中长瑞交通项目建设有限公司等6家全资公司，参股苏州市吴中中环快速路建设投资有限公司、苏州苏嘉甬高速公路有限公司、苏州吴中金控商业保理有限公司、苏州沪通大桥投资有限公司等4家公司。

2016年，拨付中环快速路吴中段、东环南延一期、南环西延、西环南延、东环南延二期、金庭环岛公路、滨湖大道Ⅱ期、南湖路、陈华路、中山路、寿山路、西山岛出入通道、度假区环太湖路、古村路、石鹤山路、和安路、太湖大桥、临湖环镇公路等区内交通工程进度款26亿元。开展交通项目融资工作，对接国际物流通道吴中区段项目筹资8.355亿元（累计申请贷款约57亿元），向兴业银行苏州分行申请并落实南湖路高架建设项目贷款5亿元，向民生银行吴中支行申请并落实西环南延项目贷款4亿元。

临湖商业综合体“悦达商业广场”项目　完成土建、幕墙、亮化工程施工，推进项目酒店、裙房招商，引进KTV、经济型酒店、专卖店、餐饮等业态，完成招租面积6000平方米。推进酒店式公寓销售，共销售76套，销售面积4232平方米。

轨交1号线木渎公交枢纽换乘项目　位于木渎镇金山路东侧、广微路南侧，兼容公交换乘、P+R停车场、商业、商务办公、人才公寓等内容，占地面积19465.7平方米，总投资6.5亿元。年内，完成项目方案的完善和深化工作，进行项目的立项、交评、环评、能评、日照分析和方案的申报工作。（金　玲）

【吴中水务发展集团有限公司】于2015年4月成立，注册资本8亿元。2016年末，总资产6.8亿元。

2016年，全面铺开涉及217个自然村的4个农村污水治理项目和2个污水厂项目建设，完成投资3.6亿元。金庭、东山等地农村污水治理项目的品牌示范效应凸显，受到省、市、区等各级领导的关注，《人民日报》《中国建设报》《江苏工人报》及苏州电视台等媒体多次对建设项目进行报道。年内，收到群众自发呈送的6面锦旗和1块匾额。接手吴中区投入运行的155座农村污水处理设施。会同水利局、各镇、第三方运营管理公司对设施现状进行梳理排查，本着“接管优先”的原则，制定维修方案，分步启动改造工程。细化第三方管理的考核管理机制，出台《独立处理设施运行管理办法》和《独立处理设施运行管理考核细则及评分标准》，对2家第三方运营管理单位进行跟踪监管和目标考核。逐步引进数字化管理手段，以金庭镇为试点打造远程监管平台，实现“现场全角度抓拍、设备运行状态监控、自动报警”等在线远程监控管理，探索长效管理机制。

通过与水利、发改、财政、环保等相关条线的沟通对接，梳理相关资金扶持政策，挖掘现有项目资源，多层次争取中央、省、市等各级扶持补助资金。年内，争取市级以上补助资金共约1.1亿元、国开发展基金1480万元、国开行政策性贷款8400万元。

（单秀华）

【江苏吴中经济技术发展总公司】 2016年，围绕开发区的中心工作，紧抓项目建设、创新融资渠道、优化管理模式。至年底，总资产460亿元，净资产165亿元，融资到账94亿元，租金收入2.05亿元，完成工程投入32.8亿元（含建业公司）。

推进25万平方米尹山湖商业水街建设，水街西地块幕墙落架，东地块完成出土；11万平方米尹山湖韵佳苑住宅竣工，交房837套；完成9.6万平方米富民工业园三期土建；17万平方米太湖金港商业项目建设封顶；9.4万平方米出口加工区公共租赁用房、12万平方米南溪江路商务中心土建竣工；改造11万平方米尚金湾总部经济园一期消防配套设施；开发区实验小学及附属幼儿园工程完成主体结构验收；郭新路改造工程进行沥青收尾；郭巷大道跨绕城高速公路大桥完成主线桥墩浇筑。天运广场二期、塔韵大厦地税办公楼装修及越溪水乡邻里农贸市场外装改造竣工。

总公司主体、债项信用等级从“AA”上调至“AA+”，成为吴中区内首家获此较高等级信用评定的国资公司。二期50亿元公司债券在上海证券交易成功注册，为吴中区单笔最大的公司融资项目。完成银行间市场交易商协会总额15亿元7年期的无担保中期票据核准注册发行的批复，是吴中区区内首支中期票据。成功注册30亿元银行间市场永续中期票，为吴中区首笔永续中期票据。通过运用结构性融资和“表外业务”等融资方式，实现多元化融资，逐步突破融资瓶颈，满足资金需求。

鼎鸿物业通过ISO9000质量体系评价，服务面积超107.8万平方米。天鸿房产开发团队尹山湖韵佳苑住宅完成销售1082套，成交量98.4%，本年度交房837套，回笼资金5.05亿。河东污水厂通过OHSAS18000、ISO9000、ISO14000体系审核，运行良好。雍景山庄提升服务质量，获得艺龙旅行网“最受欢迎酒店”。吴中物流建立进口食品集中监管区信息化管理平台，配合吴中区管理局建设成了跨境电商监管中心。江远热电顺利完成提标升级改造，环保产业产出比重逐年提高。苏州石湖金陵花园酒店成功开业。（吴荣熙）

【苏州吴中东太湖建设发展股份有限公司】 根据吴中区政府关于东太湖综合整治与可持续发展的基本战略思路和建设环保节能型、可持续发展新型城市的宏观政策背景下，依据《中华人民共和国公司法》和国家有关法律法规于2008年6月16日成立。由江苏省吴中经济技术发展总公司和苏州市吴中城市建设投资发展有限公司出资发起，在工商行政管理部门依法登记注册，注册资本15亿元人民币。公司按照政府东太湖综合整治与可持续发展的基本战略思路在登记的经营范围内依法从事经营活动。按照现代企业管理制度，建立健全适应公司业务发展和管理体制的组织机构和各项规章制度，使公司依法经营，科学管理。至2016年末，公司总资产过亿元。

东太湖综合整治工程是太湖流域水环境综合治理的重点工程之一，也是太湖流域防洪规划的重要组成部分。通过东太湖综合整治工程，将切实提高流域内防洪、供水能力，改善东太湖水生态环境，恢复东太湖综合利用功能，促进流域经济社会的可持续发展。工程自2010年9月开工以来已完成大部分工作量，目前正进行收尾工作。工程的验收工作基本完成，审计工作完成大部分工作量，生态清淤通过技术预验收，行洪供水通道、堤线调整、口门建筑物即将进行技术预验收。工程档案整理有序推进。（吴晓芳）

【吴中国太发展有限公司】 2016年末，注册资本为40亿元人民币，总资产165亿元。公司现下辖苏州吴中滨湖新城发展有限公司、苏州吴中滨湖新城工程建设管理有限公司、苏州吴中滨湖新城产业管理有限公司、苏州吴中滨湖市政管理有限公司、苏州吴中轨道开发有限公司、苏州吴中滨湖置业有限公司、苏州吴中苏州湾能源管理有限公司、吴中苏州湾文化旅游发展（苏州）有限公司等8家全资子公司，4家全资孙公司，4家参股公司。年内竣工及在建项目7个。

地下空间　未来太湖新城最核心的商业商务区域，分为北区、中区、南区三个部分，建筑面积30万平方米，总投资达30亿元。获得住建部颁发的全国首个与轨道站点无缝衔接的大体量地下商业综合体绿建三星级设计标识证书。运用采光系统、通风系统及能源方案等领域的绿建技术，打造全国第一家绿色三星级标准的地下空间，成为地下商业综合体的绿建标杆项目。年内，完成北区、中区主体结构（除中南区交接处被动土区），南区主体完成90%。随着土建主体的施工进展，同步进行管线预埋、机电设备深化设计及二次招标等准备工作。累计施工完成投资额约17亿元。

越旺智慧谷B组团　土建总造价2.47亿元，外装造价6400万元。年内，完成土建、外装饰幕墙、电梯。已累计完成投资约4亿元。

E08地块　建筑面积17.6万平方米，总投资约18亿元。其中地下工程由轨道公司代建，完成投资额约2.63亿元。

地下空间车站对接部位　由轻轨公司代建，建筑面积6500平方米，代建费用约1.1亿元，2016年11月竣工验收。

天鹅荡停车场上盖工程　建筑面积约5万平方米，由轻轨公司代建，代建总费用约3.2亿元（实际总代建费约2亿元）。2016年9月竣工验收。

太湖新城小学　建筑面积52871.95平方米，占地约73亩，完成招投标，土建合同价1.65亿元，正在办理施工许可证并进行场地平整和施工准备，2016年12月开始桩基施工。

智慧太湖新城　一期总投资2.64亿元。2014年完成智慧管网项目建设任务。2015年完成建设任务工程实施，软件完成96%。2016年，总投资约0.4亿元，包括：公共信息平台、城市运行中心、智慧政务、智慧城管、智慧公共安全、智慧交通、智慧教育、智慧社区、智慧环保、智慧水资源、智慧医疗和智慧能源等项目。年内，完成智慧绿岛、工程实施建设任务深化设计、智慧太湖新城展示中心、智慧交通（一期）等项目。（吴晓芳）

【苏州太湖旅业发展有限公司】 于2002年11月设立，属于苏州太湖国家旅游度假区管委会直属的国有企业，企业类型为有限责任公司，注册资本36亿元。管理团队包括：行政管理部、财务管理部、经营管理部、设施管理部。经营范围包括：苏州太湖国家旅游度假区管委会授权范围内的国有集体资产及管委会研究确定的城市建设项目的投资、建设和管理，旅游项目开发。

（邓　倩）

【苏州太湖城市投资发展有限公司】 是由苏州太湖国家旅游度假区经济发展总公司全额投资，于2008年12月成立的国有公司，注册资本为14亿元，隶属苏州太湖国家旅游度假区管委会领导。主营业务受苏州太湖国家旅游度假区管委会委托，承担城市基础设施及市政公用事业项目的投资、融资、建设、运营、管理任务，土地一级开发和房地产项目开发。（郑凯文）

【西山国家现代农业示范园区有限公司】 苏州西山国家现代农业示范园区有限责任公司成立于1998年，是国家农业综合开发办批准的园区，作为独立的法人实体和市场主体，负责西山国家现代农业示范园区项目的建设及运营管理。2016年，结合金庭镇“农业、生态、旅游、文化”四张牌子，通过国家农业开发项目的支持，打造集旅游观光、生态休闲为一体的农业项目。推进园区与江苏省农科院地合作，组建苏州西山现代农业科学研究所和江苏省农科院园艺所专家工作站。

推行果茶复合种植作为经济林栽培模式，以科技进步为依托，改变传统的生产模式，调整种植业内部结构，对山地实行园艺化管理，优化品种、调整结构，发展高产优质高效农业，加强优质农产品基地建设。

推进绿光农场提升改造，10月份完成一期总投资3000万元。通过与上海社科院旅游研究中心、江苏省农科院合作，打造一个以科技示范、教育科普、创意体验、生态养生为主题的现代休闲农场。项目总体布局分为四大区域：入口服务区、特色体验区、农业体验区和游憩活动区。与市供电公司合作，建立位于庭山村新丰桥旁占地500亩，集高效农业、清洁能源、科普研发、生态循环、农业旅游于一体的现代农业产业园。东村村柴坞丘陵山区项目位于金庭镇镇区北面，主要种植茶叶和果品种植面积约2000亩，其中果树1200亩，茶叶800亩。

苏州西山国家现代农业示范园区有限责任公司与上海交通大学吴亚妮博士团队、佩兰生物科技（上海）有限公司合作，共同出资成立苏州香满庭植物科技有限公司，建立香草种植基地，培植西山特色芳香植物和精油系列产品研发。金满庭现代农业产业园嫁接美国汉舍公司打造“太湖西山生态旅游综合体”项目，3000亩产业园与无机矿、居山湾3个地块由北向南连贯区域，形成5000多亩集深坑、丘陵、旱地、水田、河泊和太湖水岸线等多重特色旅游综合体。项目总投资约90亿元人民币，注册资本5亿美元。（周　佳）

【吴中城区建设发展有限公司】 2016年，公司着力抓好项目建设、强化资本运作，加强业绩考核管理，增强公司的发展动力和核心竞争力。至年底，总资产136亿元，同比增长5%；总负债92亿元，同比增长7%；净资产44.15亿元，与2015年持平；营业收入4200万元，收支基本持平。取得银行授信35.7亿元，提款29.92亿元，累计支付高新区地块拆迁资金45.8亿元。启动建设项目11个，总投资约47.4亿元。其中澹台湖景区项目一期工程、幼教中心项目竣工，石湖景苑安置小区一期东区、中区封顶并完成主体验收，景观桥、龙西大厦开工。（刘欣声）

【苏州澄湖现代科技生态农业发展有限公司】 截至2016年底，总资产32.07亿元，累计对外融资13亿元。

2016年，建设农业项目3项，特色农旅项目5项。高标准农田整治项目：争取上级专项资金总投资为5700万元、区域面积为14000亩，分为前港、湖浜等4村，长巨、澄墩两个标段。完成长巨、澄墩标段，前港、湖浜等4村标段完成总工程量的95%。完成总投资600多万元的现代农业管理项目智慧农业和水八仙种质资源圃项目建设，水八仙生态文化园创建成为江苏省4星级乡村旅游示范点，2016年9月10日开园。瑶盛千亩采摘项目完成规划、施工图，进入编标阶段。澄湖东方花博园项目签订合作协议书，进行填土施工。澄湖飞行营地项目正式签约，进行飞行跑道填土建设。

年内，完成澄墩六店桥、朱夏浜、甘蔗浜等3个自然村的区级美丽村庄建设，新建长浜里、万古浜、中马塔等3个安居村和龚家湾、西湾、节子浜、沙湾等4个康居村。（徐建国）

上市公司

【概况】 截至2016年底，区内共有上市企业7家，其中1家上交所主板上市，3家深交所中小板上市，2家深交所创业板上市，1家境外上市。有6家企业IPO材料报证监会，3家企业进入辅导期，33家企业列入上市资源库的梯度上市格局。

【江苏吴中实业股份有限公司】 江苏吴中实业股份有限公司成立于1994年，2016年末，注册资本72189万元人民币。1999年4月1日，公司A股在上海证券交易所上市。公司是以医药为核心产业，房地产为重要产业，投资为辅的产业发展格局。其中江苏吴中医药集团涵盖化学药、生物药、中药，集医药研发、生产、销售为一体的完整产业链，建立江苏省基因药物工程技术中心，是苏州市医药行业协会的会长单位。2016年，实现营业总收入39.89亿元，同比增长36.23%；利润总额4783.54万元，比上年同期下降43.99%；归属上市公司股东净利润7199.61万元，同比增长46.59%。截至2016年底，总资产52.40亿元，归属母公司所有者权益29.40亿元。

【苏州天马精细化学品股份有限公司】 苏州天马精细化学品股份有限公司成立于1993年，2016年末，公司注册资本57130万元人民币，是天马医药集团的子公司。2010年7月20日，在深圳证券交易所中小板上市。公司主要经营造纸助剂类、医药类中间体业务、原料药。天马精化是江苏省高新技术企业，苏州市百强民营企业，中国造纸化学品工业协会副理事长单位。2016年，实现营业收入11.94亿元，同比增加12.38%；利润总额-32882.19万元，同比减少1311.04%；归属上市公司股东净利润-30704.57万元，同比减少1314.29%。截至2016年底，总资产18.93亿元，较上年减少2.80%，股东权益9.57亿元。

【苏州东山精密制造股份有限公司】 苏州东山精密制造股份有限公司成立于1998年，2016年末，注册资本84739万元人民币。2010年4月9日，在深圳证券交易所上市。该公司作为国内较早进入精密制造服务行业的企业，主要面向包括通信设备、新能源、精密机床制造等行业的客户提供包括精密钣金件、精密铸件和组配产品及技术服务，其中精密钣金件是公司的主导产品。根据中国锻压协会统计，公司的精密钣金业务2007年、2008年连续两年在国内位于同行业第一位，目前为国内最大、综合竞争力最强的专业从事精密钣金制造服务企业之一。2016年，营业收入为84.03亿元，比上年同期增长110.46%；利润总额1.61亿元，同比增长319.75%；归属于上市公司股东的净利润为1.44亿元，比上年同期增长354.73%。截至2016年底，总资产151.39亿元，股东权益27.32亿元。

【苏州电器科学研究院股份有限公司】 苏州电器科学研究院股份有限公司始建于1965年，2016年末，注册资本75832万元人民币。2011年5月11日，在深圳证券交易所创业板上市。总投资超过25亿元人民币，是一家具有独立法人资格的第三方综合电器检测机构，主要从事各类输配电设备（变压器、避雷器、电容器、电抗器、互感器、绝缘子、架空线、电力金具）、高压电器、高压成套开关设备、低压电器、低压成套开关设备、机床电器、船用电器、核电电器、汽车电子电气、风力发电、太阳能光伏系统、节能产品、RoHS、EMC、抗震等领域检测技术的研究、开发和应用，是我国电器检测领域的龙头企业之一。2016年，实现营业总收入5.5341亿元，同比增长32.58%；利润总额8074.8197万元，同比增长185.59%；归属上市公司股东净利润7067.0724万元，同比增长169.68%。截至2016年底，总资产37.3983亿元，股东权益19.1081亿元。

【苏州安洁科技股份有限公司】 苏州安洁科技股份有限公司创立于1999年，2016年末，注册资金38885.32万元人民币。2011年11月25日，公司在深圳证券交易所中小板成功上市。公司专业从事各种特殊电子绝缘材料，玻璃及塑胶类防护盖板、触控盖板，以及电子产品零配件组装；销售电子零配件、工业胶带、塑胶制品；自营和代理各类商品及技术的进出口业务。主要有各类导电材料、屏蔽材料、进口双面胶带、背光源材料、绝缘材料、保护膜、logo、面板及FPC类产品等。2016年，实现营业总收入18.30亿元，同比略下降2.81%；归属上市公司股东净利润3.87亿元，同比上升26.08%。截至2016年底，总资产32.56亿元，归属上市公司股东的净资产25.89亿元。

【苏州市吴中典当有限责任公司】 苏州市吴中典当有限责任公司成立于1999年，注册资本100000万元人民币。中国汇融金融控股有限公司于2013年12月28日在香港主板挂牌上市，中国汇融的经营实体是苏州市吴中典当有限责任公司，集团总部设在苏州市吴中高新区。该公司是中国规模最大的典当公司，业务量位于全国前三名。2016年，吴中典当实现营业总收入1.29亿元，同比下降58.4%；利润总额15.81万元，同比增加101.47%。2016年，中国汇融金融控股有限公司实现营业总收入2.48亿元，同比下降34%；利润总额6297.7万元，同比下降58.3%；归属上市公司股东净利润4007.8万元，同比下降60%。截至2016年底，总资产31.4亿元，股东权益18亿元。

【苏州斯莱克精密设备股份有限公司】 苏州斯莱克精密设备股份有限公司创立于2004年，2016年末，注册资本12517万元。2014年1月29日，公司在深圳证券交易所创业板上市。公司的经营范围为：研发、生产、加工精冲模、冲压系统和农产品、食品包装的新技术、新设备及相关零配件，并提供相关服务；各种生产易拉盖、易拉罐、金属包装的设备、相关辅助设备和精冲模的再制造；销售公司自产产品。主要产品包括易拉盖高速生产成套设备、易拉盖生产设备系统改造、相关精密模具、零配件等。2016年，实现营业收入3.88亿元，同比增长11.52%；利润总额1.23亿元，同比增长7.59%；归属于上市公司普通股股东的净利润1.09亿元，同比增长11.03%。截至2016年底，总资产12.23亿元，股东权益10.59亿元。（虞春萍）

编辑：高　燕

综 述

【概况】 2016年，全区农业以促进产业增效、农民增收为目标，继续推进农业“四个百万亩”落地保护，构建现代农业产业体系，提升农业发展质量和效益。全年实现农业总产值47.8亿元，同比增长6.4%；农民人均纯收入27805元，同比增长8.17%。主办区人大、政协“两会”建议、提案8件，协办建议、提案5件，协办市人大建议1件，答复满意率100%。受理“吴中区便民热线”“苏州寒山闻钟”咨询、建议、投诉等8306件，办结率100%。区农业局获省、市、区各类先进集体荣誉29项，获国家、省、市、区先进个人荣誉64人次。

【农业创新与改革】 2016年，全区农业围绕“十三五”现代农业规划设计布局，实施国有林场体制改革，发展“互联网+”农业信息化，建成东山农产品电商产业园、苏宁易购苏州吴中太湖馆。9月，全国“互联网+”现代农业工作会议暨新农民创业创新大会在吴中区召开，国务院副总理汪洋出席会议并讲话；东山潦里村益农信息社建设“潦里模式”获得总理李克强肯定。持续优化都市农业功能，洞庭红橘、东山湖羊、太湖鹅、古树名木等得到保护，休闲农业、乡村旅游继续得到发展。整合部门职能，将畜牧兽医站与动物卫生监督所合并管理、挂牌运作，实现“动卫”“屠宰”“畜牧”一条线一体化高效管理。推动执法监管由单独执法向多部门联合执法转变，注重与区城管、公安、安监等相关行政管理部门的日常沟通联系，实现信息共享、工作共推，以提高执法频率增强执法效果。制定《吴中区新型职业农民认定管理办法（试行）》，从政策层面推动新型经营主体建设，认定新型职业农民65人。改革农业项目扶持机制，实现由全面扶持向重点扶持、关键领域扶持的转变，增强财政支农效应。按照企业负责、地方直管、部门监管、纪检监督、信息公开的要求，加强农业项目的规范化管理。继续推动部门公共职能的社会转移，对规划编制、专业培训、效能监督、品牌宣传、信息维护等多项职能进行服务购买，让部门的精力更多地用于指导生产、保障安全、加快三产融合，农业增效和农民增收。

【特色农业】 吴中区抓住“农业供给侧改革”这条主线，守住59万亩“四个百万亩”红线。稳步发展特色农业，强化良种补贴、农业专项补贴等强农惠农政策的杠杆扶持，争取各级各类农业项目38个，资金17810.57万元；加快特色经济果品的发展面积，

东山农产品电子商务产业园

果品种植面积从2010年的6.62万亩增加到2017年7.54万亩，大宗水果种植面积与时令鲜果种植面积比达0.51∶1，提高水产立体化混套养模式的推广比例；促进农业转方式、调结构，继续把特色农业优势调强、产业调精、布局调优、效益调高。推进农业社会化服务体系建设，创新打造澄湖农机4S维修服务中心，推动临湖万亩水稻全程机械化项目建设，全区农业机械化水平达到85%。加强基层农技推广体系建设，完成培训农技人员730人。强化现代农业技术指导，有效抵御旱、涝等不利天气的影响，全区特色农业在克难求进中实现稳步发展。

【加快推进现代农业】 吴中区以农业园区为核心，编制“十三五”现代农业发展规划，继续推进澄湖现代科技生态农业示范园区的基础设施建设。推动区首个农创园项目落地开工，发挥创新创业载体功能。指导推动东、西山枇杷标准园建设，加快推进农科院200亩农业科研基地项目建设，推动湖羊保护基地项目后续建设和模式开发，发挥服务引领功能。实施苏州西山国家现代农业示范园区绿光农场提升改造工程，推进岭东生态园和仰坞生态园建设。探索新能源产业与现代农业结合发展的新路径，发挥带动农业增收功能。努力推动“农业+互联网”发展，创新打造苏宁易购中华特色馆全国首个区级馆——苏州吴中太湖馆，推动苏州首个镇级农产品电商园——东山农产品电子商务产业园建设和运营；开通运营“吴中农业”微信公众号。启动实施智慧农业、智慧防火项目，基本建成“水八仙”物联网应用示范基地。

【生态农业治理】 持续提升生态农业治理力度，实施造林绿化工程，新增绿化面积568亩、中幼龄抚育面积20000亩。开展湿地公园修复保护工程，东太湖湿地公园种植池杉、中山杉等100多亩5万株，初步形成湖岸林带景观。苏州湾湿地公园投入资金2个多亿，相继修复东太湖湿地6000多亩。三山岛、湖滨国家湿地公园邀请澳大利亚、台湾专家进行指导培训，提高生态农业管护和治理能力，全区自然湿地保护率保持在50.3%以上。开展“盘羊二号”野生动物保护行动，成功救助国家二级保护动物2起。开展农产品产地重金属污染调查，推进农业面源头治理，提升生态循环农业发展水平。

【安全农业监管】 加强安全农业法制体系建设，完善重大动物疫病防控体系，落实农产品质量安全监管措施，完成农产品快检5000批次，水产品快检500批次、定量检测420批次，地产蔬菜产品、畜产品、水产品抽检合格率均在99%以上，养殖环节、屠宰环节生猪瘦肉精抽检覆盖率为100%。实现农产品质量安全、农业生产安全、重大动植物疫病安全“三个确保”，继续推进病死畜禽无害化处理体系建设。加强重大节日农产品安全执法检查，注重执法监管“回头看”，执法以常态化保障产品安全化。完善农产品质量安全源头监管，率先在江湾水生蔬菜专业合作社等开展产地准出，评选认定苏州市东山御封茶厂等5家“创牌立信”示范单位。继续推进森林防火基础设施建设，新建蓄水池27只、防火通道12.7公里，硬化防火通道21公里。金庭12个山坞森林防火通道基本贯通，光福潭山森林防火通道建设基本完成，实现全区较大山体森林防火通道的全覆盖，连续11年实现无较大森林火灾目标。

（金璟婧）

种植业

【概况】 2016年，全区夏收小麦2.1万多亩，大面积种植以扬麦16号为主，小麦平均亩产207公斤，同比减幅为32.8%。油菜实种面积940亩，以沪油杂4号为主，油菜籽平均亩产125公斤，同比减幅为15.5%。水稻种植面积2.56万亩，其中南粳46号种植面积1.94万亩、武运粳30号0.41万亩、其他品种0.21万亩，优质水稻实现全覆盖。横泾、角直、车坊、临湖、金庭、胥口机插秧面积1.51万亩，占全区水稻种植面积59.0%。全区水稻平均单产591公斤，同比减幅为1.72%。蔬菜种植总面积为2.76万亩。其中，常年旱生蔬菜11420亩，常年水生蔬菜11265亩，季节性蔬菜4917亩，设施蔬菜面积4907亩；全年蔬菜复种面积56280亩，蔬菜总产量为8.6万吨，总产值达2.3亿元。

【粮油作物病虫草害防控】 2016年，全区粮油作物主要病虫草害偏重发生，全区各级农业部门科学制定防治策略，加强宣传和指导，推广杀螟乙蒜素浸种控制水稻恶苗病、机插秧田全面用无纺布覆盖防控条纹叶枯病、稻田除草“二封一杀”等技术，全区每亩小麦穗期防治1.31次，每亩水稻开展病虫总体防治4次，有效地控制粮油作物主要病虫草害的发生。全区工商登记粮油作物专业化服务合作社9个，村级专业服务队14个、种粮大户61户，主要农作物植保专业化防治面积4.43万亩次，占防治总面积的95%，全程专业化统防统治示范区0.67万亩次。

水稻田

【落实粮油惠农政策】 2016年，吴中区贯彻落实财政部、农业部《关于全面推开农业“三项补贴”改革工作的通知》精神，将种粮农民直接补贴、农作物良种补贴和农资综合补贴（即“三项补贴”）合并为农业支持保护补贴，惠农补贴政策目标调整为支持耕地地力保护和粮食适度规模经营。全年农业支持保护补贴（耕地地力保护）面积17.90万亩，补贴金额2112.47万元，惠及10个乡镇，86个村和30036户农户。同时做好苏州市水稻良种补贴项目、补贴面积的汇总工作，全区水稻良种补贴面积2.40万亩，补贴资金28.85万元。

【种子市场监管】 2016年，继续结合现代种业项目和种子市场。开展双打监管活动，依法组织各项常规检查和专项检查，打击假冒侵权和制售假劣种子行为。核查种子生产企业、种子生产基地及种子经营单位的合法性和规范性；严查种子外包装质量，种子生产许可证、经营许可证、产地检疫证；严查种子标签、标识，抽查种子定量包装分量。年内，实现种子生产企业及基地合格率100%，投诉、督办案件查处率100%。监督扦样合计82份，实现种子市场抽样覆盖率100%，标准TM标识的包装种子抽样覆盖率100%。主要农作物种子净度、水分、发芽率、纯度等四项常规指标合格率均达98%以上。

【粮食高产优质品种试验】 2016年，继续推进粮食高产优质品种试验，在澄湖现代科技生态农业示范园和横泾水稻专业合作社开展5个水稻品种推广示范和品种安全测试。承接“江苏省农业三新工程项目”推广示范200亩武运粳30号的高产优质品种试验。分别与苏州市农科院、江苏中江种业股份有限公司合作开展100亩苏香粳100号和50亩宁粳8号的新品种示范试验，同时开展主推品种南粳46号安全测试和新品种嘉58号的引种安全试验，均取得预期成效。

【“菜篮子”工程建设】 总投资1017.1万元，争取市级资金407万元，在角直、开发区、城南等地开展3个市级“菜篮子”项目建设。加强基础设施建设，打造114亩角直镇光辉设施蔬菜示范基地，新建连栋大棚7亩、钢架大棚65亩、喷滴灌72亩、水肥一体化72亩，建设田间道路4200平方米、沟渠2000米、泵房20平方米、辅助用房320平方米；打造新型流通体系，苏州金记食品有限公司“线上线下全程冷链化豆制品产销流通体系建设”和苏州鲜丰生态农业有限公司“鲜丰牌冷鲜肉连锁规模化经营”获得立项。

【吴中大米品牌建设】 吴中区位于太湖之滨，生态环境优越，土壤肥沃，矿物质含量高，适宜优质水稻生长，是传统的“鱼米之乡”。早在6000年前境内先民就开始种植水稻，古有“苏湖熟、天下足”的美誉。21世纪初以来，大力推广以南粳46号为代表的优质水稻品种，采用绿色生态的栽培技术，轻肥料，产出的地产大米——“吴中大米”，经过多年的栽培，在当地土壤气候等环境的作用下，形成了独特的品质：米粒玉白有光泽，口感绵软略粘，微甜、有韧性，具有天然的清香。2016年获得首届“公正杯”江苏好大米特等奖，“吴中大米”已经成为吴中区著名的地产大米，获得了较高的美誉度。（金璟婧）

畜牧业

【概况】 2016年，全区生猪存栏3.87万头，生猪年出栏6.2万头；家禽存栏21.98万羽，年出栏41.7万羽。全区畜禽规模化养殖比重持续稳定，全区生猪、肉禽、蛋禽的规模养殖分别达到71%、76%、84%。

【种质资源保护与开发】 继续加强东山湖羊保护区、太湖鹅保种场的管理和服务，完成东山湖羊遗传资源保护和利用中心基础建设，建成高标准苏式园林羊舍10栋，面积3500平方米；配套完善中央控制室、饲料库、TMR制备车间、兽医实验室、堆粪场等附属设施1000平方米，养殖规模可达2000只。年内共引进种羊394头，产羔410头。强化苏州市乡韵太湖鹅有限公司省级畜禽良种化示范基地建设，保持太湖鹅保种群规模5000羽，其中家系保种50个，大群保种4500羽以上。

【动物疫病防控与监测】 2016年，继续做好动物疫病防控与监测工作，共免疫猪口蹄疫14.41万头份，禽流感鸡15.99万羽份、鸭3.24万羽份、鹅47.16万羽份，高致病性蓝耳猪7.81万头份，猪瘟18.01万头份，鸡新城疫41.82万羽份。疫控中心实验室及时分析评估实际免疫效果，掌握真实免疫状况。同时，加强动物健康的巡查和动物防疫监管，严格履行疫情举报核查和疫情报告制度。年内，全区完成实验室检测样品猪口蹄疫、猪瘟、蓝耳各800份，牛、羊口蹄疫检测213份，家禽新城疫799份，禽流感1299份；完成H7N9流感监测749份，小反刍兽疫监测697份。强化家畜血吸虫病传染源控制，全年累计监测家畜10841头。通过江苏省血吸虫病地方病防治领导小组对消除家畜血吸虫病的考核评估。

【动物检疫检验】 规范动物检疫检验工作，提升检疫检验质量。强化生猪“瘦肉精”检测，确保上市肉品安全。全年产地检疫出证家畜59689头、家禽8941羽，产地检疫动物产品41629吨。生猪定点屠宰场宰前检疫生猪802553头，其中准宰802128头，宰后检验797132头，合格率99.98%，无害化处理147头病猪。共检测生猪“瘦肉精”盐酸克伦特罗尿样8286批84661头份，本地饲养生猪抽样1304批6357头份，山羊瘦肉精检测755批5293头份，检测结果均为阴性。

【病死动物无害化处理】 做好养殖环节无害化处理补贴资金的下发登记工作，加强日常监督管理，推进病死畜禽无害化处理体系建设。启动筹建1个区级病死畜禽无害化处理中心和12个无害化处理收集网点设施建设，年内完成区级病死畜禽无害化处理中心的各项审批手续，做好开工建设的准备工作；12个无害化处理收集点完成冷库安装，相关配套设施布置到位，待财政验收后即可投入运营。

【禁养区畜禽养殖场整治】 区农业局结合“两减、六治、三提升”禁养区畜禽养殖场整治工作，通过各部门联动，年内关闭全区沿太湖1公里禁养区内生猪存栏20头以上的养猪户22家，总存栏数1595头；关闭家禽养殖户5家，总存栏数2万羽。

（金璟婧）

林果业

【概况】 2016年，全区新增造林绿化面积568亩，中幼龄抚育面积2万亩。林地总面积33.94万亩，林木覆盖率为30.5%（扣除太湖水域面积）。开展生态湿地恢复工程建设，自然湿地保护率保持在50.3%以上。全区果品总面积75892亩，与上年同比增长0.9%；总产量18239.5吨，同比减少13.4%；总产值27572.83万元，同比下降7.01%。枇杷、杨梅的总产值为19902.4万元，占全区果品总产值72.18%；各类果品每公斤平均销售价格为15.12元，同比上涨7.43%。

【茶叶产业】 2016年，加强名品牌茶叶的原产地保护和宣传推介，继续推动茶叶产业健康发展。全区茶园面积31300亩，茶叶总产量284.8吨，总产值21591万元，其中碧螺春产量98.6吨，产值10820万元。

【苗木产业】 组织实施区苗木产业发展扶持资金项目9个，相继完成穹窿山苗木基地示范建设、木渎天池村西旺街传统苗木规模化种植、横泾上林村乡土树种苗木规模化种植基地建设、临湖浦庄村苗木基地热销品种引进示范建设等苗木基地建设1247亩。种植桂花、樱花等乡土树种、市场热销苗木品种25个44000多株。完成苗木主产区、苗木基地上基础设施建设生产道路13300多米，灌溉沟渠17000多米，蓄水池36个，灌溉泵站5座，生产用房600平方米。

【林业资源保护】 持续推进中幼龄林抚育工程，完成一般中幼龄林抚育2万亩，实施中幼龄林抚育重点工程5个；强化19.48万亩省级以上公益林管理（国家级18.37万亩，省级1.11万亩）。健全林业有害生物监测防控体系，严格控制各类病虫害的发生率和危害面，重点开展七子山的松毛虫防治和林业有害生物普查工作。规范林地审核审批手续，严格执行森林采伐限额制度和林木凭证采伐制度，全年依法办理使用林地项目6宗，涉及林地面积118.6亩；办理林木采伐项目13宗，涉及林地面积674.2亩，采伐蓄积量740立方米。做好13条共计10664亩区级干线公路绿色通道的绿化养护，重点做好第九届江苏省园艺博览会活动期间和全国“互联网+”现代农业会议期间的绿化提升整治工作。落实专项资金，对东山林源寺的罗汉松、林场小王山的青枫群、金庭东村的香樟群等10余株古树名木，进行病虫治理等抢救性复壮工作。

【生态湿地建设】 加强生态湿地恢复工程建设，持续推进东太湖湿地公园和苏州湾湿地公园湿地恢复工程建设。继续开展湿地保护宣教活动，三山岛国家湿地公园邀请澳大利亚专家开展水生态培训；湖滨国家湿地公园邀请台湾关渡自然公园专家对湿地公园建设进行研讨和指导，并对全区湿地公园的技术骨干进行培训。根据上级新出台的政策，组织全区71个湿地村进行生态补偿申报工作，提高湿地保护成效。向上争取专项资金扶持，组织三山岛国家湿地公园申报中央财政资金项目1个，组织东山镇、三山岛、湖滨、苏州湾等湿地公园申报市级重要湿地水岸带保护与修复项目4个，申请省林业专项资金项目3个。

【林业行政执法】 坚持“预防为主，打防并举”的方针，组织警力，快侦快破各类涉林案件。全年接出警68次，立林业行政案件1起，查处非法开垦林地1884平方米，收缴林政罚款1.88万元。全年共发《行政纠错书》4份、《行政警示书》2份、《行政提示书》3份。加强林业行政执法日常巡逻，出动警力468人次，发现各类隐患32处，及时进行整改。加强野生动植物保护，依法开展打击破坏野生动物资源的“盘羊二号行动”，出动警力198人次，出动车辆180台次，出动人员682人次，检查巡护鸟类活动区域60次、各类经营场所48家，检查范围涉及全区9个乡镇、街道，解救并放生鸟类9羽（其中救助国家二级保护动物2只），放生蛇类2条，收缴网具8件。

【森林消防安全】 全年投入资金3740万元，新建蓄水池27个、防火通道12.7公里，硬化防火通道21公里，通道检查站3处。加强森林消防物资配备，更新添置森林消防车7辆、水泵18台、消防水带300卷、灭火机10台、灭火弹1万枚等。严格火源管理，清除上山道路两侧，公墓、景点周围枯枝落叶100万平方米。加强宣传教育，在林区主要入山道口增设森林防火宣传标牌20块，悬挂横幅标语350条，出动宣传车300辆次，发布森林防火动态短信2000条。在重点地段和路口安装森林防火太阳能智能语音宣传设备83个。全区签订森林防火责任书500份，建成专业消防队6支、半专业森林消防队5支，人员125人。年内获评江苏省森林防火工作先进集体1个、先进个人3名，区森林消防大队获“苏州市模范职工小家”荣誉称号。

【果品种植结构调整】 2016年，全区新拓植果园面积457亩，减少柑橘、桃子、梅子等种植面积1540亩，增加枇杷种植面积1640亩，增加杨梅、桃、梨、葡萄等种植面积125亩。全区果品种植结构调整后，果品分品种面积为：枇杷23022亩、柑橘13440亩、杨梅13114亩、板栗6127亩、桃子4724亩、青梅3961亩、银杏3196亩、梨2806亩、葡萄2087.5亩、其他果品3414.5亩。柑橘、青梅面积占果品总面积的百分比分别由调整前的19.15%、5.4%下降到17.7%、5.2%，杨梅和枇杷面积由45.5%上升到47.62%。

【枇杷栽培管理】 东山镇、金庭镇开展枇杷标准示范园的建设，重点规划设计枇杷智能化设施，引入枇杷物联网管理系统，实现枇杷全自动栽培管理，开展枇杷新品种选育和引进工作。年内，“冬玉”白沙枇杷新品种通过省级审定，繁育良种苗木1000株。

（金璟婧）

水产业

【概况】 2016年，全区水产养殖面积98986亩（已扣除苏州澄湖水产养殖场大水面养殖面积），其中太湖网围27053亩。内塘养殖主要集中在沿太湖的东山、临湖、金庭和沿澄湖的角直4个乡镇。全区河蟹养殖仍占水产业主导地位，为全区水产养殖面积的95%。河蟹年产量7500吨，总产值9亿元。

【渔业“三新”技术推广】 继续推广渔业“三新”技术，塘鳢鱼人工繁殖试验在区内取得成功，全年培育塘鳢鱼苗种32万尾；引进中华绒螯蟹新品种“长江2号”优质蟹种1500余斤，在临湖现代渔业示范区进行专池培育，产出优质规格扣蟹15万斤，满足全区近1万多亩的成蟹养殖。

【水产品质量安全建设】 开展水产苗种场、养殖场执法检查56次，出动执法人员184人次；渔药经营店检查208次，出动执法人员423人次；执法抽样水产品总计41批次，配合省、市抽检投入品、水产品样品抽样37批次。区水产品药物残留快速检测室完成孔雀石绿和呋喃唑酮代谢物两个指标检测任务512个，合格率为100%；完成疫病监测61个样品。在东山、金庭、角直等主要水产养殖集中区，开展区级水产养殖健康技术及水产品质量安全技术培训5期，培训350人。

【太湖蟹品牌建设】 区农业局与苏州广电总台、姑苏晚报、苏州邮政等开展太湖蟹品牌建设战略合作，拓宽销售渠道，提升品牌知名度及影响力，在做好“深港澳”专题推介的基础上，开辟浙江、西北等太湖蟹的新兴消费市场；开拓网络销售，组织区内太湖蟹生产企业、合作社进入苏宁易购吴中太湖馆，开展网络直播、限时促销等活动，扩大太湖蟹的网络销售量。

2016年8月11日，吴中农业局在太湖馆举行太湖蟹产地直播

【渔政执法】 2016年，签发内河捕捞许可证58份。组织渔业执法检查85次，出动渔政执法船8艘次、快艇56艘次、执法人员235人次，其中专项执法3次，联合执法5次，共计查处非法电力捕鱼及无证捕捞30余起，立案5起，告诫、教育违法人员23人。开展“安全生产月”“渔业系统打非治违”等渔业安全执法检查专题活动，出动执法人员112人次，检查464艘渔船，重点查处渔船安全设备配备不规范等违规行为，重点打击涉渔“三无”船舶和“套牌”渔船，发现违规渔船32艘并责令改正。加强渔业安全生产宣传，发送天气资讯、防灾减灾知识、安全事项等服务手机短信51次，计15万条；在重点渔港、渔业乡村等渔民较集中的场所悬挂安全宣传横幅，发送渔业安全生产及渔船安全设备配备的书籍等材料共计5000余份。举办普通船员安全技能培训班2期，360人次。

【渔船检验】 2016年，对全区2938条渔船进行编码喷绘、拍照登记、信息采集，及时在“江苏省渔船管理系统”中完成信息录入。全年完成新建渔船检验共计129艘，其中，完成本辖区新建渔船检验83艘，委托宜兴新建渔船检验8艘，完成安吉、吴江等其

2016年3月10日，2016吴中鱼悦节公益放鱼活动在吴中区东山陆巷外婆桥码头举行

他区域委托新建渔船检验38艘。

【渔港建设】 2016年，通过防洪评价、可行性研究、环境影响评估和前期准备，沿太湖区域的光福、东山、金庭镇新建5座渔港、2座避风港建设工程，于12月30日正式动工开建。建成（含年内修复的2座陈旧渔港）后，可新增渔船停泊位约1340个，提供太湖内紧急停泊位约200个。该渔港建设工程被列入吴中区政府2016~2020年十大民生实事工程，总投资约1.15亿元，涵盖水域面积约28.77万平方米。

【渔业油补与渔业互保】 2016年，完成年度渔业成品油价格改革财政补贴专项资金资格申报、公示工作，涉及总船数2940艘，主机总功率34126.2千瓦，财政补贴专项资金总金额1409万元，款项通过财政系统直接发送至渔民手中。在渔业互助保险方面，全年共计5196名渔民参加渔业人身平安互助保险投保，参保32616份，保费金额81.54万元，其中省级补贴20.39万元。完成渔业互保理赔7起，共计金额3.51万元。（金璟婧）

农业示范园

【苏州吴中西山国家现代农业示范园区】 苏州吴中西山国家现代农业示范园区（简称西山园区，与金庭镇实行“区政合一”管理体制）地处苏州太湖东南部，距苏州古城区45公里，境辖中国内湖第一大岛——西山岛及周围20多个太湖小岛，总面积84.22平方公里。园区内有国家风景名胜区、国家森林公园、国家地质公园。具有四季分明、温暖湿润、降水丰沛、日照充足、无霜期较长的特点，盛产柑橘、青梅、杨梅、枇杷、银杏、板栗等花果，是名副其实的花果山，素有“月月有花，季季有果，一年十八熟，天天有鱼虾”之美誉。2016年，西山园区继续围绕“农业、生态、旅游、文化”四大品牌，推进“环太湖生态文旅产业带”战略布局。

【发展现代农业经济】 2016年，加快推进香满庭植物科技有限公司新三板上市。金庭“湖岛绿色小镇”入选全国特色小镇培育名单。继续提升农家乐服务品质，精品民宿、文创产业保持良好发展势头。促进旅游业发展，成功对接江苏省第九届园艺博览会，共接待中外游客402.08万人次、旅游总收入54.12亿元。继续实施环岛公路两侧高标准农田建设、绿光农场改造项目，启动及提升新丰农业园项目建设，推进“金色龙园”香草植物园，洞庭红橘保护基地，森林防火和引水上山工程，岭东生态园及仰坞生态园等项目建设。全年实现镇村集体经营性稳定收入4510万元，同比增长6.22%；农民人均收入27805元，同比增长8.17%。

【生态文明建设】 2016年，西山园区启动新一轮生态文明建设，实施太湖水环境“五位一体”综合管理，常态化做好芦苇收割、蓝藻打捞、水体保洁工作。河道水利建设扎实推进，全面完成中央重点县（市、区）水利工程，基本完成市级农田水利工程建设，全年治理河道41条31公里，清淤27万方，建成生态护岸24公里。协调推进农村污水治理全覆盖工程，覆盖43个村庄，管网接通5450户；建设污水处理独立设施15座、人工湿地1座，铺设污水管道190公里。加快推进一万吨级污水厂（迁）扩建工程，建成配套污水管网20公里。有序开展农药废弃物统一回收集中处置工作，加快实施生活垃圾分类减量工程，建成石公村、元山村餐余垃圾资源化处理站。扎实推进畜禽养殖管理，全面禁止镇域内规模畜禽养殖，清理养殖场11个，处理生猪1339头、禽类6000羽。推进绿化造林，新增绿化80亩、中幼林抚育林5200亩。全面完成国家卫生镇及9个省级卫生村的复查检收工作。 （周　佳）

【苏州太湖现代农业示范园区】 苏州太湖现代农业示范园（简称太湖农业示范园）位于苏州东太湖沿岸，东、南至环东太湖大堤，北至横泾街道泾南路，西至东山大道、临湖、东山镇规划镇区边界及东山双湾村，共涉及横泾、临湖、东山3个镇（街道）14个村，总面积39.19平方公里。以发展吴中现代农业、都市农业、科技农业，推动城乡一体化建设为职能定位，相继建成东山湖羊保种养殖基地、越溪农发智慧谷大楼、苏州市现代农产品物流园、苏州市吴中农村产权交易中心。2016年，公司注册资本9.2亿元，资产总额49.7亿元。

【东山湖羊保种养殖基地】 2016年，全面建成东山湖羊保种养殖基地，建有高标准苏式园林羊舍10栋3500平方米，配套完善中央控制室、饲料库、兽医实验室等附属设施1000平方米。

2016年7月12日，苏州东山湖羊遗传资源保护和利用中心全面投产运营

【越溪农发智慧谷大楼】 2016年，越溪农发智慧谷大楼建成投入使用。大楼占地面积5亩，建筑面积25000平方米，高17层，打造成集现代农业科技研发，农业科技成果转化，农业技术展示与培训，日常办公，高新技术小企业孵化等功能于一体的现代农业创业中心。自2016年1月1日起，苏州市农产品质量安全监测中心向苏州太湖现代农业发展有限公司租用位于越溪街道吴中大道1399号农发智慧谷大楼十二至十四层，租赁面积为3289.38平方米。

【苏州市吴中农村产权交易中心】 作为苏州大市范围内首家区级农村产权交易平台——苏州市吴中农村产权交易中心成立联网上线后，承担着建设吴中区农村产权交易市场的职责，是苏州农村产权三级交易服务网络体系中的重要组成部分。

【临湖科研基地项目开工奠基】 12月3日，苏州市农业科学院临湖现代农业科研基地项目开工奠基仪式，在苏州太湖现代农业示范园临湖板块施工现场举行。市农业科学院院长姜红卫、吴中区副区长王卫国先后致辞，对项目开工表示祝贺，对项目建成后更好服务市、区现代农业发展提出期许。临湖镇镇长朱艳，苏州太湖现代农业发展有限公司董事长林水元，以及市农业科学院、市城投公司有关领导出席开工奠基仪式。

【角直镇集贸市场竞价招租】 12月5日，角直镇集贸市场正式启动2017年度竞价招租工作，这是苏州市首例采用电子竞价方式完成的集体资产招租工作。招租为期4天，由市场方召集，由苏州农村产权交易中心、吴中农村产权交易中心、角直镇交易窗口组织交易。此次招租共涉及摊位类型8大类12小类，摊位数共计113个，最终成交102个，成交率90%，个别摊位成交价格上浮20%。（邓 婧）

【苏州澄湖现代科技生态农业示范园】 苏州澄湖现代科技生态农业示范园区（简称澄湖农业园）位于吴中区角直镇，苏州绕城高速、苏沪高速、苏嘉杭高速公路穿区而过，与苏州工业园区仅一江之隔；东依45平方公里的澄湖，西靠二级航道吴淞江。富有农业经济特色，是江南水乡生产芡实、荸荠、莲藕、慈姑等“水八仙”水生蔬菜的基地。2016年，澄湖农业园与角直镇实行“区政合一”管理运营模式，总面积25平方公里，澄湖岸线6公里，辖湖浜、江湾、前港、三马、澄墩、长巨、瑶盛7个村，户籍人口2万人。苏州澄湖现代科技生态农业发展有限责任公司注册资金3亿元，账面总资产32.07亿元，累计对外融资13亿元。全年向上申报、争取扶持资金762.19万元，保障相关建设项目的顺利实施。

【农旅发展】 2016年，澄湖农业园完成农业建设项目3项、特色农旅项目5项。争取上级专项资金总投资为5700万元、区域面积为14000亩的高标准农田整治项目，项目分为前港、湖浜等4村与长巨、澄墩2村两个标段。年内，长巨、澄墩2村标段已完工，前港、湖浜等4村标段完成总工程量的95%，正加快施工进度。完成总投资600多万元的现代农业管理项目智慧农业和“水八仙”种质资源圃和金山路、长浜路、苏同黎等多条主干道项目建设，推进农民公园等主要区域绿化养护工作。“水

“水八仙”种植基地

八仙”生态文化园成功创建为江苏省4星级乡村旅游示范点，年内正式开园；完成瑶盛千亩采摘项目、规划、施工图设计，进入编标、制定运营方案阶段；澄湖东方花博园项目已签订合作协议书，正式填土施工，预计2018年元旦前开业；澄湖飞行营地正式签约，正在进行飞行跑道填土建设；编制计划，完善农旅配套，引进农家乐建设，在瑶盛村上星其、湖浜村节子浜开工建设澄湖农家乐项目。

【拆迁清障】 2016年，继续推进澄湖农业园环境整治，做好拆迁清障工作。67户民房拆迁事项，年内完成评估66户，签约59户；4家企业拆迁征收事项，年内4家企业完成评估，2家企业完成拆迁，另2家企业正在通过多种途径加大工作力度。苏州中环快速路施工拆迁区域剩余6户的民房全部完成签约。吴淞江沿线环境整治涉及堆场等地块民房24户，年内完成评估22户，签约5户；继续做好尚未评估2户、尚未签约19户民房的拆迁工作。澄墩村涉及非农腾退土地（铁场）的民房7户，已签约结束。镇级道路建设涉及拆迁的民房8户已全部签约。

【生态文明建设】 2016年，提升澄湖农业园农村安居生活环境和生活水平。完成澄墩六店桥、朱夏浜、甘蔗浜3个自然村的区级美丽村庄建设，基本完成长浜里、万古浜、中马塔3个安居村和龚家湾、西湾、节子浜、沙湾4个康居村的新建工作。旺墩上区级美丽村庄、沈家浜上康居村建设项目正在招投标中，继续加强生态文明建设，对园区内保留村庄进行整治、改造和提升，完善道路、绿地、停车场、污水管网等基础设施，改善群众居住生活环境。

【拓展品牌影响力】 2016年，澄湖农业园拥有省级名牌农产品1种、绿色食品6种、无公害农产品8种，其中“水八仙”水生蔬菜为江苏省名牌农产品。园区建有农业生产信息监控和农产品质量追溯系统，充分发挥相关信息的传递、宣传和推介作用。年内，在澄湖农业园召开“吴中水八仙鸡头米”地理保护标志申请评审会，园区种植的芡实（俗称“鸡头米”）在品鉴会上，受到各位专家和评委的好评，芡实成功入选国家极地科研选用产品，并与相关单位成功续约，登上“雪龙号”科考船共赴极地。

（徐建国）

编辑：王明生

综　述

2016年，吴中区工业经济总体保持稳中有升态势。全年完成工业总产值1636.9亿元，同比增长2.8%；实现规模以上工业产值1226.5亿元，同比增长3.9%。其中，新兴产业完成产值669.65亿元，同比增长6.0%，增速高于规模以上工业2.1个百分点，占规模以上工业的比重为54.6%，占比较去年同期提升0.8个百分点。规模以上企业完成主营业务收入1215亿元，同比增长5.5%；完成规模以上工业增加值303.6亿元，同比增长5.0%；实现利税99.5亿元，同比增长8.1%；实现利润70.5亿元，同比增长8.4%。完成工业投资107.3亿元，同比下降18.4%；其中，技术改造投资完成64.7亿元，同比下降27.1%，占工业投资比重为60.3%。

电子信息产业

【概况】 电子信息行业已形成种类齐全的发展格局，有电子元件、电子信息机电产品、电子工业专用设备、电子器件、电子计算机、电子测量仪器、通信设备、家电制造、广播电视设备、电子信息专用材料等十个细分行业。其中，通信设备和广播电视设备行业增长较快，产值同比增幅分别为35.2%和17.7%；电子工业专用设备、电子信息机电产品和电子计算机行业产值均保持小幅增长；而电子测量仪器行业、电子器件、家电制造工业产值出现较大的下滑。吴中区电子信息行业紧跟市场形势、加快技术革新，加速低端设备、落后产品淘汰更新，一批拥有核心技术和品牌优势的企业在激烈的市场竞争中脱颖而出。2016年，全区共有规模以上电子信息企业171家，完成产值347.5亿元，占全区规模以上工业总产值的29%，同比增长6.8%。其中主营业务收入351.5亿元，同比增长8.2%；实现利税19.3亿元，同比增长8.3%；利润总额14.5亿元，同比增长5.8%。

【伟创力电脑（苏州）有限公司】 公司于2009年12月入驻吴中出口加工区，是伟创力电脑事业群的全球生产和研发基地，主要产品为戴尔、惠普、联想等知名企业代工笔记本电脑、一体机、高端服务器等。企业近年来谋求转型，逐步从PC代工业务退出，投入高端通信设备及其芯片，高端医疗设备，航空电气系统部件制造领域。2016实现销售收入53亿元，同比增长50%。

【科沃斯机器人科技（苏州）有限公司】 公司创建于1998年。2016年，在保留石湖西路经营基地的同时，位于吴中区友翔路18号的新厂正式投入使用。该公司专业从事智能清洁器具的研发、设计、制造和销售。科沃斯全年实现销售收入27亿元，同比增长17%。“智能清洁机器人”占全国市场份额的65%以上。

【苏州安洁科技股份有限公司】 公司的主要产品包括各类导电材料、屏蔽材料、进出口双面胶带、背光源材料、绝缘材料、保护膜、LOGO、面板、电池FPC及玻璃类产品等，每年投入的研发经费占营业收入的5%以上，组建省级企业技术中心、省级新材料工程技术研究中心。企业抓住行业发展机遇，开拓新的市场和客户，扩大生产规模，从而保持公司持续的竞争优势。2016年实现产值10.4亿元。 （王人璋）

装备制造业

【概况】 吴中区高端装备制造业已形成相对完备的工业生产体系，主要涉及机械设备制造、新能源设备类、机电电器设备类、专用设备制造类、精密制造、输变电及控制设备制造等门类。2016年，全区装备制造业规模以上企业226家，完成工业总产值393.1亿元，占全区工业总产值比重的33%，同比增长8.7%。从装备制造业细分行业来看，通用、专用及交通运输设备制造业产值148.3亿元，同比增长10.3%，占全区装备制造业总产值的37.7%；电子通讯、电器及自动化设备制造业产值为127.3亿元，同比增长8%，占全区装备制造业总产值的32.3%。

【苏州汇川技术有限公司】 企业注册资本5亿元，专业从事工业自动化控制（变频器、伺服电机、电梯驱动系统、PLC）、新能源汽车驱动器、光伏逆变器软件、硬件及其产品和系统集成的技术开发、生产、销售。2016年末，企业拥有5项省级高新技术产品，27项软件产品，5项企业标准；共申请专利529项，授权388项，授权软件著作权33项。公司投入资金近2亿元，进行设备自动化改造升级，实现智能车间，进而实现智能工厂。智能车间率先实现国内SMT、插件、喷涂全流程自动化、工控产品生产组装全自动化。当年实现产值31.6亿元，与上年同比增长23%。

【苏州东山精密制造股份有限公司】 该公司成立于1998年，2010年在深交所成功上市，主要

科沃斯机器人产品

苏州东山精密制造股份有限公司。图为公司车间

面向通信设备、新能源、精密机床制造等行业，提供精密钣金件、精密铸件和组配产品及技术服务。2016年，公司投入资金2亿元，扩、改建LED智能车间，LED月产量达8亿颗。全年实现销售收入39亿元，同比增长40%。

【苏州斯莱克精密设备股份有限公司】 该公司专业从事高速易拉盖、易拉罐成套设备的研发、设计、生产、装配调试及相关精密模具、零配件的研发、加工制造。其生产的易拉盖基本盖生产设备产能可达6000盖/分钟，易拉盖成品盖单台产能可达3000盖/分钟，在国内新增市场占有率达70%以上，出口至亚洲、欧洲、南美等地区。产品广泛应用于加多宝、可口可乐、青岛啤酒等产品的易拉罐包装生产上，形成浙江旺旺、中粮包装、海口椰树等国内外核心客户群。2016年实现产值31亿元，同比增长12%。

（王人璋）

生物技术和新医药产业

【概况】 吴中区生物技术和新医药产业近年来依托“国家火炬计划医药特色产业基地”，加强生物医药产业园建设，形成医药研发、原料药及中间体生产、成品药生产、医药安全评价、医药检测、药物认证等较为完整的生物医药产业链。2016年，全区规模以上生物技术和新医药实现产值78.4亿元。

【惠氏制药有限公司】 该公司拥有按GMP标准建造的洁净厂房、世界先进水平的生产设备。主要产品有钙补充剂、多种维生素、抗感冒咳嗽药、抗生素、妇女保健品以及抗抑郁等多种处方药和非处方药，共计有28种产品124个产品规格。相继获得“江苏省质量信用等级A级企业”“药品质量诚信建设示范企业”“江苏省医药行业诚信企业”“苏州市十佳企业”等荣誉称号。2016年，实现产值33亿元。连续多年为吴中区纳税大户，体量最大的医药生产企业。

（王人璋）

新能源新材料产业

【概况】 吴中区新能源产业是以锂电池、电机配套企业及下游应用企业为主的新材料产业，作为全区新兴产业发展的一个亮点，吴中新能源产业发展整体趋好。2016年，全区有新能源行业列统企业7家。完成产值17.8亿元，同比增长29%；新材料产业完成产值81亿元，同比增长3.9%。

【苏州朗高电机有限公司】 该公司专业从事交流异步特种电机和交流永磁同步（伺服）电机的研发、设计、制造和销售。企业生产的永磁同步电机被应用于风力发电、轨道交通、新能源汽车等新兴工业领域。2016年，实现销售收入4.8亿元，同比增长60%，拉动新能源产业的高速增长。

【苏州银禧科技有限公司】 该公司主要生产改性塑料。产品应用于电子、电器、电线电缆、通讯电缆、轨道交通、汽车、医疗器材、玩具、灯饰、卫浴等领域。2016年，公司通过技术升级和精细化管理，主营业务收入较上年同比增长35%。

（王人璋）

节能环保产业

【概况】 2016年，吴中区继续推进节能减排，发展绿色经济，节能环保产业得到较快发展。全年节能环保产业规模以上产值77亿元，位于城区的苏州节能环保科技园，相继引进入驻苏州市节能减排协会、上海环境能源交易所、上海股权托管交易中心等一批专业服务机构平台和一百余家从事节能相关行业的企业。角直镇的苏州节能环保产业园项目一期规划已出炉，拟规划总用地33亩，建筑规模4万平方米。

【光大环保能源（苏州）有限公司】 该公司主营业务以苏州市城市生活垃圾为燃料进行电力、热力生产。2016年，实现产值3.9亿元。（王人璋）

创新转型

【概况】 2014~2016年，吴中区连续三年实施“千企升级创新转型行动计划”，助推工业企业创新转型。以转型经济发展方式为主线，按照构筑现代产业体系要求，创新电子信息，装备制造，生物技术和新医药，新能源新材料，节能环保五大主导产业链。继续实施“112”等重点创新转型工程，加快发展壮大百家重点企业和生产性服务业，挖掘培育百家经济新增长点，推进百家小微企业上规模、上等级，实现经济平稳增长与加快结构调整、科技创新与产业提升相融合的发展态势。

【助推工业提质增效】 开展关停及淘汰低效产能工作，进行亩产效益评价，对评价出来的落后、低效产能，运用市场化手段，逐步引导企业退出。全年共关闭淘汰落后企业46家，腾出工业低效用地615亩。推进节能和循环经济，创建苏州市“能效之星”企业2家，通过清洁生产审核验收企业15家，创建循环经济示范企业1家。

【增强工业发展后劲】 加强专精特新工业企业和产品培育，增强工业发展后劲。年内，创建省科技小巨人企业1家，省“专精特新”产品1项，苏州市科技型先进企业1家，苏州市创新型先进企业1家，苏州市品牌建设先进企业2家。

【提升企业服务水平】 搭建公共服务平台，提升企业服务水平，加大公共服务平台的培育创建力度。全年新获认定二星级平台3家、一星级平台3家，星级服务平台已达40家。加强中小企业信贷支撑，发挥中小企业贷款增信基金作用，年末，全区入池工业企业119家，全年审批增信基金贷款授信额2.6亿元。（王人璋）

载体建设

【概况】 2016年，工业产业载体建设继续提质扩容，加快吴中综合保税区、吴淞江科技产业园、东太湖科技金融城、角直模具产业园等重点载体建设步伐，有序推进美泰乐电工、瑞可达、角直天安云谷、开发区力兴158、联通U谷等工业地产项目建设，在专业园区建设方面突出特色化、差异化。成功招引一批企业进驻相关区、园、城载体落地开业。

【吴中综合保税区】 2016年，吴中综合保税区引进内、外资项目130余个，注册资本20多亿元；实现工业总产值54亿元人民币，物流企业营业收入8700万元人民币，进出口总额5.1亿美元，进出口监管货值72.5亿美元。推进签约项目的投建进程，惠氏制药在8月8日举行封顶仪式，思科赛德在9月获得土地许可。伟创电气于年内开业，年产值将突破2亿元，纳税1000万元。鼓励企业走上市发展道路，安捷讯光电、玄通供应链已在年内成功挂牌新三板。加快发展电子商务，继续打造集线上贸易与线下展示为一体的总部型、基地型、平台型跨境电子商务产业园。一期建筑面积20万平方米，已在环球相互贸易平台、中国环保科技电商园、玄通电商、世贸东盟、江苏

吴淞江科技产业园

国速、达毅电商等跨境电商总部企业落户。

【吴淞江科技产业园】 2016年，吴淞江科技产业园启动的区内两横两纵主干路网框架等基础设施以及环境建设基本完成；耐克森线缆、美泰乐电工、英维克温控等一批世界500强、高新技术企业，以及联东U谷、158产业城等高水平产业园入驻产业园。

【东太湖科技金融城】 2016年，东太湖科技金融城获“国家级科技企业孵化器”“国家科技合作基地”等10多个国家、省、市级荣誉称号和基地品牌，建成中科院吴中生物医药研发中心、吴中生命科学园、药明康德毒理中心、西山中科药物研究开发有限公司等近百万平方米的企业孵化器和公共服务平台。全年引进内资项目31个，注册资本4.4亿元，外资项目4个，注册资本1580万美元。

【角直模具产业园】 2016年，角直模具产业园依托现有产业基础和柳道万和、重村钢模等模具龙头企业，继续在东方大道、凌港路交汇处，建设总投资超10亿元、规划面积0.8平方公里的模具产业园。根据吴中区实业兴区、智能制造等相关政策意见，产业园相继出台覆盖创新转型的一揽子扶持政策，调动和发挥科技、人才、资金等创新资源作用，吸引模具装备主导企业以及高层次人才入驻落地。（王人璋）

智慧吴中

【概况】 2016年，加大工业智慧项目建设力度，继续推进大数据中心建设。年内，吴中城市大数据中心（一期）正式上线部署，智慧吴中大数据应用体验馆完成竣工，30个智慧吴中项目完成立项评审；“区电子政务网升级改造”“市场监管移动办公系统”“智慧水利”“智慧环保”“知识产权公共服务平台”等15个项目完成验收。

【推进工业智能制造】 2016年，继续推进工业智能制造，加快工业转型升级步伐。全年共实施智能化改造项目125个，完成改造投入资金22亿元，其中“机器换人”项目56个，投入资金16亿元；打造智能装备（产品）龙头企业2家，建成省级智能示范车间4个。全区智能装备制造业产值达到181.2亿元，同比增长21.2%。稳步推进“两化融合”，全区完成软件及大数据产业产值25.5亿元，同比增长19.7%，新增市级以上“两化融合”示范试点企业32家，总数达到93家。

（王人璋）

表 13–1 2016 年工业经济主要指标

项目	单位	2016 年	2016 年 /2015 年（%）
企业个数（正常运营）	个	15440	110.9
#规模以上	个	835	93.1
度假区工业	个	681	103.7
开发区工业	个	4403	112.7
年末资产合计	万元	15725249	106.8
#规模以上	万元	13650244	109.0
度假区工业	万元	617282	120.0
开发区工业	万元	6896045	126.0
工业总产值（现行价）	万元	16368708	102.8
#规模以上	万元	12264898	103.9
度假区工业	万元	607897	95.3
开发区工业	万元	7170568	106.0
工业销售产值（现行价）	万元	16114688	103.9
#规模以上	万元	12204315	104.8
度假区工业	万元	592958	95.8
开发区工业	万元	7109231	106.3
工业产值销售率（%）		98.4	101.0
#规模以上（%）		99.7	100.9
度假区工业（%）		97.5	100.4
开发区工业（%）		99.1	100.2
主营业务收入	万元	16175568	103.7
#规模以上	万元	12149783	105.5
度假区工业	万元	594660	93.1
开发区工业	万元	7109231	103.3
利税总额	万元	1309694	107.1
#规模以上	万元	995105	108.1
度假区工业	万元	76037	96.8
开发区工业	万元	544731	113.4
利润总额	万元	874872	107.6
#规模以上	万元	705016	108.4
度假区工业	万元	56631	86.1
开发区工业	万元	387780	118.2
从业人员平均人数	人	352653	93.5
#规模以上	人	189649	94.4
度假区工业	人	20698	94.7
开发区工业	人	122349	99.4
人均利税额	元 / 人	37138	114.6
#规模以上	元 / 人	52470	122.0
度假区工业	元 / 人	36736	102.2
开发区工业	元 / 人	44523	114.2

续表

项目	单位	2016 年	2016 年 /2015 年（%）
全部工业用电量	万千瓦小时	491511	104.4
#规模以上	万千瓦小时	280565	109.9

表 13–2　分地区工业主要经济指标（一）（2016 年）

项目	企业个数（个）	工业总产值（现行价）（万元）	资产总计（万元）		主营业务收入	
				应收账款（万元）	2016 年（万元）	2016 年 /2015 年（%）
度假区	681	607897	617282	141947	594660	93.1
#光　福	328	435918	485539	94283	428368	95.7
金　庭	68	92214	62987	8793	87512	92.0
开发区	4403	7170568	6896045	1574511	7109231	106.3
#郭　巷	627	753065	673188	207352	736166	118.3
横　泾	620	725085	632176	218589	708408	114.3
高新区	287	1181516	1169562	130110	1138877	110.5
角　直	2168	1918726	1869475	408821	1880252	100.7
木　渎	1249	1620310	1883312	318497	1563369	99.8
胥　口	1743	2235786	2013282	425052	2186599	98.5
临　湖	961	1003950	966317	453861	987387	106.3
东　山	351	668158	1214758	160249	646603	110.2
穹窿山	3	59601	31179	10095	68590	90.6

表 13–3　分地区工业经济主要指标（二）（2016 年）

项目	工业销售产值（现行价）		利税总额		人均利税	
	2016 年（万元）	2016 年 /2015 年（%）	2016 年（万元）	2016 年 /2015 年（%）	2016 年（万元）	比 2015 年增减额（万元）
度假区	592958	95.8	76037	96.8	3.7	0.1
#光　福	428368	98.1	55715	88.6	5.0	–0.2
金　庭	85810	98.2	10556	98.3	1.7	–0.1
开发区	7109231	106.3	544732	113.4	4.5	0.6
#郭　巷	741106	106.1	51546	90.2	3.2	—
横　泾	708408	100.1	61614	113.5	3.6	0.5
高新区	1138877	110.5	141226	99.9	11.0	0.1
角　直	1885296	100.8	139189	102.8	2.2	—
木　渎	1608736	101.0	169548	107.6	2.5	0.4
胥　口	2173184	98.4	163733	106.9	3.1	0.2
临　湖	987387	99.7	58903	107.6	2.4	0.3
东　山	653978	115.5	15832	89.7	1.0	–0.4
穹窿山	61328	80.4	495	12.6	1.1	–7.1

表13-4 分地区工业经济主要指标（三）（2016年）

项目	从业人员平均人数 2016年（人）	从业人员平均人数 2016年/2015年（%）	产值销售率（%） 2016年	产值销售率（%） 比2015年增减率	产值利税率（%） 2016年（万元）	产值利税率（%） 比2015年增减率
度假区	20698	94.7	97.5	0.4	12.5	0.2
#光　福	11217	92.7	98.3	0.7	12.8	-1.3
金　庭	6098	104.4	93.1	0.1	11.4	—
开发区	122349	99.4	99.1	0.2	7.6	0.5
#郭　巷	16056	98.6	98.4	0.6	6.8	-0.5
横　泾	17150	99.2	97.7	0.1	8.5	1.0
高新区	12836	99.4	96.4	1.0	12	-1.1
角　直	62389	99.9	98.3	—	7.3	0.2
木　渎	68112	89.0	99.3	—	10.5	0.7
胥　口	53038	99.5	97.2	—	7.3	0.6
临　湖	24957	94.9	98.4	—	5.9	0.5
东　山	15365	122.0	97.9	0.7	2.4	-0.6
穹窿山	442	93.1	102.9	3.0	0.8	-4.3

编辑：王明生

商贸服务

综　述

2016年，全年实现进出口总额76.6亿美元。其中出口51.76亿美元；新增注册外资2.15亿美元，实际利用外资3.61亿美元，同比增长43.9%；完成服务外包接包合同额2.91亿美元，同比增长3.3%，其中离岸执行额9320万美元，同比增长10.4%；新增中方协议投资额2.11亿美元，同比增长88.9%；实现社会消费品零售总额372.8亿元，同比增长10.5%。全区新增个体户15699户，私营企业9421户，国有集体及其控股企业667户，外商投资企业43户，农民专业合作社41户。截至年末，全区共有市场主体127221户，同期增长19.66%，位列苏州大市第三位，其中个体户72587户，民营企业49948户，国有集体及其控股企业3389户，外资企业1297户。完成新增注册资本认缴900.43亿元，同比增长22.41%（其中，企业认缴新增注册资本876.67亿元，个体户认缴新增资金数额21.74亿元，农民专业合作社认缴新增注册资本2.02亿元）。“五证合一”改革，个体工商户“双证整合”，在此基础上，累计新发、换发加载18位社会统一信用代码的营业执照31705份，基本完成存量企业“一照一码”换照工作。

（陈　诚　樊海燕）

开放型经济

【对外贸易】　稳定外贸规模，加大对重点进出口企业的跟踪调研，发挥好各级外贸扶持政策的叠加效应，伟创力、远纺织染、东山精密等重点进出口企业进出口额呈两位数增长。帮助企业稳定传统市场，拓展新兴市场，全年争取各类境内外展会展位150多个。组织生命科学出口创新基地部分骨干企业组团参加中国国际医疗器械博览会，形成集聚效应，打响出口品牌。扩大中信保覆盖范围，新增56家年出口额300万~1000万美元企业参保，保费扶持达120万元。推进结构调整，加强企业出口产品质量、品牌和营销渠道建设，东山茶厂、瑞可达链接、明浩电子获评苏州市出口名牌企业。1~12月，全区一般贸易进出口44.2亿美元，增长5.5%，占进出口总额的57.7%，占比高出加工贸易21.9个百分点。扎实推进服务贸易发展，积极构建服务贸易数据库。稳步提升服务外包产业发展水平，全年实现服务外包接包合同额2.91亿美元，同比增长3.3%，其中离岸执行额9320万美元，同比增长10.4%。

【招商引资】　强化产业引导，编制“2016年度招商活动计划”，推动全区招商引资工作向专业化发展。初步建立招商活动备案制度，将举办招商工作列为区、镇重点工作绩效管理的范畴，建立全区境内外招商活动备案制度，动态跟踪招商成效、项目信息落地情况等。全区各板块共备案各类招商活动43次，其中境外6次。继续完善招商信息共享平台的建设和应用，力促招商项目信息资源有效流转。完善“外资项目进度管理”制度，对进入报批程序的项目，明确时间节点，重点跟踪，辉瑞新厂、日铁住金、耐克森等一批外资重点项目开工开业。新增省级地区总部企业1家［永旺华东（苏州）商业有限公司］。利用外资的结构进一步优化，1~12月，全区新批37个外资服务业项目，占比84.1%，共新增服务业注册外资1.15亿美元，占全区新增注册外资的53.5%。

2016年4月17~20日，吴中区医药行业商会组织会员企业参加第75届中国国际医疗器械（春季）博览会

【境外投资】 积极培育本土跨国经营企业，支持企业并购具有自主知识产权的高新科技企业和知名品牌，实现“购并、引进、吸收、消化、再创新”。苏州东山精密制造股份有限公司以6.1亿美元收购在美国纳斯达克上市12年之久的MFLX公司，成为截至2016年底，苏州市本土民营企业海外并购的最大项目。引导企业围绕“一带一路”主要节点城市、海上港口及国家明确的重点产能合作国家，有重点、有目标、有组织地开展对外投资，苏州市吴中区东吴建筑有限责任公司新获境外工程承包资质，加快境外工程承包步伐。（陈　诚）

商贸流通

【商贸流通】 编制《吴中区商贸业发展“十三五”规划》，优化商贸载体布局，合理规划空间布局和经营业态，促进中心商圈提档升级、新兴商圈特色发展。继续开展区级特色商业街和区级社区商业示范社区创建工作，加快推进社区商业发展，编制《吴中区社区商业发展的实施意见》，推进便民商业和特色商业发展。着力扩内需促消费，积极组织开展“消费促进月”等各类促消费主题活动。商贸业品牌影响力显著提升，完成对11家“美食吴中体验店”的认定工作，编制印发《吴中美食地图》，舟山核雕村成功创建“中国商业特色街区”“中国商旅文产业发展示范村”，商务局获得“全国商旅文产业先进集体”称号。

【市场监测】 积极落实安全生产主体责任，开展商贸领域安全生产经营大排查大整治专项行动，对企业在安全生产中存在的问题提出整改意见，限期整改。督促境外投资企业建立健全境外安全生产预警监控体系和生产安全事故应急处置机制，提高企业境外安全生产的意识和能力。市场秩序稳定有序，发挥肉菜追溯体系作用。1~12月，各环节企业上传溯源信息近16万条。单用途商业预付卡管理有效开展，结合“清风行动”对全区发卡企业进行督查。充分利用市场运行监测平台，定期整理发布生活必需品和重要物资的商品价格等信息。

【电子商务】 重点发展跨境贸易电子商务，充分利用苏州获批跨境综试区的优势，加快推进跨境电商综合服务平台建设，吴中综合保税区成功获批江苏省跨境电子商务产业园试点。各类跨境电商载体和平台建设有序推进，中国民营科技环保产业电商园开园，优进优出韩国产品展示中心和环球相互贸易平台开业，“中能国际跨境优通”电商服务平台成功上线。“互联网+”农业产业转型成功突显，吴中区成功获评江苏省农村电子商务示范县，金庭镇获评第一批江苏省农村电子商务示范镇，东山碧螺村获评省级农村电子商务示范村。成功举办2016年吴中区电子商务（深圳）推介会，承办第五届长三角电子商务高峰论坛、2016首届华东跨境电商生态大会等活动，参加中国（杭州）电子商务博览会，以“苏州·吴中”主题城市馆的形式展示吴中电商发展亮点。金枫电子商务产业园、优尔食品分别被认定为2015~2016年度苏州市电子商务示范基地、企业。（陈 诚）

2016年5月28日，中国民营科技环保产业电商园开园典礼举行

供销合作

【概况】 2016年，围绕服务“三农”主线，坚持“为农服务”的宗旨，坚持合作制原则，着力推进农药集中配送、废弃农药包装物回收处理和再生资源回收利用等几项重点工作，不断推动全区农村经济平稳较快发展。全年共实现放心农（渔）药配送2603万元，统一回收废弃农药包装物192万件。

【农药集中配送体系建设】 2016年，全区农药集中配送覆盖率达到90%以上，年农药销售额2511万元，比去年增长6%；年渔药销售额92万元，比去年增长15%。

【废弃农药包装物回收处理】 以东吴农资公司和各农药配送站为责任主体，根据“定点回收—分类整理—集中转运—专库储存—无害化处理”的工作流程，对全区产生的废弃农药包装物进行统一回收，全年共回收192万件，有效降低农业面源二次污染，推进绿色生态发展。

【再生资源回收利用网络体系管理】 对网络体系内回收站点，建立台账，加大日常管控力度，发挥行业监督职能。全区再生资源回收网络体系内管理人员和经营者进行了两次专门培训，涉及业务政策、环境保护，尤其是消防安全，着重强调回收站点安全生产、规范经营的重要性，保证全区站点无事故发生。广泛宣传垃圾分类政策，通过与市再办、市环卫处协调沟通，为垃圾分类试点的光福镇争取到政策支持，使当地村、社区实现垃圾分类全覆盖。（李伊周）

粮食购销

【概况】 对全区粮食流通监督管理，负责粮食收购主体入市资格审核，制定实施全区粮食安全保障体系建设规划；对全区粮食收购、销售、加工行业指导和管理；

收获

负责区级地方储备粮的吸储、保管和轮换，增强区政府对全区粮食流通宏观调控能力，发挥粮食流通主渠道作用，维护正常粮食流通秩序；经营管理全区粮食系统国有资产，确保国有资产保值增值。2016年，全区粮食行业（含苏州粮食批发市场）购售总量79.3万吨（购22.8万吨；售56.5万吨），加工总量13.8万吨。

【粮食购销调控】 加强与财政、农发行等部门的协作，及早落实收购资金，做好收购前期的测产调查工作，与种粮大户签订207份粮食订单合同，严格落实粮食价外补贴政策，发挥好主渠道作用，保证收足收好地产粮食。2016年两季收购总共入库粮食7000吨，价外补贴农户140万元左右。通过稳固发展粮食生产基地，确保外购粮源稳定。远赴河南、山东、连云港、徐州等地采购优质小麦17000吨。从东北、苏北两大优质粮源基地外购稻谷19000吨，完成区级储备稻谷吸储补库。严格执行《吴中区地方储备粮收储一体化管理意见》，采取内储为主、外储为辅，内外储相结合的科学安排，积极配合区财政局和农发行的验收工作，确保区级储备粮食和成品粮油全面落实到位。

【粮食安全保供】 按照苏州市粮食安全责任制及考核办法，全区14个部门和单位通力协作，分解责任，细化措施，切实将粮食安全责任制各项指标落到实处。继续发挥好苏州粮食批发市场“动态储备库”功能，全年保持在6000吨成品粮控制性周转库存。掌握粮价走势，统计整理形成“苏粮指数”，为市民购粮提供价格指导。加强电子商务项目运营管理，升级苏州粮食市场功能，整合提升木渎粮油市场，全年区内粮食供应数量充足，两个市场总成交量超80万吨，成交额超35亿元。加快应急粮食加工企业建设，日加工大米能力为120吨的北大荒米业正式投产，大米日加工总能力扩容至420吨。启动国家级放心粮油供应网络示范县（区）创建工作，不断增强全区粮食应急保供能力。截至2016年底，全区放心粮油供应点共有38个，全年门店粮油销售约9000吨，较上年增加1500吨左右，销售额约4900万元，较上年增加约730万元。配送公司配送量约1500吨，比上年增长约20%。

【粮食质量监管】 推进依法治粮，依托区内国家级粮油质量监测中心，加强粮食执法大队建设，加大质监中心软硬件投入，建立由工商、质检、物价等部门参加的执法联席会议制度，强化监督检查工作，形成合力。从食品安全的高度强化全区粮食质量监管，重点抓好粮食市场进出粮油的日常监管，严格落实准入、检测、巡查、追溯等八项机制。定期到各放心粮店进行抽样检测，及时完成区食安委安排的检测任务，检查粮食收购作价的办法和依据，全年共检验粮油样品1207个，其中对木渎粮油市场、全区放心粮店、军供站、配送公司等抽检550个批次，树立和巩固粮食质量监测机构在保证民生质量，保障粮食及食品安全中的权威和地位。

【粮食宣传服务】 结合“四联双提”“三访三促”活动，进一步完善党委党员干部直接联系群众工作制度，印发工作手册。收购期间，党员干部、职工纷纷深入田间地头，切实维护好种粮农户利益和收购市场秩序，圆满完成两季收购，实现零投诉，做到农民安心、政府放心。上半年区内小麦受灾，代农处置等外小麦1560吨，帮助农户挽回经济损失268万元左右。认真开展收购服务联系活动，以“世界粮食日”“爱粮节粮宣传周”“在职党员统一服务日”等为契机，开展“六进”（进机关、进企业、进学校、进社区、进田间、进军营）活动，优化“粮安惠民·护粮先锋”党建服务品牌建设，深入群众为民服务，大力提升服务水平。

【粮食队伍建设】 严格执行《吴中区粮食系统领导干部选拔任用和交流工作意见》，筑牢选人用人门槛。通过公务员公开招考1人、军转安置1人、企业招聘4人，吸收专业人才，充实人才队伍。在系统内举办粮食保管知识专题培训班，特邀南京财大的教授、兄弟单位的骨干前来授课，涉及学员37人，并先后组织19人次参加各类研修培训，强化专业人才培养。组织职工实地参观学习余杭“四无”粮仓、柏乡粮库等先进单位，比学先进，拓展学习途径。抽调骨干开展师徒结对活动，通过轮岗、交流、外派、实训等措施，建好储备人才“蓄水池”。2016年上半年在胥口粮食储备库成功承办全省粮食行业职业技能大赛，区粮食局粮油质量监测中心姚晶同志一路过关斩将，荣获质检项目全省第一名、全国二等奖的好成绩。

【粮食工作创新】 2016年，吴中区地方储备粮稻谷与小麦的储备比例从往年的7:3调整为6:4，减轻储备粮轮换压力，降低储备粮轮换风险。同时完善粮食产销合作长效机制，采用定向轮换方式，选择经济实力强、经营信誉好的大型国有企业，签订定向轮换协议，保本销售，降低轮换销售风险。除此之外，巩固发展销售客户群，全年小麦、稻谷轮换销售的速度、价格均高出市场水平。技术创新。借助“数字化粮库”的信息化管理平台，2016年首次在粮食收购中启用全新“一卡通”模式，“一卡通”相比传统收购模式，更加方便快捷，更加公开透明，并且责任可溯，实行粮食入库、储存、出库等全程数量责任制，质量负责制。全面应用环流熏蒸、低药低温等科学储粮技术，将储备粮储存过程中的耗损降到最低，提高储备粮管理集约化程度，降低管理成本。服务创新。以苏州市创建国家“粮安工程”示范市为契机，以区粮油质量监测中心为依托，通过创建国家级粮食质量检测站、培育高素质粮食质量检验队伍、创新创优粮食质量技术服务，兼顾社会效益，注重实效发展，主动对接服务对象，利用“3·15消费者权益保护日”“食品科技周”“世界粮食日”等主题，开展系列粮食安全知识科普宣传活动，针对时事热点，进行详细的解答并给出专业建议，赢得了群众的一致好评，《吴中报道》《民生在线》等媒体节目也多次采访报道，为消费者、经营者和政府行政主管部门提供技术支持，确保全区粮食安全。

（任　冲）

服务业

【概况】 2016年，全区实现服务业增加值517.6亿元，占地区生产总值比重51.2%，比上年提高2.2个百分点；完成服务业固定资产投资456.26亿元，同比增长3.6%，占全社会固定资产投资的81.2%；完成服务业税收76.82亿元，占全部税收比重的36%，休闲旅游、检验检测、商务商贸、现代物流、信息服务、房地产等产业成为引领“十三五”期间吴中区服务经济加快发展的重要支柱产业。

【招商引资成效显著】 全年完成服务业到账外资1.64亿美元，占总到账外资的64.1%；完成服

万达广场

务业注册内资800.65亿元，占总注册内资的85.7%。成功举办"2016苏州市吴中区（北京）现代服务业推介会"，来自国内外的110多位重要客商出席推介会，通过搭建平台，对全区服务业发展情况和载体特色加强宣传推介，会上共有总投资超112亿元的9个服务业重点项目集中签约。

【突出政策引导】 2016年，对全区服务业政策开展新一轮的调整修订，先后印发出台《关于促进吴中区现代服务业发展的政策意见》《关于促进吴中区总部经济发展的政策意见》《吴中区总部经济认定和管理办法》《东吴现代服务业人才计划实施细则》《吴中区服务业发展引导资金管理办法》等5个政策文件，通过政策引导和扶持，进一步推进全区服务业加快发展。

（蔡荣荣）

编辑：洪　蕾

城乡建设

城镇规划

【概况】 2016年，制定进一步贯彻“根植吴文化、建设新吴中”的主题导向以及落实“一核一轴一带”的城市发展布局。立足全区城乡规划建设现状，依法科学编制城乡各类规划，提升规划管理水平，加强规划的龙头地位和引领作用。全年修编完成总体规划4项，启动修编总体规划3项；修编完成控制性详细规划3项，启动修编控制性详细规划9项；编制完成历史文化名镇、名村保护规划6项；启动修编全区范围内重点、特色村庄规划共529个；核发“一书三证”467件；核发规划核实合格证155件。

【法定规划】 2016年，总体规划：《苏州市吴中区临湖镇总体规划局部修改（2014~2030）》《苏州市吴中区胥口镇总体规划（2014~2030）》《苏州市吴中区越溪横泾片区总体规划（2011~2030）修改》获市政府批复；《苏州市木渎镇总体规划（2015~2020）》《角直镇总体规划较大修改（2011~2030）》通过论证并上报省政府，《苏州市吴中区郭巷街道片区总体规划（2009~2030）修改》通过论证并上报市政府。

控制性详细规划：《苏州市吴中区临湖镇控制性详细规划》《苏州市吴中区胥口镇控制性详细规划》《吴中太湖新城二期控制性详细规划》获市政府批复；《苏州市吴中中心城区控制性详细规划局部调整》通过论证并上报市政府，启动修编开发区、木渎镇、角直镇内各片区控制性详细规划，待该区域总体规划批准后上报市政府审批。

历史文化名镇、名村保护规划：《苏州市角直历史文化名镇保护规划》《苏州市东山镇陆巷历史文化名村保护规划》获省政府批复；《苏州市东山历史文化名镇保护规划》《苏州市东山镇杨湾历史文化名村保护规划》《苏州市东山镇三山岛历史文化名村保护规划》通过论证并上报省政府；《木渎镇历史文化名镇保护规划》编制完成，准备上报省政府。

村庄规划：角直镇重点村、特色村规划上报市政府；胥口镇重点村、特色村规划完成论证；完成其他镇、街道村庄规划，准备论证后上报。

【重点项目规划】 年内，完成太湖新城绿色低碳规划、智慧太湖新城总体规划。完成东吴路综合整治提升工程，提升吴中城市形象。完成澹台湖周边地区城市设计及豪仕登地块规划设计方案。完成吴中广场方案设计初步成果。完成吴中规划地理信息数据平台构建，形成“智慧吴中”大数据库中的规划数据库，提升城市管理和服务水平。

【规划研究】 开展相关规划研究工作，为区委、区政府决策提供前瞻性意见和技术支撑。《苏州市吴中区“多规融合”研究》《古村落（陆巷、杨湾、三山岛）保护利用规划评估》《上市地块（2016年）精细化研究》《吴中区城乡协调规划修编前期研究》提交最终成果。《吴中中心城市核“多规融合”规划》《吴中区交通改善与优化研究》完成初步成果，进入深化研究过程。

【规划审批】 按照《中华人民共和国城乡规划法》《江苏省城乡规划条例》《苏州市城乡规划条例》等法律法规要求，核发《建设项目选址意见书》和“建设用地规划许可证”“建设工程规划许可证”“乡村建设规划许可证”（简称“一书三证”）。在建设项目审批过程中，贯彻落实江苏省城市规划管理技术规定—苏州市实施细则之一“指标核定规则”（2015年版本）、苏州市海绵城市要求、苏州市绿色建筑要求、苏州市城市规划公示制度、苏州市建筑物配建停车位指标、苏州市交通影响评价管理办法、苏州市规划局违法建设行政处罚程序等一系列规定。

【行政效能】 增强服务意识，提升行政效能。全年，办理建设项目选址意见书35份，选址用地总面积92万平方米；办理建设项目设计意见书39份，总面积12万平方米；办理建设用地规划许可证69份，用地总面积181万平方米；办理建设工程规划许可证155份，工程总建筑面积629万平方米。办理乡村建设规划许可证169份。

【规划监察】 开展建设工程规划竣工验收。全年，核发建设项目规划核实合格证155份，竣工项目总建筑面积631万平方米。配合苏州市规划监察支队做好辖区内各项违法建设的查处工作。全年，立案查处、转分局初审的违法建设案件共62件，违法建设规模11万平方米。（周德坤）

【规划编制】《苏州太湖国家旅游度假区中心区控制性详细规划》获市政府批复，《光福镇总体规划》《光福历史文化名镇保护规划》上报省住建厅，《光福历史文化街区保护规划》通过专家论证，《光福镇镇区控制性详细规划》启动编制。村庄规划方面，金庭镇完成66个重点村、26个特色村和17个一般村的规划编制，光福镇完成69个重点村、26个特色村的规划编制，香山街道完成2个重点村、2个特色村的规划编制。

【行政许可】 全年，办理建设项目选址意见书3件，选址面积19850.61平方米；建设用地规划许可证8件，用地面积380333.81平方米；方案审定意见书45件，建设工程规划许可证共计43件，其中建筑类新发21件（建筑面积587822平方米），市政类新发1件（长度约2.41千米），建筑类变更21件。

【规划核实与规划监察】 全年，办理规划核实合格证22件，核实建筑面积1052575.44平方米。度假区范围内规划监察立案6件，下发行政处罚决定书6件。

（郑凯文）

城镇建设

【概况】 2016年，受理报建项目982个，建筑总面积630.4万平方米，投资总额140.6亿元。其中，公开招投标项目367个，建筑面积132.7万平方米，投资总额60.3亿元。核发施工许可证225份，工程面积612.1万平方米。全区共有在建工程项目461个，建筑面积1340.2万平方米。竣工验收备案项目148个，建筑面积504.2万平方米。

【村镇建设】 2016年，推进村镇建设创建工作，发挥示范引领功效，东山镇和临湖镇灵湖村获评第四批“江苏省特色景观旅游名镇（村）”。重视传统村落保护工作，金庭镇植里村、衙角里村、

吴中运河风光带景观

东蔡村、蒋东后埠村、堂里村被列入中国传统村落名录，金庭镇植里村、衙角里村、东蔡村、东山镇翁巷村、香山街道舟山村被列为2016年传统村落中央补助资金补助对象。开展城市环境综合整治工作，加强建筑工地环境治理，组织扬尘控制专项检查892次，督促问题整改1210条，控制建筑工地扬尘污染。指导省第九届园博园开展“海绵技术”运用试点，第九届园博园获评“2016年省级‘海绵城市’示范项目”。根植吴中文化特色，强化绿色低碳理念，推广智能现代基建，太湖新城吴郡绿岛智慧城市基础设施智能化、吴中高新区运河风光带、角直江南文化园入编《苏州市城市创新实践案例集》，集中展示吴中区城市建设的创新举措和工作成效。落实《苏州市2016年防震减灾工作目标责任书》，吴中高新技术产业开发区石湖天韵社区被认定为“国家地震安全示范社区”。

【征收拆迁】 落实“八监督一公开”制度，开发建设吴中区房屋拆迁补偿安置系统，动态跟踪征收状态，科学统计征收信息，规范征收业务流程。创新工作模式，在吴中高新区、角直镇等板块中采用“系统化拆迁”“捆绑式拆迁”等新方法。梳理全区房屋征收（拆迁）重点任务，协调推进历年遗留项目的清障工作，年内完成房屋征收（拆迁）2108户，面积109.75万平方米。统筹推进安置房建设，在建安置小区16个，18539套房，在建面积约237.6万平方米；交付安置房9792套，面积141万平方米。

【建筑业】 转变建筑业发展模式，制定出台《关于加快推进建筑产业现代化发展的实施意见》，服务保障区建筑工业化试点项目建设，推动实施建筑工业化产业链关键技术引进。深化绿色发展理念，新建民用建筑严格执行节能率65%强制性标准。全年，新增节能建筑面积364.89万平方米，获得绿色建筑设计标识项目面积90.65万平方米，新增绿色建筑二星级设计标识项目9个。扶持本地建筑企业做大做强，嘉盛建设工程有限公司晋升为建筑工程施工总承包特级资质，全区建筑业企业455家（含劳务企业33家），施工与设计一体化企业38家。加强对建筑市场的全过程监管，对1163家进区企业开展资质核验，对785家施工企业、58家监理企业进行综合考评，考评结果与招投标、企业注册年检等挂钩。推动建筑市场监管与诚信一体化平台建设，实现建筑工程竣工验收备案全网络化运行。推广民工考勤制度和民工工资银行卡支付制度，维护建筑市场健康有序发展。

【工程质量安全监督】 推进工程质量治理两年行动，落实建设工程五方主体责任，强化质量事故和质量问题查处与责任追究力度，打击工程质量违法违规行为。开展住宅工程质量通病防治，探索学校建设项目延伸监管举措，结合日常监督与专项检查，建立健全建设工程质量监督长效机制。突出地基基础及主体结构安全等督查重点，制定出台《关于进一步加强桩基工程质量管理的通知》。倡导示范引路，技术创新，3个项目获评“2016年度扬子杯优质工程奖”。督促企业落实安全生产主体责任，加强安全生产标准化建设，深化安全隐患排查治理，突出重大危险源专项整治。创新监管思路，完善推广“LBS”定位考核和远程视频监控。强化安全生产技术保障，聘请南京工业大学专业人员对起重机械设备进行全面检查，提升安全监管技术化、专业化水平。全年，创建省级标准化文明工地68个、市级文明工地86个。

【房地产行业】 贯彻执行房地产宏观调控政策，落实供给侧结构性改革去库存行动计划，关注房地产市场运行态势，定期分析房地产市场情况，系统梳理上市土地开发情况，强化房地产项目交付备案指导，保障房地产市场的健康稳定发展。2016年，共有房地产开发企业206家，其中一级企业1家，二级企业9家，暂定二级企业97家，三级企业3家，暂定三级企业95家，暂定四级企业1家。年内，商品房新开工面积468.2万平方米，商品房施工面积1212万平方米，商品房竣工面积375.8万平方米，办理商品房交付使用备案面积415.9万平方米。全年，批准预售商品房面积358.96万平方米，销售商品房面积399.06万平方米，销售金额599.81亿元，其中销售商品住宅320.52万平方米，销售金额491.12亿元，商品房成交量位居苏州市区首位。

【房屋交易】 2016年，推进窗口“品牌服务工程”，重新梳理业务流程，制定《吴中区房屋交易网签、资金托管流程》，落实上门服务、预约服务等工作举措，提高窗口服务水平与效率。加强与税务办税服务点信息的互通互享，发挥楼盘表关联管理功效，实现与税收、不动产登记等前后环节的对接。落实国家结构性减税政策，降低房屋转让手续费收费标准。全年，减收费用412.98万元，取消房屋租赁手续费，减免费用2.52万元。

【物业管理】 推广物业管理“属地化”管理模式，指导督促各镇（区、街道）建立健全三级物业纠纷调解机制。督促开展小区物业管理日常考评和年度综合考核，发挥示范样本小区引领作用，提升住宅小区日常管理的规范化水平，4个项目获评吴中区新建住宅管理示范小区，1个项目获评吴中区老住宅管理示范小区。加大物业市场主体培育力度，区政府出台《吴中区住宅小区物业管理专项政策扶持资金暂行管理办法》。截至2016年底，全区共有物业在管小区535个，在管面积4389.52万平方米，共有备案物业企业数297个，成立业主委员会小区数132个；住宅小区物业维修基金累计入库246944户23.35亿元，其中当年新入库41688户4.74亿元。

【房屋安全】 2016年，落实直管公房安全管理和维修养护，组织房屋安全集中检查6次，落实各类房屋维修1335户次，支出维修费用144.85万元。加强直管公房经租管理，落实直管公房住宅新租金标准的调整工作，对非住宅公房按市场标准应收尽收，提高公房资产使用效益。规范实施白蚁防治工作，落实质量监督责任制，全年对区内160.9万平方米房屋采取白蚁防治措施。督促实施城镇老楼危楼安全排查和专项整治工作，定期通报老楼危楼排查整改进度，在木渎镇探索实施老楼危楼整改财政补贴政策。加强房屋安全鉴定工作，全年对736处16.84万平方米的房屋进行安全鉴定，保障房屋住户生命财产安全。

【风景园林绿化】 2016年，建成第九届江苏省园艺博览园，面积236公顷，新增2个大型公园及8条城市景观道。年末，城市建成区绿地率37.5%，绿化覆盖率45.2%。提升绿地绿化规范化管理水平，落实绿化管养职能，完成6块片区绿地管养职能移交，推进11条区级绿通道路管养交接。开展园林分类保护，选树优秀苏州园林代表，6处园林成功列入《苏州园林名录》。推动西山、甪直景区详规编制论证工作，鼓励其他景区开展详规编制前期准备工作。强化风景园林考核考评，参与园林修复方案论证，检查指导生态补偿资金使用情况，实现对景区管理的常态化、日常化、长效化。

（姚培培）

市容市政管理

【概况】 2016年，“数字城管”平台受理城市管理工单23418件，已办结22858件，办结率97.61%。结案查处行政违法案件775起，罚款59.6万元。清理整治各类户外广告628块，审核发放建筑垃圾（工程渣土）处置证991张。办理6件人大代表建议（5件主办、1件协办）和7件政协委员提案（6件主办、1件协办），答复率和满意率均为100%。

【集中整治】 2016年，按照苏州市统一部署，开展“城市环境大家管、市容秩序大提升”五项治理活动。清理建筑垃圾7797吨，乱堆乱放和卫生死角1578处，无主生活垃圾9391吨；清除乱涂乱贴31569处，非法广告、横幅及垂直灯箱2620处。统筹推进文明城市及省优秀管理城市创建，召开文明城市长效管理工作动员大会，抓好中心城区长效督查和日常管理，参与文明城市创建。以高新区、城南、木渎为重点，组织市容市政管理局执法队、机关城管队员直接参与一线管理执法，形成齐抓共管的工作合力。全年，抄告违法停车3057起，劝离1651辆，规范占道经营75处，组织拆除违规广告216处；投放公益广告273处，面积6300余平方米。做好市、区文明城市督查单处办，交办及回复工单27张、问题117条，日常督查发现市容环境问题463处，及时督促属地部门整改到位。

【建筑垃圾处置】 严格建筑垃圾处置证审批，审核发放建筑垃圾（工程渣土）处置证991张，配合市渣土办完成对全区1300余辆渣土车密闭化改造。组织交通运输局、交警大队、属地城管队伍等职能部门开展专项整治，重点查处无牌无证运输、超载超速行驶、渣土抛洒滴漏等违法行为。全年，出动执法人员3000余人次，暂扣工程运输车283辆，处罚款61万元。督促属地政府将建筑垃圾运往苏州市建筑材料再生资源利用中心进行集中处理，运送建筑垃圾8万余吨。

【数字城管】 整合完善平台服务功能，梳理“数字城管”13个大类152个小类问题的主体责任单位，明确责任主体，消除职责交叉、推诿扯皮等现象。全年，平台共受理城市管理工单23418件，已办结22858件，办结率97.61%。推进镇级“数字城管”平台建设，度假区、高新区、木渎、临湖按照“区镇二级监督、二级指挥”的运行要求，完成镇级平台构建。

【保障园博】 抽调200余名志愿者，全程参与园博会的前期筹备、运营管理、后勤保障等工作。组织城管队伍加强开园期间外围市容秩序管控，配合交警、公安部门落实交通安保任务；协调属地板块做好东山大道沿线看护棚、少数民族占道经营等突出问题治理；强化园博园停车场临时疏导点管理，引导经营摊点定时定点经营；实行园博园外围环境周报制，全年编发通报15期，下发问题436个，全部按时整改完毕。

【执法保障】 参与灵岩山寺“烧头香”活动、“环太湖”国际竞走和行走多日赛等20多项大型保障任务。组织全区城管队伍定期开展占道经营、无证摊点、渣土运输等专项整治活动，落实景点周边、高速出入口、客运站等关键区域的常态管理，全年结案查处行政违法案件775起，罚款59.6万元。（陈 刚）

公用事业

【供水】 2016年，强化供水安全保障，落实饮用水源地巡查制度，完成高新区、开发区18个高层小区86幢4978户高层住宅二次供水设施改造任务，实施供水保障智能信息系统建设。实行全区水域蓝藻和水草巡查打捞日报制度，打捞水草4.36万吨、蓝藻9898吨（均含水）。（杨海燕）

【供电】 2016年，全社会用电总计736332万千瓦时，同比增长7.73%。全行业总计用电633481万千瓦时，同比增长6.22%，占总用电的86.03%。其中第三产业用电125670万千瓦时，同比增长17%。城乡居民生活用电合计102851万千瓦时，同比增长18%。（蔡荣荣）

【燃气市场管理】 2016年，供气总量11.16万吨，其中天然气9.03万吨，液化气2.14万吨；燃气总用户28.35万户，全区燃气管道总长1579.79公里。新建苏州管网公司龙翔路调压计量站，缓解供气压力。完善燃气安全监管体系建设，发挥区城镇燃气监管联席会作用，开展全过程隐患排查整治。全年，检查企业123家（次），检查有证代充点112家（次），下达整改意见92份、整改通知书6份，取缔非法液化气供应站点48家。加强统筹协调，细化实施方案，整治燃气管道占压问题4处。严格把关燃气设施建设程序，提升燃气设施建设规范化、标准化水平，完成区内52个新建、改建、扩建燃气工程初步设计审查和备案工作。推动实施老旧燃气管道综合改造，完成4.53千米中压管及13.43千米低压管改造工程，提升全区燃气设施设备和管网安全运行水平。（姚培培）

【道路设施维护】 2016年，在创建全国文明城市、江苏省优秀管理城市，开展百日行动，迎接吴中金秋洽谈会等活动期间，开展道路环境综合整治提升工作，对太湖东路、太湖西路、澄湖西路、苏蠡路、石湖西路、迎春路等主干道的坑洼、破损路面分批进行整修，对辖区内公交站台、右转弯车道、匝道上的车辙、拥包、沉陷的道路病害进行集中整治，对水香街苏州银行、太湖东路澹台湖大桥东西两侧废弃的道口分别铺设舒布洛克砖和花岗岩道板，对宝带东路污水厂围墙边废弃的坑洼地进行硬化。此外，重点加强开挖路面管理，做到快修快补，确保道路平整完好，修复西塘南巷、苏苑街、东苑路、水香街燃气开挖，太湖西路新龙桥、吴中西路吴中桥、西塘桥自来水开挖及太湖西路（见山桥——新家桥）电力开挖。全年，共铺设沥青35269平方米，恢复沥青沟槽990平方米，修复及新铺石板1947平方米，修复及新铺舒布洛克砖1317平方米，硬化混凝土路面410平方米，维修及增设平侧石477米，新增石球72只、石柱51根，重装石球93只，拆除破损平侧石136米，拆除废弃柱头21只，拆除破损散水坡30平方米。

【排水设施维护】 按照排水管网养护计划，根据“先内后外，先重点路段，后非重点路段”的原则，对城区主次干道、街巷道路的84.4公里雨水管道、8950座窨井进行2遍清掏、疏通，上、下半年各1遍；城区苏苑、新龙、月浜、水香等菜场周边的下水道每季度疏通1遍。对友新路华村车站，石湖西路万达广场，冬青路太湖东路大桥下，水香街172号、202号，龙西路276号、288号的路面积水完善相应的排水设施。全年，共增设雨水支管240米，增设边井31座，增设雨水井5座。更换雨水盖座14套、雨水盖板21块、边井盖座23套、边井盖板59块、集约化盖板27块，抬升各类窨井25座。针对汛期复杂多变的特点，多方面采取措施，共出动巡查、值守、应急处置人员累计约200人次，投入各类巡查、抢险车辆9辆，移动水泵4台，确保汛期辖区道路无严重积水。

【桥梁设施维护】 按照《城市桥梁养护技术规范》要求，加强城市桥梁日常巡视，对西塘桥、夏莲桥、新家桥、东苑桥、范公桥等10座桥梁缺损的桥栏杆、柱头、栏板进行修复，对长桥上破损的桥名牌进行拆除，对葛庄桥、大文桥、苏蠡桥等43座桥名字迹模糊的桥梁进行描红，对茗香桥、吴中桥等4座桥梁破损的伸缩缝进行维修，确保城市桥梁的安全与稳固。全年，共更换桥栏杆32根、柱头37只、栏板15块。通过专业检测单位，对湖中桥进行静载检测。根据检测结果，在桥两端竖立2块限载标志牌。配合东吴北路改造，为长桥桥面修建提供检测资料，为领导决策当好参谋。对辖区内每座桥梁的基本情况、结构参数建立档案卡，做到一桥一档。对友新路西侧石湖湾移交代管的4座新建桥梁，纳入管理范围，建立档案资料。

（刘欣声）

【管线管理】 2016年，在全区范围内开展地下管线普查工作，建立区地下管线综合信息管理系统，并通过验收。乡镇各板块安装系统客户端，改进和提高管线数据入库与更新的效率以及管线查询、分析、共享等功能，为吴中区城市地下管线工程的规划建设、管理维护、应急防灾等提供支撑服务。受理免费查询现状管线14起，出具60多幅综合管线电子图。

【环卫设施建设】 2016年，加大环卫基础设施投入力度，完成2座垃圾转运站升级改造，16座公共卫生间、3个环卫停车场、5个环卫工人休息室新（改）建任务。

【公共自行车三期项目】 以一期、二期现有点位为基础，结合未来城市建设综合规划，以公交枢纽、轻轨站点、景点分布为依托进行布点。三期共设置150个站点，安装锁车器4000套，投放车辆3100辆，建成后实现全区所有镇、街道全覆盖，解决城市交通出行“最后一公里”难题。

【户外广告整治】 开展针对大型广告、店招店牌、移动广告的整治工作，建立日常巡查机制。年内，清理整治各类户外广告628块。其中，修复252块，面积3200平方米；拆除376块，面积4800平方米；投放公益宣传广告228处，面积7600平方米。

【P+R停车换乘设施建设】 2016年，按临建要求建成5个点位1300个P+R临时停车泊位，推进P+R停车规划论证、点位选择、项目对接、任务分解等工作，完善与提升指示牌、诱导系统、充电桩等相关工作。

【垃圾分类】 制定出台《吴中区生活垃圾分类减量五年规划（2016~2020年）》，以建筑垃圾（工程渣土、装修垃圾）、农贸市场有机垃圾、园林绿化垃圾、餐厨（厨余）垃圾为突破口，推进生活垃圾分类减量工作，实现生活垃圾量同比增长控制在10%以内的目标。年内，7个装修垃圾（大件垃圾）分类转运场、8个园林绿化处理设施、12个农贸市场有机垃圾处理设备、14个厨余垃圾就地资源处理设施建成投入运行。开展农村生产生活垃圾分类收集和资源化利用试点工作。确定上报16个农村生活垃圾分类就地处置试点村，全部建成投运，通过市、区两级验收考评。

（陈　刚）

交通运输

【概况】 2016年，在建重点交通工程项目14个（其中续建13个，新建1个），总里程约131公里，总投资191.815亿元；全年完成投资约19.55亿元，各项目累计完成投资近100亿元。全年大小修及养护各级公路84.27公里，累计完成高架隧道养护41760公里；新辟公交线路6条（4条社区巴士)，建成公交场站6个。政务服务中心交通窗口办理各项许可及服务事项11582件，按时办结率100%。领导信箱、数字城管、“12345”便民服务热线和“寒山闻钟”论坛等群众投诉受理反馈工作，答复各类投诉1600多件，按时办结率100%。办理完成区“两会”提出的建议、提案15件，办结满意率为100%。

【路桥建设】 2016年，在建重点交通工程项目14个，其中续建有343省道吴中区段改建工程、木渎中山路改建工程、度假区陈华路工程、230省道(胥口段)改造工程、东环快速路南延工程、南环快速路西延工程、中环快速路吴中区段、西山岛出入通道(607省道孙武路至金庭镇段)扩建工程、东太湖堤线暨东太湖滨湖大道二期工程、环太湖路度假区段工程、西环快速路南延工程、吴中大道暨南湖路快速路工程、吴淞江大道南延吴中区段等13个，新建201县道角直段(甫澄路)改造工程1个，总里程约131公里，总投资191.815亿元。完成343省道吴中区段、中环快速路吴中区段、南环快速路西延、东环快速路南延一期、230省道胥口段、木渎中山路和陈华路等7个项目，太湖大桥新桥建成并完成新老桥的交通转换，推进东环快速路南延二期、西环高架南延、吴淞江大道跨吴淞江大桥、环太湖路度假区段、滨湖大道二期和吴中大道东段暨南湖路高架等项目。全年，完成投资约19.55亿元，各项目累计完成投资近100亿元。

【航道建设】 2016年，苏南运河吴中水上服务区陆域配套工程建成，服务功能正式启用；苏申内港线整治工程完成大部分清障工作，新建护岸2520米，老驳岸加固7780米，疏浚土方32万方。苏南运河吴中区碧波二村段护岸维修工程和苏西线5号航标维修工程竣工；大运河吴中区段航道沿岸绿化工程开工建设。

【公交场站建设】 围绕轨交线路开行，实施公交优先发展战略，推进“公交都市”建设。全年，新辟公交线路6条(4条社区巴士)，优化11条，临时调整146条次，新增公交车94辆。截至2016年底，吴中公交公司运营线路81条，公交车787辆，总里程1668.4公里。加快公交基础设施建设，建成公交候车亭369个，完成投资约3500万元；建成公交场站6个，完成投资额约3200万元。编制完成《园博

斜港大桥夜景

2016年1月22日，苏州中环快速路工程吴中区东线、支线段通车

会期间公交服务保障规划方案》和《园博园周边公交场站交通细化设计》，编制完善《临湖地区常规公交线网规划方案》，开展《全区公交专用道规划方案》的编制工作。

【公路养护】 投资3200万元，完成环太湖公路胥口水利枢纽至东山宾馆段和吴中大道至菱湖渚段和230省道的公路大中修工程；投资450万元，做好公路小修保养工作，保证公路的完好、安全和畅通；完成高架隧道养护，累计完成养护里程41760公里，完成低温雨雪冰冻天气应急处置10次。开展公路绿色低碳技术应用，完成乳化沥青下封层摊铺46.8万平方米。

【质量安全管理】 2016年，开展质量安全综合大检查4次、各类专项检查9次、工地巡查141次，出具正式检测报告280份，工程质量抽查合格率达92%。抽查工地实验室近26个，下发抽查意见34份，勒令停工整改2个。推进省“平安工地”创建，西环高架南延创建成为省级“示范工程”，东环快速路南延和西环高架南延等7个标段创建成为省级“示范工地”。完成市督办苏申外港线桥下安全隐患整治工作，开展绕城高速桥下安全隐患整治工作；举办和参加各类安全培训和演练活动4次；推行企业安全生产总监制度，春秋、华荣等13家企业全部配备安全总监；开展安全隐患排查治理工作，完成重大节假日，G20峰会，省、市、区党代会和市区“两会”等重大活动期间交通运输安全保障工作。

【行政许可】 全年，政务服务中心交通窗口办理各项许可及服务事项11582件，其中开业309件，货运车辆新增2466件，客运车辆新增441件。机动车驾驶员网上学时审核26902人次，做到100%受理，100%按时办结。获评“巾帼示范岗”“先进集体”“红旗窗口”及“明星窗口”称号。

【行政执法】 完成执法人员省厅“三年轮训”和相关法律法规学习培训活动及交通运输系统行政权力梳理和上报工作。开展行政许可和行政处罚“双公示”工作；加强法制宣传教育暨“七五”普法工作，保持交通执法高压态势，加强对“黑车”“超限”和“危险品”等车辆的查处力度。全年，查处违法违章道路运输行为714起。其中，“黑车”22起，“黑驾培”10起；超限超载检查车辆370辆，卸驳载货物800余吨；受理航道行政许可案件19件，发现航道违法行为8起，维护航标248座次；综合执法查处各类违法违章案件214起；组织营运车辆等级评定和二级维护检测13367辆次，查处各类违法行为59起。依托苏南运河吴中水上服务区视频监控室，建立交通综合监控中心。“智能”航道完成二期工程，建成覆盖苏西线、大运河及苏申内港线的24路视频监控；运政监控系统接入服务区视频监控室。30家企业使用江苏省港口建设与经营管理信息系统和港口安全监管与应急管理系统，危货码头监控系统接入海事专线。

（高　艳）

表15-1　2016年末交通运输业基本情况

项目	计量单位	2016年	2015年
一、公路总里程（不含高速）	公里	1202	1116
二、公路桥梁（不含高速）	座	1021	1009
三、内河航道通航里程	公里	353	353
四、通航河流上建筑物	座	3	2
五、航道上设立的航标	座	53	55
六、营运车辆	辆	11939	10536
#客运汽车	辆	3140	2914
货运汽车	辆	8799	7622
七、旅客运输量			
客运量	万人次	2719	2122
#公路	万人次	2719	2122
旅客周转量	万人公里	104778	85447
#公路	万人公里	104778	85447

表15-2　2016年末通车通航里程

项目	计量单位	2016年	2015年
一、公路总路程（不含高速）	公里	1202	1116
1. 按行政等级分			
（1）国道	公里	19	—
（2）省道	公里	110	53
（3）县道	公里	225	225
（4）乡道	公里	418	419
（5）村道	公里	432	419
2. 按等级分			
（1）高速	公里	76	—
（2）一级	公里	150	136
（3）二级	公里	425	425
（4）三级	公里	432	433
（5）四级	公里	120	122
3. 按路面分			
（1）沥青	公里	880	782
（2）水泥	公里	323	334

续表

项目	计量单位	2016 年	2015 年
二、公路桥梁	座	1021	1009
（不包含高速公路部分）	延米	35402	34686
三、内河航道通航里程	公里	353	353
#通机动船	公里	353	353
四、通航河流上建筑物	座	3	2
永久性闸坝	座	—	2
五、航道上设立的航标	座	53	55
#发光的	座	53	53

表15-3　2016年末营运客运、货运汽车拥有量

项目	单位	总计	其中：个体
营运车辆总计	辆	11939	704
一、客运汽车	辆	3140	0
（按标记客位分）	客位	29250	0
#大型汽车	辆	282	0
	客位	13163	0
中型汽车	辆	38	0
	客位	754	0
二、货运汽车	辆	8799	704
（按标记吨位分）	吨位	62651	3472
1.普通载货汽车	辆	6988	685
	吨位	41839	3271
#大型汽车	辆	4104	333
	吨位	36846	2612
#重型汽车	辆	2026	145
	吨位	23936	1555
中型汽车	辆	250	36
	吨位	879	130
2.专用载货汽车	辆	1015	13
	吨位	8872	139
#大型汽车	辆	734	11
	吨位	8306	136
#重型汽车	辆	618	11
	吨位	7531	136
中型汽车	辆	81	0
	吨位	284	0
3.牵引车	辆	405	4
4.挂车	辆	391	2
	吨位	11940	62

邮政电信

【邮政概况】 2016年，坚持创新驱动，经营客户理念，狠抓经营与管理，在做好普遍服务的基础上加快转型，以金融业务为支柱，重点项目为推动，做到传统中求新颖，发展中寻突破，开展“警邮合作”“预防邮路”“爱心邮路”“草根网点”等系列相关活动，各项业务得到持续、快速发展。

【邮政业务】 2016年，总收入9843万元。邮政储蓄净增余额2.4亿元，代理保险销售3.7亿元，理财产品销售1.6亿元，邮政储蓄的代理保险等理财业务种类越来越丰富，逐渐走上规模化、专业化的发展道路。

【报刊投递】 2016年，报纸投递超55000万份，杂志投递量90万份，给据邮件及账单每天投递3000封左右，平常信函和商业信函日均投递2万件左右，投递量居苏州全市第一。 （吴春倩）

【电信概况】 2016年末，吴中区交换机容量达到56.83万门，其中城区容量16.5万门，农村容量40.33万门；光纤总长度41620.02皮长公里，芯长332376.41芯公里；互联网出口带宽达到2000G，互联网宽带用户达到60万；电话用户达到67万。截至2016年末，各项业务总收入6.9亿元。

【信息化建设】 2016年，响应省政府“智慧江苏”战略，与地方合作启动“智慧吴中”建设，在“智慧城管”“智慧旅游”“智慧教育”等多方面合作，助力吴中信息化建设。根据中国电信集团战略转型3.0，推进转型创新，在吴中企事业单位推广物联网应用、云计算、云主机、大数据等新兴应用，成为领先的综合智能信息服务运营商。

（陆慧慧）

编辑：高 燕

生态环境

环境保护

【概况】 2016年，以生态文明建设“十大工程”、太湖“五位一体”综合管理等重点为抓手，实施大气污染防治行动计划，重拳打击环境违法行为，落实中央环保督察信访案件整改，推进区域环境质量改善。全年，空气质量优良天数达标率68.2%，同比上升5.3%；饮用水源地、国考、省考断面水质达标率均为100%，太湖吴中水域达到中营养水平；环境质量保持稳中趋好态势。

【生态文明建设】 2016年，以“十大工程”为抓手，实施51个大项，改善生态环境质量、环境空气质量和太湖水环境质量，省级生态红线考核成绩位列全市第一，上年度生态文明建设考核位列全市第二。创新开展吴中区生态文明建设目标评估体系课题研究工作，召开吴中区生态资源价值系统研讨——生态文明与绿色发展绩效评价考核高层座谈会。

2016年9月10日，江苏省首家以水八仙为主题的生态文化园——苏州澄湖水八仙生态文化园开放

【太湖水环境保护】 以落实国家、省、市“水十条”为重点，出台区水污染防治工作方案，明确区相关部门、板块、企业的治理任务。完成太湖水污染治理目标责任书重点工程项目。强化饮用水源地保护，落实应急防控及预警制度等，保障饮用水源安全，太湖安全度夏。国考、省考断面达标整治工作取得阶段性成果，水质稳定达标。开展太湖“五位一体”精细化管理。全年，累计打捞浪渣、漂浮物、水草残体等41037.5吨，蓝藻8392.5吨，收割清理芦苇、蒿草等湿地植物近

8500吨,对全区200公里湖岸水体进行日常保洁,太湖沿岸水环境做到"六无一清"。

【大气污染治理】 2016年,环境空气PM2.5年均浓度值为47微克/立方米,同比下降16.1%,比2013年下降37.3%,超额完成上级下达的比2013年下降13%的目标,下降幅度位居苏州大市首位。环境优良天数达标率为68.2%,同比上升5.3%,重污染天数比上年减少7天。年内,制定印发《关于印发吴中区2016年度大气污染防治工作方案的通知》《关于印发吴中区G20峰会环境质量保障工作方案的通知》等文件,重新修订《吴中区重污染天气应急预案》。全年,淘汰燃煤锅炉76台,关闭污染企业46家。实施76项挥发性有机物整治,11家码头堆场扬尘整治,1家港口岸电建设,开展园博会、G20峰会环境质量保障工作,加大对工地施工扬尘、加油站油气回收、机动车尾气排放的监管。

【环境执法监管】 2016年,开展"向污染宣战"环境执法系列行动19次,出动人员2179人次,检查企业849厂次,下发环境监察意见书207份,遏制企业环境违法行为。加大联动执法力度,向违反环境保护法律法规、破坏生态环境、引发环境污染、群众反应强烈的污染企业主体和个人"亮剑"。全年立案处罚环境违法案件162起,立案金额935万元,同比分别增长1.2倍、1.7倍。推进重点区域、市区级突出环境问题综合整治,吴淞江区域整治,苏州市角直新区污水处理厂大量存量污泥等一批项目的实施,解决群众反映强烈的环境问题。落实环保局领导、中层干部环境信访领导包案制度以及环境信访有奖举报办法、环境信访联动管理办法,解决群众反映强烈的环境信访问题,全年接待环境信访投诉5688件,比2015年增长74.48%。

【环保科技提升】 2016年7月,区"智慧环保"一期项目上线试运行,各系统运行稳定,使用便捷,业务协同基本达到无缝对接,打通业务科室之间原有的不便与不畅,提高整体工作效率。创新开发的大屏界面驾驶舱能随时调取全区环保监管污染源企业历史档案信息、全区空气质量状况和各个科室环保业务使用情况;实现云桌面和传统界面的自由切换,满足使用方对界面的不同习惯和需求;结合网站集约化建设,开发完成的环境信息公开平台承载政务及环境行为信息公开的重要功能;完成全区274家重点企业工商基本信息核对,以统一社会信用代码、组织机构代码、工商注册号机制自动关联各业务数据进行展现,实现环境监管精确化、过程化和全面化管理。 (李志刚)

水利建设

【依法行政】 2016年,区水利水务工作把握"立足职能、全面导入、因事制宜、和谐监管"的要求,紧扣污水接纳、涉河审批等重点环节。全年对20个涉水项目实施行政指导,促进水行政管理工作的制度化、法治化。按照"改进机关作风、提高行政效能、增强执行力"的要求,巩固完善行政许可审批"两集中、两到位"工作,促进水行政许可工作的规范化、人性化和便捷化,全年承办各类水行政许可审批事项100件。加大水事违法行为查处力度,调处各类水事违法违规行为62起,其中立案查处3起。开展诚信服务,严格依法计量收费,全区"两费"完成征收4740.7万元。坚持"以人为本、为民办事"理念,按时完成3件区人大代表建议和2件区政协委员提案的办理答复工作,确保件件有办理、事事有答复,做到面见率、书面回复率、按时办结率、满意率"四个百分之百"。利用"世界水日""中国水周""全国城市节约用水宣传周"等契机,开展水法律法规宣传活动,展出宣传板报40块次,悬挂横幅40条次,发放宣传资料5000份、环保宣传袋2500个、纸杯10万只,增强社会公众的水法制观念。

【防汛防旱防台】 落实以行政

首长负责制为核心的防汛责任制，组建防汛抢险队伍167个，总人数4552人，各类防汛物资储备准备到位。区、镇防汛办公室严格实行汛期24小时昼夜值班制度，确保防汛工作信息畅通。修订完善《吴中区防汛防旱应急预案》和《吴中区防御台风应急预案》，根据实际制定完善防汛预案，制定山区抗旱应急预案，提高防汛防旱应急保障能力。按照"查细、查实、查全"的要求，组织各镇（区、街道）开展防汛检查工作，排查防汛工程措施和非工程措施存在的薄弱环节，对查出的问题加快整改，消除各类险工隐患，夯实防汛抗灾工程基础；在山洪易发地区加设临时机泵，清理泄洪沟渠，强化山洪灾害防御。防范应对极端天气，在梅雨期强降雨天气和台风"尼伯特"影响期间，区主要领导召开防汛防台工作紧急会议，区防指及时启动防汛II级应急响应，加强值班值守、工程调度、重点防御，保障防汛防台安全和人民群众生命财产安全。

【水利建设管理】 加强河道疏浚整治，完成河道疏浚整治193条共146.8公里，228万方，超额完成年度任务。走马塘整治工程、顺堤河整治工程、西塘河整治工程正在审计，老苏东运河整治工程全部完成，大缺港整治工程开工建设。抓实东太湖综合整治后续工程建设，大堤填筑工程全部完成，路面沥青铺设完成40%，口门建筑物全部完成主体工程。完成建设生态河道49条共35公里，绿化河道15.4公里。打通断头浜3条共1.77公里，拆坝3处。推进水利配套建筑物建设，完成新改建排灌站19座，完成新改建三闸27座，建设防洪挡墙1.3公里，完成衬砌渠道4公里。抓紧中央财政小型农田水利重点县建设，审计2014年、2015年重点县项目，推进2016年重点县项目。抓好10个镇（街道）46只圩区达标管理，绿化堤防15公里，设置界桩、里程桩500个。推行全区河道"河长制"管理，维护良好水环境。抓好水土保持工作，吴中区水土保持科技示范园展示馆正常运行，接待上级领导19批次和中小学生400多名。

【水资源管理】 年内，对全区72家取水户（地表水62家，地下水10家）实行"四个一"制度管理，对其中19家重点户做好监控工作，做好巡查记录台账，确保取水管理规范有序。委托第三方编制《水资源论证报告表》，按要求发放取水许可证，全年新办取水许可1件，延续2件。严格地下水管理与保护，按照要求对全区地热水资源进行摸底调查，加强地下水监测。严格用水总量控制，实行计划用水管理，自备水源和年用水量满6000吨以上的公共供水用水户全部下达用水计划，全年下达取水计划29158万立方米，实际取水总量26741万立方米。加强节约用水管理，完成3个省级节水型企业、2个省级节水型单位、3个省级节水型小区、1个省级节水型社区和5所市级节水型学校的申报创建工作。办理节水"三同时"项目22件，推进节水技术改造，抓好规划用地面积2万平方米以上的新建建筑配套雨水利用设施管理工作，办理雨水利用设计审查项目22件，办理雨水利用验收项目8件，办理机动车洗车场节水设施审核项目2件。（杨海燕）

美丽镇村建设

【污水污泥治理】 2016年，吴中区城镇污水处理工程建设有序推进，城南污水处理厂二期7.5万吨/日扩建项目竣工，木渎污水处理厂10万吨/日新建项目投运，城区污水处理厂三期1万吨/日扩建、金庭污水处理厂1万吨/日移址新建项目开工建设，新铺设污水管网18公里。农村生活污水处理项目建设，重点实施沿太湖重点乡镇（金庭镇、光福镇、东山镇）农村生活污水治理全覆盖工程，实施农村村庄生活污水治理项目330个，完工289个（其中重点村、特色村项目174个，一般村项目115个）。强化排水行业监管，落实城镇污水处理厂运行监管制度，区内9座污水处理厂全年处理污水11744万吨，处置污泥9.6万吨，污水处理厂平均负荷率为84%，各污水处理厂运行正常、出水达标。年内，获评"全国农村生活污水治理示范县（市、区）"称号。（杨海燕）

【美丽城镇建设】 制定实施《吴中区美丽城镇建设五年（2016~2020）工作计划》，推进木渎、甪直两个首批示范镇优化提升，临湖、东山等5个建制镇集中整治，全年投资9.2亿元，完成计划项目92个。藏书实验小学附属幼儿园扩建工程，严家花园周边综合改造，和丰晓筑，南行实验小学幼儿园，东崦湖岸线整治及周边环境提升一期，里尺源文化交流基地二期共6个项目获评"2016年全市美丽城镇建设优秀示范项目"称号。（姚培培）

【股份权能改革】 2016年，股权固化累计完成的村（社区）比率达95%。吴中高新区基本完成政经分开工作，成立长联置业发展有限公司，建立现代企业制度，走出一条政经分开、抱团发展之路。出台股份继承、转让操作等权能拓展指导意见，指导实际操作。按照"先试后推、稳步推进"的原则，14个镇（街道）农村产权在苏州农村产权交易中心吴中分中心交易实现全覆盖。

【富民强村工程】 2016年，全区村级集体总资产、集体总收入、村均稳定收入分别超495亿元、35亿元、1305万元。其中村集体收入超千万元的村有60个。"一村二楼宇"项目共审批六批次66个项目，涉及用地1134亩，建筑面积137万平方米，总投资11.3亿元。其中已缴纳土地费用并开工项目共7个，落实土地指标188亩，建筑面积15万平方米。14个镇级集团公司累计竣工项目86个209万平方米，其中58个竣工项目招商出租，合同年租金1.77亿元。异地收购项目55个，物业面积近79万平方米，年收益1.49亿元。

【美丽乡村建设】 2016年，确定17个美丽村庄、135个康居村庄、46个二类康居村庄，共198个村庄的建设任务，承接2个市级美丽村庄和100个市级三星级康居乡村的建设。注重建设的连续性和针对性，秉承"去城市化"的理念，科学编制美丽乡村建设规划，强化现场设计；严格方案审核程序，会同区级相关部门对每个自然村的规划设计方案逐个会审，确保建设内容合理，资金利用集约。至年底，包括2个市级美丽村庄示范点在内的111个自然村通过市级验收，超额完成任务。区本级任务中，开工建设191个村庄。（程晓芳）

改造后的张桥旺山荡

编辑：高　燕

休闲旅游

综　述

【概况】 2016年，全区旅游业围绕“环太湖生态文旅带”等重点主题，紧抓业态布局、产业融合、整合营销、智慧旅游、质量提升等环节取得实效，吴中区获评“江苏省乡村旅游创新发展示范区”称号。全年接待游客2341.23万人次，实现旅游总收入315.12亿元，同比增长分别为3.71%、7.61%。年末，全区拥有国家级旅游度假区1个、国家5A级景区1个、国家4A级景区5个、开放景点60余个，全国农业旅游示范点7个、省级乡村旅游点11个、江苏省工业旅游示范点3个，苏州市工业旅游示范点1个，旅行社39家、星级饭店10家、星级农家乐32家。

【旅行社】 2016年末，区内有旅行社37家，其中出境社5家。有四星级旅行社4家。区旅游局与区内20家旅行社签订《旅行社诚信经营承诺书》，引导旅游企业开展诚信经营。编制《东吴旅游人才计划实施细则》，开展首届东吴旅游人才评选工作，评选出东吴旅游创新复合型人才、旅游实践服务型人才各3名。组织旅游培训活动，在区内组织开展全域旅游人才，等级景区发展与管理，乡村旅游发展，旅游创新营销，讲解员，旅游安全等系列培训6批755人次。

【旅游饭店】 截至2016年末，吴中区有旅游住宿网点423家，床位总数36816张，年累计接待人数359万人次，综合利用率约57%。区内有星级旅游饭店10家，其中五星级1家，四星级4家，三星级2家，二星级3家；合计床位2121张。由于部分星级饭店设施设备陈旧，使得饭店在硬件和软件水平上已达不到相应星级的标准要求，故2016年较上年减少4家星级饭店。这10家星级饭店年接待旅客23.12万人次，同比减少2.24%；营业收入17236.88万元，同比减少6.98%；客房平均利用率52.33%。

旅游服务

【概况】 2016年，推进政府实事工程“A级景区Wi-Fi覆盖”，推动智慧旅游体系建设，完善全区三级游客中心体系，区内旅游服务功能日趋多元化、便捷化和人性化。倡导游客文明出游，成立文明旅游监督岗及专职引导员，设立文明旅游志愿者服务岗，服务引导游客增强文明意识、安全观念和维权能力。实施旅游厕所革命，根据《旅游厕所质量等级的划分与评定》标准，结合吴中实际，年内新建、改建旅游厕所

23座，建筑面积2000多平方米，全部达到简约、卫生、实用、环保的精品旅游厕所标准，并纳入常态化管理。

【游客服务中心体系建设】 建设完善区三级旅游服务体系，提供旅游咨询、景点推荐、票务预定、旅游投诉接待等多种服务，并利用多媒体向游客展示吴中区旅游信息。观前地区新增“吴中区旅游咨询服务中心观前咨询点”。年末，全区拥有26个游客服务中心，12个具有游客中心功能的水上码头，分布于东山、金庭及度假区中心区等地。

【太湖驿站公共服务体系建设】 驿站按规模和功能分3个级别，称太湖驿站三级服务体系，集公共服务和商业配套于一体，能够为游客提供餐饮、休憩、自行车租赁、新能源汽车租赁、应急救援、游艇服务等多种服务。年内新建2个驿站投入运营，至年底，投入运营的驿站（亭）达到15个，分布于东山、金庭、临湖片区。该项目全部建成后，将构建起一个统一调度、资源共享、统分结合的环太湖旅游公共服务网络，推动太湖旅游由观光向度假休闲转型。

【A级景区Wi-Fi覆盖】 2016年，吴中区政府十件实事之一的吴中A级旅游景区Wi-Fi覆盖及智慧运营项目启动建设。至年末，完成Wi-Fi云中心及8个分中心平台建设，建成Wi-Fi服务热点1298个。该项目主要通过Wi-Fi基础设施的完善，逐步与物联网、云计算、新一代通信网络、虚拟现实等新技术结合，形成吴中区智慧旅游集成应用体系，实现吴中区景区旅游服务与管理的信息化、智能化、精细化，促进吴中旅游转型升级。吴中区“A级景区无线网络覆盖及智慧运营项目”获“2016年度江苏省‘互联网+’智慧旅游示范项目”称号。

太湖旅游度假区游客中心

旅游管理

【《吴中区全域旅游总体规划》】 以全区第十三个五年规划纲要为指导，结合全区城乡、土地利用、生态保护等规划，编制完善《吴中区全域旅游总体规划》，把握“全域、乡村、度假”三个关键，打造“一心、一带、六大旅游产业集聚区”旅游发展格局。此外，《总规》还针对集散、交通、住宿、餐饮、购物、娱乐、户外运动等旅游服务方面明确专项规划。

【民宿管理】 2016年，区旅游局先后组织两批民宿（农家乐）业主赴台湾考察民宿发展，并联合公安、消防、卫计、市场监管等部门研究制定《吴中区民宿（农家乐）管理办法（试行）》（以下简称《办法》），明确民宿相关安全标准，规范民宿经营行为。定期对区域内民宿规范提升进行联合会办，对全区600余家民宿（农家乐）进行梳理，加强消防、治安、食品安全、卫生、环保等方面管理，重点解决民宿证照不齐、安全经营等问题，推动民宿产业健康发展。对东山、金庭等民宿集聚区内46家民宿进行检查指导，选定30家民宿作为首批提升对象。至年末，新申办民宿均按照《办法》进行装修布置，区内12家民宿获评“苏州旅游精品民宿”称号。

【A级景区监管】 根据《旅游景区质量等级评定管理办法》和《旅游景区质量等级的划分与评定》国家标准及其评定细则要求，区旅游局委托第三方机构对苏州市吴中太湖旅游区以及5个4A级景区的服务质量进行两次独立暗访，对景区的服务设施、服务质量、环境质量、市场秩序等进行全面检查，形成暗访报告和景区（点）服务质量监管情况的通报，并要求限期整改。区旅游局会同团区委组织开展“吴中区志愿者体验A级景区服务质量”活动，重点对全区A级景区开展体验游，并完成体验游报告。全区A级景区（点）服务质量提升效果明显。

【旅游安全监管】 建立全区旅游安全“一岗双责”制度，区旅游局与全区各旅游镇（区）、街道签订旅游安全责任书，明确具体的安全生产目标及考核细则。结合“3·15消费者权益日”“5·19中国旅游日”等节日，宣传旅游安全知识，引导旅游者提高防范意识，安全旅游，依法维权。节假日、旅游旺季、园博开园、G20峰会等重要节点，联合卫计、安监、公安、消防等部门开展安全执法系列检查7次，检查65家单位，下发安全检查意见书66份，提出整改意见241条，并督促整改。根据苏州旅游市场秩序专项整治统一部署，牵头起草《吴中区旅游市场秩序专项整治方案》，会同区有关部门综合治理重点景区周边环境与市场秩序，规范旅行社和旅游供应商的经营行为，整治旅游交通秩序等；开展整治“不合理低价”专项行动，严厉打击旅游虚假广告、非法经营旅游、欺客宰客等现象。

景区景点

【吴中太湖旅游区】 国家AAAAA级旅游景区——苏州市吴中太湖旅游区位于古城苏州西南，太湖之滨，总面积约21.5平方公里，由东山、穹窿山、旺山三个景区以及太湖湖滨国家湿地公园组成，连缀起太湖岸线上一条风景绝佳的玉带长廊。启园、雕花楼、紫金庵、陆巷古村、三山岛、穹窿山、旺山、太湖公园等八个核心景点，宛如镶嵌在太湖山水间的璀璨明珠。行走湖滨，可见湖岛渺渺，渔帆点点，芦苇青翠，鸥鹭翔集，俨然一幅浑然天成的江南水墨丹青。旅游区集自然山水、古镇古村、园林宗教、兵法文化、乡村民俗、科普教育等旅游资源于一身，是国内著名的滨水旅游度假胜地。东山是太湖古村镇文化的代表，是国家级太湖风景名胜区。三面环水，北倚山峦，风光旖旎，花果成林。紫金罗汉宇内罕见，雕花大楼巧夺天工，启园匠心独运，陆巷古村文星璀璨，碧螺御茶四海飘香。是一个赏憩太湖风物、探源古吴文化的绝佳之处。穹窿山是太湖山丘文化的典型代表，是国家森林公园。主峰箬帽峰为太湖东岸群山之冠。兵学圣典《孙子兵法》成书于此，儒、道、佛融合于此，乾隆皇帝六次登临祈福，是一个问古参禅、品味自然的旅游天堂。旺山是太湖原生态乡村的典范，是中国生态文化村。景区内拥有钱家坞、耕岛、宝华寺、叆叇岭等著名景点，是一处融山林植被、农业生态、田园村落、历史古迹于一体的休闲胜地。

东林渡民宿

【木渎古镇】 木渎位于苏州城西，太湖之滨，是江南著名古镇。境内风光秀丽，物产丰饶，又恰在天平、灵岩、狮山、七子等吴中名山环抱之中，故有“聚宝盆”之称。木渎是与苏州城同龄的水乡古镇。相传春秋末年，吴越纷争，越国战败，越王勾践施用“美人计”，献美女西施于吴王。吴王夫差专宠西施，特地为她在秀逸的灵岩山顶建造馆娃宫，又在紫石山增筑姑苏台，“三年聚材，五年乃成”，源源而来的木材堵塞了山下的河流港渎，“木塞于渎”，木渎之名便由此而来。木渎四周群山拱峙，又毗邻太湖，既得真山真水之趣，又具小桥流水之幽，更有私家园林、名人故居等众多的人文古迹。木渎在明清时有私家园林30多处，迄今仍保留了10余处。

【角直古镇】 角直，著名江南水乡古镇，位于苏州市东部，西距苏州城区18公里，东距上海58公里，全镇总面积72平方公里，古镇区总面积1.04平方公里。“杏花春雨小巷，梧桐细雨黄昏，小桥流水人家”，角直具有醇正的江南水乡特色，以水多、桥多、巷多、古宅多、名人多而著称，更因塑壁罗汉（天下罗汉两堂半中的半堂罗汉）和水乡妇女服饰而闻名天下。角直与苏州古城同龄，2500多年的历史积淀为江南所罕见，其萌动于春秋，绵延于两汉，繁华于魏晋，勃发于明清。梁天监年间角直时称“甫里”，宋、元时初具雏形，明代成为“郡东乡镇之首”，商贾云集，居民近万户，清代改称角直。

【西山景区】 苏州太湖西山岛又名洞庭西山，位于苏州古城西南40多公里的太湖之中，南北宽11公里，东西长15公里，全镇陆地总面积82平方公里（不含太湖水域），是我国淡水湖泊中最大的岛屿。与周围34个小岛构成一幅巨型的山水盆景。“山不高而清秀，水不深而辽阔”，是西山景区的最大特色。西山岛上，旅游资源非常丰富，景点众多。石公山、林屋洞、缥缈峰、明月湾、东村古村、古樟园、包山寺、观音园、禹王庙、雕花楼、绿光农场、乡村牛仔俱乐部等景点分布其间。

【光福景区】 光福镇具有2500多年的悠久历史，位于苏州市古城西南28公里的太湖之滨，光福自古就有“湖光山色，洞天福地”之美称，有丰富的自然资源，光福是传统工艺之乡，苏绣的发源地之一，精湛的雕刻工艺巧夺天工；光福人文景观，名胜古迹密集，吴文化内涵深厚，形成了多层次的旅游资源，是国家太湖名胜风景区之一。光福主要的景点有邓尉山坞、铜观音寺、光福塔、司徒庙等。

【天池山景区】 天池山景区位于吴中区木渎镇西北，太湖国家风景名胜区、东吴国家森林公园境内，由天池山、花山、白象湾三个景区组成，以林木之幽、石景之奇、古泉之众、石刻之多、人文之深而著称，享有“奇秀清幽，仙境天池”美誉，是苏州山林名胜之中最具韵味的桃源仙境。天池山景区集自然景观、人文历史、宗教文化及科普教育等于一体，为国内知名的原生态休闲胜地。

表17-1 A级景区（点）一览表

类别	名称	范围
国家5A级景区	吴中太湖旅游区	穹窿山、东山（陆巷古村、三山岛、启园、雕花楼）、旺山、太湖公园
国家4A级景区	木渎古镇	严家花园、虹饮山房、古松园、榜眼府第
	角直古镇	保圣寺、王韬纪念馆、万盛米行、沈宅、萧宅、水乡妇女服饰博物馆、历史博物馆
	西山景区	林屋洞、石公山、绿光休闲农场
	光福景区	香雪海、司徒庙、铜观音寺
	天池山景区	天池山、花山、白象湾

旅游产品开发及推介

【旅游产品线路】 根据吴中旅游四季特色产品，整合全区优势旅游资源，策划推出春茶采摘、消夏太湖边等四季主题产品。同时，推进旅游与文体产业融合发展，推出2016苏州吴中“环太湖”国际竞走和行走多日赛吴中旅游产品。促进现有产品和服务方式整合串联，形成可供游客直接采购的水乡古镇游、乡村田园游、江南文化游等特色主题线路。强化商品培育，引导“太湖礼物”“守溪印象”“穹窿慧生活”等旅游商品开发，吴中区选送的“太湖礼物”系列商品荣获“苏州有礼”旅游商品大赛实物类金、银、铜7个奖项。

【旅游节庆活动】 2016年，全区各地先后举办太湖梅花节，东、西山碧螺春茶文化旅游节，枇杷、杨梅采摘节，大闸蟹文化旅游节，木渎旅游节、御游节，太湖开捕节，穹窿山孙子兵法文化旅游节，度假区夏季嘉年华，百度糯米音乐节等50余项旅游主题节庆活动，为区旅游积攒人气，提升知名度。

【旅游品牌宣传】 在沪宁杭三地以四季产品为主，先后发布“眼底江南，心上吴中”“品蟹食羊　秋游吴中”等吴中旅游平面广告。策划拍摄《缤纷太湖·又见吴中》广告片。以当季旅游热点、节庆活动、特色美食等为主要内容，设计制作《春行吴中》《夏至吴中》《秋驻吴中》《冬隐吴中》吴中旅游四季产品手册，免费向市民和游客发放。

【旅游市场推介】 区旅游业紧抓第九届省园博会开园，第十九届苏州国际旅游节在区开幕，以及上海迪士尼开园、杭州G20峰会契机，举办“春到太湖游园博——长三角重点旅行商太湖踩线暨吴中旅游推介会”“跟着韩雪游园博”“品蟹食羊　秋游吴中”2016吴中秋季旅游上海推介会等多场活动。组织旅游企业参加各类国际国内展会，打造2~4天非周末吴中休闲度假旅游产品，重点面向上海、杭州、南京及高铁沿线主要客源市场展开推介营销，G20峰会期间组织区内主要景区（点）对杭州市民开展“免费游吴中”活动。

2016第五届中国苏州创博会吴中馆

【线上线下旅游推广平台】 2016年，吴中旅游吸收互联网渠道进入推广服务阵营，从吴中旅游天猫店到微博、微信等，构建起一整套旅游互联网平台。推进区内景区、酒店等旅游要素互动合作，区旅游局联合网易媒体开展在线互动报名活动，为园博会预热；与同程旅游深度合作，依托同程旅游官网及线下门店开展线上线下旅游产品营销及宣传。以吴中旅游年卡为核心产品，运用天猫店平台，实行“线上+线下”模式销售，售后服务不断完善。

（闻　菁）

园博园专题

【江苏省第九届园艺博览会概况】 本届园博会以“水墨江南·园林生活”为主题，于2016年4月18日~5月18日在苏州市吴中区举

环岛路

行；由江苏省人民政府主办，江苏省住建厅、江苏省农委、苏州市人民政府共同承办，其他12个省辖市协办。园博会博览园选址于吴中区临湖镇，坐落于国家5A级景区苏州吴中太湖旅游区东山、旺山和穹窿山的三角腹地，濒临太湖。整个博览园占地面积236公顷，核心展区110公顷。园内总体规划以“一核、两脉、四片区”为主框架，突出“郊野博览公园、太湖山水田园、乡村生活家园”三大特色。博览园运用低影响开发技术理念，以现代造园材料和工艺，体现地域文化与特色，注重生态、节约和创新相结合，探索实践海绵技术，打造成为苏州首个海绵公园。博览园共规划了苏州园、城市园、友城园等各具特色的22个主题展园，打造主展馆、非遗馆等12个主题展馆，设置各项园艺与生活互动活动。本届园博会依托吴文化底蕴和太湖山水资源，秉承“交流、示范、探索、创新”的宗旨，努力绘就以太湖山水、苏式园林、江南村庄和古吴底蕴为主要元素的一园江南梦境图。

（概况资料来源于官网）

【园博开园人气爆棚】园博会于2016年4月18日开幕，5月18日闭幕，入园宾客累计136.22万人次，其中团队23.76万人次。游客高峰日为5月1日，当天入园总人数突破10万人次（100548人次）。展会期间，吴中区成立专门机构保障运转，科学设置5条园博交通专线和11个停车场，累计运送游客36.61万人次。园内设有19家餐饮店、42个商品零售点，保障宾客的用餐、购物等消费需求。每天投入90辆营运观光电瓶车，共运送游客22.87万人次。志愿者上岗累计16834人次，安保力量日均投入1100人次，人员走失、医疗救助、接处警等问题均得到及时有效处置。各类活动纷呈，除开幕、闭幕式等重大活动外，儿童剧场、“一园江南梦”精品演出、非遗演出及水乡婚礼秀等文化类主题活动累计举办120场次。

【绿色园博建设】园博园总体规划面积236公顷，核心展区110公顷，形成印象江南、写意园林、诗画田园、情归太湖四大片区。至开园前，完成1个主展馆、2个功能建筑、1个保留村庄及若干主题展园建设。建设工程包括园内12万米管线工程、桥梁及高架栈桥工程，7万平方米场馆和内装建设、柳舍村环境综合整治等园内市政工程，同步完成智能化，东、南、北入口停车场，水利改造等工程。建成园内10公里4.2万平方米景观园路、14.6万平方米停车场的景观广场铺装及近百个景观小品和节点建设，种植3.5万株各类乔灌木、3万平方米水生植物，12万平方米草坪、45万平方米花卉色块，新增景观绿化约85万平方米，管理抚育生态林30万平方米。

坚持绿色园博的建设理念。依托紧邻太湖的地缘优势，打造22公顷的湖畔景观公园和10公顷的滨湖景观带。展园设计突破传统模式，将入口景观、大地景观、乡村景观和湿地景观串联。园内建成第一家集中展示苏州非物质文化遗产的主题馆。保留柳舍村纳入园区整体考虑，通过村庄整治，结合美丽乡村建设、全省村庄整治和乡村庭院园艺展，营造出独特的乡村田园景观。新材料、新工艺、新技术等绿色科技在园博建筑中广泛运用。文化体验中心主体结构大量使用清水混凝土技术，飞翔影院加入互动性、体验性元素，海绵公园建设体现“海绵城市”技术的应用，园内生态排水沟建设达到技术与景观的统一。

【会后运营工作】 5月18日园博会落下帷幕后，园博公司调整组织架构，整理各城市展园，重新规划多肉馆，引进“黄天源”等一系列商业业态，于9月28日国庆节前正式对市民开放，“十一”国庆期间接待游客约22.5万人。至年末，共接待游客170万人次。

【园博公司】 苏州太湖园博实业发展有限公司成立于2012年12月20日，是经苏州市吴中区区委、区政府批准，由区国资局出资的国有独资公司。公司注册资本为人民币8亿元，下属3家子公司分别为苏州园博创业投资有限公司、苏州园博园艺发展有限公司、苏州园博园旅游开发有限公司。2016年9月30日，园博公司合并进入苏州太湖旅游发展集团有限公司，成为太旅集团一级子公司。

公司的主要任务是筹建2016年4月18日~5月18日在吴中区临湖镇举办的第九届江苏省园艺博览会，以及园博会博览园的综合服务中心、文化体验中心、专题展馆、游客服务中心及各区域服务节点的会后运营管理，着力将园博园打造成功能充实、内容丰富的园艺旅游综合体。

（朱恒之）

鸟瞰园博园

编辑：喻其水

教育科技

教 育

【概况】 2016年,高等教育考试实现新突破,全区“本二”上线人数983人,达线率为60.16%,增幅高出苏州大市平均水平4个百分点,列全市第一;考试成绩400分以上的人数6人。编制吴中区“十三五”教育规划,初步形成教育配套优先规范、教育规划相互衔接、相互支撑的建设新机制。提升教育公共服务水平,实事工程从硬件建设向内涵拓展转变。木渎高级中学“生物多样性探究”入选首批省普通高中课程基地建设项目。成人高考报名人数2028人,录取率89.3%;全年高等教育自学考试报名12095人,报考课程29420门,毕业人数718人;江苏省书法水平等级证书考试报名49633人,合格率79.7%,参考人数、合格率均名列苏州大市前茅;木渎高级中学等7所学校获评“2016年江苏省教育工作先进集体”称号,吴中区教育局获江苏省人民政府授予的“江苏省促进义务教育均衡发展先进单位”称号。

【内涵建设】 2016年,新增省优质幼儿园3所、苏州市优质幼儿园2所、苏州市艺术教育特色学校3所、苏州市艺术教育项目学校7所,22所学校入围苏州市首批80所3D打印机学科课程研究联盟学校。各级各类比赛成绩喜人,获奖面广、数量多、层次高。6门课程在教育部组织的全国校本课程设计大赛中获奖,占全省获奖总数的三分之一。4个作品获江苏省第27届青少年科技创新大赛一等奖。举办吴中区校园足球“精英赛”,共有5支高中、15支初中、38支小学代表队参加比赛,共计113场。在省第五届中小学生艺术展演活动中,吴中区共获得一等奖3个、二等奖3个、三等奖1个、优秀创作奖1个;在苏州市第八届少儿英语情景剧决赛中,吴中区团体成绩位列第一。独墅湖实验小学啦啦操队获全国啦啦操冠军赛丙组技巧冠军,东湖小学的参选剧目获省中小学“校园心理剧”优秀剧目征集评选特等奖。在第十三届江苏省“红旗杯”象棋比赛中,长桥中心小学1人获冠军,3人获亚军。横泾中学女子足球队获苏州市“市长杯”青少年校园足球联赛初中女子组第二名。

【教育服务】 研究完成《苏州市吴中区“十三五”教育配套刚性需求分析报告》。2016年,全区共有25个项目列为“吴中区社会事业建设项目”,在建或竣工项目15个,处于办理报建手续的项目10个。“智慧共育幸福吴中”家校共育工程投入资金400万元,成立“苏州市吴中区中小学校家庭教育指导中心”,选拔区级讲师团56个，扩大"林老师"团队。依法批办民办学校2所、幼儿园2所，完成看护点备案3所。497名社会人员取得教师资格证书。推行积分入学政策，流动人口随迁子女实现公平有序入学。全区外来人员随迁子女申请人数2402人（小学1607人，初中795人），公办中小学准入人数2160人（小学1400人，初中760人），接收占比89.92%。

【师资队伍建设】 落实人才"六有"政策，推进名师工程。对全区所有区级及以上名教师发放年度学术奖励。2016学年度，为全区经考核合格的1077名中小学"名师"发放名师学术奖励248.25万元。年内，4名教师获评2016年江苏省教育工作先进个人，3名教师获评江苏省"教学名师"。新增省特级教师1名，市教育名家1名、市教育领军人才2名，东吴教育名家2名、东吴教育领军人才2名、东吴教育青年拔尖人才10名，区知名教师10名。完善教师"立体交流"成长新机制，继续实施中小学校长和区级以上教育教学骨干人才区内交流支教政策，全年调整、交流校长14名，其中城乡学校交流任职8名。提高教师待遇，全区城乡教师国标工资和绩效工资全部由财政按时、足额、统一发放，保持逐年增长。全面落实教师社保基金、公积金、房贴等各项保障，统一发放教职工上班交通补贴，并对农村困难教职工进行补助。

【教学研究】 教学研究坚持"深度研究、专业引领、强化服务"的总体思路，精致教学研究，推进"点式调研"及"诊断式调研"；教研员工作重心下移，下水课堂，蹲点学校进行针对性指导，理清思路，形成系统书面调研报告。2016年，指导教师在市级及以上业务竞赛中获奖408人次；指导教师参加学科教学论文评比，市级及以上获奖论文992篇，其中获省级及以上论文750篇。区级教学刊物《吴中教育天地》出刊6期，发表教师文章200余篇。

【智慧教育】 2016年，推进"三通两平台"工程建设。全区中小学校、独立建制幼儿园100%完成互联网百兆接入和苏州教育E卡通网全覆盖，区教育城域网完成裸光纤接入升级改造并整体接入市教育城域网和区政务网，利用"智慧吴中"云计算机中心，建设吴中"智慧教育"云数据中心，实现通过裸光纤接入区教育城域网，加强教育城域网应对网络安全防范、容灾备份、应急处理的能力，高标准实现"宽带网络校校通"。全区所有学校教室均配备大屏幕网络多媒体教学设备，其中70%以上的学校具有交互功能，90%以上的学校建成智能录播教室，40%以上的学校建有配备双板教学系统的"未来教室"，90%以上的学校自建有教学资源库，实现"优质资源班班通"。"教育资源和管理平台"建设初见成效。年内，开通中国基础教育期刊网、中小学教师培训网、微课资源网等学习平台，基本实现"网络学习空间人人通"。教育信息技术研究课题"基于移动物联的综合实践活动设计与研究"，被列为全国教育信息技术研究2016年度重点课题。

【教育科研】 指导"十二五"教科研课题结题，8项课题通过省级结题鉴定，31项课题通过市级结题鉴定，47项课题通过区级结题鉴定。组织学校申报"十三五"教科研课题，8项课题省级成功立项，8项课题完成省"叶圣陶教育思想研究专项"申报，190项课题完成市级申报。加强以"两课对接"为重点的课堂实践，教科联盟活动共开设40多节课题研究课，培训老师400多人。开展"学校教科室管理机制现状"调查，编印《吴中区校本调查报告选集》。推进教科研领域"听说读写"，全区教师在各级各类刊物上共发表文章955篇，其中核心刊物上71篇，省级及以上刊物上675篇，市级刊物上125篇；论文获奖2491篇，省级及以上750篇，市级及以上242篇。蔡金星等3人的科研成果在省第四届教育科学优秀成果奖评选中获奖。王学峰等13人、城区幼儿园等7所学校获“苏州市第七次教科研先进个人(先进团队)”称号。吴中实验小学的《孙子文化“尚智”课程》、西山中心小学的《洞庭碧螺春》被评为“江苏省优秀校本课程案例”。木渎实验中学的《“双分制”综合素质校本评价创新案例》获省教改办评定的“教育改革创新典型案例”。

表18-1 2016年吴中区特级教师名单

所在单位	姓名	性别	现任专技岗位	任教学科
吴中区教育局	陈伟骏	男	中小学高级教师	英语
江苏省木渎高级中学	王海赳	男	中小学高级教师	数学
江苏省木渎高级中学	李建邡	男	教授级中学高级教师	语文
江苏省木渎高级中学	钱家荣	男	教授级中学高级教师	心理健康
江苏省木渎高级中学	胡长树	男	中小学高级教师	语文
苏苑高级中学	郭瑞春	男	教授级中学高级教师	化学
苏苑高级中学	薛亚春	女	中小学高级教师	政治
江苏省外国语学校	陈　健	男	中小学高级教师	体育
东山中学	张　飞	男	教授级中学高级教师	物理
吴中中等专业学校	李建红	男	中小学高级教师	财会
吴中中等专业学校	蒋俊祁	男	中小学高级教师	电子
吴中区中小学生综合实践学校	张洪鸣	男	教授级中学高级教师	科学
石湖中学	徐正黄	男	中小学高级教师	物理
迎春中学	金复耕	男	中小学高级教师	语文
苏苑实验小学	高本大	男	教授级中学高级教师	语文
苏苑实验小学	唐晓芳	女	中小学高级教师	语文
东山实验小学	吴金根	男	中小学高级教师	数学
碧波实验小学	孟晓庆	男	中小学高级教师	数学

【校园安全】 加强校园安全监督管理,全面落实安全工作监督管理责任。贯彻预防为主、多措并举、防治结合方针,在全区各类学校开展专项整治活动,对各类学校的校舍安全,消防安全,饮食安全,学校及周边治安进行专项检查和治理,有效消除中小学校舍安全隐患。利用互联网信息平台,开展安全知识教育,提高广大师生及家长的安全防范意识。贯彻落实《校车安全管理条例》,建立健全校车安全责任落实、责任问责、责任监督的联动机制,全面排查、及时消除校车安全隐患。建立健全校园安全风险防范体系,定期开展全覆盖、有重点的校园安全排查工作,加强节假日和各类敏感节点的安全教育和保卫工作,推动“平安吴中”和“平安校园”建设。

(邹德胜)

【江苏省吴中中等专业学校概况】 学校坐落在吴中经济技术开发区龙翔路333号。占地面积300亩,建筑面积12.8万平方米。2016年,全校有教职工341人,专任教师305人,其中具有研究生学历(学位)43人,江苏省特级教师2名,江苏省领军人才1名,江苏省教学名师1名,江苏省333人才1名,苏州市名教师2名,吴中区知名教师3名,苏州市学科带头人14名,吴中区学科带头人41名,吴中区班主任带头人3名,吴中区骨干教师38名,苏州市优秀双师型教师6名。拥有省市级名师工作室7个。全日制学生4546人,其中五年制高职2778人,高职专科453人,中专1315人。开放大学本专科和成人专科学历教育在籍学员2000余人,社区非学历教育培训每年18000余人次。学校相

2016年9月1日，横泾中心小学新校落成启用

继被共青团江苏省委、省委教育工委、江苏省教育厅评为江苏省优秀中职学校共青团组织、江苏省教育工作先进集体、第三批江苏省高水平现代化职业学校。

【职业技能比赛】 2016年，学校加大职业技能实训力度，组织学生参加各类职业技能比赛。在江苏省职业学校师生技能大赛中，获得1个一等奖、3个二等奖、5个三等奖的突破性成绩；在第七届江苏省职业教育创新大赛，组织5件学生作品参赛，获得2个一等奖、2个二等奖、1个入围奖；在城职院5个赛点8大项目的比赛中，6人次获得一等奖，8人次获得二等奖，17人次获得三等奖。

【班主任竞赛和评比活动】 学校鼓励支持班主任参加校内外的各类集训竞赛和评比评优活动。王美华等14位老师分别获苏州市“十佳班主任”、市区“优秀德育工作者”、区“优秀班主任”称号或获得市海外周氏德育奖励金，查萍华老师获“吴中区班主任带头人”称号。吴舟洲老师代表苏州市参加2016年江苏省职业学校班主任基本功大赛，夺得主题班会设计、教育故事演讲、个人全能三项（大赛共设三个单项和一个全能综合项目）第一名。

【“示范校”创建工作】 2016年，学校按照江苏省高水平现代化职业学校创建要求，相继完成“示范校”创建工作任务的修订，各级资金预算及其执行，重大项目的采购及其建设等七大建设内容45个三级指标的实施及其过程建设。建成“高水平”校园及成果网站，近2年的项目建设典型案例、工作简报、项目绩效佐证材料、创建方案、专项资金使用报告在其网上公开发布，年内“高水平”校园建设通过江苏省教育厅复查，为创建“十三五”品牌学校即“江苏省现代化示范性职业学校”奠定基础。

（韩　兵）

表18-2　2016年教育事业基本情况（一）

	学校数（所）		教职工数（人）		#专任教师数	
	2016年	2015年	2016年	2015年	2016年	2015年
合　计	74	58	7039	5750	6371	5294
1. 普通中学	25	24	2596	2560	2401	2304
（1）完全中学	—	—	—	—	—	—
（2）高级中学	6	6	960	909	905	843
（3）初级中学	19	18	1636	1651	1496	1461

续表

	学校数（所）		教职工数（人）		#专任教师数	
	2016年	2015年	2016年	2015年	2016年	2015年
2.中等职业学校	3	3	485	548	429	492
3.小　学	45	30	3931	2616	3517	2473
4.特殊教育学校	1	1	27	26	24	25

表18–3　2016年教育事业基本情况（二）

项目	招生数（人）		在校学生数（人）		毕业生数（人）	
	2016年	2015年	2016年	2015年	2016年	2015年
合　计	19762	18675	78832	73635	14670	13826
1.普通中学	8836	7830	24092	22143	6930	6517
（1）初　中	6439	5766	17656	16232	5078	4605
（2）高　中	2397	2064	6436	5911	1852	1912
2.中等职业学校	1154	1196	3717	3916	1354	1652
3.小　学	9763	9628	50924	47486	6386	5644
4.特殊教育学校	9	21	99	90	—	13

表18–4　2016年入学率和升学率

项目	2016年（%）	2015年（%）
学龄儿童入学率	99.8	99.8
小学毕业生升学率	100.0	100.0
初中毕业生升学率	100.0	100.0
高中毕业率	99.78	99.48

表18–5　2016年幼儿园基本情况

项目	单位	合计		按办学性质分	
			女	教育部门办	民办
1.园　数	所	63	—	30	33
2.班　数	个	924	—	593	331
3.入园幼儿数	人	12906	6108	7949	4957
在园幼儿数	人	30234	14348	20063	10171
离园幼儿数	人	8341	4067	5777	2564
4.教职工人数	人	3077	2939	1795	1282
#园　长	人	108	106	57	51
专任教师	人	1804	1780	1120	684
保健、保育员	人	803	803	444	359
其　他	人	362	250	174	188
5.代课教师	人	326	321	326	—

科学技术

【概况】 2016年，以创建“苏南自主创新特色区”“知识产权强区”“省级吴中高新区”为目标，继续实施创新驱动核心战略。相继制定和出台《关于促进吴中区科技创新发展的政策意见》《吴中区专利专项管理办法》《吴中区科技贷款风险池专项资金管理办法》等科技创新政策文件。全区高新技术企业累计345家，万人发明专利拥有量25.6件，发明专利授权量、万人发明专利授权量和PCT国际专利申请量增幅为全市第一。吴中区继获批“江苏省创新型试点区”“江苏省实施知识产权战略区域示范单位”“国家科技进步考核先进区”“国家知识产权强县工程试点区”之后，年内又通过国家知识产权强县工程试点区验收，吴中高新区总体规划和产业规划通过审批。吴中区知识产权局获江苏省知识产权工作先进集体、江苏省知识产权执法工作先进集体。

【稳步发展高新产业】 2016年，稳步发展高新产业。新增高新技术企业152家、省民营科技企业127家、省科技型中小企业136家、高新技术产品374个。年末，全区共有高新技术企业345家、省级民营科技企业721家、省科技型中小企业380家、省高新技术产品1522个。高新技术产业产值523.2亿元，占规模以上工业产值的43.55%。

【深化政产学研合作】 2016年，吴中区与中国科学院、“985”“211”工程高校等150多所高校院所（包括海外单位）建立政产学研合作关系，继共建同济大学苏州研究院、南信大苏州数字城市研究院、南大苏州中博科技园之后，又相继建成南师大科技园（吴中分园）、苏州大学国家大学科技园（吴中分园）等产学研合作机构，有针对性地组织吴中企业进行产学研对接。年内，先后组织相关机构参加“全球知商大会”“中国·江苏第五届国际产学研合作论坛暨跨国技术转移大会”“苏州市军民融合产学研对接会”“苏州国际精英创业周”“2016中国（昆山）品牌产品进口交易会”“苏州电博会”“中科院兰州化物所苏州产学研对接会”“苏州吴中·太湖经贸合作洽谈会”等产学研对接会10多场次。新增产学研联合体28家，产学研合作项目129个。

【集聚科技人才】 2016年，新增国家“千人计划”人才1人、省双创人才5人、姑苏领军人才15人、姑苏天使计划人才15人、区领军人才47人、区创业天使人才16人。科沃斯机器人有限公司董事长钱东奇获市科技创新创业市长奖。全区共有区级以上领军人才270人，其中国家“千人计划”人才2人、省双创人才24人、姑苏领军人才52人、吴中区领军人才192人。累计获苏州市杰出人才奖2人、市科技创新创业市长奖5人、姑苏天使计划人才34人。

【创新载体建设】 全区建有国家丝绸与服装质检中心、非人灵长类实验动物种子中心等6个国家创新载体平台，省级院士工作站7家，省级工程技术研究中心36个，省科技公共服务平台7个，省外资研发机构16个，以及209个市级工程技术研究中心，科技服务平台，院士工作站与实验室。相继建成国家级众创空间2家、省级众创空间6家、市级众创空间8家、区级众创空间10家。全区建有省级以上科技孵化器6家，其中国家级4家。各孵化器注重创业服务资源的集聚，孵化能力日益提升，在孵企业913家、毕业企业318家。吴中科技创业园入围省首批“科技型创业企业孵育计划”。

【实施知识产权战略】 2016年，继续实施知识产权战略。专利申请量14104件，其中发明专利申请量5516件，占比39.11%。专利授权量7375件，其中发明专利授权量1393件，同比增长110.7%，发明专利授权增幅为全市第一。PCT申请量96件。万人发明专利拥有量达25.6件。科沃斯的外观专利“擦玻璃装

2016年6月21日，江苏省企业知识产权战略推进计划重点项目示范现场会在吴中区召开

置”获第十八届中国外观设计金奖（该奖项全国5项）。苏州市粮食市场获评省“正版正货”承诺推进计划项目，金螳螂、安洁科技获评省企业知识产权战略推进计划项目，科沃斯获评省、市高价值专利培育计划项目。16家企业通过国标认证，其中优德通力、世好建材获评省贯标优秀企业。

【优化科技服务】 突出优化服务省级吴中高新区创建工作，全面加强专业对接和服务。通过吴中科技“官网”“官群”“官微”等信息载体，宣传解读科技政策，发布科技项目申报通知，发布最新科技动态，及时解答企业提问。开展“科技政策惠企”“巾帼志愿者服务”“科技结对服务”等服务活动，对科技企业进行分类指导，实行“私人订制”服务。2016年，辅导企业申报各级各类科技计划项目600余项、省高新技术产品500个、高新技术企业174家、省民营科技企业216家、省科技型中小企业162家、省贯标优秀企业4家。申报江苏省科学技术奖2项。争取市以上科技项目194项，资金4631.74万元。开展市区联动“科贷通”，29家企业获市“科贷通”贷款1.63亿元，15家获科技保险费补贴50.43万元，65个项目获市科技贷款贴息281.61万元。

（杨利萍）

表18-6 2016年吴中区国家级科技计划项目

序号	计划类别	项目名称	承担单位
1	2015年国家“千人计划”	免疫学新靶标ADC药物偶联抗体研发及平台建设	江苏吴中医药集团有限公司
2	2016年度中央引导地方科技发展专项资金	创业孵化信息数据服务平台	苏州市吴中科技创业园管理有限公司
3	2016年度中央引导地方科技发展专项资金	同济大学苏州研究院创新能力提升	同济大学苏州研究院

表18-7 2016年吴中区省级科技计划项目

序号	计划类别	项目名称	承担单位
1	省科技服务骨干机构能力提升	省科技服务骨干机构能力提升	中认英泰检测技术有限公司
2	省科技服务骨干机构能力提升	省科技服务骨干机构能力提升	苏州西山中科药物研究开发有限公司
3	2016省高价值专利培育计划项目	2016省高价值专利培育计划项目	科沃斯机器人有限公司
4	2016知识产权区域示范建设推进专项引导资金	2016知识产权区域示范建设推进专项引导资金	吴中区知识产权局

序号	计划类别	项目名称	承担单位
5	2016 省战略推进计划项目	2016 省战略推进计划项目	苏州金螳螂幕墙有限公司
6	2016 省战略推进计划项目	2016 省战略推进计划项目	苏州安洁科技股份有限公司
7	省正版正货	省正版正货	苏州市粮食批发交易市场服务有限公司
8	江苏省企业知识产权管理贯标奖补经费	江苏省企业知识产权管理贯标奖补经费	苏州科迪流体控制设备有限公司
9	江苏省企业知识产权管理贯标奖补经费	江苏省企业知识产权管理贯标奖补经费	氟络塞尔特种阀门（苏州）有限公司
10	江苏省企业知识产权管理贯标奖补经费	江苏省企业知识产权管理贯标奖补经费	苏州市世好建材新技术工程有限公司
11	江苏省企业知识产权管理贯标奖补经费	江苏省企业知识产权管理贯标奖补经费	苏州优德通力电气有限公司
12	2015 年省级众创空间建设补助专项资金	创客集	苏州市木渎中小企业发展有限公司
13	2015 年省级众创空间建设补助专项资金	幸福谷天梯咖啡众创空间	苏州幸福谷创业投资管理有限公司
14	2016 年度省科技型创业企业孵育计划项目资金	苏州市吴中科技创业园科技型企业孵育体系建设	苏州市吴中科技创业园管理有限公司
15	省重点研发专项资金	基于适配体 DNA- 银簇和等温放大策略的低成本可视化食源性危害因子检测方法研究	苏州市质量技术监督综合检验检测中心
16	2016 年省双创计划	农业物联网及 LoraCloud 云平台	江苏云立物联科技有限公司
17	2016 年省双创计划	基于互联网 + 移动医疗系统研发及产业化	江苏盖睿健康科技有限公司
18	2016 年省双创计划	980nm 泵浦激光器的研发及其产业化	苏州孚尔唯系统集成有限公司
19	2016 年省双创计划	基于微纳技术的低温连接用无铅焊接材料的研发及产业化	苏州汉尔信电子科技有限公司
20	2016 年省双创计划	碳纳米材料的规模化工业应用	苏州固韧纳米材料技术有限公司

编辑：王明生

文　化

【概况】 2016年，绘制“十三五”文体发展蓝图，塑造“乡愁、活力、创意”三大文体品牌，根植吴文化，突出民生福祉导向，推动文化强区和体育基本现代化建设。投资18.5亿元的区公共文化中心落成；新建木渎、城区、香山三个镇级图书分馆，甪直镇、胥口镇、光福镇3个文体中心获评苏州市首批“公益电影室内固定放映点”称号。吴中区获评“全国象棋之乡”称号。

【文化艺术】 围绕建党95周年主题和“两学一做”教育活动创作的歌曲《和人民在一起》，在“共产党员”微信公众号上突破500万阅读量；歌曲《香雪海》在“中国音乐金钟奖”江苏地区选拔赛中荣获声乐作品二等奖，并与歌曲《爱的怀念》分别摘得首届苏州市“繁星奖”金奖和铜奖。为园博会非遗舞台呈现33台精彩演出。举办首届“难忘旋律　唱响吴中”——吴中区全民歌手大赛等大型赛事、民俗文化大展演、“你点赞我买单”读者荐书活动。其中，“书香吴中”官网电台获得市首届群众文化“繁星奖”等多项荣誉，入围2016年度吴中区精神文明建设十大新事；围绕“吴中好人”主题，创作《一诺千金》《守岛寻梦》等系列道德评弹专场节目，赴全区市级以上文明单位、文明村镇、文明社区开展微型道德讲堂活动，观众达8000余人次。

【文物保护与管理】 推进江南水乡古镇（甪直）联合申报世界文化遗产，启动紫金庵罗汉塑像精密三维数字化建设，完成东山阁老厅及甪直三元桥、南昌桥维修工程，审批通过韩世忠墓祠堂、凝德堂、光福寺塔维修方案。制定出台《苏州市吴中区古村落保护贷款贴息和经费补助办法（暂行）》和《苏州市吴中区古建筑抢修贷款贴息和奖励办法（暂行）》补充意见，做好杨湾古道修复及沿街立面改造，推进明月寺等7处市级文保单位和冯秋农故居8处控保单位的“四有”工作。推进区博物馆建设工作。

【非物质文化遗产保护】 甪直连厢、木渎十番等13个非遗项目入选第四批省级非物质文化遗产名录，香山工坊、舟山核雕行业协会被授予苏州市第一批非物质文化遗产生产性保护示范基地。加强地区间非遗文化互动，提高群众保护意识和参与的积极性，“苏作天工　雅趣吴中——吴中非遗传承人展演”活动亮相第九届江苏省园博会，完成“触动——市民走进非遗”公益体验活动（吴中线），木渎十番、光福核雕等项目参加“南博苏州月非遗展示活动”“长三角非遗传统技艺南通展”。建立完善吴中区非物质文化遗产数据库，做好资料的分类整理和建档工作，为非遗保护工作奠定基础。

【文体产业】 实现文体产业增加值占地区生产总值比重6.9%，销售体育彩票4.58亿元。出台《关于印发吴中区加快文化体育产业发展的若干政策意见的通知》，将文体产业扶持发展引导资金加大到1500万元，配套出台《关于印发吴中区文化体育产业扶持发展引导资金管理办法的通知》，规范资金管理。推荐“香山工坊文化产业集聚区公共服务平台”获得省文化产业引导资金80万元，“瑞颐体育康复养老社区建设”等5个项目获得省体育产业引导资金220万元，“中韩（苏州）产品外观设计中心”等5个项目获得市文化产业引导资金240万元。“太湖运动中心”等2个项目获得苏州市体育产业引导资金60万元。“苏州书画艺术产业孵化中心”等7个项目获评市文化产业重点项目，总投资额为20.95亿元。指导联纵传媒、舞之数码、新启成等3家文化企业新三板挂牌上市。参加第五届中国·苏州创博会，组织“本味美食文创”品牌跨界对接，丝绸展区的吴中区锦达丝绸获得省丝绸协会颁发的“丝绸新产品金奖”，受到各主流媒体的关注，获“优秀组织奖”。引导文体产业联合会发挥作用，由协会组织主办新启成传媒、启拍科技协办的“互联网+苏工艺术品”商业模式创新沙龙，政企校协同合作完成吴中文体产业从业人员“1+4”培训；举办苏作文创峰会及其分活动吴中文化创意集市，围绕“根植吴文化，建设新吴中”发展主题，融入“大众创业、万众创新”的良好氛围。

【行政审批】 发挥文体局行政审批会办小组作用，强化依法审批监督。制定行政审批事项目录清单，落实审批信息“双公示”制度。贯彻实施《艺术品经营管理办法》，调整简化备案工作流程，对全区艺术品经营单位进行普查摸底。全年，窗口受理各类申请材料146件，审批事项会办86件，行政指导场所102家次。按照“强镇扩权”需求，2016年1月1日起，下放的5件初审事项已由木渎镇承接受理。

【新闻出版】 完成450家印刷复制单位和138家音像、出版物经营单位年检工作。全年，印刷业实现销售额8亿元，年利润8亿元，年缴税8亿元。开展版权项目申报，6件作品获省、市优秀版权奖，3个项目获市级重大版权推广运用计划项目，3家单位获市级版权示范单位，苏州香山文化发展有限公司获市级“正版正货”示范创建项目，争取市级扶持资金100万元。

【文化市场】 开展“平安文体市场”创建、“扫黄打非”专项活动。全年，出动执法人员2468人次，检查各类文体经营场所894家次，办理行政处罚案件19件，受理各类举报327件，取缔非法演出3起、无证文化经营场所2家、无证出版物摊点13家，收缴非法书刊100余册、非法音像制品3069盘。 （张顺流）

2016年10月15日，吴中文化创意集市在吴中区现代文体中心广场举办

表19-1　2016年末吴中区省级以上非物质文化遗产名录及传承人

项目名称	类别	级别	公布日期、批次	保护单位	当前传承人状况
角直水乡妇女服饰	民俗	国家级	2006年5月20日 国发〔2006〕18号 第一批	角直镇文体教育服务中心	区级：顾夫泉
香山帮传统建筑营造技艺	传统技艺	国家级	2006年5月20日 国发〔2006〕18号 第一批	苏州香山工坊建设投资发展有限公司	国家级：薛福鑫　陆耀祖 省　级：杨根兴　薛林根　顾建明 市　级：朱兴男　张喜平　郁文贤 区　级：许建华　孟建鸿　沈炳春　方　明　钱乃幸　顾阿虎　胡迪荣
光福核雕	传统美术	国家级	2008年6月7日 国发〔2008〕19号 第二批	苏州市吴中区光福镇文体教育服务中心	国家级：宋水官 省　级：周建明　陈素英 市　级：须培金　钟火元 区　级：许忠英　陆小琴　缪增明　任敏华　钟秀琴　钟耀源　李晓青　宋梅英　承莉君
碧螺春制作技艺	传统技艺	国家级	2011年5月23日 第三批	苏州市吴中区洞庭(山)碧螺春茶业协会	省　级：施跃文 市　级：查恩春　陈建荣　张利忠　蒋林根　周永明 区　级：严介龙　马国良　柳荣伟
金山石雕	传统技艺	省级	2007年3月24日 苏政发〔2007〕28号 第一批	苏州金山石雕艺术有限公司	省　级：何根金 市　级：吴福云 区　级：何建青　何建红　何惠林
藏书澄泥石刻	传统技艺	省级	2007年3月24日 苏政发〔2007〕28号 第一批	苏州市吴中区木渎镇文体教育服务中心	省　级：蔡金兴 区　级：蔡云娣　许永良　陆云生　张文彪
东山台阁	传统体育、游艺与杂技	省级	2009年6月20日 苏政发〔2009〕94号 第二批	东山镇文体中心	
乾生元枣泥麻饼制作技艺	传统技艺	省级	2011年9月2日江苏省第三批	苏州乾生元食品有限公司	市　级：郑　勤
木渎石家鲃肺汤制作技艺	传统技艺	省级	2011年9月2日 江苏省第三批	木渎镇石家饭店	市　级：居永泉

续表

项目名称	类别	级别	公布日期、批次	保护单位	当前传承人状况
十番音乐 （木渎十番）	传统音乐	省级	2016年3月18日 江苏省第四批	苏州市吴中区木渎镇 文体教育服务中心	
莲　湘 （角直连厢）	传统舞蹈	省级	2016年3月18日 江苏省第四批	苏州市吴中区角直镇 文体教育服务中心	区　级：龚阿二
木　雕 （佛像木雕）	传统美术	省级	2016年3月18日 江苏省第四批	苏州市吴中区光福镇 文体教育服务中心	区　级：李进荣　董荣菊 顾国荣
玉　雕 （苏州玉雕）	传统美术	省级	2016年3月18日 江苏省第四批	苏州市吴中区光福镇 文体教育服务中心	区　级：袁小娣　马洪伟 府洪敏　孙林泉 钱建良　朱玉峰
木　雕 （苏州红木雕刻）	传统美术	省级	2016年3月18日 江苏省第四批	苏州市吴中区光福镇 文体教育服务中心	市　级：钟锦德　陈忠林 区　级：顾菊忠
家具制作技艺 （明式家具制作技艺）	传统技艺	省级	2016年3月18日 江苏省第四批	苏州市吴中区光福镇 文体教育服务中心	市　级：宋卫东 区　级：王建海　王建新 史忠明　周雪英
传统木船制作技艺 （七桅古船制作技艺）	传统技艺	省级	2016年3月18日 江苏省第四批	苏州市吴中区光福镇 文体教育服务中心	
吴罗织造技艺 （纱罗织造技艺）	传统技艺	省级	2016年3月18日 江苏省第四批	苏州圣龙丝织绣品 有限公司	市　级：李海龙
酱菜制作技艺 （角直萝卜制作技艺）	传统技艺	省级	2016年3月18日 江苏省第四批	苏州市吴中区角直 酱品厂	市　级：凌永弟
羊肉烹制技艺 （藏书羊肉制作技艺）	传统技艺	省级	2016年3月18日 江苏省第四批	苏州市藏书羊肉产业 协会	
吴氏疔疗	传统医药	省级	2016年3月18日 江苏省第四批	苏州市吴中区木渎镇 吴氏疔科诊所	市　级：李永熙 区　级：李　啸
邓尉探梅	民俗	省级	2016年3月18日 江苏省第四批	苏州市吴中区光福镇 文体教育服务中心	

表19-2　2016年末吴中区省级以上文物保护单位名录

序号	名称		类别	级别	时代	公布批次	所在乡镇（街道）
1	保圣寺罗汉塑像		石刻及造像	全国	唐—宋	第一批	角直
2	宝带桥		古建筑	全国	明	第五批	城南
3	东山民居	凝德堂	古建筑	全国	明	第六批	东山
		明善堂			明		
		怀荫堂			明		
4	春在楼		古建筑	全国	民国	第六批	东山
5	紫金庵罗汉塑像		古建筑	全国	宋	第六批	东山
6	轩辕宫正殿		古建筑	全国	元	第六批	东山
7	寂鉴寺石殿		古建筑	全国	元	第六批	木渎

续表

序号	名称	类别	级别	时代	公布批次	所在乡镇（街道）
8	韩世忠墓碑	古墓葬	省级	南宋 重新公布	第一批	木渎
9	楞严经石刻	石刻及造像	省级	明代 重新公布	第二批	光福
10	蒯祥墓	古墓葬	省级	明代	第三批	香山
11	楠木厅及石雕艺术品	古建筑	省级	明代	第三批	东山
12	绍德堂	古建筑	省级	明代	第三批	东山
13	瑞霭堂	古建筑	省级	明代	第三批	东山
14	诸公井亭	古建筑	省级	明代	第三批	东山
15	林屋山摩崖题刻	石刻及造像	省级	宋—清	第四批	金庭
16	小王山摩崖题刻	石刻及造像	省级	现代	第四批	木渎
17	光福寺塔	古建筑	省级	宋代	第四批	光福
18	大觉寺桥	古建筑	省级	宋代	第四批	甪直
19	三山岛遗址及哺乳动物化石地点	古遗址	省级	更新世中晚期	第四批	东山
20	栖贤巷门	古建筑	省级	明代	第五批	金庭
21	涵村店铺	古建筑	省级	明代	第五批	金庭
22	敬修堂	古建筑	省级	清代	第五批	金庭
23	务本堂	古建筑	省级	明代	第六批	东山
24	会老堂	古建筑	省级	明—民国	第七批	东山
25	徐家祠堂	古建筑	省级	清	第七批	金庭
26	仁本堂	古建筑	省级	清	第七批	金庭

表 19–3　2016 年公共图书馆基本情况

项目	单位	2016 年	2015 年
1. 机构数	个	1	1
职工人数	人	23	14
2. 总藏书量	万册（件）	102.21	76.35
#古　籍	万册（件）	0.945	0.9
图　书	万册（件）	95.97	70.84
报　刊	万册（件）	3.90	3.56
3. 发放借书证数	万册（件）	1.11	0.83
4. 书刊外界人次	千人次	188.38	96.21
书刊外借册次	千册次	227.30	162.39
5. 公共房屋建筑面积	平方米	2405	2405
#书　库	平方米	325	325
阅览室	平方米	400	400
6. 阅座席数	个	260	260
#少儿阅览室座席数	个	56	56

表19-4 文物保护、艺术表演基本情况

项目	单位	2016年	2015年
一、文物保护			
1. 机构数	个	2	2
职工人数	人	33	27
2. 文物保护单位	处	125	124
#国家级	处	7	7
省级	处	19	19
3. 文物藏品	件	5336.5	5336.5
#一级品	件	55	55
4. 参观人数	千人次	1300	1000
二、艺术表演团体			
1. 剧团数	个	2	2
#沪剧团	个	1	1
评弹团	个	1	1
2. 演职员工数	人	33	32
3. 演出场次	场次	3988	3818
观众人数	千人次	429	413

档案史志

【概况】 2016年，档案新馆建设进展顺利，成立区档案综合服务中心，增挂吴中区地方志编纂委员会办公室。档案服务利用，搭建新馆自助查阅平台，新增20个村（社区）民生档案基层查阅窗口。全年，档案馆窗口接待上门查档群众12074人次，调档14438卷次，民生档案利用满意率达100%，收到群众表扬2次、锦旗1面。档案业务指导监管，75家单位完成档案星级测评复查，开展农村集体资产股份权能改革试点档案工作。编纂出版《吴中年鉴（2015）》，获全省综合年鉴优秀框架设计和条目质量评比整体框架三等奖；《吴中年鉴（2015）》获得2015~2016年度全国年鉴编校质量二等奖。地方志工作方面，首批入选《中国名镇志丛书》的《角直镇志》作为全国率先出版的11部志书之一在北京首发；陆巷村、三山村和杨湾村作为全省试点，入选首批中国名村志文化工程。完善陈列展览建设，运行“吴中档案”微信订阅号。年内，获评“江苏省档案宣传工作先进集体”称号。

2016年5月12日，首届全国名镇论坛暨中国名镇志丛书出版座谈会在北京人民大会堂举行，《角直镇志》亮相

【档案基础】 跟进档案新馆软硬件、智能化建设，搭建新馆自助查阅平台，完成系统开发，做好新馆设施设备设计、选型、认证和政府采购工作；制定搬迁方案，比选搬家公司，完成馆库整体消毒杀菌，做好搬迁准备。加强档案征集接收工作，征集到领导来访、重大活动照片2955张，各单位上报图片1471张；征集到一批中国科学院院士王守觉捐赠的珍贵档案资料，包括实验器材、研究手稿、聘书原件等共计89件。开展馆藏重点档案信息采集，完成馆藏明清档案、民国档案、革命历史档案及史志谱类档案共计4957卷的信息采集，精确到案卷题名、页数及起止时间；开展第7次馆藏档案鉴定划控工作，完成吴县日报社692卷新闻档案的鉴定划控。推进数字化建设，完成馆藏档案扫描100万页；充实民生档案基层查阅平台内容，数据库新增建房数据84156条；吴中图片中心新增照片9044张。

【档案业务】 年内，开发区、水利局、公安局等75家单位进行档案的星级测评复查，其中：复查三星级7家、二星级及以下25家，测评五星级2家，三星级5家，二星级及以下36家。开展农村集体资产股份权能改革试点档案工作，制定《吴中区农村集体资产股份权能改革档案管理实施办法》，通过集中培训、上门指导等方式，为开展农村集体资产股份权能改革工作提供档案保障。开展民营企业建档指导工作，向全区48家民营企业发放《民营企业建档倡议书》；与区民政局联合印发《关于转发国家档案局 民政部〈城市社区档案管理办法〉的通知》，推进城市社区档案工作；完成对东吴文化中心、吴中美丽乡村建设工程等22个2016年度苏州市重点工程项目档案的登记备案、跟踪指导；完成权力清单梳理和办事指南编制工作；以现场评价、网上评价相结合的方式开展档案工作年度评价，指导督促全区档案工作。

【服务利用】 便民查档增点扩面，完成新增20个村（社区）民生档案基层查阅窗口的布点工作，提高窗口覆盖率；搭建档案信息资源共享平台，实现馆（室）档案信息的网络远程共享，在木渎镇档案馆先试先行，导入馆内有关木渎镇的数据2127卷。全年，区档案馆对外窗口接待上门查档群众12074人次，调档14438卷次，电询4004人次，网询320人次，助推编史修志、落实政策、工作查考、调解纠纷、核实工龄、学术研究等经济社会各方面工作，其中民生档案利用比例占主要地位，满意率达100%，有2位群众通过便民服务平台表扬档案服务，1人送来锦旗。

【志鉴编纂】 增挂吴中区地方志编纂委员会办公室，建立完善区、镇、村三级志书体系。第一批入选《中国名镇志丛书》的《角直镇志》，于2016年5月作为全国率先出版的11部志书之一在北京进行首发；《中国名镇志·东山镇志》11月通过评审，《中国名镇志·光福镇志》《中国名镇志·木渎镇志》完成初稿。陆巷村、三山村、杨湾村作为全省试点，入选首批《中国名村志》文化工程。新启动《杨湾村志》和《渡桥村志》等2部，评审3部，验收9部，出版《黄潦泾社区志》《长远村志》《泾峰社区志》《双浜社区志》《新齐村志》《新路村志》《木林社区志》等7部。指导郭巷街道方志办编纂《郭巷街道自然村变迁志》，收集整理全街道11个社区、6个新建商品房社区，约153个自然村落的资料，展示郭巷街道拆迁前后面貌的变化，9月份通过评审，10月通过验收，进入出版程序。优化《吴中年鉴》框架结构，升格吴中特色部类，加大特色板块内容占比，增大用图比例，提高可读性，在三审三校基础上，《吴中年鉴（2016）》于11月份出版，总字数65万字，条目968条，附表57张，吴中政务、友好往来、经济建设、社会民生等照片52幅，随文插图125幅。《吴中年鉴（2015）》获全省综合年鉴优秀框架设计和条目质量评比整体框架三等奖，《吴中年鉴（2015）》获得2015~2016年度全国年鉴编校质量二等奖。

【档案宣传】 挖掘馆藏档案资源，开发档案文化产品，弘扬档案文化。完善陈列展览建设，优化吴中档案方志陈列展览脚本，完成展陈策划方案、效果方案和布展施工方案，跟踪布展进度，提高展览质量；制作吴中区档案事业发展掠影展，以档案工作机制创新、档案资源建设、档案利用服务等9个篇章系统展示档案事业发展成果。运行“吴中档案”微信订阅号，发挥传播档案文化、宣传档案工作，年内更新微文21篇。组织“6·9国际档案日”宣传活动，编印《吴中区档案局公共服务事项办事指南》，通过电子屏幕、手机短信等发送档案宣传标语，宣传档案文化。年内，获评“江苏省档案宣传工作先进集体”称号。

【人才队伍】 优化增配档案队伍，成立区档案综合服务中心。提升档案人才队伍素质，分类开展上岗培训、业务培训、星级测评（复查）培训、家庭档案培训等各类培训12次，累计培训近300人次，提高全区档案人员的业务知识和操作能力；2人获得档案中级职称、4人获得档案初级职称。参与省档案局组织的“档案与民生”征文活动，1人获二等奖。（顾　萍）

卫　生

【概况】 2016年，以贯彻全国卫生与健康大会精神为指引，以深化医药卫生体制改革和贯彻计划生育基本国策为主线，继续推进健康吴中建设。相继制定出台《吴中区医疗机构设置规划（2016~2020年）》和《吴中区推进分级诊疗制度建设实施方案》等政策文件，继续推进医疗卫生体系建设，启动苏州市中西医结合医院旧病房楼改造项目。至2016年底，全区共有各级各类医疗卫生机构268家，共计床位5268张，每千常住人口医疗机构床位数2.7张（含护理院为4.4张）。积极推进健康城市建设和公共卫生服务，城乡居民健康水平不断提高，人口保持均衡增长。2016年，全区居民期望寿命82.54岁；户籍人口和流动人口分别出生8656人和3616人，出生政策符合率分别为99.93%和97.82%。

【医疗卫生】 2016年，区政府印发《吴中区分级诊疗制度建设实施方案》，由区医改办印发《2016年吴中区医改重点工作任务分工》，与区财政局共同印发《吴中区“科教兴卫”专项资金管理办法》等，确保上级医改政策落地见效。与苏州大学卫生发展研究中心合作，科学编制“十三五”卫生与健康发展规划；提请区政府印发《吴中区医疗机构设置规划（2016~2020）》，根据“三提升一适宜”的原则，对今后五年医疗资源进行科学配置。推进分级诊疗制度建设，加强区域医疗资源联动，推动以区级医院为龙头，全区公立医疗机构参与的区域医疗联合体建设。启动健康市民531行动计划，明确区级救治中心建设目标，开展慢性病筛查工作。创新家庭医生签约服务模式，高血压、糖尿病、重性精神病人和残疾人等重点人群签约12.4万人，签约率达48%。全年，提供个性化签约服务2.57万人次，基层医疗卫生机构门急诊人次占比达59%。

【医疗服务】 2016年，公立医疗机构门急诊人次494万人次，同比增长4.16%；出院人次6.71万人次，同比增长6.01%。推进苏州中西医结合医院（木渎人民医院）原住院大楼改造工程，启动高新区长桥医院、开发区城南街道社区卫生服务中心易地新建工程。通过公开招考录用进编123人，遴选省级基层卫生骨干人才27名，32名应届高中毕业生签订定性培养协议，充实基层医疗卫生队伍。实施东吴卫生人才计划，评选东吴卫生领军人才2名、青年领军人才2名、重点人才6名。以基层中医药先进单位创建工作为契机和抓手，完成光福、横泾、金庭等3家单位基层医疗卫生机构中医馆服务能力项目建设，弘扬“吴门医派”文化内涵，惠及群众患者5000余人。启动区域卫生信息平台第三期项目，完成区域心电、影像会诊系统建设。推动社区六位一体管理软件建设，推进双向转诊、慢性病筛查等系统建设，为实施分级诊疗和健康市民531行动计划提供保障。区内各医院根据实际，重点推进预约诊疗、合理调配医疗资源、推广临床路径、注重人文关怀等措施。

2016年5月，吴中人民医院“兰香服务岗”启动

【社区和公共卫生】 加强对全区基本公共卫生服务项目执行管理，落实以常住人口为基数人均70元标准的基本公共卫生服务项目经费的预算和使用计划，全区共建立健康档案90.6万份，常住人口建档率达80%，档案年度更新率52%。推进国家慢性病综合防控示范区创建及精神卫生综合管理试点工作，构建覆盖全区的心理健康干预网络。连续30年未发现本地新感染血吸虫病例、病畜和感染性钉螺，通过省级现场达标评估考核。组建现场流行病学调查处置队伍，开展学校食源性感染事件应急处置竞赛演练。设立基层分所5个，充实完整卫生协管员18人。新审批设置社会办医疗机构18家。开展医疗机构依法执业及打击非法行医专项整治，立案查处非法行医案件24起，其中2名非法行医人员移送公安机关追究刑事责任。完成区级妇幼保健和计划生育技术服务资源优化整合，落实“妇幼健康工程”市政府实事项目，开展适龄户籍妇女“两癌”免费检查4.3万人，新生儿筛查2023例，完成孕前优生健康检查2062对。

【健康促进和爱国卫生】 推广健康场景建设，启动建设健康主题公园1座、小游园15个、健康步道7条。普及公民健康素养知识，区健康教育讲师团开展健康素养知识讲座30场，受益居民达3000多人。临湖镇创建国家卫生镇通过省级考核，光福镇和金庭镇通过国家卫生镇复审，35个江苏省卫生村通过复审。统一开展春季灭鼠、汛期消毒和除四害工作。推进改厕和生活饮用水卫生监督监测，实现全区改厕率100%的目标。制定《吴中区饮用水卫生监测工作方案》，确保实施水质监测全覆盖，保障生活饮用水安全。（魏　晔）

表19-5　卫生事业基本情况

项目	单位	2016年	2015年
1. 卫生机构数	所	268	258
#医院	所	25	22
基层医疗卫生服务机构	所	96	96
2. 卫生机构床位数	张	5268	4904
#医院	张	4448	4084
基层医疗卫生服务机构	张	820	820

续表

项目	单位	2016年	2015年
3. 卫生技术人员数	人	5614	5396
#医院	人	3430	3286
基层医疗卫生服务机构	人	2105	2015
#医生人数	人	2099	1873
#医院	人	1109	959
基层医疗卫生服务机构	人	944	870
4. 妇幼保健情况			
5岁以下儿童死亡率（‰）		3.46	4.02
婴儿死亡率（‰）		2.11	3.26
产妇住院分娩比例（‰）		100.0	100.0
5. 医疗机构诊疗情况			
诊疗总人次	人	6660904	6357603
#门诊	人	5911233	5629703
入院人数	人	103415	91396
病床周转次数	次	19.3	19.0
病床使用率（%）		75.8	72.1
出院者平均住院天数	天	13.5	12.4

表19-6 2016年末各类卫生机构、床位及人员数

项目	机构数（个）	床位数（张）	人员数（人）	卫生技术人员							
				卫生技术人员	执业医师	执业助理医师	注册护士	药师（士）	技师（士）	检验师	其他卫生技术人员
合　计	268	5268	7178	5614	1881	218	2424	368	268	197	455
一、医　院	25	4448	4566	3430	1033	76	1707	170	149	108	295
（1）综合医院	6	953	1873	1601	531	40	731	85	80	55	134
（2）中西医结合医院	1	750	1001	841	333	5	386	53	46	34	18
（3）专科医院	6	565	720	531	104	24	243	15	19	16	126
（4）护理院	12	2180	972	457	65	7	347	17	4	3	17
二、基层医疗卫生服务机构	96	820	1669	1363	450	90	468	155	79	62	121
三、门诊部	29	—	466	406	181	14	131	34	35	22	11
（1）综合门诊部	25	—	417	363	163	14	110	32	34	21	10
（2）中医门诊部	1	—	14	12	6	—	4	1	1	1	—
（3）专科门诊部	3	—	35	31	12	—	17	1	—	—	1
四、诊所、卫生所、医务室	114	—	375	336	175	34	113	7	3	3	4
1. 诊　所	75	—	304	265	144	19	90	6	3	3	3
2. 卫生所、医务室	39	—	71	71	31	15	23	1	—	—	1
五、妇幼保健院（所、站）	1	—	20	19	15	—	1	1	2	2	—
六、疾病预防控制中心	1	—	56	39	27	2	4	1	—	—	5
七、卫生监督（所）中心	1	—	26	19	—	—	—	—	—	—	19

续表

项目	机构数（个）	床位数（张）	人员数（人）	卫生技术人员	执业医师	执业助理医师	注册护士	药师（士）	技师（士）	检验师	其他卫生技术人员
八、其他卫生机构	1	—	—	—	—	—	—	—	—	—	—
专科疾病防治院（所、站）	1	—	—	—	—	—	—	—	—	—	—

表19-7 2016年医疗机构诊疗人数

项目	总诊疗人次数（人次）	门诊人次（人次）	急诊人次（人次）	入院人数（人）	出院人数（人）	实际开放总床位（床日）
总 计	6660904	5911233	692784	103415	100124	1898437
一、医 院	2328200	1974256	351725	90145	86968	1707504
1. 综合医院	1322844	1136259	184586	41383	40300	432223
2. 中西医结合医院	884292	723152	161140	22943	22959	237900
3. 专科医院	121064	114845	5999	20123	20116	284195
肿瘤医院	80987	80987	—	13922	13876	157746
骨科医院	23848	17849	5999	5509	5550	54070
美容医院	9659	9439	—	220	220	7300
4. 护理院	—	—	—	5696	3593	753186
二. 基层医疗卫生机构	4322555	3928852	341059	13270	13156	190933
1. 社区卫生服务中心（站）	1848644	1635377	203233	6435	6378	81215
乡镇卫生院	1609555	1459981	137826	6835	6778	109718
2. 卫生室	215101	189398	—	—	—	—
三、门诊部	256047	251773	—	—	—	—
四、诊所、卫生所、医务室	393208	392323	—	—	—	—
1. 诊 所	321442	320865	—	—	—	—
2. 卫生所、医务室	71766	71458	—	—	—	—
五、妇幼保健院（所、站）	10149	8125	—	—	—	—
六、其他卫生机构	—	—	—	—	—	—
专科疾病防治院（所、站）	—	—	—	—	—	—

表19-8 各类传染病发病率情况

项目	单位	2016年	2015年
总发病率	1/10万	564.32	300.23
#肝 炎	1/10万	18.90	17.28
伤 寒	1/10万	0.09	0.22
痢 疾	1/10万	2.38	2.75
麻 疹	1/10万	1.19	6.72

注：各种传染病总发病率包括性病、结核病。

表19-9　2016年前十位疾病死因及比重

位次	死因	占全部死因比重（%）
总计		100.00
1	恶性肿瘤	31.26
2	脑血管病	21.21
3	心脏病	14.81
4	呼吸系统疾病	13.68
5	损伤和中毒	6.47
6	神经系统疾病	2.36
7	内分泌、营养和代谢疾病	2.26
8	消化系统疾病	2.02
9	泌尿生殖系统疾病	1.18
10	精神和行为障碍	1.06

体　育

【概况】 2016年，园博园挂牌国家级竞走公园，确定吴中高新区运河风光带等70公里的健身步道路线及标示标牌。围绕“美丽吴中竞行时”主题，举办登山比赛系列——穹窿山站等4站活动，以及篮球、足球联赛，尹山湖荧光夜跑等为民活动，以点带面推动全民健身。承办第七届苏州“穹窿山兵圣杯”世界女子围棋赛和融国际顶级赛事、大众体育运动及景观体育为一体的2016苏州·吴中“环太湖”国际竞走和行走多日赛，连续12年在江苏省县级体育工作考核和督查中名列前茅。

【苏州·吴中“环太湖”国际竞走和行走多日赛】 第四次举办苏州吴中“环太湖”国际竞走和行走多日赛，设太湖、木渎、园博园、东山4站，吸引20个国家200多名专业选手及15000多名业余行走爱好者共同参与。本届比赛有2位里约奥运会竞走项目冠军——刘虹和王震加盟，加上网络直播的传播方式和公益行走的理念的引入，对吴中优势文化体育旅游资源进行全方位、多角度的宣传，展现健身行走的魅力，取得较好的社会效益，获评“江苏省十大最具品牌价值体育赛事”称号。

【“兵圣杯”世界女子围棋赛】 2016年，第七届“苏州穹窿山兵圣杯”世界女子围棋赛在穹窿山孙武书院举行。本届共有来自中国、中华台北、韩国、日本以及大洋洲、北美洲、欧洲等地16名选手参赛。

【群众体育】 举办2016中国体育彩票全国象棋业余棋王赛吴中区分站赛、长桥分站赛二项赛事，吴中区被评为“全国象棋之乡”；参加苏州市十四届体育运动会，获评“优秀组织奖”“体育道德风尚奖代表团”“突出贡献奖”“人才输送奖”称号。塑造“活力吴中”品牌，围绕“美丽吴中竞行时”主题，举办登山比赛系列——穹窿山站等4站活动，以及篮球、足球联赛，尹山湖荧光夜跑，广场舞大赛等参与性强、有特色的体育活动，以点带面推动全民健身。按“三证合一”补充材料，完成区各体育协会、俱乐部等社团在民政局的注册及年检工作。

【学校体育】 2016年，区内9所学校获评全国青少年校园足球特色学校，3所学校获评省级体育传统项目学校，5所学校获评苏州市体育传统项目学校，8所学校获评苏州市篮球特色学校，5所学校获评苏州市体育特色学校。组织参与苏州市十四届体育运动会，获竞技类金牌23.5枚，银牌14枚，铜牌15.5枚，总分661.5分，智力类金牌22枚，银牌22枚，铜牌30枚，总分704分。获本届运动会“优秀组织奖”“体育道德风尚奖代表团”“突出贡献奖”“人才输送奖”荣誉。承办苏州市青少年阳光体育联赛中小学生击剑比赛、中小学生手球比赛。区体校田径队参加省级县田径比赛成功冲入甲级组。推广青少年阳光体育活动，开展校园足球、篮球比赛，以及象棋、围棋比赛等。（张顺流）

2016年10月14日，吴中区中小学生阳光体育大会举行

表19-10　2016年体育事业基本情况

项目	单位	2016年	2015年
三百、四百米标准田径场	个	10	10
举办运动会	次	55	30
参赛人次	人次	52000	50000
#市级运动会	人次	45	50
参赛人次	人次	4500	4800

编辑：高　燕

民政事务

【概况】2016年，规范婚姻、收养登记，全年共办理结婚登记4610件、离婚登记1612件、补领结婚证1746件、收养登记35件。召开第二次全国地名普查人员培训会，推进第二次全区地名普查，对各镇（区、街道）普查人员进行专项地名普查业务培训，规范区划地名工作，查清各类地名基础数据，收入地名信息目录7533条；全年审核报批命名住宅区、高层建筑物22个，审核报批命名道路34条。开展第二轮困境儿童摸底排查，共排查出95例困境未成年人，开展个案帮扶。加强殡葬管理，各镇（区、街道）贯彻落实全区公墓管理意见，公墓管理规范有序，墓葬信息平台运行良好，甪直镇率先建成公益性骨灰堂——思亲楼；光福、郭巷公益性骨灰堂已通过立项审批，即将开工建设。第八个全国防灾减灾宣传周期间，组织各类防灾减灾宣传咨询活动35余场；开展防灾减灾专题讲座、知识竞赛等专题活动38余场，参与人数1.3万余人。年内，吴中区相继获得“江苏省现代民政示范区”“《中国社会报》民政宣传工作先进单位”“江苏省老龄宣传工作先进单位”和“苏州市民政工作综合评估优胜单位”等称号。

【低保和社会救助】2016年，提升城乡居民最低生活保障及社会救助水平，城乡低保标准由每月750元上调至810元，五保供养、低保边缘、重度残疾、特殊残疾等救助标准同步提高。全年发放各类救助资金6254万元。春节期间，开展“三级大走访，温暖进万家”活动，全区共发放慰问金5098万元，惠及3.3万户困难群众。年内出台《吴中区临时救助实施细则》，推进同城同待遇的临时救助工作。实施社会救助网上无纸化审批和医疗救助网络后台转办，救助工作效率显著提升。完善收入核对网络，开展高额存款低保对象清退专项整治，清退高额存款低保对象246户，维护社会救助的“底线公平”。建成吴中区防灾减灾仓库，增强防灾减灾能力。郭巷街道国泰社区成功创建国家级防灾减灾社区。

【慈善事业和福彩销售】2016年，新增城南教育、明仕阁、辉瑞、尹山湖美术馆等4个冠名爱心慈善基金。继续开展慈善救助，全年帮助困难学生、困难群众2000多人次，救助款支出358.7万元。“6·23”盐城阜宁龙卷风冰雹灾害发生后，全区干部群众踊跃捐款，向灾区募捐善款超过100万元。全年销售福利彩票4.21亿元，再创历史新高。年内，吴中区慈善基金会举行“明仕阁爱心基金”授牌仪式。

【惠老养老】 2016年，区、镇两级财政加大投入力度，推进养老设施建设。全区建成27家日间照料中心、4个独立助餐点、1个助浴点和1处老年人关爱之家。继续推进“居家福”增点扩面工程，“居家福”服务对象突破1.2万人，全年提供服务15.6万次，服务量与上年同比翻一番。吴中区居家福养老服务中心获“江苏省敬老文明号”称号。全年拨付养老机构建设补贴630万元、床位运营补贴165.05万元，拨付日间照料中心、助餐点建设补贴337万元、运营补贴128.28万元，拨付“居家福”运营补贴和政府购买服务补贴1184.32万元。区、镇（街道）两级财政投入近1500万元，落实尊老金发放、意外险赔付等惠老政策。推进养老服务信息化建设，开发智慧养老信息平台，完成基础信息数据采集，并与“居家福”实现数据对接共享。

【双拥优抚安置】 2016年，对全区105个机关、镇（区、街道）、企事业单位和18个驻军部队的“双拥结对”“军民共建”工作进行调整。全年下拨“春节”“八一”双拥慰问金350.5万元，投入134万元落实10项拥军实事项目。木渎、光福、郭巷、越溪、香山和吴中高新区获评“苏州市双拥模范镇（街道）”。落实优待抚恤政策，提高部分优抚对象补助标准，发放抚恤补助金1759万元，义务兵优待金1367万元，老复员军人遗属补助258万元。做好退役士兵安置工作，接收安置2016年度自主就业秋季退役士兵192名，冬季退役士兵39名；为5名随军家属安置工作，采取“积分选岗”办法，安置6名退役士兵；拨付上年冬季、2016年秋季自主就业退役士兵一次性补助金667.49万元。

【基层社会治理】 2016年，完成全区第十一届村委会、第六届社区居委会换届选举工作。全区188个村（社区）全部实行“直接选举”，其中166个村（社区）实行“无候选一票直选”，占全区换届村（社区）的88.3%，所有村（社区）均一次选举成功。推动社区服务社会化，投入首批试点资金336万元，在临湖镇牛桥村、城南街道新江社区等12个村（社区）进行，试点与推进效果良好。年内，香山街道获“江苏省和谐社区建设示范街道”称号，金庭镇秉常村、高新区新家社区等8个村（社区）获“江苏省和谐社区建设示范村（社区）”称号。继续培育发展社会组织，全年审批新登记社团30家，民办非企业单位73家。全区依法登记社会组织519家。组织开展的全区第二届公益创投活动圆满结束，27个创投项目累计开展各类社会化服务28000多次。加快镇（街道）社会组织孵化基地建设，角直、胥口、东山、临湖等10个镇（街道）成立社会组织孵化基地。推进社会组织等级评估工作，吴中区医药行业协会获评“5A级”社会组织，实现吴中区“5A级”社会组织的“零突破”。

（夏元斌）

社会保障

【概况】 2016年，全区社会保障新增参保17334人。全区城镇职工养老、医疗、工伤、生育、失业五大社会保险参保人数，分别为30.6万人、32.3万人、32.2万人、32.2万人、31.9万人。年末，全区社保基金结余25.37亿元。

【社保工作】 继续落实社保“四减两缓一补贴”降成本政策，为全区企业降低用工成本4.78亿元。实施医保付费总额控制办法，新增角直人民医院进入总控医院。落实医疗救助制度，17万人次享受医疗救助金7582.1万元。调整落实各项社保政策待遇，企业退休人员、农置城退休人员的平均养老金，分别提高到每月2604.4元、1327.2元，失业金最高标准提高到每月1820元。加强社保个人权益记录管理，免费发放46.8万份《2015年度吴中区社会保险个人权益记录单》，全面反映参保人员及其用人单位履行社保义务、享受权益状况。强化工伤认定服务效能，认定工伤2555起，组织劳动能力鉴定14批1569人。推广网上申报业务，免费发放数字认证CA证书，全区10人以上参保单位全部开通网上申报系统。下延市民卡信息采集业务至镇（街道），方便群众办理市民卡。加强对社保基金的监管力度，对欠缴社保的单位通过告知、公示等方式进行催缴，收回欠费631万元。加快对历史欠费核对清欠工作，共有230家单位缴清欠费95万元。通过购买服务的方式，聘请第三方对全区100家企业进行社保稽核。对全区社保基金进行内部核查，成立督查小组，对乡镇街道开展抽查，有效保障基金安全。基本完成被征地人员信息及资金核对工作，完善被征地人员信息库，确保基金安全平稳运行。

【退管工作】 2016年，全区纳入社会化管理的退休人员共16.9万人，社会化管理率达97.9%。区人力资源和社会保障局以唱响“冬送温暖、夏送清凉、春秋旅游、重阳祝寿”四季歌为主题，开展各类走访慰问活动，走访慰问退休人员42845人次，发放慰问金及活动经费共计474万元；组织94276名退休人员开展免费健康体检。年内，开展吴中区百名“退管之星”评选表彰活动。

（李真珍）

表20-1　2016年失业、工伤、生育、医疗保险情况

项目	单位	失业保险	工伤保险	生育保险	医疗保险
1.年末参加保险单位数	个	22036	22105	22105	22112
2.年末参加保险职工人数	人	318505	322180	322179	322684
3.年内保险基金总收入	万元	21551	10717	7193	171916
#利息收入	万元	2788	1544	448	10413
4.年内保险基金总支出	万元	26016	8725	14274	116730
5.年内领取保险金人数	人	13081	2186	18778	430551

表20-2　2016年养老保险情况

项目	单位	合计	其中			
			全民	集体	外资	其他
1.年末参加保险单位数	个	21799	3059	196	632	17912
2.年末参加保险人数	人	305556	11966	8596	73214	211780
3.年内保险基金收入总额	万元	431735	16632	12815	122622	279666
4.年内退休养老金支出总额	万元	237074	8702	918	2895	224559

住房保障

【概况】 2016年，全区商品房新开工面积468.2万平方米，商品房施工面积1240.61万平方米，商品房竣工面积179.85万平方米，办理商品房交付使用备案面积415.9万平方米。加大融资力度，全年融资48.7亿元，新建棚户区（危旧房）安置房7649套，建成棚户区安置房2396套，完成市政府下达的住房保障任务。

【住房改造及补贴】 构建多层次住房保障体系，继续推进棚户区（危旧房）改造工程。年内启动实施棚户区改造工程项目3个，改造户数2716户，拆迁改造面积116.6万平方米。制定出台《吴中区政府购买棚改服务管理办法（暂行）》，采用“租、售、补”相结合的方式，扩大住房保障覆盖面。对66户低保家庭施行廉租房保障，向257户低收入家庭发放补贴97.89万元；98户中低收入住房困难家庭参

郭巷安置小区

加经济适用房摇号，基本实现应保尽保。推动区级机关住房补贴调整，全年审批老职工购房补贴户数10户，补贴面积153.2平方米，补贴金额93273.3万元；审批优惠售房补差35户，补差面积2028.65平方米，补差金额110478.3万元。 （姚培培）

住房公积金管理

【概况】 2016年，围绕区政府年度重点民生工程和社会事业建设项目，积极适应经济发展新常态，稳中求进推进住房公积金扩面，各项业务均衡有序发展。年归集住房公积金198815.76万元（其中职工账户年度结息转增本金4775.12万元），同比增幅17.42%，期末住房公积金余额375506.42万元；向缴存职工提供提取柜面提取服务3.04万人次，住房贷款还贷委托转账提取49.22万人次，提取总金额146562.32万元；向2384户缴存职工家庭提供购买住房贷款，发放贷款116871.30万元，期末贷款12741户和410559.64万元；期末缴存人数规模170762人，期末月应缴额规模16794.42万元，同比增幅达到13.4%。

【住房公积金制度扩面】 全年实现新增开户职工人数42023人，净增缴存职工人数9561人，全面完成区政府年度重点民生工程和社会事业建设项目目标任务。把新增缴存3万人目标任务分解落实到十三个镇（街道），层层落实责任，形成扩面合力。充分发挥镇（街道）扩面推进平台作用，坚持分类指导和宣传引导相结合，进一步提高企业住房公积金制度规范水平。充分发挥拟上市和再融资企业示范带动作用，加强政策宣传和业务辅导，规范缴存证明出具，有的放矢提高标杆企业的住房公积金规范水平。

【住房公积金便民服务举措】 创新缴存单位专属服务。实现缴存登记、个人账户设立、网上业务开通、缴存托收签约和云服务“五位一体”同步办理。扩大缴存扩面职能进镇试点范围。新增城南、越溪、郭巷、胥口和临湖5个社保服务点，服务点总数达到7个，当地单位“足不出镇”就能办理公积金缴存业务。三是全面实施贷款“一柜式”受理。自7月起，贷款“一柜式”受理，实现“进一个门、取一个号、到一个柜台”，解决了在窗口间来回跑的问题。四是依托公安大数据共享离职提取，无需提交户籍材料。从12月1日起，非苏州户籍职工持居民身份证即可核实户籍办理离职返乡提取，不再需要提交居住证或户口簿。 （汪正旺）

计划生育

【概况】 2016年，全面稳妥实施两孩生育政策，完善生育登记承诺制、首问负责制度。全年办理生育登记服务8713例，其中一孩登记4600例、二孩登记4113例。户籍人口和流动人口分别出生8933人、3616人，出生政策符合率分别为99.93%、97.82%。全区居民期望寿命82.54岁。吴中区获省政府办公厅授予的“江

2016年7月6日，区卫计局在吴中区社会福利中心开展未成年人心理健康志愿服务活动

苏省人口协调发展先进县（市、区）”称号。

【服务资源优化整合】 年内，经区编委批准，区妇幼保健所增挂“苏州市吴中区妇幼保健计划生育服务中心”牌子，撤销区卫生局原下属的“苏州市吴中区计划生育指导站”，原有编制人员划转至苏州市吴中区妇幼保健所。完成区级妇幼保健和计划生育技术服务资源的优化整合。

【“计生关怀进万家”活动】 2016年，继续开展“计生关怀进万家”品牌活动。以进家庭、进机关、进学校、进军营、进企业、进工地等“六进”活动为依托，全面开展优生促进、科学育儿、避孕节育、青春健康、政策服务、新吴中人等六大类28项服务。全年累计服务家庭191185户，服务率96.8%，服务人次41.3万。扎实开展计划生育特别扶助家庭工程。区级“生育关怀”专项资金规模从每年135万元提高至180万元；区卫生和计划生育、民政、财政、文化体育4个行政管理部门共同参与，区镇联合，分组分片对全区621户计划生育特别扶助家庭进行大走访活动，列入重点人群开展家庭医生签约621户1267人，实现计划生育特别扶助家庭全覆盖。

【坚持利益导向机制】 2016年，全区共发放兑现公益金、企业持证退休人员一次性奖励金、独生子女父母奖励金、农村部分计划生育家庭奖励扶助金、计划生育特殊困难家庭扶助金、长效措施一次性奖励金等9万余人（户）次，4900余万元，奖励扶助计划生育家庭的利益导向机制明显增强。

【推进流动人口均等化服务】 开展“春风行动”“青春健康校企行”等政策宣传活动，有序推进流动人口均等化服务。坚持“均等服务百日行”长效机制，着力打造吴中特色的流动人口社会融合示范社区。严把流动人口积分入学、入户、入医审核关，共进行流动人口积分审核5000余人次。

【夯实基层工作基础】 完善镇（街道）政府（办事处）、条线和横向行政管理部门目标管理责任书内容和考核标准，做好计划生育工作各项目标任务考核汇总。年内，对6个批次的47家单位及137位个人的一票否决工作，进行审核，对其中4个涉及违法生育的单位及个人提出否决意见，夯实计划生育工作的基层基础。 （魏　晔）

表20-3　2016年计划生育及婚姻登记情况

项目	单位	2016年	2015年
一、晚婚情况			
女性初婚人数	人	2629	3337
# 23周岁以上	人	2048	2583

续表

项目	单位	2016 年	2015 年
晚婚率(%)		77.9	77.4
二、生育情况			
出生人数	人	8933	6040
#女	人	4345	2942
1. 符合生育政策出生人数	人	8927	6018
一　孩	人	4443	3357
二　孩	人	4388	2632
计划内多孩	人	96	29
出生政策符合率(%)		99.9	99.6
2. 计划外生育人数	人	6	22
三、节育情况			
育龄妇女人数	人	148906	149575
生育率(‰)		59.99	40.38
已婚育龄妇女人数	人	120027	120330
一孩妇女人数	人	84688	88114
已采取各种避孕节育措施人数	人	98812	99359
节育率(%)		82.32	82.57
四、婚姻登记情况			
年内准予登记结婚数	对	4315	4888
年内申请离婚数	对	1820	1464
年内准予离婚数	对	1665	1464

居民生活

【概况】 2016年，全区农民人均可支配27805元，同比增长8.2%；农村居民人均生活消费支出18934元，同比增长13.1%；农村居民人均住房建筑面积81.4平方米。城镇居民人均可支配收入56013元，同比增长7.6%；城镇居民人均生活消费支出33564元，同比增长6.9%；城镇居民人均住房建筑面积49.3平方米。年末金融机构存款余额2122.24亿元，其中居民存款余额695.83亿元，同比增长10.7%；年末金融机构贷款余额1999.37亿元，同比增长20.8%。

表 20-4　城镇居民家庭基本情况

项目	单位	2016 年	2015 年
一、调查户数	户	120	117
二、家庭人口数	人	476.5	454.3
平均每户人口数	人	4.0	3.9
三、就业类型	人	291	285
①雇　主	人	—	—
②公职人员	人	9	9
③事业单位人员	人	27	27
④国有企业雇主	人	11	10

续表

项目	单位	2016年	2015年
⑤其他雇员	人	229	222
⑥农业自营	人	—	—
⑦非农自营	人	15	17
户均家庭就业人口数	人	2.4	2.4
平均每一就业者负担人数	人	1.6	1.6
四、平均每户住房建筑面积	平方米	197.2	193.8
人均家庭住房建筑面积	平方米	49.3	49.7
五、住房房屋来源	户	120	117
租赁公房	户	—	—
租赁私房	户	—	—
自建房屋	户	51	51
商品房	户	69	66
六、住宅建筑式样	户	120	117
单栋住宅（单栋楼房）	户	79	75
四居室及以上单元房	户	7	8
三居室单元房	户	26	24
二居室单元房	户	8	9
平房及其他	户	—	1
七、饮水情况	户	120	117
自来水	户	120	117
井水和泉水	户	—	—
八、住房卫生设备	户	120	117
使用水冲式厕所的户数	户	120	117
使用旱厕的户数	户	—	—
无厕所的户数	户	—	—
九、洗澡设施情况	户	120	117
统一供热水	户	1	1
家庭自装热水器	户	119	116
其　他	户	—	—
十、取暖设备状况	户	120	117
自行供暖	户	104	101
无取暖设备	户	16	16
十一、炊用能源状况	户	120	117
罐装液化石油气	户	57	59
管道液化石油气	户	13	16
管道煤气	户	—	—
管道天然气	户	45	38
电	户	5	4
十二、每百户居民家庭通用设备使用情况			
1. 固定电话	部	90	97

续表

项目	单位	2016年	2015年
2.移动电话	部	318	301
3.使用互联网	条	233	178
十三、每百户居民家庭耐用消费品拥有量			
家用汽车	辆	94	83
摩托车	辆	5	9
助力车	辆	148	139
洗衣机	台	110	104
电冰箱(柜)	台	113	109
彩色电视机	台	243	227
计算机	台	135	126
组合音响	套	23	26
摄像机	架	14	15
照相机	架	62	67
微波炉	台	99	97
空　调	台	303	291
中高档乐器	件	10	8
热水器	台	113	115
健身器材	套	21	19
移动电话	部	318	301
电话机	部	90	97
消毒碗柜	台	18	16
排油烟机	台	103	102
洗碗机	台	6	6

表20-5　城镇居民家庭全年食品人均消费量

项目	单位	2016年	2015年	项目	单位	2016年	2015年
一、粮食消费量	公斤	98.5	97.2	2.牛　肉	公斤	2.3	2.0
1.谷物消费量	公斤	91.5	90.2	3.羊　肉	公斤	1.0	1.0
2.薯类消费量	公斤	0.6	0.5	4.其他肉类及制品	公斤	2.3	2.3
3.豆类消费量	公斤	6.4	6.5	**五、禽　类**	公斤	14.1	12.1
二、油脂消费量	公斤	12.1	10.9	1.鸡	公斤	8.2	7.0
#植物油	公斤	12.0	10.8	2.鸭	公斤	1.4	1.2
三、蔬菜及菜制品消费量	公斤	110.9	102.8	3.鹅	公斤	2.9	2.5
1.鲜　菜	公斤	106.0	98.3	4.其他禽类及制品	公斤	1.6	1.4
2.干菜及菜制品	公斤	2.3	1.9	**六、水产品**	公斤	26.6	25.6
3.鲜　菌	公斤	2.3	2.3	1.鱼　类	公斤	18.2	17.8
4.干菌及菌制品	公斤	0.3	0.3	2.虾、贝、蟹类	公斤	6.2	6.2
四、肉　类	公斤	30.3	29.9	3.藻类	公斤	0.5	0.4
1.猪　肉	公斤	24.7	24.6	4.其他	公斤	1.7	1.2

续表

项目	单位	2016年	2015年	项目	单位	2016年	2015年
七、蛋类及蛋制品	公斤	7.8	7.4	2. 瓜果制品	公斤	0.9	0.9
1. 鲜　蛋	公斤	7.2	6.9	3. 坚果类	公斤	2.2	2.7
2. 蛋制品	公斤	0.6	0.5	十、糖果糕点类	公斤	6.6	8.3
八、奶和奶制品	公斤	15.4	17.5	1. 食　糖	公斤	0.8	0.7
1. 鲜　奶	公斤	11.2	13.0	2. 糖　果	公斤	0.5	0.6
2. 酸　奶	公斤	3.4	3.4	3. 糕　点	公斤	4.7	6.5
3. 奶　粉	公斤	0.4	0.6	4. 其他糖果糕点	公斤	0.6	0.5
4. 其他奶制品	公斤	0.4	0.5	十一、饮　料	公斤	0.2	0.2
九、干鲜瓜果类	公斤	49.5	44.6	十二、烟叶消费量	公斤	25.0	30.7
1. 鲜瓜果	公斤	46.4	41.0	十三、酒	公斤	2.8	3.0

表20-6　农村居民家庭基本情况

项目	单位	2016年	2015年
一、调查户数	户	60	60
二、家庭人口数	人	251.5	246.3
平均每户人口数	人	4.2	4.1
三、就业类型	人	146	156
①雇　主	人	1	1
②公职人员	人	2	3
③事业单位人员	人	18	20
④国有企业雇主	人	1	2
⑤其他雇员	人	106	112
⑥农业自营	人	11	8
⑦非农自营	人	7	10
户均家庭就业人口数	人	2.4	2.6
平均每一就业者负担人数	人	1.7	1.6
四、平均每户住房建筑面积	平方米	341.9	337.0
人均家庭住房建筑面积	平方米	81.4	82.2
五、住房房屋来源	户	60	60
租赁公房	户	—	—
租赁私房	户	—	—
自建房屋	户	60	60
商品房	户	—	—
六、住宅建筑式样	户	60	60
单栋住宅（单栋楼房）	户	60	60
四居室及以上单元房	户	—	—
三居室单元房	户	—	—
二居室单元房	户	—	—
平房及其他	户	—	—

续表

项目	单位	2016 年	2015 年
七、饮水情况	户	60	60
自来水	户	60	60
井水和泉水	户	—	—
八、住房卫生设备	户	60	60
使用水冲式厕所的户数	户	60	60
使用旱厕的户数	户	—	—
无厕所的户数	户	—	—
九、洗澡设施情况	户	60	60
统一供热水	户	—	—
家庭自装热水器	户	59	59
其　他	户	1	1
十、取暖设备状况	户	60	60
自行供暖	户	32	32
无取暖设备	户	28	28
十一、炊用能源状况	户	60	60
罐装液化石油气	户	60	60
管道液化石油气	户	—	—
管道煤气	户	—	—
管道天然气	户	—	—
电	户	—	—
十二、每百户居民家庭通用设备使用情况			
1. 固定电话	部	90	90
2. 移动电话	部	338	322
3. 使用互联网	条	212	212
十三、每百户居民家庭耐用消费品拥有量			
家用汽车	辆	95	77
摩托车	辆	15	27
助力车	辆	167	157
洗衣机	台	105	105
电冰箱（柜）	台	112	110
彩色电视机	台	248	233
计算机	台	115	118
组合音响	套	13	20
摄像机	架	23	17
照相机	架	43	53
微波炉	台	98	92
空　调	台	300	280
中高档乐器	件	10	8
热水器	台	113	122

续表

项目	单位	2016年	2015年
健身器材	套	20	20
移动电话	部	338	322
电话机	部	90	90
消毒碗柜	台	12	22
排油烟机	台	102	100
洗碗机	台	7	8

编辑：王明生

苏州太湖国家旅游度假区

【概况】 苏州太湖国家旅游度假区是1992年经国务院首批批准建立的全国12个国家级旅游度假区之一。位于苏州市西南15公里处，东起胥口古镇，南倚石公山麓，西邻太湖，北傍穹窿山麓，总面积160平方公里。2016年末，度假区辖西山农业园区（金庭镇）、光福镇和香山街道，共22个村民委员会、11个居委会，户籍人口115212人。全年实现地区生产总值71.4亿元，比上年增长5.8%，其中服务业增加值48.6亿元，比上年增长10%；一般公共预算收入6.8亿元，比上年增长10%；完成全社会固定资产投资72亿元，其中第三产业投入69.5亿元，占全社会固定资产投资比例达96.5%；新增注册民资20.8亿元，到账外资372.3万美元。全年接待国内外游客881万人次，实现旅游总收入118亿元，比上年分别增长4.5%和7.3%；客房出租率50%，比上年增长17.1%。

【转型升级】 新兴产业企业完成产值24.3亿元，安洁科技营业收入近13亿元，福宝光电厂房完成主体建设，德企沃柏模具公司二期厂房建成投用；伟良电子获省级互联网和市级信息化推进“两化融合”项目专项资金支持，优尔食品、吴中喷丝板获区级工业转型项目扶持。推动房地产去库存，完成土地上市281亩，实现土地出让收入30.7亿元；销售商品房2649套，销售面积31.8万平方米，销售金额近33亿元。国资引领作用凸现，三大国有公司资产总额近400亿元，国资在基础设施配套、文旅功能载体建设方面发挥主力军作用。

【招商选资】 苏州太湖微谷电子商务产业园引进企业超40家，总注册资金超2亿元。苏州太湖科技产业园引进伟良电子、金煌机器人、三屹晨光、清本元等高科技企业，2016年，实现亩均税收超50万元。苏州太湖微谷科技创新产业园引进青客、龙文科技、汉得福生物等6家科研总部项目，并与视源科技签订战略协议。金庭镇引进阿里巴巴太极禅苑首家文化驿栈，光福镇3.7万平方米标准厂房招商顺利。

【旅游提升】 8公里太湖黄金岸线基本建设成型，生态绿廊（太湖演艺中心）完成生态停车场和部分景观绿化工程，6片足球场开工建设；万豪、万丽酒店完成总工程量的85%，丁家坞太美酒店开工建设；国机汽车体验园完成清障，在建汽车充电站8个，充电桩64个；西山岛观音园开园，推进南峰太湖ALILA酒店、

2016年2月3日“大美太湖”直升机空中观光之旅正式启航

复园项目，实施光福东崦湖商贸综合体、潭山矿项目。

【会议会展】 举办太湖开捕节、太湖梅花节等节庆活动；举办“乐太湖”“爱太湖”“春满太湖”等系列活动超100场，全年活动日110天，带动太湖新天地周边餐饮、住宿、景点营业收入同比增长超30%；举行全国“互联网+”现代农业暨新农民创业创新论坛、第六届“全球视频媒体论坛”等大型会议；苏州太湖国际会议中心、苏州香山国际酒店总营收超8800万元，其中会议营收超5300万元，比上年分别增长5.3%、13%。

【生态文明】 苏州太湖湖滨国家湿地公园正式挂牌，46个美丽乡村建设工程全部开工；农村污水治理全覆盖工程全面铺开，光福污水处理厂建成投用，金庭污水处理厂（迁）扩建工程加快推进；吕浦闸供水增压站及舟山花园二次供水、光福镇自来水改造、环太湖路配套给水、渔洋山至西山岛输水管工程全面完成。

【载体建设】 在建大型载体项目8个，已投用16万平方米。苏州太湖微谷电子商务产业园、苏州太湖文创中心投入使用，木居创联主题创客空间投入运营，舟山文创园一期工程完成主体建设；苏州太湖科技产业园高标准厂房、苏州太湖科技研发大楼交付使用；光福镇17亩工艺文化精品展示馆基本建成，13亩苏作红木展示中心进入开工准备阶段。

【道路建设】 太湖大桥复线建成通车，环太湖路、渔洋山隧道基本建成；中心区天镜南路、陈华路连接线等新建道路通车；蒯祥北路、教场路、墅里路等改造工程完成；金庭镇环岛公路支线系统全面优化；光福镇银扩路、同心路通行条件明显改善，区域综合交通网络通达性不断增强。

【民生工程】 完成民房拆迁91户，土地清理1000亩；舟山花园三期一区、二区建成安置房4059套，产业园第二、第三安置小区建成安置房1600套，香山街道安置317户（673套）；香山文体中心基本建成，香山实验小学进入内装，香山敬老院完成主体工程，香山生活垃圾分类处理站建成；光福太湖幼儿园改扩建工程、金庭两处日间照料中心基本完工。实施干部挂钩薄弱村帮扶办法，规范村（社区）劳务合作社项目管理，强化集体资产监管；实现村级集体总收入3.5亿元，比上年增长9%；村均稳定收入达399万元，比上年增长6.4%。（郑凯文）

苏州吴中经济技术开发区

【概况】 苏州吴中经济技术开发区（简称吴中开发区）位于苏州城南，东枕京杭大运河，南连吴江区，西含石湖风景区。2016年末，下辖城南、越溪、郭巷、横泾等4个街道办事处，33个村（社区），总人口47.6万人，其中常住人口16万人。吴中开发区内设机构8个、直属机构2个，直属国资公司3个，总公司、国太公司和东太湖公司总资产635亿元，净资产200亿元。

【经济发展】 2016年，实现地区生产总值357.2亿元，同比增长

7.4%；全口径财政收入114.1亿元，一般公共预算收入56.5亿元，增长15.9%；完成全社会固定资产投资151.4亿元；完成进出口总额47.2亿美元，其中出口额29.1亿美元；实现工业总产值717.1亿元；服务业增加值161.5亿元。

【国有、集体经济】 2016年，吴中开发区国资集体经济规模继续壮大，国资总资产635亿元，净资产超过200亿元，融资到账94亿元，年租金收益2亿多元，完成工程投入32.8亿元（含建业公司）。国资项目加快建设，25万平方米尹山湖商业水街加快推进，11万平方米尹山湖韵佳苑住宅竣工销售，9.6万平方米富民工业园三期土建完成，17万平方米太湖金港商业综合体完成封顶。集体经济总资产达72亿元，实现总收入6.73亿元，到期租金收入同比增长7%，收益效率达8%，村均稳定收入700万元。实现33个村（社区）股份合作社股份分红全覆盖。总投资32亿元，总建筑面积78万平方米的街道集团公司18个重点项目完工10个，建筑面积45万平方米；在建4个，建筑面积24.5万平方米；储备项目4个，建筑面积8万平方米。

【转型升级】 2016年，完成外资注册1.4亿美元，注册内资约203亿元。浪潮金融信息项目和苏州大华生物大数据研究院等一批新兴产业项目落户，苏州东瑞制药有限公司完成增资9000万美元，世界500强日铁住金、耐克森线缆和汇川二期、中吴能源、石湖金陵酒店项目开业，尹山湖爱琴海购物公园启动，中国民营科技环保产业园开园。现有企业提质增效，永旺永乐苏房（苏州）物业服务有限公司、苏州赛腾精密电子股份有限公司获批区级企业总部，苏州中晟环境修复有限公司等8家企业新三板上市，苏州晶瑞化学有限公司等5家企业主板排队上市。推进招才引智工作，吴中医药集团陈国庆博士入选国家“千人计划”，苏州优德通力电气有限公司谢磊博士完成“国家千人”答辩。另有2人入选省“双创人才”，7人入选“姑苏领军人才”。

【城市建设】 2016年，高水平推进太湖新城建设，启动区完成控规调整，推进智慧太湖新城专项规划建设，重点项目E-08地块、天鹅湖公园、白鹭岛工程竣工，推进东太湖路等道路工程、综合管廊、天鹅港、七子水街、地下空间等重点项目；启用北美高级中学新校区，启动建设太湖新城小学、

2016年7月10日，天鹅湖公园竣工验收

深圳海岸城歌林小镇项目，洽谈落户天鹅港东侧核心地块项目，开工建设吴郡绿岛各类项目。提升优化城南建成区、越溪城市副中心、尹山湖·独墅湖双湖板块功能环境，完成尹中南路污水管网改造，推进东吴南路改造、郭巷大道跨线桥等一批基础设施项目，西环高架南延、东环高架南延一期等重点交通工程完成部分综合管线迁改。轻轨2号线延伸线正式开通，4号线建设进展顺利。

【载体建设】 2016年，完善吴淞江科技产业园启动区配套基础设施，完成道路配套管网建设，建设辉瑞制药新厂等一批高端产业项目，高端产业园形态初显。综保区通过预验收，获批省级跨境电商产业园试点，区内跨境电商监管中心"境贸通"平台完成测试。东太湖科技金融城生物医药研发、检验检测认证、金融服务等特色产业加快集聚，国家级科技企业孵化器效应增强，一批在孵项目加快成果转化，区内太湖金港商业综合体、沃斯威投资项目封顶，金港住宅配套项目加快建设，苏州优弘投资管理有限公司等项目启动建设。

【社会事业和社会管理】 2016年，民生事业投入超10亿元。推进越溪二小及附属幼儿园，尹东幼儿园等项目建设工作，尹山湖小学及附属幼儿园，碧波小学南校区，城南中心幼儿园等项目开工，城南文体中心竣工装修。推进拆迁安置工作，完成城南宝带桥·澹台湖区域安置地块拆迁，郭巷8个项目地块实现清零，推进总面积124万多平方米的8个安置小区建设工作，建成安置房30万平方米。推进美丽乡村建设，横泾街道获评市农村生活污水治理先进集体，越溪街道张桥村获评市级"美丽村庄建设示范村"。加强社会保障和就业创业服务。深化社会治理、环境整治、安全生产等工作，社会总体保持稳定有序。

【改革工作】 2016年，加快推进重点领域改革，完成招商系统全面整合以及建设局、总公司职能调整优化，试行"7+3"板块网络化管理服务模式。7个板块：综合保税区（含吴淞江科技产业园一期）、太湖新城（含旺山工业园部分区域）、东太湖科技金融城（含旺山工业园部分区域）和4个街道（城南、越溪、郭巷、横泾）。3个片区：化工集中区（含河东工业园、东吴工业园）、尹山汽车城、国际教育园南区。

（吴荣熙）

【苏州吴中太湖新城概况】 苏州吴中太湖新城位于苏州南部，南临太湖水，背靠七子山脉。2016年，苏州吴中太湖新城陆地规划面积30平方公里，启动区规划面积10平方公里。坚持"先规划后建设、先地下后地上、先生态后业态、先配套后居住、先安置后拆迁"的理念，推进高端现代服务产业项目落地，推动吴中太湖新城形态、生态、业态、文态"四态合一"协调融合发展。2016年，在建项目23个，其中新开工项目8个。

按照先进城市规划及建设理念，建成并交付太湖新城吴郡绿岛片区。年内，针对交通秩序、社会治安、安全生产、市容环境、湖面治理等方面，协调组织公安、城管、渔政等部门在该区域开展综合治理，针对区域内在建工地多的实际特点，通过签订文明施工承诺书、现场约谈等形式，督促施工单位加强工地现场管理，以点带面，推动太湖新城全区域社会综合治理工作的提升。

依法行政，严格审批，积极维护良好社会公共秩序。随着城市建设的推进，特别是吴郡绿岛区域新城、建屋等五家房地产项目的全面开工建设，按照太湖新城城市管理要求，严格核查落实审批管理程序，累计完成道口开设、临时建筑、广告设置等审批事项共计96项，有力地保障相关建设项目的顺利实施。

【规划设计】 编制完成启动区外20平方公里控规及25.4平方公里整体概念性城市设计，以及海绵城市等一系列专项规划，完成启动区10平方公里控规的调整工作，新城规划更细致全面。

【招商引资】 华东师范大学附属苏州实验小学成功入驻，北美高级中学开班教学。新城郡未来、天地源太湖颐景、融创苏州一号院开盘销售。招商蛇口中央商务区综合开发项目、蓝光集团全球科创中心、丰隆集团湾东沿湖地块综合开发项目等重点项目加快跟踪，争取尽快落地。公司自有资产越旺智慧谷、地下空间开展先期招商储备工作。

【项目建设】 道路及综合管廊等基础设施建设加快推进。天鹅湖公园等竣工验收，新城环境大放光彩。越旺智慧谷B组团基本完成，地下空间加快推进，太湖新城小学进场施工，新城全面拉开大建设场面。

【城市管理】 实行79万平方米道路及150万平方米太湖水域保洁网格化管理，加强260万平方米市政绿化的养护管理，开展针对交通秩序、社会治安、安全生产、市容环境、湖面治理等方面的综合治理工作，核查落实审批管理程序，开展在建工地安全文明施工检查及企业安全生产宣传教育工作。 （吴晓芳）

苏州市吴中高新区

【概况】 位于苏州古城南部，是吴中区政府驻地。2015年11月12日获省政府批准建立，其前身吴中城区，于2012年3月筹备组建，于2013年9月28日挂牌成立，原长桥、苏苑、龙西3个街道合并成立新的长桥街道。2016年末，吴中高新区区域面积为15.3平方公里，下辖1个街道，29个社区（包括22个城市社区、7个农村社区），常住人口22.3万人，其中户籍人口7.5万人。

2016年，围绕“苏州主城南中心”的目标定位，重点推进“四个十”工程，突出“创新引领、产城融合”的发展模式，聚焦产业转型、立足民生根本、创新城市管理。编制完成总体发展规划和产业发展规划，明确以“机器人与精密智造”为特色战略产业，创新实施“一区三园”模式，构建“一体两翼、带状发展”的总体产业空间格局，吴中科创园、南师大科技园、苏州信用信息产业园、吴中“互联网+”产业园、苏州节能环保产业园等相继开园，培育辉瑞制药、吴中集团、科沃斯机器人等一批行业龙头企业。完成拆迁建筑面积40万平方

石湖晚照

米以上，投资超30亿元加快建设苏大附二院吴中分院、高新区科文中心等民生实事工程，推进城市建设，创新城市网格化管理机制，“保姆式”医疗、“居家福”养老等服务品牌实现全覆盖。

全年完成地区生产总值118亿元，增长8.3%；全口径收入29亿元，增长10.8%；一般公共预算收入16.3亿元，增长9.6%；服务业增加值90.4亿元，增长10%。国有总资产46.14亿元，增长4.39%；集体经济总收入6亿元，增长10%；村均稳定收入4100万元，增长7.6%；农民人均纯收入4.6万元，户均股金分红收入达2.2万元，集体经济各项指标均位居苏州大市前列。长桥街道、南区社区蝉联省级文明单位（社区），石湖天韵社区首次获评省文明社区。

【产业结构】 围绕建设省级高新区目标，制定《关于深化改革加快创建省级高新区的实施意见》，编制完成高新技术产业开发区产业发展规划，确定以机器人与精密制造产业为主导产业的方针，实施“一区三园”的管理模式，重点打造“十大产业载体”，并具体规划每个产业园产业发展方向。年内，吴中高新区“互联网+”产业园、苏州节能环保产业园、吴中科创园、苏州信用信息产业园、南师大科技产业园投运，运行状况良好。吴中高新区传统优势产业向高端高质高效方向发展，第三产业占城区市场主体达79%，产业转型和结构调整步伐加快。

【征收拆迁】 十大重点地块征收（拆迁）房屋面积35.33万平方米，涉及征收户（拆迁）283户。全年完成中先公司、华夏银行、苏州银行、市第二看守所及蠡墅D级危房解危搬迁等5个地块的清场交地工作，完成签约191户，累计办理注销历年征收（拆迁）地块两证270户。

【城市建设】 总投资160亿元的31个重点项目进展顺利，凤凰文化广场结顶，澹台湖景区绿化工程完工，吴中高新区规划展示馆对外开放，涵碧书院、吴中区博物馆完成前期准备手续。按计划推进土地上市工作，吴中大道地块被鲁能公司以38.7亿元成功拍得，苏州银行、安置中心、原华夏银行等11个地块完成上市准备工作，金十六区地块挂牌上市。推进“中心城市核”优化提升计划，重点细化万达石湖片区、东吴北路豪仕登地块、轻轨站点周边三项综合改造，排定三年优化计划；旺吴路改造工程、长兴街西延、东吴北路综合整治工程、文曲路、东苑路改造工程基本完工。

【民生实事】 2016年，十大民生工程总投资30亿元，苏大附二院吴中分院、高新区科文中心办理开工前手续，幼教中心顺利完工。一批社区卫生服务中心、日间照料中心投用，苑北等三个社区实施老年人助餐服务，推广“保姆式”医疗、“居家福”养老等服务品牌。老旧新村完成改造，城中村全面实施村庄综合整治，嘉宝都灵苑、汇盛花园、苏美中心等4个小区完成二次供水改造，维修天韵、天怡、天华苑小区185套安置房。中央环保督查任务整改到位，取缔辖区内63个老虎灶。就业形势保持平稳，开发公益性岗位142个，提供就业岗位1489个。健全社会保障体系，完成社保扩面1426人，基本养老、医疗保障实现全覆盖。便民服务中心平均日办件80余件，按时办结率100%。

【城市管理】 以江苏省优秀管理城市和文明城市创建工作为契机，组织开展环境综合整治行动，强化机关干部包路督查，完善社区牵头的城市网格化管理机制，提升城市环境，强化文明意识。苏苑菜场及周边管理实行“服务外包”模式。丽丰购物中心拖欠租金、蠡墅原电影院东侧危房、美之国小区烂尾楼等群体性事件得到依法依规处置。强化安全隐患排查整治力度，落实安全生产属地责任，与辖区各企业单位共签订安全生产责任书415份，开展各类专项检查12次。（刘欣声）

编辑：高　燕

镇（区）·街道

木渎镇

【概况】 木渎镇位于苏州城西，太湖之滨，是一个具有2500年历史的中国园林古镇和中国历史文化名镇。全镇面积62.28平方公里，下辖9个村委会、13个居委会，户籍人口9.1万，登记外来人口超20万。2007年被纳入苏州中心城区，2009年被列入苏州城乡一体化先导区，2015年开始强镇扩权行政体制改革试点。

【经济发展】 2016年，实现地区生产总值159.12亿元，同比增长9.5%；完成固定资产投资18.14亿元；全口径财政收入37.56亿元，同比增长10.85%；一般公共预算收入22.50.亿元，同比增长2.03%；镇级可用财力7.8亿元，同比增长1.2%。截至2016年底，全年实现镇、村两级集体收入8.5亿元，同比增长5%。其中，村级集体收入4.2亿元，同比增长5%；镇村两级集体资产规模超130亿元，同比增长7%。

【集体经济】 2016年，推进股权固化改革，全年镇村三种股份合作社共计分红1.55亿元，户均分红超1.3万元，同比增长均超7%。出台《关于促进集体经济发展的

表22-1　2016年木渎镇基本情况

总面积	62.28平方公里
耕地面积	6337亩
年末户籍人口	91025人
村委会	9个
居委会	13个
工业总产值	1620310万元
地区生产总值	1591227万元
全口径财政收入	375645万元
一般公共预算收入	225002万元
粮食总产量	—
水果产量	7吨
水产品产量	—
内资企业	15714户
外资企业	237户
新增注册外资	—
年内到账外资	10000万美元
个体工商户	12219户
中小学校	11所
医院（卫生院）	2家

表22-2　2016年各村（社区）基本情况

村名	年末户籍人口（人）	经济总收入（万元）
灵岩村	4461	3354
姑苏村	5910	6346
尧峰村	4489	2400
西跨塘村	5201	3670
天平村	5863	10813
金山村	4855	3530
五峰村	6169	2650
善人桥村	4776	2203
天池村	6935	4362

暂行办法》，进一步加强集体经济扶持力度。集体经济抱团发展模式得到创新，完成镇、村抱团项目公司组建，并加快开展项目建设和招商。资产管理进一步加强，全年实现资产交易1190笔，涉及土地580亩，载体65万方，年合同租金9100万元，同比增长5%；公开竞价4笔，平均溢价率超20%。

【转型升级】 2016年，坚持以创新转换发展动能，以集聚引领产业高端化，优化经济结构，强化资源要素保障，促进产业转型升级。依托金枫路文化创意产业带及各产业园区，整合广大创业资源，扩大创新创意产业影响力。国家级产业园作用凸显，全年共调优企业86家，去化载体4万方，实现税收1.3亿元。苏州两岸青年创业园被国台办授予“海峡两岸青年创业基地”荣誉称号，成为木渎镇第六家国家级产业园区，吴中科技创业园成功创建苏州首家智能智造体验中心。发挥商业综合体及专业市场相互辐射、协调发展作用，抢占苏州西部商业发展制高点。商贸流通产业今年共引进企业75家，去化市场及商业等社会载体3.6万方。凯马汽车城全年共计调优载体面积1.3万方，实现汽车销售4.6万辆，销售额68亿元。以企业的自助创新能力提升驱动片区创新动能，推动金桥精密制造向智能制造转型升级。加快推进“退二优二”，全年调优载体8万方，引入优质企业35家，实现税收6亿元，同比增长6.6%。以区域化整体发展和精品化细节打造为重点，深化旅游产业内涵，全年共计接待游客量超100万人次。古镇区完成与金诚集团签约合作。引入山塘街67号精品客栈、王森西点等优质项目。

【城乡一体】 2016年，以“省级优秀管理城市”创建、文明城市测评迎检等创建活动为契机，开展农村环境长效管理。推进天平村范家场等14个自然村美丽乡村建设，西跨塘等3个村通过省卫生村复查。推进重要路段、关键节点的建设，完成中山路道路改造并全速推进沿线立面改造，配合做好轻轨5号线项目建设。推进动迁回购安置工程，腾出金山村梅家桥东及尧峰村走马塘2块净地，共计面积170亩，完成金山浜花园C区及雀梅花园二期等安置小区建设，新增安置房2781套，完成动迁安置1328户，完成不动产证办理514本并发到动迁户手中。

【民生保障】 2016年，净增社保扩面2200人、公积金扩面缴存净增1155人，发放失地补偿8820万元，累计发放给低保、低保边缘及残疾人等困难群众各类社保救助资金近900万元。残疾事业也稳步推进，组织残疾人技能培训并实现162名残疾人的就业安置，组织参加市第六届残运会并获得8金1银的好成绩。双拥工作深入开展，全年共支付各类优抚资金1453万元，并对全镇14家驻地部队和共建单位送慰问款共计100万元。养老事业加快发展，金山村、南亭社区等6家日间照料中心及助餐点功能进一步完善，投入83万元开展居家福上门服务，全年共计发放尊老金近175万元。

【实事工程】 水环境进一步改善，开展木光运河整治，完成雨污分流整治工程，善人桥断面水质已达国考断面考核要求。污水处理能力进一步提升，日处理能

2016年10月14日，木渎新城污水处理厂启动仪式

力10万吨的新城污水处理厂建成并投入使用。开展农村生活污水治理，完成天池村庄郎等16个自然村共计约30公里的污水管网改造。大气环境进一步改善，开展对吴中静脉产业园内6家重点企业的废弃专项治理行动，完成整改项目38项。教育事业深入推进，南行中学已建成启用并完成首届招生，南推进行实小幼儿园等8所学校改(扩)建工程，全年共计发放民办幼儿园补助资金约294万元。

【重大活动】 10月14日，木渎新城污水处理厂启用仪式举行。木渎新城污水处理厂的前身是木渎镇污水处理厂，占地面积169.84亩，设计日处理能力为10万吨/天，项目总投资为9亿元。新厂建成后服务范围涵盖整个木渎，能够满足全镇日益增长的污水处理需求，同时为保障太湖水质安全筑起一道"绿色屏障"。

(王雅静)

甪直镇

【概况】 甪直镇位于苏州城东南25公里，北靠吴淞江，南临澄湖，西接工业园区，东衔昆山。全域面积75平方公里，澄湖水域面积45平方公里，下辖16个村委会和2个居委会，总人口超20万。苏沪高速、绕城高速、机场路、东方大道等道路穿镇而过，区位优越，交通便捷。甪直是一座具有2500多年历史的水乡古镇，文化底蕴深厚，被费孝通先生称为"神州水乡第一镇"。镇内人文景观景点众多，有首批国家级重点文物保护单位——保圣寺古物馆罗汉塑像和首批国家级非物质文化遗产——甪直水乡妇女服饰。先后被评为中国历史文化名镇、国家4A级旅游风景区、全国环境优美镇、全国首家通过ISO14001环境管理体系认证的乡镇、全国重点镇、全国宜居小镇示范、全

表22-3 2016年甪直镇基本情况

总面积	75 平方公里
耕地面积	45469 亩
年末户籍人口	68807 人
村委会	16 个
居委会	2 个
工业总产值	1918726 万元
地区生产总值	1033541 万元
全口径财政收入	176673 万元
一般公共预算收入	94529 万元
粮食总产量	6131 吨
水果产量	1566 吨
水产品产量	6086 吨
内资企业	5412 户
外资企业	249 户
新增注册外资	4705 万美元
年内到账外资	1160 万美元
个体工商户	11694 户
中小学校	7 所
医院(卫生院)	12 家

表22-4 2016年各村基本情况

村名	年末户籍人口（人）	经济总收入（万元）
淞南村	4729	3265
淞港村	3385	1380
淞浦村	3001	1200
澄北村	2792	394
澄湖村	3641	1070
澄东村	4004	702
甫南村	3177	1742
甫港村	4132	750
甫田村	2960	1712
江湾村	3029	369
前港村	2502	1000
三马村	3725	500
湖浜村	2830	875
澄墩村	3011	210
长巨村	4360	520
瑶盛村	2932	750

国首批特色小镇、江苏省百强乡镇、外向型经济明星镇、江苏省卫生镇、江苏人居环境范例奖及全国特色景观旅游名镇等。

【经济发展】 2016年，实现地区生产总值103.35亿元，增长7.9%，完成固定资产投资12.98亿元；全口径财政收入17.67亿元；一般公共预算收入9.45.亿元，增长13.69%。全年实现工业总产值191.87亿元，其中规模以上工业产值110.6亿元。全年新增注册内资68.48亿元，注册外资4705万美元，年末到账外资1160万美元，进出口额5.45亿美元。全年实现集体总资产47亿元，集体总收入5.26亿元，村均稳定收入1414万元，农民人均纯收入3.33万元。浦发银行、珠江村镇银行等2家银行落户开业，新业电子、宝强螺丝、康鸿智能等3家企业成功挂牌新三板，全镇上市企业实现零突破。

【集体经济】 2016年，集体经济加快发展，润淞广场等11万平方米集体经营性载体竣工投用，全面完成17个村股权固化改革，强化集体经济“三资”管理办法的落实执行，实施村级“三资”管理专项整治，确保集体资产保值增值。全年实现镇村集体总资产47亿元、集体经济总收入5.26亿元，分别增长6.8%和7.6%；实现村均稳定收入1414万元，增长6%；实现农民人均纯收入3.33万元，增长10%。

【转型升级】 制造业企稳向好。坚持工业立镇，实业为先，加快推进实体经济转型创新，模具装备等主导产业企稳回升，质效并提，获评全国首批模具特色小镇。全年完成工业总产值191.9亿元，其中规模以上工业产值110.6亿元。加大意向企业挂牌上市培训帮扶和梯队建设力度，康鸿智能装备、宝强螺丝、新业电子等3家企业实现新三板挂牌上市。米达思扩建等一批项目建成投产，贵翔精密、龙辉钢模等一批项目加快建设，联东U谷、天安智谷、合金二期等一批工业地产加快推进，太湖经贸洽谈会，珠海、青岛、北京以及赴韩国、日本招商推介成效显著，恬梦饮品等一批有影响的项目签约。上海理工大学技术转移中心甪直工作站成立运营，苏州五强光学科技等7家企业获评省民营科技企业，柳道万和成为今年首批省外资研发中心，新增省“双创”人才1人、“姑苏天使计划”人才1人、区领军人才4人。

服务业提效发展。完成服务业增加值54.55亿元，增长5.9%。万达城市广场、“You+”青年公寓等一批知名品牌项目签约落地，麦稻商业广场即将开业，万嘉生活广场建成运营，和丰晓筑、甪盛汽车广场南区服务中心等项目建成竣工，成为全市首批开工和竣工的“一村二楼宇”项目，甪直古镇中市街获评省级放心消费示范街。中梁、弘阳等房地产品牌相继进驻，金科、南山、碧桂园、阳光城等项目销售扎实稳健，大湖东角直宜居板块的市场关注度、认可度、影响力不断提升。全年共销售商品房2300套近26万平方米，销售金额33亿元，累计推出三产服务用地3幅108.3亩，实现土地出让金16.6亿元。

农业再添新亮点。江湾农产品专业合作社和“水八仙”分别获省“十家农民合作社”“十个畅销产品”，“鸡头米”再次入选国家极地科考选用产品，“吴中鸡头米”加快申报国家地理保护标志，建设新品种、新技术研发和展示中心，农田整理项目和市级蔬菜基地一期竣工投用，做好“四个百万亩”落地等基本农田保护工作，配合苏州市长三角绿色农产品配送基地建设，推进基地拆迁清障，并做好周边基础设施和公共配套服务规划。

【城乡一体】 突出抓规划调整优布局。坚持规划引领，积极推进“多规融合”试点，重点做好角直镇总体规划较大修改申报工作，解决农产品物流园的规划空间，最大限度实现产业、土地、城镇等规划的匹配融合，引领城镇功能、布局、形态有效提升，获全国首批特色小镇，被住建部等7部委授予全国重点镇。

突出抓项目建管优秩序。举办重点项目集中开工开业仪式，建管并重，推进区镇两级12类110多个重点项目建设，特别是加大年度投资34.3亿元的44个区级重点项目推进力度，明确挂钩领导、职能部门、时间节点等任务清单，加大跟踪督查协调推进，吴淞江大桥改造等13个项目竣工投用。规范在建项目过程管理，制定下发角直镇工程类项目过程管理实施办法，加强在建项目环境卫生、建设秩序、围挡护栏等方面的规范管理。

突出抓拆迁清障腾空间。重点推进拆迁清障工作，推进系统化拆迁，按照角直镇拆迁清障工作指导意见，落实拆迁清障半月例会制度，加大重点项目、重要节点的存量拆迁清障力度，完成民房拆迁341户、集体资产清障93户、低效企业回购7家、土地复垦5处，腾退土地460亩。加快存量用地提升改造步伐，确定3处城市用地和1处工业用地更新改造项目，为转型发展提供支撑。

【民生保障】 民生保障有力推进。实施就业扶持政策，开展劳动技能培训，引导、帮扶家庭失业人员等重点群体实现就业增收，提升社保扩面力度，新增就业岗位2100个，社保扩面净增1600人，住房公积金净增1050人。推进“居家福”农村居家养老提标扩面，引导鼓励社会资本参与养老产业发展，台湾乐颐养老项目落地。25万平方米的陶浜花园、长虹花园等安置房实现交付投用，35万平方米的黄娄花园、车坊花园等安置房加快规划建设。

【实事工程】 民生实事工程有序推进。十七届五次人代会确定的年度投资近30亿元的农民安置、教育提升等十大民生实事工程，基本按时序推进落实，古镇水环境整治提升等24个项目竣工投用，龙潭农贸市场、达圣商业广场等7个项目因土地指标、拆迁、方案调整等原因进度略有滞后，其余项目按时序推进。加快陶浜花园三期、长虹花园等4个安置房项目建设，交付安置房近20万平方米。

【社会事业】 以人为本重共享，社会事业改善迈出新步伐。加大教育、文化等民生投入力度，教育提升、交通建设等十大民生实事工程按时序推进；实施流动人口随迁子女积分入学制，角直高级中学本二达线率再创历史新高，总投资约2亿元的9所学校加快规划建设，成人教育中心校竣工投用；加大文体卫生等公共事业惠民力度，《角直镇志》入选中国名镇志文化工程。甫澄路改造、迎宾西路、经七路、吴淞路南延等道路建设加快推进，公交线路进一步优化。深化基层依法治理，抓好社会风险评估、流动人口管理、矛盾排查化解等平安稳定工作，保圣社区被评为省级和谐社区。深化“村民联系卡”“出租屋超市”等社会治理创新举措，甫澄花园等3个“出租屋超市”建成投用。发挥新成立的镇信访接待中心的化解、调

甪直江南文化园

处和稳控作用，强化接访责任人“全程”化解职责。抓好古镇景区周边“三小车辆”和“人力三轮车”集中专项整治，整治违法建设、流动摊点、占道经营、渣土扬尘等城镇管理“顽症”。加强安全生产基层基础建设，建立健全安全生产网格化管理体系，强化隐患排查治理，完成市、区、镇“三级”挂牌督办安全生产重大隐患整改项目8个，预防和遏制各类安全生产事故。计生、民族宗教、动物防疫、消防、社会救助、公墓管理、物业管理、档案等工作扎实推进。

【重大活动】 2016年4月2日，甪直镇江南水乡古镇联合申遗工作推进会召开。会议由镇党委委员徐宏主持，联合申遗工作领导小组全体成员参加。5月22日，《中国名镇志丛书·甪直镇志》评审会议在甪直镇人民政府会议室举行。11月29日，第五届中国非物质文化遗产·东吴论坛——甪直水乡妇女服饰专题论坛在甪直举行。（杨 洁）

胥口镇

【概况】 胥口镇位于苏州西郊10公里的太湖之滨，相传为伍子胥开凿胥江入太湖之口而得名。胥口镇历史悠久、文化底蕴深厚，先后被文化部命名为“中国书画之乡”“中国文化（美术）产业示范基地”，“香山古建营造技艺”被列入首批国家级非物质文化遗产和《人类非物质文化遗产代表作名录》。在传承弘扬传统产业“一支笔”（吴门书画）、“一把刀”（香山古建）、“一根藤”（藤艺制品）基础上，大力发展新兴产业，形成

表22-5 2016年胥口镇基本情况

总面积	36.4平方公里
耕地面积	9764亩
年末户籍人口	33672人
村委会	6个
居委会	1个
工业总产值	2235786万元
地区生产总值	1060079万元
全口径财政收入	178049万元
一般公共预算收入	94701万元
粮食总产量	671吨
水果产量	210吨
水产品产量	46吨
内资企业	4260户
外资企业	135户
新增注册外资	501万美元
年内到账外资	10万美元
个体工商户	5254户
中小学校	3所
医院（卫生院）	1家

表22-6 2016年各村基本情况

村名	年末户籍人口（人）	经济总收入（万元）
东欣村	4893	3824
新峰村	4997	3174
箭泾村	5704	4663
采香泾村	4067	3746
合丰村	3539	1934
马舍村	6042	2454

新能源新材料、装备制造、电子信息和节能环保“3+1”的现代产业发展格局。全镇集聚国内外2000多家中外企业，其中包括松下、日立、可口可乐等世界500强企业6家。

【经济发展】 2016年，实现地区生产总值106.01亿元，增长6.8%；完成全社会固定资产投资52.36亿元；全口径财政收入17.80亿元；一般公共预算收入9.47亿元，增长8.40%；实现工业总产值223.58亿元，规模以上工业企业产值168亿元，销售超亿元企业38家。深入对接区供给侧结构性改革和实业兴区战略行动计划，推动产业向中高端迈进，申报转型升级资金项目21个。成交工业、仓储用地6幅200亩，柏林电器、贤恒电子等13个区级重点项目建设投产，完成投资12.9亿元。太湖经贸合作洽谈会成功签约佳信德机械、医迈德医疗两个项目，赴北京、深圳、大连等地招商推介成效初显，老码头商业项目、佳世源实业、麦克思威等一批优质项目落户，截至2016年末新增注册内资34.40亿元，完成全年任务的129.3%。金融工作深入推进，资本市场“胥口板块”加快打造，元璋精工科技、贝克诺斯等7家企业新三板挂牌。落实房地产调控政策，房地产业健康稳定发展，澳海胥江湾、胥江一号等楼盘销售良好，累计销售1322套，销售额15.65亿元。商业载体空间布局进一步优化，建筑商务中心投入使用，港龙乐汇城、财富广场等项目加快完善，CIS创意空间运营良好，完成服务业增加值47.43亿元，同比增长10%。实现文化产业产值14.5亿元，文化产业保持良好发展势头。成立现代农业园区管委会，马舍农业园、采香泾生态农业园建设稳步推进，生态农业业态不断丰富。

【集体经济】 2016年，根据村级经济发展现状，通过资产改革、创新模式，进一步盘活集体资产，壮大集体经济。镇、村两级集体总资产69.02亿元，净资产14.49亿元。其中，村级集体经营性资产达4.82亿元，实现经营性收入8254万元，村均稳定收入超2500万元。采香泾村总量继续保持第一，箭泾村增速最快、增量最大。深入推进农村权能改革，完成各村股权固化工作，新峰村在全国农村集体资产股份权能改革试点工作会议上交流经验。积极引导农民参与农村合作经济，新组建合丰村劳务专业合作社，全镇合作社累计20家，参股农户保持全覆盖，分红总额首超亿元，户均分红达13915元。完成镇物业股份合作总社、农村土地

胥江

股份合作社换届工作。进一步拓宽农民增收渠道，继续坚持“入股自愿、退股自由，保底分红、按益结算”的原则，调动农民投资入股积极性，参股农户6480户，股本金12.42亿元。完成集体资产发包、出租交易112笔，合同总额2751万元，租金平均涨幅10.79%。加强集体资金投资建设项目管理，累计完成招投标项目64个，节资增效646万元。制定《胥口镇2016年度审计工作计划》，完善集体资产审计制度、创新审计方法、加大审计力度。新增送审项目178个，审定项目153个，平均核减率14.99%。

【转型升级】 2016年，坚持以创新作为引领发展的第一动力，推动产业转型升级。培育自主知识产权和自主品牌，科技研发势头良好，认定高新技术产品11只，高新技术企业5家，新增市级以上工程技术研究中心2家。新增各类专利1266件，新增“姑苏领军人才”2名、“东吴领军人才”6名。申报省级工程技术研究中心1家。获评苏州市科技镇长团先进派驻单位。“天烨TEIYE”注册商标被认定为中国驰名商标，全镇工业类驰名商标达3件。产学研不断深化，君悦科技与南京航空航天大学共同成立研究生工作站，神王集团等企业开展国际合作项目。

【城乡一体】 2016年，围绕全镇发展定位、产业布局和功能配置要求，完成《苏州市吴中区胥口镇总体规划（2014—2030）》修编，胥口镇控制性详细规划获市政府批准，净增建设空间近1200亩，进一步促进产业规划合理布局。按照充分保留乡愁景观风貌的总体目标，对5个村委会的14个自然村庄实施美丽乡村建设规划布点。进一步优化全镇土地利用规划，调整企业规划红线9家，储备工业、商业、住宅用地10幅345亩，拍卖工业、仓储用地11幅454亩。完成230省道（胥口段）、繁丰路、新峰路、皋峰路等道路的改造，胥进路、上供路、上沿山路改造有序推进。新增改造自来水管网6.2公里，升级改造工业专变、综合变32台，改造低压线路8.39公里，完成公共自行车三期布点，改造污水管网5公里，优化调整507、508路公交线路。围绕轨交5号线等重点工程及道路建设，拆迁房屋5.2万平方米，其中农户130户、企业5家，子胥花苑小区已安置244套，采香泾花园小区已定向安置1351套。积极引导企业清洁生产，关停淘汰落后企业6家。加大污染防治力度，清理整改违法违规企业288家，整治扬尘企业2家，完成7家工业企业废气整治，常态化开展秸秆禁烧巡查。完成污水厂一期提标升级改造工程，日处理污水能力提升至3万吨。加大水环境治理力度，疏浚河道9条，长度7.9公里，土方7万方。加强太湖水环境保护，打捞水草、蓝藻2680吨。箭泾村和新峰村率先推进农村生活垃圾分类处理站建设，农村环境长效综合管理落到实处，综合考评得分继续位于全区前列。大力实施绿化工程，全镇绿化覆盖面提高至34.7%。

【民生保障】 2016年，集体经济和合作经济稳步发展，村均稳定收入2515万元，农民人均纯收入34231元。农民入股积极性高涨，户均分红13915元。实施就业扶持各项政策，开展城乡劳动力技能培训2596人次，新增就业岗位544个，开发公益性岗位54个，本地应届高校毕业生就业率100%，登记失业率控制在2.5%以内。调整各项社保政策待遇，被征地置换城保人员、农村退休人员最低养老金分别提高到每月910元、870元，住房公积金缴存新增3640人。城乡低保标准上调至每月810元，发放低保、优抚、助残、敬老等各类补助经费795万元。居家养老服务站运转良好，累计服务老人783人次，支出服务经费43.2万元。

【实事工程】 2016年，继续做大做强集体经济和合作经济，持续实现农民增收；启动轨交5号线胥口段、清明山隧道工程等道路建设；实施15个康居村庄和2个安居村庄建设；完成10条河道疏浚和4个闸站建设；完善治安技防体系建设、完成公共自行车三期布点；规划建设采香泾生态农业园；规划启动胥口实验小学扩建；延伸改造污水管网5公里；实施胥江河胥口中学段景观改造；启动建设科技创业中心。

【社会事业】 胥口中学扩建按序推进，学校教学质量、学生综合素质进一步提高，中心小学艺术教育和芳香教育、实验小学乒乓特色和书香特色教育成效显著，胥口中学成功入选苏州市篮球特色学校。卫生院推进分级诊疗、基层首诊和双向转诊，加强与附一院、附二院、儿童医院及中医院等医院的合作，邀请专家医生分类坐诊，提升基层医疗服务水平，成功入选2015~2016年度群众满意的乡镇卫生院。落实全面两孩政策，计生关怀服务进一步提升。完善公共文化服务体系，组建球类协会3家，举办端午民俗文化节、“抬猛将”民俗活动、中秋诗会、“胥江杯”篮球赛等各类文体活动41场次，残疾人顾建珍和沙红英在第九届国际残疾人职业技能竞赛中荣获刺绣和钩针两项金牌。深入推进精神文明建设，成立胥口“好人之家”，“胥口好人”志愿服务岗、“箭泾三老”志愿服务团队等志愿服务不断涌现，胥口中心小学、子胥社区分别获“江苏省文明校园”“江苏省文明社区”称号。

【重大活动】 2016年4月20日，苏州澎瀚机械股份有限公司（证券简称：澎瀚机械　证券代码：836697）在新三板挂牌上市。11月25日，苏州市副市长周伟强一行赴胥口开展“三访三促”调研活动，区委书记金洁，区委副书记、区长唐晓东等陪同调研。

（徐三妹）

东山镇

【概况】 东山镇位于苏州市吴中区西南部，是太湖东南岸的一座半岛，与临湖镇接壤，总面积96.5平方公里，现辖12个村委会和1个居委会，三山岛和余山岛属东山镇管辖。全镇盛产花果、茶叶、水产、蔬菜、太湖大闸蟹等特色农产品，是洞庭（山）碧螺春茶的原产地域之一。东山镇历史悠久，人文荟萃，古迹众多，境内拥有陆巷古村、雕花楼、紫金庵、启园、三山岛、雨花胜境等名胜古迹，是国家级太湖风景名胜区十三景区之一，也是国家AAAAA级旅游景区。东山镇先后被命名为中国历史文化名镇、全国环境优美镇、国家卫生镇、全国标准化气象防御镇、全国影视指定拍摄景地、全国标准化气象灾害防御镇、全国侨务先进单位、两岸文创产业合作实验示范基地。2016年，东山镇获评江苏省农村电子商务示范镇、江苏特色景观旅游名镇、江苏省文明镇。

表22-7　2016年东山镇基本情况

总面积	96.5 平方公里
耕地面积	4787 亩
年末户籍人口	53570人
村委会	12个
居委会	1个
工业总产值	668158万元
地区生产总值	287865万元
全口径财政收入	41075万元
一般公共预算收入	22217万元
粮食总产量	239 吨
水果产量	7080 吨
水产品产量	9339 吨
内资企业	957户
外资企业	20户
新增注册外资	200万美元
年内到账外资	58万美元

续表

个体工商户	3260户
中小学校	4所
医院（卫生院）	1家

表22-8　2016年各村基本情况

村名	年末户籍人口（人）	经济总收入（万元）
杨湾村	3766	720
三山村	849	1956
碧螺村	5157	342
潦里村	5143	548
陆巷村	5123	437
双湾村	4099	435
莫厘村	4851	332
吴巷村	3425	427
渡口村	3429	675
渡桥村	3527	505
太湖村	2708	387
新潦村	4923	440

【经济发展】 2016年，全镇实现地区生产总值28.79亿元，完成全社会固定资产投资9.58亿元；全口径财政收入4.11亿元，增长11.24%；一般公共预算收入2.22亿元，增长15.56%；服务业增加值11.75亿元。深入实施千企升级创新转型行动计划，全年完成工业技改投入3.75亿元，新增"姑苏创业人才"1名、姑苏天使计划1名，新增省级高新技术企业3家、民营科技企业4家、高新技术产品6个，实现工业总产值66.82亿元。

【集体经济】 2016年，完成村级稳定收入5778万元，增长6.23%，实现农民人均纯收入34356元，同比增长10.1%。区富民工业园集体高标准厂房5.5万平方米竣工。集体资产交易平台实现租金1577万元，同比增长31.4%。全面完成农村股份合作社股权固化工作，成立农村社区股份合作社12家，量化经营性资产1.68亿元，吸纳社员4.84万人，配置股权4.35万股，不断推动集体经济发展壮大。

【转型升级】 2016年，实现工业总产值66.82亿元，同比增长14.6%。其中规模以上工业总产值55.9亿元，同比增长22.4%；新兴工业产值43.3亿元，同比增长30.1%；高新技术产业产值41.2亿元，同比增长32.1%。新增规模以上企业1家，宝丽洁二期新厂区投入使用，薄弱村工业园完成招租，日本沓泽、韩博厨房电器等科技型企业落地进驻。雷格特智能在新三板成功挂牌，新增珠江村镇银行金融机构1家。

【城乡一体】 2016年，围绕"一线二岛三片四区"发展格局，坚持一体设计、多规合一。新镇区建设不断完善，基本完成11.2公里东太湖滨湖大道（东山段）主体工程。实施木东公路及蔬菜园2.8公里沥青路面综合维修，新建木东路、环山公路、凤凰山路公交候车亭14座。棚户区改造成效明显，"五七"农场住户安置基本完成。完成东山镇数字城管和综合办公平台建设，建成全媒体信息服务中心，潦里、三山等4个村实施益农信息进村入户。

【生态建设】 2016年，实施太湖水环境"五位一体"综合管理，实施芦苇收割和湿地养护3400亩，完成河道疏浚3条6公里，进一步改善太湖水质。加快生态防护林建设，完成森林抚育3600亩，全镇公益林面积3.58万亩。引导企业清洁生产，淘汰关停工业废气整治企业4家、落后产能企业2家，完成清洁生产企业1家，关闭养猪场1家。

【民生保障】 2016年，按照《吴中区美丽乡村建设行动计划》要求，对29个自然村实施美丽乡

2016年9月17日,举行祭祀圣贤王恪文(王鏊)诞辰566周年大典

村建设,惠及农户3191户,覆盖人口1.07万。累计整治建设立面改造90.06万平方米,修复道路17.14万平方米,新增健身路径26套,建设停车场2.5万平方米等。推动"互联网+"现代农业发展,建成东山农产品电商产业园。占地1万平方米的湖羊基地投入使用,湖羊科普展示馆对外开放。苏州农院东山分校校舍工程建设中。启动国家森林公园申报工作。对接中国森林产品认证,4家合作社率先完成碧螺春茶森林产品认证。

【重大活动】 2016年2月25日,"中国饭店业优质大闸蟹采购基地"授牌仪式在东山镇举行。会上,东山镇被命名为"中国饭店业优质大闸蟹采购基地"。4月18~20日,美国波特兰市Hosford Middle School(浩津中学)教育考察团一行20多名学生到东山镇进行为期三天的居家体验和校园修学。9月6日,在首届全国"互联网+"现代农业工作会议暨新农民创业创新大会召开之际,国务院副总理汪洋实地视察东山镇农产品电商产业园和潦里村益农信息社。 (周华星)

临湖镇

【概况】 临湖镇地处苏州市城西南,东、西临太湖,南邻东山镇,北接胥口镇,拥有23公里湖岸线,区域面积55.5平方公里,全镇绿化覆盖率37.68%,辖12个村委会和2个居委会,常住人口4.47万,外来人口5.4万。2016年,临湖镇持续推进全镇"一轴二湖三区四园"经济社会发展布局,全力以赴稳增长、促转型、惠民生,保持经济社会持续绿色发展,为加快打造经济强、百姓富、环境美、社会文明程度高的"原乡园艺"特色小镇而不懈奋斗。

表22-9 2016年临湖镇基本情况

总面积	55.5平方公里
耕地面积	19156亩
年末户籍人口	44693人
村委会	12个
居委会	2个
工业总产值	1003950万元
地区生产总值	605290万元
全口径财政收入	77204万元
一般公共预算收入	42990万元
粮食总产量	7762吨
水果产量	304吨
水产品产量	2527吨
内资企业	2519户
外资企业	42户
新增注册外资	30美元
年内到账外资	160万美元

续表

个体工商户	5240户
中小学校	11所
医院（卫生院）	2家

表22-10　2016年各村基本情况

村名	年末户籍人口（人）	经济总收入（万元）
前塘村	4043	508
牛桥村	5303	1726
灵湖村	3542	1118
采莲村	3776	1411
石塘村	2912	464
石舍村	2589	763
陆舍村	2532	495
湖桥村	5388	7982
浦庄村	3835	1713
石庄村	2517	1845
界路村	3089	2355
东吴村	3166	1566

【经济发展】 2016年，全镇实现地区生产总值60.53亿元；完成全口径财政收入7.72亿元，增长5.99%；一般公共预算收入4.30亿元，增长30.74%；完成全社会固定资产投资22.05亿元；实现工业总产值100.40亿元。

【集体经济】 2016年，集体经济发展壮大。深化“镇村联合、村村联合”发展模式，“一村二楼宇”项目（浦庄商业中心）完成运营商招标。湖桥、界路、石庄村联合成立联合发展公司开展固定资产收购业务。采莲、前塘、灵湖村联合成立的众村集团公司打造“森林的秘密”度假村等文旅项目。陆舍村采用“镇村平台+市场平台”运营模式，推出“右见十八舍”“大仇家茶餐厅”“半山艺”等民宿产品。镇村集体总资产累计34.17亿元；村均稳定收入1473.5万元，增长6%；农民人均纯收入3.16万元，增长10.1%。

【转型升级】 2016年，创新转型取得突破。制定出台《临湖镇关于促进创新转型发展的意见》，为科技创新型企业提供政策支持，发放转型升级扶持资金近300万元。推动企业申报吴中区先进制造业发展专项资金项目，优尔集团等6家企业完成智能化系统改造、关键技术研发等项目的预申报。顺应“中国制造2025”“互联网+”潮流，举办“千企升级临湖重点企业能力提升班”。凯尔博精密等3家企业先后被认定为“苏州市信用管理示范企业”，完成信用贯标企业39家、星级数字企业18家。获评“姑苏领军人才”1名。

【城乡一体】 2016年，致力于环境提升和生态保护，着力提升镇村形象。全镇绿化覆盖面积超2万亩，绿化覆盖率37.68%。获得“全国环境优美乡镇”“江苏省卫生镇”“国家卫生镇”等称号。按照“一轴二湖三区四园”经济社会发展布局，完成镇总体规划修改和控制性详细规划调整工作，4月，通过市政府审批。根据城乡规划，同步调整土地利用总体规划，完善1500亩建设预留区空间布局，进一步促进“多规融合”。按照自然风貌、村民意愿、文化保护相结合的原则，投入1.3亿元，实施涵盖9个村委会的51个自然村的美丽乡村建设。加快推进涉及前塘、石塘、陆舍、东吴等7个村，总投资1.8亿元、占地1.3万亩，配套建设烘房、农机库等项目的高标准农田建设工程。申报“吴中大米”中国地理标志商标，陆舍村育成1000亩“临谷香”有机富硒大米，农产品品牌效应初步显现。湖桥村、前塘村占地452亩的占补平衡项目加快实施复耕。灵湖村通过江苏省特色景观旅游名村省级验收。

【民生保障】 2016年，积极构筑覆盖全面、科学合理的社会保障体系，着力健全社会保障。做好社会救助、优抚双拥和老龄工作，发放救助金、慰问金、抚恤金、尊老金等各类民政资金1420.6万元，发放各类残疾人保障金166.6万元，走访慰问困难家庭356户。社保待遇、社会保障水平进一步提升，开展就业援助和技能培训，帮助被征地农民和失业人员实现就业、创业87人，提供公益性岗位45个，发放失业金300余万元。社会保险实现全覆盖，高效完成住房公积金扩面任务，做好农置城人员信息和资金核对工作。

【实事工程】 2016年，着力加大实事建设。做好园博外围基础设施提升与维护工作，保障江苏省第九届园艺博览会顺利举办和二次开园。总投资1200万元的中安路改造工程开工。总投资1500万元的联东路改造工程完成招投标。全长2.53公里的大缺港河道整治工程进入施工阶段。新建雨污水管网50公里、防洪闸1座、启闭闸1座、排涝站2座，修建公厕7个，新建公交候车亭30个。石塘村完成河道整理二期工程。建成浦庄安置小区二期，安置房房源有效扩充。规范生态补偿资金使用。投资75万元建设绿化垃圾粉碎站。投资100万元建成临湖农贸市场有机垃圾处理站。灵湖村建成生活垃圾资源化处理站，进一步推进农村生活垃圾资源化、无害化处理。17个公共自行车点完成布点。采莲村完成人口文化园建设工程。实施园博园路、渡村路、腾飞路等主干道绿化增量。完成临湖卫生院、临湖农贸市场、联盟社区绿化提升。中心休闲绿地（温泉公园）投入使用。全镇新增绿化面积超20万平方米。

【社会事业】 2016年，优化公共服务事业。开展居家养老服务，900余名老人受益。浦庄卫生院、临湖卫生院推进家庭医生服务工作。落实积分入学管理制度，教育资源利用更加公平高效。临湖一中开设园艺特色班，临湖实验中学中考创新高，临湖一小、实验小学等多名教师被评为吴中区优秀班主任。文体事业健康发展，举办迎国庆文艺晚会、一站到底PK赛、全民运动会等建镇十年系列活动。投身社会公益，组织参加“行走的格桑花”公益助学活动，推动“心缘童心”公益创投项目。推进“优质服务月”活动，为2000余名适龄人群进行“两癌”筛查。牛桥村推进吴中区社区服务社会化试点工作。加强社会管理。加大人防技防投入，加强道路交通违法查处，推进治安防控体系建设，更换高清摄像头232部，实

临湖水景公园

现主要区域高清监控全覆盖。有效处置劳资、建筑、房产等重点领域内的不稳定因素和苗头性事件，各类纠纷调解率97%，无民转刑案件发生。定期对企业、建筑工地、液化气站、宗教寺庙等场所进行安全检查，累计落实整改意见900余条。做好违法用地、违法建设的巡查与管控工作。加强涉粉、涉爆、地条钢企业排查监管。加强圩区建设和环太湖巡逻，全力防汛安全度夏。渡村社区、联盟社区进一步做好物业管理和危房排查工作。完成村民（居民）委员会换届选举。

【重大活动】 2016年8月26日，临湖镇在沐春园举办“走进原乡临湖，乡伴最美民宿——2016临湖乡村民宿发展高峰论坛”。论坛上临湖文创产品“水东五将”发布，乡伴文创·临湖基地落户。9月25日，首届“临湖杯”全国生态休闲垂钓大赛在临湖镇乐活岛度假乐园举办，来自上海、安徽、浙江、山东以及江苏各地的150余名垂钓高手参加比赛。

（朱文霞）

光福镇

【概况】 光福镇位于苏州市吴中区西部，坐落于太湖之滨的邓尉山麓，距苏州古城区20多公里，东与木渎镇相接，南邻苏州太湖国家旅游度假区，西临太湖，北接312国道与苏州高新区相邻，苏福公路、230省道贯穿全镇，绕城高速途经镇东并设有光福互通。光福为江苏省历史文化名镇，境内名胜古迹星罗棋布。全镇总面积61.56平方公里，辖7个村委会、3个居委会，全镇年末户籍人口47107人。

表22-11　2016年光福镇基本情况

总面积	61.56平方公里
耕地面积	24324亩
年末户籍人口	47107人
村委会	7个
居委会	3个
工业总产值	435918万元
地区生产总值	311258万元
全口径财政收入	34807万元
一般公共预算收入	18122万元
粮食总产量	804吨
水果产量	190吨
水产品产量	3485吨
内资企业	941户
外资企业	22户
新增注册外资	—
年内到账外资	—
个体工商户	2953户
中小学校	3所
医院（卫生院）	1家

表22-12　2016年各村基本情况

村名	年末户籍人口（人）	经济总收入（万元）
福利村	7960	1834
邓尉村	3434	812
香雪村	7551	1223
冲山村	3087	1118
府巷村	5662	951
迂里村	8661	949
太湖渔港	4849	510

【经济发展】 2016年，注重营造供给侧结构性改革良好氛围，加快产业转型步伐，推动结构优化调整，确保经济效益和发展质量同步提升。产业结构日趋优化。优化建设用地布局，提升亩均建设用地产出效益，提高工业用地亩均税收产值和工业增加值。全年完成地区生产总值31.13亿元；完成全社会固定资产投资

5.74亿元；全口径财政收入3.48亿元，增长3.6%；一般公共预算收入1.81亿元，增长5.94%；实现工业总产值43.60亿元，规模以上工业总产值29.4亿元。新兴产业加快发展，一、二、三产业比重从上年5.8∶42.7∶51.5优化调整为6.3∶39.9∶53.8，第三产业比重持续增加。

载体建设稳步推进。推进载体建设，各载体单位建立工作小组，落实专人负责，确保项目按时落地开工。产业园1.5万平方米“凤凰谷”项目进场施工，该项目将主要吸收国内外新能源、电子信息、文化创意等企业入驻。福宝光电厂房完成建设。德企沃柏模塑公司二期项目已投产。东崦湖商贸综合体项目前期工作进展顺利。工艺精品展示馆项目竣工，多家知名工艺品企业意向入驻。

文旅产业健康发展。太湖梅花节、开捕仪式活动成功举办，“窑上香”桂花酒等旅游纪念品反响热烈；音乐电视片《香雪海》获评苏州市群众文化“繁星奖”金奖。特色农副产品、特色民俗文化、特色文明成果“三进城”活动广受市民好评。“福聚匠心——光福手工艺作品台湾展”享誉宝岛台湾，4件工艺精品获评苏州市“五个一工程奖”，年内获评1位中国工艺美术行业艺术大师、4位省工艺美术行业大师、5位省工艺美术行业名人，25位工艺师摘取首届“吴中工匠”称号。

【城乡一体】 2016年，按照吴中区“一核一轴一带”生产力布局，结合光福“工艺小镇”定位，以城乡一体化为导向，突出规划引领，统筹资源配置，环境面貌显著优化，发展空间有效拓展。规划意识全面增强。《光福镇总体规划(2014—2030)》《光福历史文化名镇保护规划(2014—2030)》《光福历史街区保护规划》《光福58个重点村特色村村庄规划》通过专家论证，《太湖风景名胜区(光福景区)总体规划(2010—2030)》获国务院批复。启动《光福镇镇区控制性详细规划及城市设计》《太湖风景名胜区光福景区控制性详细规划》的设计招投标工作。完成年度26个美丽村庄规划设计任务，潭山矿改造利用项目方案设计通过专家论证。光福中学改建方案完成建筑设计招投标工作。按照土地规划要求，及时做好国土卫片整改工作。

基础配套日益完善。环太湖路(光福段)完成主体工程建设，同步实施“三线入地”配套工程及沿线环境整治工程。东崦湖景观绿化亮化工程全面完成。太湖幼儿园完成建设。完成本年度美丽乡村建设任务。冲山自来水改造工程进场施工。完成潭山、铜井山—西碛山森林防火通道建设。加快水利基础设施建设，完成油车浜畅流工程及窑上圩圩堤除险加固工程。完成香雪下官山、十三图等自然村道路亮化工程。全年新建10座4G通讯基站，通讯信号不断改善。

拆迁安置有序开展。按照重点攻坚、有序推进、加快安置的原则，开展动迁安置工作。2016年，

2016年6月23日，为期5天的2016“福聚匠心——苏州光福手工艺作品”展在台北开幕

完成农户拆迁78户，其中产业园板块69户，完成产业园300亩储备项目用地清苗清障工作，福利村、府巷村、东崦湖社区的重点地块节点拆迁工作均有所突破。公益性陵园征地按时完成。福瑞花园一期、福润花园完成主体建设，内部供电等配套建设进入收尾阶段，福瑞花园二期开工建设。进一步加强安置小区服务，增设喜事大厅餐桌餐椅和丧事大厅的空调设备，强化对物业公司监管，完善规范相关物业服务。

生态建设深入实施。综合环境整治和水环境保护进一步加强，青山绿水的生态品牌日趋成为发展中的重要竞争力。推进农村生活污水处理项目。完成中央环保督察组交办的环境信访问题，并以此为契机，共计取缔规模养猪场12户，存栏猪2300余头。木光运河善人桥国考断面水质保持良好。落实保障太湖水质安全工作，加强对辖区内河道水质及河岸沿线环境整治工作。加大秸秆禁烧、露天焚烧垃圾等涉及污染气体排放的巡查。完成米堆山、鲤山林地2600亩一般抚育工作。全年疏浚河道3条，清淤2.36公里4.3万方。

【民生保障】 惠民举措全面落实。2016年，以玉雕、核雕、佛雕、红木雕等特色产业为依托，组织各类技能培训10次，举办招聘会4期，帮助被征地农民和失业人员实现就业或创业149人。发放水稻直补、良种补贴、农资综合补贴三项共计188.54万元。继续推进城乡低保、民政优抚安置、老年人、残疾人及殡葬管理服务等工作。做好计生工作。做好国防教育和双拥工作，民兵训练竞赛获得全区第三名，超额完成征兵任务。2016年，村级总资产3.80亿元，增长11.76%；净资产2.8亿元，增长12.90%；村均稳定收入520万元，增长8.00%；农民人均纯收入36480元，同比增长15.06%。

社会保障持续推进。规范实施城乡低保工作。低保最低标准统一提高至810元/人·月。全年共支出低保金经费112万元、低保边缘生活救助金216万元。居家福虚拟养老服务站点拓展到冲山村、迂里村，为80周岁以上老人提供服务。截至2016年底，全镇户籍80周岁及以上老年人共1843人，全年共发放尊老金125.5万元。加强劳动监察工作，重点关注群体性劳资纠纷隐患企业，维护劳动者合法权益。

社会和谐全面加强。完成国家卫生镇复审工作。创建为苏州市学习型乡镇。做好首年积分入学宣传工作。光福中学获得吴中区中考绩效考核一等奖，中心小学被命名为“吴中区青少年校园足球特色学校”，香雪海小学被命名为“篮球特色学校”。全国第三次农业普查调查工作顺利开展。完成村级第十一届村委会和第六届社区居委会换届选举工作。农村环境长效管理工作在市、区两级检查考核中名列前茅，获得“市容环境卫生管理红旗街道（镇）”称号。

【社会环境】 2016年，抓好维稳综治和安全生产工作。治安防控措施得力。以“平安光福”为目标，进一步加强技防建设，从合理规划道路监控点位、建设Wi-Fi电子围栏、推广“村村通”技防建设等方面入手，消除辖区技防盲点，加大辖区监控覆盖率，村、社区自建监控覆盖率达67%。落实夜巡机制，挤压违法犯罪空间。进一步深化三级管控机制，落实涉稳涉邪等重点人员管理，紧盯两会、G20峰会等重要敏感节点，加强情报信息研判，掌控实时动态，确保全镇的安全稳定。

社会管理不断加强。开展“七五”普法教育工作。开展走访排查工作，及时化解矛盾纠纷。全年排查矛盾纠纷49件，调解成功率100%。大力推进镇综治工作中心和邓尉村、太湖渔港村“五位一体”综治办规范化建设，争创星级综治办。对辖区内重点人员落实管控措施，各项涉稳纠纷平稳可控。

安全生产有效落实。严抓安全生产，强化安全生产责任落实，细化落实政府安全生产监管责任和企业安全生产主体责任，全年无重大安全生产事故发生。开展重大节日安全检查、重点行业(领域)专项检查,共出动1641人次,检查企业单位547家次。创新开展"三合一"场所消防简易喷淋装置安装工作,共计完成87家204套。做好光福镇防台防汛安全应急工作,落实值班制度,加强安全排查。

【重大活动】 2016年3月16日,光福镇文体中心获苏州市首批"苏州市区公益电影固定点"铭牌。此次固定放映点授牌式全市共授牌10个,其中吴中区3个点。6月23~28日,"福聚匠心——苏州光福手工艺作品台湾展"在台湾举办。光福镇11位工艺大师携6个种类、65件手工艺精品惊艳亮相。 (赵玉兰 周 晨)

金庭镇

【概况】 金庭镇地处苏州太湖东南部,距苏州古城区45公里,在北纬31°03′~31°12′、东经120°11′~120°22′间。辖境包括中国内湖第一大岛——西山岛及周围20多个太湖小岛,总面积84.22平方公里,其中西山岛面积79.82平方公里。目前实行"区政合一"管理体制,副处级建制,下辖11个村委会和1个居委会,年末户籍人口45520人。西山岛又称洞庭西山、包山,自古就是闻名海内的旅游胜地,以吴越文化为底蕴,汇太湖山水之精华,集岛屿风光、古洞奇石、寺庙园林、古建民居、花果丛林、民俗风情为一体。因地处北亚热带湿润性季风气候区,加上太湖水体的调节作用,西山岛具有四季分明、温暖湿润、降水丰沛、日照充足、无霜期较长的特点,盛产柑橘、青梅、杨梅、枇杷、银杏、板栗等花果,有"月月有花、季季有果,一年十八熟,天天有鱼虾"之美誉。全岛现存历史文化古迹一百多处,其中省、市级文物保护单位27处、市级控制保护古村落7个、市级控制保护古建筑20处。另有明清建筑120多幢,面积约4万平方米。明月湾古村、东村古村为中国历史文化名村。金庭镇是太湖国家风景名胜区核心景区、国家4A级景区、国家森林公园、国家地质公园、全国环境优美乡镇、全国小城镇综合改革试点镇、全国卫生镇、江苏省历史文化名镇、江苏省文明乡镇。

西山岛观音园

表22-13　2016年金庭镇基本情况

总面积	84.22平方公里
耕地面积	11289亩
年末户籍人口	45520人
村委会	11个
居委会	1个
工业总产值	92214万元
地区生产总值	210810万元
全口径财政收入	17355万元
一般公共预算收入	9643万元
粮食总产量	413吨
水果产量	8355吨
水产品产量	4267吨
内资企业	523户
外资企业	17户
新增注册外资	—
年内到账外资	—
个体工商户	2071户
中小学校	5所
医院（卫生院）	1家

表22-14　2016年各村基本情况

村名	年末户籍人口（人）	经济总收入（万元）
元山村	3746	414
蒋东村	3904	835
庭山村	3717	339
林屋村	4464	420
秉常村	4324	785
石公村	3192	649
东蔡村	3577	432
缥缈村	3105	508
衙角里	3806	403
堂里村	2977	557
东村村	3737	478

【经济发展】2016年，实现地区生产总值21亿元，增长7.45%；完成全社会固定资产投资3.18亿元；全口径财政收入1.74亿元，增长2.28%；一般公共预算收入0.96亿元，增长1.91%。中外游客年接待402.08万人次，旅游总收入54.12亿元。实施供给侧结构性改革，新兴产业发展及企业科技创新持续加强，完成市级以上科技项目、产学研项目2个，确认企业研发项目3个，实现高新产业产值4000万元，唐人数码科技公司申报高新技术产品，获“第二批江苏省重点文化科技企业”称号，香满庭植物科技有限公司加快推进新三板上市。实施知识产权强镇战略，新增专利授权量10件。招商引资及人才引育工作不断强化，新增内资企业37家，认缴注册资本4.62亿元，引进高层次人才1人，新入选市技能大师工作室1家。金庭“湖岛绿色小镇”入选全国特色小镇培育名单。电子商务发展取得新突破，获“省级农村电子商务示范镇”称号。

【集体经济】2016年，集体经济提质增优，薄弱村脱贫加强攻坚，实现镇村集体经营性稳定收入4510万元，增长6.22%；农民人均收入22005元，增长9.11%，城乡收入差距进一步拉近。

【城乡一体】各类空间规划编制调整加快推进，《太湖风景名胜区西山景区详细规划》修编方案报省住建厅待批，92个重点村、特色村及12个一般村的村庄规划方案论证顺利开展，完成土地利用规划调整及土地预配置方案编制。加强古村落保护利用，完成植里、衙角里、东西蔡等传统村落规划编制工作，东村古村保护整治工程加快建设步伐。美丽乡村建设持续开展，4个美丽村庄、8个康居村庄、3个安居村庄开工建设。农村环境长效管理考核机制不断健全，农村面貌得到有效提升。交通、电力、通讯、燃气等设施加快完善，缥缈峰环路三线入地工程启动建设，天然气管道铺设工程加快推进，公交枢纽站和消防站新建工程顺利实施。

【生态文明】 2016年，新一轮生态文明建设全面启动，精细化实施太湖水环境“五位一体”综合管理。常态化做好芦苇收割、蓝藻打捞、水体保洁，实现太湖安全度夏。推进河道水利建设，完成中央重点县水利工程，基本完成市级土地出让金收益用于农田水利建设工程，共治理河道41条31公里，清淤27万方，建成生态护岸24公里。推进农村污水治理全覆盖工程，覆盖村庄43个、管网接通户数5450户，建设污水处理独立设施15座、人工湿地1座，铺设污水管道190公里。推进一万吨级污水厂(迁)扩建工程，建成配套污水管网20公里。开展农药废弃物统一回收集中处置，实施生活垃圾分类减量工程，建成石公村、元山村餐余垃圾资源化处理站。推进畜禽养殖管理，实行镇域内规模畜禽养殖全面禁养，清理养殖场11个，处理生猪1339头、禽类6000羽。推进绿化造林，新增绿化80亩，实施中幼林抚育林5200亩。完成国家卫生镇及9个省级卫生村复检工作。

【民生保障】 2016年，政府十大实事工程和民生保障安全网建设加快推进，投入民政帮扶、教育医疗、社会保障等各类民生支出1.52亿元，占财政支出的60.81%。完成村(居)委会换届选举。实施就业扶持政策，认定援助对象320人，发放援助资金687万元，提供36个公益性岗位，帮助168名本地大龄失业人员实现稳定就业。调整落实各项社保政策待遇，企业退休人员、农置城退休人员养老金分别提高到平均每月2589元、1319元，住房公积金缴存新增210人。推进“居家福”增点扩面工程，石公、缥缈两处日间照料中心建成投用，居家养老服务人员增至34人，服务对象1100多人。

【社会事业】 推进教育优先发展、均衡发展，西山中心幼儿园获评“江苏省优质幼儿园”，西山中学连续第十五年获区绩效考核一等奖、四星级高中上线率再创新高。实施文体惠民工程，金庭镇获评“苏州市学习型乡镇”，文体中心获评“首批国家一级文体中心服务站”。突出精神文明创建，开展“感动西山”百名先进人物评选表彰活动，金庭镇、秉常村分获“江苏省文明镇、文明村”，基层党员冬训工作获省级通报表彰。全年在中央电视台、《人民日报》、新华网、《新华日报》、《苏州日报》等国家、省、市主流媒体宣传报道100余次。推进“平安金庭”“法治金庭”建设，在安全生产、道路交通、食品卫生、校车校园、森林防火等重点领域，深化落实企业主体责任，保障群众生命财产安全。金庭镇高分通过国家卫生镇复审，获评“苏州市消防安全管理先进单位”“吴中区民政工作、卫计系统先进集体”；东蔡村获评“江苏省民主法治示

2016年4月28日，2015年度“感动西山”百名先进人物颁奖典礼在金庭文体中心举行

范村”称号；蒋东村获评“苏州市法治文化建设示范点”称号。

【重大活动】 2016年7月22日，江苏省农业科学院园艺研究所专家工作站暨吴中西山现代农业科学研究所签约挂牌仪式在西山农业园区金满庭农业园举行。省农科院园艺所所长周建涛、区镇领导等参加签约挂牌仪式。

（周　佳）

长桥街道

【概况】 长桥街道位于苏州古城南部，是吴中区的政治、经济、文化和社会活动中心。2012年3月筹备组建，2013年9月28日正式挂牌成立，原长桥、苏苑、龙西3个街道合并成立新的长桥街道。区域面积为15.3平方公里，下辖29个居委会，包括22个城市社区、7个农村社区，常住人口22.3万人，其中户籍人口7.5万人。2015年11月12日，江苏省吴中高新技术开发区正式获省政府批准筹建。2016年3月31日，吴中高新区挂牌成立，与长桥街道实行“区政合一”新体制。长桥历史悠久，底蕴深厚。境内的蠡墅古镇，相传为古代三大文财神之一的范蠡的隐居地；始建于唐代元和年间的五十三孔宝带桥横跨京杭大运河之上；西濒石湖风景区。街道辖区及周边交通便利，苏蠡路、友新路、友新高架贯穿南北，石湖路、澄湖路横跨东西，苏州轻轨2号线贯穿街道苏蠡路和石湖路。（刘欣声）

（详见开发园区——高新区）

郭巷街道

【概况】 郭巷街道，隶属吴中经济技术开发区，东临独墅湖、南接吴江区、西衔京杭大运河、北连苏州工业园区，素有“姑苏南大门”的美誉。街道下辖17个社区（其中11个农村社区、6个城市社区），总面积54平方公里。2016年，户籍人口4.97万人，外来人口11.6万人。现有46处楼盘，其中安置楼盘20处，建筑面积215万平方米；商业楼盘26处，建筑面积近523万平方米。辖区交通便利，苏嘉杭与绕城高速交会，轻轨2号延伸线横贯全境，3号线通车在建，独墅湖第二隧道、尹山湖隧道规划在建，现代化立体交通体系初具雏形。

【经济发展】 2016年，实现地区生产总值54.24亿元，同比增长8%；完成全社会固定资产投资3.49亿元，同比增长31.2%；全口径财政收入23亿元，同比增长16%；实现工业总产值75.31亿元，同比增长5.5%；完成工业销售收入75.5亿元，同比增长8.5%。截至2016年底，注册个体工商户6024户，注册内资企业4852家，注册外资企业117家。全年实现农民人均纯（可支配）收入4万元，同比增长15.1%。

【集体经济】 2016年，累计完成集体资产交易29笔，交易租金总额720万元，增长率4.37%，金丝港三期工业厂房实现招租，新增集体收入272万元。街道、社区二级集体总收入稳步增长，集体总资产44万平方米，资产总额16.8亿元，国泰、独墅湖、姜家三个社区集体收入超千万元。总投资5亿元的尹山湖城市商业广场项目开工，“一村二楼宇”姜庄水乡邻里项目顺利争取补助资金500万元，与独墅湖水乡邻里项目全部通过规划审批。储备项目尹东水乡邻里、双湖湾商业中心正办理前期手续，尹东公共服务中心、中海水乡邻里、尹东文化中心项目正进行方案设计，金丝港仓储项目和经济服务中心项目进入办理规划验收及产权证阶段。

【城乡一体】 拆迁安置工作提质增效。2016年，累计完成各类签约328家，其中民房312户、企业16家，签约计划内民房53户、企业10家。“双月攻坚战”“金秋清零战”成效显著。推进项目地块清零，国泰超高层、塘南安置地块、尹山汽车城等9个项目地块实现清零，富民工业园、吴淞江大道南延等重大基础设施建设全线开工，东环南延一、二期便道施工清障和轻轨3号线项目清零全面结束。全年完成1154户

2897套计34.5万平方米的选幢和222户285套计4万平方米的安置工作。实施“美丽安置区”建设工程，投资3000万元对独墅湖塘北小区进行升级改造，推进国泰三村改造提升工程，投资80万元完成安置小区1000余个居民楼道的专项整治，投资100万元开展社区房前屋后秩序规范行动，安置区整体面貌日新月异。

【实事工程】 尹东安置区六、八、九村配套用房竣工，尹东五村市民活动中心装修开工，尹湖陵园安息堂项目进入招投标程序，社区天然气改造、供水改造、强电改造工程有序实施。郭新河、凤舞泾港河道疏浚工程完成，投资1080万元新建防洪闸4座、排涝泵站3座，水利围圩工程在汛前竣工投用。尹东幼儿园、尹东小学、尹山湖小学及附属幼儿园4所学校报批报建工作加快推进。完成万业湖墅金典配套幼儿园举办权招投标工作，过渡点按标准装修开班招生。完成中心幼儿园彩虹分园环评工作，建成后可增加学位350个。蓝天、童心2个看护点通过教育局验收，无证办学行为从“逐步清除”实现“彻底根除”。落实流动人口随迁子女积分入学政策，审核通过积分入学申请252人，促进义务教育均衡发展。

【民生保障】 加强就业扶持力度，完成各类职业技能培训1422人次，组织开展“春风行动”企业联动招聘会2场，提供就业岗位1170个，开发公益性岗位55个，累计发放失业金959.6万元。“居家福”养老增点扩面，辖区80周岁以上老人已有793户1009人得到服务，累计发放尊老金92万元。尹山湖中心厨房建成启用，姜庄、双浜、姜家、尹山4个社区153位老人享受送餐服务，尹东中心厨房竣工，爱心送餐将实现街道全覆盖。落实弱势群体帮扶政策，累计发放低保、低保边缘及五保补助金额265万元，发放各类定补197万元，发放残疾人生活救助110万元。完善公共卫生服务，开展健康巡诊45次，惠及社区居民4400余人，对餐饮从业人员和新上岗人员进行体检培训3887人，对中小学生进行免费体检5970人。推动妇女工作更好发展，累计为12名“两癌”妇女申请救助资金4.3万元，独墅湖社区妇女儿童之家获评“苏州市妇女儿童之家”称号。推动便民服务不断延伸，苏州市首家农行金融便民超市落户姜庄社区。

【社会事业】 开展安全隐患日常排查，检查各类企业1320家次，发现安全事故隐患3536条，整改率95.3%。推进企业安全生产标准化建设，建立三级安全生产标准化企业80余家，安全生产总监配备企业20家。加强建筑工地、燃气安全生产监管，检查工地177家次，整改隐患937处。社会治安力量更强，新建双浜、姜庄中心警务室，推广“警企通”平台建设，安装企业终端239个，组建成立专职特勤队和治安义警队。2016年，接报各类警情38455起，破获各类刑事案件493起，查处治安、行政案件2745起，查纠各类交通违法行为17272起，暂扣各类车辆427辆，完成黄标车淘汰、报废49辆，查处违法建设174起，拆除面积8100平方米，疏导流动摊4550余起，清理乱涂乱贴近3000平方米。信访维稳成效更显，全年共受理各类信访1869件，处理劳资纠纷260余起，涉及金额近3270万元，街道连续四年实现进京零非访。

【生态环境】 落实市、区垃圾分类减量要求，投资45万元在独墅湖社区试点建立农贸和餐厨垃圾处理站，国泰、姜家社区处理站建设中，全年共清运生活垃圾5.4万吨，建筑垃圾6.5万吨，处理偷倒垃圾5.6万吨。加强南部片区土地管理，开展400亩土地复垦工作，完成拆迁区域内100万平方米土地的绿化覆盖。推进水污染综合治理，完成金丝港路污水主管建设，污水提升泵房建设竣工投用。加强环保审查工作，全年共核查处置环保类投诉685件，审批新建项目31个，办理建设项目竣工验收17个，拒批不合规定项目5个，办理排污登记证审批23个，集中整治VOCs（挥发性有机物）污染排放工业企业10家，淘汰整改燃煤锅炉8台，提升辖区环境面貌。

【重大活动】 2016年3月4日，集体经济项目集中开工暨尹山湖城市商业广场奠基仪式举行。4月22日，湖景花园、斜港、墅浦三个城市社区集体揭牌。6月13日，社保中心住房公积金服务点启用。（顾志杰）

横泾街道

【概况】 横泾街道位于苏州市南部，南临东太湖，北依尧峰山。区域总面积52.23平方公里，下辖5个村委会、4个居委会，户籍人口3.28万人，流动人口1.93万人。横泾街道是苏州市城乡一体化综合配套改革试点23个先导区之一，是吴中经济技术开发区重要板块，以及规划建设中的苏州吴中太湖新城的重要组成部分。2016年，围绕“生态家园、美丽横泾”目标定位，坚持绿色发展和民生福祉工作导向，推进经济发展、社会事业建设、社会综合治理、生态文明建设和党的建设。

【经济发展】 2016年，完成地区生产总值32.93亿元，实现全口径财政收入7.8亿元，同比增长8%；实现工业总产值72.51亿元，完成固定资产投资6.80亿元。创新转型稳步推进。全年共引进项目230只，计划总投资15亿元，新增注册外资10万美元，全年引进高层次人才25名，企业核心竞争力明显增强。

【集体经济】 2016年，实现街道集体经济总资产15.61亿元，增长10%；经营性资产8.34亿元，增长25.9%；镇村两级集体经济总收入2.1亿元，增长1.6%。“三资”管理日趋完善，严格执行《横泾街道集体资产交易续租意见》，做好苏州市农村产权交易中心在横泾的试点工作，完善农村产权交易，强化资产监管，全年完成各类租赁交易104笔，总交易额1061万元，年租金增长率3%。富民强村进度加快。深入推进农村改革，完成尧南、泾峰、上巷、上林、长远5个村（社区）股权固化权能改革。全街道32家合作社现金分红总额超2350万元，户均分红超3300元，同比增长5%；2016年农民人均纯收入33344元，同比增长4%。全年共发包土地10448亩，发包收入1179万元，规模化经营率100%，机械化作业率84.9%。共种植优质水稻5300亩，“横泾富硒米”“长和源原种米”“桑林大米”等地产大米总产量约3200吨。“乡根东林渡”民宿旅游项目已具有一定的知名度。

【城乡一体】 美丽乡村扎实推进。全面完成2015年度5个美丽村庄和6个康居村庄建设任务，并通过苏州市验收；完成2016年度3个美丽村庄、6个康居村庄、2个安居村庄项目设计、评审及招投标工作；开工建设15个农村污水处理设施和苏旺路、泾南路、新齐路污水管网接管工程。街道被市委评为“苏州市美丽村庄建设先进单位”，长远村被评为“苏州市农村生活污水治理先进单位”。

【生态建设】 生态建设成效显著。疏浚河道26条，新建生态河道8条7.49公里，全年新增绿化面积41.9亩。完成中央环保督察组交办的马家畜禽养殖污染整治任务，开展太湖禁养区区域调整后规模养殖清理工作，全力做好“地条钢”整治工作；推进141只环保违法违规建设项目的清理工作。

【社会事业】 实事工程全面推进。完成横泾中心小学（幼儿园）移建工程及室内环境检测，完成农村危桥改建5座，新建环卫休息点2个、公厕1座，落实区间公交线路1条，新增公共自行车点位22个、桩点666只。社会保障不断完善。全年组织各类就业培训726人次，开发公益性岗位43个，引进培养专业人才106人，实现失业人员就业153人；全年共有92户267人纳入低保救助对象，269户办理低保边缘；募集党员关爱基金、抗灾救灾捐款15.7万元，发放各类关爱基金74.3万元。民生事业全面进步。全街道9个村、社区成立市民学校，其中上巷、尧南、上林成功申报省级市民学校，上巷社区获评苏州市“书香社区”。持续开展“医疗服务进万家”活动，开展免费体检1513人次。全年共举办各类文体活动34次，送数字电影下乡170场次。泾舟艺术团获江苏省首批群众文化“百千万”工程优秀群文团队荣誉。

2016年7月2日，横泾街道举办“让党旗更鲜艳”——庆祝中国共产党成立95周年、长征胜利80周年文艺晚会

【社会管理】 2016年，拆迁工作有序推进，交出净地2块。全年审批平房修缮143户，非控制区内楼房翻建54户。城市管理工作力度加大。加强市容环境和公共秩序管理，开展“城市环境大家管、市容秩序大提升”五项治理、迎园博市容环境整治和创优秀管理城市等工作。推进美丽乡村长效管理，深化完善对安置小区和商品房小区的物业管理，提升辖区物业管理水平。社会综治管理创新加强。深化“村民联系卡”“网格化管理、精细化服务”等社会综合治理工作机制，在2016年度吴中区群众安全感、法治满意度等7项指标测评中，横泾街道均名列前茅，街道被区委、区政府评为第九届江苏省园艺博览会展会保障先进单位。坚持“党政同责、一岗双责、齐抓共管”，落实安全生产责任制，街道安全生产总体态势平稳，街道获评“平安吴中”建设先进集体、苏州市“无毒社区”示范单位等荣誉。

【重大活动】 2016年8月11日，苏州市美丽村庄建设现场推进会视察新路村美丽乡村建设。9月7日，全国农业部经管司司长张红宇等领导视察上林村东林渡。

（周 明）

越溪街道

【概况】 越溪街道位于苏州市吴中区西南部，东至友新高架，西至尧峰山，南临东太湖，北座上方山，是吴中经济技术开发区区域中心、苏州市吴中区越溪城市副中心所在地。总面积约48.8平方公里，辖9个居委会、2个村委会，年末户籍总人口36080。

【经济发展】 经济发展质效双升。2016年，全街道实现地区生产总值26.96亿元，工业总产值74.83亿元；完成全社会固定资产投资10.91亿元。街道、社区（村）二级集体总收入2.35亿元，其中，街道集体收入1.05亿元，村级集体收入1.3亿元。街道、社区（村）二级拥有各类经济载体57.3万平方米。产业结构优化为1.2∶54.3∶44.5。载体项目迅速推进，越旺商厦和越旺科技创业园二期已经全部完工，并且招租、售卖良好。全域旅游规划起步，成立统一管理辖区全域旅游的旅游发展集团公司，机构、人员、场地等正逐步配备到位。

【城乡一体】 城乡一体深入推进。美丽乡村建设推进迅速，张桥美丽村庄一期建设竣工，获得了苏州市美丽村庄建设示范村、苏州市美丽村庄建设先进单位、吴中区美丽乡村及美丽镇建设先进单位等称号。张桥月季花园开园迎客。投资9300万元的旺山中心

越溪街道张桥月季花园

路村庄整治有序推进。推进拆迁安置，2016年，签约农户27户，店面1户，企业及单位4家，任务签约率41%，位列全区前列，其中越中路店面房、南湖路高架、天鹅荡变电站等3个地块清零交地。庄马路安置房安置到位，解决长达10年的原建材市场32户拆迁户店面房安置遗留问题，宏利来公寓楼过渡安置房完成过渡安置。

【民生保障】 民生保障全面落实。净增社会保险4549人，完成区定任务379.08%，公积金扩面完成区定任务264%。关爱弱势群体，新增低保边缘14人，全年累计发放各类慰问金、救助金、优抚金、助学金、尊老金等699.98万元。股权固化全面完成，6个社区和2个村25985名股民配置股权53335.77股。

【实事工程】 实事工程有效惠民。投入1772万余元完成溪翔二区、三区老安置小区改造。开发区实验小学及附属幼儿园开工建设并主体建成。珠村跨线桥修复、木林新社区服务中心装修、木林简易停车场、珠村社区服务中心广场拓延改造等多项民生工程完工。

【社会事业】 社会事业繁荣发展。卫计服务更加周到，创新预防接种管理信息化，为1500名家长提供微信服务；启动苏州市医疗卫生“531”重点工程；“计生关怀进万家”实事工程完成100%，并获区“先进集体”称号。文教事业蓬勃发展，举办或参加文体比赛类活动6场，举办船拳文化节，获得“区体育工作先进集体”称号；积分入学114人，通过率87.6%，规范非法办班2家。

【重大活动】 2016年4月22日，波兰驻沪总领事馆总领事一行到越溪街道旺山考察。5月13日，吴中区越溪·张桥生态湿地公园暨月季花园开园。5月30日，农业部市场经济与信息司司长唐珂一行考察越溪街道龙翔社区。（刘丽丽）

城南街道

【概况】 城南街道位于苏州南大门，东邻苏嘉杭高速，西至友新高架，北接吴中城区，南与吴江接壤，街道设14个社区，共18个自然村和63个居民小区，区域面积约17.5平方公里，户籍人口4.15万，外来人口约12万。辖区内高端产业集聚化程度提高，产业结构不断调整优化，已有中外18个国家和地区投资企业1500多家，其中外商投资企业300多家。投资领域涉及精密机械加工、电子及IT产业、新型建材、精细化工、生物制药、轻纺服装等行业。辖区内现代服务业快速推进，楼宇经济潜力充分展示，中心城区功能格局日趋完善。写字楼、商务楼、星级宾馆、餐饮、商业、娱乐、小商品、汽车交易、服装等市场初具规模，农行、工行、建行、中行等各大银行均在辖区内设立办事处，为企业、居民开展国际、国内业务提供便利和服务。苏州吴中汽车客运站直达上海、杭州、郑州等外省、市和苏州各镇、区和街道，市区公交方便快捷，已经通车的轻轨2号线和即将通车的4号线在辖区中心交叉通过，并设立首末站点，交通四通八达，十分便利。

【经济发展】 2016年，实现地区生产总值67.76亿元；完成固定资产投资3.19亿元；实现工业总产值59.2亿元，工业销售58.1亿元。项目建设加快推进。推进总投资7.5亿元的宝盛城市商业广场和总投资8000万元的城南工业坊加建设。宝龙工业园积极引入贝佳佳、赛宝电子等优质客户，出租厂房面积1.9万平方米，新增合同租金1000万元。

【集体经济】 2016年，街道、村二级集体总资产16.22亿元，实现集体收入2.26亿元。增强资产监管。优化集体资产监管交易服务平台建设，完成资产交易231笔，共计租赁总金额2607万元，同比增长6.8%，建立健全财务公开、民主理财等制度，促进村级经济健康运行。

【城乡一体】 加大环境整治力度。轨道交通2号线、4号线周边环境提升工程加快实施，新增停车位200余个，完成园博会期间各项保障任务；城市环境卫生长效化管理基本落实，通过文明城市创建检查；推进东吴南路改造工程，完成黄泥浜河清淤整治，邵昂工业园、阳光水榭小区的污水管网改造基本结束。提升环境管理水平。开展市容环境集中整治23次；拆除违法建设98起，面积2320平方米；清运生活垃圾6.3万吨、建筑垃圾5.5万吨；开展环保违法违规项目清理工作，对59家未批先建企业进行督促整改；开展废气整治，对大荣电子、韩荣金属等14家存在废气企业加强监管。无缝融入中心城区。完善生活垃圾分类减量措施，投入60万元，在辖区31个小区建设39个分类亭、65个简易桶，发放垃圾分类桶524个，实现全覆盖；完善社区服务的公共平台，畅通社区与居民的网络沟通渠道，注重社区的信息化建设，在服务项目和服务手段上进行创新。

【民生保障】 教育事业与时俱进。苏州石湖中学、小学、幼儿园和吴中盛虹学校投入使用；碧波中学中考成绩名列吴中区前茅；碧波实验小学注重特色教育，青少年机器人研究再创新辉煌；东湖小学吴文化教育彰显风采，学校成绩受到社会广泛认可。教育均衡化发展落实有力，为340户符合条件的新苏州人办理积分入学登记。社会保障日趋完善。140户低保和低保边缘户得到救助，救助金额212万元；调处劳资纠纷359起，成功调处350起，为职工追索工资款376.17万元，维护职工权益。

【实事工程】 推进碧波小学南校区、城南中心幼儿园、邵昂小

城南街道全貌

学、碧波卫生院规划建设，推进盛虹学校拓建工作，实施石湖小学幼儿园过渡方案；倡导全民健身，举办各类健身运动会、趣味运动会，完成城南文体中心招商招租工作。

【社会事业】 信访维稳掌控有力。街道共接待上访人员34批252人次，共答复市委书记、市长和区委书记、区长信箱101份，公众监督62份，调处成功率98%，处理交办便民服务中心工单819份，“寒山闻钟”813份，国风华府、越湖家天下业主维权，南石湖花园办证等群体性事件得到妥善处置。依法治理成效显著。南区派出所接处警46370起，立刑事案件2598起，破刑事案件468起，打击处理210人，抓获网逃78人；交警中队处理各类交通事故20355起，15名醉酒驾驶车辆违法行为人被处以治安拘留。安全生产常抓不懈。组织安全生产大检查6次，查处安全隐患1080处，当即整改1000处，签订安全生产责任书1300份。明确分工，落实责任，对企业、学校、汽车站、农贸市场等重点领域的生产安全、食品安全进行检查。

【重大活动】 2016年11月，南京师范大学附属苏州石湖中学“神采飞扬”啦啦操队获学校俱乐部少年乙组集体花球自选动作冠军、学校俱乐部少年乙组花球规定动作（第二套）冠军、技术等级少年乙组集体花球自选动作亚军。12月19日，华中师范大学校长杨宗凯、副校长黄永林等一行考察访问石湖中小学校。12月23日，城南街道司法所联合综治、610办、计生、环保办、食安办等部门，在吴中汽车站开展“不忘初心，尊崇宪法，共筑共享法治吴中”法治宣传活动。

（吴林泉）

香山街道

【概况】 香山街道位于苏州市吴中区西部，东靠胥口镇，西南临太湖，北与光福镇交界。总面积26.5平方公里，辖7个社区居委会、4个村委会，2016年底户籍总人口22585人。香山街道因故宫的设计建设者蒯祥所代表的苏派古建“香山帮”而闻名，辖区内风光旖旎，拥有31.42公里太湖湖岸线、太湖赏景绝佳处渔洋山，全国内湖第一桥太湖大桥；人文积淀深厚，蒯祥园、董其昌墓、昙花庵、孙武演兵场、郁舍书画、舟山核雕、香山古建远近闻名。

【经济发展】 2016年，实现地区生产总值19.21亿元，同比增长4.33%；全口径财政收入6.16亿元，同比增长28.95%，一般公共预算3.47亿元；全社会固定资产投入30.55亿元；工业总产值7.98亿元，工业销售收入7.88亿元；工商新注册企业12家，注册资金合计15.94亿元。

【集体经济】 2016年，以香山集团公司、“一村二楼宇”项目、村级自主发展载体为抓手，统筹五大劳务，借助项目优势，统筹资源，优化配置，探索集体经济跨区域抱团发展模式，为经济发展增活力。街道村级净资产1.97亿元，村级稳定收入3826万元。合作社户均分红2735元，农民人均纯收入31800元，发放失地补偿金、养老生活补贴等共3956万元。开展股权固化工作，完成所有8个村（社区）的股权固化工作，总股数22326股，分红180元/股。

【转型升级】 2016年，结合香山实际，推进企业创新转型行动计划，完成区政府目标任务。组织申报企业高层次人才（博士、硕士）1名、高技能人才（校企合作）15名，引进培养专业技术人才30人、紧缺高层次人才3人、高技能人才20人，8名核雕大师获“吴中工匠”称号。

【城乡一体】 2016年，推进生态文明建设，倡导绿色发展理念。投资600余万元，对6个自然村进行农村生活污水治理，涉及农户406户，已完工；投资330万元，对墅里新村雨污水进行改造，涉及125户，于11月底完工；常规做好水草打捞和芦苇收割工作,清理芦苇1950亩、蒲约3060吨,清运水草65吨;完成区域内河道清淤1.8公里,淤泥1.7万方;投资320万元在舟山花园便道二侧、后塘路—行政中心二侧完成种植绿化130亩,并在墅里村渔洋山等地抚育中幼龄林1610亩。

【民生保障】 推进敬老院、文体中心建设及香山花园、舟山花园两个安置小区公建房服务功能提升改造工程。推进"居家福"、老年人日间照料中心增点扩面工程。街道范围内293户老人纳入居家福养老服务中心援助对象,覆盖率35.1%,新增2家老年人日间照料中心。发放各类救助金、补助金等404.82万元。实施就业扶持政策,开展劳动力技能培训、公益性岗位开发、大学生创业引领计划等活动,联合召开招聘会22期,新增就业岗位228个;提供公益性岗位30个;认定就业困难人员245人,办理灵活就业补贴245人;开展各类技能培训406人;发放失地补偿金、养老生活补贴等共3956万元。

【实事工程】 投资2000余万元扎实推进8个自然村的美丽乡村建设,注重将乡村特色风貌、生态优势与文化底蕴相结合,打造具有文化潜力的美丽村庄。重点交通工程建设进展顺利,子胥快速路(中环)、香山隧道、太湖大桥复线全线通车;陈华路建成,辖区内蒯祥路、校场路、墅里路、长沙路等多条道路完成改造扩建。投资140余万元,分别对长沙岛26家农家乐及80户居民家中铺设天然气管道和叶山新村14幢安置房更换自来水管。投资334万元建设完成舟山花园社区小高层地下自行车库分割工程,涉及19个单元748个车库。投资287万元对蒋墩街区提档升级,提升老街整体形象。抓好业余文艺团队建设,组织开展群众文艺汇演、趣味运动会、戏曲大奖赛等活动,定期开展戏曲、评弹、健身舞、数字电影放映等。

【社会事业】 推进教育资源优质均衡发展,加强学校建设和管理,推进香山实验小学建设。全面开展国家基本和重大公共卫生工作,配合推进分级诊疗制度建设和苏州市健康市民"531"行动计划,创新家庭医生签约服务模式,持续开展全科医生会诊工作。推进"平安香山"建设,完成炫太湖夏季嘉年华、"环太湖"国际竞走和行走多日赛等各类重大活动安保维稳工作。推进"法治香山"建设,持续开展省级民主法治示范村(社区)创建工作,已完成创建5个,创建率50%。推进信访调解工作,筹备并创立吴中区调解协会香山分会。"政社互动""三社联动"深入推进。推进社会治理工作,持续开展"村民联系卡"创新做法,共下发村民联系卡210本,村(社区)干部共走访居(村)民12160户,收集群众各类意见建议诉求697条,解决群众各类诉求697个。严肃清查整治安全生产重点领域各类事故风险,成功抵御夏季太

舟山核雕艺术

湖特大洪汛，食品药品监管、动物防疫、公墓管理、道路交通、森林防火等工作力度不断加大。

【重大活动】 2016年11月17日，中国步行商业街工作委员会主任韩健徽、秘书长王玉萍等组成的专家组到香山舟山核雕村艺术街区进行考察并出席苏州舟山村核雕艺术街区建设发展座谈会。 （姚国平）

穹窿山风景管理区

【概况】 穹窿山风景管理区位于苏州西郊，南临浩渺太湖，230省道、沪宁高速、苏嘉杭高速、绕城高速均可直达景区。景区总面积10.5平方公里，下辖穹窿、接驾2个社区，年末户籍总人口5267人。境内穹窿山海拔341.7米，被誉为“苏州之巅”“吴中之镇”。穹窿山为国家森林公园、国家5A级景区、全国科普教育基地、国防教育基地，茅蓬坞属江苏省自然保护区。2016年，穹窿山围绕“构建全景式旅游大景区”发展方向和“打造综合型旅游经济体”发展目标，推进“江南首席森态休闲度假地”建设。

【经济发展】 2016年，实现地区生产总值2.96亿元，累计完成全口径财政收入0.41亿元；一般公共预算收入0.24亿元；完成全社会固定资产投资3.51亿元，同比增长13.8%。全年接待游客124.23万人次，实现旅游综合收入5752.69万元，同比增长2.36%。

【旅游服务】 抓好旅游服务业提升。建立健全工作机制实施岗位综合技能比武、奖励激励等措施，提升员工技能意识和技能实效。开展“感动服务”标准化提升，深化“情系穹窿——老党员、老干部助推景区发展”“读书、益智、助学——穹窿山公益圆梦行动”“穹窿山——行走的格桑花”等活动。其中，“穹窿山——行走的格桑花”公益徒步活动募集善款51万元，4000多人参与。

【环境保护】 实施毛竹入侵治理工程，保护穹窿山的生物多样性以及维护整个森林生态系统的安全。实施绿化养护建设，在松海路段实施绿化养护，加强穹窿山绿化环境，做好植物养护工作，防止病株虫害现象发生，建立良好的生态环境。推进环境污染综合整治，开展农家乐环境综合检查，严格要求厨房油烟安装净化装置，废水排放达到标准，全部接入污水管网。大气自动监测站竣工验收，进入审计阶段，已申报环保资金。

【项目推进】 汇航御园工程有序推进，穹窿山谍战影视馆于2016年4月11日对外开放，累计接待游客近10万人；中环连接线南穹窿山具有旅游特色的景观工程全部完工；景区内开通免费班车，茅蓬坞内孙武雅聚、孙武居、孙武书房等配套型产品运营良好，风景区各项基础设施日趋完善和到位。

【民生实事】 制定《穹窿山城乡社区网格化服务管理工作实施方案》，划分三级网格，全面实施管理。重点服务好辖区内10个低保户、34个低保边缘对象、106位残疾人等特殊家庭和人群的服务保障。累计走访家庭户1311户次，收集群众诉求意见累计144例，已全部得到妥善处理。完成辖区80岁以上老人摸底工作，开展党员对困难家庭“一对一”帮扶等活动；超额完成征兵任务，其中一名被选拔到三军仪仗队。举办“颂党情、感党恩、跟党走”广场惠民文艺演出；开展安全检查10余次，新建蓄水池3个，新修防火通道5.2公里。在苏州市森林防火比赛中，获苏州市森林消防半专业组比武竞赛第一名。

【旅游宣传】 宣传层面突出生态建设、绿色环保、健康生活等元素，加大各级媒体的宣传力度，微信、微博新媒体齐发力，景区知名度不断提高，景区游客数量实现较快增长。旅游活动亮点纷呈，新春祈福节、健康养生文化节、“穹窿山——行走的格桑花”公益徒步活动、“第七届穹

2016年11月23~24日，“孙子兵法研究：创新与发展”学术研讨会在穹窿山召开

窿山兵圣杯世界女子围棋锦标赛”、孙子兵法创新与发展研讨会等活动，成效显著。“穹窿尖兵”网络投票位居第一，获吴中区精神文明建设十佳新事。

【重大活动】 2016年6月7日，举行苏州第一届少儿国家安全教育主题活动暨CCTV少儿频道《英雄出少年》栏目穹窿山景区孙武文化园小英雄选拔活动。9月18日，在穹窿山孙武文化园举行古琴演奏会暨苏州古琴研究会揭牌仪式。10月29日，第四届“穹窿山——行走的格桑花”公益行走活动在穹窿山风景区举行。本届“行走的格桑花”与往年相比在原来12公里路线的基础上，增加40公里环湖环山极限挑战路线。参与人数4000多人，志愿者300多人；筹款超过50万元；76名来自青海玉树的藏族小朋友来到现场一起参与活动。（孙传红）

林　场

【概况】 东吴国家森林公园管理中心（林场场部）位于苏州城西灵岩山南麓，东接木渎镇，西连苗木之乡藏书办事处，南临胥口镇，北倚灵岩山风景名胜区。主要职责是开展国有林地管理、森林防火、国有生态公益林经营保护、病虫害测报防治和植物检验检疫等工作。截至2016年底，吴中区林场辖国有林地14187亩，主要分布在吴中区木渎、胥口、横泾、光福、越溪、藏书、穹窿山管委会等七个乡镇和高新区部分乡镇。其中林业用地13950亩，占国有林地面积的98.33%，国家级及省级生态公益林面积13300亩；活立木总蓄积45013立方米，其中乔木林蓄积44342.5立方米，占比98.51%，散生木蓄积670.5立方米，占比1.49%。

【国有林场改革】 2016年，根据《省政府关于推进国有林场改革的实施意见》（苏政发〔2016〕19号）、《江苏省发展和改革委员会、江苏省林业局关于编制上报国有林场改革实施方案的通知》（苏林种〔2016〕6号）等文件要求，结合吴中实际深入部署落实国有林场改革工作各项目标任务，成立区林场改革工作领导小组及其办公室，负责区林场改革的组织协调等工作。全面部署调查摸底工作，按照时间进度要求编报完成国有林场基本情况调查统计表、区林场改革实施方案及改革成本调查。

【森林资源管理】 严格执行国家重点公益林生态红线保护管理办法，确保公益林面积只增不减。制定生态公益林经营保护规划，结合森林抚育和林相改造，持续推进“彩叶工程”试点扩面，实施紫楠、光亮山矾、乌饭树等乡土树种的人工扩繁培育，提升森林景观丰富度、树种多样性，为“强富美高”新吴中增绿添景。严格进行国有林地保护管理，区林场森林消防专业扑救队、半专业队伍、护林员队伍、“护林先锋”志愿者队伍等“四支”队伍开展林政巡查，确保日常巡查覆盖到位。提升对国家级中心测报点病虫害监测预报和植物检疫水平，强化对松材线虫、美国白蛾等主要林业有害生物和旅游景区、绿化通道等重点区域病虫害测报防治，保障森林生态安全。创新森林病虫害的监测防治手段，探索建立以林地小班为单位的病虫害监测防治网络，针对小班树种的不同构成，有针对性地监测防治相应的病虫害，实现病虫害监测防治的提前介入，为有效防治林业有害生物提供科学依据。强化对林业植物及其产品的检疫检查，签发“植物检疫证”410份。配合上级林业主管部门持续推进野生动植物资源、古树名木资源和林木种质资源等三项资源调查，对林场辖区内90株古树名木、140株古树后续资源做好“一树一档”管理。

【森林防火】 2016年，通过进一步强化森林防火综合防控体系建设，实现连续13个防火年度无较大森林火灾目标。加强森林防火基础设施和应急预案建设，完善从预防、报警、扑救等一体能力的衔接，提高林场森林防火工作的能力与水平。累计建成防火通道26公里、各类防火蓄水池30个、消防管道2.5公里，在重点区域设置消防栓34只，生物防火隔离带5公里，护林值班室及护林点28处。加强森林资源管护队伍建设，严格落实森林防火责任制。坚持林场全员防火与专业分工负责相结合的机制，实行网格化管理，做到责任到人、防范到点、应急到位。做好28名护林员的考核管理工作。加强森林防火宣传教育，不断增强防火意识。通过横幅、宣传牌、口头提醒等多种形式开展森林防火宣传。针对特殊时期、高危天气、重点区域强化宣传教育。累计树立永久性护林宣传牌75块、护林通告10幅、森林防火智能语音播报杆5根。

【林业生产】 2016年，东吴国家森林公园管理中心（吴中区林场）与南林大、省林科院、苏州科技大学等科研院校合作在原有省级林木种苗良种繁育示范基地的基础上进行提档升级改造，全面提升苗圃基地经营管理水平、林木良种产量质量和技术人才储备，共同培育紫楠、枫香、栓皮栎等珍贵化、彩色化、效益化树种。2016年9月，包括塘村林木种苗良种繁育示范基地200亩，穹窿山茅蓬坞珍稀树种母树林30亩，穹窿山麻栎母树林150亩，七子山和苏州绕城高速枫香试验林75亩在内的455亩省级珍稀树种林木良种基地顺利通过省林业局批准。2016年，区林场坚持立足技术优势，大力发展绿化养护经济，抓好东方大道郭巷段22万平方米和绕城高速公路65万平方米绿化养护工程。进一步立足生态优势，抓好茶叶隔离带的养护管理，生产苏州传统名茶碧螺春和新品种高山白茶。探索林下经济新模式，尝试种植需药量较大的太子参、明党参等名贵中药。

【民生保障及实事工程】 2016年，结合国有林场改革工作坚持统筹兼顾，突出解决国有林场定性定位、社会统筹等问题；坚持改善民生，稳步推进职工切身利益、基础设施改造、妥善解决好历史遗留问题等改革配套各项工作，保持林场改革发展稳定大局。按照国家规定，全面完成事业单位绩效工资改革，在编在职员工实现“五险一金”全覆盖，企业员工工资福利待遇同比增加10%。全面完善低保救助、党员关爱基金和困难帮扶机制，采取平时送温暖、年终送慰问等方式累计走访慰问离退休职工、困难职工群众30余户，发放慰问金及相关生活物品2万余元。推进国有林场危旧房改造工程，总投资450万元的花木公司基地楼、宁邦公墓提档升级等项目土建工程竣工验收，进入工程审计阶段。总投资170万元的林欣苑职工小区“自来水、天然气管道升级改造”工程完工，进入工程审计阶段。同时，通过进一步巩固提高物业管理水平、文娱体育设施和精神文明阵地建设，巩固提升林欣苑区级文明小区的创建成果。 （卜志宏）

编辑：任海令

附 录

特 载

根植吴文化 建设新吴中
为全面建成区强民富、城乡协调、文明和谐的
小康社会不懈奋斗

——在中国共产党苏州市吴中区第四次代表大会上的报告

金 洁

2016 年 7 月 25 日

各位代表，同志们：

中国共产党苏州市吴中区第四次代表大会开幕了！

这次会议是在吴中区全力推进供给侧结构性改革、阔步迈向率先全面建成小康社会的关键时刻，召开的一次重要会议。主要任务是：高举中国特色社会主义伟大旗帜，以邓小平理论、“三个代表”重要思想、科学发展观为指导，以习近平总书记系列重要讲话特别是视察江苏重要讲话精神为根本遵循，深入贯彻落实“四个全面”战略布局，回顾总结区第三次党代会以来的各项工作，审议确定今后五年经济社会发展的目标任务；选举产生中国共产党苏州市吴中区第四届委员会和纪律检查委员会；选举产生出席中国共产党苏州市第十二次代表大会的代表，动员全区各级党组织、全体共产党员和广大人民群众，根植吴文化，建设新吴中，为全面建成区强民富、城乡协调、文明和谐的小康社会不懈奋斗。

现在，我代表中国共产党苏州市吴中区第三届委员会向大会作报告。

“山水苏州、人文吴中”站上更高起点

区第三次党代会召开以来的五年，是吴中发展历史上极不平凡的五年。五年来，全区各级党组织在市委的正确领导下，团结带领广大党员群众，围绕“山水苏州、人文吴中”目标定位，坚持“发展保护两相宜、质量效益双提升”工作导向，大力实施“四轮驱动、四大板块”发展战略，扎实推进经济、政治、文化、社会、生态文明建设和党的建设，胜利完成区第三次党代会确定的各项目标任务，为吴中“十三五”经济社会发展奠定了坚实基础。

五年来，我们坚持发展为先、稳中求进，综合实力跃上新台阶。认真贯彻中央、省市各项部署，紧密结合吴中区情实际，全力推动经济平稳较快发展，综合经济实力明显提升。地区生产总值由602.3亿元增至950亿元，年均增幅9.5%；一般公共预算收入翻番至121.1亿元；工业总产值由1305亿元增至1592亿元，规模以上工业总产值突破1100亿元；社会消费品零售总额由199亿元增至335亿元，年均增幅10.8%。累计完成全社会固定资产投资2239.6亿元，是“十一五”期间的2.4倍；进出口总额533.6亿美元，其中出口339.8亿美元，分别是“十一五”期间的2.3倍、2.4倍。国有、集体经济所有者权益分别达496亿元、179亿元，是“十一五”期末的4倍、1.83倍。农村村均稳定收入超1200万元，户均分红5260元，较“十一五”期末全部翻番。第二届中非民间合作论坛、第四届中欧政党高层论坛、首届世界语言大会、第四次中国—中东欧国家领导人会晤、央视中秋晚会、第九届江苏省园艺博览会等一批重大会议和活动在我区成功举办，习近平、李克强、刘云山、刘延东等党和国家领导人分别出席，太湖吴中成为国家一张外交名片，美誉度和影响力不断提升。

五年来，我们坚持创新驱动、质效引领，转型升级取得新成效。制定实施《吴中区绿色发展纲要》，完成千企升级创新转型三年行动计划和“112”工程任务。落实创新驱动发展战略，国家千人计划增至2名，省双创人才19人、市姑苏领军人才37人，万名劳动力高技能人才数达560名，万人发明专利拥有量达13件，获评国家知识产权强县工程试点区、全国科技进步先进区。清理盘活存量建设用地2.2万亩，工业用地亩均税收由8.7万元增至15万元，新兴产业产值突破600亿元，占规模以上工业产值比重由35%提升至54.9%，吴中经济技术开发区晋升国家级，城区获批筹建省级吴中高新区，出口加工区升级综合保税区。全面完成服务业跨越发展三年行动计划、“6+4”旅游服务业提升工程，服务业增加值年均递增13.4%，吴中太湖旅游区获评国家5A级景区。落实“四个百万亩”保护发展任务，现代农业“6+1”产业工程和三大农业园区建设全面推进，产业格局更加清晰，获批中国驰名商标和地理标志认证各2个。至“十二五”期末，全区三次产业比重由“十一五”期末的2.8∶56.1∶41.1优化为2.3∶48.7∶49。

五年来，我们坚持深化改革、完善法治，内生活力呈现新气象。成立区委全面深化改革领导小组，制定实施《吴中区全面深化改革意见》。全面实施行政审批制度改革，编制出台政府权力“四张清单”，非行政许可审批事项全部取消。商事制度改革稳步推进，社会征信体系启动建设，财税体制改革扎实推进，政府购买服务机制逐步完善。木渎镇大力推进“强镇扩权”改革试点，高新区与长桥街道、西山农业园区与金庭镇实行“区政合一”，区卫计局、市场监管局大部制改革完成，事业单位分类改革有序开展。持续深化国资经济、集体经济改革，成为国家农村集体资产股份权能改革试点，成立全国首家“农民集团”，建成运行国有资产监管云平台、农村集体资产监管交易服务平台。深入推进法治吴中建设，全面实现“六五”普法目标，获评第三批“全国法治县（市区）创建活动”先进单位，区法院被最高院授予“全国模范法院”称号，入选最高院多元化纠纷解决机制改革示范法院和全国人民陪审员制度改革试点。

五年来，我们坚持民生为本、和谐为重，社会事业实现新进步。全面完成“十二五”十大民生事业及每年度政府民生实事工程，民生支出占一般公共预算支出比重由69.2%提升至73.6%。围绕基本公共服务全覆盖和均等化目标，累计新改扩建公办中小学幼儿园45所，医院卫生院8家，新增公益性文化设施10.3万平方米，高分通过全国首批义务教育发展基本均衡区验收，获批国家公共文化服务体系示范区。建成居家养老服务中心（站）、日间照料中心等养老服务设施306个，建成保障性住房43.1万平方米、9779套，实现区镇村三级便民服务网络全覆盖。累计组织城乡劳动者技能培训11万人次，新增就业岗位8.9万个，“零就业”和“零转移”贫困家庭保持动态清零，城乡居民养老保险和医疗保险与市本级全面并轨。城乡居民人均可支配收入分别增至5.2万元、2.6万元，年均增幅10.2%、12%。精神文明建设深入推进，《吴中区志》、《吴中文库》出版发行，宝带桥列入世界文化遗产名录，获评中国历史文化名村5个、中国传统村落10个，省级以上非物质文化遗产累计达22项，《春雨江南》获全国精神文明建设“五个一工程”奖，荣获全国文化先进区、文明城市示范区等称号。扎实推进平安吴中和政法队伍建设，连续5年（2011~2015）荣获全省“平安县（市、区）”；成功创建国家级无邪教示范县（市、区），区国安办连续两年被国安部评为“一级国安办”。社会治安综合治理、突发事件应急管理、安全生产监督管理、食品药品监测监管措施不断加强，智慧农村、村民联系卡、出租屋超市、城乡社区网格化服务管理等创新举措深化推广，立体化社会治安防控体系加速构建，社会大局保持和谐稳定。

五年来，我们坚持生态优先、统筹一体，城乡环境展现新面貌。吴中太湖新城建设全面启动，城南、越溪、双湖板块功能形态加快提升，度假区文旅商集聚区、环太湖酒店集群建设有序推进，高新区“十大重点项目”形态初现，各中心镇产业布局、城镇功能、生态环境持续完善。中环吴中段、东西山环岛公路等8条骨干道路建成通车，已建、在建轨道交通33.9公里，千吨级航道实现零的突破。数字城管网络架构不断完善，城市管理水平进一步提升。全面完成生态文明建设三年行动计划及每年度十大工程，创新“五位一体”太湖水环境综合管理体制，城镇污水集中处理率由65%提升至90%，集中式饮用水源地和水域功能区水质达标率均保持100%。完成湿地生态恢复项目7个，创建国家级湿地公园2个，林地绿地总面积达33.7万亩，获评全国森林防火先进单位。统筹推进涵盖950个自然村庄的《吴中区美丽乡村建设行动计划》，开展农村生活污水处理、“两山一镇”、“两河一江”等环境整治提升工程，基本完成东太湖综合整治工程，实现国家级生态镇、市级以上生态村全覆盖，获评国家级生态区、全国生态文明建设试点区、国家级生态保护与建设示范区、全国国土资源节约集约模范区等荣誉称号，成为中国生态文明研究与促进会首批联系点。

五年来，我们坚持党要管党、从严治党，自身建设获得新提升。深入开展党的十八大和十八届三中、四中、五中全会以及习近平总书记系列重要讲话精神学习教育，扎实完成党的群众路线教育实践活动、“三严三实”专题教育，有序开展“两学一做”学习教育，全区党员干部理想信念更加坚定、党性修养不断提高。加强区委自身建设，制定完善常委会议事规则，严格要求全区各级党委（党组）认真履行党建工作主体责任，区委总揽全局、协调各方的领导核心作用有效发挥。扎实推进领导班子和干部队伍建设，创新开展“两个差别化”考核和“实名制”推荐干部等工作，顺利完成乡镇党委换届，干部队伍素质得到提升、结构明显改善、能力不断增强。加强“四型”基层党组织建设，加大经济薄弱村扶持、软弱涣散党组织整顿力度，全面开展“三级联述联评联考”，落实完善“四联双提、三访三促”等机制，基层党组织凝聚力、战斗力不断加强。全面落实党风廉政建设“两个责任”，推动全面从严治党向基层延伸。全力抓好中央、省市巡视巡查整改落实工作，积极践行监督执纪“四种形态”，严格贯彻落实中央“八项规定”，持续开展“清风行动”，“四风”积弊得到有效整治。深入推进党的纪律检查体制改革，连续十年开展“思廉树廉讲廉”主题教育活动，暴式昭廉洁文化品牌不断打响，加大违法违纪案件查办力度，惩治和预防腐败体系更加完善。全面推进民主政治建设，积极支持人大、政协履行职责，切实加强党管武装工作，实现省双拥模范区“七连冠”。工会、共青团、妇联等群团组织联系群众的桥梁纽带作用进一步增强，统战、民族、宗教、侨务、对台、档案、关工委、科协、残联、文联、红十字会以及各垂直管理部门工作取得新成绩，全区上下共商大计、共谋发展的良好局面不断巩固。

各位代表、同志们，过去五年取得的喜人成绩，是上级党委正确领导的结果，是在吴县、吴县市和吴中区历届班子打下坚实基础上，全区各级党组织和广大干部群众齐心协力、奋力拼搏的结果，也是各民主党派、工商联、无党派人士、各人民团体、驻吴部队、武警官兵和海内外各界朋友发挥作用、热情支持的结果。在此，我谨代表中国共产党苏州市吴中区第三届委员会，向各位代表，向奋战在全区各条战线上的广大共产党员，向所有关心、支持、参与吴中经济社会发展的同志们、朋友们表示最衷心的感谢和最崇高的敬意！

总结过去五年的工作，我们深刻体会到：坚持解放思想是根本法宝，坚持科学发展是根本目标，坚持改革创新是根本动力，坚持执政为民是根本宗旨，坚持党的领导是根本保障。但在回顾成绩、总结经验的同时，我们也要清醒看到前进道路上的困难和挑战，主要是：经济下行压力较大，自主创新能力不强、活力不足，生态文化资源转化为经济增长动能的力度仍然不够；基本公共服务和社会保障压力较大；影响社会稳定、安全生产的隐患因素仍然存在，群众文明程度和社会自治水平有待提高；宣传和思想政治工作方法创新不够，干部队伍建设面临新情况新挑战，基层组织建设存在薄弱环节，战斗堡垒作用尚未充分发挥，个别消极腐败现象仍然存在，党风廉政建设“两个责任”落实力度还需进一步增强。对此，我们必须高度重视，认真加以解决。

“三大布局、四大红利”描绘美好蓝图

经过五年的奋斗拼搏，吴中区已经站上新的起点。回首往昔，历届历任领导班子和全区干部群众，艰苦创业、锐意进取，谱写了吴中发展的壮丽篇章。今天，新一轮发展的“接力棒”交到当代吴中人手中，面对新形势，肩负新使命，我们的事业崇高而神圣，我们的任务艰巨而光荣。“十三五”时期，是吴中推动改革创新、实现绿色发展的转型期，也是突破瓶颈约束、增强发展后劲的攻坚期。从宏观形势和自身条件看，今后五年我们仍然处在大有可为、大有作为的战略机遇期。全区上下务必始终保持清醒头脑，准确把握国内外发展大局和趋势，准确把握吴中发展阶段性特征和新的任务要求，切实增强忧患意识、责任意识、争先意识，在新的起点上牢记使命、不忘初心、继续前进。

今后五年，吴中区经济社会发展的指导思想是：**全面贯彻党的十八大和十八届三中、四中、五中全会精神，以邓小平理论、“三个代表”重要思想、科学发展观为指导，以习近平总书记系列**

重要讲话特别是视察江苏重要讲话精神为根本遵循，落实“四个全面”战略布局，践行新发展理念，围绕供给侧结构性改革主线，始终坚持发展第一要务不动摇，在“山水苏州、人文吴中”的美好蓝图下，以“根植吴文化、建设新吴中”为主题导向，全力推进“三大布局、四大红利”战略重点，全面深化重点改革事项，着力彰显城乡一体、文旅融合、绿色生态品牌特色，统筹推进经济、政治、文化、社会、生态文明建设和党的建设，为全面建成区强民富、城乡协调、文明和谐的小康社会不懈奋斗。

——“根植吴文化、建设新吴中”，是未来五年引领吴中全局工作的主题导向。历史是路，社会是车，文化是车的动力。对当代吴中人来说，“吴文化”既是物质层面的“山水苏州”，也是精神层面的“人文吴中”。“新吴中”是“强富美高”新江苏新苏州在吴中落地的具体实践，也是全面建成小康社会和实现中华民族伟大复兴“中国梦”的吴中探索。

*建设“新吴中”，必须根植“吴文化”中风物清嘉的美丽乡土，探索以生态文明为引领的绿色发展之路。*太湖是江南之母，吴中是太湖之心。太湖地区是古吴文化的孕育发源地，以洞庭东西山和光福、木渎等为代表的吴中山水城镇，从来都是天堂苏州、吴地文化重要的物质承载和精神家园。这方风物清嘉的乡土，是大自然赐予我们最宝贵的一方宝地，是一代代吴中人基于自然财富创造经济财富和社会财富的基础源泉。在当前“五位一体”总布局和新发展理念指引下，我们要实现全面建成小康社会的奋斗目标，更须立足于独特的区域资源禀赋，把青山绿水作为发展底色，以保护生态环境来保护生产力，以改善生态环境来发展生产力，在发展实践中走出一条以生态文明为引领的绿色发展之路。

*建设“新吴中”，必须根植“吴文化”中博大隽永的文化遗产，探索以创新融合为引领的特色发展之路。*勤劳勇敢的吴地儿女，在吴中大地创造了以园林、古镇、古村为代表的物质文化遗产，创造了以香山帮建筑技艺、昆曲评弹、苏绣缂丝、核雕砖雕等为代表的非物质文化遗产。吴中古镇古村、文保单位、非物质文化遗产数量均列江苏县级之首，这些文化遗产充分体现了吴文化所蕴含的精致完美的工匠精神和追求卓越的创新精神。我们必须进一步坚定文化自信，持之以恒推进创新融合发展，深度挖掘吴中传统文化与现代产业经济的结合点，以文化创意和科技创新为方向，着力发展先进制造、精致农业、现代工艺、休闲旅游等特色产业，在经济发展中展现更多的“吴中特色”。

*建设“新吴中”，必须根植“吴文化”中以文化人的先贤传统，探索以城乡一体为引领的文明发展之路。*吴中自古以来人文荟萃、先贤辈出，形成很多优秀传统文化。以澹台灭明为代表的儒家文化，以范仲淹为代表的忧乐文化，以蒯祥为代表的工匠文化，以席氏等洞庭商帮为代表的商业文化，以暴式昭为代表的廉洁文化，以太湖游击队为代表的红色文化等等，彰显了崇文重教、爱国爱民、勤劳勇敢、经世致用等文化特质，千百年来滋养了一代代吴中人民。要把这些优秀的先贤传统文化与社会主义核心价值观融汇贯通，以“乘数效应”放大传统文化的向心力、凝聚力、号召力，以文化人、熏陶民风，全面提升城乡居民自治水平，加快构建城乡一体、文明和谐的现代化社会治理体系，凝聚起建设新吴中的强大合力。

——优化一核一轴一带“三大布局”，是未来五年“山水苏州、人文吴中”美好蓝图的具象目标。“一核一轴一带”生产力布局，以主体功能区为划分依据，以生产力要素集成集约、高效利用为目标，是新常态下从条块分割的“行政区经济”向协调联动的“经济区经济”升级的内在要求，也是在苏州建设特大城市征程中展现“山水苏州、人文吴中”品质内涵的必然选择。中心城市核、先进制造轴、生态文旅带三者互相依存、互补互促，是吴中发展的重要支撑。

中心城市核以长桥、城南为中心，辐射越溪、郭巷、太湖新城和木渎等片区，要坚持以人民为中心的发展思想，围绕“一个尊重、五个统筹”原则，打造吴中产城融合、紧凑集约、建设精致、产出高效的主阵地，构筑苏州金融商贸、科教文卫、优质地产、高端人才等资源汇聚的新高地，形成引领全区发展能级全面提升的动力源。长桥、城南要加快推进“再城市化”，实施城市修补和更新，全面融入苏州中心城区同城发展。沿人民路中轴，高标准规划建设匹配苏州国际化特大城市门户形象和功能的地标商务区，形成实至名归的“苏州主城南中心”。太湖新城要围绕规划、建设、功能“三位一体”，以智慧、生态为导向，践行现代城市建设理念，努力成为苏州21世纪城市建设新标杆，带动中心城市核能级提升、形态提质。越溪、郭巷片区要加快补足城市配套功能短板，做实做美“居住吴中”区域特色。木渎要提升现代都市形象，完善功能内涵，与苏州高新区无缝对接，成为“苏州城西副中心”。

先进制造轴以甪直、胥口为两端，串联开发区吴淞江科技产业园、综合保税区、旺山工业园、东太湖科技金融城和木渎金桥、临湖装备产业园等产业带，纵贯吴中东西，是全区对接《中国制造2025》、实施“实业兴区”战略的主战场。这条制造业轴的建设水平和转动力度，决定着吴中实体经济的发展高度，决定着吴中产业结构的健康程度，决定着吴中各项事业的家底厚度，直接影响吴中在区域竞争中的格局地位。开发区要进一步擦亮国家级金字招牌，以科技产业人才为引领，以高端制造、创新研发为重点，当好全区先进制造业发展的“龙头引擎”，在国家级开发区方阵中不断争先进位。甪直、胥口和木渎金桥要以建设长三角知名工业小镇为目标，着力在模具和装备制造等特色产业上集聚发力，以点串轴、以轴带面，着力筑就吴中先进制造业发展根基。

生态文旅带以环太湖国家旅游度假区和5A级景区为主体，涵盖度假区（香山、金庭、光福）、吴中太湖旅游区（东山、旺山、穹窿山）以及临湖、横泾、藏书等区域，既是全市全区重要的生态敏感区，又是吴中传统文化集聚地、旅游资源密集区，更是吴文化传承、产业结构转型、城乡一体发展的主引擎。要依托香山“文旅商小镇”、金庭“健康生态小镇”、光福“工艺小镇”等特色定位，使度假区成为国内外知名的“休闲旅游度假目的地”。进一步擦亮东山“影视小镇”、临湖“原乡园艺镇”、木渎“千年古镇”、穹窿山“清幽智慧第一山”、甪直“神州水乡第一镇”等品牌，推进文化、旅游融合互动，加速形成布局合理、资源统筹、形态优化、特色鲜明的全域旅游和文化产业发展“黄金地带”，推动吴中由苏州文旅大区向苏州文旅强区迈进。

——以推进重点改革转化“四大红利”，是未来五年吴中落实供给侧结构性改革的基本路径。改革是发展的根本动力，供给侧结构性改革是中央推动经济转型升级的破题之策。落实到吴中区，就是要紧扣重点改革事项，创新供给，提升质量，加快转化“四大红利”，为吴中未来五年跨越发展积蓄新的动能。

要把生态文化资源转化为产业经济红利。结合当前全民休闲度假时代的到来，深入挖掘全区生态文化资源，在保护传承的基础上加快推进生态文旅、农旅等项目建设，大力培育山水体验、文化创意、康体养生、休闲农业等中高端休闲度假业态。以文化旅游业为核心促进全区现代服务业加快转型、做大做强，让“山水苏州”成为更加引人入胜的山水，让“人文吴中”孕育融入现代的人文，让生态文化成为产业发展的重要资源。

要把低效存量土地转化为转型空间红利。针对全区建设用地规模偏大、亩均产出偏低、使用效率不高的现实，历史辩证地看待过去粗放开发的实际，针对未来土地供应收紧的现实情况，划定城市发展边界，严守红线、绿线、蓝线、紫线、黄线，严格落实国土资源节约集约利用“1+N”等一揽子政策。以“探索工业经济供给侧改革”方式路径，加速推进“再城市化、再工业化”进程，提高单位土地投入产出水平，腾退转优、转型升级，在挖掘存量中为全区发展赢取新的空间。

要把组团经济实力转化为统筹集聚红利。新常态下，我们不应该也不可能再走“蜂拥而上、一哄而起”的发展道路。要在过去“板块竞争、做大规模”的基础上，打破行政界限，优化区域产业规划，完善板块绩效考核制度，以要素资源利用最大化和功能配置最优化为目标，强化“产业跟着定位走、要素跟着产业走”工作导向，更好地发挥政府服务企业职能。按照规划引领，大力推动“板块招商项目统筹发展”、“分类推进国企改革”等重点改革事项，在保护激发各地发展积极性的同时，形成对外竞争全区一盘棋的“大拳头”，全面提升经济整体发展能级。

要把大量常住人口转化为人力资源红利。吴中区现有115万常住人口，是人口大区，但不是人力资源强区。必须准确把握人口作为生产要素和治理成本的“双刃”属性，统筹抓好高端紧缺人才引育和劳动力素质提升两项工作，推动产业结构调整和人口结构优化正向互动，逐步提高全区常住人口人才占比和人均产出，加快把较大人口数量转化为以人才为核心的人力资源发展红利。坚持因地制宜创新社会治理模式，全面提升市民文明素养水平，进一步协调平衡好社会自治和政府服务的关系，努力实现社会治理现代化。

今后五年，我们要围绕“根植吴文化、建设新吴中”主题，实施“三大布局、四大红利”战略，**全面建成“区强民富、城乡协调、文明和谐”的小康社会**。具体目标任务是：

——*经济稳中求进，保持合理区间*。经济增长保持中高速，地区生产总值年均增长7%左右，提前实现地区生产总值比2010年翻一番目标。到2020年，全区规模以上工业总产值达到1280亿元，服务业增加值占GDP比重达55%左右，现代农业发展水平高于95%，社会消费品零售总额突破440亿元。

——*创新引领转型，提升质量效益*。质量效益迈向中高端，以建设苏南自主创新示范区为抓手，实现从要素驱动向创新驱动转变。到2020年，高新技术产业产值占规模以上工业产值比重达50%，全社会研发支出占GDP比重2.8%，万人发明专利拥有量30件，高层次人才突破1.3万人。

——*生态绿色健康，环境宜居宜业*。生态文明制度体系更加健全，生产生活方式更加绿色低碳，城乡生态环境和人居环境不断优化。万元GDP能耗下降率、二氧化碳排放削减率、主要污染物排放总量削减率等指标均达到上级要求，空气质量二级标准天数比例达70%，城镇绿地率提升到40.5%。

——*文旅深度融合，形成主导产业*。全域旅游发展水平全面提升，文化体制改革取得突破，公共文化服务体系更加完善，传统文化有效保护传承，文旅产业支柱地位进一步强化。到2020年，文化产业增加值占GDP比重达10%，旅游业增加值占GDP比重超15%。

——*城乡服务均等，社会文明和谐*。以标准化推进城乡基本公共服务均等化，持续加大民生改善力度，城乡居民人均可支配收入年均分别增长7.6%、9%，城镇调查失业率控制在5%以内，每千名老人拥有各类养老机构床位45张，每千人执业医生数2.5人，高等教育毛入学率75%，人均公共文体设施面积3平方米。法治建设满意度、公众安全感均达92%以上，和谐社区达标率98%，万人拥有社会组织15个。

今后五年，必须在中国特色社会主义政治经济学的指引下，坚持解放和发展生产力不动摇，牢牢抓住发展第一要务不放松；坚持中国特色社会主义市场经济改革方向不动摇，以深化改革推进结构调整；坚持创新驱动、人才优先不动摇，加快新旧发展动能接续转换；坚持党的群众路线不动摇，全心全意为人民服务；坚持党的领导不动摇，充分调动各方积极性凝聚强大合力。

“深化改革、创新驱动”实现绿色发展

更好更快推动绿色发展，是建设“强富美高”新吴中的必然选择。推动绿色发展，必须依靠全面深化改革这个根本动力，自觉践行新发展理念，打好供给侧结构性改革攻坚战。

（一）以经济转型升级实现吴中发展新飞跃

发展是第一要务，经济建设是中心任务。“三大布局、四大红利”的核心就是经济工作，中心城市核与先进制造轴，是稳增长、调结构、促转型的硬功夫和着力点，也是打造生态文旅带的基石和支撑，更是落实全面深化改革任务、推动供给侧结构性改革的依托和关键。

一要坚持效益与速度并重，提升产业能级。保持经济中高速增长，促进经济迈向中高端水平，注重高端要素集聚与高端产业发展的“相辅相成”，在做大总量的基础上优化产业结构、提高质量效益。巩固实体经济基础地位。全面实施吴中区先进制造业发展、智能制造行动计划等一揽子“实业兴区”意见，做到加大招商力度与扶持本土企业同步推进，“智造吴中”与“质造吴中”双轮驱动。大力发展“互联网+”、大数据、云计算，推进传统产业的数字化、智能化改造，提高制造环节的质量效益，促进全要素生产率提升。到2020年制造业发展水平迈上新台阶，新兴产业产值占规模以上工业产值达58%。高水平推进吴淞江科技产业园、东太湖科技金融城、太湖科技产业园等工业园区建设，实现中小企业孵化平台以及工业载体功能提升。积极探索亩产效益综合评价，抓好淘汰落后产能、处置“僵尸企业”各类工作。加强企业挂牌上市梯队建设，形成百家登陆资本市场企业规模，打造一批竞争能力处于行业领头位置的龙头型企业、科研技术处于领先水平的支柱型企业。推动服务经济跨越发展。提高检验检测、研发设计、文化创意等优势服务业专业化、高端化水平，到2020年生产性服务业占服务业增加值比重达2/3。提升生活性服务业精细化水平，放大高端度假酒店集群效应，完善邻里中心模式的社区商业布点，大力倡导养老健康、教育培训、文体旅游等消费模式。坚持科学布局、完善配套，丰富居住地产、工业地产、商业地产等品种供应，优化产品质量，全面提升房地产业发展水平，形成“居住吴中”品牌效益。注重“三驾马车”战略支撑。今后一段时期，投资、出口、消费仍是拉动经济的有效手段。要继续发挥有效投入的拉动作用，以补短板、调结构、惠民生为重点，打基础、利长远、增后劲为目标，全面实施“十三五”重大项目滚动储备和投资计划。充分发挥股权投资、产业引导基金牵引作用，完善政府和社会资本合作模式，激发社会资本参与热情。引导企业突出创新与开放，抢抓“一带一路”战略机遇，坚持“引进来”和“走出去”更好结合，打好外贸稳增长“组合拳”，增创开放型经济发展新优势。深入推进全区招商工作机制改革，统筹协调高端项目招商引资，加快推动战略性、旗舰型重大项目落地。

二要坚持改革与创新并重，实现动能转换。以供给侧结构性改革进一步激发市场创新活力和社会创造力，实现低水平供需平衡向高水平供需平衡跃升。加快释放改革红利。要敢于自我革命，向体制机制改革要红利，切实转变政府职能，向市场放权，向社会放权，更好地发挥市场在资源配置中的决定性作用，贯彻落实党中央、国务院《关于深化投融资体制改革的意见》，创新审批方式，加强事中事后监管，提高政府行政效能。发挥重点改革事项“牵一发而动全身”的引领带动作用，努力把全面深化改革各项工作推向纵深。着力优化创新环境。围绕《国家创新驱动发展战略纲要》，发挥开发区与高新区两个主阵地作用，全力建设苏南国家自主创新示范区特色区。支持高新区积极探索“一区多园”发展模式，鼓励先行先试、奋力争先进位，推动省级高新区向国家级迈进。推进知识产权强区建设，搭建科技公共服务平台，构筑发达的中小企业创新公共服务体系，形成创新链、产业链和资本链的无缝衔接，发挥企业创新主体作用，营造大众创业、万众创新的社会氛围，实现企业追求与政府支持的“同频共振”。精心构筑人才高地。全面实施“人才强区”战略，加大“东吴高层次人才计划”推进力度，落实“千人计划”专家引进专项办法，建立“1+N”综合资助扶持体系，优化人才服务“绿色通道”，着力打造吴中高层次人才“一站式”综合服务平台。重视高素质企业家队伍建设，加快技能型人才、紧缺型人才引育，提高职业教育水平，建设公共实训基地，积极筹建升格吴中技师学院。进一步发挥人才推动发展的“源动力”，到2020年万人拥有高层次人才数120人以上。

三要坚持建设与管理并重，优化城乡布局。认真落实中央和全省城市工作会议精神，尊重城市发展规律，突出以人为本，努力建设“智慧吴中”，以信息化推进城市现代化，让城市规划、建设、管理各环节更加智慧智能、更加科学高效、更加有序便民。构建新型城乡格局。突出“真山真水”特质，与苏州市总体规划相衔接，找准吴中定位与优势。加强规划统筹、顶层设计，以中心城市核为重点，全域推进产业规划、土地规划、城乡规划、生态规划等“多规融合”。坚持严控增量、盘活存量，发挥好规划的战略引领和刚性控制作用，将城乡建设统一到共同的载体空间上来。进一步优化空间布局，提升中心城区首位度，推动城乡基础设施互联互通、产业发展互惠合作、环境保护联防联治、公共服务共有共享，加强城乡组团间的有机联系，形成错位互补、一体发展的整体格局。提高城市建设水平。统筹推进道路交通、地下空间、综合管廊、水利设施等重大基础设施建设，系统做好供电、供气、供热、通讯、给排水等公用设施提档升级，有效增强城市承载力和综合服务能力，提高城市功能现代化水平。在加快形成“八横九纵”快速路主干道格局的基础上，完善城市“窄马路、密路网”体系，提高农村公路建设管理水平。优化公共汽车、轨道交通、公共自行车、步行道系统建设，倡导绿色出行。做好城中村、城乡结合部、老旧小区的城市修补、有机更新，加快推进征收拆迁安置工作。提升长效管理水平。按照城市管理体制改革的要求，推进城市管理综合执法和城市网络化管理，构建责任清晰、履职到位、齐抓共管、管控有力的城市环境治理机制。转变城市治理理念，鼓励企业和市民参与城市建设管理，形成多方主体参与、良性互动的现代城市管理格局。加强城市管理与服务体系智能化建设，提高城市运行效率，满足人民舒适生活需求。

（二）以区域特色品牌锻造核心竞争新动力

理念是实践的先导，理念科学，未来才能行稳致远；特色是优势的沉淀，特色鲜明，发展才能突破重围。要坚持从区情实际出发，突出特色、塑造品牌，锻造出吴中的核心竞争力。

一要以公共服务均等为核心，打造城乡一体品牌。公共服务均等是城乡一体的核心内涵、关键所在，毫不放松抓好“三农”工作是实现公共服务均等的基础工程、根本保障。提高现代农业水平。完善“四个百万亩”空间形态，加强高标准农田建设和基本农田保护，做好全区59.1万亩耕地保护和质量提升。优化“6+1”特色农业产业布局，加大农耕文化传承力度，加强地方种质资源保护发展，推动“一村一品”、“一镇多业”，延展完善农业产业链。加快构建新型农业经营体系，积极培育家庭农场、专业大户、农民合作社等新型经营主体，创新市场营销模式，搭建电子商务平台，加快构建“大园区、大产业、大生态”的吴中都市农业新格局。推进美丽乡村建设。充分尊重各类村庄资源禀赋的

差异性，做好规划、全力推进，保护传统风貌、维系田园乡愁，全面完成美丽乡村建设任务。因地制宜发展度假养生、生态养老、休闲餐饮、文化禅修、果品采摘等产业，发展乡村旅游。加快农村基础设施建设，发挥公共产品功能，抓好长效常态管理。加强职业农民培训，提高农民就业能力和社会保障水平，努力实现学有优教、病有良医、老有颐养、住有宜居。完善村民自治、健全利益表达，注重发挥新乡贤文化教化乡民、反哺乡里、涵养乡风的独特作用，推动乡村治理现代化。提升集体经济质效。激活农村产权要素融资能力，加快集体经济由粗放经营向集约发展，从量的扩张向质的提升转变。深入推进国家农村集体资产股份权能改革试点，全面开展股权固化，稳步推进政经分开，不断提高合作经济组织分红水平和覆盖广度。发挥农村产权交易中心作用，规范运作集体资产监管交易服务平台，确保集体资产保值增值。突出精准扶贫、加大反哺力度，增强薄弱村自我“造血”功能，到2020年全区集体经济所有者权益达270亿元，户均分红达7800元。

二要以太湖全域旅游为核心，打造文旅融合品牌。吴中太湖是典型的自然文化双遗产，实现太湖全域旅游是吴中文旅融合发展的重要支撑。突出顶层设计，增强发展能级。以成功举办第九届省园博会为新起点，把握“全域、乡村、度假”三个关键，深入推进《吴中区全域旅游总体规划》，实现观光型旅游产业向体验型休闲度假产业转型。按照环太湖生态文旅带的建设要求，合理规划布局，加快项目落地，实现功能错位、特色发展。大力推动全区旅游工作体制机制改革，强化旅委实体化运作的权责与功能，加强全区旅游资源统筹整合力度，探索成立吴中区旅游产业投资基金，努力构建“大旅游、大市场、大产业”格局。加强遗产保护，提升竞争实力。古镇、古村、古迹是物质形态的历史遗存，与吴地表演艺术、手工技艺、风俗礼仪等非物质文化元素都是承载文明历史、传承太湖文脉、维系乡情乡愁的重要载体。要树立“保护文物也是政绩”的科学理念，坚持综合性一体化保护利用，以“构建古镇古村保护利用机制”为重点，以申遗为目标，深入挖掘历史价值、旅游元素与文化内涵，实现活态保护、有效传承、创新发展的良性循环，形成吴中文旅产业的竞争实力。引育市场主体，优化资源配置。坚持“政府引导、市场运作、社会参与”发展路径，打造区级专业开发运营平台，吸引有实力、有眼光的市场主体参与，使“最好的资源在最专业的人手中发挥作用”。依托吴中丰富的非物质文化遗产，有效发挥金枫广告产业园、光福工艺文化城、舟山核雕村、香山工坊等载体作用，大力发展动漫影视、工艺美术、网络软件、创新创意等文化产业，加快培育“文化+”新兴业态，实现文化旅游与科技、金融、互联网等深度融合，不断做强做靓吴中文旅特色产业。

三要以红线转化红利为核心，打造绿色生态品牌。生态红线不单是刚性约束，更是倒逼转型升级、推动绿色发展的强大动力。要继续大力推进生态文明工程建设，深入研究分析生态红线，着力挖掘内在优势，努力转化发展红利。突出生态项目建设，推进区域功能优化。“清水工程”要以保护太湖水环境为核心，大力实施工业用水和城镇生活污水收集管网建设，扎实推进各类水环境提升工程，到2020年农村污水处理实现全覆盖，饮用水源地水质达标率维持100%，主要入湖河道水质达标率达90%以上。“蓝天工程”要着力完善区域大气环境监测网络体系，抓好七子山等重点区域巡查监管，及时排除学校、居民区等敏感区域污染隐患，切实加大雾霾治理力度。以绿化、彩化、本土化、效益化为导向，持续开展绿化造林，恢复城市自然生态。“净土工程”要重点加强农业面源污染治理，积极开展土壤污染防治、土壤污染监测和生态修复试点，促进土地环境质量持续好转。突出生态制度建设，明确政策机制导向。加快完善生态文明制度体系建设，以保护为前提，引导、规范和约束各类开发利用自然资源的行为，进一步强化项目环境准入制度和生态红线管理，用制度保护好吴中的“绿水青山”。完善环境监管执法管理，强化企业主体责任，严密防控和严厉打击环境违法行为。以统筹要素资源为目标探索完善板块绩效考核制度，突出正向引导和反向约束，完善生态补偿专项转移支付制度，推动各板块因地制宜、特色发展。突出生态环境改善，提升人居生活品质。全面推广绿色低碳生产生活方式，大力发展循环经济，鼓励支持低碳环保产业发展，深入推进碳交易和排污权交易，进一步降低能源、水、土地消耗强度，促进资源节约循环高效使用。加快海绵城市建设，大力推进绿色建筑发展，加快建筑现代化、工业化步伐，推进太湖新城创建国家级低碳社区和国家绿色生态城区。加强宣传引导，让“保护环境、人人有责”入心入脑，让每一个社会成员为建设绿色家园贡献力量。

（三）以优秀吴地文化引领社会文明新高度

社会文明程度高，既是建设新吴中的必要条件、重要内容，又为建设新吴中提供思想保证、精神动力。要全面统筹精神文明、民生福祉、平安稳定等各项工作，全力建设文明和谐美好吴中。

一要根植吴地传统，实现文化传承、社会文明、公民素质同步提升。坚持把优秀传统文化作为涵养社会主义核心价值观的丰厚沃土、引领社会文明进步的重要源泉，展示当代吴中人的最美风貌。弘扬吴中优秀传统文化。坚持“以古人之规矩开自己之生面”，把吴中传统文化所蕴含的讲仁爱、重民本、守诚信、崇正义、尚和合等价值观念与传统文化、现代文化建设有机统一起来。加强文化品牌建设，加快建设博物馆，把公共文化中心打造成为具有区域影响力的吴中文化地标，发挥文化在滋养精神、熏陶民风上的独特作用。把握正确舆论导向，增强对外影响力，唱响“好声音”，凝聚正能量。培育和践行社会主义核心价值观。加强教育引导、舆论宣传、文化熏陶、实践养成，推动社会主义核心价值观落细、落小、落实。加强时代楷模、道德模范、身边好人等先进典型的选树培育，广泛开展形式多样的宣传教育，展现最美人物、弘扬最美精神，用身边事教育身边人，用小故事阐发大道理，推动形成崇德向善、见贤思齐的社会氛围。强化公民道德素质教育。紧紧围绕“爱国、敬业、诚信、友善”价值准则，深入推进公民道德建设工程，加强社会公德、职业道德、家庭美德和个人品德教育，完善学校、家庭和社会三位一体、良性互动的道德教育教化网络和环境。大力推进精神文明创建活动，弘扬慈善文化、志愿文化，加快建设覆盖全社会的征信体系，打造“诚信吴中”，让“守信者一路畅行、失信者寸步难行”。

二要改善群众福祉，实现社会服务、公共供给、保障投入统筹并举。改善民生福祉，不仅是谋民生之利、解民生之忧，也是以“家家仓廪实衣食足”推动“人人知礼节明荣辱”的关键路径。注重兜好底线，健全社会保障。加快健全城乡社会救助体系，统筹推进扶老、救孤、扶贫、优抚、慈善等福利事业发展，逐步扩大社会救助范围，稳步提高城乡救助标准，使困难群众遇急有助、遇困有帮，让社会充满关爱和温暖。坚持就业优先战略，深入实施全民创业工程，确保零就业家庭动态“清零”。建立完善终身职业技能培训制度，培养造就新型技能型劳动大军，到2020年城镇年新增就业1.5万人，吴中籍高校毕业生就业率持续保持95%以上。注重补齐短板，提升公共服务。全面启动“教育吴中”区域品牌建设，坚持“教育优先发展、适度超前发展”，加快学校建设，保障“学有所教”，提速“学有优教”。积极实施名校名师计划和师资发展提升计划，适度引入品牌高校资源、名校资源，探索区内名校集团化办学，全力打造优质均衡的苏南教育现代化建设示范区。协调推进医疗、医保、医药联动改革，保护和调动医务人员积极性，建立健全覆盖城乡的基本医疗卫生制度，推动公共卫生事业发展。吴中人民医院创建三级综合性医院，发展中医药事业，整合卫生、计生妇幼保健资源，健全基层医疗卫生服务网络。以人才学科建设和信息化管理为抓手，提升全区医疗卫生服务能力。注重提质扩面，完善便民体系。完善区镇村三级便民服务体系，深化推进户籍制度改革，建立覆盖全区的社会服务管理综合平台。加大文体设施建设力度，深入开展学习型城市建设，促进公共文化服务标准化、均等化、优质化。大力发展体育事业，完善全民健身服务体系，积极承办国际国内重大体育赛事，进一步打造“环太湖体育健身圈”。健全多层次养老服务体系，加快公办养老机构社会化运营，鼓励社会资本参与养老服务体系建设。

三要深化依法治区，实现平安稳定、公平公正、和谐有序有机统一。展现社会文明新风貌，推进社会治理法治化是根本保障。坚持以优化社会治理有效预防和化解社会矛盾，确保社会大局和谐稳定。持续深化平安吴中建设。牢牢守住公共安全这条底线，完善立体化社会治安防控体系，依法防范和严厉惩治各类恶性犯罪活动，整顿规范社会金融秩序，不断提升市民群众安全感。深化安全生产管理体制改革，重点落实企业安全生产主体责任，健全完善隐患排查治理和安全预防体系，切实营造安全生产“人人有责、人人负责”的良好氛围，坚决遏制重特大安全事故发生。加强日常监管执法，切实保障校车校园、道路交通、食品药品等重点领域安全可控。持续深化法治吴中建设。全面加强法治型党组织建设，强化领导干部法治理念，提升政府决策法治化水平。深入推进行政执法体制改革，充实基层执法力量，积极推行综合执法，全力打造“阳光政府”。做好司法体制改革试点工作，保障法院、检察院依法独立公正行使审判权和检察权，严格落实领导干部干预司法活动、司法机关内部人员过问案件责任追究制度，全面提高司法权威性和公信力。深入推进“七五”普法，健全立体化、社会化普法格局，着力培养公民法治信仰。持续深化社会治理建设。健全社会稳定风险评估机制和重大群体性、突发性社会事件预警监测处理机制，完善社会矛盾纠纷调处机制，推进信访体制机制改革，努力将矛盾纠纷化解在基层、化解在萌芽状态。探索建立城乡社会治理联合指挥中心，实现城市管理、便民服务、社会治安“三网合一”，推广创新社会治理的好经验、好做法，有效提升社会治理精细化水平。积极开展“三社联动”，加快形成政社分开、权责明确、依法自治的现代社会组织体制，实现政府治理和社会自我调节、居民自治的良性互动。

“党要管党、从严治党”夯实政治保障

夺取全面建成小康社会决胜阶段的伟大胜利，关键在党。全区各级党组织要坚定不移担负起全面从严治党主体责任，积极践行“打铁还需自身硬”的庄严承诺，推动管党治党工作迈上更高台阶，为“根植吴文化、建设新吴中”提供坚强政治保障。

一要强化思想政治建设，增强听党指挥行动自觉。进一步加强中国特色社会主义理论体系学习教育，深入学习党章、党规和习近平总书记系列重要讲话精神，努力增强党性修养和党员意识，不断提高领导水平和执政能力。以开展“两学一做”学习教育为契机，推动党内教育从“关键少数”向广大党员拓展，从集中性教育向经常性教育延伸，确保全区党员特别是各级领导干部，始终在思想上政治上行动上同党中央保持高度一致。加强基层党校阵地建设和基层党员培训教育工作，积极抓好非公企业、社区、村居群众的思想政治教育工作。坚持“党校姓党”，大力实施“精准培训”，推广应用“互联网+党建”、“情景式党课”、“微型党课”，深入推进“百人千课下基层”宣讲活动，推动干部教育培训专题化、差异化、科学化。要牢牢把握党管意识形态的领导权、话语权，认真落实意识形态工作责任制，坚持围绕中心，服务大局，在全社会宣传弘扬、牢固树立中国特色社会主义共同理想。努力构建“党政主导、各方参与、上下联动、齐抓共管”的全方位、多层次、宽领域“大宣传”格局，为改革发展稳定大局凝聚更多力量。

二要强化干部队伍建设，锻造事业发展中坚力量。始终坚持正确用人导向，按照“20字”好干部标准，真正将好干部选出来、用起来，锻造吴中事业发展中坚力量。深化完善“两个差异化”考核机制，强化领导班子和领导干部综合分析研判。实施“优苗精培”计划，加强年轻干部选拔培养力度。加强干部交流力度，推动国有企业领导选任制度改革。坚持以严的标准要求干部、以严的措施管理干部、以严的纪律约束干部，健全干部选拔任用工作全程纪实、干部谈心谈话、函询诫勉、事项报告、档案核查及违规追究责任等制度，进一步建立健全“有为激励、无为问责”的制度体系。紧扣区情实际，打造吴中特色的“四敬四有”干部队伍，即：敬慕“老人家”，在重温马列经典中坚定理想信念，做“心中有党”的好干部；敬爱“老百姓”，在践行群众路线中改善民生福祉，做“心中有民”的好干部；敬仰“老天爷”，在尊重自然规律中实现绿色发展，做“心中有责”的好干部；敬重“老祖宗”，在弘扬传统文化中培育核心价值，做“心中有戒”的好干部。

三要强化基层组织建设，构筑坚强有力战斗堡垒。坚持政治功能与服务功能相统一，坚持分类施策与整体推进相结合，着力增强基层服务型党组织的整体功能。把基层党组织带头人队伍建设摆在突出位置，开展“百名好书记”专项建设行动，着力在“选、训、帮、管、激”上下功夫，建设一支守信念、讲奉献、有本事、重品行的基层党组织带头人队伍。进一步完善党建考核问责、民主生活会、“三会一课”等制度，严肃党内政治生活。深入推进富民型农村党建、和谐型社区党建、效能型机关党建、创新型“两新”党建，大力实施“党旗飘红耀吴中”、基层党建示范点创建和法治型党组织建设“三年行动计划”、“先锋领航计划”等活动，着力打造一批基层党建工作品牌和先进典型。不断完善“四联双提”制度，推动党代表工作室建设。统筹加强基层法治化、信息化、区域化党建，继续抓好党员的发展、教育、管理和服务工作，稳妥慎重地做好处置不合格党员工作。

四要强化党风廉政建设，营造风清气正政治生态。各级党组织要认真履行全面从严治党主体责任，领导和支持纪检监察机关依法执纪、履行职责。党组织书记要履行好“第一责任人”职责，既要挂帅更要出征，推动督促班子成员履行好“一岗双责”。各级纪检监察机关要深化“三转”工作，明确职责定位，突出主业主责，切实加大执纪问责力度。始终保持惩治腐败高压态势，坚持纪严于法、纪在法前，严格落实中国共产党《廉洁自律准则》、《纪律处分条例》和《问责条例》，探索改进巡察方式，把监督检查、目标考核、责任追究有机结合起来。继续开展好“三廉”主题教育活动，发挥“三色勤廉预警”机制作用，引导教育领导干部遵守党章、遵规守纪。紧盯重大项目建设、大额资金使用、国有集体资产监管、干部选拔任用等重点领域和关键环节，立“明规矩”、破“潜规则”，完善财政资金监管和绩效评价，进一步健全权力运行制约机制。坚决落实中央“八项规定”和省市委各项规定，宣传弘扬、大力践行“团结拼搏、创新超越”的园博精神，健全完善作风效能建设考核评价体系，激发干部担当精神。

五要强化民主政治建设，发挥党委统揽全局作用。进一步加强党对人大工作的领导，支持各级人民代表大会依法行使职权、积极开展工作，推动人民代表大会制度与时俱进，发展更加广泛、更加充分、更加健全的人民民主。牢牢把握协商民主正确政治方向，更好发挥人民政协作为协商民主重要渠道和专门协商机构作用，坚持团结和民主两大主题，构建程序合理、环节完整的协商民主体系，有效组织各党派、各团体、各民族、各阶层、各界人士协商议政、共谋大业。加强党对统一战线和群团等工作的领导，切实保持和增强群团组织、群团工作的政治性、先进性、群众性，认真做好民族、宗教、对台和港澳工作，充分发挥工会、共青团、妇联、侨联、文联、科协、残联等人民团体的桥梁纽带作用，广泛凝聚社会各界智慧和力量。进一步加强国防教育、国防动员和后备力量建设，努力做好双拥工作，推动军民融合向深度发展，为吴中发展筑起更加坚强有力的钢铁长城。

同时，进一步加强区委及常委会自身建设，发挥总揽全局、协调各方的领导核心作用，始终与中央和省市委保持高度一致。坚持领导经济发展和履行全面从严治党政治责任相结合，坚持集体领导和个人分工负责相结合。加强对各级党组（党委）的领导，强化其政治领导责任。紧紧依靠全区广大共产党员和干部群众，不断提高工作能力和水平，努力开创各项事业发展新局面。

同志们，吴中的发展站在了新的历史起点上，蓝图催人奋进，责任重于泰山。让我们紧密团结在以习近平同志为总书记的党中央周围，高举中国特色社会主义伟大旗帜，根植吴文化，建设新吴中，为全面建成区强民富、城乡协调、文明和谐的小康社会不懈奋斗，努力创造出无愧于时代、无愧于人民、无愧于使命的光辉业绩！

金洁同志在区委四届三次全体（扩大）会议上关于区委常委会工作的报告

2016年12月29日

同志们：

现在，我受区委常委会委托，向全会报告工作。

2016年是“十三五”规划和全面建成小康社会决胜阶段的开局之年，也是吴中区贯彻落实中央和省、市委部署要求，各项工作取得新进步、新成效的重要一年。一年来，我们在上级党委、政府的正确领导下，坚持以邓小平理论、“三个代表”重要思想、科学发展观为指导，全面贯彻党的十八大和十八届三中、四中、五中、六中全会和省、市党代会及全会精神，深入贯彻习近平总书记系列重要讲话精神和治国理政新理念、新思想、新战略，紧紧围绕“四个全面”战略布局，突出“根植吴文化、建设新吴中”主题导向，牢牢抓住“一二三四五六”总体方略，全力优化“一核一轴一带”生产力布局，认真扎实推进“十三五”专项规划编制、年度重点项目建设、“后园博”全域旅游发展、高新区加快筹建、重点改革事项牵引带动全面深化改革、区镇村三级换届等“六件大事”，全面完成年度各项预定目标任务，为“十三五”高水平全面建成小康社会实现了良好开局，奠定了坚实基础。特别是第九届江苏省园艺博览会、首届全国“互联网+”现代农业工作会议暨新农民创业创新大会成功举办，太湖吴中这块“金字招牌”的对外知名度、美誉度、影响力持续提升。回顾一年来的工作，主要抓了以下五个方面：

一、坚持创新驱动、转型升级，提升经济发展质量效益

认真践行新发展理念，紧紧抓住发展第一要务，围绕供

给侧结构性改革中心任务，大力落实创新驱动发展战略，全区经济运行总体平稳、稳中有进、稳中向好。

*一是扩大有效需求稳增长。*认真落实国家宏观政策，不断适应市场需求变化，进一步发挥投资、消费和出口的拉动作用，全力保持经济运行在合理区间。全年（预计，下同）实现地区生产总值985亿元，增长7.5%；一般公共预算收入134.4亿元，增长11%，税比保持90%以上。一系列促进转型升级、增进民生福祉的重点项目加快落地建设，完成固定资产投资562亿元，耐克森线缆、汇川二期等项目建成投产。稳步开拓内外市场，实现社会消费品零售总额368.5亿元、增长10%，完成进出口总额73亿美元，新增注册外资3.5亿美元，实际利用外资1.72亿美元。完善招商信息共享平台建设应用，浪潮金融信息、旅通在线等项目顺利落户，东山精密完成全市本土民营企业海外最大并购项目。积极促进房地产市场健康平稳发展，商品房销售面积357.3万平方米，销售金额539.8亿元，分别增长3%、50.8%。金融要素保障有力，本外币存贷款余额达2078亿元、1835亿元，同比增加160亿元、180亿元，27家企业挂牌新三板。吴中城投、国裕公司债券成功发行，国资经济净资产达540亿元，增长8%。

*二是实施创新驱动调结构。*按照"先进制造轴"布局思路，制定出台供给侧结构性改革、实业兴区、智能制造等一系列政策文件，努力推动产业水平向中高端迈进。全年完成工业总产值1610亿元，其中规上工业产值1170亿元，新兴产业产值650亿元。深入对接苏南国家自主创新示范区发展规划纲要，大力实施知识产权强区战略，发明专利授权增幅全市第一，通过国家知识产权强县工程试点区验收，有效高新技术企业数增幅位居大市第三，吴中高新区总体规划和产业规划通过省级审批。大力实施"东吴高层次人才计划"，创设"东吴柔性智力集聚计划"，新增国家"千人计划"1人、省双创人才5人、市姑苏领军人才15人，获评"苏州市人才科技工作创新进步奖"。充分发挥科技镇长团作用，启动胥口"一箭河"文创园暨吴中科技镇长团众创空间建设，推动政产学研合作不断深化，新增产学研联合体28家、产学研合作项目129个，吴中科技创业园入围省首批"科技型创业企业孵育计划"，南京师范大学科技园建成投用。

*三是深化文旅融合显特色。*以文旅融合为导向，大力打造环太湖"生态文旅带"，引领带动服务产业规模质量全面提升。编制完善《吴中区全域旅游总体规划》，打造"一心、一带、六大旅游产业集聚区"旅游发展格局，制定出台《吴中区民宿（农家乐）管理办法（试行）》，全年接待游客2300万人次，旅游总收入310亿元，获评省乡村旅游创新发展示范区。举办首届"苏作文创峰会"，评弹、手工艺等对外交流力度不断加大，建立完善区非物质文化遗产数据库，甪直镇作为江南水乡古镇参与申报世界文化遗产。提高检验检测、研发设计、文化创意、电子商务等现代服务业发展水平，实现软件数据产业产值25亿元，增长17%，吴中综保区获批省跨境电子商务产业园试点，服务业增加值占GDP比重达51%。

二、坚持整体推进、重点突破，增强深化改革内生活力

着力增强全面深化改革的自觉性、主动性和行动力，进一步聚焦重点改革事项，推动全面深化改革取得新突破，为经济社会发展注入动力、增添活力。

*一是完善改革整体架构。*坚持从全局角度把握改革方向、完善改革架构，区委全面深化改革领导小组先后召开2次会议，审议通过10多项改革方案，制定出台了《中共吴中区委全面深化改革领导小组工作规则》《中共吴中区委全面深化改革领导小组专项小组工作规则》等5个规范性文件，建立完善重点改革事项月度推进报送机制，健全区委改革办机构设置，出台《关于加强改革督察工作的实施意见》，年度"改革公开课"宣讲课题全部完

成，年度8大类24个方面66项改革工作全面铺开、扎实推进。

二是抓好重点改革事项。把抓好重点改革事项作为推进全区改革的“牛鼻子”，梳理明确10项具有支撑牵引作用、社会关注度高的重点改革任务。深化国资国企改革，制定区属国有企业分类整合及相关配套改革方案，健全国资监管体系，研究完善国有企业人事薪酬制度。推进工业生产要素优化配置改革，建立工业企业亩产效益评价系统。完善板块绩效考核制度，顺利完成穹窿山风景管理区行政管理模式改革，制定出台《关于调整镇（区、街道）财政体制的意见》《关于调整镇（区）土地出让收入分配结算办法的意见》。推进农村集体资产股份权能改革国家级试点，承办全国农村集体资产股份权能改革试点工作交流座谈会，制定《吴中区社区股份合作社股权继承指导意见》《吴中区社区股份合作社股权有偿退出（转让）指导意见》，股权固化比例达95%。构建古村落保护利用机制、推进行政执法体制改革等其它重点事项进展顺利。

三是突出简政放权要求。围绕放管结合、优化服务，加快转变政府职能，在全省范围内率先开展政府部分职能向社会转移，公布向社会转移职能事项目录和区级部门责任清单，完成转移职能事项96项。动态调整区级行政审批事项清单，启动建立双随机抽查机制，运用市场主体监管信息平台，实现“先照后证”信息共享，制定事中事后监管措施157项，明确监管对象、内容、方式和措施，推动各部门工作重心从事前审批向事中事后监管转变。稳步推进“五证合一”改革，辖区企业“一照一码”换照率达65%。全面开展“营改增”工作，全市首个国、地税联合全天候自助式办税服务厅启用。

三、坚持生态优先、建管并重，优化城乡一体统筹布局

突出经济效益与社会效益、生态效益相统一，切实加大环境保护、城乡建设力度，推动城乡区域环境优化、发展互补、互通共融。

一是加强环境保护和生态修复力度。全面推进年度生态文明建设十大工程建设，木渎、光福、城南污水处理厂二期新扩建项目建成投用，18公里配套污水管网同步建成。精细化实施太湖水环境“五位一体”综合管理，完成河道疏浚193条147公里，建设生态河道25公里，沿太湖重点乡镇农村生活污水治理全覆盖工程有序推进，获评全国农村生活污水治理示范县（市、区）。严格实行环境准入制度和生态红线管理，召开生态文明与绿色发展绩效评价考核（吴中）高层座谈会。妥善处置太湖西山外来非法垃圾倾倒事件，积极做好中央环境保护督察组反馈问题整改落实。加强土壤污染防治，加大农业面源污染治理力度，实施农药集中配送和农药废弃包装物回收处置。全面启动“两减六治三提升”专项行动，完成淘汰落后产能三年行动计划，全力做好“地条钢”整治工作，燃煤锅炉全部淘汰，PM2.5平均浓度下降完成任务目标，预计全年空气质量优良率达68.1%、249天。新增绿化面积481亩、中幼龄抚育面积2万亩，实现较大山体森林防火通道全覆盖。重要湿地水岸带维护修复项目全面启动，太湖湖滨国家湿地公园创成国家生态文明教育试点单位，临湖镇成功创建国家级卫生镇，光福冲山村和金庭庭山村、东蔡村获评江苏省生态村。

二是提高城市建设和精细管理水平。围绕“中心城市核”优化提升目标，坚持一体设计、多规合一，各类城乡空间规划编制调整加快推进。高水平推进太湖新城建设，天鹅湖公园、白鹭岛工程全面竣工，高新区凤凰文化广场顺利结顶，度假区酒店集群加快打造，木渎、越溪、郭巷等板块品质功能进一步提升。城市更新、棚户区改造加快推进，完成房屋征收拆迁1365户71万平方米，交付安置房2337套32.6万平方米，在建安置房2.6万套323.8万平方米。重点交通工程建设进展顺利，中环吴中段，南环西延，东环南延一期主体及附属工程基本完成，230省道胥口段、中山路、陈华路改造完成，轨道交通2号线延伸线、太湖大桥

新桥实现通车。完善市容环境精细化、网格化管理机制，城市环境“五项治理”扎实推进，“九整治、三规范、一提升”城市环境综合整治完成全年目标任务。全力打造“智慧吴中”，吴中城市大数据中心（一期）完成建设，“智慧环保”“智慧水利”“数字城管”等平台服务功能整合完善。甪直入选第一批中国特色小镇，全国首个纪录片小镇落户东山，金庭“湖岛绿色小镇”入围全国特色小镇培育名单。

*三是推动城乡面貌和农业质效提升。*试点推进“三优三保”，完善落实区国土资源节约集约利用“1+N”政策制度体系。注重将乡村特色风貌、生态优势、文化底蕴与农村经济发展和农民增收致富相结合，努力打造具有产业潜力的美丽村庄，超额完成100个市级三星级康居乡村验收任务。积极推进农业“四个百万亩”落地保护，建设高标准基本农田7231亩，超额完成61.8%，“水八仙”生态文化园、湖羊科普馆投入运营，苏州现代农产品物流园建设前期工作稳步推进，成立全市首家以家庭农场主为合作主体的合作社。积极推动“农业+互联网”发展，成立区级综合性农产品合作联社，打造“吴中产鲜”高端农业品牌，东山农产品电商产业园建成运营，吴中区、金庭镇、东山碧螺村分获省农村电子商务示范区、示范镇、示范村。

四、坚持以人为本、富民惠民，抓好民生实事项目建设

坚持把“人民对美好生活的向往”作为工作的出发点和落脚点，大力补齐民生社会事业短板，推进基本公共服务均等化、标准化，让发展成果更多更好惠及普通群众。

*一是广辟增收渠道，增加群众收入。*以镇级集团公司、“一村二楼宇”项目、村级自主发展载体为抓手，积极探索土地指标跨村充分利用，实施跨区域特别是薄弱村与先进村之间的联动发展。全区集体经济净资产达180亿元，村均稳定收入1300万元，超千万元村60个。深化完善集体经济发展与农民利益联结机制，持续提升农村股份合作社经营管理和分红分配水平，合作社户均分红5700元，农村居民人均可支配收入2.79万元。深入实施就业扶持政策，大力开展劳动力技能培训、公益性岗位开发、大学生创业引领计划等活动，新增省级创业示范基地2个、省级优秀创业项目5个，城镇登记失业率控制在2%以内，城镇居民人均可支配收入达5.59万元。

*二是补齐民生短板，提升保障水平。*区公共文化中心主体竣工，苏州保利大剧院成功落户，区博物馆完成项目立项报批、展陈设计。全面推进“居家福”增点扩面工程，全区16.8万名退休人员纳入社会化管理，社会化管理率达97.9%。加快推进教育资源优质均衡发展，加强学校建设与管理，木渎南行中学、北美高级中学顺利投用，横泾中心小学及其附属幼儿园，高新区幼教中心等新校全面建成，义务教育阶段积分制入学工作稳步推进，区教育局获评“江苏省促进义务教育均衡发展先进单位”。推进分级诊疗制度建设，创新家庭医生签约服务模式，启动健康市民“531”行动计划，全面两孩政策稳妥实施，木渎医院原住院大楼改造工程基本完成，长桥医院、城南街道社区卫生服务中心启动易地新建。香山街道视残运动员沈亚琴勇夺里约残奥会T12级4×100米女子组接力项目金牌并创世界纪录，圆满承办第七届穹窿山兵圣杯女子围棋赛，“环太湖”国际竞走和行走多日赛获评“江苏省十大最具品牌价值体育赛事”，园博园成为全国首个竞走公园，“10分钟体育健身圈”日益完善。

*三是创新社会治理，维护平安和谐。*深入推进“平安吴中”建设，圆满完成各类重大活动安保维稳工作。深化社会治安重点地区和突出问题排查整治工作，推进流动人口积分制管理，加强特殊人群管理服务，健全国家安全人民防线工作机制，“穹窿山谍战影视馆”建成投用并成为苏州市国家安全教育基地。“法治吴中”建设扎实推进，获评2011~2015年全省普法工作先进区、2015年度平安县（市、

区），荣获第二届全国创新社会治理优秀城市。建成覆盖城乡的公共法律服务体系，各镇（区、街道）和村（社区）法治阵地建设覆盖率分别达100%、70%。“政社互动”“三社联动”深入推进，信访调解工作有力推进，基于“一张网”的城乡社区网格化服务管理全面推进，加快筹建区社会综合治理联动中心，累计建成121个五星级村（社区）五位一体综治办，“村民联系卡”“公安便民接力站”等创新做法进一步推广。严肃清查整治安全生产重点领域各类事故风险，成功抵御夏季太湖特大洪汛，粮食保供、食品药品、校车校园、道路交通、山林防火等工作力度不断加大，平安和谐社会大局进一步巩固。

五、坚持真管真严、廉洁担当，狠抓从严治党任务落实

认真学习贯彻党的十八届六中全会关于全面从严治党的新要求、新部署，以开展“两学一做”学习教育为契机，全面提升党建工作制度化、科学化水平。

一是突出思想建党要求，加强理想信念教育。把思想建党作为首要任务，突出加强理想信念教育，严明党的政治纪律和政治规矩，扎实开展十八届五中、六中全会和省、市、区党代会精神学习宣传，引导广大党员干部切实增强“四个意识”，坚决在思想上、政治上、行动上同以习近平同志为核心的党中央保持高度一致。扎实开展“两学一做”学习教育，区委中心组举办专题报告会、学习会13次，区委常委带头落实“六个一”，扎实推进“三访三促”“四联双提”活动。开展建党95周年纪念活动，选树22名全区优秀党员典型，举办各类党员培训班192期，参训4.8万人次，举办8期“东吴大讲堂”，实现党课下基层全覆盖。完善“吴中发布”政务平台，扎实推进全国文明城市创建工作，不断加强未成年人思想道德建设，大力宣传弘扬社会正能量，5人获评苏州好人，1人获评最美苏州人，6人入选新乡贤。

二是精心组织班子换届，打造过硬干部队伍。深入贯彻落实上级换届工作部署要求，加强组织领导，严肃换届纪律，党委、人大、政府、群团等换届工作平稳有序开展，换届环境风清气正，区第四次党代会圆满胜利召开。大力推进干部队伍建设，选优配强各级领导班子，为“十三五”发展提供了坚实组织保障，实施“百名好书记”专项建设行动，全面完成超职数配备干部消化任务。认真落实从严管理干部“五个要”要求，健全从严管理干部制度体系，制定出台《关于加强全区党政领导班子和干部队伍建设的实施意见》、《吴中区科级领导干部德的考核实施办法（试行）》等文件，推动干部管理向常态化、全面从严转变。强化“一把手”抓党建主体责任，完善“清单、承诺、考核、激励（问责）”四位一体责任体系，创新实施“一把手”书记抓基层党建项目负责制，严把党员发展入口关，深入推进基层法治型党组织、基层党建示范点建设，切实打造基层党建战斗堡垒。

三是强化两个责任落实，构建风清气正生态。全力落实党风廉政建设“两个责任”，认真做好中央巡视组巡视江苏反馈意见整改落实回头看、市责任制检查考核反馈意见、市纪委委员评议质询反馈意见的整改落实工作。出台《关于进一步强化党风廉政建设“两个责任”的工作方案》《关于开展巡察工作的实施意见》《吴中区信访举报线索管理处置办法》，创新开展区纪委委员评议质询，全面推行责任清单制度，实现全区责任清单“全覆盖”。全力支持纪检监察机关严格执行党章党规党纪，用好监督执纪“四种形态”，注重抓早抓小，严肃查办违纪违法案件，落实“一案双查”要求，对履行主体责任不力的领导进行问责。强化农村集体资产和国有资产“两大监管平台”作用，出台实施《从严管理村（社区）党组织书记负面清单》，建立信访举报会办机制，深入发挥“三色勤廉预警”机制作用，持续开展“思廉、树廉、讲廉”主题教育活动。严格贯彻落实中央“八项规定”和省、市委有关规定，持续开展“清风行动”专项督查，大力弘扬“团结拼搏、创新超越”

的园博精神，以差异化、导向性的作风效能考核激发干部勇于担当、进取创新。

四是推动民主政治建设，凝聚全区发展合力。严格执行《市县党委工作职责及议事决策规则》，高度重视区委常委会自身建设，坚持民主集中制，充分发挥区委常委会总揽全局、协调各方的领导核心作用。支持区人大及其常委会依法行使职能，加强改进监督工作。支持人民政协落实协商民主要求，积极履行职能，多党合作水平不断提升。切实加强党管武装工作，全面推进统战、工会、共青团、妇联、民族、宗教、侨务、对台、档案、关工委、科协、残联、文联、红十字会以及各垂直管理部门工作，发展合力进一步增强。

同志们，以上报告的是区委常委会一年来的主要工作。这些工作的开展、成绩的取得，是中央和省、市委正确领导的结果，是全区广大干部群众团结奋斗的结果。在此，我代表区委常委会，向在座的同志们和全区广大干部群众，表示衷心的感谢！

同时，我们也清醒地分析了存在的问题、不足，主要是：全面从严治党需要进一步推进，“干净不干事”的现象有所抬头，个别消极腐败现象依然存在；固定资产投资下滑压力较大，财政收入结构有待进一步优化，应对“营改增”和房地产调控能力仍需增强；改革举措落地、实体经济扶持的力度还不够强，供给侧结构性改革的导向不够鲜明，转型发展动力不足；自主创新能力不强，创新资源的集聚度、创新人才的吸引力仍需提升；资源环境约束加剧，生态环境保护特别是长效监管机制还需要继续完善；公共服务和民生改善任务繁重，社会治理和安全生产还有薄弱环节，等等。在今后工作中，我们将进一步加强和改进各项工作，坚定理想信念，科学精细谋划，突出求真务实，敢于负责担当，团结带领全区干部群众为高水平全面建成“区强民富、城乡协调、文明和谐”的小康社会作出更大贡献。也希望同志们对区委常委会工作提出宝贵意见建议，帮助我们把各项工作做得更好。

把握“两聚一高”要求　牢记从严治党使命
在根植吴文化、建设新吴中征途上继续前进

——金洁同志在区委四届三次全体（扩大）会议上的讲话

2016年12月29日

2017年是党的十九大胜利召开的喜庆之年，是实施“十三五”规划的重要一年和推进供给侧结构性改革的深化之年，也是全区贯彻落实党的十八届六中全会和省、市、区党代会精神，推进高水平全面建成小康社会任务的关键之年。完成年度各项目标任务，我们要进一步把思想和行动统一到中央和省、市、区委的决策部署上来，把握“两聚一高”要求，牢记从严治党使命，在根植吴文化、建设新吴中征途上继续前进。

做好新一年经济社会发展各项工作，全区上下要**深入学习贯彻党的十八大和十八届三中、四中、五中、六中全会以及省、市、区党代会精神，以习近平总书记系列重要讲话精神为根本遵循，紧紧围绕“五位一体”总体布局和“四个全面”战略布局，坚持稳中求进总基调，准确把握经济发展新方位，积极引领经济发展新常态，努力践行新发展理念，全面落实供给侧结构性改革新实践，紧扣“根植吴文化、建设新吴**

中”主题导向和“三大布局、四大红利”战略重点，聚力创新、聚焦富民、聚心治党，推动吴中各项事业迈上新台阶，为高水平全面建成“区强民富、城乡协调、文明和谐”的小康社会夯实基础，以优异成绩迎接党的十九大胜利召开。2017年全区经济社会发展主要预期目标为：地区生产总值增长7%；一般公共预算收入增长7%；全社会固定资产投资保持稳定；社会消费品零售总额增长10%；城乡居民人均可支配收入增长高于GDP增速；完成上级下达年度节能减排目标任务。

一、聚力创新驱动，激发转型升级活力

高水平全面建成小康社会，必须把创新作为引领发展的第一动力，摆在发展全局的核心位置。省委李强书记的“创新四问”，为我们在新的起点上聚力创新驱动、激发转型升级活力，提出了任务目标，指明了方向路径。全区上下要认真贯彻落实中央、全省经济工作会议和市委十二届二次全会精神，紧扣“创新四问”这个核心命题，集全区之力、汇全区之智，探索创新思路、找准创新路径、落实创新举措、营造创新氛围，真正让创新成为吴中发展的不息引擎，不断提升经济社会发展的质量效益。

提升供给质量效益，发挥支柱产业引领作用。产业是创新的依托，也是落实供给侧结构性改革的基础。要把构建现代产业新体系、发挥支柱产业引领作用，作为提高供给体系质量和效益，落实创新驱动战略的根本之策。积极抢抓“一带一路”倡议和长江经济带、长三角区域发展一体化等国家级战略实施契机，围绕先进制造轴布局，加快落实先进制造业发展、智能制造行动计划等一揽子“实业兴区”意见。以科沃斯、绿的谐波、汇川、拓斯达等龙头企业为引领，依托120余家行业相关企业和吴淞江科技产业园、木渎智慧工园等优质载体，重点发展机器人及智能制造产业，努力将其打造成为在全区具有支柱地位、在全市全省具有竞争优势的主导型、引领型特色战略产业。加快“智慧吴中”建设，构建区级工业云平台，加快推动电子信息、装备制造等传统优势产业提档升级，促进新一代信息技术与传统制造业有效融合，实现生产过程自动化、智能化、精密化、绿色化。要大力推进生态文旅带建设，全面实施《吴中区全域旅游总体规划》，加快完善包括酒店、民宿、客栈等在内的各种业态、各种层次的住宿供给，构建完善快旅慢游的全域旅游发展格局。策划建设有明确产业定位、文化内涵、旅游功能、社区特征的特色小镇，积极依托“苏作文创峰会”平台，加强文物、古镇古村古建、非物质文化遗产的保护利用、传承发展，进一步推动文化产业特色发展、跨越发展。继续争取国家重大会议活动在吴中举办，将文化创意、休闲旅游、会展会议、体育赛事等产业与互联网经济有机结合，推动电子商务模式的全行业应用，形成新型现代服务业态，引领带动服务业提质增效，力争服务业增加值占地区生产总值比重提升到52%。深入推进农业供给侧结构性改革，发挥三大农业园区平台引领带动示范作用，加快农业示范基地建设，进一步提升优化“6+1”特色农业产业优势。

优化人才引育环境，争创更多自主创新成果。人才是创新的第一资源。深入推进人才发展体制机制改革，实施重大人才项目区级层面会办会商制度，加强创新成果知识产权保护，鼓励和支持科技人才以产权入股、期权奖励等方式参与要素收益分配，让人才创新创造活力充分迸发，形成更多自主性、原创性、独创性科研成果。建立招商招才、引资引智同步推进的“双招双引”协调机制，打造科技双创人才、工艺文创人才“双面绣”品牌。深入实施“东吴高层次人才计划”，深化拓展与名校名院名企、海外人才组织的战略合作，继续办好“东吴双创峰会”等特色活动。聚焦产业发展需求，抓好国家“千人计划”等高端型、领军型以及各类实用型人才的引育工作，重点培育更多的优秀本土人才。政府要当好服务人才的“店小二”，探索建立“1+N”综合资助扶持体系，优化人才服务“绿色通道”，推进“人才安居工程”，规划建设示范型人才公寓。企业要发挥人才引育主体作用，建好用好院士工作站、创业孵化器、大师工作室、重点实验室等人才创业创新载体，营造更优更好的人才发展环境。要积极引导鼓励社会资本、金融资本支持人才创新创业，培育尊重人才、见贤思齐、鼓励创新、宽容失败的社会氛围和创新文化，加快形成群贤毕至、英才辈出的生动局面。

突出企业主体地位，打造吴中本土标志品牌。企业是自主创新的主阵地，也是推动经济转型升级的主力军。政府要顺势而为，进一步发挥产业政策、科技政策、金融政策、财税政策的“集群作用”，大力推动存量创新，鼓励支持区内企业把更多精力、更多智慧、更多资源投入到装备更新、技术升级、新品研发中去，培育更多类似电科院、斯莱克、东山精密、安洁科技等竞争能力处于领头位置、科研技术处于领先水平的细分行业小巨人和本土标志性品牌。要充分发挥吴中高新技术企业增长迅速、创投基金规模集聚的资源优势，支持各类企业加快上市步伐，努力形成有实力、有影响的资本市场“吴中板块”。加大国资改革力度，进一步推动国资公司做大规模、做强实力、做优结构，加强融资平台风险管控，努力实现总量有新突破、质量上新台阶、企业有新形象，向龙头型、旗舰型方向发展。要继续抓好需求侧牵引各项工作，落实新一年320个总投资1572亿元的区级重点项目建设，特别要加大对先进制造业、现代服务业的投资，确保全区固定资产投资总量不降、质量提升。引导房地产市场平稳健康有序发展，防止大起大落，提升优质地产项目对城市功能品质的支撑促进作用。认真落实外贸优质优价、优进优出战略，大力发展服务贸易和跨境电子商务，落实外贸“稳增长”扶持措施，外贸进出口等指标保持稳定。继续加大招商模式创新力度，促进在批、在建项目早落地、早开工、早运营、早见效，有效增强发展后劲。

深化重点改革事项，构建开放包容创新生态。体制机制是“创新生态系统”的有力保障，要把全面深化改革作为破题之策、根本之举，紧紧围绕习近平总书记提出的“四个有利于”，始终保持全面深化改革的力度、深度、精度、强度和温度，以区重点改革事项为主抓手，大力推进重点领域和关键环节改革，努力在政府职能转变、社会综合治理以及供给侧结构性改革等工作上取得新突破。创新“一区三园”体制机制，加快吴中高新区争先进位步伐，发挥高新技术产业的引领、辐射、集聚作用。牢牢扭住转变政府职能这个“牛鼻子”，持续深化“简政放权、放管结合、优化服务”改革，切实为企业松绑、为群众解绊、为市场腾位。要大力推进“互联网+政务服务”，完善审批管理监督相互衔接的运行机制，加快形成网上办、集中批、联合审、区域评、代办制、不见面的工作机制，强化事中事后监管，推动“双随机、一公开”监管方式全覆盖，确保“法无授权不可为、法定职责必须为”。各地、各部门特别是主要负责同志要当好改革的“实干家”，推动改革任务落到实处、发挥实效，真正让人民群众切身感受到改革带来的变化。

二、聚焦富民承诺，展现幸福吴中魅力

聚焦富民，让百姓过上更好生活。这是省委对全省人民作出的庄严承诺，更是对我们工作提出的明确要求。要准确把握富民的内涵与外延，在更高层次、更高水平上统筹抓好民生改善、生态保护、城乡发展、社会治理和精神文明建设等各项事业，努力展现吴中文明、生态、宜居、幸福的城市魅力。

增进民生福祉，让群众共建共享发展成果。创新增收举措，防止收入“被增长”，深入实施就业优先战略，重点抓好以高校毕业生为重点的青年就业和城镇就业困难人员、农村转移劳动力就业工作，新增就业岗位1.5万个，全区户籍应届高校毕业生就业率保持95%以上。进一步抓好集体经济发展和薄弱村脱贫，以国家级股份权能改革试点工作为重点，积极推广“政经

分开”，推动各类农民合作社由“数量多、体量大”向“质量好、效益优”迈进，帮助农民得到更多实惠，实现户均分红超6000元。要充分发挥社会保障“安全网”功能，突出精准帮扶，统筹做好企业退休人员、被征地农民、城乡老年居民等群体的社保待遇调整工作，推进扶老、助残、救孤、济困等社会福利和社会救助工作，提升优抚安置水平，促进社会保障更加普惠、更可持续。启用区公共文化中心，着力打造环太湖体育健身圈，办好环太湖国际竞走和行走多日赛等重点赛事和青歌赛、阅读节、运动会等全民活动。借助优秀文艺精品、传统民俗活动、文化人才队伍建设，探索以政府采购为主、体制内外联动、上下合力的文化服务模式，使文化活动真正为民惠民利民，推进吴文化大发展大繁荣。大力实施“教育吴中”战略，推动素质教育多元发展、义务教育均衡发展、学前教育普惠发展和职业教育品牌发展，落实幼儿园配套、积分入学等政策，从全区层面统筹各类学校规划、建设和管理，完成横泾中心小学及幼儿园，教师进修学校培训楼，省外校师范教学楼，越溪二小及附属幼儿园等11个新改扩建项目。以高技能人才培养为核心，加快推进技师学院创建工作。深化医改综合试点，优化城乡医疗机构布局，加快推进市中西医结合医院原住院大楼改造、苏大附二院吴中分院（长桥医院）和开发区预防保健所易地新建等项目，提升全区公共卫生和医疗服务品质。加大公办养老机构改革力度，扶持民办养老机构发展，完善“居家福”、日间照料中心、助餐点等居家养老服务设施，构建以居家为基础、社区为依托、机构为补充的多层次养老服务体系。完善住房保障和供应体系，加快安置房、廉租房等保障性住房建设使用。

强化生态保护，让群众共建共享绿色环境。良好的生态环境是全面小康的重要标准，也是民生幸福的重要内涵。要以管好“大水缸”、建美“大花园”、守住“大氧吧”的觉悟意识，把生态文明建设放在更加突出位置，从生产和生活两头入手、治理和保护两手齐抓、约束和激励两端发力，推动生态文明和经济发展相辅相成、相得益彰，增进群众生态福祉。以创建国家生态文明建设示范区为契机，大力实施生态文明建设环境保护重点任务行动方案，扎实推进年度生态文明建设十大工程。严格落实“水十条”“大气十条”和“土十条”等环境保护措施，全面推进“两减六治三提升”专项行动，优化太湖水环境综合管理，年内完成68个自然村生活污水处理设施建设任务，抓好治垃圾和固废，治黑臭，治畜禽，治VOCs等重点环境治理工作。加大重点区域大气综合管控力度，配合市相关部门做好七子山地区综合改造工程。以减少化工污染、煤炭消耗为重点，推进节能新技术、新产品在重点耗能企业应用，实施差别化税收、土地、用电、用能政策，引导落后低效产能有序退出。健全完善生态文明制度体系，严格执行生态环境源头保护、排污权有偿使用等制度，推进环境监管网格化建设，以刚性约束推动资源节约、环境保护。倡导绿色健康生活方式，提高全民生态文明素养，切实把“眼底江南·心上吴中”的生态美、自然美、和谐美更好地展现出来。

加强城乡统筹，让群众共建共享舒适便捷。统筹推进城乡一体发展，既是经济转型升级的重要内容，也是增强民生幸福的基本要求。要秉承协调发展理念，贯彻新型城镇化和城乡发展一体化战略，统筹抓好城乡规划、建设和管理工作，着力构建生产空间集约高效、生活空间宜居适度的现代城乡新格局。坚持规划先行理念，全面完成中心城市核多规融合规划编制，有序推进木渎、角直、东山等总规和开发区越溪副中心、现代农产品物流园等控规编制报批，持续完善城乡空间布局。以中心城市核建设为统领，以太湖新城为标杆，高标准、高质量推进各板块城市建设，完善公共服务配套设施，提升城市整体品质水平。完善内外交通体系，研究启动苏州湾1号隧道、长江路南延等项目，加快吴中大道东段暨南湖路高架、东环快速路南延二期建设，建成投用东太湖滨湖大道二期，环太湖路度假区段，渔洋山隧道及西山岛出入通道，西环南延，同津大道，实现吴中环太湖岸线高标准景观大道全线贯通。推进轨道交通、公交线网、公共自行车等公共交通设施建设，加快形成便捷化、一体化公共交通体系。继续抓好美丽镇村建设和农村环境综合整治，努力呈现具有历史文化、自然资源、产业基础的美丽村庄和江南水乡特色的地景田园风貌。巩固城市环境综合整治“931”行动成效，突出权责明晰、服务为先、管理优化、执法规范、安全有序，深化城市管理体制改革，提升城市管理法治化、规范化水平，优化吴中城乡整体形象。

创新社会治理，让群众共建共享文明和谐。文明和谐的社会秩序，是增强民生幸福的题中应有之义。要坚持把群众的安全感、满意度摆在突出位置，把创新社会治理、推进依法治区和加强思想文化建设相结合，努力在共建共享文明和谐上取得更大进展。深入推进“平安吴中”建设，大力实施社会治理创新工程，坚持系统治理、依法治理、综合治理、源头治理，全面提升社会治理体系和治理能力现代化水平。全面整合行政资源、社会资源、信息资源，建成并投用区社会综合治理联动中心，健全社会风险评估预警制度，建立矛盾纠纷多元化解机制，持续深化信访来访、安全生产、劳资关系、食品药品监管等重点工作，确保全区社会大局和谐稳定。全面推进法治政府、法治市场、法治社会三位一体建设，以争创“法治建设示范县（市、区）”为契机，持续开展好法治先进镇（街道）、诚信守法先进企业、民主法治示范村（社区）等系列创建活动，营造“法治吴中”良好氛围。深化司法体制改革，不断健全司法权力运行机制，优化司法职权配置，提高公正司法水平。加强法治宣传教育力度，推进“七五”普法工作，深入开展“关爱民生法治行”活动，打造一镇一品法治文化阵地，努力实现镇（街道）、村（社区）法治文化阵地全覆盖，增强全社会尊法、学法、守法、用法观念。全面推进精神文明创建“四大行动”，完善道德典型培育机制，以典型事迹鼓舞人、凝聚人，进一步净化未成年人成长环境，加强专业志愿服务队伍建设，引导更多优秀志愿服务团队进入规范化、常态化发展轨道。组织开展交通秩序、街巷环境、社区管理、市场规范、市民素养、城市文化建设“六大提升行动”，进一步完善长效常态的文明城市创建管理体制和运行机制，让文明之花开满吴中大地。

三、聚心管党治党，增强共建小康合力

全面从严治党，关乎民心向背，贵在凝聚党心。党心正，则民心纯；党心聚，则民心稳。全区各级党组织要切实强化管党治党责任，不断保持和发展党的先进性和纯洁性，更好地承担起团结带领全区人民高水平全面建成小康社会的历史重任。

筑牢理想信念根基。坚定理想信念是开展党内政治生活的首要任务。要切实加强理论学习教育，引导全区党员干部坚定“四个自信”、增强“四个意识”，把思想和认识统一到习近平总书记系列重要讲话精神上来，把智慧和力量凝聚到落实党的十八届六中全会和省、市、区党代会提出的各项决策部署上来，为党的十九大召开营造良好氛围。积极构建“大宣传”工作格局，充分发挥思想引领、舆论引导、文化引向、文明引路作用，凝聚更强合力。以中心组理论学习为重要载体，探索建立领导干部述学机制，开展中心组挂钩指导、旁听督学活动，督促各级党组织不断提升理论学习实效。夯实社区、村、非公企业党员群众思想政治教育，把党性教育作为基层党校教学的主要内容，组织开展基层党校“争先创优”活动，推广运用远程教育、网上微党课等新型手段，提高党员干部教育的吸引力和覆盖面。深入推进理论宣讲工作，挖掘总结好党的创新理论及各项决策部署在吴中落地后取得的实效，充分依托各级宣讲团，广泛开展“百人千课下基层”宣讲活动，推动理

论宣讲打动群众、感染群众。强化对哲学社科工作的领导，着重围绕吴文化、“创新四问”等事关经济社会发展的重大课题加强理论研究，为全区改革发展事业提供强大助力。

培育创业干事队伍。打造一支忠诚、干净、担当的干部队伍，是实现吴中各项事业全面发展的关键。要牢牢坚持“20字”好干部标准和正确选人用人导向，充分发挥党组织的领导和把关作用，认真执行干部任用条例，选优配强各级领导班子，全面推行中层干部选拔任用全程纪实，实施年轻干部“优苗精培”计划，真正让忠诚、干净、担当，为民、务实、清廉的好干部得到褒奖重用，加快打造吴中特色的“四敬四有”干部队伍。深化领导班子和领导干部两个差异化考核，加强综合分析研判，加大交流轮岗力度，继续做好“三超两乱”专项整治清理工作，让能者上、庸者下、平者让、劣者汰成为吴中干部选任新常态。认真落实从严管理干部“五个要”，不断完善从严管理监督干部制度体系，抓住领导干部这个“关键少数”，及时掌握干部思想动态和行为表现，充分发挥群众监督作用，切实让干部感到头上有利剑、心中有戒尺。要大力弘扬求真务实作风，推动全区党员干部摒弃懒政怠政、为官不为的“鸵鸟心态”，全面提升科学决策能力、政策执行能力、群众工作能力，提振干事创业的精气神，真正做到脚踏实地、奋发作为。加快健全完善干部正向激励和容错机制，把严格管理监督干部与信任关心爱护干部结合起来，拓宽能担当、肯担当的干部成长空间，旗帜鲜明为担当者担当、为负责者负责，让“有定力、善创造、敢担当、重落实、守规矩”成为全区党员干部履职尽责的主旋律和最强音。

打造基层战斗堡垒。党的执政根基在基层，基层党组织是贯彻党的政策的“最后一公里”，也是党全部工作和战斗力的依托。要坚持政治属性和服务功能相统一，推动基层党组织建设全面进步、全面过硬，当好连接党心民意的纽带，立于服务群众的最前沿，始终成为党在基层最可靠的战斗堡垒。要以法治型党组织建设为引领，扎实推进基层党建示范点创建三年行动计划，进一步深化“党旗飘红耀吴中”“先锋领航”等主题活动，不断完善“承诺、述职、考核、激励（问责）”四位一体责任体系，深入推进基层党组织书记领办基层党建项目制，探索开展基层党建工作巡回督查、不定期抽查，打造一批基层党建工作品牌、基层党建示范点和党内先进典型。深入落实“四联双提”要求，大力推行“三提三知”群众工作法，健全“双结对”和“在职党员进社区”长效机制，进一步密切党和群众的血肉联系。巩固“四个集中”行动实施成果，扩大“两新”组织党的组织和工作覆盖面，探索建立新社会组织党建孵化器。持续推进“百名好书记”专项建设行动，加强以基层党组织带头人为重点的党务工作者队伍建设，理顺社区党组织架构和党员管理体系，探索运用现代信息技术加强流动党员管理，加大对不合格党员的处置工作力度，推动党员更好发挥先锋模范作用。

深化“两个责任”落实。党风廉政建设主体责任和监督责任是党章赋予的重要职责，是深入推进党风廉政建设和反腐败斗争的“牛鼻子”。落实“两个责任”，关键看行动，根本在担当。各级党组织特别是书记要牢固树立“不抓党风廉政建设是失职、抓不好党风廉政建设是渎职”理念，把主体责任牢牢扛在肩上、抓在手上，层层传导压力、级级抓好落实，全力领导和支持各级纪检监察机关依法执纪、履行职责，让失责必问、问责必严成为常态，让从严管党治党责任落地生根。要全面落实区委《关于开展巡察工作的实施意见》，在一届任期内实现党委巡察全覆盖，强化对权力运行的制约和监督，让监督体现在时时处处事事上。重视加强对各级领导班子特别是主要负责人的巡察监督，以盯住“重点人”来触动“多数人”，以关注“重点事”来带动“日常事”。各级纪委要围绕《中国共产党党内监督条例》，坚持纪在法前、纪严于法，进一步增强党章党规的刚性约束，按照“四种形态”的要求，重视日常监督执纪，加大谈话函询和纪律处分、组织调整力度。始终坚持无禁区、全覆盖、零容忍，保持有腐必反、有贪必肃、严厉惩治腐败的高压态势。依托暴式昭廉政教育基地等平台，持续深入开展“思廉、树廉、讲廉”主题教育活动，不断深化廉洁文化建设，完善惩治和预防腐败体系，构建不敢腐、不能腐、不想腐的有效机制。深入落实中央八项规定精神，坚持抓常抓细抓长，进一步完善“清风行动”联动督查机制，在实践中细化制度规定、明确尺度标准，巩固和发展作风建设的良好态势。

发挥党委核心领导作用。总揽全局、协调各方，这是各级党委在思想上、政治上、行动上发挥好核心领导作用的必然要求。区委常委会要进一步加强自身建设，对照“政治强、懂专业、善治理、敢担当、作风正”标准，健全完善、严格执行《区委关于常委会全面贯彻执行民主集中制的意见》和《区委常委会议事决策规则》等规章制度，不断提高谋划推动工作的能力水平。各级党委要学习重温、贯彻落实《党委会的工作方法》，认真执行《关于新形势下党内政治生活的若干准则》，严格落实“三会一课”、民主生活会、民主评议党员等组织生活制度，用好批评和自我批评的锐利武器，提高党委（党组）工作制度化、规范化、程序化水平。党委（党组）主要负责同志要带头自觉接受监督，班子成员要认真执行集体决定，切实做到层层负责、人人担当。要大力发展社会主义民主政治，不断加强和改进对人大工作的领导，提升人大代表的责任意识和履职能力。进一步领导推动政协发挥民主协商、参政议政作用，为全区大局提供更多真言良策。切实抓好“党群共建、党群一体”工作，实施“群团+”计划，建立群团组织直接联系基层、密切联系群众制度，切实保持和增强群团组织、群团工作的政治性、先进性和群众性。加强党管武装工作，积极推进国防动员和后备力量建设，深化双拥共建工作和军民融合发展。巩固发展最广泛的爱国统一战线，全面落实党的知识分子、民族、宗教、侨务等政策，最大限度凝聚发展合力。

同志们，担当成就事业，奋斗赢得未来。让我们紧密团结在以习近平同志为核心的党中央周围，在省委、市委的坚强领导下，团结带领全区广大党员和干部群众，以敢为人先的魄力、敢谋新篇的勇气、敢于担当的作风，把握“两聚一高”要求，牢记从严治党使命，在根植吴文化、建设新吴中征途上继续前进，以优异成绩迎接党的十九大胜利召开！

政府工作报告

——2017年1月4日在苏州市吴中区第四届人民代表大会第一次会议上

苏州市吴中区人民政府区长　唐晓东

各位代表：

现在，我代表区人民政府，向大会作工作报告，请予审议，并请区政协委员和其他列席人员提出意见。

二〇一六年和本届政府期间经济社会发展简要回顾

2016年，我们在市委、市政府和区委的正确领导下，在区人大及其常委会和区政协的监督支持下，坚持以邓小平理论、“三个代表”重要思想、科学发展观为指导，以习近平总书记系列重要讲话特别是视察江苏重要讲话精神为根本遵循，全面贯彻落实党的十八大和十八届三中、四中、五中、六中全会精神，紧紧围绕“五位一体”总体布局和“四个全面”战略布局，自觉践行新发展理念，主动适应经济发展新常态，开拓创新，力行实干，全面展开“十三五”发展工作布局，较好完成了区三届人大五次会议确定的主要目标任务，经济社会保持健康稳定发展态势。全年实现地区生产总值985亿元，增长7.5%；一般公共预算收入134.4亿元，增长11%；完成全社会固定资产投资562亿元；社会消费品零售总额368.5亿元，增长10%。主要做了以下工作：

一、坚持创新引领，转型升级迈出新步伐

积极落实供给侧结构性改革，实施实业兴区战略行动计划及相关配套政策意见，着力推动全区产业结构、创新能力、综合实力迈上新台阶。工业经济平稳运行，耐克森线缆、汇川二期等一批重大项目投产，东山精密完成全市本土民营企业海外最大并购项目，实现规模以上工业总产值1170亿元。积极推进智能制造，实施智能化改造项目125个，建成省级智能示范车间4个。太湖经贸合作洽谈会、装备制造业和现代服务业推介会以及赴以色列、日本、韩国等招商推介成效初显，引进浪潮金融信息、旅通在线等一批项目，新增内资注册资本认缴额110.4亿元，新增注册外资3亿美元，实际利用外资3.6亿美元。深入对接苏南国家自主创新示范区发展规划纲要，大力实施知识产权强区战略，新增专利授权量7300件，科沃斯获中国外观设计金奖，“天烨”获评中国驰名商标，顺利通过国家知识产权强县工程试点区验收。启动实施东吴高层次人才计划，欧美同学会苏州基地和海归创业学院落户，首届苏作文创峰会成功举办，新入选国家“千人计划”1人、省双创人才5人、市姑苏领军人才15人，新增省市级技能大师工作室4家。充分发挥科技镇长团作用，推动政产学研合作不断深化，新增产学研联合体28家、产学研合作项目129个，南京师范大学科技园建成投用。现代服务业优化提升，新增1个市级服务业集聚区、2家市级服务业创新型示范企业、3家市级总部企业。数字经济加快发展，吴中太湖新城获评市大数据特色产业园，大华生物大数据研究院落户。电子商务发展取得新突破，吴中综保区获批省跨境电子商务产业园试点，吴中区、金庭镇、东山碧螺村分别获评省农村电子商务示范区、示范镇、示范村。房地产业在积极落实调控政策中平稳发展。全域旅游加快推进，太湖新天地、木渎香溪岸、穹窿山茅蓬坞、横泾东林渡等一批旅游特色业态实现提档升级，全年接待游客突破2300万人次，获评省乡村旅游创新发展示范区。文化产业保持良好发展势头，文化产业增加值占地区生产总值比重达到6.9%。现代农业“6+1”特色产业加快发展，“水八仙”生态文化园、湖羊科普馆投入运营，苏州现代农产品物流园建设稳步推进，市农科院临湖现代农业科研基地启动建设，首届全国“互联网+”现代农业工作会议暨新农民创业创新大会在我区成功召开。深入推进科技金融融合发展，“科贷通”业务有序开展。资本市场“吴中板块”加快打造，27家企业成功挂牌新三板，吴中城投、国裕公司债券成功发行。

二、坚持协调联动，城乡建设彰显新内涵

围绕“一核一轴一带”生产力布局，各类城乡空间规划编制调整加快推进，胥口镇总规控规、吴中太湖新城启动区控规等一批规划获批，10个历史文化名镇、名村保护规划编制完成，全区重点村、特色村村庄规划加快编制，吴中规划地理信息数据平台试运行。特色小镇加快培育，甪直入选第一批中国特色小镇，东山打造全国首个纪录片小镇。7个美丽城镇、190个美丽乡村建设深入推进，外显生态风光、内含文化底蕴、兼具产业张力的江南镇村形态初显。城乡交通设施持续优化，中环快速路吴中段、南环快速路西延、东环快速路南延一期主体竣工通车，230省道（胥口段）、中山路、陈华路改造完成，新辟、调整公交线路17条，开行“社区巴士”3条，建成P+R停车泊位1300个、公交场站6个、候车亭369个，公共自行车三期建成投用。轨道交通2号线延伸线通车，3号线，4号线及支线和5号线建设加快推进。商贸载体空间布局和经营业态进一步优化，主城区中心商圈提档升级、乡镇新兴商圈特色发展，舟山核雕村获评中国特色商业街区，石湖金陵花园酒店开业。城镇环卫设施继续完善，新改建一批垃圾中转站、公共厕所和环卫停车场。水利设施和圩区防洪能力进一步提升，疏浚整治河道147公里，新改建防洪闸27座、排灌站20座，苏申内港线航道及环境整治工程有序推进。城镇老旧危楼整治和棚户区改造加快实施，建成保障房（安置房）141万平方米9792套，完成办证5298套。城市环境五项治理、“931”综合整治行动、人民路南延综合整治有序开展，“数字城管”平台加快建设，农村环境长效管理机制不断健全，城乡面貌实现新提升。“政社互动”“三社联动”深入推进，村（社区）服务功能进一步拓展，管理水平进一步提升。物业属地管理机制不断深化，人防、电力、通信、燃气等设施加快完善。

三、坚持绿色发展，生态文明得到新加强

基本构建国土资源节约集约利用“1+N”政策体系，继续推进工业企业亩产效益综合评价体系建设，着力推动存量工业用地市场化更新改造和城市更新改造。全面落实主体功能区实施意见，加强“四个百万亩”长效管理，深入开展城镇周边永久基本农田划定。启动新一轮生态文明建设，出台生态文明建设环境保护重点任务行动方案，召开生态文明与绿色发展绩效评价考核（吴中）高层座谈会。精细化实施太湖水“五位一体”综合管理，常态化做好蓝藻打捞、水草管护和芦苇收割，实现太湖安全度夏，获评省太湖治理工作成绩突出区。深化落实“河长制”，国考、省考断面水质达标整治取得阶段性成果。新扩建的木渎、城南污水处理厂投用，新铺设污水管网18公里，沿太湖重点乡镇农村生活污水治理全覆盖工程有序推进，获评全国农村生活污水治理示范区。加快推进工业废气治理，强化机动车尾气、建筑扬尘等污染防治，淘汰全区剩余燃煤锅炉，PM2.5平均浓度比2013年考核基数下降30%。加强土壤污染防治，强化重点地区监测，逐步建立土壤档案。农药废弃物统一回收集中处置有序开展，动物无害化处理中心建设加快推进。妥善处置太湖强制戒毒所大面积垃圾倾倒事件，全力做好中央环境保护督察组反馈问题的整改落实。组织实施重点节能改造项目7个，推广合同能源管理模式，新增市级“能效之星”企业2家，通过清洁生产审核验收企业20家，创成循环经济示范企业1家。全面完成淘汰落后产能三年行动计划，关闭淘汰落后企业46家。建筑产业现代化发展积极推进，实现新建民用建筑一星及以上绿色建筑标准设计建造全覆盖。生活垃圾分类减量工程加快实施，城镇厨余垃圾就地处置试点有序开展，越溪莫舍社区成为全市首个餐厨垃圾资源化利用示范社区。绿化造林高标准推进，新增成片造林481亩、中幼龄抚育林2万亩，全区林木覆盖率达到30.5%。第九届江苏省园艺博览会圆满举办，园博园、沐春园改造升级后正式开放。

四、坚持普惠均等，社会事业实现新进步

深入实施就业扶持政策，大力开展劳动力技能培训、公益性岗位开发和大学生创业引领计划，区籍应届高校毕业生就业率达到95%，城镇登记失业率控制在2%以内。积极鼓励大众创业、万众创新，新增海峡两岸青年创业基地1个、省级创业示范基地2个、省级优秀创业项目5个。及时调整落实各项社保政策待遇，企业退休人员、农置城退休人员平均养老金分别提高到每月2589元、1319元，12.2万人次享受医疗救助金，住房公积金缴存新增4万人。出台加强学校建设管理实施意见，建成投用木渎南行中学、北美高级中学，落成横泾中心小学及附属幼儿园，高新区幼教中心，高考本二以上达线率首超

60%。加快发展现代职业教育，校企合作、产教融合更加紧密，吴中中等专业学校在省职业学校师生技能大赛中实现新突破。深化省级综合医改试点，分级诊疗加快推进，启动实施健康市民“531”行动计划。苏州市中西医结合医院（木渎人民医院）原住院大楼加快改造，苏大附二院吴中分院（长桥医院）、开发区预防保健所启动易地新建，苏大附一院东山分院正式挂牌，东山、临湖获评国家卫生镇。“全面两孩”政策稳妥实施，“计生关怀进万家”取得新成效。“居家福”养老服务增点扩面工程全面推进，新改扩建老年人日间照料中心27个、助餐点4个、助浴点3个。区公共文化中心建成，苏州保利大剧院落户，木渎、角直、胥口、光福文体活动中心获评首批国家一级文体中心服务站，《角直镇志》入选首批出版的《中国名镇志丛书》。我区运动员沈亚琴勇夺里约残奥会金牌并创世界纪录，“环太湖”国际竞走和行走多日赛获评省十大最具品牌价值体育赛事，园博园成为全国首个竞走公园。精神文明建设扎实推进，“吴中好人”“吴中工匠”等先进典型不断涌现，37家单位入选省文明单位。加强社会治安综合治理，圆满完成重大活动期间安保维稳工作，加快筹建区社会综合治理联动中心，“一张网”工程、“村民联系卡”、“出租屋超市”等创新做法进一步深化，社会大调解机制、特殊人群服务管理进一步完善，累计建成121个五星级村（社区）五位一体综治办，获评第二届全国创新社会治理优秀城市。清查整治安全生产重点领域事故风险，挂牌督办市、区重大隐患项目36个，整改完成率100%，关停整治不具备安全生产条件企业10家，安全生产形势总体平稳。公共法律服务体系初步构建，法治微电影《画里有话》获全国一等奖，穹窿山谍战影视馆成为市国家安全教育基地。成功抵御夏季太湖特大洪汛，食品药品监管、粮食保供、价格调控、动物防疫、农药集中配送、公墓管理、应急管理、气象服务、森林防火得到进一步加强，社会救助、红十字、信访、外事侨务、民族宗教、消防、国防动员、双拥、对口援建等工作扎实开展。

五、坚持重点突破，深化改革取得新成效

以政府职能转变为核心，加快推进简政放权，在全省范围内率先开展政府部分职能向社会转移，完成向社会转移职能事项96项。编制完成区级部门责任清单，动态调整区级行政审批事项清单。运用市场主体监管信息平台，实现“先照后证”信息共享，启动双随机抽查机制，事中事后监管不断强化。企业“五证合一”和个体工商户“两证整合”稳步推进，辖区企业“一照一码”换照率达到65%。不动产统一登记扎实开展，发放不动产权证书和证明17.2万本。稳妥实施农村集体资产股份权能改革国家级试点，股权固化累计完成的村（社区）比例达到95%，全国农村集体资产股份权能改革试点工作交流座谈会在我区召开。扎实推进财税体制改革，全面推开“营改增”试点，全市首个国、地税联合全天候自助式办税服务厅启用。深化国资国企改革，制定推进区属国有企业改革工作实施意见。调整镇（区）财政体制和土地出让收入分配结算办法，完善板块差异化考核机制。实施法治政府建设规划，健全依法决策机制，规范行政权力运行，全面推行全程说理式执法。扎实开展全口径政府性债务规模控制，债务结构进一步优化。办公用房清理腾退、公共机构节能工作持续推进，因公出国（境）、公务用车改革、公务接待、商务接待等进一步规范，“三公”经费零增长。政府网站集约化建设水平全面提升，政务公开持续深化，政府采购、公共资源等领域信息公开稳步推进。扎实开展“两学一做”学习教育，政务服务进一步优化，地税局荣获全国五一劳动奖状。区行政学校培训作用发挥明显，公务员队伍整体素质实现新提升。自觉接受人大及其常委会的法律监督、工作监督和政协的民主监督，主动配合人大执法检查、政协专题视察17次。充分发挥各民主党派、工商联、无党派人士和工会、共青团、妇联等人民团体的参政议政作用。

各位代表，2016年的工作

是本届政府实现跨越发展的生动缩影。正是一年又一年的持续奋斗和成绩叠加，推动了五年来各项主要目标任务的实现，保持了经济社会平稳发展、各项事业协调并进的良好态势。

五年坚持不懈抓发展、提效益，实现了综合实力的全面跃升。五年间，地区生产总值由701亿元增至985亿元，年均增长8.9%；一般公共预算收入由72.4亿元增至134.4亿元，年均增长13.2%。累计完成全社会固定资产投资2486亿元，社会消费品零售总额年均增长9.5%。市级以上出口名牌企业增至11家，累计实现进出口总额512.8亿美元，其中出口323.3亿美元，完成注册外资34.7亿美元，实际利用外资21.1亿美元。国有、集体经济快速发展，所有者权益分别达到559亿元、180亿元。金融资本服务实体经济发展能力进一步增强，五年内新增金融分支机构30家，2家企业主板上市，46家企业挂牌新三板，设立产业优化发展、生态文明建设发展、城乡一体化投资等基金，获评省级金融生态优秀区。吴中经济技术开发区晋升国家级，吴中太湖旅游区获评国家5A级景区，出口加工区升级综保区，省级高新区获批筹建，建成国家公共检验检测服务平台示范区、国家级广告产业试点园区、国家级乡村旅游创客示范基地、首批国家电子商务示范基地等一批优质平台，产业承载能力不断增强。

五年一以贯之激活力、促转型，实现了产业结构的不断优化。产业结构优化调整为2.2∶46.8∶51，实现“三二一”战略性转变。完成千企升级创新转型行动计划任务，工业总产值增至1630亿元，有效高新技术企业达到345家，新兴产业产值占规模以上工业总产值比重达到55.7%。国家级企业技术中心实现零的突破，省、市工程技术研究中心达到210家。新增发明专利2500余件，万人发明专利拥有量达到25件，新增中国驰名商标3件、省著名商标47件、省名牌产品15个。国家“千人计划”人才增至2人，省双创人才增至24人，市姑苏领军人才增至52人，获评全国科技进步先进区、全国科普示范区、省创新型试点区、省知识产权强省建设示范区。实施服务业跨越发展三年行动计划、“6+4”旅游服务业提升工程，服务业增加值由299.6亿元增至502.4亿元。落实“四个百万亩”保护任务，现代农业产业格局基本形成，积极推动农业“接二连三”发展，获批国家地理标志认证1个，创成全国休闲农业与乡村旅游示范点2个、中国最美休闲乡村1个。

五年坚定不移重统筹、优生态，实现了城乡面貌的显著提升。深入推进区域规划全覆盖，五年间编制完成9个总规、29个重点板块控规。吴中太湖新城基础设施和配套建设全面推进，获评国家智慧城市试点，城南、越溪、尹山湖—独墅湖板块功能形态加快提升。度假区文旅商集聚区、环太湖酒店集群等建设有序实施。高新区“城市更新”步伐加快，“一区三园”模式助力产城融合绿色发展。各中心镇产业布局、城镇功能、基础配套、生态环境持续优化。金庭环岛公路等11个重点交通工程建成通车，西环快速路南延等8个重点交通工程有序推进。轨道交通吴中段建成里程11.1公里、站点11个，在建里程35.1公里、站点22个。严格落实“大气十条”“水十条”“土十条”，持续推进东太湖综合整治和“两河一江”“两山一镇”等重点生态项目建设，统筹实施美丽乡村和农村生活污水处理设施建设，建成国家级湿地公园2个，生态文明建设三年行动计划收官，获评国家生态区、全国生态文明建设示范试点区、国家级生态保护与建设示范区，实现国家级生态镇全覆盖、市级以上生态村满堂红。

五年持之以恒保基本、求共享，实现了民生事业的持续改善。每年实施十项政府民生工程、十件政府实事和十项社会事业建设项目，民生支出占一般公共预算支出的比重提升至73.6%。城乡居民人均可支配收入分别达到5.59万元、2.79万元，年均增长8.9%、10.2%。组织城乡劳动者技能培训14万人次，新增就业9

万人，“零就业”和“零转移”家庭保持动态清零。全面实施城乡一体的社会保障政策，城乡居民养老保险、医疗保险和低保标准实现并轨。建成各类保障性住房498万平方米3.7万套，住房公积金缴存净增6.6万人。“居家福”养老服务、城乡公共文体设施、社会救助窗口实现全覆盖。完成新改扩建中小学幼儿园46所、医院卫生院8家，建成全国首批义务教育发展基本均衡区、省慢性病综合防控示范区。音乐作品《春雨江南》获全国精神文明建设“五个一工程”奖，宝带桥列入世界文化遗产名录，《吴中区志》《吴中文库》相继出版，被授予全国文化先进区、国家公共文化服务体系示范区等称号，获评中国历史文化名村5个、中国传统村落12个、中国民间文艺“山花奖”5件。安全生产监管、突发事件应急管理、食品药品监管措施不断加强，全域式社会治理体系在省内外推广，获评全国法治县（市、区）创建活动先进单位、省“六五”普法工作先进区、省平安区、省劳动保障监察两网化管理示范区，创成全国社区侨务工作明星社区1个、示范单位2个。

五年锲而不舍强队伍、转作风，实现了政府建设的有效加强。坚持执行改进工作作风、密切联系群众各项规定，扎实开展党的群众路线教育实践活动、“三严三实”专题教育、“两学一做”学习教育，深入整改巡视组反馈意见。持续深化法治政府建设，修订完善政府工作规则和重大行政决策程序规定，行政决策和执行更加规范，行政应诉和复议能力明显提升，获评省率先完成法治政府建设阶段性工作目标任务的县（市、区）。加快推进政府职能转变，稳步实施新一轮政府机构改革，木渎强镇扩权取得新进展，“区政合一”优势初步显现。三级便民服务体系更加完善，“并行审批”“绿色通道”和企业登记“一窗式”服务等便民举措相继推出。网络问政渠道更加畅通，各类投诉建议及时处理，政务公开阳光透明。行政监察、审计监督和政府绩效考核全面加强，完成政府投资工程审计项目1.7万余个，节约政府性资金71.2亿元。认真落实人大常委会审议、专题询问、执法检查意见和政协专题协商意见，累计办结区“两会”议案、建议、提案1377件，按期办复率和办复满意基本满意率保持100%。

这五年，第二届中非民间合作论坛、第四届中欧政党高层论坛、首届世界语言大会、第四次中国—中东欧国家领导人会晤、央视中秋晚会等一批重大会议和活动在我区成功举办，吴中形象在海内外舞台上完美展示。这五年，不仅取得了经济发展、城乡环境、民计民生等有形的巨大进步，也带来了思想境界、工作效能、精神状态等无形的积极变化，不仅创造了丰硕的物质成果，也积淀了弥足珍贵的精神财富，为未来发展积累了宝贵经验。五年来取得的成绩，归功于上级党委、政府和区委的正确领导，归功于历届政府班子打下的坚实基础，归功于全体人大代表和政协委员的监督支持，归功于各地、各部门、各企事业单位广大干部群众的齐心奋斗，归功于广大老同志、社会各界的关心厚爱。在此，我谨代表区人民政府，向辛勤工作在各个领域的全区人民，向全体人大代表、政协委员，向各民主党派、工商联、垂直管理单位和工会、共青团、妇联等人民团体，向驻吴人民解放军指战员和武警消防官兵、政法干警，向离退休老同志和关心、支持、参与吴中建设发展的各界人士，致以崇高的敬意和衷心的感谢！

在前进的道路上，我们也必须清醒地看到遇到的问题和不足：经济下行压力持续加大，结构性矛盾突出；城市功能品质亟待提升，城乡发展不平衡性依然存在；资源环境约束趋紧，环境保护和污染治理任务艰巨繁重；民生改善任重道远，维护社会和谐稳定仍面临较大压力；政府机关思想作风建设有待进一步强化，法治政府建设还要付出更大努力。对此，必须采取有效措施，努力加以解决。

今后五年和二〇一七年工作目标任务

今后五年，建议新一届政府工作总的指导思想是：**在以习近**

平同志为核心的党中央坚强领导下，高举中国特色社会主义伟大旗帜，以邓小平理论、“三个代表”重要思想、科学发展观为指导，深入贯彻习近平总书记系列重要讲话精神，紧紧围绕“五位一体”总体布局和“四个全面”战略布局，践行创新、协调、绿色、开放、共享的发展理念，积极引领经济发展新常态，以推进供给侧结构性改革为主线，在“山水苏州、人文吴中”的美好蓝图下，以“根植吴文化、建设新吴中”为主题导向，全力推进“三大布局、四大红利”战略重点，调存量、优增量，固优势、补短板，聚力创新，聚焦富民，高水平全面建成“区强民富、城乡协调、文明和谐”的小康社会。

今后五年，总的奋斗目标是：**到2020年高水平全面建成“区强民富、城乡协调、文明和谐”的小康社会，并在探索基本实现现代化的新征程上迈出坚实步伐。**在经济社会发展的综合调控和预期目标上，建议突出“四个导向”：*一是创新导向*。地区生产总值年均增长7%左右，一般公共预算收入年均增长7%左右，高新技术产业产值、新兴产业产值占规模以上工业总产值的比重分别达到50%、57%，服务业增加值占地区生产总值比重达到55%，全社会研发经费投入占地区生产总值比重达到2.8%；更加关注反映产业结构调整、投资结构优化、税收亩均产出以及经济创新发展等指标。*二是富民导向*。城乡居民人均可支配收入增幅高于地区生产总值增幅，城乡居民收入比不断缩小，中等收入群体持续扩大，城镇调查失业率控制在5%以内，公众安全感、法治建设满意度均达到92%以上；更加关注反映就业质量、教育水平、社会保障、卫生服务改善提升等指标。*三是绿色导向*。单位地区生产总值能耗、主要污染物排放总量削减率完成上级下达任务，三类以上地表水比例达到70%以上，城镇生活污水达标处理率达到95%以上，PM2.5浓度均值比2015年考核基数下降20%以上；更加关注反映绿色经济、绿色社会、绿色生态、绿色保障建设水平等指标。*四是文化导向*。文化产业增加值占地区生产总值的比重达到10%以上，人均公共文体设施面积达到3平方米以上；更加关注反映以“吴文化”引领社会主义核心价值观区域化实践，传统文化与现代文明交相辉映，群众文化素质和社会文明程度同步提高等指标。

各位代表，2017年是党的十九大召开之年，是实施“十三五”规划的重要一年和推进供给侧结构性改革的深化之年，也是新一届政府履职的开局之年。做好今年工作，关键是要坚持稳中求进工作总基调，以提高发展质量和效益为中心，抓住撬动改革发展的关节点和突破口，着力深化创新驱动，着力振兴实体经济，着力推动结构调整，着力保障改善民生，促进经济平稳健康发展和社会和谐稳定，以优异成绩迎接党的十九大胜利召开。

建议2017年全区经济社会发展的主要预期目标为：地区生产总值增长7%；一般公共预算收入增长7%；全社会固定资产投资保持稳定；社会消费品零售总额增长10%；城乡居民人均可支配收入增幅高于地区生产总值增幅；完成节能减排目标任务。

围绕上述目标任务和区委四届三次全体（扩大）会议部署，将重点谋求以下五个方面的更大突破：

一、着力实业，谋求发展质效提升的更大突破

全力以赴提升产业层次。把握供给侧结构性改革主线，积极稳妥去产能、分类施策去库存、严格管理去杠杆、清费减负降成本、问题导向补短板，全面提升供给体系质量和效率。按照全区和板块1~2个产业主攻方向的要求，精心谋划产业布局，加快构建产业新体系。围绕省“一中心一基地”建设，深度对接中国制造2025苏州实施纲要，全力推动传统产业转型改造，稳步提升电子信息、装备制造两大主导产业，发展壮大新一代信息技术、新能源、新材料、节能环保、生物技术和新医药等五大新兴产业。鼓励企业开展智能化改造和智能产品研发，全年实施智能化改造项目130个，完成技改投入40亿

元。依托120余家行业相关企业和木渎智慧工园等优质载体，加快打造机器人及智能制造产业集聚地。抢抓大数据产业发展新机遇，加快推进以“1个数据中心+4大智慧平台+N大数据智慧应用”为框架的“智慧吴中”建设，培育数字经济发展新动能。认真落实“互联网+”行动计划，促进互联网和经济社会融合发展，加快发展分享经济。促进服务业优质高效发展，大力推进服务业集聚区建设，着力引进和培育一批总部企业，服务业增加值占地区生产总值比重提高到52%。加强运行监测调控，促进房地产平稳健康发展。推进全域旅游建设，深入开展民宿管理试点，深化文旅、体旅、农旅、商旅等融合发展，进一步丰富旅游业态，增加产品供给，推动吴中旅游向度假休闲时代跨越。推进农业供给侧结构性改革，发挥三大农业园区引领带动示范作用，加快现代农业专业化、规模化、信息化发展，优化“6+1”特色农业内涵和产业布局，深化苏宁易购吴中太湖馆、东山农产品电商产业园等平台建设，不断延展完善农业产业链。

*多措并举扩大有效投入。*抢抓国家“一带一路”倡议、长江经济带战略实施的重大机遇，切实加大对上争取，力争一批重点项目、重大工程和重要载体纳入上级战略规划。继续完善区四套班子领导领办挂钩服务重点项目机制，推动政策资金优先向重点项目倾斜、各类要素优先向重点项目汇聚、工作力量优先向重点项目集中，保障336个区级重点项目建设，年内完成投资370亿元。建立完善公私合营模式项目库，着力扩大社会资本投资领域和范围。认真研究产业特色和功能定位，瞄准新兴产业、“风口”行业，积极拓展招商资源，创新招商方式，加快引进一批高端项目、特色项目。围绕“建链”“补链”“强链”目标，着力引进一批中小科技型配套企业，推动企业集群、产业集聚。加快利用外资转型升级步伐，着力打造高端制造业和现代服务业双轮驱动，总部经济集聚发展的外资利用新格局。实施外贸优进优出战略，推动加工贸易加快转型、一般贸易提高比重。发展新型外贸业态，力争服务贸易进出口额增长10%。以吴中综保区获批省跨境电子商务产业园试点为契机，加快载体整合优化、功能拓展叠加和体制机制创新，鼓励跨境电商企业培育自有品牌和拓展营销渠道，加快形成新的外贸增长点。进一步合理规划商业布局，完善城市社区和农村商业体系，有序推进城市综合体、商业特色街区、商贸功能区提升改造，以商贸转型促进消费升级。

*千方百计培育培优企业。*鼓励引导领军企业加快实施创新做强、投入做大，全面提升企业能级，加快打造一批具有全球视野、创新能力强、带动作用大的领军企业。着力加大潜力企业培育力度，促进潜力企业技术上台阶、制造绿色化、质效双提升。强化对经济运行的动态监测和过程控制，全力做好为企服务。深化商事制度改革，切实为企业发展营造宽松的市场经营和投资环境。开展降低实体经济企业成本行动，综合运用改革、财税、金融、价格等“组合拳”，减轻企业成本，让优质企业更有市场竞争力，帮助困难企业度过时艰。强化金融资本对实体企业的支持，组织好银企对接合作会，解决中小企业融资难、融资贵的问题。加强企业上市指导服务，引导企业通过多层次资本市场做大做强，力争年内新增新三板挂牌企业15家。实施新一轮企业经营管理人才素质提升计划，全面提升企业人才的整体素质和管理水平。深化国资国企改革，建立国企分级分类管理新机制，优化完善投资决策、业绩考核、内外部监督等机制，不断提升国有经济的活力、控制力、影响力和抗风险能力。

二、加力转型，谋求发展动能培育的更大突破

*强化科技创新引领转型。*围绕回答“创新四问”找准工作切入点，完善区域创新生态体系，重点实施自主知识产权战略、自主品牌战略和科技成果自主转化战略，着力推进以科技创新为核心的全面创新。深化高新区“一区三园”建设，加快推

动“一体化布局、协同式创新”，力争实现“去筹”目标。激活企业自主创新，积极落实市“雏鹰”“瞪羚”计划，继续实施“专精特新”发展工程和“科技小巨人”培育工程，新增高新技术企业49家、民营科技型企业80家，着力打造一批创新型企业集群。积极融入全球创新网络，加大力度吸引跨国公司研发总部或区域性研发中心落户，鼓励引导支持汇川技术、绿的谐波等一批企业加快建设高水平研发机构。加大品牌培育力度，引导企业增强品牌意识，加快形成一批拥有自主知识产权的品牌企业和具有核心竞争力的品牌产品，新增省著名商标5件，发明专利申请量超5500件、授权量超1000件。深化区知识产权公共服务平台和科技服务超市平台建设，全年服务上线科技企业超1000家，探索建立支撑创新发展的知识产权运行机制。精心细致做好科技项目孵化和科技成果转化，充分发挥科技镇长团的优势，深入推进政产学研合作，促进企业、高校、科研院所协同创新，加快组建苏南机器人协同创新中心和精密智造产业联盟。

推进三大布局承载转型。全面实施“一核一轴一带”优化提升行动计划，加快形成规模效应、集聚效应，有效承载新经济发展和新动能培育。中心城市核依托6大片区，放大国家公共检验检测服务平台示范区、电子商务示范基地等平台的示范效应，全力打造成为产城融合、紧凑集约、建设精致、产出高效的主阵地，金融商贸、科教文卫、优质地产、高端人才等资源汇聚的新高地，引领全区发展能级全面提升的动力源。先进制造轴依托吴淞江科技产业园、木渎金桥工业园、角直模具产业园、胥口胥江工业园、临湖装备产业园等制造业载体，从供给需求对接、大数据信息共享、产学研合作互动、生产性服务业配套等方面，提升载体综合服务能力，推动先进制造业向中高端迈进。生态文旅带以国家级旅游度假区和5A级吴中太湖旅游区为引领，以生态为基础、以文化为核心、以旅游为载体、以产业为导向，主打“文化太湖”“健康太湖”品牌，加快打造国内著名滨湖度假目的地，努力实现优质生态文化旅游资源的统筹集聚，推动文旅强区建设。

聚合资源要素支撑转型。探索实行资源使用差别化政策，优化土地、能源、人才、资本等要素配置，着力构建优质高效的转型升级支撑体系。加快实施存量工业用地市场化更新改造，在全面推进工业企业亩产效益综合评价的基础上，开展工业企业资源集约利用，有效推动“退二优二”“腾笼换鸟”。加快发展工业地产，探索建立高标准厂房交易平台，引导一般工业项目、中小微企业通过二级市场租赁、购买标准厂房解决发展问题。科学做好企业用电、用气、用水的调度供应，最大限度保障企业生产。强化科技金融深度融合，营造支持大众创业、万众创新的多元化科技金融创新体系，科技金融风险池规模增至3000万元，科贷规模超5亿元。充分发挥增信基金、中小企业融资超市、中小企业转贷平台作用，加快设立并购重组基金、新三板基金。深入实施东吴高层次人才计划，完善多元化人才住房保障体系，精心举办国际精英创业周，深化东吴双创峰会、苏作文创峰会等特色人才平台建设，积极探索高端人才与本地企业对接新途径，新引进高层次人才780人。充分发挥吴中各类职业学校作用，着力培养高素质技能人才，新增高技能人才2000人。

三、借力统筹，谋求发展空间优化的更大突破

进一步完善城乡规划建设。强化规划导控作用，调整完善全区土地利用规划，深化吴中规划地理信息数据平台建设，启动中心城市核“多规融合”规划编制，有序推进木渎、角直、东山等一批总规和开发区越溪副中心等一批控规编制报批，继续优化澹台湖周边地区城市设计及豪仕登地块规划设计。高水平实施吴中太湖新城、度假区中心区、高新区等重要片区节点的综合建设、提档升级，加快培育特色小镇，推进美丽城镇、美丽乡村建设，持续提升城乡品质。加大

重点交通工程推进力度，完成西环快速路南延、东太湖滨湖大道二期等6个工程建设，加快实施吴中大道东段暨南湖路高架、东环快速路南延二期、苏州湾1号隧道等一批工程建设。实现轨道交通4号线及支线运营，加快建设3号线、5号线。加大公交线网覆盖密度，新建续建公交场站10个、候车亭250个，新建P+R换乘枢纽2个。实施中心城区智慧交通升级改造，整合建设区交通信息中心。启动中心城区运河以南片区防洪大包围工程，全面开展小型农田水利工程管护，新改建防洪闸35座、排涝站13座、灌溉站3座、防洪挡墙7.5公里。继续实施苏申内港线航道及环境整治工程，加快推进苏州现代农产品物流园建设，优化城乡电力、通信、人防、燃气等基础设施。

进一步提升城乡管理水平。健全城市管理体制机制，充分发挥“数字城管”作用，进一步完善街道、社区、网格三级管理网络。继续开展“931”综合整治行动，积极打造城市环境综合整治示范工程，以典型特色项目推动管理再上新台阶。加强对全区市政设施的统一监管，对主要道路进行常态化巡查。完善地下管线规划建设管理机制，做好地下管线普查与信息系统更新。充分发挥渣土管理信息平台系统作用，继续推行建筑拆迁垃圾统一收运制度，依法严厉查处随意撒漏和倾倒行为。深入实施生活垃圾分类减量工程，推进生活垃圾分类收集和资源化综合利用，完善生活垃圾处理终端设施，生活垃圾总量同比增幅控制在9%以内。完善物业属地管理机制，推进物业行业诚信体系建设，探索物业管理市场准入和退出机制，开展示范样板小区标准化考核。注重发挥社区基层组织和业主自治组织作用，推广业主自治成功经验，宣传普及业主权利义务，引导业主理性维权。

进一步强化生态环境保护。扎实开展“两减六治三提升”专项行动，加强生态文明建设工作监察，持续推进生态文明年度十大工程，加快创建国家生态文明建设示范区。深化太湖水“五位一体”综合管理，完善“河长制”，巩固提升重点断面水质达标整治成果，实施镇村内河河道整治提升工程，疏浚整治河道106条104公里，建设生态河道21条9.3公里。持续推进城乡生活污水治理全覆盖，完成68个农村生活污水处理设施建设任务。稳步推进高新区、金庭、吴淞江等污水处理厂建设，新铺设污水管网15公里。加大工业废气、机动车尾气、建筑扬尘等污染综合防控，完善重污染天气应对措施，确保PM2.5浓度持续下降。加大七子山、化工集中区等重点区域的管控力度，严控工业集中区废气排放。深入推进土地污染防治，建立土壤污染治理修复项目库，开展综合治理与修复试点。加强农业面源污染治理，继续实施农药集中配送和废弃物统一回收集中处置。大力推进节能新技术、新产品应用，组织实施重点节能改造项目5个，新增市级“能效之星”企业1家。加大力度引导落后低效产能有序退出，完成淘汰落后产能企业50家。加快推动建筑产业现代化发展，推广绿色建筑和建材。开展植树造林，新增造林绿化100亩，实施森林抚育1万亩。扩大湿地保护范围，自然湿地保护率提升至52.5%。

四、致力民生，谋求发展成果共享的更大突破

普惠性完善社会保障，让人民群众生活更放心。坚持就业优先，实施创业引领计划，积极搭建校企合作平台，开展就业技能培训等活动帮助困难人员就业，新增就业岗位1.5万个、创业孵化基地1个、省级优秀创业项目3个，确保区籍应届高校毕业生就业率达到95%以上，实现“零就业”和“零转移”家庭动态清零。多渠道增加居民收入，完善集体经济与农民增收紧密结合机制，实现户均分红超6000元。充分发挥社会保障“安全网”功能，及时调整企业退休人员、被征地农民、城乡老年居民等群体的社保待遇，落实全民参保登记。加快推进老旧危楼和棚户区改造，新开工建设棚户区（危旧房）安置房57万平方米3800套，基本建成棚户区（危旧房）安置房40万平方米3000套，新增住房公积金缴存3万人。进一步推进“居家福”养老服务增点扩面，新改扩建老年人日间照料中心20个、助餐点5个。扎实推进医养融合，鼓励扶持民办养老机构发展，完成1~2家公办养老机构改革。大力发展慈善事业，强化“博爱送万家”救助功能。加快殡葬改革步伐，推进镇（街道）公益性骨灰堂建设。

全方位优化公共服务，让人民群众生活更舒心。加快教育现代化建设，稳步推进教育资源扩容升级，建成香山实验小学等11所新校，加快推进邵昂小学及附属幼儿园，宝带实验小学附属幼儿园等一批学校新改扩建。继续落实新建住宅小区配套幼儿园建设管理相关政策，规范实施流动人口随迁子女积分入学。强化校园、校车、校舍安全管理，优化教师队伍建设，全面实施教师专技岗位分层竞岗。落实民办教育扶持政策，鼓励社会资本投资教育领域。全面深化省级医改综合试点，加快推进分级诊疗新机制，区内就诊率提高到90%以上，基层医疗卫生机构诊疗量占总诊疗量比例达到60%以上。大力推进卫生人才和重点学科建设，实施社区卫生人才定向签约培养计划，力争建成2个省级重点专科。加快实施苏州市中西医结合医院（木渎人民医院）原住院大楼改造和苏大附二院吴中分院（长桥医院）、开发区预防保健所易地新建工程。扎实开展“新国优”创建活动，稳步推进“计生关怀进万家”工程。积极探索古镇古村古建筑“活态”保护机制，推进甪直江南水乡古镇联合申遗。发挥苏州保利大剧院品牌效应，加快把区公共文化中心打造为具有区域影响力的文化地标。推进吴中博物馆建设，实施“书香吴中”工程，探索推广《吴中文库》音频阅读方式，开展名镇志、名村志编纂工作。引导群众积极践行社会主义核心价值观，广泛开展群众性文明创建活动，继续实施全民科学素质提升工程。

大力度加强社会治理，让人民群众生活更安心。运行区社会综合治理联动中心，推进智能化平台二期建设，实现镇级分中心平台全覆盖。加快打造诉调对接“吴中模式”，探索建立矛盾纠纷多元化解机制，畅通群众合理诉求表达渠道。推进信访基层基础建设，提高信访办理效率。加强基层劳动仲裁能力建设，加大劳资纠纷调处力度。深入开展“七五”普法，全面提升法律援助和司法救助水平，完善覆盖城乡的公共法律服务体系。深化“平安吴中”建设成果，健全立体化、现代化社会治安防控体系。强化重点群体帮教管控，继续推进流动人口积分制管理。全面落实安全生产企业主体责任、部门监管责任和属地管理责任，强化风险隐患排查整治，坚决遏制重特大安全生产事故发生。加强市场价格监管，完善食品检测和追溯体系，切实保障粮食供应安全。落实重大动物疫病防控，强化灾害预警和风险防控，健全突发事件应急社会动员和部门联动处理机制。创新社会组织培育扶持政策，继续开展公益创投和社会组织等级评估工作，以“政社互动”带动社区“减负增效”。加强国防动员和民兵预备役建设，推动军民融合发展。充分调动社会各方面参与发展的积极性，支持群团组织发挥作用。切实做好森林防火、防汛防台、双拥优抚、外事侨务、民族宗教、对口支援等工作。

五、蓄力效能，谋求发展基础保障的更大突破

简政放权，优化服务。稳步推进政府职能转变和简政放权，进一步提高政务服务效率与水平。强化“四张清单”动态调整和后续管理，推动权力清单和责任清单向基层延伸，建立省级以上开发区权力清单。全面深化行政审批制度改革，大力推进“两集中、两到位”，探索实施“多图联审”“多评合一”，实现“一枚印章管审批”。创新政务服务管理体系，大力推进“互联网+政务服务”，加快实施相对集中行政许可权改革。持续强化事中事后监管，完善双随机抽查机制。继续深化政府职能向社会转移，促进政府购买服务扩面增效。进一步推进预算管理制度改革，扩大政府和部门预决算公开范围，强化政府性债务管理。完善政府绩效考核评价体系，探索建立绩效管理电子评估系统。加快构建守信激励和失信惩戒的社会信用体系，营造公平竞争的市场环境。扎实推进“营改增”，切实减轻纳税人负担。

*严格规范，依法行政。*强化决策法定程序的刚性约束，坚持重大行政决策公众参与、专家论证、风险评估、合法性审查、集体讨论决定制度，完善重大决策终身责任追究制度及责任倒查机制。深化部门联动的综合执法管理体系，在开发区、高新区稳步推进综合执法改革，争创木渎镇省级经济发达镇改革试点。坚持用制度管权、管人、管事，加快建设科学有效的行政权力运行制约和监督体系，实现公共资金，国有和集体资产、资源以及领导干部履行经济责任情况审计全覆盖。进一步健全政府门户网站信息公开制度，完善社会监督和舆论监督机制，确保行政权力阳光透明运行。健全政府法律顾问制度，注重发挥行政指导作用，提升行政复议、行政应诉能力，探索建立行政复议纠错、行政诉讼败诉报告制度。主动接受人大及其常委会的法律监督、工作监督和政协的民主监督，认真办理人大代表建议和政协委员提案，广泛吸纳社会各界人士的意见建议。

*转变作风，从严治政。*牢固树立政治意识、大局意识、核心意识、看齐意识，严守政治纪律和政治规矩。紧盯作风领域出现的新变化、新问题，坚决防止“四风”问题反弹回潮。扎实开展领导干部下基层“三访三促”活动，主动服务挂钩企业和帮扶对象，积极回应群众合理诉求，切实解决群众反映强烈的突出问题。严格执行厉行节约反对浪费条例，严控“三公”经费和一般性支出，进一步强化因公出国（境）管理，深化公务用车改革，规范和改进公务接待、商务接待，加强办公用房常态化管理。严格落实党风廉政建设责任制，突出抓早、抓小，坚持有腐必反、有贪必肃、违纪必纠，始终保持惩治腐败的高压态势。不断深化“清风行动”作风建设专项督查，大力弘扬风清气正、干事创业的良好风尚。有效发挥区行政学校作用，全力打造积极主动、一心为民、务实高效的公务员队伍。

各位代表，百舸争流，奋楫者先。让我们更加紧密团结在以习近平同志为核心的党中央周围，在市委、市政府和区委的坚强领导下，紧紧团结和依靠全区人民，同心同德、攻坚克难，不忘初心、继续前进，为高水平全面建成“区强民富、城乡协调、文明和谐”的小康社会而努力奋斗！

文件选编

印发《吴中区实施实业兴区战略行动计划（2016~2018年）》的通知

吴委发〔2016〕37号

吴中区实施实业兴区战略行动计划（2016~2018年）

为主动适应经济发展“新常态”，贯彻落实吴中区“十三五”发展规划纲要，加快推进供给侧结构性改革，围绕“赶超发展、打造样板”的战略目标，进一步优化实体经济环境，推动全区经济发展更高水平崛起，制订本行动计划。

一、指导思想

以邓小平理论、“三个代表”重要思想、科学发展观和习近平总书记系列重要讲话特别是视察江苏重要讲话为指导，全面实施实业兴区战略，聚焦重点产业、重点企业、重点载体、重点人才，加快建设“助企强企、育龙揽凤、引擎换装”三大工程，整合政策、资源、资金、组织等各类保障要素，进一步做大做强实体经济，调高调优产业结构，提升提优企业质量，集聚集约空间布局，打造“经济强”的吴中样板。

二、发展目标

力争通过三年努力，“小而精、高质效”的特色都市产业品牌效应逐步显现，基本形成企业集聚、产业集群、要素集约、技术集成、服务集中的实体经济发展新格局，全区产业结构、创新能力、综合实力迈上新台阶。

1.企业质量和效益稳步提高。到2018年，规模以上工业产值达1300亿元左右，新兴产业产值占规模以上工业产值比重达56%，全区主营业务收入超50亿元企业3家以上，企业全员劳动生产率年均增长5%以上。服务业增加值占GDP比重达53%，生产性服务业总量占服务业比重达60%左右。培育1家以上省质量奖企业，12件以上省著名商标和10件以上省名牌产品，采用国际标准确认产品超过80件。

2.重点产业基本实现规模化、集群式发展。打造3个百亿级规模的产业集群，三年累计工业投入超400亿元，技术改造投入占工业投入比重达60%以上，主要技术装备达到国际、国内先进水平，产业链生态体系基本形成。上市企业达10家，新三板挂牌企业达60家。

3.创新活力显著提升。三年内新增高新技术企业165家、工程技术研究中心10家、万人专利发明拥有量20件。高新技术产业产值占规模以上工业产值比重达44%左右，研发机构建有率达42%。

4.节约集约利用水平显著改善。三年内腾退转优工业用地2500亩左右，工业用地亩均税收超20万元，闲置低效存量工业用地盘活取得实效。化学需氧量、二氧化硫等主要污染物排放和单位GDP能耗下降完成上级下达目标任务，工业固体废弃物综合利用率95%以上，建成一批资源节约型、环境友好型企业。

三、战略重点

1.突出产业集聚。根据“一核一轴一带”的总体部署完成全区产业规划，系统研究和梳理各区镇重点规划和培育的特色主导产业，抓住一个或几个拳头产品，形成以电子信息、机器人及零部件、生物医药、检验检测、创新金融、总部楼宇、文化旅游、健康养老等为主导的特色产业发展布局。研究供给侧全要素，梳理土地利用现状，联合规划地理位置和产业类型相近的区镇，打造若干个“小区域”产业经济，减少产业雷同和无序竞争，实现产业对接和错位发展，形成上下游配套、专业化分工、社会化协作的产业空间。鼓励各类产业园区通过品牌合作、管理合作、股权合作等多种方式实施联动发展，特别是做强国家火炬计划吴中医药基地、国家高成长中小企业示范园，形成一批产业规模大、特色鲜明、竞争力强的产业发展平台，推进块状经济向现代产业集群转型升级。支持产业园区施行动态管理，有进有出。（发改局，经信局、规划分局、国土分局、各区镇）

2.突出现代服务。打造“吴中服务”品牌，制定实施新一轮现代服务业发展政策，推动生产性服务业向专业化、网络化和价值链高端延伸，生活性服务业向精细和高品质转变。推动服务业集聚区提档升级，以国家公共检验检测服务平台示范区、金枫国家电子商务基地为依托，持续强化检验检测细分领域集聚特色，不断加快电子商务特色化、专业化步伐，全力保持研发设计强劲增势，继续提升软件和服务外包产业层级，积极推动现代物流优化升级。着力推进金融业务创新，引进和培育私募基金、金融租赁、消费金融等新型金融机构。规范发展楼宇经济，建设一批以楼宇型轻质制造业载体为主、辅以必要商办配套的产业综合体。重点支持引进投资、研发、销售、物流、金融等职能型企业总部或基地，“一企一议”给予综合性奖励支持。大力推动“文化+”模式，促进文化与科技、金融、信息、旅游、农业等融合，扶持和引进工业创意设计、企业咨询服务、生活创意设计、生活资讯服务等业态。探索大力发展基于网络的平台经济和分享经济，促进养老、医疗和体育等健康产业发展，培育形成新的经济增长点。（发改局，市监局、经信局、商务局、住建局、金融办、民政局、卫计局、文体局、旅游局、财政局、各区镇）

3.突出智造功能。加快培育智能制造模式，突出数控装备普及换代、现有装备智能改造、高端装备自主制造、工业机器人推广应用等重点领域，推进制造业装备由机械化向数字化、网络化、智能化提升，在电子、机械、医药、建材、纺织等领域建设一批智能车间和智能工厂。鼓励发展个性化定制、众包设计、云制造等网络生产模式，支持智能制造核心关键技术、智能化装备研发及产业化，支持工业云和中小企业公共服务平台建设，构建网络化企业集群。提升电子信息和高端装备两大主导产业的规模和层次，推动以传统消费电子产品、配件生产为主向以“智慧”产业为主转变，加快装备制造产业链延伸，重点提升机器人产业链水平，大力发展工业机器人、特种机器人、服务机器人及其配套零部件，到2018年，智能装备制造业产值达200亿元，建设全国领先的机器人产业示范区取得明显进展。（经信局，科技局、财政局、各区镇）

四、主要任务

（一）实施助企强企工程，扶持企业“成活”、“壮大”

4.提效率、降成本。加快转变政府职能，梳理压减前置审批事项，探索逐步把涉密事项外的所有审批事项集中上网办理，把所有单位网上办事平台整合到统一平台，让企业和群众足不出户就能享受到高效的政府服务。完善“宽进严管”准入体系，建立和完善电子营业执照应用平台，推动后续监管部门加快发证进度，充分激发市场主体活力。（编办，政务服务办、发改局、市监局、经信局、相关区镇）合理降低企业各项成本以及税费负担，探索建立政策性产业基金，研究对依法参加失业保险并足额缴费、上年度未裁员或裁员率低于城镇登记失业率的企业发放稳岗补贴。（财政局，人社局、国税局、地税局、各区镇）

5.拓销路、去产能。加快建立完善加工贸易管理服务平台，探索建设中小企业产业提升综合服务体系、内销服务体系、管理服务体系和开放型监管体系，推广外贸综合服务模式，从通关、退税、融资等方面支持外贸综合服务企业发展，为中小微企业出口提供供应链管理服务。扩大一般贸易、服务贸易和新型贸易规模，不断提升高附加值、高科技含量的产品和服务出口比重。搭建政府、贸易企业、协会和加工制造企业“四位一体”的拓内销平台，鼓励本地采购，帮助企业扩大内销，支持中小微企业利用跨境电子商务拓展海外市场。鼓励优质企业建立产品境外展销中心，并给予奖补资助。进一步发挥市场资源配置作用，积极稳妥引导“僵尸”企业有序退出，鼓励企业与苏盐工业园、一带一路沿线区域进行产能合作。（商务局，经信局、财政局、海关、各区镇）

6.树骨干、扶小微。鼓励和支持企业开展多种形式的高位嫁接、合资合作、战略性重组，加快企业规模裂变扩张和做强做大，培育一批总部型、品牌型、上市型、高新型、产业联盟主导型的“五型”龙头企业。针对部分板块无法满足优质企业扩张所需用地等生产要素的情况，探索建立区镇间的统筹协调和利益平衡机制，鼓励企业扩张性产能在区内板块布局。落实对小微企业的各项税收优惠政策和上规模扶持措施，以高新技术产业和战略性新兴产业为突破口，建设一批小微企业创业孵化基地。引导金融机构发展小微企业信贷专营业务，培育和扶持一批“专精特新”小微企业发展壮大，促进中小企业上规模、上档次、上水平。（经信局，科技局、财政局、国土分局、规划分局、金融办、各区镇）

（二）实施育龙揽凤工程，推动产业“提质”、“增效”

7.重质量、创品牌。促进企业落实质量主体责任，引导企业建立完善质量诚信体系。加强质量标准体系建设，推广应用国际先进标准，发挥各类技术平台作用，为企业提供技术研发、技术攻关、产品测试等服务，不断提高产品质量水平。加快重点产业、重点企业、重点产品的自主品牌培育和创建工作，支持一批企业创建自主品牌、名牌名标。支持各板块集中精力发展1~2个特色产业，形成一批吴中特色产品，打响区域品牌和行业品牌。强化品牌保护机制，支持企业建立完善自保和公共权力外保相结合的主动保护机制，加强区内企业商标境外注册、使用和保护情况的跟踪研究，切实提高各产业、市场主体品牌国内外保护的及时性和有效性。建立规范化的知识产权管理体系，完善维权援助和举报投诉受理机制，在主导产业领域形成一批高价值知识产权。（市场监督局，科技局、经信局、商务局、农业局、各区镇）

8.振传统、育新业。实施“两化”深度融合，推动机械、电子、纺织、建材等传统产业向高端化品牌化发展。围绕装备更新、工艺改造、产品升级换代和提高市场占有率，加大对传统优势产业的“升级”投资，鼓励企业加大技术改造力度，发展一批“补链”项目。推动非物质文化遗产和传统工业的产业化，提升发展文化艺术、工艺美术、艺术品交易为核心的文化艺术产业，鼓励研发体现吴中传统工艺和文化特色的设计项目和产品。加快文化产业结构调整，大力发展“文化+”模式，促进文化与科技、金融、信息、旅游等融合，打造一批重点文创产业园区（基地），提升发展工艺美术、设计服务、广播影视、会展会奖等产业。突出全域功能和乡村特色，推动发展“太湖原乡生活”的旅游模式，提升餐饮、住宿、旅游产品设计生产的水平和层次。引导企业开发满足社会需求的产品品种，提高新产品对经济增长的贡献率。围绕“核心技术+创新模式”，加快发展五大新兴产业，努力形成新的经济增长极和区域竞争优势。推进软件、新型平板显示、集成电路发展，整合壮大新一代信息技术产业；突出光伏发电、智能电池和新能源汽车配件，大力发展新能源产业；探索发展新材料产业，逐步开展纳米、超导、智能等共性基础材料研究；突出节能技术装备升级换代，培育壮大节能环保服务产业；突出医药研制和生产，做强生物技术和新医药产业。（经信局，科技局、文体局、旅游局、财政局、各区镇）

9.抓招商、促项目。研究建立全区一元化招商大目标和总要求，探索实施重大项目招商信息共享、布局统筹、选址流转等利益分享机制，提高各板块统筹招商的积极性。健全完善项目预审机制，探索根据不同类型侧重而动态调整的权重标准。坚持精准定向招商，利用好国家级度假区、国家级开发区、省级高新区、综合保税区、园博园等一批平台和品牌，在快速形成产业集聚、企业集聚效应上形成强大的招商声势，促进招商引资向更高层次、更宽领域拓展。研究对接国内外大基金公司、财团、资本，拓展招商资源，加快引进一批龙头项目、高端项目、特色项目。研究制定公司化招商队伍建设和相关激励政策，对促成关联度大、带动力强的大好高项目落地的引荐团队和个人，考虑给予一定奖励。落实领导干部挂钩督导和集中会商制度，研究设定项目考核权重系数，对考评中服务保障、建设管理先进的部门、区镇给予用地指标等奖励，推动已签约项目加快落地投产、释放产能。（发改局，经信局、商务局、财政局、国土分局、规划分局、住建局、各区镇）

（三）实施引擎换装工程，激发发展“动力”、“活力”

10.增投入、推创新。强化企业科技创新主体地位，进一步完善创新型企业培育机制，以知识产权创造为核心，推动创新资源、人才、政策、服务向企业集聚，建立覆盖企业初创、成长、发展等不同阶段的政策扶持体系，加快形成以高新技术企业为骨干的创新梯队。引导企业普遍建立研发机构，对各类企业技术中心、工程中心、重点实验室给予一定资助。支持科研院所、高等院校建立研发机构，支持企事业单位建立开放共享服务的科技平台。落实和完善政府采购促进中小企业创新发展的相关措施，加大创新产品和服务的采购力度。强化外资企业属地研发创新，实现市场与项目无缝对接。（科技局，经信局、发改局、商务局、财政局、各区镇）

11.添实力、强技术。鼓励企业围绕新兴产业和传统产业提升改造，以重大关键技术及产业共性技术研究开发与应用示范为重点，着力攻克一批关键共性技术。支持科技创新型企业牵头和参与国家重大科技专项，加快高科技成果产业化转化。搭建政、产、学、研、资合作联盟，探索建立技术转移中心，为中小微企业提供产品研发、检验检测、品牌创建、融资创投、生产力提升辅导等"一站式"支援服务。（科技局，金融办、经信局、各区镇）

12.建平台、助创业。鼓励以促进科技成果转化、培养高新技术企业和企业家为宗旨的科技创业服务载体建设，研究完善科技创业孵化载体将部分产业用房产权分割转让销售给在孵科技型中小企业的政策措施。深入实施众创空间建设、创业主体培育、创业企业孵育、投融资体系建设、创业服务提升、创业文化营造等行动，扩大新型创业平台，众创空间等新型孵化器超25家。加大扶持新办企业，支持各类资本到我区创办企业，鼓励各类载体吸引新办企业拎包入驻。（人社局，科技局、市监局、住建局、财政局、各区镇）

五、保障措施

（一）强化资源保障，全力保障实体经济健康持续发展

13.加快人才培育引进。实施"东吴高层次人才计划"，对领军人才、高层次人才、高技能人才的引进和培育，以及企业经营管理人才素质提升进行不同程度的补贴和资助，完善人才落户、住房、医疗、子女就学、配偶安置等服务。实施柔性计划，吸引国内外科技创业团队项目集聚，培养既通科技又懂市场的复合型创新人才。紧贴本地产业转型升级和新兴产业发展壮大需求，鼓励校企联合招生、一体化办学、中高等职业教育联合培养，建设一支规模大、结构优、素质好、竞争力强的专业技术人才队伍。探索构建终身学习平台，促进企业家和技术工人能力素质不断提高。（人才办，人社局、科技局、人才工作领导小组成员单位）

14.强化用地用能保障。在每年新增建设用地指标中，预留一定比例优先解决大企业增资扩产需求和重大项目需求。支持重点企业在省立项，争取省级单独预留新增建设用地指标。依据不同产业灵活采取弹性出让年限、只租不让、先租后让、租让结合、分期供应等多种方式供应土地。（国土分局，发改局、规划分局）研究完善低效用地提升改造的政策意见，吸引更多社会资金参与工业用地二次开发。（经信局，国土分局、住建局、规划分局）科学做好用电调度供应，积极争取更多用电指标，最大限度保障工业用电，确保重点工业企业用电。（发改局，经信局）

（二）强化资金保障，引导更多民间资本进入实体经济

15.加大财政扶持力度。调整优化扶持实体经济发展的各类政策，出台相应政策意见和实施细则，整合财政资源，突出重点，进一步加大对实体经济的扶持力度。调整改革以项目直接拨款为主的经费支持方式，逐步建立以基金、贴息等金融手段支持研发和产业化的财政支持机制，提高财政资金对产业的扶持绩效。（财政局，经信局、发改局、科技局、商务局、金融办、市场监督局）

16.加大投融资支持力度。持续推进"放管服"改革向纵深发展，不断提高简政放权的综合成效。推进PPP等新型投资模式，促进投资的各项政策落地，为投资尤其是民间持续健康发展创造条件。大力推进金融支持中小企业创新行动计划，调整银行业金融机构年度综合考评指标体系，提高对中小企业信贷投放占比。培育新的信贷拉长点，积极拓展科技金融、绿色金融和小微金融，持续推进中小企业融资超市、转贷平台、增信基金等区级金融服务平台建设，扩大合作银行范围，提升中小企业受益面。组织开展创投基金与区内重点

企业的精准化对接，引入战略投资者，促进企业更高层次转型升级。鼓励企业通过发行私募债、融资租赁、资产证券化等多渠道直接融资。（金融办，财政局、发改局）

（三）强化组织保障，确保各项工作落实到位

17.加强组织领导。成立实业兴区领导小组，由区政府主要领导任组长，分管领导任副组长，办公室设在区发改局。各地要建立相应的工作推进体系与保障措施，尤其要公开公平公正地解决企业发展的诉求和困难。同时，建立完善实体经济发展评价指标体系，将具体任务分解落实，定期通报各地指标完成情况，严格考核奖惩，将实体经济发展绩效纳入领导班子和干部考评的重要内容。

18.加大宣传力度。通过新闻媒体、网络平台、公益广告、入企宣讲等多种形式，宣传实体经济优惠政策，帮助和指导企业用好、用活、用足政策。通过树立光荣榜等方式，表彰为经济社会发展作出贡献的优秀企业家，鼓励企业以实业立身、以品牌立世、以品质取信，把企业做实，把实业做好。不断提振企业创业创新信心，努力营造脚踏实地、勤劳创业、实业致富的社会氛围。

印发《关于实施“东吴高层次人才计划”的意见》的通知

吴委发〔2016〕38号

关于实施“东吴高层次人才计划”的意见

为进一步实施人才强区战略，加快推进吴中创新发展、协调发展、绿色发展、开放发展、共享发展，根据《苏州市吴中区国民经济和社会发展第十三个五年规划纲要》、《吴中区实施实业兴区战略行动计划（2016~2018）》等文件精神，现就实施“东吴高层次人才计划”提出如下意见：

一、工作目标

2016~2018年，投入1.8亿元，引进、培育120名科技创新创业领军人才，600名企业高层次、高技能人才，以及一批在文化、教育、卫生、旅游等经济社会领域引领支撑行业、产业发展的高层次人才，以人才结构优化引领和助推产业转型升级，把吴中建设成为创新创业人才首选之地、集聚之地、乐居之地。

二、实施计划

1.东吴科技创新创业领军人才计划。三年内，引进和培育120名领军人才（团队），给予最高500万元科研经费资助、700万元股权支持、300万元信用贷款、50万元购房补贴，提供3年不少于100平方米免租工作场所，优先辅导并推荐申报国家高新技术企业和各级各类科技项目。东吴科技创新创业领军人才计划由区科学技术局具体实施。

2.东吴企业高层次人才资助计划。三年内，培育和引进不少于360名具有博士、硕士学位和研究生学历（或副高以上职称、高级技师）的企业创新人才。博士研究生或正高职称，每人每年补贴2万元；硕士研究生或副高职称，每人每年补贴1万元，连续资助5年。当年度引进博士研究生或正高职称2名以上，或者引进硕士研究生或副高职称5名以上，给予企业一次性引才奖励5万元。东吴企业高层次人才资助计划由区人力资源和社会保障局具体实施。

3.东吴企业经营管理人才素质提升计划。三年内，支持企业经营管理领军人才赴境外培训，120名企业经营管理团队核心人才参加国内著名高校专题研修，1200名企业经营管理专业技术人才参加本地业务能力培训。参加国外培训最高补贴5万元，参加国内高校培训最高补贴1万元，参加区级各类业务能力培训最高补贴1000元。东吴企业经营管理人才素质提升计划由区经济和信息化局会同区工商联具体实施。

4.东吴高技能人才计划。三年内，培育和引进18名高技能突出人才、180名高技能重点人才，建设东吴技能大师工作室18家。东吴高技能人才5年内享受政府薪酬补贴，其中突出人才每人每年补贴1.5万元，重点人才每人每年补贴5000元。东吴技能大师工作室一次性奖励3万元。东吴高技能人才计划由区人力资源和社会保障局具体实施。

5.东吴柔性智力集聚计划。探索支持海内外高层次人才、科研院所与吴中区企业开展智力柔性合作。劳动报酬在5万元以上，10万元以下的，按劳动报酬的20%给予资助；劳动报酬在10万元以上，20万元以下的，按劳动报酬的25%给予资助；劳动报酬在20万元以上的，按劳动报酬的30%给予资助。不在用人单位领取劳动报酬的，对符合要求的给予最高5万元补贴。每年度单个引智项目及单个引进人才资助额最高50万元，单个申报单位资助额最高100万。通过“青年博士挂职”、“教授学术休假”等形式在企业担任科技副总或技术顾问等职务、帮助企业解决实际技术难题，按劳动报酬的50%但不高于3000元/月给予劳务补贴。东吴柔性智力集聚计划由区人才资源和社会保障局具体实施。

6.东吴教育人才计划。三年内，培育和引进8名教育名家和教育领军人才、3名省特级教师（含教授级中学高级教师）、30名教育青年拔尖人才。省特级教师命名当年给予一次性奖励10万元，东吴教育名家一次性奖励15万元；东吴教育领军人才一次性奖励10万元；东吴教育青年拔尖人才5年内每年资助1万元；新引进的省特级教师（含教授级中学高级教师）一次性奖励10万元、安家补贴30万元。东吴教育人才计划由区教育局具体实施。

7.东吴卫生人才计划。三年内，培育和引进3名卫生领军人才、12名卫生青年领军人才、12名卫生重点人才、16名卫生优秀实用型人才。东吴卫生领军人才一次性奖励15万元，青年领军人才一次性奖励10万元，重点人才一次性奖励5万元、优秀实用型人才一次性奖励2万元。给予新引进落户的领军人才30万元安家补贴，青年领军人才20万元安家补贴，重点人才15万元安家补贴。东吴卫生人才计划由区卫生和计划生育局具体实施。

8.东吴文化人才计划。三年内，培育和引进8名文化产业领军人才和25名文化产业重点人才，10名文化艺术名家和30名文化艺术重点人才。给予文化产业领军人才一次性奖励15万元，文化产业重点人才一次性奖励5万元，给予新引进、落户的文化产业领军人才30万元的安家补贴，文化产业重点人才15万元安家补贴。给予文化艺术名家一次性奖励6万元，文化艺术重点人才一次性奖励3万元。东吴文化人才计划由区委宣传部会同区文化体育局、区文联具体实施。

9.东吴旅游人才计划。三年内，培育和引进1名旅游引领研究型人才、6名旅游创新复合型人才、12名旅游实践服务型人才。分别给予引领研究型人才、创新复合型人才、实践服务型人才5年内每人每年薪酬补贴3万、1万元、0.8万元。分别给予新引进的引领研究型人才、创新复合型人才、实践服务型人才30万、15万、5万元安家补贴。东吴旅游人才计划由区旅游局具体实施。

10.东吴现代服务业人才计划。三年内，培育和引进10名现代服务业领军人才、30名现代服务业重点人才。给予现代服务业领军人才一次性奖励15万元，现代服务业重点人才一次性奖励5万元。东吴现代服务业人才计划由区发展和改革局具体实施。

11.东吴现代农业人才计划。三年内，培育和引进2名现代农业领军人才、18名现代农业重点人才、40名现代农业实用人才。给予现代农业领军人才一次性奖励15万元，现代农业重点人才一次性奖励5万元，现代农业实用人才一次性奖励3万元。东吴现代农业人才计划由区委农办会同区农业局具体实施。

三、配套措施

1.创新人才扶持政策。坚持重点人才重点扶持，将人才资金扶持重点引向领军型高层次创新创业人才，引导和推动领军人才集聚吴中。打破人才身份、年龄、学历等限制条件，不断优化现有人才政策扶持体系和支持方式，优化领军人才和团队扶持政策，以人才政策串联产业政策、科技政策、金融政策、财税政策等，全面提升人才政策的整体吸引力和聚合力。强化高端引领，持续做好国家“千人计划”、省“双创计划”、姑苏领军人才的申报遴选。

2.丰富人才招引渠道。办实“精英创业周”，搞活“微型创业周”，充分发挥科技镇长团、吴中高层次人才联谊会力量，常态化开展“点对点”引才。创设“东吴双创峰会”、“苏作工艺人才峰会”、“工艺美术人才电商创业计划”等吴中特色人才引育平台。加强与欧美同学会等优秀海外人才合作组织、中介机构合作，尝试建立海外人才联络站，组团直赴海外开展招才活动。激活企业家群体创新活力，推进本土企业家与领军人才协同创新。落实人才工作社会化引才奖励办法，发动社会力量、中介组织积极荐才引才。建立招商引资与招才引智联动合作机制，将海内外招才引智纳入全区招商引资全局，充分发挥招商引资在人才引进方面的助推作用。

3.推进人才载体建设。聚焦“2+5”产业，结合推进高新技术产业发展、培育战略性新兴产业，加强各类产业园布局规划和建设引导，全力支持规模以上企业设立院士、博士后、研究生工作站，技术中心、工程中心、工程技术研究中心等创新平台、研发机构。充分发挥企业引才主体作用，加强进一步发挥科技孵化器引才聚才功能，尝试实施以孵化绩效为依据的科技孵化器奖励政策，大力推进“一镇一载体”建设，引导现有各类科技创新创业载体提档升级。积极响应“大众创业、万众创新”，大力实施创客天堂行动，合理配置各类创业要素，鼓励发展专业和创新型孵化器，探索建立离岸孵化器，着力打造国际协作孵化平台，建设“苗圃+孵化器+加速器+产业园”发展联盟。

4.打造人才专业服务。加大科技金融创新，出台领军人才企业金融贴息办法和风险补偿办法，引导和鼓励社会资本投资人才。做大领军人才天使投资基金规模，探索运用首投、首贷、首保、首购、首用等扶持举措，打通人才发展“最先一公里”。提升人才工作信息化水平，建立以互联网为依托、大数据为支撑的高层次人才综合服务平台。建立人才服务清单。丰富吴中人才绿卡服务内容。完善区领导联系优秀人才制度、高层次人才休养制度、健康体检保险制度、居住保障制度，有序推进人才公寓体系建设。以吴中人才服务中心为依托，优化东吴人才热线网站功能，打造“一站式”人才服务绿色通道。

5.倡导人才优先氛围。落实《吴中区高层次人才享受生活待遇暂行办法》，切实保障高层次人才在医疗保险、居留和出入境、子女入学等方面的优惠待遇。完善联系重点人才制度，做好重点高层次人才“零距离”服务。定期召开东吴高层次人才表彰大会，在全社会营造尊重知识、珍惜人才、鼓励创新、支持创业的良好氛围。建立“吴中人才智库”，借助社会力量协同推进人才工作。探索设立“东吴杰出人才奖”等，形成多层次、多渠道的人才奖励扶持体系。对符合条件的高层次人才，择优举荐担任“两代表一委员”。

四、组织保障

1.加强人才工作领导。落实“一把手”抓“第一资源”责任制，把加强高层次人才队伍建设摆上各级党委政府重要议事日程。区人才工作领导小组具体负责高层次人才队伍建设的统筹协调工作，区委组织部(人才办)、宣传部、农办，科技局、人社局、财政局、发改局、经信局、教育局、卫计局、文体局、旅游局、农业局，文联、工商联等部门要具体做好各类子计划的落实工作。各镇（区）结合实际，有针对性地制定引进高层次人才计划的具体措施，做到人才工作有专员、人才运行有机制、人才发展有资金、人才吸引有政策、人才集聚有环境、人才服务有特色。

2.强化人才工作考核。完善人才科技工作目标责任制考核和差别化考核，适度提高人才工作在区镇绩效考核中的比重。把科技、人才工作纳入各级党政领导班子和领导干部考核评价体系，出台“双招双引”人才考核办法。深入推进人才工作“六有”要求，优化人才工作领导机构的设置与分工，设立“人才工作部门责任清单”。强化人才办实体运作和协调议事水平，实施人才工作定期通报制度，进一步配强各镇（区）和各重点部门的人才工作力量。

3.加大人才开发投入。加大人才优先投入的力度，提高全社会和区级财政的人才投入，推动形成政府引导、用人单位主导、社会共同开发的多元投入机制。区、镇两级按照人才工作实际设立相应的人才开发专项资金，纳入财政年度预算，确保专款专用。加强人才开发资金规范管理，强化资金使用流程管理和绩效评价，提高人才开发资金使用效益。推行对人才企业绩效评级和人才分级管理，对科技含量高、成长性强、发展前景好的人才项目给予“一事一议”特殊支持，突出滚动和集成支持力度，加快培育“标杆型”人才企业。

本意见自发布之日起实施，有效期至2018年12月31日。

印发《关于加快推进生态文明建设的实施方案》的通知

吴委发〔2016〕47号

关于加快推进生态文明建设的实施方案

为认真贯彻《中共中央国务院关于加快推进生态文明建设的意见》和《中共江苏省委江苏省人民政府关于加快推进生态文明建设的实施意见》，全面落实习近平总书记对江苏工作的新要求，结合我区实际，现就加快推进生态文明建设提出以下实施方案。

一、总体要求

以邓小平理论、“三个代表”重要思想、科学发展观为指导，全面落实习近平总书记系列重要讲话尤其是视察江苏时重要指示精神，按照“四个全面”战略布局和“五位一体”总体布局的要求，自觉践行五大发展理念，坚持节约优先、保护优先、自然恢复为主的方针，坚持绿色发展、循环发展、低碳发展，大力推进生态文明建设，谱写美丽中国的吴中篇章。

二、主要目标

到2020年，全社会生态文明理念显著增强，绿色发展水平显著提升，污染排放总量显著下降，生态环境质量显著改善，力争建成全国生态文明建设示范区。

——空间开发格局进一步优化。开发强度、城市规模得到有效控制，生产空间、生活空间、生态空间布局明显优化，生态红线区域占国土面积不低于87.1%，形成符合主体功能区定位的开发格局。

——资源能源利用效率不断提高。单位地区生产总值二氧化碳排放削减率、单位地区生产总值能耗下降率达18%，非化石能源占总能源比例超过1%，万元工业增加值用水量降低到13.5立方米，农业灌溉水有效利用系数提高到0.6以上。

——生态环境质量持续改善。主要污染物排放总量持续减少，PM2.5年均浓度比2015年下降20%，地表水水质优良（达到或优于Ⅲ类）的比例力争达到70%，县级以上集中式饮用水水源水质达到或优于Ⅲ类比例保持100%，土壤环境质量总体保持稳定，环境风险得到有效控制。自然湿地保护率达到60%，陆地森林覆盖率达到35%，生物多样性得到有效保护，生态系统稳定性明显增强。

——生态文明制度体系基本建立。自然资源资产产权和用途管制、损害赔偿、责任追究等制度初步形成，煤炭及能源消费、碳排放总量控制、碳交易等制度基本确立，生态空间管控、资源环境区域补偿等制度更加完善，绿色政绩考核、资源环境审计等制度建设取得进展。

——生态文明系列创建取得积极成效。巩固、深化国家生态市、县（区）建设成果，大力推进国家生态文明建设示范区建设。

三、重点工作

（一）加强红线管控，科学优化国土空间

1.坚定不移实施主体功能区战略。全面落实《苏州市主体功能区实施意见》，对不同主体功能区，实行差别化财政、投资、产业、土地、人口、环境、考核等政策。推进落实主体功能定位，推动经济社会发展、城乡、土地利用、生态环境保护等规划“多规合一”，形成一本规划、一张蓝图。区域规划编制、重大项目布局必须符合主体功能定位，对不同主体功能区的产业项目实行差别化市场准入政策，明确禁止开发区域、限制开发区域准入事项，明确优化开发区域、重点开发区域禁止和限制发展的产业，重点生态功能区实行产业负面清单。（牵头单位：区发改局、区规划分局）

2.严守城市开发边界、耕地保护和生态保护红线。科学确立城市功能定位和形态，加强城市空间开发利用管制，合理确定城市规模、开发强度和保护性空间，严格执行城市开发边界红线，加强城市用地增量控制。强化耕地和基本农田保护，实行最严格的耕地保护制度，划定永久基本农田。对新增建设用地规模实行总量控制，落实耕地占补平衡，坚决防止占多补少、占优补劣、占水田补旱地的现象，到2020年全区耕地保有量不低于市下达的保护任务，确保耕地数量不下降、质量不降低。（牵头单位：区国土分局）

进一步优化调整省级生态红线区域保护规划，强化刚性约束，落实管控措施，不断提升生态红线区域的生态功能。加强生态红线区保护的监督管理，禁止擅自调整生态红线区域边界，限期清理现有不符合保护要求的建设项目，严肃查处在生态红线区域内违规开发建设等行为。（牵头单位：区环保局）

落实生态红线区域保护考核评估制度，强化生态补偿激励机制，把考核评估结果与补偿资金挂钩。（牵头单位：区环保局、区财政局）

3.优化城乡空间布局。根据资源环境承载能力，构建科学合理和绿色低碳的城镇化格局。把握区域发展定位，尊重客观规律，统筹空间、规模、产业三大结构，抓紧编制新一轮城市总体规划，完善城镇体系，优化城乡布局。按照分类引导、差别发展、择优培育的要求，坚持先规划后建设，推动小城镇环境面貌整体改善。着力推进节约型城乡建设，统筹人口和城镇化进程，引导人口、产业布局与资源环境承载能力相适应。尊重自然格局，严格保护风景名胜区资源，合理布局城镇各类空间，尽量减少对自然的干扰和损害。传承历史文化，保持特色风貌。（牵头单位：区规划分局、区住建局）

（二）坚持节约优先，提高资源能源利用率

4.推进资源节约集约利用。全面实行最严格的水资源管理制度，落实水资源开发利用控制、用水效率控制、水功能区限制纳污三条红线，大力推进节水型社会建设，强化用水定额管理和总量控制，严格取水许可、水资源有偿使用、入河排污口管理、水资源目标责任考核等制度。严格控制地下水开采，巩固地下水全面禁采成果，建设地面沉降监测预警网络。（牵头单位：区水利局）

实行最严格的耕地保护和节约集约用地制度，强化土地利用总体规划管控，严控建设用地总量和新增建设用地规模，充分盘活存量建设用地，努力提升节地水平和产出效益。有效消除地质灾害隐患，修复矿区生态环境，充分利用矿山废弃地，增加可利用土地资源，推动历史遗留矿山地质环境问题得到有效解决。（牵头单位：区国土分局）

5.加大节能减排力度。控制煤炭消费总量，实施电力行业煤炭等量替代、非电行业减量替代，重点削减非电行业煤炭消费总量。新建项目禁止配套建设自备燃煤电厂。到2017年，煤炭占能源消费总量比重降低到60%以下，全区煤炭消费总量与2012年持平，力争实现负增长。调整能源消费结构，大力发展清洁能源，鼓励发展天然气等高效利用项目，扩大区外来电规模，大力开发利用风能、太阳能等。（牵头单位：区发改局）

提高能源利用效率，严格落实节能评估审查制度，严格控制新建高耗能项目，新建项目单位产品（产值）能耗要达到国际先进水平，用能设备达到一级能效标准。突出化工、建材、纺织、电力等主要耗能行业和重点耗能企业，以电机系统、锅炉窑炉节能改造、余热余压利用、能量系统优化为重点，大力推进节能改造；以钢铁、建材、化工等流程工业为重点，推进企业能源管理中心建设，对企业能源系统的生产、输配和消耗环节实施集中扁平化动态监控和数字化管理，改进和优化能源平衡，实现系统节能；落实相关财税优惠政策，大力推行合同能源管理机制，推进重点用能单位建立能源管理体系，构建持续节能长效机制。（牵头单位：区经信局）

推进城镇污水处理设施建设，坚持厂网并举、管网先行原则，新建污水处理设施的配套管网同步设计、同步建设、同步投运。加快现有合流制排水系统改造，推广统一规划布局、统一实施建设、统一组织运营、统一政府监管的“四统一”建制镇污水处理工作模式，加快建制镇污水处理设施的整合进程。加快推进污水处理设施提标改造，加快建设区域集中的城镇污水处理厂污泥永久性处理处置与综合利用设施。到2020年，区建成区生活污水基本实现全收集、全处理，污泥无害化处理处置率达到100%。（牵头单位：区水利局）

加大畜禽养殖污染防治力度，开展规模化养殖场、散养密集区畜禽粪便无害化处理与资源化利用。（牵头单位：区农业局）

加强重点工业行业提标改造，大幅减少工业污染物排放。加快实施煤电节能减排与升级改造行动计划，大幅削减燃煤电厂污染物排放量。限期全面开展非电行业脱硫脱硝设施建设，组织实施燃煤工业锅炉低氮燃烧改造和脱硝工程示范。（牵头单位：区环保局）

6.加快发展循环经济。积极构建循环型工业、现代农业和服务业为主体的产业体系，形成企业循环式生产、行业循环式链接、产业循环式组合的大循环体系，打造国家循环经济示范城市。全面推进工业企业清洁生产，大力推进电力、钢铁、水泥等重点行业循环式生产方式。深入开展产业园区循环化改造，推进生态工业园区建设，构筑园区循环链接的产业体系，促进产业废弃物综合利用。（牵头单位：区发改局、区经信局、区环保局）

积极发展种养结合、低碳循环农业，推进畜禽与水产养殖清洁生产，深化拓展秸秆和畜禽养殖废弃物资源化利用。（牵头单位：区农业局）

进一步完善社会循环体系，健全再生资源回收网络，提高再生资源回收率，加快建设完整、先进的回收、分拣、加工、利用再生资源回收利用体系，促进再生资源规模化、产业化发展。（牵头单位：区供销合作社）

推进垃圾分类回收，积极实施餐厨废弃物和农村生产生活垃圾无害化处理和资源化利用试点，推行建筑垃圾、园林绿化垃圾的资源化利用。（牵头单位：区市容市政管理局）

（三）加快转型升级，大力提升绿色发展水平

7.加强科技创新。深入实施

创新驱动战略，不断提高科技进步对结构调整、绿色发展、环境保护和生态建设的贡献率。大力推进产学研用协同，支持骨干企业与科研机构、高等院校组建技术研发平台和产业技术创新联盟。区科技计划优先支持生态文明建设研究和成果转化项目，重点攻克工业废水处理、污泥资源化利用、餐厨废弃物无害化处理与资源化利用、PM2.5污染防治、烟气脱硫脱硝、土壤重金属修复等实用技术，加快推进能源装备技术创新。支持生态文明建设领域工程技术类研究中心、实验室和实验基地建设。完善科技创新成果转化机制，形成一批成果转化平台、中介服务机构，加快成熟使用技术的示范和推广。加强生态文明基础研究、试验研发、工程应用和市场服务等科技人才队伍建设。（牵头单位：区科技局、区环保局）

8.推动产业合理布局。根据不同的区位条件、产业基础、资源禀赋和环境容量，进一步优化产业布局。围绕建设具有国际竞争力的先进制造业基地、具有全球影响力的产业科技创新高地的目标，坚定不移走绿色低碳循环发展之路，大力推进供给侧结构性改革。推动开放经济转型升级，促进传统块状经济向现代产业集群转型，重大项目向开发区（园区）集中、优质资源向优势产业集聚。（牵头单位：区发改局、区经信局）

9.调整优化产业结构。把握产业发展规律与方向，按照调高调轻调优调强调绿的思路，推动产业结构由中低端向中高端迈进，到2020年，现代产业体系初步形成，高新技术产业产值占规模以上工业产值达50%左右。（牵头单位：区科技局）

深入实施创新驱动发展战略，做大做强先进制造业和现代服务业两大主干，构建结构优化、技术先进、附加值高、资源消耗少的绿色产业体系。加快发展先进制造业，贯彻落实《中国制造2025江苏行动纲要》，积极发展先进材料、先进装备以及先进制造服务业，着力打造具有核心竞争力的产业体系，加快建设特色鲜明的全球先进制造业研发与制造基地。大力发展节能环保产业，努力提升节能环保技术、装备和服务水平。加快传统产业改造升级，鼓励企业进行智能化改造，积极发展数字化制造，深入推进精益制造和绿色制造，支持企业通过技术创新等手段大幅提高劳动生产率。制定实施《苏州市供给侧结构性改革去产能三年行动计划》，吴中区三年内完成关停不达标企业、淘汰落后低效产能企业125家。（牵头单位：区发改局、区经信局）

按照生产技术先进、经营规模适度、市场竞争力强、生态环境可持续的要求，加快转变农业发展方式，持续推进农业结构调整，积极培育新型农业经营主体，着力建设集约、高效、安全、持续的现代农业体系。推进高标准农田建设，推进农业标准化生产，大力发展生态循环农业，加强农产品质量安全监管，打造一批集中连片、技术先进、标准化生产基地，突出抓好有机绿色无公害农产品基地生态环境建设。稳步推行食用农产品产地准出和市场准入管理，严格落实无合格证明食用农产品入市检测制度，确保老百姓"菜篮子"安全。依托乡村生态资源，加快发展乡村旅游休闲业。（牵头单位：区农业局）

重点发展现代金融、信息服务、电子商务、生态旅游等新型服务业，加快发展生产性服务业，着力推动制造业服务化。积极发展基于网络的互联网经济、平台经济等新兴业态，推动新产业新业态新模式迅速成长。加快现代服务业集聚区建设和提升，形成布局合理、特色鲜明的服务产业集聚带，到2020年，服务业增加值占GDP比重达到53%左右。（牵头单位：区发改局）

（四）强化污染防治，持续改善环境质量

10.深入推进大气污染防治。协同推进二氧化硫、氮氧化物、颗粒物、挥发性有机物等多污染物控制，有效解决PM2.5、臭氧超标等复合型大气污染问题。进一步强化火电、水泥等重点行业废气治理，实施重点行业工业烟粉尘、挥发性有机物总量控制。大力推广燃煤锅炉环保技术，推动大型燃煤电厂实现超低排放，到2016年底，全面淘汰10蒸吨/小时及以下的燃煤锅炉。开展重点园区挥发性有机物监测监控体系建设，推进有机化工、表面涂装、包装印刷等重点行业挥发性有机物排查与综合整治。完成重点化工园区（集中区）和重点企业废气排放源整治工作。推进交通污染防治，实施第五、第六阶段新车排放标准，按期淘汰黄标车，加快淘汰老旧车，推进中、重型柴油车尾气治理，加强重型货车污染监管。全面推广新能源汽车，加快新能源汽车配套基础设施建设，落实新能源汽车的优惠和补贴政策，积极推动新能源和清洁燃料车辆在公共领域的示范应用。推广使用第五、第六阶段车用汽、柴油，加强油品质量监管。实施第四阶段非道路移动机械排放标准，建立船舶和非道路移动机械污染控制管理台账，大力推行燃料低硫化供应、内河船舶“油改气”、靠港船舶使用码头岸电、港作机械“油改电”、“油改气”，开展绿色港口建设。落实《苏州市扬尘污染防治管理办法》，整治工地、道路、堆场、裸地扬尘，推进港口码头粉尘综合防治。全面推行建设工程“绿色施工”，实施安全生产标准化文明施工，提升工程质量水平。加强城市道路清扫保洁和洒水抑尘，进一步提高机械化作业水平。强化大气污染机理与管理应用研究，组织实施大气污染防治科研专项，建立大气污染源排放清单，加强灰霾、臭氧的形成机理、来源解析、迁移规律和监测预警等研究，完善城市大气污染预测预报体系。（牵头单位：区环保局、区公安分局、区交通运输局、区经信局、区住建局、区市容市政管理局、区气象局）

11.全面提升水污染防治水平。开展从水源到水龙头全过程监管，构建“水源达标、备用水源、深度处理、严密检测、预警应急”的供水安全保障体系。分步全面完成既有自来水厂深度处理改造，新建水厂一律达到深度处理要求，逐步由安全供水向优质供水转变。到2020年，基本实现“双源供水”和自来水深度处理两个全覆盖。着力加强园区、城镇污水处理基础设施建设。（牵头单位：区水利局）

加强集中式饮用水源地环境整治，定期开展饮用水源地保护区环境状况调查评估。深入推进以氮磷控制为重点的流域综合治理。按照国家太湖治理总体方案和省实施方案的要求，扎实开展新一轮太湖治理，坚持铁腕治污、精准治太，突出应急防控与长效治理并举、控源截污与生态修复并重，确保饮用水安全，确保不发生大面积湖泛，促进太湖流域水质持续改善、生态持续恢复，努力将太湖治理打造成生态文明建设的样板工程。着力加强农村环境综合整治。到2020年，太湖湖体高锰酸盐指数和氨氮稳定保持在II类，总磷达到III类，总氮达到V类，太湖流域重点断面达标率80%。（牵头单位：区环保局、区太湖办）

加强港口、码头配套污水存储、垃圾接收暂存设施建设，健全完善船舶靠港污水、垃圾接收处置工作体系，提高含油污水、化学品洗舱水等接收处置能力及污染事故应急能力。（牵头单位：区交通运输局）

12.积极开展土壤污染防治。优先保护农用地土壤环境，开展土壤污染状况详查，2020年底前，建立农用地土壤环境质量档案，划分农用地土壤环境质量等级。严格保护永久基本农田，确保其面积不减少、土壤环境质量不下降。开展受污染耕地农产品质量检测和土壤环境监测，保障农产品质量安全和农业生态环境安全。（牵头单位：区农业局、区国土分局）

加强风险防控，严控新增土壤污染，污染场地环境风险管控率达到90%以上。新增建设用地和现有建设用地用途改变的必须事前强制实施调查评估，控制污染场地开发利用和流转的审批。采取隔离、阻断等工程和管理措施，控制土壤污染对人体健康和地下水环境影响。积极推动污染土壤修复治理，以化工、电镀、金属冶炼等重点行业企业用地为重点，开展土壤污染状况详查，2020年底前建立污染地块名录。实行污染土壤分区分级分类修复治理，以拟开发建设居住、商业、学校、医疗和养老机构等项目的污染地块为重点，积极开展污染土壤综合治理与修复试点示范，确保土地转换用途后的安全利用，避免环境风险和社会纠纷。（牵头单位：区环保局、区国土分局）

13.切实加强环境风险防控。进一步强化完善环境风险防控体系建设，明确政府及相关部门环境风险防控职责，落实环境风险全过程管理，健全生态环境保护联动执法司法机制，定期组织开展区域环境风险评估，健全突发环境事件应急响应体系。强化重污染天气、饮用水水源地、农产品产地、有毒有害气体等关系公众健康的重点领域风险预警，建立健全预测预警制度、技术和工程体系。加强化学品、易燃易爆品及持久性有机污染物环境风险管控，完善并落实危险化学品环境管理制度，建立化工园区、危化品储区环境应急监测预警体系。将重金属污染治理与水、大气和土壤污染防治紧密融合，进一步控制排放总量，开展重金属重点防控区专项整治，构建全过程风险防控的重金属环境管理体系。进一步强化危险废物的规范化管理，提升集中焚烧、安全填埋等处置能力，加强跨区域转运风险防范，严厉打击危险废物非法转移和倾倒行为。加强核与辐射环境安全监管，健全事故预警和应急体系，确保放射源有效安全控制，放射性废物和废放射源得到安全贮存处置，辐射环境质量控制在国家标准内。加快防灾减灾体系建设，加强气象、地震、地质、洪涝和风暴潮等重大自然灾害监测预警能力建设。加强环境与健康关系研究，综合推进区域、城市和社区生态健康发展行动计划。（牵头单位：区环保局、区安监局、区卫计局）

（五）实施整体修复，不断增加生态资产总量

14.深入开展绿色吴中建设。大力实施城乡绿化美化、森林资源保护、林业产业提升工程，进一步加大植树造林力度，扩大森林面积，不断提升城乡绿色宜居品位。积极构建沿江、河、湖防护林体系，推进生态公益林建设，打造绿色生态屏障。加强高标准农田林网建设，重点提高现有林网建设标准，逐步推广优良乡土树种。加强森林抚育改造，全面提升森林资源质量。加快建设有机串联城市、集镇和村落的绿色廊道体系，留足城市之间的绿色空间和生态缓冲带。（牵头单位：区农业局）

15.加大生物多样性保护力度。对列入国家、省级重点保护名录中的野生动植物开展全面调查，查清有关物种的分布范围、地理位置、居群数量、生态环境和濒危状况。实施生物多样性保护重大工程，加强自然保护区建设与管理，对重要生态系统和物种资源实施强制性保护，切实保护珍稀濒危野生动植物、古树名木及自然生境。推进自然保护区规范化建设。加强动植物保护力度，实施陆生野生动植物保护工程，加大水生生物养护力度，开展乡土树种、主要农作物、林木花卉等种质资源异地保护和原生境保护。（牵头单位：区农业局）

建立外来入侵物种监测、评估与预警体系，开展重点区域外来入侵物种监测预警和阻截带建设，建设区域性外来物种风险评估监测中心和综合防治技术试验基地，有效防范物种资源丧失和外来物种入侵。（牵头单位：苏州出入境检验检疫局吴中分局）

16.大力开展生态修复。牢固树立“大生态”理念，整体保护、修复山水林田湖，深入推进生态文明建设工程项目，多管齐下推动生态系统持续恢复。（牵头单位：区环保局、区农业局、区国土分局）

实施湿地生态修复工程，抓好环太湖湿地保护区建设，扩大湿地保护范围，保护湿地生态空间，提高湿地自身生态调节和环境承载力。实施水生生态养护，控制捕捞强度，严格执行休渔制度。（牵头单位：区农业局）

17.积极应对气候变化。探索能源消费总量、煤炭消费总量、碳排放总量“三控”机制，有效控制温室气体排放。建立区级人民政府碳强度考核办法，严格实施碳强度考核制度。积极开展碳排放峰值、碳循环机理研究，落实碳排放总量控制制度。加强温室气体监测，完善重点单位温室气体排放报告制度，建立第三方核查机制，构建适合市情、与国际国内碳交易市场有序对接的碳排放权交易市场。开展碳捕集利用等低碳技术的研发和应用，推动低碳产品认证和广泛使用。（牵头单位：区发改局）

加大适应气候变化工作力度，开展极端天气气候事件的监测诊断、影响评价、预警和预防。（牵头单位：区气象局）

（六）坚持统筹规划，推动城乡一体化发展

18.全面实施城市环境综合整治。城市规划建设要体现尊重自然的理念，形成“紧凑型城镇、开敞型区域”，保护修复自然山水格局及形态，让城市回归自然。（牵头单位：区规划分局）

深化城市环境综合整治，着力抓好薄弱地带脏乱差问题的治理，高标准推进城市管理综合整治工作（“931”工程）和五项治理提升工程，下大力气解决乱停乱放、乱搭乱建、偷倒乱倒等城市管理顽症，不断提升城乡环境美化、绿化、净化水平。（牵头单位：区市容市政管理局）

持续推进美丽城镇建设。优化提升首批2个示范镇，促进产业转型发展、体制机制创新，增强城镇内生动力和发展活力。其他5个镇，要按照“九整治、三规范”要求开展集中整治，逐步配套基础设施、落实长效管护，实现城镇综合环境面貌明显改善。（牵头单位：区住建局）

优化城市绿地布局，强化绿色生态空间的系统性和均衡性，加强公园绿地、防护绿地、城市绿廊、城市湿地及城郊大环境绿化建设，构建城郊乡一体化的绿色生态网络体系。大力推进以乡土适生乔木为主的城市林荫系统建设，着力构建“10分钟公园绿地服务圈”和“10分钟体育健身圈”。（牵头单位：区住建局）

19.加快美丽乡村建设。以美丽乡村建设示范为抓手，更大力度整治农村环境，努力打造一批美丽乡村，全面提升农村人居质量。优化镇村布局规划，合理确定“重点村”、“特色村”和“一般村”，尽可能在原有村庄形态上改善居民生产生活生态条件。协同推进村庄环境整治提升和覆盖拉网式农村环境综合整治，加快农村环境基础设施建设，完善生活垃圾收运体系，加大村庄生活污水治理力度。坚持建管并重理念，建立健全村庄环境长效管护机制，巩固提升整治成果。努力实现河畅、水清、岸绿、景美的目标。（牵头单位：区委农办、区水利局、区环保局、区市容市政管理局）

加强农业面源污染防治，推广测土配方施肥和高效施肥技术模式，不断降低化肥农药施用强度。大力推进畜禽粪便、秸秆、农膜等农业废弃物的综合利用，鼓励畜禽适度规模化养殖，以农牧结合、工程治理和生物处理等方式，不断提高畜禽粪污处理和综合利用水平；健全农作物秸秆综合利用体系和补贴机制，着力解决秸秆收贮难题和能源化利用普遍性亏损问题，到2020年，全区秸秆综合利用率达到99.5%。继续深入开展绿色村庄建设活动。（牵头单位：区农业局）

切实加强秸秆禁烧禁抛工作，严格落实责任制，实行分片包干负责制度，建立督查巡查和跨区域联动控制工作机制。（牵头单位：区环保局）

20.有效推进绿色建筑行动。城镇新建民用建筑全面实施绿色建筑标准，政府投资和政府融资的大型公共建筑按照二星及以上绿色建筑标准设计建造。推动绿色生态城区示范建设，创新绿色建筑推进机制。实施建筑能效提升工程，提高可再生能源与建筑一体化应用水平。加强建筑能效测评标识。加强机关办公建筑和大型公共建筑能耗统计、能源审计和能效公示工作，建立和实施公共建筑能耗超限额加价制度。加快既有建筑节能改造，推进建设领域合同能源管理，创新和完善以市场为主导的推进机制。（牵头单位：区住建局）

21.大力开展海绵城市建设。按照系统治理、源头减排、过程控制、统筹建设、生态安全的原则，扎实开展海绵城市建设试点，将各项要求落实到城市建设管理各个环节中，推进海绵城市示范区、海绵型公园绿地、海绵型道路广场等示范建设。推进城市地下综合管廊建设，推广先进雨水综合利用技术，合理规划城市绿地系统。有效发挥城市绿地系统自然积存、自然渗透、自然净化的自然生态效应。构建健康的城市水生态系统，实现城市排水防涝能力综合提升、径流污染有效削减、雨水资源高效利用。到2020年，城市建成区20%以上的面积达到海绵城市建设目标要求，70%以上的雨水得到有效控制。（牵头单位：区住建局、区规划分局、区水利局）

（七）强化宣传教育，积极推行绿色生活

22.提高全民生态文明意识。加强理论研究，充分挖掘苏州地域文化中的生态特色，大力汲取传统文化中的生态智慧，积极倡导和树立现代生态理念，构建以全民参与为核心的先进生态文化体系。深入开展"节俭养德、全民节约"行动，把"环保优先"作为苏州生态文化鲜明导向，纳入苏州精神，不断丰富生态文化的时代内涵。从娃娃和青少年抓起，从家庭、学校教育抓起，从公共机构特别是党政机关抓起，引导全社会树立生态文明意识。把生态文明教育作为素质教育的重要内容，纳入国民教育体系和干部教育培训体系，编写富有地方特色的生态文明教材。扩大生态文明宣传教育的阵地和领域，创建一批生态文明教育基地。充分发挥新闻媒体作用，利用各类新媒体，创新生态文明宣传教育形式。（牵头单位：区委宣传部、区教育局）

23.积极培育绿色生活方式。推广低碳、循环的消费模式。深入开展反浪费行动，遏制对高档和珍稀食材以及过度加工食品的消费，限制一次性餐具的使用。推广绿色服装，遏制对珍稀野生动物毛皮产品的消费，淘汰高污染、高消耗的布料和服装生产工艺。鼓励绿色家装，推广节水器具、节能家电，鼓励购买低毒少害家具、建材产品。倡导绿色出行，推进公交优先发展，加快发展城市公共交通、自行车专用道、行人步道等绿色交通基础设施和慢行系统，力争到2020年城市居民公共交通出行分担率达30%。倡导绿色殡葬，积极推进树葬、海葬等节地葬。加大绿色消费的政策支持，综合利用行政管理、财政补贴、价格调节基金等手段，扶植和培育绿色产品产业、绿色商品市场发展，营造鼓励绿色消费的良好社会环境。强化政府机关的率先垂范，健全政府绿色采购制度，调整完善采购清单，扩大覆盖范围。加大能效标识产品、节水标识产品、环境标识产品和低碳标识产品的使用推广力度，在生产、销售和消费过程中采取优惠或财政补贴，鼓励居民购买绿色产品，逐步构建绿色消费模式综合评估体系。（牵头单位：区委宣传部、区发改局、区交通运输局、区民政局、区机关事务管理中心、区财政局）

24.强化生态文明共建共享。深入推进公众参与，健全信息公开、有奖举报等制度。建立社区、企业、公民、政府良性互动的环保协作机制，探索以社会共治促进环境良治的新模式，构建新型环境公共关系。培育壮大环保社会组织，引导公众有序参与环境事务。积极开展生态文明建设示范区、生态文明先行示范区、文明城市、生态园林城市、节水型城市、卫生城市等创建活动。大力推进水生态文明城市、循环经济示范城市、低碳城市、低碳园区、生态保护与建设示范区、森林城市、生态旅游示范区建设。积极推动绿色企业、绿色社区、绿色学校、绿色家庭等"细胞工程"建设。设立生态文明奖励资金，建立完善相应评选和奖励机制，发挥典型示范作用，进一步调动全社会参与生态文明建设的积极性。（牵头单位：区发改局、区环保局、区民政局、区财政局）

（八）深化改革创新，健全生态制度体系

25.加强法规标准建设。全面清理现行规范性文件中与加快推进生态文明建设不相适应的内容，加强与法律、行政法规的衔接。全面落实循环经济、水污染防治、饮用水水源保护、土壤环境保护、可再生能源发展、节水、土地管理、应对气候变化、城市绿化、湿地保护、生物多样性等方面的法规、规章或规范性文件，严格执行污染物特别排放限值。（牵头单位：区法制办、区环保局）

26.落实自然资源资产产权制度和用途管制制度。开展自然资源资产调查摸底，建立相应数据采集机制。探索自然资源资产评价，对自然资源实行资产管理。对水流、森林、山岭、滩涂（湿地）等自然生态空间进行统一确权登记，明确国土空间的自然资源资产所有者、监管者及其责任。落实自然资源用途管制制度，明确各类国土空间开发、利用、保护边界，实现能源、水资源、矿产资源按质量分级、梯级利用。探索建立资源环境承载能力监测预警机制，对资源消耗和环境容量接近或超过承载能力的地区，及时采取限制性措施。（牵头单位：区国土分局）

探索编制自然资源资产负债表。（牵头单位：区环保局）

完善国有林场经营管理体制，深化集体林权制度改革。（牵头单位：区农业局）

27.完善经济政策。落实价格、财税、金融等政策，激励、引导各类主体积极投身生态文明建设。深化自然资源及其产品价格改革。落实差别电价、水价政策，2020年底前，全面实行居民阶梯水价制度，非居民用水超定额、超计划累进加价收费制度。稳步推进排污收费改革，实行排污费差别化征收，探索开征挥发性有机物排污费。完善污水处理费收费政策，强化征收使用管理，全面开征建制镇污水处理费，合理调整污水处理费标准，进一步拉大重污染企业与其他企业污水处理费的差距，对不同环保信用等级的企业实行差别化污水处理收费政策。落实国家环境保护费改税政策。落实节能环保、新能源、再生资源、生态建设和环境友好型企业税收优惠。（牵头单位：区发改局、区环保局）

建立和完善环境信用体系，启动长三角地区企业环境信用联合惩戒。深化环境污染责任保险试点，对高风险企业实行环境污染强制责任保险。（牵头单位：区环保局）

28.推行市场化机制。加快环境污染治理市场的全面开放，推行第三方治理。充分发挥财政资金的引导作用，引导鼓励社会资金以PPP等不同形式参与生态保护与建设，实现投资主体多元化。探索建立能源消费量、煤炭消费量交易制度，组织实施并推广节能量交易制度，建立水权等交易制度，制定排污权有偿使用和交易实施细则，适度扩大有偿使用的污染物种类和地域、行业范围，完成重点排污单位的排污权核定，建立规范的交易平台。建立碳排放权交易制度，完善碳排放权交易管理平台，健全碳市场建设支撑体系。建立碳排放配额分配制度，完善重点单位碳排放报送制度，建立重点单位碳排放盘查和第三方核查制度，建立长效能力建设机制及人才管理制度。推行污染物排放许可证制度。加大信贷支持力度，探索排污权抵押等融资模式。（牵头单位：区发改局、区环保局、区财政局）

29.完善生态补偿制度。科学界定生态保护者与受益者权利义务，加快形成生态损害者赔偿、受益者付费、保护者得到合理补偿的运行机制。完善生态补偿机制，提高生态补偿力度，引导生态受益地区与保护地区之间、流域上下游之间，通过资金补助、产业转移、人才培训、共建园区等方式实施补偿。科学使用省级生态红线补偿资金，确保生态资产保值增值。（牵头单位：区环保局、区财政局、区市容市政管理局）

30.完善政绩考核和责任追究制度。严守环境质量底线，把环境质量“只能更好、不能变坏”作为地方各级政府环保责任红线。健全干部政绩考核体系，把生态文明指标和实绩作为重要考核内容。（牵头单位：区委组织部）

实施生态文明建设评价体系、考核机制和激励办法。（牵头单位：区生态办）

根据主体功能区定位，实行差别化考核制度，对限制开发区和生态敏感区探索取消GDP考核。完善绿色发展评估制度，适时纳入经济社会发展综合评价

体系。（牵头单位：区发改局）

健全突发环境事件责任追究体系，组织开展突发环境事件调查和损害评估。（牵头单位：区环保局）

开展党政领导自然资源资产离任审计试点，积极探索离任审计与任中审计、与领导干部经济责任审计以及其他专业审计相结合的组织形式，发挥好审计监督作用。（牵头单位：区审计局）

认真贯彻落实《党政领导干部生态环境损害责任追究办法》，制定实施方案，严格责任追究，对违背科学发展要求、造成资源环境生态严重破坏的要记录在案，实行终身追责，不得转任重要职务或提拔使用，已经调离的也要问责。对推动生态文明建设工作不力的，要及时诫勉谈话；对不顾资源和生态环境盲目决策、造成严重后果的，要严肃追究有关人员的领导责任；对履职不力、监管不严、失职渎职的，要依纪依法追究有关人员的监管责任；构成违法犯罪的，要依法严肃查处。（牵头单位：区委组织部、区监察局）

31.推动执法监管机制创新。探索建立环境保护督察机制，推动环境监管从“督企”向“督政”与“督企”并重转变。加强法律监督、行政监察，对各类环境违法行为实行“零容忍”，加大查处力度，严厉惩处违法违规行为。强化对浪费能源资源、违法排污、破坏生态环境等行为的执法检查和专项督查。建立生态保护修复和污染防治区域联动机制，加强部门协作，完善环保、住房城乡建设、能源、海洋与渔业、林业、国土资源、水资源、风景园林管理等部门联动执法机制。完善行政执法与刑事司法的衔接机制，健全环境保护行政执法与刑事司法信息共享、案情通报、案件移送制度，坚决克服有案不移、有案难移、以罚代刑现象，实现环境保护行政处罚和刑事处罚无缝对接。设立环境公益诉讼专项资金，探索开展环境公益诉讼。加强企业环境信用评价，建立健全信用分类、分级监管机制，建立失信联合惩戒机制，加强事中、事后监管。资源环境监管机构独立开展行政执法。完善环境问责及纠错、生态环境矛盾定期排查、重点环境问题后督察等制度，对环境违法行为严肃追究有关责任。加强环境保护法治宣传和法律援助工作，探索建立综合治理、综合考核、综合执法的跨区域、跨部门合作平台，建立网格化环境监管长效机制。（牵头单位：区环保局、区法院、区检察院、区公安分局、区监察局）

四、保障措施

（一）加强组织领导。各级党委和政府对本地区生态文明建设和环境保护工作党政同责、一岗双责，各地、各有关部门要切实履行职责，明确工作机构，完善工作制度，形成上下联动、部门协同、全社会广泛参与的工作机制。区生态文明建设领导小组及其办公室统筹推进全区生态文明建设工作，领导小组办公室承担组织协调、任务分解、督促检查、评估考核等工作。

（二）落实资金保障。各级政府要将生态文明建设列为公共财政支出的重点，逐年加大投入，确保其增幅高于经济增长幅度。完善政府引导、市场运作、社会参与的多元投入机制，鼓励和支持社会资金、企业资金投入生态文明建设领域。健全生态文明建设资金管理体制，加大资金监管力度，提高生态文明建设的经济效益、社会效益和生态效益。

（三）完善统计监测。完善生态文明综合评价指标体系。加快推进对能源、水、大气、森林、湿地、土壤环境、温室气体等的统计监测核算能力建设，提升信息化水平，提高准确性、及时性，实现信息共享。加快重点用能单位能源消耗在线监测体系建设。推进全区生态环境监测网络建设，提高环境风险防控和突发环境事件应急能力，健全环境与健康调查、监测和风险评估制度。

（四）加强交流合作。广泛开展生态文明建设各领域、各层面的经验交流与技术合作，共同加强系统性、流域性、区域性生态环境问题治理。完善生态文明建设领域的国际交流合作机制，鼓励与国外发达城市、开发园区建立生态文明建设合作关系，拓展合作领域。提高履行气候变化、生物多样性等国际公约能力。

（五）强化能力建设。突出抓好基层生态文明能力建设，建立健全区、镇、村三级环境管理网络，加强基层生态文明队伍建设，把“区机关精简人员重点充实环保一线执法力量”的政策落到实处。加强环境监管、环境应急、放射源监管等机构和队伍建设，统筹推进各职能部门监测、监管、应急等队伍的标准化和现代化建设。

（六）推进工程建设。根据系统化设计、目标化管理、项目化推进、绩效化考核的要求，按照“滚动管理、持续推进”的原则，每年排定并组织实施一批生态环境治理与保护重点工程，扎扎实实改善生态环境质量，确保取得良好的社会、环境和经济效益。

（七）抓好贯彻落实。各级党委和政府及区有关部门要按照本实施方案要求，明确目标任务、责任分工和时间要求，确保各项政策措施落到实处。各地区要抓住制约本地区生态文明建设的瓶颈，大胆探索，积极实践，力争取得重大突破。及时总结有效做法和成功经验，完善政策措施，形成有效模式，加大推广力度。各地区各部门贯彻落实情况要及时向区委、区政府报告，同时抄送区生态文明建设工作领导小组办公室。区委、区政府就贯彻落实情况适时组织开展专项监督检查。

表23-1　吴中区生态文明建设重点工程项目

序号	项目名称	建设内容	建设年限	计划投资（亿元）	责任单位
一	优化国土空间				
1	东太湖整治后续工程	主要工程有环湖大堤达标加固工程、行洪通道疏浚优化工程、水源地保护生态清淤、出入湖河道水系综合整治、滨湖生态修复及湿地建设等	2016~2020	23	区水利局、区交通运输局
2	东山镇东太湖湿地项目	恢复湿地	2013~2020	0.8	东山镇
二	强化节能减排				
3	城市配套污水管网工程	完成新建污水主干网75千米	2016~2020	0.9	区水利局
4	污水再生利用	建设再生水利用项目1项，新增再生利用设施能力3万立方米／日	2016~2020	0.15	区水利局
5	污泥干化焚烧综合利用项目二期扩建工程	苏州市江远热电有限责任公司扩建污泥处理能力200吨／日	2016~2017	0.2	区水利局
三	提升绿色发展				
6	苏州绿色农产品长三角配送基地（苏州市现代农产品物流园）	交易区、配套区、物流仓储、农产品质量检测中心配套服务区和基础设施等建设，总建筑面积92.7万平方米	2015~2019	71.5	区农发公司
7	歌林小镇永旺绿岛商业中心	建设购物中心和生态office等，总建筑面积18万平方米	2016~2017	6.13	度假区
8	惠氏制药有限公司扩建	主要生产钙尔奇，投产后预计在2018年产达26亿片，2022年产达38亿片，总建筑面积4.65万平方米	2015~2018	6	开发区
9	苏州禾望电气有限公司	建设华东运营中心、研发测试、制造基地，总建筑面积超6万平方米	2016~2017	4	开发区

续表

序号	项目名称	建设内容	建设年限	计划投资（亿元）	责任单位
四	强化污染防治				
(一)	污染防治工程				
10	吴淞江污水处理厂	吴淞江污水处理厂，一期规模4万m^3/d，采用A^2O工艺；配套市政管网32.5km。	2015~2020	2.3	开发区
11	镇级水利项目建设	重点县中小河流治理及水利项目	2015~2020	0.7	区水利局
12	角直新区污水厂扩建	一期扩建6万m^3/日	2016~2020	4.2	区水利局
13	金庭污水厂建设工程	新建日处理能力1万吨污水处理厂及主管网	2016~2017	1.1	区水利局
14	城区污水厂建设工程	新建日处理能力1万吨污水处理厂及日处理能力2万吨设备设施提标升级	2016~2017	0.8	区水利局
15	角直污水厂调节池	新建污水调节池	2016~2017	0.8	区水利局
16	吴中固废改扩建危险废弃物处置项目	危废焚烧处置系统改扩建，达到处置焚烧类危险废物20000吨/年、处置线路板4000吨/年，收集含铜废物1000吨/年	2016~2017	0.82	吴中固废
17	填埋场生态复绿工程	约11万平方米	2016~2017	0.8	开发区
18	吴中区动物无害化处理中心项目	占地面积5亩，建造碳化车间1400平方米，办公楼700平方米，库房150平方米，门卫30平方米	2015~2016	0.2	区农发公司
(二)	环境监管体系				
19	智慧环保建设	制定“智慧环保”发展规划，推进“环保大数据”	2016~2020	0.2	区环保局
20	生态环境监测、预警系统建设	整合优化环境质量监测点位，建设涵盖大气、水、土壤、噪声、辐射等要素的“区镇”二级生态环境质量监测网络。	2016~2020	0.28	区环保局
21	环境风险源防控工程	对化学原料和化学制品制造业环境风险及化学品、饮用水源地、放射源和区域沿河工业企业开展风险排查，建立吴中区环境风险源数据库和信息平台	2016~2020	0.1	区环保局
五	实施生态修复				
22	水土保持	结合山区果树、茶叶等经济作物的灌溉、做好东山、西山、光福等小流域综合治理工作	2016~2020	1	区水利局
23	下绞矿、雨花禅寺后坡、清明山东侧地质灾害治理	下绞矿、雨花禅寺后坡、清明山东侧区域进行地质灾害治理	2016~2018	0.43	区国土分局
24	张桥村旺山荡环境综合整治	张桥村旺山荡环境综合整治	2015~2018	0.26	开发区

续表

序号	项目名称	建设内容	建设年限	计划投资（亿元）	责任单位
25	度假区生态绿廊	结合周边用地的开发定位，项目设置主题各异、特色丰富的滨水商业环境，补充该区域缺失功能，打造慢行绿地环道和多元复合型景观，成为商业区域内环线生态绿廊，环线生态旅游绿廊	2015~2020	1.5	度假区
26	东崦湖环境提升工程	对东崦湖景观进行提升改造，建设环湖步道系统	2015~2017	0.35	度假区
27	金庭环岛公路立面改造工程	对环岛公路沿线约2600户进行立面改造，墙面、屋面改造面积约135万平方米，围墙、门楼、栏杆等约3万平方米，木窗改造约24万平方米	2015~2016	1.12	度假区
28	度假区中心区绿化工程	包括：1. 陈华路绿化工程全长4公里；2. 植物科普园占地210亩	2016~2017	0.46	度假区
29	稻香田园风光休闲区	美丽乡村建设、绿化景观打造、道路及生态河道建设、农旅布点	2015~2017	1.52	开发区
30	澹台湖八字景观桥	桥梁全长174米，桥面净宽6米	2016~2017	0.65	高新区
31	友新高架西延管网绿化迁建	供水、燃气、电力迁改、绿化迁改	2016~2020	0.6	高新区
32	生态环境改建修复工程	道路绿化、供水、垃圾站	2016	0.81	区住建局、区水利局、区市容市政管理局
33	古镇环境综合改造	道路和环境整治	2016~2020	5	木渎镇
34	藏书旅游目的地项目	利用藏书自然环境及风景打造旅游、休闲、养生一体的目的地	2016~2020	10	木渎镇
35	两山一镇综合建设工程	两山一镇综合建设工程	2013~2020	75	木渎镇
36	吴中区城市防洪工程	新改建闸站，整治河道	2016~2020	1.6	区水利局
37	苏东河整治工程	清淤约24公里、土方约50万方	2018~2019	0.2	区水利局
38	西塘河整治工程	对西塘河实施全线清淤，总长5.1公里，疏浚土方18.75万立方米	2016~2017	0.1	区水利局
六	推进城乡一体化				
39	美丽乡村建设	区内村庄按照美丽村庄和康居村类别，根据实际情况分类打造，突出特色，逐步实施	2015~2020	40	区委农办
40	美丽城镇建设工程	城镇环境综合整治、改善镇容镇貌，改善人居环境	2016~2020	25	区住建局
41	金庭农村生活污水治理全岛全覆盖工程	金庭镇54个自然村农村生活污水治理工程二期（包括古村落公司实施的11个自然村内部管网工程）；39个自然村污水设施修复工程	2015~2016	1.8	区水利局、区水务集团

续表

序号	项目名称	建设内容	建设年限	计划投资（亿元）	责任单位
42	光福镇生活污水治理全覆盖工程	一期：对光福镇39自然村实施农村生活污水治理全覆盖工程。二期：对光福镇28个自然村实施农村生活污水治理全覆盖工程	2016~2017	1.3	区水利局、区水务集团
43	东山镇生活污水治理全覆盖工程	对东山镇85个自然村实施农村生活污水治理全覆盖工程	2016~2017	1.5	区水利局、区水务集团
44	覆盖拉网式农村环境综合整治	按照2016、2017年的年度计划建设农村生活污水治理项目	2016~2017	0.67	区环保局
	合计			295.85	

关于下发吴中区廉租住房与公共租赁住房并轨供应管理实施细则的通知

吴政办〔2016〕9号

吴中区廉租住房与公共租赁住房并轨供应管理实施细则

第一章 总 则

第一条 根据住房城乡建设部、财政部、国家发展改革委《关于公共租赁住房和廉租住房并轨运行的通知》、江苏省住房城乡建设厅、江苏省财政厅、江苏省发展改革委《关于全面推进公共租赁住房和廉租住房并轨运行的实施意见》以及《吴中区公共租赁住房保障办法》《吴中区城镇最低收入家庭廉租住房实施办法》等文件规定，结合我区实际情况，制定本细则。

第二条 在吴中区范围内，符合现行住房保障条件的城市中等偏低收入以下住房困难家庭以及城市新就业无房人员和在城市稳定就业的外来务工人员，适用本细则。

第三条 区住房和城乡建设局是全区住房保障工作的行政主管部门。区住房保障管理中心负责全区住房保障工作的具体实施。

第二章 并轨方式

第四条 本细则所指廉租住房是指政府以实物配租的方式，向符合本区现行住房保障条件的最低收入住房困难家庭提供的具有社会保障性质的政策性租赁住房。

公共租赁住房是指政府筹集或提供政策支持，限制套型面积、供应对象和租金标准，供应给城市中等偏低收入以下住房困难家庭、新就业人员、外来务工人员等租住的保障性住房。

第五条 吴中区将廉租住房和公共租赁住房合并管理、并轨运行，统一归类为公共租赁住房（以下简称公租房），遵循房源统筹供应管理和梯度保障的原则，简化租赁途径，分类实施保障。

第六条 公租房资格准入和申请受理程序等，均参照现行的廉租住房和公共租赁住房各项政策不变。政府投资的廉租住房和公共租赁住房建设筹集实行统筹建设、并轨运营，统一按照公租房进行管理。

第三章 供应对象

第七条 公租房供应对象为吴中区范围内，符合现行住房保障条件的城市中等偏低收入以下住房困难家庭以及城市新就业无房人员和在城市稳定就业的外来务工人员。

第八条 公租房优先供应城市最低收入住房困难家庭和城市中等偏低收入以下无房家庭，具体配租条件由住房保障主管部门依据相关政策按届时房源、对象等实际情况进行摇号配租。

第九条 公租房实行轮候配租制度，已登记的申请家庭配租公租房，应当按照规定的轮候方式公开进行摇号配租，配租结果应当向社会公布。

第十条 城市新就业无房人员和在城镇稳定就业的外来务工人员主要是通过企事业单位和其他机构建设筹集的公租房解决基本居住需求。

在城市中等偏低收入以下住房困难家庭应保尽保的基础上，公租房覆盖面将逐步扩大到城市新就业无房人员和城镇稳定就业的外来务工人员。

第四章 建设标准、租金标准和租金减免

第十一条 公租房按照"计划分别上报、项目统一规划、后续统一管理"的原则进行统一建设。要按照"政府主导、社会参与、市场运作"的原则，通过新建、配建、改建、收购、长期租赁等多种途径增加公租房房源。

第十二条 政府投资建设的公租房项目应按城市规划设计要求配建商业服务设施，统一管理经营，租金收入和其他经营收入专项用于公租房建设。

第十三条 公租房的建设应当符合相关规定，合理确定套型结构，进行相应的室内装修，配备必要的生活设施，满足基本居住需求。

第十四条 公租房租金的制定，应当以保证正常运营和维修管理、偿还贷款本息为原则，综合考虑住房市场租金水平和供应对象的支付能力，按照不同地段、不同房屋类别等因素合理确定。

政府或社会福利机构投资建设的公租房租金实行政府定价，租金标准按照同一时期、同一地段、同一品质普通商品住房市场租金的70%左右确定。

具体租金标准由区价格主管部门会同住房保障主管部门根据住房市场平均租金价格，按各板块和成套、非成套等因素分别测定并核准，按年度实行动态调整、公布。

公租房租金不包括承租人租赁期间实际发生的物业（管理）服务费和水、电、气等费用。涉及部分承租人享受的物业（管理）服务费等减免或政府补贴待遇的相关优惠政策，另行明确。

第十五条 城市中等偏低收入以下住房困难家庭承租公租房实行分类租金减免政策。

最低收入住房困难家庭承租公租房，按市场平均租金95%的比例实行减免。

低收入住房困难家庭承租公租房，按市场平均租金50%的比例实行减免。

中等偏低收入住房困难家庭承租公租房，按市场平均租金30%的比例实行减免。

第五章 租赁管理

第十六条 承租人应签订《吴中区城市居民公共租赁住房租赁合同》，租赁期限一般为三年。承租人签订合同时应当参照市场惯例一次性缴纳租赁保证金，以保证租赁合同的正常履行。

租赁合同期满或终止，无违约责任的退还保证金本金，违约的可从保证金中抵扣应承担的相关费用。

最低收入住房困难家庭可以免缴纳租赁保证金。

第十七条 承租人承租公租房后不得对住房进行二次装修，改变房内原有使用功能和结构。承租期内的设施损坏与维修由承租户负责，费用自理。

第十八条 城市中等偏低收入以下住房困难家庭租赁公租房实行年度复审制度。住建部门负责组织住房情况的年度复审工作，民政部门负责组织做好收入情况的年度复审工作。经年度复审不再符合保障条件的，应当退出已承租的公租房。

第十九条 承租人通过继承、受让、购置住房，使家庭的居住条件得到改善，人均住房面积超过政策规定的住房保障面积的，应无条件退出已配租的公租房。

第二十条　最低收入住房困难家庭租住公租房后，因家庭经济收入增加而脱保但未超过低收入线标准的，以基本租金为基准上调10%，以后每年按此标准上调，但上调租金最高不超过低收入住房困难家庭租金标准。

低收入住房困难家庭租住公租房后，因家庭经济收入增加而超过低收入线但未超过中等偏低收入线标准的，以基本租金为基准上调10%，以后每年按此标准上调，但上调租金最高不超过中等偏低收入住房困难家庭租金标准。

中等偏低收入住房困难家庭租住公租房后，因家庭经济收入增加而超过中等偏低收入线标准且无法退房的，实行基本租金，以后租金以基本租金为基准每年上调10%，但上调租金最高不超过市场租金标准。

第二十一条　承租人在租赁期限内死亡的，共同申请人可按原租赁合同继续承租，但需确定新的承租人，并变更租赁合同，租赁期限按原有合同的剩余时间计算。

第二十二条　加强公租房保障资格监管和住房使用情况巡查，对经审查不再符合现行住房保障对象条件的，按照相关文件规定执行。

第六章　监督管理

第二十三条　承租人将所承租的公租房私自转借、转租、改变用途的，或无正当理由连续6个月未居住的，或累计6个月以上未缴纳租金的，或不再符合租赁条件的，出租人应当按照有关规定收回其承租的公租房，承租人应当承担合同约定的相关责任。

承租人拒绝履行合同义务或有关规定的，由出租人依法向人民法院提起诉讼，申请强制执行。

第二十四条　住房保障主管部门、住房保障实施机构及有关部门的工作人员，滥用职权、徇私舞弊、玩忽职守的，由行政主管部门或者监察机关依法依纪追究行政责任；涉嫌构成犯罪的，由司法机关依法追究刑事责任。

第七章　附　则

第二十五条　城市新就业人员和外来务工人员租住公租房的租金标准与退出机制可参照上述细则进行。

第二十六条　以往规定与本细则不一致的，以本细则为准。本细则自2016年4月1日起施行。

关于印发吴中区行政许可和行政处罚信用信息公示工作实施方案的通知

吴政办〔2016〕18号

吴中区行政许可和行政处罚信用信息公示工作实施方案

为贯彻落实《国务院办公厅关于运用大数据加强对市场主体服务和监管的若干意见》（国办发〔2015〕51号）精神，按照国家发改委《关于认真做好行政许可和行政处罚等信用信息公示工作的通知》（发改电〔2015〕557号）和《关于深入推进行政许可和行政处罚等信用信息公示工作的通知》（发改电〔2015〕687号）有关要求，结合苏州市相关部署，开展我区行政许可和行政处罚等信用信息自作出行政决定起7个工作日内公示工作（以下简称“双公示”），现结合吴中区实际，制订如下实施方案。

一、指导思想

认真贯彻落实党中央、国务院全面深化改革、促进简政放权、实现放管结合的有关精神，以社会信用体系建设和政府信息公开、构建全方位的市场监管体系为抓手，切实转变政府职能，通过政府信息公开和数据共享，提高政府服务水平，加强事中事后监管，提高市场主体生产经营活动的透明度，促进市场公平竞争，进一步优化发展环境。

二、基本原则

1.依法规范、有序推进。以法律法规及党中央、国务院和省政府、市政府规范性文件为依据，除涉及国家秘密和国家安全的不需上报，涉及商业秘密或个人隐私及其他依法不予公开的信息外（需归集上报），归集和公开政府部门依法设立的行政许可和行政处罚事项。有序推进，逐步完善，将行政许可和行政处罚等信息规范、完整、清晰、准确地向社会公开，方便自然人、法人和其他组织查询查看，自觉接受社会监督。

2.分级共建、资源共享。充分利用全区各级公共信用信息系统和电子政务系统等信息化平台，实现各部门、各镇（区、街道）信用信息资源交换共享。充分利用各部门、各镇（区、街道）门户网站及“苏州吴中”等其他综合性政务门户网站、新建“诚信吴中”网等，不断拓展网上公示渠道，实现行政许可和行政处罚信息的全面公示、集中公示。

3.谁产生、谁公示、谁负责。行政许可承办单位和行政处罚作出单位在作出行政决定起7个工作日内，将行政许可和行政处罚等信息上网公示，做到责任到人、具体到事、安排到位，并对公示信息的及时性、全面性和准确性负责。

4.以点带面、以用促建。原来条件好的地区和部门要发挥示范作用，做到先行先试，探索路径和方法，提供示范经验。对关系人民群众切身利益、经济健康发展和社会和谐稳定的领域或行业的行政许可和行政处罚信息进行率先归集、率先公示。要在应用过程中健全公示机制，在应用中促进信息共享，在应用中完善基础设施建设。

三、总体目标

到2016年4月上旬，实现区各部门、镇（街道）行政许可和行政处罚“双公示”全覆盖。

四、具体任务

（一）编制目录，明确公示范围

具有行政许可和行政处罚职能的区政府及其部门和单位、镇（街道），要按照法律、行政法规、地方性法规和政府规章和公布的部门权力清单、责任清单的推进落实，全面梳理并编制本地区、本部门行政许可和行政处罚信息公示目录，优化业务流程，畅通公开和归集渠道。“双公示”目录也应向社会公开，并根据行政审批制度改革、相关法律法规的变化等及时调整信息公示目录。

法律法规授权行使行政许可和行政处罚职能的其他单位和组织也应当按照本方案规定公示目录。依法受委托行使行政许可和行政处罚职能的其他单位和组织的公示目录，应当纳入委托部门统筹开展。

垂直管理部门及各级具有行政职权的机构等，也应推行行政许可和行政处罚公示制度，同时将“双公示”信息推送给同级电子政务系统进行集中公示或者推送给省级公共信用信息系统进行集中公示。

各级部门公示的行政处罚信息为一般程序的行政处罚信息，简易程序的行政处罚信息应归集上报暂不公开。

（二）确定内容，统一公示格式

1.行政许可类。主要包括行政许可决定书文号、项目名称、审批类别、许可内容、行政相对人名称、行政相对人统一社会信用代码（对于社会法人，过渡期内上报组织机构代码或工商登记码等）、许可生效期、许可截止期、许可机关、当前状态、行政区划编码等信息，以及作出行政许可决定的部门认为应当公示的其他信息（统一模板见附件1）。

2.行政处罚类。主要包括行政处罚决定书文号、案件名称、处罚事由、处罚依据、行政相对人名称、行政相对人统一社会信用代码（对于社会法人，过渡期内上报组织机构代码或工商登记码等）、处罚结果、处罚生效期、处罚截止期、处罚机关、当前状态、行政区划编码等信息，以及作出行政处罚决定部门认为应当公示的其他信息（统一模板见附件2）。

3.根据国家、省和市关于"双公示"工作的要求，参照市公共信用信息中心组织制作统一的"双公示"信息展示格式和数据项模板（以下简称"统一模板"），各地、各部门应按照统一模板，开展"双公示"。已经开展"双公示"，特别是国家和省级部门已有统一的公示格式规范的，可以按照现有方式公示，或者根据统一模板进行适当完善，逐步按照统一模板进行公示。

（三）规范方式，明确归集路径

1.行权机构直接公示。区政府及部门、镇（街道）在行政许可和行政处罚作出决定之日起7个工作日内（法律法规另有规定的从其规定），通过各自门户网站进行公示；尚未建立门户网站的部门，在同级政府门户网站公示。

2.行政许可和行政处罚信息归集公示。"双公示"信息由行权机构直接公示后，应及时推送同级政府办信息中心（政务服务中心），由各级政府办信息中心（政务服务中心）负责逐级归集、汇总公示、报送。区级部门"双公示"信息直接报送区信息中心。

3.全区信息集中公示。区政府门户网站管理中心负责汇总全区"双公示"信息，在"苏州吴中"（区政府门户网站）网集中公示，并同步统一推送市信用信息中心，在"信用中国"网进行公示。

4."诚信吴中"网建成后，由"诚信吴中"网站管理部门负责归集、公示并报送市公共信用信息系统。

（四）确保时效，按时报送信息

1.各级部门在行政许可和行政处罚作出决定之日起7个工作日内逐级上报，并进行主动列表滚动式连续公示10日，10日后，信息有效期内改为查询式公示。没有明确有效期的，查询公示有效期为7年，法律法规另有规定的从其规定。

2.按照国家发改委要求，部门公示和上报2016年1月1日起作出决定的"双公示"信息。

五、工作步骤

（一）第一阶段：部署启动（2016年1月到3月下旬）

1.制定实施方案。组织各地、各部门按照"双公示"工作要求，制定实施方案，明确公示内容、标准、方式等。

2.召开工作推进会。传达国家和省、市关于"双公示"的工作要求，明确工作任务、职责分工、完成时间等。

3.组织业务培训。区经信局（信用办）、编办、法制办邀请市公共信用信息中心等相关部门，开展"双公示"业务指导和技术培训，指导各地、各部门开展"双公示"工作。

4.各级贯彻落实。贯彻落实市政府有关会议要求，制定本地区、本部门工作实施方案，召开工作会议，组织推进"双公示"工作，并于2016年3月底前将实施方案报区经信局（信用办）备案。

5.确定工作的责任主体和责任人，并于2016年3月底前报送区经信局（信用办）。

（二）第二阶段：组织实施阶段（2016年3月底到4月上旬）

1.各地、各部门将本地区、本部门行政许可和行政处罚"双公示"目录以及公示的网站、网址，在同级政府门户网站及相关媒体上公示。

2.政务服务中心系统和法制办行政权力网上公开透明运行系统实现与"双公示"信息系统逐步对接。

3.2016年4月上旬，"双公示"工作全部到位，各地、各部门全面实行"双公示"，实现全区行政许可和行政处罚等信用信息公示全覆盖。

（三）第三阶段：考核验收阶段（2016年4月上旬）

1.区政府办会同区信用办、编办、法制办、行政服务中心等成立督查小组，定期对各地、各部门"双公示"工作开展阶段性督查，及时将督查情况进行通报。

2.总结"双公示"工作经验，进一步完善"双公示"工作机制，规范工作流程，建立"双公示"工作长效机制。

3.各地、各部门积极准备，做好总结，迎接上级部门组织的考核验收。

六、保障措施

（一）加强组织领导。区信用办会同区编办、区法制办、区政府门户网站管理中心、区政务服务管理办等部门和单位联合协调推进“双公示”工作。区信用办要加强组织协调，及时传达有关工作要求，分解具体工作任务，加强工作指导和考核。区编办要牵头做好“责任清单”的标准化建设，推进“双公示”工作的标准化、规范化，根据各部门、各单位“双公示”工作开展情况，动态管理其机构编制。区法制办要牵头做好“权力清单”的标准化建设，加强对“双公示”工作制度建设的指导。区政府门户网站管理中心要负责信息归集、公示、报送和技术支持等各项工作（“诚信吴中”网站管理部门明确后，与区政府门户网站管理中心共同负责）。各级政府、信用管理部门及相关部门要高度重视，将“双公示”工作列入重要议事日程，指导规范各地、各部门归集、管理、共享和公示相关信息。各地、各部门要加强组织，由本地区、本部门社会信用体系建设工作分管领导担任负责人，承担具体落实工作，确保按要求完成“双公示”各项工作。

（二）建立长效机制。各地、各部门要研究制定“双公示”管理制度和工作制度，做好信用信息的归集、管理、共享。要建立权责清晰的分级负责机制。要建立动态管理机制，根据法律法规、机构和职能调整变动情况等，及时调整公示信息。根据国家有关部门工作要求，逐步调整和完善“双公示”信息和方式。要给予必要的资金保障，确保工作扎实推进。强化信息采集人员业务培训，确保采集信息数据准确、高效。

（三）完善技术保障。各地、各部门要按照社会信用体系建设规划纲要和落实“双公示”工作的现实需要，加快各级公共信用信息系统、政府门户网站、信用网站及其他公示平台建设和完善，实现省、市、区信用信息共享交换平台和信用网站互联互通，确保各类信用信息准确、高效、便捷地实现交换共享与公开公示。各行政许可承办单位、行政处罚作出单位，各信息中心要认真履行工作职责，依法依规采集“双公示”信息。

（四）强化评估考核。积极配合国家、省和市对“双公示”工作落实情况进行督促检查。区信用办和区政府门户网站管理中心要按月对各地各部门的“双公示”工作情况进行统计并通报，将公示信息的及时性、完整性、准确性列为重要考核指标和依据。采取书面检查、实地核查、网络监测等方式，开展自查、抽查和专项督查考核工作，结果在年度机关作风和效能建设考核中占1分。

表23-2　苏州市吴中区行政许可信息公示模板

序号	字段名称	中文名称	数据类型	字段类型说明（业务字段/系统字段）	是否作为对外公示项	备注
1	XK_WSH	行政许可决定书文号	文本（40个字符）	业务字段	展示	（必填） 如前置许可无决定文书号，此处填文字“空”
2	XK_XMMC	项目名称	文本（200个字符）	业务字段	展示	（必填）
3	XK_BM	行政许可编码	文本（40个字符）	业务字段	不展示	（选填） 参考市权力清单中行政权力编码进行填写。

续表

序号	字段名称	中文名称	数据类型	字段类型说明（业务字段 / 系统字段）	是否作为对外公示项	备注
4	XK_SPLB	审批类别	文本（16 个字符）	业务字段	展示	（必填） 普通许可、特许、认可、核准、登记、其他（需注明）
5	XK_NR	许可内容	文本（4000个字符）	业务字段	展示	（必填）
6	XK_XDR	行政相对人名称	文本（200 个字符）	业务字段	展示	（必填）
7	XK_XDR_SHXYM	行政相对人代码 _1（统一社会信用代码）	文本（32 个字符）	业务字段	为非自然人时，则对外展示	自然人此项空白 如 7、8、9 均无则必填
8	XK_XDR_ZDM	行政相对人代码 _2（组织机构代码）	文本（32 个字符）	业务字段	为非自然人时，则对外展示	非自然人时为选填项（7、8、9 三项中必填一项） 自然人此项空白
9	XK_XDR_GSDJ	行政相对人代码 _3（工商登记码）	文本（32 个字符）	业务字段	为非自然人时，则对外展示	非自然人时为选填项（7、8、9 三项中必填一项） 自然人此项空白
10	XK_XDR_SWDJ	行政相对人代码 _4（税务登记号）	文本（32 个字符）	业务字段	为非自然人时，则对外展示	非自然人时为选填项（7、8、9 三项中必填一项） 自然人此项空白
11	XK_XDR_SFZ	行政相对人代码 _5（居民身份证号）	文本（32 个字符）	业务字段	展示	行政相对人为非自然人时为填法定代表人身份证或有效证件号码，如：护照；为自然人时填行政相对人身份证或有效证件号码，如：护照。（对外公示时将隐去部分证件号码）
12	XK_FR	法定代表人姓名	文本（80 个字符）	业务字段	展示	行政相对人为非自然人时为必填项，为自然人时此项空白
13	XK_SXQ	许可决定期	日期	业务字段	展示	（必填） 如文本格式为：YYYY/MM/DD
14	XK_JZQ	许可截止期	日期	业务字段	展示	（必填） 如文本格式为：YYYY/MM/DD。无截止日期时，填写默认日期 2099/12/31
15	XK_XZJG	许可机关	文本（200个字符）	业务字段	展示	（必填） 作出许可行为的批准机关名称（全名）
16	XK_ZT	当前状态	字符（1 个字符）	业务字段	展示	（必填） 0= 正常；1= 撤销；2= 异议；3= 其他（备注说明）

续表

序号	字段名称	中文名称	数据类型	字段类型说明（业务字段/系统字段）	是否作为对外公示项	备注
17	DFBM	地方编码	文本（6个字符）	系统字段	不展示	（必填） 根据国家行政区划编码
18	SJC	数据更新时间戳	时间	系统字段	不展示	（必填） 数据导出的时间（戳） 如文本格式为： YYYY/MM/DD hh24:mi:ss
19	BZ	备注	文本（4000个字符）	系统字段	不展示	（选填）
20	XK_SYFW	信息使用范围	字符（1个字符）	业务字段	不展示	（选填） 0. 公示；1. 仅政府部门内部共享；2. 仅可授权查询；不填写默认为0

表23-3 苏州市吴中区行政处罚信息公示模板

序号	字段名称	中文名称	数据类型	字段类型说明（报送字段/系统字段）	是否作为对外公示项	备注
1	CF_WSH	行政处罚决定书文号	文本（100个字符）	业务字段	展示	（必填）
2	CF_AJMC	案件名称	文本（500个字符）	业务字段	展示	（必填）
3	CF_BM	行政处罚编码	文本（40个字符）	业务字段	不展示	（选填） 参考市权力清单中行政处罚编码进行填写
4	CF_CFLB1	处罚类别1	文本（36个字符）	业务字段	展示	（必填） 包括：警告；罚款；没收违法所得、没收非法财物；责令停产停业；暂扣或者吊销许可证.暂扣或者吊销执照;行政拘留;其他（需注明）
5	CF_CFLB2	处罚类别2	文本（36个字符）	业务字段	若［处罚类别2］有数据时，与［处罚类别1］合并展示	（选填） 包括：警告；罚款；没收违法所得、没收非法财物；责令停产停业；暂扣或者吊销许可证、暂扣或者吊销执照；行政拘留；其他（需注明） （如3项及以上处罚类别，可在［处罚类别2］中填写）
6	CF_ZL	处罚事由	文本（2048个字符）	业务字段	展示	（必填）

续表

序号	字段名称	中文名称	数据类型	字段类型说明（报送字段 / 系统字段）	是否作为对外公示项	备注
7	CF_YJ	处罚依据	文本（4000个字符）	业务字段	展示	（必填）
8	CF_XDR_MC	行政相对人名称	文本（200个字符）	业务字段	展示	（必填）
9	CF_XDR_SHXYM	行政相对人代码 _1（统一社会信用代码）	文本（32 个字符）	业务字段	为非自然人时，则对外展示	自然人此项空白 如 8、9、10 均无则必填
10	CF_XDR_ZDM	行政相对人代码 _2（组织机构代码）	文本（32 个字符）	业务字段	为非自然人时，则对外展示	非自然人时为选填项（8、9、10 三项中必填一项） 自然人此项空白
11	CF_XDR_GSDJ	行政相对人代码 _3（工商登记码）	文本（32 个字符）	业务字段	为非自然人时，则对外展示	非自然人时为选填项（8、9、10 三项中必填一项） 自然人此项空白
12	CF_XDR_SWDJ	行政相对人代码 _4（税务登记号）	文本（32 个字符）	业务字段	为非自然人时，则对外展示	非自然人时为选填项（8、9、10 三项中必填一项） 自然人此项空白
13	CF_XDR_SFZ	行政相对人代码 _5（居民身份证号）	文本（32 个字符）	业务字段	展示	行政相对人为非自然人时为填法定代表人身份证或有效证件号码，如：护照；为自然人时填行政相对人身份证或有效证件号码，如：护照。 （对外公示时将隐去部分证件号码）
14	CF_FR	法定代表人姓名	文本（80 个字符）	业务字段	展示	行政相对人为非自然人时为必填项，为自然人时此项空白
15	CF_JG	处罚结果	文本（4000个字符）	业务字段	展示	（必填）
16	CF_SXQ	处罚生效期	日期	业务字段	展示	（必填） 如文本格式为：YYYY/MM/DD
17	CF_XZJG	处罚机关	文本（200个字符）	业务字段	展示	（必填） 作出行政处罚决定机关名称（全名）
18	CF_ZT	当前状态	字符（1 个字符）	业务字段	展示	（必填） 0= 正常（或空白）；1= 撤销；2= 异议；3= 其他（备注说明）
19	DFBM	地方编码	文本（6 个字符）	系统字段	不展示	（必填）根据国家行政区划编码

续表

序号	字段名称	中文名称	数据类型	字段类型说明（报送字段/系统字段）	是否作为对外公示项	备注
20	SJC	数据更新时间戳	时间	系统字段	不展示	（必填） 数据导出的时间（戳） 如文本格式为: YYYY/MM/DD hh24:mi:ss
21	BZ	备注	文本（4000个字符）	系统字段	不展示	（选填）
22	CF_SYFW	信息使用范围	字符（1个字符）	业务字段	不展示	（选填） 0. 公示；1. 仅政府部门内部共享；2. 仅可授权查询。不填写默认为0
23	CF_SXYZCD	失信严重程度	字符（1个字符）	业务字段	不展示	（选填） 0. 未定；1. 一般；2. 较重；3. 严重
24	CF_GSJZQ	公示截止期	日期	业务字段	不展示	（选填） 填写公示的截止日期

关于印发吴中区2016年度大气污染防治工作方案的通知

吴政办〔2016〕31号

吴中区2016年度大气污染防治工作方案

为加快推进生态文明建设步伐，进一步改善环境空气质量，保障人民群众身体健康，根据江苏省、苏州市2016年度大气污染防治工作任务要求，结合我区实际，制订本工作方案。

一、总体要求

围绕“四个全面”总布局，落实“五个迈上新台阶”总要求，以绿色发展为导向，以改善环境空气质量为核心，突出抓好能源结构、产业结构调整，深入开展工业废气、机动车尾气、城市扬尘等综合治理，建立和完善大气污染监控预警体系和重污染天气应急防控，加快产业结构优化、增强科技创新能力、提升经济运行质态，减少大气污染物排放总量，加快建设强富美高新吴中。

二、工作目标

2016年，全区细颗粒物（PM2.5）年均浓度比2013年下降13%以上，力争达到20%，优良天数同比提升，重污染天气同比下降。

三、重点任务及责任分工

（一）产业结构调整

1.加快淘汰落后产能。坚持绿色发展、千企升级创新转型，建立资源环境门槛，制订负面清单。加大水泥、印染、电镀等行业落后产能淘汰力度，实施《苏州市关停不达标企业、淘汰落后产能、改善生态环境三年专项行动计划》，结合本地实际，逐年安排重污染企业搬迁、关闭任务。年内关停淘汰企业40家。［责任单位：区经信局负责，区发改局、环保局、各镇（区、街道）配合］

2.强化节能减排措施。提高节能环保准入门槛，建立健全绿色发展产业目录清单。严格实施污染物排放总量控制，对排放二氧化硫、氮氧化物、工业烟粉尘、挥发性有机物的新建项目，实行区域内现役源2倍减量替代。对火电、水泥、化工、电镀等重点行业企业定期开展强制性清洁生产审核，推进其它重点行业企业开展自愿性清洁生产审核，并开展绩效评估。（责任单位：区环保局、经信局负责，区发改局、各镇［区、街道］配合）

（二）能源结构调整

3.控制煤炭消费总量。按照《苏州市煤炭消费总量削减方案》，完成年度控制目标；严格控制耗煤项目审批，实施新、扩、改项目耗煤项目煤炭减量替代；提高电力行业使用天然气等清洁能源的比重，提高清洁能源在一次能源消费中的比例。（责任单位：区发改局负责，区住建局、相关镇［区、街道］配合）

4.整治燃煤小锅炉。按照燃煤锅炉三年整治行动计划，年内完成剩余省、市、区级76台燃煤锅炉整治总任务（见工程项目表），完成整治前，要采用低硫、低灰分优质煤、限产停产等措施，减少排污量。（责任单位：各镇［区、街道］、区环保局负责，区市场监督管理局、财政局配合）

制定完善区域供热规划，合理布局热源点和供热管网，扩大集中供热范围，通过集中供热淘汰周边燃煤锅炉；完善天然气管网规划布局，逐步扩大天然气网管覆盖范围；争取天然气供应来源，鼓励企业实施清洁能源替代。（责任单位：区发改局负责，区住建局、各镇［区、街道］配合）

5.加强秸秆综合利用和禁烧。年底前，建成完善的秸秆收贮体系，加大秸秆还田的工作力度，秸秆综合利用率稳步提高。实行秸秆禁烧目标责任制，加大对秸秆焚烧督查监管力度。（责任单位：各镇［区、街道］、区农业局、环保局负责，区财政局配合）

（三）挥发性有机物治理

6.推进重点行业挥发性有机物污染治理。落实《苏州市重点行业挥发性有机物污染整治方案》及《吴中区挥发性有机物污染综合治理三年行动计划》，开展化工、纺织印染、表面涂装、电子、家具、包装印刷等行业企业挥发性有机物整治，年内安排省、市、区级治理项目76项（见工程项目表）。对废气排放较重的区域，要结合环境整治行动，加强区域整治；对群众投诉的企业，要通过生产工艺改进、治理设施改造，有效治理废气污染；治理无望的，要依法实施关闭。（责任单位：各镇［区、街道］、区环保局负责）

按照石油炼制、石油化工、合成树脂、汽车表面喷涂等挥发性有机物排放新标准相关要求，梳理排定整治企业名单，明确时间节点，确保按期完成整治，达标排放。（责任单位：各镇［区、街道］、区环保局负责，区交通运输局配合）

启动开启式、半开启式干洗设备前期摸底排查工作，逐步推动开启式、半开启式干洗设备整治淘汰。（责任单位：各镇［区、街道］、区环保局负责，区市场监督管理局配合）

（四）城市扬尘污染控制

7.加强工地扬尘综合整治。加强对建筑施工工地、道路施工工地、市政工地和拆除工程扬尘的监管，严格落实扬尘防治要求，施工场地100%实现围栏作业；易产生扬尘的物料堆放在工地的，应设置围档并覆盖，定期洒水；裸露的重点场地和集中堆放的土方应采取覆盖、固化或绿化等措施；施工现场出入口设置车辆清洗设施，运输车辆应在除泥、冲洗干净后，方可驶出施工工地。重点加强对拆除工程的执法，坚决制止野蛮拆除，对问题较大的实施停工整治。（责任单位：区住建局负责，区市容市政管理局、各镇［区、街道］配合）

加强区管交通工地扬尘的监管，加强对各地交通工地的督查，指导和监督各地开展扬尘污染防治工作，重点加强取土、拌合、填筑过程扬尘的防治。（责任单位：区交通运输局负责，各镇［区、街道］配合）

8.加大道路扬尘污染控制。加大道路机扫、洒水抑尘保障投入和工作力度，2016年城市建成区机扫率稳定在85%以上；有效应对重污染天气，及时采取增加机械化清扫频次等应急措施。加强渣土车管理，加快渣土车密闭化改造，严控建筑垃圾（工程渣土）倾倒、抛撒行为。（责任单位：区市容市政管理局负责，各镇［区、街道］、吴中公安分局、度假区公安分局配合）

9.开展码头堆场扬尘集中整治。制定码头堆场联合整治方案，开展码头堆场扬尘污染集中整治，年内完成11家码头堆场整治任务（见工程项目表），确保累计完成率达到总任务的60%以上。（责任单位：区交通运输局、相关镇［区、街道］负责，区住建局、环保局配合）

（五）机动车船污染防治

10.加强机动车尾气整治。完成市级下达的年度黄标车和老旧车辆淘汰任务；严格落实黄标车闯限行区措施，严格落实查处；加强对环保检测机构监管，督促把好车辆检测关，杜绝超标车辆上路；开展老旧机动车、黄标车提前淘汰补助工作。（责任单位：吴中公安分局、度假区公安分局负责，区交通运输局、环保局、财政局配合）

加大油气回收设施执法检查，完成每年抽检10%、抽测5%的工作任务。（责任单位：区发改局、环保局负责）

11.推动港口岸电系统建设。推动靠港船舶使用岸电，年内完成1家吴中水上服务区项目（2套）港口岸电系统建设。（责任单位：区交通运输局、郭巷街道办事处负责）

（六）大气环境管理

12.完善重污染天气应急保障。加强重污染天气预报预警及联合发布机制；按照重污染天气应急预案，定期开展演练、评估与修订；完善重污染天气管控企业、工地名单及管控措施，明确责任部门和责任人，在启动预警时严格落实管控措施。（责任单位：区重污染天气应急工作各成员单位负责）

13.加强大气环境综合整治。加强自动监测点位质量控制，按照《吴中城区人口活动密集区周边环境管控方案》要求，加强国控站点（吴中东路101号）周边2公里范围环境综合整治和管控。大力推进餐饮油烟综合治理。加快高污染燃料禁燃区调整，逐步扩大禁燃区面积。（责任单位：城区管委会、区环保局负责，区市容市政管理局配合）

14.严格露天烧烤治理。加强对露天烧烤的监管力度，严格露天烧烤治理，划定露天烧烤整治区域，明确烧烤时段，进行集中管理。（责任单位：区市容市政管理局、各镇［区、街道］负责）

15.加强环境信息公开。在区环保网站及时发布空气质量状况。建立重点排污企业环境信息强制公开制度，公开新建项目环境影响评价相关信息，公开重点企业污染物排放与治污设施运行信息，公布污染源监测信息。（责任单位：区环保局负责）

四、保障措施

一要加强组织领导。区大气污染防治工作领导小组各成员单位要进一步提高思想认识，要把大气污染防治作为改善民生的有效手段、建设生态文明的重要抓手来抓，要实行“一把手”负总责制，统筹推进大气污染防治工作，确保我区改善环境空气质量攻坚工作落到实处，确保上级下达的年度目标任务圆满完成。各成员单位要制定本辖区和本部门年度大气污染防治工作细化方案，分解落实工作任务，强化组织保障，明确责任分工，工作落实到人。

二要落实工作制度。建立由区政府统一领导，有关部门各司其职、密切配合、协调联动、共同推进的大气污染防治工作机制。一是督查制度。区大气办将联合监察部门对各地及相关部门重点工作任务落实情况开展不定期督查，督促指导各地加快项目实施。二是通报制度。区大气办每月定期通报空气质量改善情况和项目完成情况，并上报区政府。

三要明确责任分工。各地政府是实施大气污染防治行动的责任主体，要对辖区内大气环境质量负总责。区大气办要对全区大气污染防治工作实施统一监督管理；环保部门加强对挥发性有机物治理的监督管理，并会同市场监督管理部门加强对燃煤小锅炉淘汰的监督管理；住建部门加强对建设工地扬尘污染防治措施的监督管理；交通运输部门要会同住建、环保部门加强对交通道路施工工地、码头堆场扬尘污染防治措施的监督管理；市容市政管理部门要加强对道路绿化扬尘、露天烧烤污染的监督管理；公安部门要落实机动车尾气污染防治的责任；监察部门要对全区大气污染防治工作落实情况实施督查。

四要强化执法监管。各成员单位要落实并加强大气污染防治工作执法监督检查工作责任和措施，狠抓新《环保法》《大气法》的落地见效。严格涉气重点污染源专项执法，充分运用按日计罚、限期治理、查封扣押等执法手段，铁腕打击超标排污、以次充好、弄虚作假等恶意违法行为。开展扬尘污染综合防治，严格落实施工工地、码头堆场扬尘管控措施，严查渣土车倾倒、抛撒建筑垃圾（工程渣土）行为。严控机动车排气污染，严查黄标车闯禁区、车辆冒黑烟等行为，加大处罚力度。加大对餐饮油烟污染、露天烧烤食品、露天垃圾焚烧等综合环境问题的执法查处，形成执法监管的高压态势。鼓励广大市民开展“随手拍、即时查”活动，加大举报有奖力度，引导全民参与改善我区环境空气质量，力争做到大气污染监管“无空白、无盲区”。

五要严格考核机制。按照《苏州市大气污染防治工作考核办法（试行）》及区生态文明建设目标责任考评要求，区政府将对各成员单位年度大气污染防治重点工作任务及工程项目完成情况进行年终考核；对大气污染防治工作成绩突出、成效显著的单位和个人予以表彰；对措施落实不到位，严重脱幅的单位，将依法依规严肃追究相关单位和人员的责任。

表 23-4 吴中区 2016 年度大气污染防治重点工作任务和工程项目表

表 23-4-1 重点工作任务

序号	重点任务	工作目标和要求	责任部门	责任人
一	环境空气质量改善目标	2016 年，细颗粒物（PM2.5）年均浓度比 2013 年下降 13% 以上，实现保良（15% 以上）争优（18% 以上），力争下降 20%	区大气污染防治各成员单位	各单位负责人
二	落实年度工程项目 改善空气质量改善	根据国家考核细则，落实重点任务和工程项目，年内完成 164 项重点工程项目（见工程项目表）	区大气污染防治相关成员单位	相关单位负责人
三	产业结构调整	结合本地实际，安排重污染企业搬迁、关闭任务 40 家	区经信局	姚瑞元
四	煤炭消费总量控制	1. 按照煤炭消费总量控制方案，完成年度控制目标	区发改局	程 飞
		2. 严格控制耗煤项目审批，实行新、改、扩建耗煤项目煤炭减量替代	区发改局	程 飞
		3. 提高电力行业使用天然气等清洁能源的比重，提高清洁能源在一次能源消费中的比例	区发改局 区住建局	程 飞 汪庆丰
五	燃煤锅炉整治	1.2016 年完成燃煤锅炉整治总任务，年内整治完成省、市、区级燃煤锅炉 76 台（见工程项目表）	区环保局 区市场监督管理局	毛 刚 茅崧崧
		2. 制定完善区域供热规划，合理布局热源点和供热管网，扩大集中供热范围，通过集中供热淘汰周边燃煤锅炉	区发改局	程 飞
		3. 完善天然气管网规划布局，逐步扩大天然气网管覆盖范围。争取天然气供应来源，鼓励企业实施清洁能源替代	区住建局 区发改局	汪庆丰 程 飞

续表

序号	重点任务	工作目标和要求	责任部门	责任人
六	挥发性有机物治理	1. 落实《苏州市重点行业挥发性有机物污染整治方案》，开展化工、纺织印染、表面涂装、电子、家具、包装印刷等行业企业挥发性有机物整治，年内安排省、市、区级治理项目 76 项（见工程项目表）。对废气排放较重的区域，要结合环境整治行动，加强区域整治；对群众投诉的企业，要通过生产工艺改进、治理设施改造，有效治理废气污染；治理无望的，要依法实施关闭	区环保局	毛　刚
		2. 按照石油炼制、石油化工、合成树脂、汽车表面喷涂等挥发性有机物排放新标准相关要求，梳理排定整治企业名单，明确时间节点，确保按期完成整治，达标排放	区环保局	毛　刚
		3. 启动开启式、半开启式干洗设备前期摸底排查工作，逐步推动开启式、半开启式干洗设备整治淘汰	区环保局 区市场监督管理局	毛　刚 茅崧崧
七	城市扬尘污染控制	1. 加强对建筑施工工地、道路施工工地、市政工地和拆除工程扬尘的监管，严格落实扬尘防治要求，施工场地 100% 实现围栏作业；易产生扬尘的物料堆放在工地的，应设置围档并覆盖，定期洒水；裸露的重点场地和集中堆放的土方应采取覆盖、固化或绿化等措施；施工现场出入口设置车辆清洗设施，运输车辆应在除泥、冲洗干净后，方可驶出施工工地。重点加强对拆除工程的执法，坚决制止野蛮拆除，对问题较大的实施停工整治	区住建局	汪庆丰
		2. 加强区管交通工地扬尘的监管，加强对各地交通工地的督查，指导和监督各地开展扬尘污染防治工作，重点加强取土、拌合、填筑过程扬尘的防治	区交通运输局	陆月根
		3. 渣土车采取密闭化改造，严控建筑垃圾（工程渣土）倾倒、抛撒行为	区市容市政管理局	杨和芳
		4. 加大道路机扫力度，2016 年城市建成区机扫率稳定在 85% 以上	区市容市政管理局	杨和芳
		5. 制定码头堆场联合整治方案，开展码头堆场扬尘污染集中整治，年内完成 11 家码头堆场整治任务（见工程项目表），累计完成率达到总任务 60% 以上	区交通运输局	陆月根
八	机动车污染防治	1. 完成年度黄标车和老旧机动车淘汰任务 2. 严格落实黄标车闯限行区措施，严格落实查处 3. 加强对环保检测机构监管，督促把好车辆检测关，杜绝超标车辆上路 4. 开展老旧机动车、黄标车提前淘汰补助工作	吴中公安分局 度假区公安分局 区交通运输局区环保局	段晴毅 薄建新 陆月根 毛　刚
		5. 加大油气回收设施执法检查，完成每年抽检 10%、抽测 5% 的工作任务	区环保局 区发改局	毛　刚 程　飞
九	港口岸电系统建设	推进港口岸电系统建设，年内完成 1 家（2 套）港口岸电系统	区交通运输局	陆月根

续表

序号	重点任务	工作目标和要求	责任部门	责任人
十	大气环境管理	1. 按照重污染天气应急预案，定期开展演练、评估与修订。完善重污染天气管控企业、工地名单及管控措施，明确责任部门和责任人，在启动预警时严格落实管控措施	区重污染天气应急工作协调小组各成员单位	各单位负责人
		2. 加强站点周边环境综合整治和管控，建立有效的环境质量管理制度	区环保局 区市容市政管理局	毛　刚 杨和芳
		3. 加快高污染燃料禁燃区调整，逐步扩大禁燃区面积	区环保局	毛　刚
		4. 划定露天烧烤区域，明确烧烤时段，进行集中管理	区市容市政管理局	杨和芳
		5. 大力推进餐饮油烟综合治理	区环保局	毛　刚
		6. 加强环境信息公开。在网站逐月发布城市空气质量状况；公开新建项目环境影响评价相关信息；公开重点工业企业污染物排放与治污设施运行信息；公布污染源监测信息		

表 23-4-2　重点工程项目（燃煤锅炉整治）

序号	工作任务	项目名称	任务要求	完成期限	责任部门	责任人	所属性质
1	燃煤锅炉整治	苏州山水度假村	DZG2–1.0–T	2016 年底前	东山镇	陆为民	省市级
2	燃煤锅炉整治	苏州山水度假村	DZG2–1.0–T	2016 年底前			省市级
3	燃煤锅炉整治	苏州山水度假村	LHG1–0.4–T	2016 年底前			省市级
4	燃煤锅炉整治	吴中区万隆胶粘剂有限公司	LSA0.2–4–A Ⅱ	2016 年底前	临湖镇	朱　艳	区级
5	燃煤锅炉整治	苏州万丽织造有限公司	DZL4–1.25–A Ⅱ	2016 年底前			省市级
6	燃煤锅炉整治	苏州万丽织造有限公司	DZL4–1.25–A Ⅱ	2016 年底前			省市级
7	燃煤锅炉整治	苏州派泰克实业有限公司	DZG4.0–1.25–T	2016 年底前			省市级
8	燃煤锅炉整治	苏州市吴中区创新乳胶制品有限公司	DZL2–1–A Ⅱ	2016 年底前			省市级
9	燃煤锅炉整治	苏州乐泰橡塑有限公司	DZL2–1.27–A Ⅱ	2016 年底前			省市级
10	燃煤锅炉整治	苏州吴中区永顺毛衫织造有限公司	DZL2–0.8–A Ⅱ	2016 年底前			省市级
11	燃煤锅炉整治	苏州市佳汇木业营造有限公司	YLL–1900MA	2016 年底前			省市级
12	燃煤锅炉整治	苏州市吴中区临湖英杰服饰厂（苏州市华鑫塑料稳定剂厂）	DZL1–0.98–AII	2016 年底前			省市级
13	燃煤锅炉整治	苏州市久美时装有限公司	LSG0.5–0.7–TM	2016 年底前			区级增补
14	燃煤锅炉整治	苏州市吴中食品有限公司	LSS0.5–0.7–Y	2016 年底前			区级增补
15	燃煤锅炉整治	苏州市吴中区横泾三鑫泡沫厂	DZL2–1.0–A Ⅱ	2016 年底前	横泾街道	徐晨阳	省市级
16	燃煤锅炉整治	苏州帅琦针织有限公司	DZL2–1–A Ⅱ	2016 年底前			省市级
17	燃煤锅炉整治	苏州宝祺针织服装厂	LSC1–0.7–A Ⅱ、W Ⅱ	2016 年底前			省市级
18	燃煤锅炉整治	苏州华惠化纺有限公司	SZS4–1.25–A	2016 年底前			省市级
19	燃煤锅炉整治	苏州市同鑫塑料制品有限公司	DZL4–1.57–A Ⅱ	2016 年底前			区级
20	燃煤锅炉整治	苏州嘉得隆包装彩印有限公司	DZL4–1.25–AII	2016 年底前			区级
21	燃煤锅炉整治	苏州嘉得隆包装彩印有限公司	SZL6–1.25–M	2016 年底前			区级

续表

序号	工作任务	项目名称	任务要求	完成期限	责任部门	责任人	所属性质
22	燃煤锅炉整治	苏州希望纺织印染有限公司	YL（G）L-3000（250）MA	2016年底前	郭巷街道	邹文明	省市级
23	燃煤锅炉整治	苏州进宇纺织印染有限公司	QXSW2.92-1-MH	2016年底前			省市级
24	燃煤锅炉整治	苏州林通化工科技股份有限公司	YLL-1800M	2016年底前			省市级
25	燃煤锅炉整治	苏州市吴中区郭巷贝丰服饰厂	LSS1.0-0.8-Y	2016年底前			省市级
26	燃煤锅炉整治	郭巷通源休闲浴池	LSS0.5-0.4-Y(Q)	2016年底前			省市级
27	燃煤锅炉整治	郭巷家顺浴室	LSS0.3-0.4-Y(Q)	2016年底前			省市级
28	燃煤锅炉整治	苏州市富达化纤印染有限公司	YSW-3500M	2016年底前	甪直镇	陈菊林	省市级
29	燃煤锅炉整治	苏州市富达化纤印染有限公司	Q10/400-0.5-0.7	2016年底前			区级
30	燃煤锅炉整治	苏州雅斯印染有限公司	YLW-4600M	2016年底前			区级
31	燃煤锅炉整治	苏州汇程新型墙体材料有限公司	SZL10-1.6-T	2016年底前			省市级
32	燃煤锅炉整治	苏州宝春迪纺织有限公司	YLW-7000MA	2016年底前			省市级
33	燃煤锅炉整治	苏州市百福纺织印染有限公司	YSW-6000M	2016年底前			省市级
34	燃煤锅炉整治	苏州信义新型墙体材料有限公司	SZL6-1.6-A Ⅱ	2016年底前			省市级
35	燃煤锅炉整治	苏州泰成包装用品有限公司	SZS6-1.25-J	2016年底前			省市级
36	燃煤锅炉整治	苏州日欣针织有限公司	YSL-3000J	2016年底前			省市级
37	燃煤锅炉整治	苏州成友纺织染整有限公司	YSW-3000M	2016年底前			省市级
38	燃煤锅炉整治	苏州市华圣织染有限公司	QXSW2.92-1-MH	2016年底前			省市级
39	燃煤锅炉整治	苏州澄发针织染整有限公司	YLW-2900MA	2016年底前			省市级
40	燃煤锅炉整治	苏州市新盛染整有限公司	YGW-1900MJ	2016年底前			省市级
41	燃煤锅炉整治	苏州弘艺草制品有限公司	LSG1-0.7-T	2016年底前			省市级
42	燃煤锅炉整治	苏州富艺塑胶制品有限公司	YLL-1400（120）A	2016年底前			省市级
43	燃煤锅炉整治	苏州富艺塑胶制品有限公司	YLL-1400（120）A	2016年底前			省市级
44	燃煤锅炉整治	苏州富艺塑胶制品有限公司	QXL1.2（100）-A	2016年底前			省市级
45	燃煤锅炉整治	苏州富艺塑胶制品有限公司	QXL1.2（100）-A	2016年底前			省市级
46	燃煤锅炉整治	苏州富艺塑胶制品有限公司	SZL10-1.25-A Ⅲ	2016年底前			省市级
47	燃煤锅炉整治	苏州富艺塑胶制品有限公司	DZL4-1.25-A Ⅲ	2016年底前			省市级
48	燃煤锅炉整治	苏州信华源新型建材有限公司	SZL6-1.6T	2016年底前			区级
49	燃煤锅炉整治	苏州市吴中区甪直酱品厂	DZL4-1.25-A Ⅱ	2016年底前			区级
50	燃煤锅炉整治	苏州市吴中区中兴针织漂染有限公司	YLW-7000T	2016年底前			区级
51	燃煤锅炉整治	苏州市吴中区甪直锦欣针织染整厂	YGW-2900T	2016年底前			区级增补
52	燃煤锅炉整治	苏州市胥江化工厂	LSS1.0-0.8-Y	2016年底前	木渎镇	郁文明	省市级
53	燃煤锅炉整治	苏州丸美针织服饰有限公司	DZG1-1.0-T	2016年底前			省市级
54	燃煤锅炉整治	苏州山町蜂产品有限公司	DZG1-0.8-T	2016年底前			省市级
55	燃煤锅炉整治	苏州振苏精细化工有限公司	YLL-700MA	2016年底前			省市级
56	燃煤锅炉整治	苏州市吴中区木渎鑫泰快餐配送服务部	LSS0.5-0.4	2016年底前			省市级
57	燃煤锅炉整治	苏州万德福尔新材料有限公司	YLW-4700T	2016年底前			区级

续表

序号	工作任务	项目名称	任务要求	完成期限	责任部门	责任人	所属性质
58	燃煤锅炉整治	苏州富顺包装制品有限公司	SZL6-1.25-AII	2016 年底前	胥口镇	徐卫东	省市级
59	燃煤锅炉整治	苏州富顺包装制品有限公司	DZL4 — 1.25	2016 年底前			省市级
60	燃煤锅炉整治	苏州市繁荣泡塑包装厂	DZL4-1.25-A Ⅱ	2016 年底前			省市级
61	燃煤锅炉整治	苏州市吴中区藏书泡沫塑料厂	DZL4-1.25-A Ⅱ	2016 年底前			省市级
62	燃煤锅炉整治	苏州佳福纸品有限公司	DZG2-1.25-M	2016 年底前			省市级
63	燃煤锅炉整治	苏州市天河塑料有限公司	YGL-1400T	2016 年底前			省市级
64	燃煤锅炉整治	苏州三新路面工程有限公司	窑炉	2016 年底前			区级增补
65	燃煤锅炉整治	苏州市永盛锻造有限公司	窑炉	2016 年底前			区级增补
66	燃煤锅炉整治	苏州久王多铵盐科技有限公司	SZL6-1.25-T	2016 年底前	光福镇	张建明	省市级
67	燃煤锅炉整治	苏州久王多铵盐科技有限公司	DZG4-1.25-T	2016 年底前			省市级
68	燃煤锅炉整治	苏州增发化纤纺织有限公司	DZL4-1.25-A4	2016 年底前			省市级
69	燃煤锅炉整治	苏州中兴化纤纺织有限公司	DZL4-1.25-A Ⅱ	2016 年底前			省市级
70	燃煤锅炉整治	苏州市吴中区香雪海丝绸厂	DZL2-0.98	2016 年底前			省市级
71	燃煤锅炉整治	苏州康元化纤有限公司	DZL2-1-A Ⅱ	2016 年底前			省市级
72	燃煤锅炉整治	苏州天龙无纺材料有限公司	DZL2-1.0-A Ⅱ	2016 年底前			省市级
73	燃煤锅炉整治	苏州康达锻造有限公司	窑炉	2016 年底前			区级增补
74	燃煤锅炉整治	江苏鑫达机械有限公司	DZL2-1.0-A Ⅱ	2016 年底前	穹窿山	马唯杰	省市级
75	燃煤锅炉整治	苏州爱博服装有限公司	LSG1-0.7-T	2016 年底前	香山街道	顾洪建	省市级
76	燃煤锅炉整治	蒋墩正华水泥厂	Lsc0.5-0.7-T	2016 年底前			区级增补

表 23-4-3 重点工程项目（挥发性有机物治理）

序号	工作任务	项目名称	行业分类	任务要求	完成期限	责任单位	责任人	所属性质
1	挥发性有机物治理	金子电线电讯（苏州）有限公司	电线电缆	废气整治	2016 年底前	角直镇	陈菊林	市级
2	挥发性有机物治理	鸿呈电子（苏州）有限公司	电线电缆	废气整治	2016 年底前			区级
3	挥发性有机物治理	苏州亘铭电子器材有限公司	电线电缆	废气整治	2016 年底前			区级
4	挥发性有机物治理	苏州市保利线缆有限公司	电线电缆	废气整治	2016 年底前			区级
5	挥发性有机物治理	苏州市角直印刷厂	包装印刷	废气整治	2016 年底前			市级
6	挥发性有机物治理	苏州富丽达汽车配件有限公司	汽车零部件	废气整治	2016 年底前			区级
7	挥发性有机物治理	盛州橡塑胶（苏州）有限公司	注塑	废气整治	2016 年底前			省级
8	挥发性有机物治理	苏州奥丽特化学有限公司	化工	废气整治	2016 年底前			区级
9	挥发性有机物治理	苏州盛广元塑胶科技有限公司	涂装	废气整治	2016 年底前			省级
10	挥发性有机物治理	苏州藤兴工业有限公司	包装印刷	废气整治	2016 年底前			省级
11	挥发性有机物治理	苏州曼斯特电子有限公司	电子	废气整治	2016 年底前			区级

续表

序号	工作任务	项目名称	行业分类	任务要求	完成期限	责任单位	责任人	所属性质
12	挥发性有机物治理	苏州威力士精细化工有限公司	化工	废气整治	2016年底前	郭巷街道	邹文明	区级
13	挥发性有机物治理	苏州瑞红电子化学品有限公司	化工	废气整治	2016年底前			区级
14	挥发性有机物治理	义仓电子（苏州）有限公司	电子元件	废气整治	2016年底前			市级
15	挥发性有机物治理	泰信电机（苏州）有限公司	电子器件	废气整治	2016年底前			市级
16	挥发性有机物治理	伟创力电脑（苏州）有限公司	电子器件	废气整治	2016年底前			区级
17	挥发性有机物治理	苏州良维电子有限公司	电线电缆	废气整治	2016年底前			区级
18	挥发性有机物治理	苏州丰茂科技有限公司	电线电缆	废气整治	2016年底前			区级
19	挥发性有机物治理	苏州市佳幸塑胶有限公司	注塑	废气整治	2016年底前			区级
20	挥发性有机物治理	赫比苏州通信科技有限公司	电子	废气整治	2016年底前			省级
21	挥发性有机物治理	苏州天绿生物制药有限公司	生物医药	废气整治	2016年底前	城南街道	龚艳	省级
22	挥发性有机物治理	苏州长征－欣凯制药有限公司	生物医药	废气整治	2016年底前			区级
23	挥发性有机物治理	吴中医药集团苏州制药厂	生物医药	废气整治	2016年底前			区级
24	挥发性有机物治理	欧麦奇（苏州）化学有限公司	化工	废气整治	2016年底前			区级
25	挥发性有机物治理	苏州君安药业有限公司	生物医药	废气整治	2016年底前			区级
26	挥发性有机物治理	宏易电子（苏州）有限公司	电子元件	废气整治	2016年底前			区级
27	挥发性有机物治理	苏州宏升包装制品有限公司	包装印刷	废气整治	2016年底前			区级
28	挥发性有机物治理	苏州市华方印务有限公司	包装印刷	废气整治	2016年底前			区级
29	挥发性有机物治理	苏州汉科精密注塑有限公司	汽车零部件	废气整治	2016年底前			区级
30	挥发性有机物治理	苏州三新包装涂料有限公司	化工	废气整治	2016年底前			区级
31	挥发性有机物治理	苏州德星化工（苏州）有限公司	化工	废气整治	2016年底前			市级
32	挥发性有机物治理	韩荣金属（苏州）有限公司	涂装	废气整治	2016年底前			省级
33	挥发性有机物治理	苏州大荣电子有限公司	涂装	废气整治	2016年底前			省级
34	挥发性有机物治理	苏州惠业化轻工业有限公司	化工	废气整治	2016年底前			区级
35	挥发性有机物治理	苏州鸿凯包装有限公司	包装印刷	废气整治	2016年底前	越溪街道	徐学明	市级
36	挥发性有机物治理	苏州工业园区四通科技发展有限公司	电子元件	废气整治	2016年底前			区级
37	挥发性有机物治理	苏州友通印务有限公司	包装印刷	废气整治	2016年底前			区级
38	挥发性有机物治理	冠利得商标制品（苏州）有限公司	包装印刷	废气整治	2016年底前			省级
39	挥发性有机物治理	苏州群鑫包装材料有限公司	包装印刷	废气整治	2016年底前			区级
40	挥发性有机物治理	苏州贺泰化学材料有限公司	化工	废气整治	2016年底前			区级
41	挥发性有机物治理	苏州创一模具塑胶有限公司	注塑	废气整治	2016年底前			省级
42	挥发性有机物治理	苏州增盛塑胶有限公司	包装印刷	废气整治	2016年底前			市级
43	挥发性有机物治理	苏州三博塑业有限公司	注塑	废气整治	2016年底前			区级
44	挥发性有机物治理	苏州市越洋印刷有限公司	包装印刷	废气整治	2016年底前			市级
45	挥发性有机物治理	斯德宝泵阀（苏州）有限公司	注塑	废气整治	2016年底前			区级

续表

序号	工作任务	项目名称	行业分类	任务要求	完成期限	责任单位	责任人	所属性质
46	挥发性有机物治理	苏州明浩电子制品有限公司	计算机制造	废气整治	2016年底前			区级
47	挥发性有机物治理	久玖办公设备（苏州）有限公司	木质家具	废气整治	2016年底前	横泾街道	徐晨阳	区级
48	挥发性有机物治理	苏州开来涂料有限公司	化工	废气整治	2016年底前			省级
49	挥发性有机物治理	苏州美嘉塑胶有限公司	注塑	废气整治	2016年底前			区级
50	挥发性有机物治理	苏州瑞佳印花纸厂	包装印刷	废气整治	2016年底前			市级
51	挥发性有机物治理	苏州市新耀精密涂装有限公司	表面涂装	废气整治	2016年底前			区级
52	挥发性有机物治理	苏州倍思特木制品有限公司	木质家具	废气整治	2016年底前	临湖镇	朱　艳	市级
53	挥发性有机物治理	苏州林枫工艺品有限公司	木质家具	废气整治	2016年底前			区级
54	挥发性有机物治理	苏州惠国塑料制品有限公司	包装印刷	废气整治	2016年底前			区级
55	挥发性有机物治理	苏州智森印刷有限公司	包装印刷	废气整治	2016年底前			区级
56	挥发性有机物治理	苏州市东沪电缆有限公司	电线电缆	废气整治	2016年底前			市级
57	挥发性有机物治理	吴中区文化印刷厂	包装印刷	废气整治	2016年底前			省级
58	挥发性有机物治理	苏州市宏大彩印包装印务有限公司	包装印刷	废气整治	2016年底前	东山镇	陆为民	区级
59	挥发性有机物治理	苏州市和好塑业有限公司	包装印刷	废气整治	2016年底前			区级
60	挥发性有机物治理	西铁城光电器件苏州有限公司	电子元件	废气整治	2016年底前			区级
61	挥发性有机物治理	苏州永承包装印刷有限公司	包装印刷	废气整治	2016年底前			区级
62	挥发性有机物治理	苏州双航机电有限公司	汽车零部件	废气整治	2016年底前			区级
63	挥发性有机物治理	苏州新智机电工业有限公司	汽车零部件	废气整治	2016年底前			区级
64	挥发性有机物治理	苏州万德福尔新材料有限公司	涂装	废气整治	2016年底前	木渎镇	郁文明	省级
65	挥发性有机物治理	苏州群利达模塑有限公司	化工	废气整治	2016年底前			区级
66	挥发性有机物治理	苏州市丰盈工程塑胶有限公司	注塑	废气整治	2016年底前			省级
67	挥发性有机物治理	苏州建业塑胶有限公司	合成树脂制造	废气整治	2016年底前			市级
68	挥发性有机物治理	苏州巨丰塑料有限公司	注塑	废气整治	2016年底前			省级
69	挥发性有机物治理	苏州志华塑业有限公司	注塑	废气整治	2016年底前			市级
70	挥发性有机物治理	苏州市金松精密电子有限公司	电子器件	废气整治	2016年底前			区级
71	挥发性有机物治理	新进精密机械（苏州）有限公司	计算机制造	废气整治	2016年底前			区级
72	挥发性有机物治理	苏州瑞可达连接系统有限公司	计算机制造	废气整治	2016年底前	胥口镇	徐卫东	区级
73	挥发性有机物治理	苏州市建诚装饰材料有限公司	其他	废气整治	2016年底前			区级
74	挥发性有机物治理	苏州柯依尔特种线缆有限公司	电线电缆	废气整治	2016年底前			区级
75	挥发性有机物治理	苏州英田电子科技有限公司	注塑	废气整治	2016年底前			省级
76	挥发性有机物治理	苏州电线电缆集团有限公司	电线电缆	废气整治	2016年底前			市级

表23-4-4 重点工程项目（码头堆场及港口岸电）

序号	工作任务	项目名称	任务要求	完成期限	责任单位	责任人	所属性质
1	码头堆场扬尘整治	苏州市利达商品混凝土有限公司	扬尘治理	2016年底前	郭巷街道 区交通运输局 区住建局 区环保局	邹文明 陆月根 汪庆丰 毛 刚	市级
2	码头堆场扬尘整治	苏州国泰沥青工程有限公司	扬尘治理	2016年底前			市级
3	码头堆场扬尘整治	曼宁家屋面系统（苏州）有限公司	扬尘治理	2016年底前			市级
4	码头堆场扬尘整治	苏州凯达路材股份有限公司	扬尘治理	2016年底前			市级
5	码头堆场扬尘整治	苏州中恒通路桥建设有限公司	扬尘治理	2016年底前			市级
6	码头堆场扬尘整治	苏州力帆混凝土有限公司	扬尘治理	2016年底前			市级
7	码头堆场扬尘整治	苏州东振路桥工程有限公司	扬尘治理	2016年底前	甪直镇 区交通运输局 区住建局 区环保局	陈菊林 陆月根 汪庆丰 毛 刚	市级
8	码头堆场扬尘整治	苏州汇程新型墙体材料有限公司	扬尘治理	2016年底前			市级
9	码头堆场扬尘整治	苏州景典市政工程有限公司沥青路面工程分公司	扬尘治理	2016年底前			市级
10	码头堆场扬尘整治	苏州三新路面工程有限公司	扬尘治理	2016年底前	胥口镇 区交通运输局 区住建局 区环保局	徐卫东 陆月根 汪庆丰 毛 刚	市级
11	码头堆场扬尘整治	苏州安派建材有限公司	扬尘治理	2016年底前			市级
12	港口岸电系统建设	吴中水上服务区	小容量岸电系统建设（2套）	2016年底前	区交通运输局	陆月根	市级

关于印发吴中区智能制造行动计划（2016~2018年）的通知

吴政办〔2016〕42号

吴中区智能制造行动计划（2016~2018年）

为加快推进吴中区制造业向智能化方向发展，全面提升产业综合竞争力，促进工业转型升级，建设创新智造强区，实现“实业兴区”的目标，根据“中国制造2025”战略部署和江苏行动纲要、苏州实施纲要精神，结合我区实际，特制定本行动计划。

一、总体思路

坚持政府引导、企业主体、市场导向，以促进制造业创新发展和提质增效为主题，以信息化与工业化深度融合为主线，以推进智能制造和“机器换人”为主攻方向，重点围绕智能生产、智能管理、智能装备（产品）、智能服务等领域，聚焦传统制造业的智能化改造和战略性新兴产业的提质增量，实施重点项目，培育骨干企业，开展试点示范，全面提升吴中区制造业智能化水平。

二、工作目标

（一）到2018年，全区实施智能化制造改造项目400个，完成改造投入120亿元，其中“机器换人”项目200项，投入80亿元。

（二）加快引进智能装备制造、系统集成和设备服务项目，培育发展自主智能制造技术和产品，推进信息技术在装备产品中的嵌入式应用，壮大智能装备制造产业，到2018年，全区智能装备制造业产值达到200亿元，年均增长8%，智能装备占装备制造业产值比重逐年提高。

（三）全区制造业数字化、网络化、智能化改造取得明显进展，培育3~4家智能装备（产品）龙头企业，建成10家智能示范工厂（车间），“两化融合”示范试点企业达到100家，培育打造1~2个智能制造产业集群。

（四）实现全区制造业智能化水平显著提升，规模以上企业劳动生产率年均提高6%以上，应用信息技术开展研发、管理、生产、销售等业务的比例达到60%以上，应用电子商务开展采购、销售等业务的比例达到50%以上；规模以上企业关键工序核心装备数控化率超过60%以上；制造业使用智能装备（机器人）密度达到100台（套）/万人以上。

三、工作任务

（一）推进传统制造业智能化改造

1.生产制造装备智能化改造。实施“机器换人”工程，引导和支持企业加强技术引进和设备投资，应用工业机器人、数控机床、智能仪器仪表等自动化、智能化装备，实现生产制造装备向智能化转变。以产需匹配为基础，重点在电子、机械、医药、化工、建材、纺织、物流等重复劳动特征明显、劳动强度大、安全风险高、环境污染重的重点环节实现机器替代，建设具有行业示范效应和推广价值的智能车间、智能工厂。

2.生产管理模式智能化升级。鼓励和支持企业加快提升两化融合水平，深化信息技术在研发设计、生产制造、营销管理、节能降耗等环节的应用。推动传感技术、信息网络技术、自动控制技术、物流技术等与制造技术融合发展，实现关键生产制造工艺和流程的自动化和智能化。推广应用现代生产管理系统等共性技术，支持企业普及制造执行（MES）、资源计划（ERP）、供应链（SCM）、客户管理（CRM）、仓储管理（WMS）等管理信息系统的应用和综合集成。

（二）加快智能制造产业培育发展

1.引进智能制造项目。加大招商引资力度，大力引进和培育智能装备制造企业、系统集成和设备服务企业，重点围绕高档数控机床、工业机器人、智能化仪器仪表等智能制造装备及关键功能部件的生产项目。大力推进智能制造项目建设，对重点项目实施跟进服务。

2.培育智能装备（产品）。加快发展自主智能制造技术和产品，重点发展具有深度感知、智慧决策、自动执行的高档数控机床、工业机器人、增材制造（3D打印）装备、全自动智能化生产线以及相关智能制造技术；打造一批拥有核心知识产权的关键零部件、装备主机和系统集成的智能制造企业，围绕关键零部件、机器人本体、系统集成、终端应用等环节，立足制造业智能化改造需求，提升控制器、伺服电机、精密减速器、伺服驱动器、末端执行器、传感器等机器人关键技术和核心部件的自主配套能力；推进信息技术在装备产品中的嵌入式应用，发展成台（套）、智能化和自动化设备。

3.集聚智能制造产业。以汇川技术、科沃斯、绿的谐波等企业为核心，积极培育壮大智能装备制造业，打造具有一定规模、品牌、市场、特色的智能装备产业园，实现智能装备及部件产业规模化、集聚化发展，并带动发展一批关键零部件或总成部件企业，逐步形成资源整合、创新协调、优势互补、产业链完善的智能制造产业集群。

（三）完善智能制造支撑体系建设

1.提升自主创新能力。实施“专精特新”培育工程，鼓励智能装备企业加大研发投入，发展和建设一批智能制造国家、省、市级企业技术中心、研发中心等创新载体。整合创新资源，组建智能装备产业联盟，充分发挥研发支撑作用，加强智能制造核心技术以及关键零部件技术的研究和攻关能力。

2.构建公共服务平台。加强工业互联网基础设施建设规划与布局，推动实施“企企通”建设试点。提升本地检验检测、现代物流、工业设计、信息技术服务等重点生产性服务业的智能制造服务水平，推动软件与服务、设计与制造资源、关键技术与标准等智能制造资源有效聚集，打造链接政府、企业、研究机构、服务机构的产、学、研、用一体的智能制造公共服务平台。

3.优化信贷融资环境。深化政银企三方合作，加大增信基金实施力度，优先支持智能制造企业的融资需求。加强信息共享，搭建银企信息沟通平台，开展多种形式的银企交流活动。积极引导和支持企业上市融资，探索服务于智能制造装备租赁、分期付款、风险补偿等的金融支撑机制，构建多元化融资渠道。

4.培养专业人才队伍。实施智能制造人才培养计划，组织重点行业智能制造管理人员、专业技术骨干通过政校合作培训等形式，多场次、针对性地开展智能制造专业培训。

四、保障措施

（一）加强组织领导。成立吴中区智能制造工作领导小组，由区政府领导任组长，区有关职能部门、镇（区）参与，领导小组办公室设在区经信局，统筹推进智能制造工作，具体负责综合协调、组织考核、指导监督等工作。

（二）加强政策引导。积极争取国家、省、市专项资金对我区智能制造重大项目的支持，优化区工业转型升级专项资金的扶持重点和方式，资金优先保障智能制造、绿色制造、高端制造、战略性新兴产业等领域，加大对制造企业提升智能化制造水平的支持力度。

（三）完善要素保障。加强统一规划，整合空间资源，优化产业布局，按照“一核一轴一带”整体发展框架和调高调轻调优调强调绿的发展导向，加快构建智能制造产业发展格局，完善智能制造支撑体系，加快工业信息基础设施建设。分行业、分层次、分地区、分年度有序推进智能生产线、智能车间、智能工厂的试点推广工作，对技术先进，优势明显，带动和支撑作用较强的项目，加快项目审批速度，优先保障用地、用能及相关生产配套资源需求。

（四）加强监督考核。加强项目跟踪考核力度，建立健全项目评估制度。制定智能制造工作目标考核指标，分解落实到各有关部门和板块。

关于印发《全面推进社区服务社会化试点方案》的通知

吴政发〔2016〕73号

关于全面推进社区服务社会化的试点方案

社区服务社会化，是推进城乡社区治理现代化的基本方向和目标定位。为认真贯彻中央和省、市、区关于切实改进社会治理方式，激发社会组织活力，加快推进城乡社区治理现代化的一系列指示精神，学习借鉴先进地区经验，结合我区实际，现就进一步扩大政府向社会力量购买服务，全面推进社区服务社会化制定如下方案：

一、指导思想

以中央和省、市、区深化社区治理创新为依据，以“优化创投、扩大采购、搭好平台、规范评估、统筹推进”为基本思路，以满足居民群众多元、个性和专业化服务需求为出发点，按照“以民为本、群众急需，整体外包、专业服务，试点先行、全面覆盖，开放择优、公开透明”的原则，有重点、有步骤地扩大政府采购，扎实推进城乡社区服务社会化，力争到“十三五”末，基本实现城市社区全覆盖，农村社区覆盖率不低于30%，基本形成以城带农、城乡一体的现代社区服务体系。

二、具体安排

（一）基本任务：以公共性、公益性和专业性为核心，采取“镇（区、街道）打包、社区落地”的方法，向专业社工机构购买以社区照顾、社区参与、社区融入和社区发展为基本内容，以提供特殊人群专业化服务、社区治理难题解决和居民自治为重点的社区社会工作服务，探索建立社区服务专业化、社会化模式，切实推进社区服务领域的“转移职能、购买服务”。

（二）试点时间：从2016年7月至2017年7月，为期一年。在试点基础上，总结经验、扩大覆盖，逐步实现全区社区服务社会化。

（三）试点范围：在做好长桥街道市级试点工作基础上，纳入木渎镇天平村、角直镇保圣社区、胥口镇子胥社区、东山镇洞庭社区、临湖镇牛桥村、光福镇太湖渔港村、金庭镇秉常村、郭巷街道国泰社区、横泾街道尧南社区、越溪街道莫舍社区、城南街道新江社区、香山街道舟山花园社区12个村（社区）作为全区社区服务社会化试点单位。

（四）方法形式：以试点镇（街道）为单位量身定制“综合包”，向具有资质和承接能力的专业社工机构购买服务，合同期限1年，年度评估不合格或承接机构要求退出的，中止合同，重新招标；承接机构按合同向试点镇（街道）派出常驻全职人员，试点期间不少于3~5名（持证社工人员或社工专业人员不少于3名）。

（五）服务项目：在试点地区设置“综合包”服务项目。服务重点：《村（社区）协助区级部门工作事项》中适合由社会组织承接的社区服务，交由专业社工机构实施；社区服务中急需提升专业化程度的内容，且不得与已有财政资金安排的本地同类项目重合。社区服务项目为“3+1”模式。“3”为必选项目：社区需求调查与分析，促进社区互动和居民参与，提升社区组织化程度。“1”为自选项目：探索解决社区治理难点问题，或其它个性化自选项目（项目主要内容见附件）。

（六）经费安排：服务项目由各试点镇（街道）实施购买，区财政年底在区级城乡社区建设“以奖代补”专项资金中实施专项补助，每个试点社区补助28万，共计336万元。

三、保障措施

（一）加强组织领导。各试点镇（街道）要切实加强统筹协调，立足本地实际，制定并完善全面推进社区服务社会化的政策措施和实施办法，逐步厘清社区“党务、政务、居务、服务”的分工职责，实现“党务统领核心，政务适度集中，居务回归自治，服务专业运营”。按照“政府主导、部门负责、社会参与、共同监督”的要求，区民政、财政、监察、审计等相关部门要各司其职、密切协作、严格监管，适时提出改进建议，提升服务水平和质量。宣传部门要发动各类媒体跟进试点进展，广泛宣传改进社区治理方式，全面推进社区服务社会化的重大意义，做好政策解读，加强舆论引导，充分调动社会力量参与社区治理的积极性。

（二）把握重点环节。各试点镇（街道）是购买服务的主体单位。试点阶段，区民政部门要牵头指导各试点镇（街道）做好需求调查、项目设置、规则制定、评估考核、部署总结、经验推广等工作，主动作为、科学组织、精心实施，重点做好方案细化、项目推进、服务绩效等日常监管工作，试点推进情况纳入镇（街道）年度绩效考核。承接机构在镇（街道）政府（办事处）统一领导和社区协作配合下，全面参与和融入“三社联动”。同时，试点镇（街道）同步推进社区“一站式”大厅逐步取消按条线设置岗位，全面推行“一口受理、全科社工、全能服务”，将更多的资源投入居民服务。试点镇（街道）要从现有工作人员中调整出1~2名协调能力强、服务居民好的社区工作者担任“社区服务协调员”（原则上安排持证社工）。试点社区要指定专人对接和协助承接机构，共同推进项目实施。试点镇（街道）不得要求承接机构承担与购买服务项目无直接相关的工作内容。

（三）规范采购评估。试点镇（街道）要按照政府采购相关要求，规范操作流程，做好采购、评估、考核等工作。承接机构须为区（县）级以上民政部门登记的专业社工机构，具备独立承担法律责任的能力、健全的财务会计制度以及相关的专业技术能力，符合资质具体要求。试点项目评估考核由区民政局委托第三方实施。

（四）加大保障投入。试点镇（街道）和社区应依托现有公共服务设施，采取租赁、置换、整合等有效方式，逐步改造和配套完善社区服务设施，提升服务功能和品质，营造民本、温馨、舒适的社区服务环境。试点镇（街道）和社区服务场地无偿提供承接机构共享使用，并配备个案工作室和必要的办公设施设备。区民政部门要加强对社区服务社会化试点工作的指导、监管和督促，区财政部门要根据社区服务社会化推进阶段，认真做好经费预算、资金安排等相关工作。

附件：

试点社区服务社会化项目主要内容

社区“3+1”模式

一、“3”为必选项目：

1. 社区需求调查与分析。如：

（1）开展社区需求调查。每个社区每年探访居民家庭不少于150户，了解其资源网络，采集并评估其显性和潜在需求，建立居民家庭档案。

（2）开展社区资源调查，绘制社区资源地图。

（3）调查梳理社区焦点问题，并予以评级。

（4）每年提交社区服务项目需求建议不少于1份；结项前提出社区服务规划建议书1份。

2. 促进社区互动与居民参与。重点为老年人、优抚对象、未成年人、残疾人、低收入家庭、流动人口提供文化康乐、正面成长、增能减压服务。每年大型活动不少于2次，小型活动不少于6次；如：

（1）根据社区特点和居民需要，组织系列主题活动。

（2）就亲子关系、家庭和谐等主题开展社区教育活动。

（3）根据居民需要，举办或引入高品质便民服务，如“4点半课堂”、文体兴趣活动等，可试行微偿收费。

3. 提升社区组织化程度。如：培育社区志愿者队伍，营造“熟人社区”，促进常态化邻里互助；发掘居民领袖，培育社区社会组织，并提升其服务能力和组织能力。培育治理型组织不少于2个。

二、“1”为自选项目：

探索解决社区治理难点问题。针对社区焦点问题，组织居民议事，形成方案并解决不少于2例。

关于印发吴中区互联网金融风险专项整治工作实施方案的通知

吴政办〔2016〕72号

吴中区互联网金融风险专项整治工作实施方案

为贯彻落实省、市互联网金融风险专项整治统一部署要求，打击和整治违法违规行为，鼓励和保护互联网金融创新，切实防范化解风险，建立监管长效机制，促进规范有序发展，根据《市政府办公室关于印发苏州市互联网金融风险专项整治工作实施方案》（苏府办〔2016〕140

号)精神,制定本方案。

一、工作目标和原则

(一)工作目标

规范各类互联网金融行为,优化市场竞争环境,扭转互联网金融某些业态偏离正确创新方向的局面,遏制非法集资案件高发频发势头,提高投资者风险防范意识,建立和完善适应互联网金融发展特点的监管长效机制,实现规范与发展并举,创新与防范风险并重,促进行业健康可持续发展,切实发挥互联网金融支持大众创业、万众创新的积极作用。

(二)工作原则

全面整治,重点突出。线上整合执法部门、监管部门及第三方数据信息,线下实地排查整治,确保八大领域机构风险全覆盖。明确整治重点,重点排查整治投资者多、资金量大、覆盖面广、潜在风险大的互联网金融机构。

内紧外松,有序化解。对内高度重视互联网金融风险,周密细致地部署专项整治工作;对外适度把握宣传口径,维护金融市场运行稳定。工作稳扎稳打,讲究方法步骤,针对不同风险领域,根据违法违规情节轻重和社会危害程度区别对待,做好风险评估,依法、有序、稳妥处置风险,防范处置风险中的次生风险。同时坚持公平公正开展整治,不搞例外。

区别对待,分类施策。上下联动,条块结合,以排查实际情况为基础确定整治分类。对持有金融业务牌照、合法合规经营但风险较大的,要及时整改,加强风险管控;对持有金融业务牌照但出现违规经营活动的,应停止业务,限期整改;对持有金融牌照但业务实质与牌照资质不符的,应停业整改,回归资质业务;对没有金融牌照、风险较小的,采取多种方式,逐步化解;对没有金融业务牌照、业务极不规范、有意逃避金融监管的,要坚决予以取缔;对没有金融牌照、涉嫌恶意欺诈、严重违法违规行为,要严厉打击,绝不姑息迁就。

明确分工,强化协作。按照部门职责和《实施方案》明确的分工要求,采取"穿透式"监管办法,根据业务实质明确责任。充分考虑互联网金融活动特点,加强跨部门、跨区域协作,共同承担整治任务,共同落实整治责任。

边整边改,形成长效。立足当前,切实防范化解互联网金融领域存在的风险,对违法违规行为形成有效震慑。着眼长远,以专项整治为契机,及时总结提炼经验,形成制度规则,建立健全互联网金融监管长效机制。

二、重点领域和要求

(一)P2P网络借贷业务

1.P2P网络借贷平台应守住法律底线和政策红线,落实信息中介性质,不得设立资金池,不得发放贷款,不得非法集资,不得自融自保、代替客户承诺保息、期限错配、期限拆分、虚假宣传、虚构标的,不得通过虚构、夸大融资项目收益前景等方法误导出借人,除信用信息采集核实、贷后跟踪、抵质押管理等业务外,不得从事线下营销。

2.P2P网络借贷平台未经批准不得从事资产管理,债券或股权转让,高风险证券市场配资等金融业务。P2P网络借贷平台客户资金与自有资金应分账管理,遵循专业化运营原则,严格落实客户资金第三方存管要求,选择符合条件的银行业金融机构作为资金存管机构,保护客户资金安全,不得挪用或占用客户资金。

3.房地产开发企业、房地产中介机构和互联网金融从业机构未取得相关金融资质,不得利用P2P网络借贷平台从事房地产金融业务;取得相关金融资质的,不得违规开展房地产金融相关业务。

(二)第三方支付业务

1.非银行支付机构不得挪用、占用客户备付金,客户备付金账户应开立在人民银行或符合要求的商业银行。人民银行或商业银行不向非银行支付机构备付金账户计付利息,防止支付机构以"吃利差"为主要盈利模式,理顺支付机构业务发展激励机制,引导非银行支付机构回归提供小额、快捷、便民小微支付服务的宗旨。

2.非银行支付机构不得连接多家银行系统,变相开展跨行清算业务。非银行支付机构开展跨行支付业务应通过人民银行跨行清算系统或者具有合法资质的清算机构进行。

3.开展支付业务的机构应依法取得相应业务资质，不得无证经营支付业务，开展商户资金结算、个人POS机收付款、发行多用途预付卡、网络支付等业务。

（三）股权众筹业务

1.股权众筹平台不得发布虚假标的，不得自筹，不得“明股实债”或变相乱集资，应强化对投资者、股权众筹平台的信息披露业务和股东权益保护要求，不得进行虚假陈述和误导性宣传。

2.股权众筹平台未经批准不得从事资产管理、债券或股权转让、高风险证券市场配资等金融业务。股权众筹平台客户资金与自有资金应分账管理，遵循专业化运营原则，严格落实客户资金第三方存管要求，选择符合条件的银行业金融机构作为资金存管机构，保护客户资金安全，不得挪用或占用客户资金。

3.房地产开发企业、房地产中介机构和互联网金融从业机构未取得相关金融资质，不得利用股权众筹平台从事房地产金融业务；取得相关金融资质的，不得违规开展房地产金融相关业务。规范互联网“众筹买房”等行为，严禁各类机构开展“首付贷”性质的业务。

（四）互联网保险业务

保险公司开展互联网保险业务，应遵循安全性、保密性和稳定性原则，加强风险管理，完善内控系统，确保交易安全、信息安全和资金安全。专业互联网保险公司应当坚持服务互联网经济活动的基本定位，提供有针对性的保险服务。保险公司应建立对所属电子商务公司等非保险类子公司的管理制度，建立必要的防火墙。保险公司通过互联网销售保险产品，不得进行不实陈述、片面或夸大宣传过往业绩、违规承诺收益或者承担损失等误导性描述。

（五）通过互联网开展资产管理及跨界从事金融业务

1.互联网企业未取得相关金融业务资质不得依托互联网开展相应业务，开展业务的实质应符合取得的业务资质。互联网企业和传统金融企业平等竞争，行为规范和监管要求保持一致。采取“穿透式”监管方法，根据业务实质认定业务属性。

2.未经相关部门批准，不得将私募发行的多类金融产品通过打包、拆分等形式向公众销售。采取“穿透式”监管方法，根据业务本质属性执行相应的监管规定。销售金融产品应严格执行投资者适当性制度标准，披露信息和提示风险，不得将产品销售给与风险承受能力不相匹配的客户。

3.金融机构不得依托互联网通过各类资产管理产品嵌套开展资产管理业务、规避监管要求。应综合资金来源、中间环节与最终投向等全流程信息，采取“穿透式”监管方法，透过表面判定业务本质属性、监管职责和应遵循的行为规范与监管要求。

4.同一集团内取得多项金融业务资质的，不得违反关联交易等相关业务规范。按照与传统金融企业一致的监管规则，要求集团建立“防火墙”制度，遵循关联交易等方面的监管规定，切实防范风险交叉传染。

（六）互联网金融领域广告等行为

互联网金融领域广告等宣传行为应依法合规、真实准确，不得对金融产品和业务进行不当宣传。未取得相关金融业务资质的从业机构，不得对金融业务或公司形象进行宣传。取得相关业务资质的，宣传内容应符合相关法律法规规定，需经有权部门许可的，应当与许可的内容相符合，不得进行误导性、虚假违法宣传。

（七）各类交易场所业务

各类交易场所应严格遵守国家、省、市有关规定，不得违规开展业务。未经批准，不得设立各类交易场所，不得在我区擅自设立分支机构；未通过清理整顿各类交易场所部际联席会议验收省份交易场所发展的会员单位及未取得注册地省份人民政府或授权部门批准文件交易场所发展的会员单位，不得在我区开展业务。

（八）民间投融资机构活动

投资理财、非融资性担保、

第三方理财、财富管理等各类民间投融资机构不得开展金融业务，不得从事非法集资活动。

P2P网络借贷平台、各类交易场所及民间投融资机构是我区这次专项整治的重点。

三、职责分工与工作路径

（一）组织领导与职责分工

1.区级统筹协调。一是组织领导。成立吴中区互联网金融风险专项整治工作领导小组，区政府分管领导任组长，区委宣传部、区法院、检察院、金融办、发改局、经信局、财政局、住建局、商务局、市场监督局、信访局、法制办、维稳办、吴中公安分局、度假区公安分局以及各镇（区、街道）负责同志为领导小组成员，相关科室负责同志为联络员。领导小组办公室设在区金融办，负责统筹协调全区互联网金融风险专项整治工作，区金融办负责同志任办公室主任。二是部门统筹。八个重点领域分别成立专项工作组，负责分领域的专项整治工作，制定实施方案、梳理排查名单、确定整治范围、进行性质认定等。八个重点领域的牵头部门分别为：区金融办牵头负责P2P领域，第三方支付领域，股权众筹领域，互联网保险领域，资产管理及跨界从事金融业务领域，各类交易场所领域的专项整治；区市场监督局牵头负责互联网金融广告的专项整治；吴中、度假区公安分局（维稳办）牵头负责全区投资理财类机构的普查工作。牵头部门负责统筹全区范围内相应领域的专项整治工作，督促各地按照统一部署做好工作。对于交叉嵌套领域，企业和业务的专项整治责任，由领导小组根据"穿透式"监管要求，研判本质属性，确定责任部门。三是协调配合。加强各地、各有关部门之间的协调配合，八个领域专项工作组的牵头部门提出要其他部门配合的，有关部门应予以支持，原则上，区委宣传部，区市场监督局、信访局，吴中、度假区公安分局等部门应参与到各个分领域专项整治，区委宣传部负责舆情监测和控制，规范舆论引导，区市场监督局应配合提供各领域排查名单，吴中、度假区公安分局（维稳办）负责做好清理整顿过程中的维稳工作，区信访局负责做好信访接待和处置工作。

2.强化属地负责。各镇（区、街道）为专项整治工作第一责任人和落地单位，统筹落实辖区范围内相关整治工作。各镇（区、街道）要相应建立领导和工作机制，负责具体排查、整改和处置工作，承担组织协调、风险处置、维护稳定等各项工作职责，守住不发生系统性、区域性金融风险的底线。

（二）工作路径

1.现场排查。由区领导小组办公室统一发函至各被排查机构，根据名单和调查表开展现场摸底排查，并对重点区域、街道、楼宇进行拉网式排查，动态增补排查名单，提出整治分类建议（分为三类：合规类、整改类、取缔类）。

2.甄别定性。区领导小组办公室对分类情况予以复核并上报市级专项工作组，由市各专项工作组牵头单位根据实际情况予以性质认定、确定整治分类，并对三类企业分类施策，制定整治方案。

3.分类处置。各镇（区、街道）根据整治方案，具体开展整治工作。对合规类企业进行持续监管，督促其合规经营；对整改类企业提出整改意见并限期整改，扭正发展方向；对取缔类企业在保护好金融消费者合法权益、做好兑付工作的基础上，根据实际情况清理退出；涉嫌犯罪的，按照相关法律法规进行立案侦办。

4.建章立制。一是建立市场监督局与金融监管部门的会商机制，严格准入管理。未经相关有权部门批准或备案，不得从事金融活动，在注册名称和经营范围中原则上不得使用"交易所""交易中心""金融""资产管理""理财""基金""基金管理""投资管理""财富管理""股权投资基金""网贷""网络借贷""P2P""股权众筹""互联网保险""支付"等字样。二是建立常态化监管机制，建立健全互联网金融企业信息档案，金融管理部门、市场监督局对互联网金融企业予以持续关注，开展常态化监管。

（三）相关保障工作

1.资金监管。区领导小组办公室负责与上级主管部门协调对接，对重点互联网金融平台的资金账户进行监管，对资金账户、资金来源和资金运用等情况进行全面监测，开展资金流向追踪，配合控赃、追赃、挽赃工作。

2.人员监控。公安部门对涉嫌非法集资等犯罪案件、涉及重大金融风险的互联网金融平台主要负责人进行监控，防止重点人员逃脱。

3.信息报送。建立双周报制度，定期报送排查和整治工作进展，风险预警和应急处置等情况，由各专项工作组每两周报送工作简报至区领导小组办公室。

四、时间进度安排

我区专项整治工作分为四个阶段：

（一）摸底排查阶段（7月11日~7月31日）

各地、各有关部门对各类互联网金融平台进行全面排查，摸清底数，建立档案，根据调查摸底情况，制订清理整顿方案。各地、各有关部门于7月22日前将工作情况、风险状况和清理整顿方案报区领导小组办公室。

（二）清理整顿阶段（8月1日~10月20日）

各地、各有关部门对本地、牵头领域的互联网金融从业机构和业务活动开展集中整治。向违规机构出具整改意见，对违规情节较轻的，要求限期整改；拒不整改或违规情节较重的，依法依规予以关闭或取缔；涉嫌犯罪的，移送相关司法机关。同时，各地、各有关部门对前一阶段的专项整治工作分别组织自查，区领导小组对重点领域和重点地区组织开展督查和中期评估，于10月14日前将清理整顿情况报区领导小组办公室。

（三）整章建制阶段（10月21日~11月25日）

针对专项整治中暴露出的问题，各地、各有关部门研究制订相关政策和监管规则。

（四）验收总结阶段（11月26日~2017年1月25日）

区领导小组组织对各地、各领域清理整顿情况进行验收。各地、各有关部门形成本地、牵头领域的整治工作总结报告，2017年1月4日前报区领导小组办公室。

关于印发《苏州市吴中区创业引导资金使用管理办法》的通知

吴政办〔2016〕143号

苏州市吴中区创业引导资金使用管理办法

第一章 总则

第一条 为贯彻落实区政府《关于进一步做好新形势下创业就业工作的实施意见》（吴政发〔2016〕81号）精神，进一步加大我区创业扶持力度，优化创业环境，加强创业服务，发挥创业引导资金（以下简称创业资金）在推动创业带动就业和大众创业、万众创新中的积极作用，结合我区历年来创业工作实际，制定本办法。

第二条 创业资金由区级财政预算安排，主要用于引导、鼓励、扶持市民创业和带动就业等；每年由区人力资源和社会保障部门会同区财政部门，根据推动市民创业和带动就业的工作目标、实际效果和发展需求等情况，进行综合评估，提出年度资金额度，由区财政部门统筹安排。

第二章 资金使用

第三条 创业资金使用应符合国家有关法律、法规和财务管理制度，遵循突出重点、讲究效益、规范使用的原则。突出重点：开展融资服务，建立创业孵化载体，促进项目推介。讲究效益：帮助开业登记，鼓励吸纳人员，促进税收增加。规范使用：建立专项资金，建立健全制度，完成工作目标。

第四条 创业资金的使用方向：

（一）扶持创业孵化载体建设

各镇（街道、区）、本区高校根据实际建立一定规模的创业孵化基地（含符合创业孵化基地认定条件的大学生创业园和校园大学生创业孵化基地，下同）和集中管理的创业孵化点。创业孵化载体的建立，可采用自建或改建、利用或吸引社会现有资源投资等各种形式。

1.创业孵化基地建设补贴。对自建或改建社会现有资源的创业孵化基地，且安排入驻人员达到下列条件之一：（1）本地户籍创业人员和毕业年度高校毕业生（毕业年度是指毕业离校未满一年，毕业离校时间以毕业证书上的发证日期为准，下同）占比40%及以上；（2）初次创业高校毕业生占比50%以上。符合条件的创业孵化基地通过考核评估后，创业资金可根据基建审计报告反映的资金使用情况给予一定的建设补贴，补助金额最多不超过50万元。

2.创业孵化基地租金减免补贴。创业孵化基地安排入驻人员达到下列条件之一：（1）本地户籍创业人员和毕业年度高校毕业生占比40%及以上；（2）初次创业高校毕业生占比50%以上。符合条件的创业孵化基地通过考核评估后，根据该基地对本地户籍创业者和毕业年度高校毕业生租金减免部分予以补贴。租金补贴标准：第一年为租金的20%，第二年为租金的15%，第三年为租金的10%，每年租金补贴最高不超过5000元。

符合享受租金补贴条件的创业人员，在创业孵化基地之外自行解决经营场所，并且经营场所经街道或乡镇认定和集中管理，可按每户每年不超过年租金50%且最高5000元以内的标准给予租金补贴。

上述补贴期限合并计算，一般不超过3年。创业人员因经营发生困难确实需要调整的，可以协商后退租，但不得转租。

3.低收入家庭创业补助。加大对低收入家庭成员创业的援助力度，对低收入家庭成员初次创业，自办实体并缴纳社会保险费，入驻创业孵化基地创业或进入孵化点的，租金补贴期限可以延长至5年。

4.扶持建设家庭服务业专业孵化基地。支持有条件的乡镇、街道建设家庭服务业专业孵化基地，对建成的基地，按照本办法自建或改建社会现有资源创业孵化基地的标准给予相应的基地建设补贴和租金减免补贴。

（二）拓展购买社会创业孵化服务。创业孵化服务机构对认定的创业孵化基地内的在孵化企业提供创业辅导、跟踪指导、融资支持等服务，按实际孵化成功（在基地内注册登记并孵化成功搬离基地后继续经营6个月以上）的企业数，按照每成功孵化1家企业给予1万元的创业孵化补贴。

（三）将社会创业孵化基地的补贴政策拓展到符合条件的高校创业孵化载体。在我区的高校创业孵化载体纳入创业工作评估范围，经认定后给予2万元的一次性财政补贴；对于符合条件的高校毕业生等人员入驻创业孵化基地创业的给予不超过5000元的租金补贴，补贴期限不超过3年。

（四）开发创业项目。开发创业项目采用市场运作机制，购买社会服务，通过项目推介会、印制项目手册和宣传资料等形式，向市民推荐创业项目。全区年开发推荐新项目不少于50个，其中各镇（街道、区）向区级遴选推荐创业项目不少于3个，成功转换率不低于20%。对经评估后发布的创业项目，按照实际发布数，给予每个200元一次性补贴；对一年内成功转换的创业项目，给予每个1000元的一次性补贴（创业项目成功转化的标准是创业实体领取营业执照，使用人员3人及以上，正常经营6个月以上）。

（五）开展融资服务、帮助开业登记和跟踪扶持等创业推动工作项目。

1.开展融资服务。将苏州市吴中区小额担保贷款调整为苏州市吴中区创业担保贷款，增加创业贷款担保基金规模，区级增加到创业担保贷款基金500万元。创业贷款担保基金可从失业保险基金扩大支出范围试点资金或就业专项资金中安排，确保融资服务基础稳固。疏通渠道，减少环节，及时评估贷款申请人创业项目，对符合贷款条件的对象，贷款申请审核推荐周期不超过10个工作日，投诉率小于3%。

2.帮助开业登记。每年新增开业登记的企业或个体工商户1000户以上，年均每户吸纳人员不少于3人；开户后依法纳税。

3.加强跟踪扶持。跟踪了解创业者自办实体和企业经营发展状况，针对经营过程中出现的问题，提供有针对性的咨询和指导，帮助其不断提高经营能力，改善经营状况，建立服务台账；总结宣传创业典型，全区年宣传创业典型不少于40个，各镇（街道、区）总结宣传创业典型不少于2个。

第五条 各类项目资助补贴执行下列文件:《关于开展2016年度苏州市创业孵化载体认定工作的通知》（苏人保就管〔2016〕21号）、《苏州市吴中区创业孵化基地租金补贴办法》（吴人社办〔2012〕82号）、《关于吴中区创业孵化服务补贴的暂行实施办法》（吴人社〔2016〕110号）。

项目资金申报时，填写《吴中区创业引导性资金申报表》（见附件1），报区人力资源社会保障部门审核。

第六条 项目申报内容符合条件并通过评估的，在项目申报单位所在场所和区人社部门网站予以公示，公示时间不少于七日。如无异议，区财政部门根据评估情况及时拨付资金，并按规定进行管理与监督。

第三章　部门职责

第七条 区人力资源和社会保障局是全区创业就业工作的组织管理部门，负责创业项目申报、评估、管理工作，提出创业资金年度经费预算。负责做好创业资金绩效评价的具体实施工作，根据绩效管理考核结果改进创业资金管理，充分发挥创业资金的引导作用。

第八条 区财政局负责审核创业资金年度经费预算，统筹安排资金，列入年度预算，根据评估情况及时拨付资金，组织对创业资金实施情况进行绩效评价，绩效评价报告作为年度预算安排和完善预算管理的重要依据。

第四章　资金使用监督管理

第九条 创业资金的使用必须专款专用，不得挪作他用。

第十条 创业资金的使用应积极引入评估、评价、招投标等市场运行机制，保证资金使用和管理的质量和效率。

第五章　附　则

第十一条 本办法由区人力资源和社会保障局、区财政局负责解释。

第十二条 本办法自发文之日起执行，有效期至2019年12月31日。

表彰和奖励

关于表彰2015年度吴中区区级机关绩效管理优胜单位的决定

吴委发〔2016〕7号

各镇、街道（场）党（工）委、政府（办事处），区级机关各部门，度假区、开发区、城区党工委、管委会及所辖各部门，农业园区、太湖新城，穹窿山风景管理区党工委、管委会：

2015年，区级机关各部门紧紧围绕区委、区政府中心工作，以开展“三严三实”专题教育和“三治三提”作风效能行动为强大动力，突出加强机关高效履职、依法行政、创新创优能力建设和提升综合服务水平，在加快推进机关职能转变和公共管理创新，建设人民满意的服务型机关等方面发挥了积极作用，取得了良好成效。根据2015年度区级机关部门绩效管理工作考核结果，经研究，决定授予区委办等26家单位“2015年度吴中区区级机关绩效管理优胜单位”荣誉称号，现予通报表彰。

希望受表彰的单位再接再厉，继续发挥表率作用。区级机关各部门要围绕区委提出的“一二三四五六”总体方略，以先进为榜样，保持奋发向上、争先创优的精神风貌，求真务实、开拓进取，为吴中率先全面建成经济更强、百姓更富、环境更美、社会文明程度更高的小康社会作出新的贡献。

附件

2015年度吴中区区级机关绩效管理优胜单位
（共26个）

区委办
区人大办
区政府办
区政协办
区纪委
区委组织部
区委宣传部
区委政法委
区委农办
区委党校
区检察院
区发改局
区经信局
区教育局
区科技局
区民政局
区财政局
区农业局
区商务局
区文体局
区市场监管局
区旅游局
区金融办
吴中国土分局
吴中区国税局
吴中地税局

中共苏州市吴中区委员会
苏州市吴中区人民政府
2016年2月15日

关于对2015年度为全区经济社会发展作出突出贡献的单位和个人给予表彰的决定

吴委发〔2016〕8号

各镇、街道（场）党（工）委、政府（办事处），区级机关各部门，度假区、开发区、城区党工委、管委会及所辖各部门，农业园区、太湖新城，穹窿山风景管理区党工委、管委会：

2015年，在苏州市委、市政府的正确领导下，全区上下紧紧围绕“把握‘新常态’、收官‘十二五’”主题，着力适应经济发展新常态，统筹抓好稳增长、促改革、调结构、优生态、惠民生等各项工作，全区经济社会继续保持平稳健康发展态势。在此过程中，涌现出了一大批先进单位和先进个人。为表彰先进、树立典型，经研究，决定对在2015年度财税工作等八个方面作出突出贡献的单位和个人予以表彰。

希望受表彰的先进单位和个人立足新起点，再创新业绩，全区上下要学习先进、成为先进、赶超先进，抢抓机遇、迎难而上，奋力推动经济社会发展行稳致远，为展现经济强、百姓富、环境美、社会文明程度高的吴中模样，率先全面建成小康社会而努力奋斗。

附件

吴中区2015年度综合表彰名单

一、财税工作

1.吴中区2015年度财政贡献先进单位

开发区　度假区　木渎镇

2.吴中区2015年度纳税大户

惠氏制药有限公司

江苏吴中集团有限公司

科沃斯机器人科技（苏州）有限公司

苏州维信电子有限公司

苏州招商南山地产有限公司

三洋能源（苏州）有限公司

中海英奥置业（苏州）有限公司

苏州依湖置业有限公司

江苏吴中实业股份有限公司

苏州东瑞制药有限公司

苏州保利隆威置业有限公司

苏州保利房地产开发有限公司

苏南阳光城置业（苏州）有限公司

苏州吴中万达广场投资有限公司

苏州凯润置业有限公司

苏州嘉盛集团有限公司

苏州国发创业投资控股有限公司

琪俐（苏州）纺织有限公司

亚东工业（苏州）有限公司

苏州青云置业有限公司

苏州汇川技术有限公司

苏州新城创恒房地产有限公司

苏州世茂新世纪房地产开发有限公司

日立电线（苏州）有限公司

苏州地福房地产开发有限公司

正荣苏南（苏州）房地产有限公司

苏州世茂新里程置业有限公司

苏州泰隆房地产开发有限公司

正荣苏南（苏州）置业发展有限公司

苏州新城创佳置业有限公司

柳道万和（苏州）热流道系统有限公司

苏州赛腾精密电子股份有限公司

苏州安洁科技股份有限公司

苏州天烨集团有限公司

苏州弘阳房地产开发有限

公司

苏州诚河置业有限公司

苏州银龙地产发展有限公司

苏州双冠置业有限公司

苏州招商雍华府房地产有限公司

苏州市烟草公司吴中分公司

藤兴工业有限公司

苏州旭峰置业有限公司

苏州首开融泰置业有限公司

苏州万业房地产发展有限公司

苏州市新吴城集团有限公司

苏州市花万里房地产开发有限公司

苏州金螳螂幕墙有限公司

苏州市永创金属科技有限公司

苏州鑫苑置业发展有限公司

苏州景隆置业有限公司

维讯柔性电路板（苏州）有限公司

苏州中富房地产开发有限公司

苏州汇方同达信息科技有限公司

苏州南山新吴房地产开发有限公司

苏州旭茂置业有限公司

苏州华昌机电有限公司

苏州东方城苏南置地有限公司

苏州一合光学有限公司

苏州东山精密制造股份有限公司

苏州瑞龙地产发展有限公司

苏州宇邦新型材料股份有限公司

苏州不二工机有限公司

苏州市吴中区燃气有限公司

苏州保利隆胜置业有限公司

远东服装（苏州）有限公司

苏州广远置业有限公司

翔国电脑（苏州）有限公司

苏州尼盛地产有限公司

苏州天山新材料技术有限公司

苏州胥河房地产开发有限公司

苏州天鸿伟业置地有限公司

对松堂电子（苏州）有限公司

苏州绕城高速公路有限公司

苏州佳值电子工业有限公司

苏州园林营造产业股份有限公司

苏州博克企业集团有限公司

新进精密机械（苏州）有限公司

苏州蓝光和骏置业有限公司

苏州嘉元房地产开发有限公司

苏州石川制铁有限公司

适新科技（苏州）有限公司

苏州林华医疗器械销售有限公司

苏州斯莱克精密设备股份有限公司

山景雷特乐橡塑科技（苏州）有限公司

中海海纳（苏州）房地产有限公司

江苏经纬轨道交通设备有限公司

苏州万丽织造有限公司

苏州市双马机电有限公司

苏州旭鹏精密工业有限公司

俐马（苏州）织染有限公司

苏州惠润置业有限公司

远纺织染（苏州）有限公司

苏州市凯威房地产开发有限公司

葛洲坝集团第一工程有限公司

赫比（苏州）通讯科技有限公司

苏州港龙置业有限公司

光大环保能源（苏州）有限公司

苏州新城万瑞房地产有限公司

苏州中天置业有限公司

苏州朗福置业有限公司

苏州兴力达房地产开发有限公司

江苏诚润置业有限公司

苏州汤始建华管桩有限公司

苏州上投置业有限公司

苏州华之杰电讯有限公司

重村钢模机械工业（苏州）有限公司

江苏中昂置业有限公司

苏州丰茂科技有限公司

AW（苏州）汽车零部件有限公司

江苏景盟针织企业有限公司

苏州金莱克精密机械有限公司

苏州正雄企业发展有限公司

苏州朗高电机有限公司

苏州瑞可达连接系统股份有限公司

苏州华电电气股份有限公司
苏州制氧机股份有限公司
苏州优德通力电气有限公司
苏州永腾电子制品有限公司
天隆电脑配件（苏州）有限公司
苏州锦派置业有限公司
苏州华裕投资咨询有限公司
苏州汇德电气制造有限公司
苏州信德房地产开发有限公司
苏州鼎合置业有限公司
苏州檀雨玩具有限公司
汉科五角机械电子（苏州）有限公司
苏州林通化工科技股份有限公司
苏州宝信汽车销售服务有限公司
欣日兴精密电子（苏州）有限公司
苏州金辉置业有限公司
苏州大荣电子有限公司
科文特亚表面处理技术（苏州）有限公司
苏州瑞得恩光能科技有限公司
先锋导电材料工业（苏州）有限公司
苏州瑞红电子化学品有限公司
苏州双冠商业发展有限公司
苏州世茂新发展房地产开发有限公司
苏州新业电子有限公司
苏州市凯誉房地产开发有限公司
苏州合润房地产开发有限公司
苏州市江远热电有限责任公司
上海星宇建设集团有限公司
苏州天马精细化学品股份有限公司
苏州英田电子科技有限公司
苏州硕禾电子材料有限公司
苏州市德力商品混凝土有限公司
永丰余纸业（苏州）有限公司
泰信电机（苏州）有限公司
苏州腾域置业有限公司
江苏华新建设工程有限公司
苏州市南环桥市场发展股份有限公司
苏州皇冠置业有限公司
爱而泰可新材料（苏州）有限公司
第一汽车（苏州）服务贸易有限公司
苏州市路达工程监理咨询有限公司
苏州永新置地有限公司
苏州市方圆房地产发展有限公司
和成（中国）有限公司
苏州进宇纺织印染有限公司
泰已科新材料（苏州）有限公司
东丽塑料科技（苏州）有限公司
苏州益邦电子材料有限公司
苏州汇川电子制造有限公司
苏州中南雅苑房地产开发有限公司
苏州凯航电机有限公司
嘉彰科技（苏州）有限公司
苏州马可尼制衣有限公司
信音电子（中国）股份有限公司
苏州唐人数码科技有限公司
欧麦奇（苏州）化学有限公司
迎新科技（中国）有限公司
适新模具技术（苏州）有限公司
苏州药明康德新药开发股份有限公司
苏州盈茂光电材料股份有限公司
琦伟（苏州）纺织有限公司
苏州东恩锻造有限公司
苏州中资联投资管理有限公司
苏州新华美塑料有限公司
苏州富顺包装制品有限公司
苏州鼎欣吴地房地产有限责任公司
悦虎电路（苏州）有限公司
苏州市智诚光学科技有限公司
苏州吴中白金汉爵大酒店有限公司
苏州绿科家纺有限公司
苏州市东方企业发展有限公司
苏州宝兴房地产有限公司
苏州帝凯维动物营养有限公司
永旺永乐（江苏）物业服务有限公司
苏州美嘉塑胶有限公司
苏州苏驼通信科技有限公司

盈正豫顺电子（苏州）有限公司

苏州利星汽车服务有限公司

苏州环球集团科技股份有限公司

德马泰克物流系统（苏州）有限公司

柳原电子（苏州）有限公司

苏州市吴中区东吴建筑有限责任公司

麦格威饰件科技（苏州）有限公司

安容金属涂装（苏州）有限公司

苏州嘉瑞机械电器有限公司

苏州中泰电子有限公司

苏州昆仑绿建木结构科技股份有限公司

苏州日中天铝业有限公司

江苏亚美日用化工有限公司

苏州晓来投资管理有限公司

苏州市宏伟电器有限公司

又进无尘科技（苏州）有限公司

苏州市宝成实业有限公司

苏州佑嘉塑胶科技有限公司

苏州佳荣通讯元件有限公司

佐诗（苏州）装璜工程有限公司

苏州均华精密机械有限公司

龙元建设集团股份有限公司

苏州晶瑞化学股份有限公司

格林精密部件（苏州）有限公司

苏州欧优普洛技术咨询服务有限公司

苏州建嘉建筑构件制品有限公司

苏州市吴中区胥口建筑安装工程有限公司

苏州金源五金制品有限公司

林氏弹簧（苏州）有限公司

新团精密机械（苏州）有限公司

苏州珠江置业有限公司

苏州市吴中区鑫源农村小额贷款股份有限公司

苏州浙建地产发展有限公司

固丝德夫沃夫钢绳（苏州）有限公司

开思茂电子科技（苏州）有限公司

伟创力电脑（苏州）有限公司

苏州新智机电工业有限公司

中国建筑第二工程局有限公司

苏州晟庄电子科技有限公司

苏州微谷文化发展有限公司

苏州进洋电子有限公司

苏州三洋机电有限公司

苏州冠天房地产有限公司

苏州上林新型包装材料有限公司

苏州奥通汽车用品有限公司

苏州市盛纯服饰有限公司

江苏仁泰地产发展有限公司

山景雷特锦瑞电子（苏州）有限公司

苏州甪直天然气管网有限公司

苏州市吴中汽车运输有限公司

苏州市吴中区甪直农村小额贷款有限公司

二、国资工作

吴中区2015年度国有资产投融资做大做强先进集体

苏州市吴中国裕资产经营有限公司

苏州太湖旅游发展集团有限公司

江苏省吴中经济技术发展总公司（开发区）

苏州太湖旅业发展有限公司（度假区）

苏州市吴中城区建设发展有限公司（城区）

三、固定资产投资工作

吴中区2015年度固定资产投资重点项目建设先进单位

甪直镇

度假区

东山镇

四、工业经济

1.吴中区2015年度招商引资先进单位

开发区

度假区

木渎镇

城区

胥口镇

甪直镇

2.吴中区2015年度优秀众创空间

众创+园

创客巢

幸福谷

匠师创客

太湖众创——苏州市大学生众创空间

苏州市机器人与智能制造众创空间

3.吴中区2015年度优秀科技企业

苏州绿的谐波传动科技有限公司

苏州汇川技术有限公司

苏州金螳螂幕墙有限公司

苏州飞华铝制工业有限公司

苏州华电电气股份有限公司

江苏盖睿健康科技有限公司

苏州药明康德新药开发股份有限公司

科沃斯机器人科技（苏州）有限公司

苏州市吴中科技创业园管理有限公司

苏州洲联材料科技有限公司

4.吴中区2015年度优秀进出口企业

苏州市东吴仓储有限公司

伟创力电脑（苏州）有限公司

苏州维信电子有限公司

三洋能源（苏州）有限公司

科沃斯机器人科技（苏州）有限公司

5.吴中区2015年度优秀建筑企业

苏州嘉盛建设工程有限公司

苏州市吴中区吴中建设有限公司

江苏华新建设工程有限公司

苏州金螳螂幕墙有限公司

苏州市吴中区胥口建筑安装工程有限公司

6.吴中区2015年度节能减排先进企业

苏州江远热电有限责任公司

苏州吴中胥口污水处理有限公司

苏州金记食品有限公司

苏州药明康德新药开发股份有限公司

7.吴中区2015年度转型升级先进单位

（1）先进集体

开发区

临湖镇

城区

胥口镇

（2）先进单位

①创新能力升级：苏州汇川技术有限公司

科沃斯机器人科技（苏州）有限公司

②技术装备升级：苏州安洁科技股份有限公司

苏州市意可机电有限公司

③质量品牌升级：苏州金记食品有限公司

苏州飞华铝制工业有限公司

④两化融合升级：苏州东山精密制造股份有限公司

苏州凯尔博精密机械有限公司

⑤规模效益升级：苏州苏驼通信科技有限公司

苏州市天烨机械工程有限公司

⑥经营管理升级：苏州银禧科技有限公司

苏州东瑞制药有限公司

⑦人才队伍升级：江苏吴中医药集团有限公司

苏州博克企业集团有限公司

⑧集聚发展升级：城区节能环保科技园

吴中出口加工区

⑨绿色制造升级：苏州优德通力电气有限公司

苏州优尔食品有限公司

五、服务业

1.吴中区2015年度服务业发展先进单位

度假区

开发区

木渎镇

胥口镇

临湖镇

2.吴中区2015年度优秀服务业集聚区

吴中城区中央商务区

东太湖科技金融城

凯马广场汽车街

苏州市吴中科技创业园

3.吴中区2015年度优秀总部企业

苏州吴中集团有限公司

科沃斯机器人科技（苏州）有限公司

苏州吴中实业股份有限公司

苏州安洁科技股份有限公司

苏州天烨集团有限公司

苏州嘉盛建设工程有限公司

4.吴中区2015年度金融创新奖

苏州吴中珠江村镇银行

苏州吴中金融招商服务有限公司

5.吴中区2015年度资本市场“吴中板块”建设先进单位

东吴证券木渎中心营业部

开发区

胥口镇

6.吴中区2015年度信贷贡献奖

（1）一等奖

苏州银行苏州分行

浦发银行吴中支行

（2）二等奖

建设银行吴中支行

光大银行吴中支行

（3）三等奖

农业银行吴中支行

南京银行吴中支行

7.吴中区2015年度信贷进步奖

（1）一等奖

苏州吴中珠江村镇银行

上海银行吴中支行

（2）二等奖

江苏银行吴中支行

中信银行吴中支行

（3）三等奖

宁波银行吴中支行

华夏银行吴中支行

8.吴中区2015年度优秀旅游企业

苏州太湖旅游发展集团有限公司

苏州吴中旅游发展有限公司

苏州太湖洞庭古村旅游开发有限公司

苏州太湖旅业发展有限公司

苏州市木渎旅游发展实业公司

苏州市吴中区东山镇旅游开发公司

苏州香山国际大酒店

苏州太湖高尔夫酒店

苏州原创国内旅行社有限公司

苏州春秋国际旅行社

9.吴中区2015年度优秀文体企业

苏州本味美食文化传播有限公司

苏州市越洋印刷有限公司

苏州市锦达丝绸有限公司

苏州园林营造产业股份有限公司

苏州新源传媒股份有限公司

10.吴中区2015年度优秀房地产企业

江苏吴中地产集团有限公司

正荣苏南（苏州）房地产有限公司

苏州新城万瑞房地产有限公司

苏州首开融泰置业地产有限公司

苏州万业房地产发展有限公司

中海海纳（苏州）房地产有限公司

11.吴中区2015年度优秀物业管理企业

苏州华新国际物业管理有限公司

苏州工业园区宏基物业管理有限公司

苏州好易捷物业管理有限公司

苏州惠民物业管理有限公司

苏州市天翔物业管理有限公司

12.吴中区2015年度优秀商贸企业

国药控股苏州康民医药有限公司

永旺梦乐城（苏州）商业管理有限公司

苏州华洋汽车销售服务有限公司

苏州市东吴家用电器有限公司

锦江麦德龙现购自运有限公司苏州吴中商场

13.吴中区2015年度优秀餐饮企业

苏州吴中白金汉爵大酒店有限公司

苏州市石家饭店

苏州怡乡春竹餐饮管理有限公司石湖店

苏州百盛塔韵大酒店

苏州市吴中区长桥好阳光酒店

14.吴中区2015年度优秀专业市场

苏州市南环桥农副产品批发市场

木渎食品批发市场

光福玉石市场

苏州市粮食批发交易市场

东方装饰城

15.吴中区2015年度优秀电子商务企业

苏州科沃斯电器有限公司

苏州优尔食品有限公司

苏州播动网络科技有限公司

江苏玄通供应链有限公司

苏州飞华铝制工业有限公司

苏州亚欧桥电子科技有限公司

六、吴中区2015年度名品名牌企业

1.获评江苏省名牌产品的企业

江苏德邦物流股份有限公司

苏州飞华铝制工业有限公司

苏州东瑞制药有限公司

苏州制氧机有限公司

苏州天马精细化学品股份有限公司

苏州涵村茶业有限公司

苏州市吴中区庭山碧螺春茶叶有限公司

科沃斯机器人科技（苏州）有限公司

2.获评江苏省著名商标（中国驰名商标）的企业

苏州金记食品有限公司

苏州赛特尔集团有限公司

苏州锦华宠物用品有限公司

苏州飞华铝制工业有限公司

苏州鲜丰生态农业有限公司

和成（中国）有限公司

苏州金禾新材料股份有限公司

苏州郭木材木业有限公司

苏州弗克技术股份有限公司

苏州金枫创业投资有限公司

七、城乡一体化工作

1.吴中区2015年度农村集体（合作）经济发展先进单位

（1）村稳定收入超5000万元的村（社区）

长桥街道龙桥社区

木渎镇天平村

临湖镇湖桥村

（2）村稳定收入超3000万元的村（社区）

木渎镇姑苏村、越溪街道旺山村、长桥街道先锋社区、甪直镇淞南村、木渎镇西跨塘村、长桥街道龙西社区、甪直镇甫里社区、胥口镇采香泾村、木渎镇灵岩村、木渎镇金山村

（3）村稳定收入超2000万元的村（社区）

木渎镇香溪社区、胥口镇箭泾村、横泾街道尧南社区、长桥街道新北社区、长桥街道新家社区、胥口镇新峰村、木渎镇五峰村、长桥街道蠡墅社区、城南街道南石湖社区、城南街道红庄社区、城南街道东湖社区、郭巷街道国泰社区、越溪街道张桥村、甪直镇淞港村、木渎镇尧峰村、长桥街道新南社区、胥口镇东欣村、越溪街道龙翔社区、甪直镇淞浦村

（4）村稳定收入超千万元的村（社区）

城南街道新江社区、东山镇三山村、横泾街道上巷社区、胥口镇马舍村、越溪街道莫舍社区、木渎镇天池村、郭巷街道独墅湖社区、甪直镇甫田村、甪直镇甫南村、胥口镇合丰村、木渎镇善人桥村、光福镇福利村、越溪街道溪上社区、越溪街道木林社区、临湖镇界路村、临湖镇浦庄村、越溪街道珠村社区、临湖镇牛桥村、横泾街道上林村、横泾街道长远村、横泾街道泾峰社区、越溪街道吴山社区、临湖镇采莲村、郭巷街道姜庄社区、临湖镇石庄村、城南街道宝带桥社区、香山街道舟山村

（5）农村合作经济发展先进单位

木渎集团、甪直集团、临湖集团、越旺集团、木渎镇香溪社区资产股份合作社、胥口镇东欣社区股份合作社、东山杨湾农房农业观光专业合作社、横泾上林农房农业专业合作社、苏州市东山农夫碧螺春茶叶专业合作社、苏州市吴中区香山宝泰劳务专业合作社

2.吴中区2015年度城乡一体化创新工作先进单位

区委农办、吴中国土分局、区住建局、区人防办、吴中规划分局、甪直镇、城区、吴中城乡农业担保有限公司

3.吴中区2015年度农村新型经营组织规范管理先进单位

度假区农发局、甪直镇车坊江湾农产品专业合作社、金

庭镇天王坞茶果专业合作社、苏州香雪养蜂专业合作社、苏州市吴中区香山街道墅里劳务专业合作社、临湖镇富临劳务专业合作社、东湖家庭农场、环湖家庭农场

4.吴中区2015年度农村集体资产监管工作先进单位

区纪委、区集体资产管理办、甪直镇资管办、木渎镇资管办、长桥街道资管办、横泾街道资管办、郭巷街道资管办、金庭镇资管办、东山镇资管办、临湖镇资管办、越溪街道张桥村资管站

5.吴中区2015年度农村集体资产股份权能改革先进单位

区委农办、郭巷街道、东山镇、金庭镇、胥口镇新峰社区股份合作社、临湖镇界路社区股份合作社、甪直镇甫田社区股份合作社、甪直镇甫南村、苏州太湖现代农业发展有限公司

6.吴中区2015年度美丽乡村及美丽镇建设先进单位

木渎镇、临湖镇、东山镇、金庭镇、区水利局、区市容市政管理局、甪直澄墩村、越溪街道张桥村、胥口镇新峰村、横泾街道长远村

7.吴中区2015年度现代农业发展先进单位

区农业局、澄湖现代农业园区、东山镇农林服务中心、金庭镇农林服务中心、甪直镇车坊办事处农林服务中心、临湖镇农林服务中心、临湖镇陆舍村、金庭镇秉常村、木渎镇天池村、苏州藏书农业发展有限公司

八、精神文明建设

1.吴中区2015年度社会主义精神文明建设新人

信义渔民——张茂香（光福镇）

大爱捐髓的白衣天使——张丽娜（卫计局）

最美“赤脚医生”——谢林根（胥口镇）

情义好伯母——张福珍（临湖镇）

八年亲侍病榻的好兄弟——周桂元（农业园区）

走遍苏州敬老院的义务扦脚师——戴腊根（木渎镇）

守望村小27年的乡村教师——周志文（东山镇）

勇救落水女子的环卫工人——林福林（城南街道）

让痕迹物证“开口说话”的基层民警——丁大勇（吴中公安分局）

热心助学的爱心企业家——欧阳家平（横泾街道）

2.吴中区2015年度社会主义精神文明建设新事

志愿服务小超市传递社会文明大能量（文明办）

九年西部助学圆学子飞天梦（财政局）

医疗服务快车道架医患沟通暖心桥（卫计局）

环太湖竞走赛掀起全民健身大热潮（文体局）

公共法律服务圈打造家门口的法治大餐（司法局）

“润涓工作站”青少年健康成长的避风港（检察院）

胥口镇好人群体引领文明新风尚（胥口镇）

甪直古镇智慧景区传播文明旅游新风（甪直镇）

社区小喇叭传颂身边的好人好事（越溪街道）

“新市民新形象”宣传活动提升城区文明程度（吴中城区）

3.2015年度“吴中好人”

陪渔家孩子上学的最美教师——陈林生（光福镇）

家长义工爷爷——葛家午（教育局）

不言放弃的养父母——蔡庆忠夫妇（临湖镇）

30年照顾瘫妻的好丈夫——徐建明（农业园区）

忠于职守的交通协管员——钱伟东（吴中公安分局）

10年守候好妻子——陈苏珍（甪直镇）

社区老娘舅——金国英（越溪街道）

用爱续写生命赞歌——刘公秉（卫计局）

史海耕耘30年为游子留住乡愁——薛利华（东山镇）

乐于助人的新苏州人——贺殿威（开发区）

被群众誉为“小棉袄”的社区女书记——顾香娣（穹窿山）

撑起和美家庭的“外地女婿”——陆体军（胥口镇）

坚守岗位21年的社区儿科医生——张良（开发区）

以病弱之躯建起全区9个癌康协会——金元章（木渎镇）

社区好管家——刘高荣（吴中城区）

让梦想绽放美丽的最美教师——徐萌（胥口镇）

创业有成不忘帮扶下岗工人再就业——王根生（经信局）

守护群众安全的人民警察——冯志明（郭巷街道）

守护折翼翅膀成长蜕变的社区矫正执法者——刘芳（司法局）

用18部书“淘宝”东山古镇——杨维忠（东山镇）

中共苏州市吴中区委员会

苏州市吴中区人民政府

2016年2月15日

关于表彰2015年度“平安吴中”和“法治吴中”建设先进集体、先进个人的决定

吴委发〔2016〕12号

各镇、街道（场）党（工）委、政府（办事处），区级机关各部门，度假区、开发区、城区党工委、管委会及所辖各部门，农业园区、太湖新城，穹窿山风景管理区党工委、管委会：

2015年，全区各级政法综治部门在区委、区政府的正确领导下，全面贯彻落实党的十八大和十八届三中、四中、五中全会精神，紧紧围绕“把握‘新常态’，收官‘十二五’”主题，深入推进平安吴中、法治吴中和自身队伍建设，着力营造和谐稳定的社会环境、公平正义的法治环境和优质高效的服务环境，为全区经济社会持续保持良好发展势头作出了积极贡献，涌现了一大批先进集体和先进个人。为进一步发扬成绩，表彰先进，经区委、区政府研究，决定授予城区等24个镇（区、街道）、单位为“平安吴中”建设先进集体，陈福明等33名同志为“平安吴中”建设先进个人；决定授予西山农业园区等19个镇（区、街道）、单位为“法治吴中”建设先进集体，马文清等19名同志为“法治吴中”建设先进个人。

希望受表彰的先进集体和先进个人立足新起点、争创新优势，再接再厉、再创佳绩。各地、各部门要以先进为榜样，紧紧围绕区委、区政府中心工作，开拓创新，锐意进取，推动“平安吴中”“法治吴中”迈上新台阶，为实现“经济强、百姓富、环境美、社会文明程度高的新吴中”作出新的更大的贡献。

附件1

2015年度全区“平安吴中”建设先进集体和先进个人名单

一、“平安吴中”建设先进集体（24个）

城区（长桥街道）

西山农业园区（金庭）

穹窿山风景管理区

郭巷街道

横泾街道

城南街道

香山街道

胥口镇

东山镇

临湖镇

光福镇

区委政法委

区委610办

区人社局

区住建局

区市容市政管理局

区卫计局

区安监局

区环保局

区旅游局

区信访局

区外侨办

吴中公安分局

度假区公安分局

二、"平安吴中"建设先进个人(33人)

陈福明 沈征学 唐育才
彭少君 吴菊明 王祖兴
赵月明 方树生 周建忠
张杰峰 尹恒群 金美珍
战立伟 马亮明 石 青
胡 浩 徐子伟 李振鹏
毛晓华 李加见 刘继端
潘 林 钱 刚 朱永明
朱桂发 王金泊 唐建新
曹 勇 张胜男 黄 炜
季苏毅 毛水文 庞 怡

附件2

2015年度全区"法治吴中"建设先进集体和先进个人名单

一、"法治吴中"建设先进集体(19个)

城区(长桥街道)
西山农业园区(金庭)
越溪街道
香山街道
木渎镇
角直镇
临湖镇
光福镇
区法院
区检察院
区委组织部
区委宣传部
区政府法制办
区经信局
区教育局
区司法局
区文体局
区委党校
吴中公安分局

二、"法治吴中"建设先进个人(19人)

马文清 史蔚惠 顾凤珍
朱 静 谢心阳 马 俐
陈方忠 王 垒 朱君贤
周金明 王丽佳 夏钰林
高 放 孙勤荣 陈 娜
石意中 朱冬明 叶小红
周大将

中共苏州市吴中区委员会
苏州市吴中区人民政府
2016年2月19日

关于表彰2015年度人民武装工作先进单位和个人的通报

吴委发〔2016〕16号

各镇、街道党(工)委、政府(办事处)及所属人武部,区级机关各有关部门,度假区、开发区、城区党工委、管委会及所属人武部,穹窿山风景管理区党工委、管委会及所属人武部:

2015年,全区人民武装工作坚持以党的十八大和十八届三中、四中、五中全会精神为指导,圆满完成了以军事斗争常态化准备为中心的各项任务,有力推进了全区国防后备力量建设与经济社会建设的协调发展。为表彰先进,树立典型,决定对下列先进单位和个人予以通报表彰。

一、武装工作先进单位(7个)

开发区、城区、木渎镇、角直镇、胥口镇、香山街道、苏州电器科学研究院股份有限公司

二、党管武装好书记(5人)

顾建列、莫玉林、吴金凤、王显军、张建新

三、武委会好主任(10人)

孙瑜、徐国雄、顾玉琪、陈菊林、马唯杰、陈伟骏、胡建平、丁晓娟、徐炳良、李福林

四、优秀专武干部(14人)

吴国成、蔡云峰、吴海龙、王林男、叶龙、周景裕、方国顺、徐

海林、姚杰、徐良根、庄习宽、邹洪辉、袁伟华、古光明

五、先进民兵营（应急分队）（19个）

1.度假区民兵应急分队

2.开发区民兵应急分队

3.城区民兵应急分队

4.木渎镇民兵应急分队

5.角直镇民兵应急分队

6.胥口镇民兵应急分队

7.开发区龙南社区民兵营

8.城区新南社区民兵营

9.木渎镇西跨塘村民兵营

10.角直镇保圣社区民兵营

11.胥口镇箭泾村民兵营

12.东山镇渡口村民兵营

13.临湖镇界路村民兵营

14.金庭镇东村村民兵营

15.光福镇迂里村民兵营

16.郭巷街道独墅湖社区民兵营

17.横泾街道上巷社区民兵营

18.香山街道长沙社区民兵营

19.穹窿山风景管理区穹窿社区民兵营

希望以上受表彰的单位和个人谦虚谨慎，戒骄戒躁，再接再厉，为推进全区人民武装工作再上新台阶作出更大的贡献。

中共苏州市吴中区委员会

苏州市吴中区人民政府

苏州市吴中区人民武装部

2016年3月21日

关于表彰先进基层党组织、优秀共产党员和优秀党务工作者的决定

吴委发〔2016〕40号

各镇、街道（场）党（工）委，区级机关各部门，度假区、开发区、高新区党工委及所辖各部门，农业园区、太湖新城，穹窿山风景管理区党工委，区委“两新”工委直属企业党委：

近年来，全区各级党组织和广大共产党员认真学习贯彻党的十八大，十八届三中、四中、五中全会和习近平总书记系列重要讲话特别是视察江苏重要讲话精神，坚持全面从严治党、严守政治纪律规矩，深入实施“党旗飘红耀吴中”“先锋领航”活动，在强化基层党组织领导核心地位，发挥战斗堡垒作用和党员先锋模范作用上取得了新成效，为建设经济强、百姓富、环境美、社会文明程度高的新吴中提供了坚强的组织保证。为树立典型、表彰先进，弘扬正气、振奋精神，着力推动和促进全区创新发展，值此纪念建党95周年之际，经区委研究决定，对苏州市中西医结合医院党委等30个先进基层党组织、沈赟等30名优秀共产党员、陆文龙等30名优秀党务工作者予以表彰。

希望受表彰的先进集体和优秀个人以此为新起点，以深入开展“两学一做”学习教育为新契机，当好学习教育的先行者、引领者、示范者，强党性、明方向、见行动，切实发挥典型引领作用，在全区各级党组织和广大党员中营造创先争优的良好氛围。

区委号召全区各级党组织和广大党员必须全面贯彻落实习近平总书记重要指示精神和中央、省市委决策部署，以饱满的政治热情和良好的工作作风，干事创业、开拓创新，进一步增强政治意识、大局意识、核心意识、看齐意识，为协调推进“四个全面”战略布局，贯彻落实五大发展理念，奋力推进“十三五”发展提供坚强组织保证！

附件1

吴中区先进基层党组织、优秀共产党员、优秀党务工作者名单

一、先进基层党组织名单（30个）

苏州市中西医结合医院党委

角直镇甫田村党总支

角直镇长巨村党总支

胥口镇新峰村党委

东山镇华侨公墓管委会党支部

临湖镇城管中队党支部

临湖镇采莲村党总支

苏州市公安局度假区分局光福派出所党支部

金庭地区人民医院党支部

郭巷街道国泰社区党委

横泾街道上巷社区党委

越溪街道莫舍社区党委

城南街道新江社区党总支

香山街道舟山花园社区党支部

穹窿山风景管理区城管中队党支部

苏州市公安局度假区分局党总支

开发区组织人事和劳动社保局党支部

长桥街道龙桥社区党委

苏州市公安局吴中分局长桥派出所党支部

苏州太湖园博实业发展有限公司党支部

吴中区国家税务局党委

区文化体育局党总支

宝带实验小学党总支

区交通运输局公路管理处党支部

木渎镇水利管理服务站党支部

区农业局水产党支部

吴中区妇幼保健所党支部

区市场监督管理局度假区分局党支部

苏州市公安局吴中分局刑警大队党总支

吴中供水有限公司党总支

二、优秀共产党员名单（30名）

沈　赟(女)　木渎镇翠坊社区党总支书记、居委会主任

赵水明　角直镇科协主席、安监办主任

许根福　胥口镇东欣村村民

姚建江　东山莫厘中学德育处主任、校长助理

马荣华　临湖镇环境卫生管理所党支部书记、所长

陆建明　光福镇府巷村党委副书记、村委会主任

陈　毅　光福镇冲山村党总支第一书记、苏州市政协办公室秘书处副处长

诸明方　金庭镇环境卫生管理所驾驶员

陆志平　郭巷街道马巷社区党总支书记

李培根　开发区城市管理执法大队横泾中队党支部书记

虞文娟(女)　越溪实验小学党支部书记、校长

孟晓庆　碧波实验小学党总支书记、校长

卜志宏　林场宣传干事

沈文元　度假区社会事业局路灯管理科科长

张凌云(女)　开发区科技金融管理局投资服务部主任

许宏男　高新区城市管理行政执法大队大队长

让跃庭　吴中地方税务局第一分局局长

冯晓明　吴中水务发展集团管网有限公司总经理

王雅婷(女)　区司法局法律宣传科科长

吴婉瑾(女)　区人民法院刑事审判庭副庭长

徐晓波　区发展和改革局服务业发展科科长

陆庆平　区经济和信息化局办公室主任、组织人事科科长

干丽英(女)　吴中区城区幼儿园党支部书记、园长

张　岚(女)　区人力资源和社会保障局社保中心副主任

何　涛　区建设工程质量监督站副站长

韩华明　吴中区城区泵闸管理站党支部副书记

沈泽锋　区市场监督管理局食品生产与流通监管科副科长

陈　磊　苏州市公安局吴中分局办公室主任

黄　斌　苏州市国土资源局吴中分局不动产登记科副科长

潘永明　江苏吴中医药集团有限公司产品经理

三、优秀党务工作者（30名）

陆文龙　木渎镇纪检干事

岑宇岚(女)　胥口镇组织干事、“两新”办主任

吾永康　东山镇党委委员

陈金祥　临湖镇农林服务中心党支部书记、主任

李仁忠　光福镇香雪村党委副书记

邹国良　苏州市公安局度

假区分局交警大队金庭中队党支部副书记

蔡锡海　苏州中佳精密机械有限公司党支部书记

徐建林　横泾街道尧南社区党委书记

毛永清　越溪街道张桥村党委书记

黄永祥　苏州市外事旅游车船有限公司党支部副书记

顾卫列　香山街道墅里社区党总支书记

顾香娣(女)　穹窿山风景管理区穹窿社区党总支书记

王小军　林场行政党支部委员、林政防火办公室主任

徐立军　度假区机关党委党建科科长

石建新　开发区机关党委副书记

张全荣　高新区党政办副主任、"两新"党委书记

张文元　区财政局党总支副书记

韩　静(女)　东山镇莫厘村党委第一书记、区工商联会员科科长

王云华　区发展和改革局主任科员、离退休党支部书记

尤　歆(女)　区经济和信息化局党委委员、纪委书记

陆　椿　苏苑实验小学党总支委员、副校长

吴　岩(女)　区人力资源和社会保障局党委办公室主任

金孝松　区住房和城乡建设局质安党支部副书记

薄益锋　区农业局党委办公室(纪检监察室)主任

符晨梅(女)　苏州瑞兴医院党支部委员、苏州瑞华医院感染控制科科长

吴小兵　区市场监督管理局党委副书记、副局长

顾雯雯(女)　区粮食局党委委员、纪委书记

吴琴华(女)　区机关事务管理中心机关党支部书记、财务科科长

孙发朝　苏州市国土资源局吴中分局党委委员、副局长

陈　浩　苏州江南航天机电工业有限公司党委工作部部长、生产车间党支部书记

附件2

苏州市先进基层党组织、优秀共产党员、优秀党务工作者名单

一、先进基层党组织(5个)

木渎镇南亭社区党总支

苏州太湖园博实业发展有限公司党支部

迎春中学党支部

苏州市粮食批发交易市场服务有限公司党总支

金庭镇秉常村党总支

二、优秀共产党员(5名)

吴惠生　东山镇三山村党支部书记

张国基　区人民检察院反贪局副局长

徐　勇　吴中区公共汽车有限公司二分公司驾驶员

刘玉林　吴中人民医院副主任医师

王华娟(女)　区行政中心管委会副主任、商务中心经理

三、优秀党务工作者(5名)

吴海泉　三洋能源(苏州)有限公司党委书记

徐　宏(女)　角直镇党委委员

顾向明(女)　区委老干部局党支部委员、副局长

李培华(女)　长桥街道南区社区党委书记、居委会主任

袁　伟　区纪委审理室副主任

附件3

江苏省优秀党务工作者名单

吴海泉　三洋能源(苏州)有限公司党委书记

中共苏州市吴中区委员会

2016年6月29日

关于给予2013~2015年连续三年年度考核优秀等次的公务员记三等功的决定

吴委发〔2016〕41号

各镇、街道（场）党（工）委、政府（办事处），区级机关各部门，度假区、开发区、高新区党工委、管委会及所辖各部门，农业园区、太湖新城，穹窿山风景管理区党工委、管委会：

为树立典型、表彰先进，进一步激发全区公务员的工作积极性和创造性，激励广大公务员立足本职，爱岗敬业、建功奉献，努力建设一支政治坚定、业务精湛、作风过硬、人民满意的公务员队伍，根据《公务员法》《公务员考核规定（试行）》有关精神，经研究，决定对丁文芳等19名2013~2015年连续三年考核被确定为优秀等次的公务员记三等功。

希望受奖励的同志戒骄戒躁，再接再厉，不断进取，再创佳绩。全区公务员要向先进看齐，向优秀学习，以更加饱满的热情和更加昂扬的姿态，进一步解放思想，务实创新，勇于担当，攻坚克难，扎实工作，恪尽职守，勤政廉政，为加快建设“经济强、百姓富、环境美、社会文明程度高”的新吴中作出新贡献。

表23-5 2013~2015年连续三年年度考核优秀等次记三等功的人员名单

序号	单位	姓名	职务
1	法院	丁文芳	审判员
2	法院	徐国聪	审判员
3	检察院	张淮兵	党组成员、反贪局局长
4	宣传部	汤晓亮	办公室主任
5	农办	唐远花	人事秘书科科长
6	编办	朱益彬	行政机构编制科科长
7	财政局	王 玮	农财科科长
8	国土分局	张春明	党委书记、局长
9	人社局	郑建国	农保科科长、社保中心副主任
10	农业局	李志明	主任科员、法制科科长
11	卫计局	殷金男	副主任科员
12	市场局	朱玉岗	人事教育科科长
13	市场局	郁俊杰	甪直分局副分局长
14	旅游局	窦 旸	旅游促进科科长
15	档案局	陈 萍	地方志工作科副科长
16	开发区	姚逸青	团工委副书记、党政办公室综合科副科长
17	甪直镇	陈东海	主任科员、城管大队长

续表

序号	单位	姓名	职务
18	角直镇	李祺春	劳动和社会保障服务中心主任
19	金庭镇	金敏胜	组织人事和劳动社保局副局长、金庭镇社保中心主任

中共苏州市吴中区委员会
苏州市吴中区人民政府
2016年6月28日

关于表彰第九届江苏省园艺博览会建设、管理工作先进单位、先锋团队和先进个人的决定

吴委发〔2016〕33号

各镇、街道（场）党（工）委、政府（办事处），区级机关各部门，度假区、开发区、高新区党工委、管委会及所辖各部门，农业园区、太湖新城，穹窿山风景管理区党工委、管委会：

经过全区上下的齐心协力，由江苏省人民政府主办，江苏省住建厅、江苏省农委、苏州市人民政府共同承办，其他12个省辖市协办，我区具体举办的第九届江苏省园艺博览会，先后在2016年4月18日盛大开幕和2016年5月18日圆满闭幕。园博会“一园江南梦”深入人心，获得了国家、省、市各级领导和社会各界的广泛赞誉，园博园成为了我区生态文明、文化旅游的新成果、新亮点和新名片。在此过程中，涌现出了一大批先进单位、先锋团队和先进个人。

为表彰先进、树立典型，经研究，决定对在第九届江苏省园艺博览会建设、管理工作中作出突出贡献的单位、团队和个人予以表彰，对沈雪华等17名同志授予杰出贡献奖；对区园博公司等15个单位授予建设服务先进单位称号，区园博局规划设计部等9个团队授予建设服务先锋团队称号，周晓峰等25名同志授予建设服务先进个人称号；对区园博局等18个单位授予展会保障先进单位称号，区园博局办公室等21个团队授予展会保障先锋团队称号，王寅平等50名同志授予展会保障先进个人称号；对区委组织部等6个部门授予组织协调先进单位称号，孔岳荣等7名同志授予组织协调先进个人称号。

希望受表彰的单位、团队和个人，珍惜荣誉、积极进取，立足新起点，再创新业绩，全区上下要以受表彰的同志为榜样，团结奋进、务实创新、攻坚克难、敢于担当，为建设经济强、百姓富、环境美、社会文明程度高的新吴中而不懈努力。

附件

第九届江苏省园艺博览会建设、管理工作先进单位、先锋团队和先进个人名单

一、杰出贡献奖

沈雪华　徐雪棣　周菊坤
谈建强　顾　强　陆月根

张忠霖 沈博名 周丽强
李 臻 庄勤华 王 华
尹旭青 沈永成 朱华新
范久宁 万 方

二、建设服务

1.建设服务先进单位

区住建局
区交通运输局
区农业局
临湖镇
区太旅集团
区园博公司
吴中消防大队
吴中国土分局
吴中规划分局
区气象局
供电公司吴中联络组
吴中供水公司
区电信局
中国移动苏州西区分公司
中国联通吴中区局

2.建设服务先锋团队

区园博局规划设计部
区园博局纪检监察部
区园博公司办公室
区园博公司工程建设部
区园博公司绿化建设部
区太旅集团三和实业总师室
区太旅集团三和实业工程管理部
区交通运输局运输管理处
临湖镇环卫所

3.建设服务先进个人

周晓峰 李忠军 仝之勇
成晋晋 徐明雪 周 琦
朱恒之 金子轶 殷晓明
周 伟 金华来 顾玉方
周逸豪 汤剑峰 杨晓旭
张奇川 周建江 周德伟
笪 静 郭传峰
殷晓明（太旅） 陈志文
邱士明 陈琛玮 陈金祥

三、展会保障

1.展会保障先进单位

区市容市政管理局
区市场监督管理局
区文体局
区卫计局
区旅游局
团区委
区园博局
木渎镇
胥口镇
城南街道
横泾街道
吴中公安分局
吴中交警大队
江苏省吴中中等专业学校
东吴外国语高等师范学校
太湖旅游中等专业学校
吴中高级技工学校
苏州工业职业技术学院

2.展会保障先锋团队

区园博局办公室
区园博局综合计划部
区园博局宣传活动部
区园博局市场开发部
区园博局场馆运营部
区园博局游客服务部
区园博局安保交通部
区园博公司财务部
区太旅集团景区公司
区太旅集团游船公司
区太旅集团酒店投资管理公司
临湖派出所
临湖交警中队
临湖城管中队
临湖镇卫生院
临湖镇石舍村
临湖镇灵湖村
园博会志愿者管理部
园博会志愿者观光车服务团队
园博会志愿者讲解服务团队
吴中公交公司

3.展会保障先进个人

王寅平 黄 斌 王剑云
周伟建 陈敏锋 薛美琴
陆 欢 戴婷婷 刘 畅
吴心言 邱凌珏 吴 刚
龚秋婷 刘志星 钱龙飞
陈 赟 李 诚 盛 城
顾清晏 陈 华 朱俊杰
蒋雅婷 吴 龙 王 卉
李 璐 仲孝慈 张钧君
程中欣 张玲玲 沈丽霞
郭 亚 丁静琪 许赵敏
周 洁 叶 顺 高 青
赵 亮 张 成 陆灵芝
邵志佳 顾德乐 江惠清
金永恒 苏 净 王勤芳

潘祖兴　张　锋　吴敬松

丁文伟　陈志明

四、组织协调

1.组织协调先进单位

区纪委

区委办

区政府办

区委组织部

区委宣传部

区接待办

2.组织协调先进个人

许　丹　徐　正　朱　涛

孔岳荣　夏培明　曹君彦

顾志平

中共苏州市吴中区委员会

苏州市吴中区人民政府

2016年5月27日

编辑：洪蕾

索引

说明

一、本索引采用内容分析法编制，按索引款目首字的汉语拼音字母（同音字按声调）顺序排列，同音同调的按笔画数和笔顺排列，依次类推。

二、索引款目后的数字表示内容所在的页码，数字后的a、b、c分别表示页码的左、中、右栏，表格用（表）注明。

三、空两字起排的款目为上一主题的“附见”。

四、媒体聚焦、大事记、附录等未作索引。

五、为便于读者检索，在苏州吴中的企事业和在吴中发生的事件名称前的“苏州”“吴中”四字字，除非产生歧义，均已省略。

A

B

C

D

H

J

K

L

M

N

P

Q

R

S

T

W

X

Y

Z